Die wahrhaft königliche Stadt

Studies in Medieval and Reformation Traditions

Edited by

Andrew Colin Gow (*Edmonton, Alberta*)

In cooperation with

Sara Beam (*Victoria, BC*)
Falk Eisermann (*Berlin*)
Berndt Hamm (*Erlangen*)
Johannes Heil (*Heidelberg*)
Martin Kaufhold (*Augsburg*)
Erik Kwakkel (*Leiden*)
Ute Lotz-Heumann (*Tucson, Arizona*)
Jürgen Miethke (*Heidelberg*)
Christopher Ocker (*San Anselmo and Berkeley, California*)

Founding Editor

Heiko A. Oberman †

VOLUME 211

The titles published in this series are listed at *brill.com/smrt*

Die wahrhaft königliche Stadt

Das Reich in den Reichsstädten Augsburg, Nürnberg und Lübeck im Späten Mittelalter

von

Daniela Kah

BRILL

LEIDEN | BOSTON

Umschlagbild: Das Relief aus der Zeit um 1450 am Augsburger Rathaus. Ein Detail aus dem Augsburger Monatsbild für Oktober, November, Dezember. Augsburg, 1. Hälfte 16. Jahrhundert. © Deutsches Historisches Museum Berlin/A. Psille.

The Library of Congress Cataloging-in-Publication Data is available online at http://catalog.loc.gov
LC record available at http://lccn.loc.gov/2017045070

Typeface for the Latin, Greek, and Cyrillic scripts: "Brill". See and download: brill.com/brill-typeface.

ISSN 1573-4188
ISBN 978-90-04-35503-3 (hardback)
ISBN 978-90-04-35504-0 (e-book)

Copyright 2018 by Koninklijke Brill NV, Leiden, The Netherlands.
Koninklijke Brill NV incorporates the imprints Brill, Brill Hes & De Graaf, Brill Nijhoff, Brill Rodopi, Brill Sense and Hotei Publishing.
All rights reserved. No part of this publication may be reproduced, translated, stored in a retrieval system, or transmitted in any form or by any means, electronic, mechanical, photocopying, recording or otherwise, without prior written permission from the publisher.
Authorization to photocopy items for internal or personal use is granted by Koninklijke Brill NV provided that the appropriate fees are paid directly to The Copyright Clearance Center, 222 Rosewood Drive, Suite 910, Danvers, MA 01923, USA. Fees are subject to change.

This book is printed on acid-free paper and produced in a sustainable manner.

Inhalt

Vorwort VII
Karten und Abbildungen IX

1 **Einleitung** 1
  1 Die Erfahrbarkeit des Reichs in den spätmittelalterlichen
    Reichsstädten 1
    1.1 *,Reich' und ,König' vs. ,die Reichsstädte' im Mittelalter* 1
    1.2 *Kommunikation im historischen Raum* 6
    1.3 *Symbole, Zeichen und die zeitgenössische Wahrnehmung* 12
  2 Methodische Präzisierung 17
    2.1 *Zeitliche und inhaltliche Schwerpunkte der Untersuchung* 17
    2.2 *Zur Auswahl der Beispielstädte Augsburg, Nürnberg und*
        Lübeck 20
  3 Das Quellenmaterial und die Chancen der Interdisziplinarität 25
  4 Zum Forschungsstand 36

2 **,Shaping': Die „Physiognomien" der Reichsunmittelbarkeit** 41
  1 Die Anfänge der Reichsstädte Augsburg, Nürnberg und Lübeck 42
    1.1 *Augsburg und die traditionsbildende Schlacht auf dem*
        Lechfeld 42
    1.2 *Nürnberg als zentrale Königsgründung unter der Burg* 57
    1.3 *Lübeck zwischen Sachsenherzog, Kaiser und Dänenkönig* 65
  2 Der Weg zur Reichsstadt und die reichsstädtische ,Physiognomie' 73
    2.1 *Privilegien: Grundlage und Motivation für den städtischen Ausbau*
        bis zur Erlangung der ,Reichsfreiheit' 73
    2.2 *Die herrschaftliche Zentralfunktion von reichsstädtischen*
        Räumen 91
  3 Zwischenfazit 115

3 **,Corporate Branding': Die spätmittelalterliche Reichsstadt *unter den***
  ***Flügeln des Adlers* (?)** 123
  1 Das Reich im Alltag von Bürgern und Verwaltung: Münzen und
    Siegel 124
    1.1 *,Herrscher und Reich' in der Hand? – Die Bedeutung von*
        Münzbildern 124
    1.2 *,Königliche Siegel' und ,Reichswappen': Die Lesbarkeit korporativer*
        Darstellungen 140

2 Raumdynamiken: Symbole des Reichs und Reichsdarstellungen in den öffentlichen und privaten Räumen der Reichsstadt 157

2.1 *Rat- und Zunfthäuser: Reichsstädtische Symbolbauten und ,das Reich' zwischen Inklusion und Exklusion* 157

2.2 *Die Körper von Reich und König im reichsstädtisch-,öffentlichen' Raum* 189

2.3 *Sakrale Innenräume zwischen Gottes und des Kaisers Reich* 216

2.4 *Okkasionelle vs. feste Kennzeichnung von Räumen durch Reichssymbole* 223

3 „Invented Traditions": Bezugspunkte in der Reichs- und Stadtgeschichte 233

3.1 *Lokale ,Reichs'-Zeichen* 233

3.2 *Gründungsmythen, Schlachten, Privilegien: Ihre Inszenierung im reichsstädtischen Raum* 246

3.3 *Heilige, Kaiserinnen und Fürsten im Dienste der Reichsstadt* 262

4 Zwischenfazit 280

4 ,Physical Presence': Das Reich in den spätmittelalterlichen Reichsstädten 285

1 Reichsbesitz und multiple Räumlichkeiten: Zusammen- und Wechselspiele von Reichsstadt, Reich und Reichsrepräsentanten 287

1.1 *Die Integration und Okkupation von Reichsbesitz durch die Reichsstadt* 287

1.2 *Die reichsstädtischen Gebäude im Dienste des Reichs* 302

2 Der König in seiner Stadt: Die Konkretisierung des Abstrakten 314

2.1 *Vorbereitungen für die Beherbergung von König und Hof* 314

2.2 *Die Reichsstadt als Bühne für König und Reich* 324

3 Zwischenfazit 338

5 Schlussbemerkung 342

Quellen und Literatur 353

1 Abkürzungen 353

2 Quellen 354

2.1 *Archivalien und Handschriften* 354

2.2 *Quellenpublikationen und Regestenwerke* 357

3 Literatur 367

Register 449

Vorwort

Das vorliegende Buch entstand auf Basis meiner Dissertationsschrift, die ich im Sommer 2015 an der Philologisch-Historischen Fakultät der Universität Augsburg einreichte. Für den Druck wurde sie geringfügig überarbeitet, an manchen Stellen gekürzt, an Anderen wiederum ergänzt.

Gerne möchte ich an dieser Stelle den Personen danken, die mich die letzten Jahre in beruflicher sowie privater Hinsicht unterstützten. An erster Stelle ist mein Doktorvater, Herr Prof. Dr. Martin Kaufhold, zu nennen. Er weckte in mir nicht nur die Begeisterung für die Mittelalterliche Geschichte, sondern förderte mich bereits seit dem Beginn meiner Studienzeit und stand mir jederzeit mit konstruktiver Kritik zur Seite. Auch meinem Zweitgutachter, Prof. Dr. Thomas Krüger, ist für die Unterstützung sowie die allzeit förderlichen Diskussionen zu danken. Des Weiteren bedanke ich mich bei Prof. Dr. Klaus Wolf, der als dritter Gutachter meiner Disputatio im Dezember 2015 beiwohnte, für die fruchtbaren Anregungen. Darüber hinaus hatte das gesamte Team des Lehrstuhls für Mittelalterliche Geschichte an der Universität Augsburg einen großen Einfluss auf meine Arbeit. Dr. Mathias Kluge war mir hier mit seinen Ratschlägen eine wichtige Hilfe. Ebenso gebührt Dr. Sebastian Zanke, dessen Seminare ich zu Studienzeiten als Tutorin betreuen durfte, ein herzliches Dankeschön. Sigrid Weißbrod danke ich für die jahrelange Unterstützung in allen Belangen, ebenfalls Philipp Müller für die Mithilfe bei der Erstellung des finalen Manuskripts. Besonderer Dank gilt auch Dr. Dieter Voigt und seiner Frau Edith für ihren Rückhalt. Wenn ich auch nicht alle namentlich aufzählen kann, so danke ich darüber hinaus meinen Lehrern und Lehrerinnen an den Universitäten Augsburg und Wien, die mich bereits während meines Studiums der Europäischen Kulturgeschichte (B.A.) sowie der Historischen Wissenschaften (M.A.) begleiteten. Jedes Bausteinchen an Erkenntnis und jede noch so kleine Erfahrung ergeben erst in ihrer Summe die Basis meines Wissens, auf dem diese Dissertation entstehen konnte. Im Speziellen möchte ich Prof. Dr. Jörg Oberste für seine Unterstützung und den fachlichen Rat sowie die Einladung nach Regensburg danken. Ebenso Prof. Dr. Mark Häberlein und PD Dr. Michaela Schmölz-Häberlein für die freundliche Einladung, meine noch in ihrem Anfangsstadium befindliche Arbeit an der Universität Bamberg vorzustellen. Dazu gebührt auch dem *German Historical Institute London* sowie dem *German Historical Institute Washington* großer Dank, da sie mir die Teilnahme am *Medieval History Seminar* 2013 in London ermöglichten. Weiterhin ist noch der Arbeitskreis „Reichsstadtgeschichtsforschung" zu nennen, auf dessen Tagungen unter der Leitung von Dr. Helge Wittmann ich lohnende Diskussionen zu meinen Forschungen führen und wichtige Kontakte knüpfen konnte. Für die unermüdliche Unterstützung sei auch allen meinen AnsprechpartnerInnen in den von mir besuchten und kontaktierten Archiven, Museen und sonstigen kulturellen Einrichtungen gedankt. Ein großer Dank gilt auch der Gerda-Henkel-Stiftung, die mich mit einem großzügigen Stipendium bis zum Abschluss meiner Arbeit finanziell unterstützte. Außerdem möchte ich noch dem Verlag Brill für die Möglichkeit danken, dass ich mein Buch in seinen Reihen veröffentlichen darf. Hier ist im besonderen Prof. Dr. Andrew Gow für die wertvollen Anregungen sowie Ivo Romein und Gera van Bedaf für die großartige Betreuung ein Dankeschön auszusprechen.

Für die Unterstützung bei der Fertigstellung meiner Dissertation möchte ich vor allem Claudia und Timo Gutstein, Eva Schenzinger, Markus Prummer, Fabian Schulze sowie Benjamin Durst danken. Sie standen mir nicht nur mit fachlichem Rat zur Seite, sondern hatten auch immer ein offenes Ohr und motivierende Worte für mich parat. Bei der Korrektur meines finalen Manuskripts war Arne Weber eine wertvolle Hilfe. Aus meinem privaten Umfeld danke ich Katharina Buse mit Maximilian, Carolin Niedermaier, Michael Fackler, Christiane Sieper, Miriam Schuster, Patrick Rotter, Matthias Gabler, Mike Mezger und Andrea Hinz – nicht nur für die liebevolle Unterstützung, sondern auch für das Verständnis, wenn ich manchmal kurzfristig Verabredungen gegen den Schreibtisch tauschen musste. Abschließend geht der größte Dank an meine Familie. Die Unterstützung meiner Eltern, Manfred und Christa Kah, meiner Geschwister, Verena und Wolfgang Kah, sowie meiner Großeltern, Johann und Barbara Kah, ist für mich von unermesslicher Bedeutung. All denjenigen Freunden, Bekannten und Förderern, die ich an dieser Stelle nicht namentlich nennen kann, gebührt natürlich auch ein Dankeschön. Nur mit Euch allen zusammen war es mir möglich, diese Arbeit fertigzustellen. Dafür seid ihr in meinem Herzen. Danke!

Karten und Abbildungen

Karten

1 Augsburg – Ausbauphase 1: 5.–10. Jahrhundert   120
2 Augsburg – Ausbauphase 2: 10.–11. Jahrhundert   120
3 Augsburg – Ausbauphase 3: 12. Jahrhundert   120
4 Augsburg – Ausbauphase 4: 13.–14. Jahrhundert   120
5 Nürnberg – Ausbauphase 1: 11. Jahrhundert   121
6 Nürnberg – Ausbauphase 2: 12.–13. Jahrhundert   121
7 Nürnberg – Ausbauphase 3: 13. Jahrhundert   121
8 Nürnberg – Ausbauphase 4: 14.–15. Jahrhundert   121
9 Lübeck – Ausbauphase 1: 1. Hälfte 12. Jahrhundert   122
10 Lübeck – Ausbauphase 2: 2. Hälfte 12. Jahrhundert   122
11 Lübeck – Ausbauphase 3: um 1200   122
12 Lübeck – Ausbauphase 4: 13. Jahrhundert   122

Abbildungen

1 Der Perlach: Augsburger Monatsbild für Oktober, November, Dezember,
   1. Hälfte des 16. Jahrhunderts   101
2 Lübecker Pfennig, Avers, um 1250   127
3 Lübecker Floren, Revers, um 1347   127
4 Lübecker Witten, Avers, um 1379   129
5 Das reichsstädtische Siegel Nürnbergs mit einem gekrönten N auf einer
   Urkunde vom 28.05.1348   144
6 Titelholzschnitt von Michael Wolgemut, in: Reformacion der Statut vnd
   gesetze, Nürnberg, 1484   146
7 Siegel der Reichsstadt Lübeck von 1256   148
8 Siegel der jüdischen Gemeinde Augsburg von 1298   153
9 Siegel der Reichsstadt Augsburg von 1303   155
10 Stadtansicht Lübecks von Elias Diebel, um 1550   159
11 Türzieher am Eingangsportal des Lübecker Rathauses   164
12 Federzeichnung der Zunftrevolution in Augsburg im Jahre 1368   171
13.1, 13.2, 13.3 Zunftstube der Augsburg Weber: Ostseite mit Friedrich III.
   und den sieben Kurfürsten, 1457   175–176
14 Zunftstube der Augsburg Weber: Südwand mit den neun guten Helden,
   fünf antiken Philosophen und fünf Propheten, 1457   177

15	Zunftstube der Augsburg Weber: Detailausschnitt mit Kaiser Karl dem Großen, 1457 179
16	Relief Kaiser Ludwigs IV. im Nürnberger Ratssaal 184
17	Der Schöne Brunnen auf dem Nürnberger Hauptmarkt 192
18	Zeichnung des Schönen Brunnens in den Akten des Nürnberger Bauamtes von 1499 193
19	Skulptur Kaiser Heinrichs II. an der Vorhalle der Nürnberger Frauenkirche, um 1360 199
20	Skulptur der Kaiserin Kunigunde an der Vorhalle der Nürnberger Frauenkirche, um 1360 200
21	Der Wappenfries an der Vorhalle der Nürnberger Frauenkirche, um 1355 (Westen) 202
22	Der Wappenfries an der Vorhalle der Nürnberger Frauenkirche, um 1355 (Norden) 202
23	Der Wappenfries an der Vorhalle der Nürnberger Frauenkirche, um 133 (Süden) 203
24	Westfassade von Sankt Lorenz mit den Wappen Kaiser Karls IV. und seiner Ehefrau Anna von Schweidnitz, 14. Jahrhundert 205
25	Skulptur eines Fürsten, Nürnberg, 14. Jahrhundert 208
26	Kopf einer Augsburger Skulptur, möglicherweise Kaiser Sigismund 210
27	Detail des Terrakottafrieses mit dem Lübecker Wappen am Lübecker Holstentor, nach 1464 226
28	Sonntagsseite des Altars der Lukasbruderschaft, Lübeck 1485/95 228
29	Originalrelief aus Stein am Augsburger Rathaus 235
30	Reliefierter Werkstein am Jakober Tor mit dem Pyr, Augsburg, um 1346 238
31	Detailausschnitt aus dem Seldplan: Der Fronhof mit dem Pyr, Augsburg, 1521 239
32	Südliche Beischlagwange am Lübecker Rathaus mit der Königsdarstellung, 1456 244
33	Nördliche Beischlagwange am Lübecker Rathaus mit dem Wilden Mann, 1456 245
34	Fresko in der Lübecker Hörkammer: Maria Magdalena segnet das Heer vor der Schlacht von Bornhöved, um 1440 251
35	Fresko in der Lübecker Hörkammer: Übergabe des Freiheitsprivilegs durch Kaiser Friedrich II., 1226 (?), um 1440 253
36	Die Schlacht auf dem Lechfeld 955 in der Chronik des Sigismund Meisterlin, Augsburg 1457 257
37	Skulptur der Heiligen Adelheid am Nordportal des Augsburger Doms 270

KAPITEL 1

Einleitung

1 Die Erfahrbarkeit des Reichs in den spätmittelalterlichen Reichsstädten

1.1 *‚Reich' und ‚König' vs. ‚die Reichsstädte' im Mittelalter*

Wie funktionierte das mittelalterliche Reich? Diese bewusst plakativ formulierte Frage bildet den Ausgangspunkt für die vorliegende Studie. Das Reich mutet nämlich so abstrakt an, dass man es kaum in wenigen Worten zu beschreiben und in allen seinen Facetten zu erfassen vermag. Ebenso scheint es, dass es aufgrund seiner Größe den Erfahrungshorizont eines einzelnen Zeitgenossen deutlich überstieg. Abstrakt war es auch, weil weder klar sichtbare Grenzen noch der Begriff des ‚Reichsbürgers' existierten. Es stellte demnach eine beachtliche Herausforderung dar, das Reich als Gesamtkörper wahrzunehmen. Dafür musste das Reich fortwährend legitimiert und stabilisiert werden. In diesem Buch wird gezeigt, dass den mittelalterlichen Reichsstädten innerhalb dieser Funktionsmechanismen ein besonderer Stellenwert zukam. Denn die Reichsstädte waren in das „Ordnungsgefüge des Reichs und in ein kommunikatives Netz eingebunden [...], das sie direkt [...] mit der Reichsspitze verband."[1] An der Reichsspitze befand sich wiederum der König, der als Stadtherr der Reichsstädte auftrat. Das Funktionieren des Reichs wurde dementsprechend in signifikanter Weise anhand der konkreten Beziehungen zwischen den Reichsstädten und dem Reich bzw. König oder dem Umgang der Reichsstädte mit den Themen ‚Reich' und ‚König' sichergestellt.[2] Ein Blick auf und in die spätmittelalterlichen Reichsstädte Augsburg, Nürnberg und Lübeck veranschaulicht, wie diese das Reich präsentierten und repräsentierten, und es dadurch den Zeitgenossen erfahrbar machten.[3]

---

1 Dazu Jörg SCHNEIDER: Die Reichsstädte, in: Heiliges Römisches Reich Deutscher Nation 962 bis 1806. Von Otto dem Großen bis zum Ausgang des Mittelalters. Essays (29. Ausstellung des Europarates in Magdeburg und Berlin = Landesausstellung Sachsen-Anhalt), hg. von Matthias PUHLE/Claus-Peter HASSE, Dresden 2006, S. 411–423, hier S. 411.

2 Vgl. Paul Joachim HEINIG: Reichsstädte, Freie Städte und Königtum 1389–1450. Ein Beitrag zur deutschen Verfassungsgeschichte (= Veröffentlichungen des Instituts für europäische Geschichte Mainz. Abteilung Universalgeschichte, Bd. 108 = Beiträge zur Sozial- und Verfassungsgeschichte des alten Reiches, Nr. 3), Wiesbaden 1983, S. 2.

3 Vgl. Reichszeichen. Darstellungen und Symbole des Reichs in den Reichsstädten, 2. Tagung des Arbeitskreises „Reichsstadtgeschichtsforschung," Mühlhausen 3.–5. März 2014 (= Studien

---

© KONINKLIJKE BRILL NV, LEIDEN, 2018 | DOI 10.1163/9789004355040_002

Die Texte der Chronisten des 15. Jahrhunderts zeigen, dass die Bedeutung der Reichsstädte für das Reich im Bewusstsein vieler Zeitgenossen vorhanden war. [4] Für den Augsburger Chronisten Burkhard Zink stellten die Reichsstädte beispielsweise das verbindende Element im Reich oder sogar das Reich an sich dar.[5] So notierte er für das Jahr 1459, dass die Reichsstädte nicht mehr einig zusammenhielten, sondern sich weiteren Herren anschlössen: Deshalb „[...] *ist das reich alles zertrent* [...]."[6] Ähnliches findet sich in den Nürnberger Jahrbüchern des 15. Jahrhunderts. Zwar wird die Bündnishaftigkeit der Städte hier nicht betont, jedoch erkennt man auch hier, dass die Summe der Reichsstädte mehrmals als ,das Reich' bezeichnet wird.[7]

Die Terminologien ,Reich' und ,Stadt,' die in ihrem Kompositum ,Reichsstadt' nicht nur begriffsgeschichtlich eine Symbiose eingehen, beziehen sich jedoch damals wie heute auf überaus komplexe Phänomene.[8] Die klar definierte ,Reichsstadt', wie sie heutzutage in den Geschichtswissenschaften verstanden

---

zur Reichsstadtgeschichte, Bd. 2), hg. von Helge WITTMANN, Petersberg 2015; auch Lieselotte E. SAURMA-JELTSCH: Das mittelalterliche Reich in der Reichsstadt, in: Heilig-Römisch-Deutsch. Das Reich im mittelalterlichen Europa (Internationale Tagung zur 29. Ausstellung des Europarates und Landesausstellung Sachsen), hg. von Bernd SCHNEIDMÜLLER/ Stefan WEINFURTER, Dresden 2006, S. 399–439; auch Martin KINTZINGER: Zeichen und Imaginationen des Reichs, in: Heilig-Römisch-Deutsch 2006, hg. von SCHNEIDMÜLLER/ WEINFURTER, S. 345–371.

4 Vgl. Carla MEYER: Die Stadt als Thema. Nürnbergs Entdeckung in Texten um 1500, Ostfildern 2009, S. 364, mit Kritik und Gegenkritik zu dieser These.

5 Dazu auch Heinrich SCHMIDT: Die deutschen Städtechroniken als Spiegel des bürgerlichen Selbstverständnisses im Spätmittelalter (= Schriftenreihe der historischen Kommission bei der bayerischen Akademie der Wissenschaft, Schrift 3), Göttingen 1958, S. 34f.

6 Nach der Chronik des Burkhard Zink, in: Die Chroniken der schwäbischen Städte. Augsburg, Bd. 3 (= Die Chroniken der deutschen Städte vom 14. bis ins 16. Jahrhundert, Bd. 22), Göttingen 1965, S. 1–330, hier S. 231.

7 SCHMIDT, Städtechroniken 1958, S. 39f.

8 Zur Definition einer „mittelalterlichen Stadt" vgl. Eberhard ISENMANN: Die deutsche Stadt im Spätmittelalter 1250–1500. Stadtgestalt, Recht, Stadtregiment, Kirche, Gesellschaft, Wirtschaft, Köln/Weimar/Wien ²2014, S. 39–51; Bernd FUHRMANN: Die Stadt im Mittelalter, Berlin 2006, S. 9; auch Karlheinz BLASCHKE: Qualität, Quantität und Raumfunktion als Wesensmerkmal der Stadt vom Mittelalter bis zur Gegenwart, in: Stadtgrundriss und Stadtentwicklung. Forschungen zur Entstehung mitteleuropäischer Städte (= Städteforschung, Reihe A, Bd. 44), hg. von Peter JOHANEK, Köln/Weimar/Wien 1997, S. 59–72; dazu auch der kritische Gesamtüberblick von Felicitas SCHMIEDER: Die mittelalterliche Stadt, Darmstadt ³2012; zur Stadt als Gesamtorganismus vgl. Gottfried KIESOW: Gesamtkunstwerk – Die Stadt. Zur Geschichte der Stadt vom Mittelalter bis in die Gegenwart, Bonn 1999.

wird, war im späten Mittelalter so nicht existent.[9] Als Besonderheit, die auch den verfassungsrechtlichen Status einer Reichsstadt definierte, ist in erster Linie ihre unmittelbare Verbindung zum Reichsoberhaupt hervorzuheben.[10] Diese wurde auf unterschiedliche Art und Weise verwirklicht: Erst die individuelle Entwicklung einer Stadt zeigt, auf welchen Entscheidungen die an sie vergebenen Privilegien fußten, welche ihrerseits den reichsstädtischen Status begründeten. Dass die begrifflich nicht unproblematische ‚reichsstädtische Autonomie' auch Verpflichtungen mit sich brachte, ist bekannt.[11] So mussten die Reichsstädte in der Regel etwa Steuern bezahlen oder königliche Finanzmittel einheben, verwalten und transferieren.[12] Unter anderem traten sie als Kreditgeber des Königs auf, oder einzelne Bürger wurden zu wichtigen Geldgebern, und im umgekehrten Falle wurden auch königliche Ämter mit wohlhabenden und politisch einflussreichen Bürgern besetzt.[13] Im Kriegsfall leisteten die Reichsstädte darüber hinaus Heeresfolge und nahmen so eine wichtige Schutz- und Friedensfunktion ein.[14] Auch bei königlichen Aufenthalten, bei Reichs- oder Hoftagen hatten die Städte einen enormen finanziellen und logistischen Aufwand zu tragen.[15]

Welche konkrete Rolle die Reichsstädte in der Beziehung zu Reich und Königtum einnahmen, kann wie bereits erwähnt nicht pauschal beantwortet werden, da sich nicht nur die Städte sondern auch das Königtum durch eine gewisse Variabilität auszeichneten.[16] Diese machte sich mitunter in Dynastiewechseln und der Verlagerung von Hausmachtterritorien

---

9 Zur Begriffsproblematik vgl. Peter MORAW: Reichsstadt, Reich und Königtum im späten Mittelalter, in: ZHF 6 (1979), S. 387–424, hier S. 391–415, mit einem Versuch zeitgenössische Begriffe für heute als „Reichsstadt" bezeichnete Städte aufzuarbeiten und zur methodischen Präzisierung; auch Otto BORST: Reichsstadtgeschichte. Eine Forschungsgeschichte, in: Die alte Stadt. Zeitschrift für Stadtgeschichte, Stadtsoziologie und Denkmalpflege 12 (1985), S. 91–104.

10 Vgl. die Standardwerke zur Reichs- bzw. Stadtgeschichte im Reich: Peter MORAW: Von offener Verfassung zu gestalteter Verdichtung (= Propyläen Geschichte Deutschlands, Bd. 3), Berlin 1989, S. 275; auch DERS., Reichsstadt 1979; weiters dazu ISENMANN, Stadt 2014.

11 Vgl. zur Problematik bezüglich der verfassungsrechtlichen sowie begriffsgeschichtlichen Einordnung der „reichsstädtischen Autonomie" v. a. MORAW, Reichsstadt 1979, S. 409.

12 Zum Thema u. a. HEINIG, Reichsstädte 1983, S. 55–133; Eberhard ISENMANN: Reichsfinanzen und Reichssteuern im 15. Jahrhundert, in: ZHF 7 (1980), S. 1–76.

13 Vgl. HEINIG, Reichsstädte 1983, S. 106–120, 194–224.

14 EBD., S. 161–170.

15 U. a. dazu Gerrit Jasper SCHENK: Zeremoniell und Politik. Herrschereinzüge im spätmittelalterlichen Reich (= Forschungen zur Kaiser- und Papstgeschichte des Mittelalters, Bd. 21), Köln/Weimar/Wien 2003.

16 Vgl. MORAW, Reichsstadt 1979, S. 385–424, hier v. a. S. 394.

bemerkbar. Außerdem war bereits die mittelalterliche Herrschaftspraxis des Königs dynamisch. Da die Reichsoberhäupter noch bis ins späte Mittelalter eine Tendenz zu häufigem Reisen aufwiesen,[17] spricht man gemeinhin auch von Reisekönigtum. Über die Zeit hinweg kann man jedoch eine Verdichtung erkennen, die zur Bildung herrschaftlicher Zentren führte. Wichtig für die Wahl der Orte war vor allem ihre Lage im Reich und ihre dynastische sowie geographische Nähe zum Königtum. Meist entschied man sich für die inmitten königlicher Landschaften befindlichen Reichsstädte.[18] Einzelne Städte traten durch ihren Charakter und ihre Funktion im Laufe der Zeit deutlicher hervor als andere. Nach der von Kaiser Karl IV. (1346–1378, ab 1355 Kaiser)[19] 1356 erlassenen Goldenen Bulle war zum Beispiel Frankfurt der Ort der Königwahl, Aachen der Ort der Krönung und Nürnberg der erste Tagungsort des neu gewählten Kaisers.[20] Gleichsam konnte eine Stadt zeitweise die Rolle einer Hauptstadt einnehmen, wenn sich König und Hof dort aufhielten.[21] Karl IV. war auch derjenige, der Prag zu seiner Hauptstadt ausbauen wollte, obwohl sich hier nicht die einzige Residenz des Kaisers befand.[22] Es wäre jedoch ver-

---

17 Dazu auch Wilhelm BERGES: Das Reich ohne Hauptstadt, in: Das Hauptstadtproblem in der Geschichte, Festgabe zum 90. Geburtstag Friedrich Meineckes (= Jahrbuch für Geschichte des deutschen Ostens, Bd. 1), Tübingen 1952, S. 1–29, hier S. 1f., 9. Er nennt diese Tendenz als Grundlage des Fehlens einer Hauptstadt bis in das 17. Jh.; auch MORAW, Reichsstadt 1979, S. 421, erwähnt das „Hauptstadtproblem".

18 Vgl. Erich MASCHKE: Stadt und Herrschaft in Deutschland und Reichsitalien (Salier- und Stauferzeit). Ansätze zu einem Vergleich, in: Stadt und Herrschaft. Römische Kaiserzeit und Hohes Mittelalter, hg. von Friedrich VITTINGHOFF (= Beihefte der HZ, N.F. 7), München 1982, S. 302; zur Lage der Städte und deren Klassifizierung vgl. maßgeblich MORAW, Reichsstadt 1979, S. 415.

19 Bei der ersten Nennung von Reichsoberhäuptern werden in Klammern die Regierungsdaten als König bzw., falls erfolgt, das Jahr der Kaiserkrönung angegeben. Bei allen anderen weltlichen und geistlichen Herrschern erfolgt die Angabe der Jahre, in denen das entsprechende Amt bekleidet wurde.

20 Dazu Ulrich KNAPP: Stätten deutscher Kaiser und Könige im Mittelalter, Darmstadt 2008, S. 125–138.

21 Vgl. Pierre MONNET: Eine Reichs-„Haupt"stadt ohne Hof im Spätmittelalter. Das Beispiel der Stadt Frankfurt, in: Der Hof und die Stadt. Konfrontation, Koexistenz und Integration in Spätmittelalter und Früher Neuzeit, 9. Symposium der Residenzen-Kommission der Akademie der Wissenschaften zu Göttingen, Halle an der Saale, 25.–28. September 2004 (= Residenzenforschung, Bd. 20), hg. von Werner PARAVICINI/Jörg WETTLAUFER, Ostfildern 2006, S. 111–128, hier S. 112.

22 Dazu Karl Otmar Frhr. VON ARETIN: Das Reich ohne Hauptstadt? Die Multizentralität der Hauptstadtfunktionen im Reich bis 1806, in: Hauptstädte in europäischen Nationalstaaten (= Studien zur Geschichte des neunzehnten Jahrhunderts. Abhandlung der Forschungsabteilung des Historischen Seminars zu Köln, Bd. 12), hg. von Theodor

EINLEITUNG

früht, von EINER politischen Hauptstadt des Reichs zu sprechen. Eine Stadt, in der sich die zentralen und mit einer permanenten Beamtenschaft ausgestatteten Institutionen auf Dauer konzentrierten,[23] lässt sich erst ab dem 17. Jahrhundert allmählich konstatieren.[24]

Dem König selbst kam als Person eine besondere Rolle zu, wenn es darum ging, wie ausgeprägt sich die Beziehungen zwischen den einzelnen am Reich beteiligten Kräften darstellten. Seit Karl dem Großen (768–814, ab 800 Kaiser) besaßen die Könige des Römischen Reichs durch ihre Wahl und Krönung das Recht, die Kaiserwürde zu empfangen. Somit ging die Königsherrschaft nach der sogenannten *translatio imperii* eine Verbindung mit der römischen Kaisertradition ein.[25] Dies war ein wichtiges Privileg, das vor allem gegenüber anderen europäischen Königen ein „[...] schwer faßbares ‚Mehr' an Autorität [...]" mitbrachte.[26] Der sakrale Charakter des Reichs erlangte somit eine besondere Bedeutung und wurde zum Ausdruck gebracht durch Rituale und Zeremonien, die beispielsweise die Wahl und die Krönung oder auch den Empfang eines Königs in einer Stadt betrafen.[27] Der König setzte sich darüber hinaus mit dem Reich gleich.[28] Zu einem Verständniswandel kam es in diesem Sinne ab dem 13. Jahrhundert, da die Stände zunehmend – ebenso wie

---

SCHIEDER/Gerhard BRUNN, Wien 1983, S. 5–13, hier S. 5f.; Frantisek GRAUS: Prag als Mitte Böhmens 1346–1421, in: Zentralität als Problem der mittelalterlichen Geschichtsforschung (= Städteforschung, Reihe A, Bd. 8), hg. von Emil MEYNEN, Köln/Wien 1979, S. 22–47, S. 22–47.

23   Vgl. Theodor SCHIEDER: Einige Probleme der Hauptstadtforschung, in: Hauptstädte in europäischen Nationalstaaten (= Studien zur Geschichte des neunzehnten Jahrhunderts. Abhandlung der Forschungsabteilung des Historischen Seminars zu Köln, Bd. 12), hg. von DEMS./Gerhard BRUNN, Wien 1983, S. 1–3, hier S. 1f., zur Definition von „Hauptstadt".

24   VON ARETIN, Hauptstadt 1983, S. 7.

25   Vgl. Karl-Friedrich KRIEGER: König, Reich und Reichsreform im Spätmittelalter (= Enzyklopädie Deutscher Geschichte, Bd. 14), München 1992, hier v. a. S. 5–8, zum deutschen Königtum und zur römischen Kaiserwürde; auch Werner GOEZ: Translatio Imperii. Ein Beitrag zur Geschichte des Geschichtsdenkens und der politischen Theorie im Mittelalter und in der Frühen Neuzeit, Tübingen 1958.

26   Vgl. KRIEGER, König 1992, S. 7.

27   Allgemein zu den königlichen Einzügen vgl. SCHENK, Zeremoniell 2003; zu den Königskrönungen vgl. Krönungen: Könige in Aachen – Geschichte und Mythos. Katalog der Ausstellung in zwei Bänden, hg. von Mario KRAMP, Mainz 2000.

28   Die Urkunden der königlichen Kanzlei weisen das *sacrum imperium* aus und der seit der Stauferzeit in den Urkundenformeln auftretende Gegensatz zwischen *wir und das rîche* bedeutete deshalb aus königlicher Sicht zunächst keine echte Trennung, vgl. u. a. KRIEGER, König 1992, S. 7.

der König – für sich beanspruchten, das Reich zu repräsentieren.[29] Zu diesen Reichsständen gehörten mitunter die geistlichen und weltlichen Reichsfürsten sowie die Reichsstädte, die das Recht zur Teilnahme an den Hoftagen besaßen. Ebenso veränderte sich das Verhältnis zwischen den politischen Kräften durch das Aufkommen eines selbstbewussten Bürgertums in den Städten. Das Reich mit seinen in sich gegliederten und untereinander verzweigten Kräftebereichen musste sich in der Folge vermehrt Herausforderungen stellen, die vice versa durch ihr Zusammenspiel das Funktionieren des Reichs erst ermöglichten.[30]

1.2 *Kommunikation im historischen Raum*

Die Verwendung des Begriffs ‚Raum' erwies sich als besonders gewinnbringende Herangehensweise für diese Studie. Die Chancen der historischen Raumforschung[31] liegen darin begründet, dass man die Konstruktion, Differenzierung und Koexistenz sowie die damit verbundenen kulturellen Praktiken aufzeigen kann. Daraus ergibt sich ein Einblick in die Selbstbilder und (Selbst-)Verortung von Gruppen und Gesellschaften. Ebenso kann man die Ausprägung ihrer Beziehungen erkennen und erschließen, wie sie sich selbst in einem Gefüge von Beziehungen definierten.[32] Wichtig ist ein kritischer Umgang mit den Begrifflichkeiten, der eine reflektierte und differenzierte Sichtweise erkennen lässt.[33] Um einen konkreten Zugang zur vorliegenden Fragestellung zu ermöglichen, wird der Terminus ‚Raum' zur Beschreibung

---

29   EBD., S. 36f.; ebenso Ernst SCHUBERT: König und Reich. Studien zur spätmittelalterlichen deutschen Verfassungsgeschichte (= Veröffentlichungen des Max-Planck-Instituts für Geschichte, Bd. 63), Göttingen 1979.

30   Vgl. MORAW, Reichsstadt 1979, S. 388f.

31   Weiterführend zum ‚Spatial Turn' vgl. Jörg DÖRING/Tristan THIELMANN: Einleitung: Was lesen wir im Raum? Der *Spatial Turn* und das geheime Wissen der Geographen, in: Spatial Turn. Das Raumparadigma in den Kultur- und Sozialwissenschaften, hg. von DIESS., Bielefeld 2008, S. 7–45, hier S. 7f. Der Begriff geht zurück auf das Jahr 1989 und das Werk des Humangeographen Edward W. SOJA: Postmodern Geographies. The Reassertion of Space in Critical Social Theory, London/New York 1996, der den „Historischen Materialismus" in den Geschichtswissenschaften kritisierte. Dabei sprach Soja ursprünglich von keinem Paradigmenwechsel, sondern verwendete den Begriff rein deskriptiv, um eine Neubewertung von Henri Lefebvres Raumbegriff anzustoßen, vgl. als Grundlage dazu Henri LEFEBVRE: La production de l'espace, Paris 1974.

32   Dazu Susanne RAU: Räume. Konzepte, Wahrnehmungen, Nutzungen (= Historische Einführungen, Bd. 14) Frankfurt/New York 2013, S. 11.

33   EBD., S. 9–14; auch DÖRING/THIELMANN, Einleitung 2008, S. 10–13.

EINLEITUNG

von „[...] fixierbaren Größen als analytische Kategorien [...]" verwendet,[34] um „[...] physisch-topographisch erfassbare Einheiten [...] [von] unterschiedlicher Größe [...]" darzustellen.[35] Wie im Falle des Reichs müssen Räume dafür nicht zwingend fest umgrenzt und baulich-architektonisch manifestiert sein. So gab es beispielsweise keine sichtbaren Reichsgrenzen. Das Reich überstieg den Erfahrungshorizont eines Zeitgenossen und war als sogenannter „Makroraum" weder körperlich noch sinnlich zu erfassen.[36] Dass das Reich dennoch als solches funktionierte, war von vielen Faktoren abhängig. Ganz grundlegend gesprochen wurde es aus einzelnen Regionen, wie beispielsweise Herzogtümern, Grafschaften, (Reichs-)Städten und weiteren kleinteiligeren Gebieten gebildet, die in ihrer Summe das ‚große Ganze' ergaben. Je kleiner der Raum, umso mehr prägte dieser die Lebenswelt eines Einzelnen. Betrachtet man die Funktionsmechanismen des Reichs mit einem top-down-Ansatz, so wurde es beispielsweise durch die personellen Verbindungen zwischen dem König und seinen Amtsträgern in die einzelnen Gebiete und zu deren Bewohnern gebracht.[37] Ob und wie Zeitgenossen das Reich wahrnahmen wurde auch durch seine symbolische Ausgestaltung und Sprache, zum Beispiel durch Rituale, beeinflusst. Eine von oben – sprich: von der Reichsspitze – vorgegebene, übergreifende und normierende Symbolsprache, die eine konkrete Sichtbarkeit des Reichs generieren konnte,[38] existierte im großen Stil jedoch

---

34   Das Modell wurde nach den Anregungen von RAU, Räume 2013, S. 11, entwickelt. Die Chancen auf neue Erkenntnisse einer historischen Raumforschung mit analytischem Raumbegriff sind demnach sehr hoch einzuschätzen.

35   Vgl. Eric PILTZ: „Trägheit des Raums". Fernand Braudel und die Spatial Stories der Geschichtswissenschaften, in: Spatial Turn 2008, hg. von DÖRING/THIELMANN, S. 75–102, hier S. 79.

36   Dieter LÄPPLE: „Essay über den Raum. Für ein gesellschaftswissenschaftliches Raumkonzept", in: Stadt und Raum. Soziologische Analysen, hg. von Hartmut HÄUßERMANN, Pfaffenweiler 1991, S. 65–86; dazu RAU, Räume 2013, S. 65.

37   Diese Frage wird u. a. aufgeworfen von Dietmar SCHIERSNER: Wer bringt das Reich in die Region? Personelle Verbindungen zwischen Schwaben und dem Reich, in: Das Reich in der Region während des Mittelalters und der Frühen Neuzeit (= forum suebicum, Bd. 6), hg. von Rolf KIEßLING/Sabine ULLMANN, Konstanz 2005, S. 61–80, hier S. 63f., speziell mit Bezug auf Schwaben, wobei er in erster Linie die administrativen Verbindungslinien zwischen Reich und Region nachzuzeichnen versucht. Dazu auch bereits Peter MORAW: Königliche Herrschaft und Verwaltung im spätmittelalterlichen Reich (ca. 1350–1450), in: Das spätmittelalterliche Königtum im europäischen Vergleich (= Vorträge und Forschungen, Bd. 32), hg. von Reinhard SCHNEIDER, Sigmaringen 1987, S. 185–200.

38   Vgl. SAURMA-JELTSCH, Reich 2006, S. 400f.; auch Karl-Adolf KNAPPE: „Nostra et sacri Romani imperii civitas" – Zur reichsstädtischen Ikonologie im Spätmittelalter, in: Kunstspiegel 2 (1980) Heft 3, S. 155–172, hier S. 156; die französische Kathedralgotik sollte

nicht.[39] In dieser Untersuchung wird deshalb auf Basis eines bottom-up-Ansatzes, also ausgehend von den Reichsstädten, gezeigt, wie das Reich in ihnen und vor allem von ihnen erfahrbar gemacht wurde.[40]

Die Reichsstadt machte als sogenannter „Mesoraum" den alltäglichen Lebenshorizont eines Bewohners aus.[41] Das topologische Ensemble einer Reichsstadt ist ebenso wie das Reich als eine Zusammensetzung zahlreicher kleinerer Räume zu verstehen.[42] Der Raumbegriff ist stets auf die Reichsstadt als „[...] abgrenzbarer, eindeutig qualifizierter Raum im untersuchten Zeitraum [...]"[43] bezogen. Das bedeutet, dass der Stadtraum zwar einer gewissen Variabilität unterliegt, er aber auch an physische, politische oder

---

beispielsweise die Teilhabe an einem gemeinsamen Körper vermitteln; auch Wolfgang BRÜCKLE: Civitas Terrena. Staatsrepräsentation und politischer Aristotelismus in der französischen Kunst 1270–1380 (= Kunstwissenschaftliche Studien, Bd. 124), München/ Berlin 2005, hier pointiert S. 8; und Konrad HOFFMANN: Stilwandel der Skulptur und Geschichte des Körpers. Überlegungen zum Forschungsstand, in: Bauwerk und Bildwerk im Hochmittelalter. Anschauliche Beiträge zur Kultur- und Sozialgeschichte, hg. von Karl CLAUSBERG/Dieter KIMPEL/Hans-Joachim KUNST/Robert SUCKALE, Gießen 1981, S. 141–167, hier S. 141.

39 Mit Einschränkungen könnte man an der Stelle noch die Versuche Karls IV. als erfolgreich werten, mit seinen Bauwerken einen Baustil zu etablieren, der seine Herrschaft architektonisch präsentierte, vgl. SAURMA-JELTSCH, Reich 2006, S. 400f.; zu den Bauten Karls IV. vgl. KNAPP, Kaiser 2008, S. 125–138.

40 Als exemplarische Untersuchung, die sowohl den top-down als auch den bottom-up-Ansatz verfolgt, ist zu nennen: Werner TSCHACHER: Königtum als lokale Praxis. Aachen als Feld der kulturellen Realisierung von Herrschaft. Eine Verfassungsgeschichte (ca. 800–1918) (HMRG Beihefte 80), Stuttgart 2010.

41 LÄPPLE, Essay 1991, S. 198.

42 EBD.; auch Karl-Siegbert REHBERG: Macht-Räume als Objektivationen sozialer Beziehungen – Institutionenanalytische Perspektiven, in: Machträume der frühneuzeitlichen Stadt (= Konflikte und Kultur – Historische Perspektiven, Bd. 13), hg. von Christian HOCHMUTH/Susanne RAU, Konstanz 2006, S. 41–55, hier S. 52, zur „Verflechtung von Räumen" im kulturhistorischen Diskurs; dazu auch „The city as a collection of spaces [...]", in: Martha C. HOWELL: The Spaces of Late Medieval Urbanity, in: Shaping Urban Identity in Late Medieval Europe. L'apparation d'une identité urbaine dans l'Europe du bas moyen Âge (= Studies in Urban Social, Economic and Political History of the Medieval and Early Modern Low Countries, No. 11), hg. von Marc BOONE/Peter STABEL, Leuven/Apeldoorn 2000, S. 3–23, hier S. 7.

43 Clemens ZIMMERMANN, in: Einleitung: Stadt und Medien, in: Stadt und Medien vom Mittelalter bis zur Gegenwart, 41. Frühjahrskolloquium des Instituts für Vergleichende Städtegeschichte und des Kuratoriums für Vergleichende Städtegeschichte e. V. von 04.–05. April 2011 in Münster (= Städteforschung, Reihe A, Bd. 85), hg. von DEMS., Köln/ Weimar/Wien 2012, S. 1–18, hier S. 6.

EINLEITUNG

soziale Grenzen gebunden ist, die nicht beliebig oft medial verändert werden können: Räume und Gesellschaft stellen sich im soziologisch-theoretischen Verständnis als „relational" dar. Sie konstituieren sich gegenseitig und erscheinen nicht nur als rein theoretische Konzepte. Es handelt sich konkret um Menschen, die durch ihre Existenz, ihr Verhalten sowie die Deutung und Wahrnehmung ihrer Umwelt Räume schaffen – sie werden von den Räumen in genau diesen Punkten beeinflusst[44] und werden dadurch selbst zu Medien, die Inhalte und Deutungen vermitteln.[45] Nach Jörg Oberste sind die mittelalterlichen Städte im Besonderen „[...] als öffentliche Räume mit verdichteten kommunikativen Beziehungen[...]"[46] zu verstehen. Dies ist vor allem auf die Menge von Interaktionsebenen und Kommunikationspartnern mit zahlreichen, auch widerstreitenden, Interessen, sowie die vielfältigen und komplexen medialen Handlungsspielräume zurückzuführen. Durch sozialräumliche Prozesse, die sowohl gemeinschaftlich als auch individuell stattfanden, wurde eine ‚Öffentlichkeit' generiert.[47] Da sich diese überwiegend zeitlich, lokal und personell begrenzt zeigte,[48] handelte es sich in Anlehnung an die mediävistische Kategorienbildung um eine sogenannte „okkasionelle Öffentlichkeit."[49] Die Übergänge zu privaten Räumen sind fließend, denn die

---

44 Auch Martina Löw: Raumsoziologie, Frankfurt am Main, 2001, S. 198–203; dazu auch Rau, Räume 2013, S. 62f., 101–106.

45 EBD., S. 81.

46 Jörg Oberste: Einführung: Verdichtete Kommunikation und städtische Kultur, in: Kommunikation in mittelalterlichen Städten (= Forum Mittelalter, Studien, Bd. 3), hg. von DEMS., Regensburg 2007, S. 7–10, hier S. 7f.; auch Barbara Stollberg-Rilinger: Einleitung, in: Was heißt Kulturgeschichte des Politischen? (ZHF = Vierteljahresschrift zur Erforschung des Spätmittelalters und der frühen Neuzeit, Beiheft 35), hg. von DERS., Berlin 2005, S. 9–24, hier S. 14.

47 Sandra Huning: Politisches Handeln in öffentlichen Räumen. Die Bedeutung öffentlicher Räume für die Politik (= Edition Stadt und Region, Bd. 14), Berlin 2006, S. 17; auch Arié Malz: Der Begriff „Öffentlichkeit" als historisches Analyseinstrument. Eine Annäherung aus kommunikations- und systemtheoretischer Sicht, in: Kommunikation im Spätmittelalter. Spielarten – Wahrnehmungen – Deutungen, hg. von Romy Günthart/ Michael Jucker, Zürich 2005, S. 13–26.

48 Bernd Thum: Öffentlich-Machen, Öffentlichkeit, Recht. Zu Grundlagen und Verfahren der politischen Publizistik im Spätmittelalter, in: Zeitschrift für Literaturwissenschaft und Linguistik 10 (1980), S. 12–69, hier S. 47.

49 Die neuere Forschung in Deutschland widerspricht zunehmend der einschlägigen These Jürgen Habermas', die besagt, bis zum Absolutismus hätte es nur eine „repräsentative Öffentlichkeit" gegeben, die auf der einseitigen Zurschaustellung von Herrschaftsrechten basierte. Im Mittelalter wären öffentlich/publice und „herrschaftlich" synonym verwendet worden; dazu Jürgen Habermas: Strukturwandel der Öffentlichkeit. Untersuchungen zu

letztgenannten konnten durch ihre Funktion als Orte politischer Handlungen, wie zum Beispiel Versammlungen, Empfänge und Reden, öffentlich werden.[50]

Obwohl die Überlieferung bezüglich der Gestaltung der öffentlichen Räume ungleich dichter ist, wird der Blick auch auf die privaten Räume gerichtet. Eine Herausforderung liegt darin, dass die ‚Reichsstadt' als solche von Personen und Gruppen konstituiert wurde, die nicht zwingend als eine Einheit auftraten. Die Stadt erscheint somit als Konglomerat verschiedenster Interessen und Anschauungen. An erster Stelle stand hier der Stadtrat, der für die bauliche Gestaltung der öffentlichen Räume zuständig war.[51] Der Rat verkörperte eine Bürgerschaft, deren soziale, politische und ökonomische

---

einer Kategorie der bürgerlichen Gesellschaft, Neuwied 1962 (Neuauflage 1992 mit neuem Vorwort); zum Wandel im internationalen Wissenschaftsdiskurs u. a. Peter VON MOOS: „Öffentlich" und „privat" im Mittelalter. Zu einem Problem historischer Begriffsbildung (= Schriften der Philosophisch-historischen Klasse der Heidelberger Akademie der Wissenschaften, Bd. 33), Heidelberg 2004, S. 55–64, hier v. a. S. 56: Habermas verengt das weite Spektrum von „Öffentlichkeit" auf die bloße Zurschaustellung und Aufführung von Herrschaftsrechten, ohne dessen mittelalterliche Aspekte im Sinne der Verkörperung und Totalisierung zu beachten; zur mediävistischen Kritik an Habermas u. a. Alfred HAVERKAMP: „... an die große Glocke hängen". Über Öffentlichkeit im Mittelalter, in: Jahrbuch des Historischen Kollegs 1 (1995), S. 119–156, hier S. 83f.; auch HUNING, Politisches Handeln 2006, S. 61–64.

50 Dazu MALZ, Öffentlichkeit 2005, S. 21, 29f.; konkret mit Verweisen auf das späte Mittelalter auch Bernd ROECK: Zunfthäuser in Zürich. Zur Struktur der frühneuzeitlichen Öffentlichkeit, in: Geschlechtergesellschaften, Zunft-, Trinkstuben und Bruderschaften in spätmittelalterlichen und frühneuzeitlichen Städten, 40. Arbeitstagung in Pforzheim von 16.–18. November 2001 (= Stadt in der Geschichte, Bd. 30), hg. von Gerhard FOUQUET/ Matthias STEINBRINK/Gabriel ZEILINGER, Ostfildern 2003, S. 191–258; ebenso Heinz STOOB: Bürgerliche Gemeindebauten in mitteleuropäischen Städten des 12./15. Jahrhunderts, in: Wirtschaftskräfte und Wirtschaftswege, Bd. 1: Mittelmeer und Kontinent. Festschrift für Hermann Kellenbenz (= Beiträge zur Wirtschaftsgeschichte, Bd. 4), hg. von Jürgen SCHNEIDER, Stuttgart 1978, hier S. 51.

51 Dazu HUNING, Politisches Handeln 2006, S. 17–21, mit einer knappen aber anschaulichen Zusammenfassung der im Diskurs vorherrschenden Definitionen des Begriffs „öffentlicher Raum"; auch Julian JACHMANN: Öffentlichkeit und Raum in der Reichsstadt. Das frühneuzeitliche Augsburg zwischen Rat, Patriziat und Fürsten, in: Stadtgestalt und Öffentlichkeit. Die Entstehung politischer Räume in der Stadt der Vormoderne (= Veröffentlichungen des Zentralinstituts für Kunstgeschichte in München, Band 24), hg. von Stephan ALBRECHT, Köln/Weimar/Wien 2010, S. 191–209, hier S. 191–193; und Julian JACHMANN: Die Kunst des Augsburger Rates 1588–1631. Kommunale Räume als Medium von Herrschaft und Erinnerung (= Kunstwissenschaftliche Studien, Bd. 147), München/ Berlin 2008, S. 26–28.

EINLEITUNG

Akteure ein von Prozessen der Identitätskonstruktion[52] und Abgrenzung durchsetztes, heterogenes Kollektiv bildeten. Dieses vereinte verschiedene individuelle Bedürfnisse nach einer innerstädtischen Demonstration von Machtverhältnissen in sich. So konnte das Interesse an einer gesamtstädtischen Repräsentation zeitweise durchaus in den Hintergrund geraten.[53] Gerade deshalb stellen die Reichsstädte als besonders dynamische Felder äußerst interessante Untersuchungsobjekte dar.[54]

Ein unerlässliches Kriterium für die Analyse ist außerdem die ‚Zeitlichkeit des Raums.'[55] Dies bedeutet, dass die historischen Rahmenbedingungen und ereignisgeschichtlichen Aspekte bei der Interpretation von Beobachtungen miteinbezogen wurden. So kann man auch den Wandel, die Veränderungen und die im Laufe der Zeit erfolgten Umdeutungen aufzeigen.[56] Ebenso spielte die wirtschaftliche, soziale und politische Situation der Akteure auf den einzelnen Ebenen eine entscheidende Rolle. Dies ist wichtig, um einerseits die räumlichen Prozesse korrekt darzustellen und in größere Zusammenhänge einordnen zu können, und um andererseits die Vergleichbarkeit oder auch Andersartigkeit der Phänomene in den unterschiedlichen Reichsstädten

---

52 Zur städtischen Identität vgl. Bernd ROECK: Identität und Stadtbild. Zur Selbstdarstellung der deutschen Stadt im 15. und 16. Jahrhundert, in: Aspetti e componenti dell'identità urbana (= Annali dell' Istituto storico italo-germanico in Trento 12), hg. von Georgio CHITTOLINI/Peter JOHANEK, Bologna u. a. 2003, S. 11–24.

53 Zur Herstellung einer gesellschaftlichen Ordnung, die gleichbedeutend mit Hierarchie zu sehen ist, vgl. Marian FÜSSEL/Thomas WELLER: Einleitung, in: Ordnung und Distinktion. Praktiken sozialer Repräsentation in der ständischen Gesellschaft (= Symbolische Kommunikation und gesellschaftliche Wertesysteme. Schriftenreihe des Sonderforschungsbereichs 496, Bd. 8), hg. von DIESS., Münster 2005, S. 9–22; dazu auch die Forschungen des Sonderforschungsbereichs „Symbolische Kommunikation und gesellschaftliche Wertesysteme vom Mittelalter bis zur Französischen Revolution" (SFB 496) der Universität Münster mit Zeichen – Rituale – Werte. Internationales Kolloquium des Sonderforschungsbereichs 496 an der Westfälischen Wilhelms-Universität Münster (= Symbolische Kommunikation und gesellschaftliche Wertesysteme. Schriftenreihe des SFB 496, Bd. 3), Gerd ALTHOFF/Christiane WITTHÖFT, Münster 2004.

54 Vgl. OBERSTE, Einführung 2007, S. 7f.; dazu die Feldtheorie von Pierre BOURDIEU: Politisches Feld und symbolische Macht. Gespräch mit Pierre Bourdieu, in: Berliner Journal für Soziologie 1 (1991), S. 483–488; auch Volker DEPKAT: Kommunikationsgeschichte zwischen Mediengeschichte und der Geschichte sozialer Kommunikation. Versuch einer konzeptionellen Klärung, in: Medien der Kommunikation im Mittelalter (BKG, Bd. 15), hg. von Karl-Heinz SPIESS, Wiesbaden 2003, S. 9–48.

55 Vgl. dazu RAU, Räume 2013, S. 68, besonders S. 66–70, zur Komplexität der Beziehungen zwischen Raum und Zeit.

56 EBD., S. 62f., 108f.

herauszuarbeiten.[57] Dadurch wird der Trugschluss vermieden, bei den untersuchten Reichssymboliken handle es sich *a priori* um überzeitliche Phänomene.[58]

1.3 *Symbole, Zeichen und die zeitgenössische Wahrnehmung*

Um die Funktionsmechanismen des Reichs und die korrelative Bedeutung von Reich und Reichsstadt zu erfassen, ist ein geschärftes Verständnis für die Begrifflichkeiten ,Symbol' und ,Zeichen' unabdingbar. Das Reich kann man, wie auch die Reichsstadt, im weiteren Sinne als Institution bezeichnen. Diese ist jedoch bei einer so abstrakten Größe wie dem Reich nicht so einfach zu fassen, wie man es gemeinhin von neuzeitlichen Institutionen annimmt.[59] Eine Institution soll deshalb als Symbolsystem verstanden werden.[60] Sowohl das Reich als auch die Reichsstädte sind daher nicht nur als Räume, sondern auch als „politische Einheiten und kollektive Akteure" zu betrachten.[61] Diese waren auf Herrschaftssicherung und Herrschaftslegitimation angewiesen,[62] weshalb nach der häufig zitierten These Pierre Bourdieus „symbolisches Kapital"[63] generiert wurde, um Macht und Herrschaftsrechte sowie den Anspruch darauf sichtbar werden zu lassen.[64] Unter sozialen Bedingungen gesprochen, kann

---

57 Andreas SUTER: Kulturgeschichte des Politischen – Chancen und Grenzen, in: Kulturgeschichte 2005, hg. von STOLLBERG-RILINGER, S. 27–55, hier bes. S. 29. 52f.

58 Zur Variabilität von Kultursystemen vgl. STOLLBERG-RILINGER, Einleitung 2005, S. 19–22.

59 Gerhard GÖHLER: Politische Institutionen und ihr Kontext. Begriffliche und konzeptionelle Überlegungen zur Theorie politischer Institutionen, in: Die Eigenart der Institution. Zum Profil politischer Institutionentheorie, hg. von DEMS., Baden-Baden 1994, S. 19–46; kritisch dazu auch Reinhard BLÄNKNER: Überlegungen zum Verhältnis von Geschichtswissenschaft und Theorie politischer Institutionen, in: Institution 1994, hg. von GÖHLER, S. 85–122.

60 Karl-Siegbert REHBERG: Institutionen als symbolische Ordnungen. Leitfragen und Grundkategorien zur Theorie und Analyse institutioneller Mechanismen, in: Institution 1994, hg. von GÖHLER, S. 47–84.

61 Dazu STOLLBERG-RILINGER, Einleitung 2005, S. 14.

62 Vgl. André KRISCHER: Reichsstädte in der Fürstengesellschaft. Politischer Zeichengebrauch in der Frühen Neuzeit, Darmstadt 2006.

63 „Symbolisches Kapital" ist nach Pierre Bourdieu der „Kredit an legitimer gesellschaftlicher Wertschätzung": Pierre BOURDIEU: Ökonomisches Kapital, kulturelles Kapital, soziales Kapital, in: Soziale Ungleichheiten (= Soziale Welt, Sb. 2), hg. von Reinhard KRECKEL, Göttingen 1983, S. 183–198, hier S. 189f.

64 Zu den Ansätzen der neuen Stadtgeschichtsschreibung vgl. u. a. auch Gerd ALTHOFF/ Barbara STOLLBERG-RILINGER: Rituale der Macht in Mittelalter und Früher Neuzeit, in: Die neue Kraft der Rituale, hg. von Axel MICHAELS, Heidelberg 2007, S. 141–177.

EINLEITUNG   13

man Macht nach Max Weber als Chance definieren, den eigenen Willen auch gegen Widerstand durchzusetzen.[65] Herrschaft ist darauf aufbauend auf die Durchsetzung verbindlicher und auf bestimmte gesellschaftliche Gruppen abgestimmter Entscheidungen gerichtet.[66] Die Leistungen der genannten Akteure sind als institutionelle Prozesse anzusehen, da sie, bestenfalls auf Dauer angelegt, stabilisierend auf die politische und soziale Ordnung wirken.[67]

Symbole und Zeichen[68] sind in diesem Kontext die sozialen Phänomene, „[...] die das Individuum mit dem Sozialen [...]" verbinden.[69] Die Unterscheidung beider Begrifflichkeiten wird bewusst nicht getroffen, da die Wahrnehmung beider Systeme den gleichen Voraussetzungen unterliegt.[70] Beide stellen Möglichkeiten dar, für den Einzelnen oder auch für Gruppen

---

65 Das berühmte Werk des Sozialwissenschaftlers Weber wurde erstmals 1921 herausgegeben. Vgl. hier Max WEBER: Wirtschaft und Gesellschaft, Tübingen 1972, S. 27, zum Machtbegriff; auch der Überblick mit weiterführender Literatur in Christian HOCHMUTH/Susanne RAU: Stadt – Macht – Räume – Eine Einführung, in: Machträume 2006, S. 13–40, hier S. 24–26; dazu auch REHBERG: Symbolische Ordnungen 1994, S. 70; weiter dazu Siegfried WEICHLEIN: Max Weber, der moderne Staat und die Nation, in: Max Webers Staatssoziologie. Positionen und Perspektiven (= Staatsverständnisse, Bd. 15), hg. von Andreas ANTER/Stefan BREUER, Baden-Baden 2007.

66 GÖHLER, Politische Institution 1994, S. 22.

67 Dazu auch Susanne RAU/Gerd SCHWERHOFF. Öffentliche Räume in der Frühen Neuzeit. Überlegungen zu Leitbegriffen und Themen eines Forschungsfeldes, in: Zwischen Gotteshaus und Taverne. Öffentliche Räume in Spätmittelalter und Früher Neuzeit (= Norm und Struktur. Studien zum sozialen Wandel in Mittelalter und früher Neuzeit, Bd. 21), hg. von DIESS., Köln/Weimar/Wien 2004, S. 11–125, hier v. a. S. 24–26, zur Institutionalität.

68 Bezieht man sich auf Karl Rehberg, so kann man in Abhängigkeit von ihrer Funktion von Präsenz-Symbolen und Repräsentanz-Zeichen sprechen, vgl. Karl-Siegbert REHBERG: Weltrepräsentanz und Verkörperung. Institutionelle Analyse und Symboltheorien – eine Einführung in systematischer Absicht, in: Institutionalität und Symbolisierung. Verstetigung kultureller Ordnungsmuster in Vergangenheit und Gegenwart, hg. von Gert MELVILLE, Köln/Weimar/Wien 2001, S. 3–50.

69 Bernd ROECK: Die Wahrnehmung von Symbolen in der frühen Neuzeit. Sensibilität und Alltag in der Vormoderne, in: Institutionalität 2001, hg. von MELVILLE, S. 525–539, hier S. 530; zudem sei hier verwiesen auf Rudolf SCHLÖGL: Symbole in der Kommunikation. Zur Einführung, in: Die Wirklichkeit der Symbole. Grundlagen der Kommunikation in historischen und gegenwärtigen Gesellschaften (= Historische Kulturwissenschaften, Bd. 1), hg. von DEMS./Bernhard GIESEN/Jürgen OSTERHAMMEL, Konstanz 2004, S. 9–38, hier S. 21.

70 Vgl. ROECK, Wahrnehmung 2001, S. 15, der die Notwendigkeit der Unterscheidung nur dort sieht, wo die Koordinierung von Kommunikation untersucht wird.

komplexe transzendente Vorgänge zu visualisieren, beispielsweise um ein Selbstverständnis oder Ansprüche auf Herrschaft zu vergegenwärtigen, und um daraus wiederum eine gemeinschaftsbildende Perspektive zu entwickeln, die das Funktionieren einer Institution sichert.[71] Symbole können auch auf etwas oder jemand Abwesenden verweisen, weshalb auf die ‚Repräsentation‘ und die Herstellung von Präsenz Wert gelegt wird. Damit ist nicht die primäre Bedeutung einer personellen oder ständisch geprägten Stellvertreterschaft gemeint, sondern die Verkörperung und Demonstration von übergeordneten Leitideen oder Identifikationsstrukturen,[72] also die Darstellung der Ideen ‚Reich‘ oder ‚König.‘[73]

Um diese Symbole und Zeichen zu generieren, standen verschiedenartige Medien für die Ausgestaltung zur Verfügung. Im Zusammenhang mit der Erfahrbarkeit von Reich und Reichsphänomenen war dies zunächst einmal die Schrift als politisches Instrument und Medium der herrschaftlichen Repräsentation.[74] Oft wurden zum Beispiel Städtechroniken als „didaktische

---

71 Vgl. REHBERG, Weltrepräsentanz 2001, S. 33, auch Robert JÜTTE: Funktion und Zeichen. Zur Semiotik herrschaftlicher Kommunikation in der Stadtgesellschaft, in: Visualisierung städtischer Ordnung. Zeichen – Abzeichen – Hoheitszeichen. Referate der interdisziplinären Tagung des Forschungsinstituts für Realienkunde am Germanischen Nationalmuseum, Nürnberg, 9.–11. Oktober 1991, hg. von Hermann MAUÉ, Nürnberg 1993, S. 13–21.

72 Der Begriff der Repräsentation nach Hans-Peter WAGNER: s. v. „Repräsentation", in: Metzler Lexikon. Literatur- und Kulturtheorie. Ansätze – Personen – Grundbegriffe, hg. von Ansgar NÜNNING, Stuttgart/Weimar ³2004, S. 569f., „[...] im weiteren Sinne definieren als ein Prozeß der Sinnkonstituierung, in dessen Verlauf die Komponenten Referenz und Performanz eine eminente Rolle spielen, als sie Ambiguität und Neues schaffen." Im Zusammenhang mit der Zeichentheorie ging der Begriff in die Bereiche der Ästhetik und Bildtheorie über. Mit der Beobachtung daraus resultierender sozialer und kultureller Phänomene wird der Terminus „Repräsentation" zunehmend diskutiert, v. a. auch in Untersuchungen von mittelalterlichen Ereignissen, vgl. u. a. Die Repräsentation der Gruppen. Texte – Bilder – Objekte (= Veröffentlichungen des Max-Planck Instituts für Geschichte, Bd. 141), hg. von Otto Gerhard OEXLE/Andrea von HÜLSEN-ESCH, Göttingen 1998, S. 9–44; aus der stets anwachsenden Menge an Literatur und Definitionsansätzen siehe Hasso HOFMANN: Der spätmittelalterliche Rechtsbegriff der Repräsentation in Reich und Kirche, in: Höfische Repräsentation. Das Zeremoniell und die Zeichen, hg. von Hedda RAGOTZKY/Horst WENZEL, Tübingen 1990, S. 17–42.

73 GÖHLER, Politische Institution 1994, S. 32.

74 Vgl. dazu mit übertragbaren Überlegungen: Horst WENZEL: Höfische Repräsentation. Symbolische Kommunikation und Literatur im Mittelalter, Darmstadt 2005, S. 10–12; zur Schriftkultur in den Städten vgl. Mathias KLUGE: Die Macht des Gedächtnisses:

EINLEITUNG   15

Instrumente"[75] eingesetzt, die vergangene oder gegenwärtige Situationen aufzeigen, erhöhen und kommentieren sollten, um dadurch das Selbstverständnis
der Stadt sowie das Verständnis von Reich und der Teilhabe daran zu vermitteln. Ebenso findet man bildliche Darstellungen der Reichsstädte, die in
einem ähnlichen Kontext zu sehen sind.[76] Darüber hinaus sind audiovisuelle
Repräsentationsformen zu nennen, zum Beispiel der Stadttrompeter, der nur
mit königlichem Regal für die Stadt tätig werden durfte.[77] Vor allem den öffentlich sichtbaren Darstellungen wurde jedoch in einer Umwelt, in der politische
Kommunikation vor allem mündlich stattfand, eine herausragende Bedeutung
zugeschrieben.[78] Im Prozess der Herstellung, Legitimierung und Stabilisierung
von Macht und Herrschaft fanden sie zunehmend Verwendung durch das städtische Regiment. Zur Demonstration des „mystischen Reichskörpers"[79] wurden unter anderem Wappen, Fahnen oder Schilde im Stadtraum angebracht.
Auch die Form und Semantik von bildender Kunst, Architektur, Malerei und
Skulptur wurde dazu verwendet, die Teilhabe am Reich aufzuzeigen.[80] Gerade
der repräsentative Charakter von Kunst- und Bauwerken ist nicht zu gering
zu bewerten, zumal schon alleine der Aufwand, der für die Errichtung von
Kunstwerken und Fassadenbemalungen sowie Baumaßnahmen in der Stadt
betrieben wurde, nicht unbemerkt bleiben konnte.[81] Außerdem gab es Rituale,
zum Beispiel Huldigungen oder Herrschereinzüge, die durch Inszenierungen

---

       Entstehung und Wandel kommunaler Schriftkultur im Mittelalterlichen Augsburg (=
       Studies in Medieval and Reformation Traditions, Bd. 181), Leiden/Boston 2014.

75   Vgl. u. a. SCHMIDT, Städtechroniken 1958, S. 34f.

76   Andrea von HÜLSEN-ESCH: Die Buchmalerei als Medium der Erinnerung, in: Medien
       der Erinnerung in Mittelalter und Renaissance (= Düsseldorfer Studien zu Mittelalter
       und Renaissance, Bd. 42), hg. von DERS., Düsseldorf 2009, S. 83–111; Dieter BLUME: Die
       Argumentation der Bilder – Zur Entstehung einer städtischen Malerei, in: Malerei und
       Stadtkultur in der Dantezeit. Die Argumentation der Bilder, hg. von Hans BELTING/
       Dieter BLUME, München 1989, S. 13–21.

77   Vgl. Heinrich SCHWAB: Der Stadtmusicus als Amtsträger, in: Anzeiger des Germanischen
       Nationalmuseums 1993, S. 98–106.

78   Horst WENZEL, Höfische Repräsentation 2005, S. 11–16; weiter dazu Lieselotte SAURMA-
       JELTSCH: Zeichen des Reichs im 14. und frühen 15. Jahrhundert, in: Heiliges Römisches
       Reich 2006, hg. von PUHLE/HASSE 2006, S. 337–347, hier S. 337.

79   EBD., Zeichen 2006, S. 338.

80   Günther BANDMANN: Ikonologie der Architektur, in: Jahrbuch für Ästhetik und allgemei-
       ne Kunstwissenschaft 1951, S. 67–109.

81   Johannes WILHELM: Augsburger Wandmalerei 1368–1530. Künstler, Handwerker und
       Zunft (= Abhandlungen zur Geschichte der Stadt Augsburg. Schriftreihe des Stadtarchivs
       Augsburg, Bd. 29), Augsburg 1983, S. 18, erwähnt dies auch folgerichtig für die Augsburger
       Fassadenmalereien.

eine Vergewisserung der eigenen Identität und somit auch eine Stabilisierung der Ordnung herbeiführen sollten.[82] Architektur und Kunstwerke konnten ebenso einen rituellen Rahmen für performative Handlungen bilden,[83] was die These unterstreicht, dass die einzelnen Repräsentationsmedien nicht für sich alleine standen, sondern in einen „Raum wechselseitiger Wahrnehmung"[84] eingebunden waren.

Fragt man nach der Wahrnehmung von Symbolen und Zeichen, sind aufgrund der spärlichen direkten Quellenbelege einige Besonderheiten zu beachten. Nicht nur die körperliche Anwesenheit in einer Stadt, sondern auch die Möglichkeit, bestimmte Räume zu betreten bzw. an bestimmten Geschehnissen in Form von statischen oder dynamischen Momenten teilzunehmen, ist hier von Relevanz. So war der Zugang zu vermeintlich öffentlichen Gebäuden häufig sozial oder politisch exakt definierten Gruppen vorbehalten. Oft ist solch ein Symbol mit mehreren Bedeutungen versehen, die nicht von allen Beobachtern gleichsam entschlüsselt werden konnten. Abstrakte Inschriften waren beispielsweise schwieriger zu lesen als simplere Bilddarstellungen wie der Reichsadler, und waren deshalb nur von einem Bruchteil der städtischen Öffentlichkeit zu decodieren. Persönliche Fähigkeiten wie Lesen oder profundes soziokulturelles Wissen waren für das Verständnis der Darstellungen maßgeblich. Der Vorgang der „Wahrnehmung" ist sehr komplex, weil er mit der Verarbeitung von individuellen Sinnesreizen zusammenhängt: Die Darstellungen bergen immer etwas „Fiktionales" bzw. „Transzendentes"[85] und die Tragweite ihrer Aussage ist auch durch die Aufmerksamkeit und Vorstellungskraft ihrer Beobachter bedingt.[86] Man kann sich der Frage nach den Möglichkeiten der Wahrnehmung durch die Betrachtung der soziokulturellen Umwelt annähern, in der sich beispielsweise ein Symbol – sei es eine Skulptur oder Ähnliches – befindet. Das Umfeld, in dem dieses sichtbar war, ist essenziell für die Aussagekraft, weshalb es wichtig ist, darauf zu achten, „[...] auf welche Lebenswelt, welche *Normalität* Symbole

---

82 Gerd ALTHOFF: Spielregeln der Politik im Mittelalter. Kommunikation in Frieden und Fehde, Darmstadt 1997.

83 Vgl. Uwe M. SCHNEEDE: Ritual als Werk: Joseph Beuys' Aktionen, in: Rituale 2007, hg. von MICHAELS, S. 67–76; auch Angelika LAMPEN: Das Stadttor als Bühne, Architektur und Zeremoniell, in: Adventus. Studien zum herrschaftlichen Einzug in die Stadt (= Städteforschung, Reihe A, Bd. 75), hg. von Peter JOHANEK/Angelika LAMPEN, Köln/Weimar/Wien 2009, S. 1–36.

84 Dazu Niklas LUHMANN: „Einfache Sozialsysteme", in: Zeitschrift für Soziologie 1 (1972), S. 51–65.

85 REHBERG, Symbolische Ordnungen 1994, S. 6of., 63–65.

86 REHBERG, Weltrepräsentanz 2001, S. 11.

EINLEITUNG　　　　　　　　　　　　　　　　　　　　　　17

(und das gilt mutatis mutandis, überhaupt für Kunstwerke) wirkten [...],"[87] um auf deren Wahrnehmung zu schließen.

2　Methodische Präzisierung

2.1　*Zeitliche und inhaltliche Schwerpunkte der Untersuchung*

Zunächst wird das „Shaping,"[88] und damit verbunden die Entstehung des Raumtypus der drei Vergleichsstädte, beleuchtet. Nach der Gründung und den Grundlagen der Reichsanbindungen werden die ursprüngliche Topographie sowie die Veränderung und die Dynamik der städtischen Gestalt, der „Physiognomie,"[89] dargestellt – und zwar in Abhängigkeit der Rechte, die dazu führten, dass die Stadt als ‚Reichsstadt' anzusprechen war. Bis in das 12. Jahrhundert hinein gab es noch keine normierende und umfassende Symbolsprache für das Reich, zum Beispiel in Form von Wappendarstellungen. Jedoch spiegeln sich Normen und Privilegien oft im Stadtbild wider und wurden so den Bürgern bewusst und unbewusst sichtbar gemacht.[90] Dies hatte unmittelbare Auswirkungen auf den Alltag der Bewohner, die mit den baulichen Veränderungen auch den Wandel der städtisch-politischen Struktur und die Annäherung an das Reich auf praktische Art und Weise erfuhren.

Nach der Analyse der räumlichen Formierungsprozesse wird das ‚Corporate Branding'[91] betrachtet. Im Mittelpunkt steht die sinnlich erfahrbare

---

87　Vgl. Roeck, Wahrnehmung 2001, S. 539.

88　Ein Sammelband, der die Schaffung und Ausformung einer städtischen Identität durch Raum bzw. Räume und städtischer Umwelt behandelt, bezieht sich ebenfalls auf den Begriff „Shaping": Shaping Urban Identity in Late Medieval Europe. L'apparition d'une identité urbaine dans l'Europe du bas moyen âge (= Studies in Urban Social, Economic and Political History of the Medieval and Early Modern Low Countries, No. 11), hg. von Marc Boone/Peter Stabel, Leuven/Apeldoorn 2000.

89　Auch Saurma-Jeltsch, Reich 2006, S. 402.

90　Zur Sichtbarmachung und Lesbarkeit der politischen und gesellschaftlichen Ordnung vgl. Jörg Rogge: Kommunikation, Herrschaft und politische Kultur. Zur Praxis der öffentlichen Inszenierung und Darstellung von Ratsherrschaft in Städten des deutschen Reichs um 1500, in: Interaktion und Herrschaft. Die Politik der frühneuzeitlichen Stadt (= Historische Kulturwissenschaft, Bd. 5), hg. von Rudolf Schlögl, Konstanz 2004, S. 381–407, S. 387; weiter vgl. dazu Hans Koepf: Das Stadtbild als Ausdruck der geschichtlichen Entwicklung, in: Stadt und Kultur, 21. Arbeitstagung in Ulm 29.–31. Oktober 1982 (= Stadt in der Geschichte, Bd. 11), hg. von Hans Eugen Specker, Sigmaringen 1983, S. 9–32.

91　Carla Meyer, ‚City branding' im Mittelalter? Städtische Medien der Imagepflege um 1500, in: Stadt 2012, hg. von Zimmermann, S. 19–48, hier v. a. S. 21, verwendet ebenso

Repräsentation des Reichs oder Königs während seiner Abwesenheit. Der Reichsstadt und ihren Akteuren standen in diesem Fall diverse Medien und Symboliken zur Verfügung, um den Herrscher oder das Reich alltäglich oder auch okkasionell erfahrbar werden zu lassen: Dazu dienten zum Beispiel Darstellungen auf Münzen, Siegeln oder Wappen, öffentliche Bezeugungen durch Inschriften, Reliefs und Malereien, aber auch Brunnenplastiken oder Portalskulpturen, sowie Fahnen und Banner. Der reichsstädtische Raum wurde entsprechend den Interessen der Personen oder Gruppierungen, die als Initiatoren der Maßnahmen auftraten, ausgestaltet. Diese „Raumdynamiken" führten zu einem Konglomerat verschiedener Wahrnehmungsmöglichkeiten für die Betrachter, die in unterschiedlichen Situationen zu einem Teilnehmer des Reichs werden konnten. Fehlen für die Frühzeit noch die Belege eines übergreifenden Kanons an Reichssymboliken in den Städten, so findet man allmählich wiederkehrende Symbolstrukturen, von denen die wohl berühmteste der sogenannte Reichsadler ist, der zum Zeichen von Kaiser und Reich wurde.[92] Die Überlieferung solcher Objekte und Medien setzte zunehmend im 13. Jahrhundert ein. Zugleich entstand in dieser Zeit nach und nach ein reicher Bestand an Schriftquellen, die maßgebliche Erkenntnisse für die Untersuchung liefern. Der Schwerpunkt dieses Kapitels liegt deshalb auf einem Zeitraum, der dem späten Mittelalter zuzuordnen ist. Er beginnt in etwa mit dem Ende des Interregnums im ausgehenden 13. Jahrhundert und kann in den frühen Jahren als Phase der Suche nach einer stabilen Basis in der Reichspolitik bezeichnet werden.[93] Nachdem die Könige in der labilen Zeit nach dem Tode Friedrichs II. (1212–1250, ab 1220 Kaiser) zwischen 1254 und 1273 kaum präsent waren, konzentrierten sich vor allem Rudolf von Habsburg (1273–1291) und die nachfolgenden Herrscherdynastien der Wittelsbacher und Luxemburger zunächst auf die Unterstützung wirtschaftlich und politisch bedeutsamer Städte. Ein Grund war unter anderem, dass das vergleichsweise schwache Königtum auf die Geldleistungen der finanziell potenten Akteure angewiesen war.[94] Somit gerieten die Könige und das Reich durch Privilegienvergaben, die

---

     den Begriff „Branding" für die Untersuchung der Medien, die für die Entwicklung und Propagierung städtischer Identität verwendet wurden.

92   Vgl. Claus D. BLEISTEINER: Der Doppeladler von Kaiser und Reich im Mittelalter. Imagination und Realität, in: MIÖG 109 (2001), S. 4–52.

93   Zum Interregnum vgl. Martin KAUFHOLD: Deutsches Interregnum und europäische Politik. Konfliktlösungen und Entscheidungsstrukturen 1230–1280 (= MGH Schriften, Bd. 49), Hannover 2000; auch DERS.: Das Reich im Umbruch (1250–1308), in: Heiliges Römisches Reich 2006, hg. von PUHLE/HASSE, S. 277–28.

94   Dazu HEINIG, Reichsstädte 1983, S. 55, 133.

EINLEITUNG 19

meist auf monetären Gegenleistungen basierten, vermehrt in den Blick der Reichsstädte. Diese Zeit wird gemeinhin als Epoche der größten politischen und wirtschaftlichen Selbständigkeit des Stadtbürgertums bezeichnet, weshalb die Möglichkeiten, eigene Interessen zu visualisieren und zu repräsentieren, eklatant zunahmen.[95]

Anschließend steht die ‚Physical Presence' von Reich und König in den spätmittelalterlichen Reichsstädten im Mittelpunkt. Die Anwesenheit wird sowohl auf den Besitz und die Bauwerke des Reichs, bzw. auf den königlichen Amtsträger als auch auf die körperliche Anwesenheit der Reichsoberhäupter oder der Vertreter des Reiches übertragen. Die Reichsstädte pflegten einen ambivalenten Umgang mit dem Reichsbesitz und den dort residierenden Repräsentanten. So wurden diese in den Raum integriert oder gar im Zuge der reichsstädtischen Autonomiebestrebungen zurückgedrängt. Um sich städtische Freiheiten zu sichern oder diese zu visualisieren, ging man in Situationen, welche eine Gefährdung des autonomen Status bedeuteten, sogar bewusst gegen Reichsrepräsentanten vor und ließ deren Bauwerke niederreißen. Im umgekehrten Sinn wurden jedoch auch reichsstädtische Gebäude, wie beispielsweise das Rathaus, in den Dienst des Reichs gestellt und für Huldigungen oder Feierlichkeiten genutzt. Akut wurde die Erfahrbarkeit des Reiches vor allem dann, wenn der Herrscher die Stadt besuchte, da durch die physische Anwesenheit die Einheit ‚Reichsstadt und König' stark in den Vordergrund trat.

Das Ende des Untersuchungszeitraums der Studie markiert der in der Städtepolitik nicht sehr engagierte Habsburger Friedrich III. (1440–1493, ab 1452 Kaiser). Während der Regentschaft seines Sohnes Maximilian I. (1486/93–1519, ab 1508 Kaiser) änderte sich das Verhältnis der Städte zu Kaiser und Reich nachhaltig. Dazu zählten die umfangreichen Reformen mit der Institutionalisierung des Reichstages in Worms, die nachhaltig die weitere Entwicklung des Reichs bestimmten. Mit der beginnenden Konfessionalisierung[96] entstanden zudem neue reichsrechtliche und religionspolitische Normen, auf die sich die Reichsstädte beriefen, und die auch symbolisch instrumentalisiert wurden. Dieser Wandel wird nicht mehr berücksichtigt.[97]

---

95 Vgl. ISENMANN, Stadt 2014, S. 26f.

96 Die Frühdatierung setzt diese Epoche ab ca. 1517 mit Martin Luther an, vgl. Horst RABE: Deutsche Geschichte 1500–1600. Das Jahrhundert der Glaubensspaltung, München 1991. In der Spätdatierung wird erst die Zeit um 1550 für den Beginn des konfessionellen Zeitalters genannt, vgl. dazu Heinz SCHILLING: Die Konfessionalisierung im Reich. Religiöser und gesellschaftlicher Wandel im Reich zwischen 1555 und 1620, in: HZ 246 (1988), S. 1–45.

97 Dazu u. a. JACHMANN, Augsburger Rat 2008.

2.2 Zur Auswahl der Beispielstädte Augsburg, Nürnberg und Lübeck

Die Auswahl der drei Städte erfolgte zum einen aufgrund der vergleichbaren Dichte und Bedeutung ihrer archivalischen bzw. textlichen Überlieferung, zum anderen hinsichtlich ihrer Stellung im Reichsgeschehen. Alle drei Städte gehörten zu den wenigen politisch und wirtschaftlich einflussreichen Großstädten des Reichs mit bis zu 25.000 Einwohnern zwischen 1300 und 1500.[98] Sie waren zudem kontinuierlich vom Ende des 13. Jahrhunderts an reichsunmittelbar.[99] Bezogen auf ihre Lage in der politisch-geographischen Landschaft und ihrer Beziehung zum Königtum stehen sie exemplarisch für verschiedene Typen. Die Einordnung erfolgte nach Peter Moraws Klassifizierung, die zwischen königsnah, königsoffen und königsfern unterscheidet. Diese Einteilung ist nicht als zu starr zu verstehen, weil es zu fließenden Übergängen kommt.[100] Diese entstehen beispielsweise innerhalb des Reichs durch territoriale Interessensverschiebungen der einzelnen Dynastien oder Herrscher, weshalb in der Folge andere Reichsgebiete oder Städte mehr in ihren Fokus gerieten. Darüber hinaus konnten aber auch die Reichsstädte selbst oder einzelne innerstädtische Akteure ihre Haltung gegenüber dem Reich ändern, was sich auf die Nähe zum Königtum auswirkte.

Die erste Stadt, Augsburg, lag als ehemalige Bischofsstadt[101] mit römischen Wurzeln inmitten des früheren staufischen und königsnahen Schwaben.[102] Spätestens seit dem 8. Jahrhundert spielten die Augsburger Bischöfe eine

---

98 EBD., S. 412; dazu HEINIG, Reichsstädte 1983, S. 17. Im 15. Jh. zählte man 12–15 Großstädte mit mehr als 10.000 Bewohnern; auch ISENMANN, Stadt 2014, S. 62f.

99 Vgl. SCHNEIDER, Reichsstädte 2006, S. 413, nach den Reichsmatrikeln von 1521.

100 MORAW, Reichsstadt 1979, S. 390.

101 Zu Bischofsstädten vgl. u. a. FUHRMANN, Stadt 2006, S. 10–14; aus dem kunsthistorischen Forschungsbereich Wolfgang BRAUNFELS: Abendländische Stadtbaukunst. Herrschaftsform und Baugestalt, Köln 1976, S. 18–39, für Augsburg v. a. S. 19, 23; darüber hinaus grundlegend zur Kontinuität antiker und mittelalterlicher Städte vgl. MASCHKE, Stadt 1982, hier S. 303; auch exempl. den interdisziplinären angelegten Überblick von Günther FEHRING: Stadtentwicklung des Mittelalters in Zentraleuropa, in: Interdisziplinäre Beiträge zur Siedlungsarchäologie (= Gedenkschrift für Walter Janssen = Internationale Archäologie. Studia honoraria, Bd. 17), Rahden 2002, S. 72–88, hier v. a. S. 1–52; zur richtungsweisenden Bedeutung Augsburgs für andere Bischofsstädte des Mittelalters vgl. KIEßLING, Bürgerliche Gesellschaft 1971, S. 15f.; zur Aussagekraft von Bischofsstädten auch Günther BINDING: Städtebau und Heilsordnung: Künstlerische Gestaltung der Stadt Köln in ottonischer Zeit (= Studia humaniora. Düsseldorfer Studien zu Mittelalter und Renaissance, Series minor, Bd. 1), Düsseldorf 1986.

102 MORAW, Reichsstadt 1979, S. 390.

EINLEITUNG 21

immer größere Rolle in der Reichspolitik.[103] Die Reichsstadt entstand allmählich auf dem ehemaligen Kirchengut des Bistums, und ab 1167 leitete sich die
königliche Herrschaft über die Besetzungsrechte für die Vogtei ab.[104] Als sehr
prägend erweist sich die Formierung der drei Kräftebereiche König, Bischof
und Bürgerschaft.[105] Aufgrund ihrer günstigen Lage an den wichtigen süddeutschen Straßenverbindungen verfügte die Stadt über ideale wirtschaftliche und strategische Voraussetzungen, um sich zu einem Zentrum nicht nur
in der Region, sondern auch im Reich zu entwickeln. Sie bot unter anderem
die erforderliche Infrastruktur, um eine große Anzahl an Gästen während der
hochmittelalterlichen Hoftage bzw. der spätmittelalterlichen Reichstage zu
beherbergen.[106] Augsburg unterhielt, mitunter darauf basierend, bis in das
14. Jahrhundert enge Beziehungen zu den Königen und Kaisern. Als sich die
Stadt 1426 das faktische Wahlrecht für den königlichen Vogt zusichern ließ,
bedeutete dies jedoch realiter die Unabhängigkeit vom Stadtherrn. Karl
Siegfried Bader spricht bereits seit dem Wegfall der staufischen Herrschaft

---

103   Vgl. dazu u. a. Augsburg im Mittelalter, hg. von Martin KAUFHOLD, Augsburg 2009; als
       Grundlage zur Geschichte der Stadt Augsburg dient v. a. Geschichte der Stadt Augsburg,
       hg. von Gunter GOTTLIEB u. a., Stuttgart ²1985; auch das Standardwerk zur Stadtgeschichte
       von Wolfgang ZORN: Augsburg. Geschichte einer europäischen Stadt. Von den Anfängen
       bis zur Gegenwart, Augsburg ²2001.

104   Vgl. HEINIG, Reichsstädte 1983, S. 18f., 34, 41, 354–56; auch SCHNEIDER, Reichsstädte
       2006, S. 414.

105   Die Beziehung Bischof – Stadt ist auch Thema mehrerer Monographien und Aufsätze, vgl.
       dazu Georg KREUZER: Das Verhältnis von Stadt und Bischof in Augsburg und Konstanz
       im 12. und 13. Jahrhundert, in: Stadt und Bischof, 24. Arbeitstagung in Augsburg 1985
       (= Stadt in der Geschichte, Bd. 14), hg. von Bernhard KIRCHGÄSSNER/Wolfram BAER,
       Sigmaringen 1988, S. 43–64; Rolf KIEßLING: Bürgertum und Kirche im Spätmittelalter, in:
       Augsburg 1985, hg. von GOTTLIEB, S. 208–213; Rolf KIEßLING: Bürgerliche Gesellschaft
       und Kirche im Spätmittelalter. Ein Beitrag zur Strukturanalyse der oberdeutschen
       Reichsstadt (= Abhandlungen zur Geschichte der Stadt Augsburg. Schriftenreihe des
       Stadtarchivs Augsburg, Bd. 19), Augsburg 1971; auch Gisela MÖNCKE: Bischofsstadt
       und Reichsstadt. Ein Beitrag zur mittelalterlichen Stadtverfassung von Augsburg,
       Konstanz, Basel, Berlin 1971, S. 205–218; Bischof und Bürger. Herrschaftsbeziehungen in
       Kathedralstädten des Hoch- und Spätmittelalters (= Veröffentlichungen des Max-Planck-
       Instituts für Geschichte, Bd. 206 = Studien zur Germania Sacra, Bd. 26), hg. von Uwe
       GRIEME/Nathalie KRUPPA/Stefan PÄTZOLD, Göttingen 2004, S. 11–26.

106   Dazu Peter FRIESS: Der Kaiser kommt in die Stadt. Inszenierte Höhepunkte einer schwie-
       rigen Beziehung, in: Reich 2005, hg. von KIEßLING/ULLMANN, S. 27–60, hier S. 30; auch
       Georg KREUZER: Die Hoftage der Könige in Augsburg im Früh- und Hochmittelalter, in:
       Augsburger Beiträge zur Landesgeschichte Bayerisch-Schwabens 1, Sigmaringen 1979,
       S. 83–120.

von einem sogenannten „negativen Reichsbewusstsein." Auf die Politik der Herrschaftsträger bezogen bedeutet dies, dass die Beziehung mit dem Reich in dieser Zeit nur noch dann instrumentalisiert und zur Schau gestellt wurde, wenn es im konkreten Fall um den Erhalt der städtischen Autonomie ging.[107] Die Frage danach, ob sich diese Tendenz im reichsstädtischen Raum Augsburgs sichtbar niederschlug, stellt einen besonders interessanten Anknüpfungspunkt für die Studie dar.

Als eine Vergleichsstadt dient Nürnberg – ein Paradebeispiel für eine königsnahe Stadt, um einen „Ort der aktiven Königspolitik",[108] der durch die Goldene Bulle 1356 besonders ausgezeichnet wurde. Hier sollte der erste Reichstag eines neugewählten Kaisers abgehalten werden.[109] Die Stadt entstand spätestens im 11. Jahrhundert auf Königsgut am Fuße der Reichsburg, worauf sich auch die königliche Herrschaft zurückführen lässt.[110] Nürnberg ist ein „Ort der Herrschaft", da nicht nur konkrete herrschaftliche Architektur in Form der Burg, sondern auch die regelmäßige Ausübung und Inszenierung von Herrschaft zu finden ist.[111] Wie schon für Augsburg konstatiert, waren Infrastruktur und Ökonomie auch in Nürnberg derart ausgebaut, dass zahlreiche Gäste während der politischen Großversammlungen beherbergt werden konnten. Deshalb – und aufgrund von Nürnbergs zentraler Lage inmitten der königlichen und

---

107 Karl Siegfried BADER: Der deutsche Südwesten in seiner territorialstaatlichen Entwicklung, Stuttgart 1950, S. 58; diese These wird auch von SCHIERSNER, Reich 2005, S. 63, aufgegriffen.

108 MORAW, Reichsstadt 1979, S. 390, 417; DERS.: Franken als königsnahe Landschaft im späten Mittelalter, in: BDLG 112 (1976), S. 123–138; zur Einordnung von Nürnberg u. a. HEINIG, Reichsstädte 1983, S. 18–23, 355; auch KNAPP, Stätten 2008, hier S. 137–139.

109 Die Goldene Bulle vom 10. Januar und 25. Dezember 1356, in: MGH Const. 11: Dokumente zur Geschichte des Deutschen Reichs und seiner Verfassung. 1354–1356, bearbeitet von Wolfgang Dietrich FRITZ, Weimar 1978–1992. S. 535–633, hier S. 626/628, cap. 29: [...] *et in opido Nurenberg prima sua regalis curia haberetur* [...].

110 Vgl. Nürnberg. Eine europäische Stadt in Mittelalter und Neuzeit (= Nürnberger Forschungen, Bd. 29), hg. von Helmut NEUHAUS, Nürnberg 2000; speziell auch Nürnberg – Kaiser und Reich. Ausstellung des Staatsarchivs Nürnberg vom 20. September bis 31. Oktober 1986 (= Ausstellungskataloge der Staatlichen Archive Bayerns, Bd. 20), hg. vom STAATSARCHIV NÜRNBERG, München 1986; weiters Kaiser – Reich – Stadt. Die Kaiserburg Nürnberg, hg. von Katharina HEINEMANN, München 2013; auch SCHNEIDER, Reichsstädte 2006, S. 414.

111 Matthias UNTERMANN: Die architektonische Inszenierung von „Orten der Herrschaft" im Mittelalter, in: Deutsche Königspfalzen. Beiträge zu ihrer historischen und archäologischen Erforschung, Bd 8. Places of Power – Orte der Herrschaft – Lieux du Pouvoir (= Veröffentlichungen des Max-Planck-Instituts für Geschichte 11/8), hg. von Caspar EHLERS, Göttingen 2007, S. 17–26, hier v. a. S. 17.

EINLEITUNG

kurfürstlichen Territorien – wurde die fränkische Reichsstadt zwischen 1378 und 1524 zum meistgewählten Austragungsort der Reichstage.[112] Durch den Ausbau Prags zum Zentrum der Luxemburger Politik in der ersten Hälfte des 14. Jahrhunderts wurde Nürnberg zu einem wichtigen Knotenpunkt zwischen Böhmen und dem gesamten Reich,[113] da sich während der Regierungszeit Karls IV. der Fokus der Regierungstätigkeit von den ehemaligen staufischen Regionen in das Gebiet weiter nördlich verlagerte.[114] Dies ging einher mit einer neuen administrativen, juristischen und kulturellen Zentralitätsfunktion Nürnbergs im Reich.[115] Im Jahre 1424 ließ König Sigismund (1411–1437, ab 1433 Kaiser) zudem die Reichskleinodien nach Nürnberg bringen, was dazu führte, dass in der fränkischen Reichsstadt jährlich Heiltumsweisungen stattfanden.[116] Die Realpräsenz des Reichs war somit in Nürnberg über das Mittelalter hinweg allgegenwärtig.[117] Allerdings war auch in Nürnberg der Umgang mit dem Reich und dessen Erfahrbarkeit nicht überzeitlich und gleichbleibend vorhanden. Besonders interessant sind die Jahre, in denen ein „Emanzipationsprozess"[118] von der alten, a priori königlichen Stadt stattfand.

112 Dazu u. a. Reinhard SEYBOTH: Reichsstadt und Reichstag. Nürnberg als Schauplatz von Reichsversammlungen im späten Mittelalter, in: JfL 52 (1992), S. 209–230; auch Michael DIEFENBACHER: Das allgegenwärtige Reich – Reichsikonographie in Nürnberg und ihre Träger, in: Reichszeichen 2015, hg. von WITTMANN, S. 9–29.

113 Miloslav POLIVKA: Nürnberg als Nachrichtenzentrum in der ersten Hälfte des 15. Jahrhunderts, in: Kommunikationspraxis und Korrespondenzwesen im Mittelalter und in der Renaissance, hg. von Heinz-Dieter HEIMANN/Ivan HLAVÁČEK, Paderborn 1998, S. 165–17, hier 177.

114 MORAW, Franken 1976.

115 Hans PATZE: Die Bildung der landesherrlichen Residenzen im Reich während des 14. Jahrhunderts, in: Stadt und Stadtherr im 14. Jahrhundert (= Beiträge zur Geschichte der Städte Mitteleuropas, Bd. 2), hg. von Wilhelm RAUSCH, Linz 1972, S. 1–54; zur Residenzstadt als „Place of Power" vgl. Caspar EHLERS: Places of Power. Orte der Herrschaft. Lieux du pouvoir, in: Deutsche Königspfalzen 2007, hg. von DERS., Göttingen 2007, S. 7–26, hier S. 12f. mit kritischen Anmerkungen; dazu auch FRIESS, Kaiser 2005, S. 31f.

116 Dazu u. a. Julia SCHNELBÖGL: Die Reichskleinodien in Nürnberg 1424–1523, in: MVGN 51 (1962), S. 78–159.

117 DIEFENBACHER, Reichsikonographie 2015, S. 9.

118 MEYER, Stadt 2009, S. 369; auch Hermann HEIMPEL: Nürnberg und das Reich des Mittelalters, in: ZBLG 16 (1951), S. 231–264, hier S. 32f.; auch Ingo KRÜGER: Das spätmittelalterliche Nürnberg: Autonomiebestrebungen einer Stadt im Spiegel ihres Schriftguts, in: Aus Archiven und Bibliotheken. Festschrift für Raymund Kottje (= Freiburger Beiträge zur Mittelalterlichen Geschichte. Studien und Texte, Bd. 3), hg. von Hubert Mordek, Frankfurt am Main/Bern/New York/Paris 1992, S. 421–428.

24 KAPITEL 1

Schließlich folgt noch Lübeck, eine der größten Städte des nördlichen Reichsgebietes.[119] Aufgrund der räumlichen Abwesenheit des Königs wird sie meist als besonders königsfern angesehen.[120] Bis Mitte des 12. Jahrhunderts hatte der Ostseeraum nämlich keine Teilhabe am Reich und trat erst dann durch die wirtschaftspolitischen Ambitionen der Kaiser Lothar III. von Supplinburg (1125–1137, ab 1133 Kaiser) und Friedrich I. Barbarossa (1152–1190, ab 1155 Kaiser) sowie der schauenburgisch-holsteinischen Grafen und dem sächsischen Herzog Heinrich dem Löwen in das Wirkungsfeld der deutschen Kaufleute. Lübecks bedeutende Stellung in der Küstenregion und der fehlende Schutz durch das Reich für den Norden führten dazu, dass sich die Handelsstadt für eine funktionierende Wirtschaft und die Sicherung des Landfriedens bemühte. Wichtige Grundlagen für die Konsolidierung des deutschen Ostseehandels und den damit einhergehenden wirtschaftlichen Aufschwung Lübecks – und damit verbunden den städtischen Ausbau – wurden vor allem in den Jahrzehnten ab 1201 gelegt. In jenen Jahren hatte der dänische König die Herrschaft über Stadt und Umland inne. Als wichtiger Schritt in Richtung Handlungsfreiheit und Etablierung einer Ratsherrschaft wird im Allgemeinen die Emanzipation vom dänischen König gesehen.[121] Lübeck entwickelte sich folglich im Laufe des 13. und 14. Jahrhunderts zum mittelalterlichen Zentrum des Ostseeraums und zum „Haupt der Hanse" als politischem, ökonomischem und soziokulturellem Dreh- und Angelpunkt.[122] Diese Schlüsselposition

---

119 Zur Stadtgeschichte vgl. Lübeckische Geschichte, hg. von Antjekathrin GRASSMANN, Lübeck ⁴2008; speziell zur Hanse Thomas BEHRMANN: Herrscher und Hansestädte im diplomatischen Verkehr im Spätmittelalter (= Greifswalder historische Studien, Bd. 6), Hamburg 2006; Matthias PUHLE: Die Hanse, Nordeuropa und das mittelalterliche Reich, in: Heilig-Römisch-Deutsch 2003, hg. von SCHNEIDMÜLLER/WEINFURTER, S. 308–322.

120 MORAW, Reichsstadt 1979, S. 390; ferner Johannes KRETSCHMAR: Lübeck als Reichsstadt, in: ZVLGA 23 (1926), S. 9–41.

121 Vgl. Stefanie RÜTHER: Repräsentation und Legitimation. Zur Darstellung des Rates in den Hansestädten des südlichen Ostseeraums am Beispiel Lübecks, in: Die sakrale Backsteinarchitektur des südlichen Ostseeraums – der theologische Aspekt (= Kunsthistorische Arbeiten der Kulturstiftung der deutschen Vertriebenen, Bd. 2), hg. von Gerhard EIMER/Ernst GIERLICH, Berlin 2000, S. 33–53; auch Erich Hoffmann: Lübeck im Hoch- und Spätmittelalter. Die große Zeit Lübecks, in: Lübeck 2008, hg. von GRASSMANN, S. 79–340, hier S. 115–121.

122 Vgl. dazu Rolf HAMMEL-KIESOW: Auf dem Weg zur Macht. Der Lübecker Kaufmann im 12. und 13. Jahrhundert, in: Die Hanse. Macht des Handels. Der Lübecker Fernhandelskaufmann (Ausstellung im Holstentor zu Lübeck im Rahmen der Initiative „Wege zur Backsteingotik"), Bonn 2002, S. 13–29; zur Außenwirkung Lübecks vgl. Hugo WECZERKA: Lübeck und der Ostseeraum im 13./14. Jahrhundert, in: Neue Forschungen zur Geschichte der Hansestadt Lübeck (= Veröffentlichungen zur Geschichte der

EINLEITUNG

wurde nicht nur aufgrund eines wirtschaftlichen Vorsprungs im Vergleich zu benachbarten Städten, sondern auch von Eigeninteressen Lübecks begünstigt, die sich auch auf die Handels- und Außenpolitik auswirkten, und der Stadt damit Möglichkeiten im Agieren und Auftreten eröffneten.[123] Dem wirtschaftlich aufstrebenden Bürgertum wird eine besondere Gestaltungskraft eingeräumt.[124] Ebenso wird dem Faktor „Hanse" eine bedeutende Rolle auch für repräsentative Gesichtspunkte zugeschrieben.[125] Hier ist vor allem interessant, wie viel „Reich" in der sogenannten königsfernen Stadt Lübeck tatsächlich zu erleben war.[126]

3   Das Quellenmaterial und die Chancen der Interdisziplinarität

Die Studie stützt sich primär auf die architektonischen, künstlerischen und dinglichen Hinterlassenschaften. Historische Bau- und Kunstwerke besitzen als materielle Quellen einen besonderen Aussagewert, wenn sie unmittelbar aus der Vergangenheit überliefert wurden. Anders verhält es sich bei Objekten, die nur durch schriftlich festgehaltene Beschreibungen bekannt sind. Diese Darstellungen basieren nämlich auf der Wahrnehmung des Autors und transportieren dadurch dessen Deutung, Kenntnisse oder Absichten. Die Authentizität der Bau- und Kunstwerke muss dennoch kritisch betrachtet werden.[127] Einen großen Verlust brachten nicht erst die Zerstörungen des

---

     Hansestadt Lübeck, Reihe B, Bd. 13), hg. von Antjekathrin GRASSMANN, Lübeck 1985, S. 27–40; aktuell auch Rolf HAMMEL-KIESOW/Matthias PUHLE/Sigfried WITTENBURG: Die Hanse, Darmstadt 2015.

123   HAMMEL-KIESOW, Macht 2002, S. 14.

124   KNAPPE, Ikonologie 1980, S. 156.

125   Vgl. Rolf HAMMEL-KIESOW: Reichsstadt und Hansestadt: Konkurrierende städtische Identitäten? Das Beispiel Lübeck, in: Tempi passati. Die Reichsstadt in der Erinnerung. 1. Tagung des Arbeitskreises „Reichsgeschichtsforschung" in Mühlhausen, 11.–13. Februar 2013 (= Studien zur Reichsstadtgeschichte, Bd. 1), hg. von Helge WITTMANN, Petersberg 2014, S. 75–98, hier S. 82–84; WECZERKA, Lübeck 1985, S. 29.

126   Vgl. HOFFMANN, Lübeck 2008, S. 306; HEINIG, Reichsstädte 1983, S. 16; Horst WERNICKE: Hanse und Reich im 15. Jahrhundert – ihre Beziehung im Vergleich, in: Beiträge zur hansischen Kultur-, Verfassungs- und Schiffahrtsgeschichte (= Abhandlungen zur Handels- und Sozialgeschichte, Bd 31 = Hansische Studien, Bd. 10), hg. von DEMS./Nils JÖRN, Weimar 1999, S. 215–237, hier S. 231.

127   Zur Aussagekraft von Baudenkmälern vgl. Leo SCHMIDT: Einführung in die Denkmalpflege, Darmstadt 2008, S. 12–15: Das heutige Objekt ist ein Produkt der an ihm ständig getätigten Veränderungen und spiegelt die Deutung und Wertung wider, die für den Betrachter zu der jeweiligen Zeit von Bedeutung waren.

Zweiten Weltkrieges mit sich,[128] sondern bereits die über die Jahrhunderte stattgefundenen Veränderungen an den öffentlichen und privaten Räumen der Städte. Da die mittelalterlichen Stadtbilder meist mehrfach überformt wurden, ist es deshalb schwierig, von dem heutigen Standort und Verwendungszweck der noch erhaltenen Gebäude und Kunstwerke auf ihre ursprüngliche Funktion und Nutzung sowie deren Wirkung auf die Betrachter zu schließen. Originale Ausstattungen der mittelalterlichen Gebäude sind für alle drei Städte nur spärlich überliefert. Bauhistorische und -archäologische Untersuchungen können hier nur teilweise Aussagen über frühere Zustände von Bauwerken geben.[129] Vereinzelt konnten zum Beispiel Reste von aussagekräftigen Wandmalereien freigelegt werden. Andere Funde sind wiederum lediglich Fragmente, die nur bedingt oder gar nicht zu rekonstruieren sind.[130] Für diese Untersuchung wären zudem Gebrauchsgüter und Alltagsgegenstände von besonderem Interesse, um alle Lebenswelten der Reichsstadt gleichsam zu erfassen. Gerade diese Art von Realien ist jedoch kaum erhalten.[131] Etwas besser stellt sich die Überlieferungssituation für Objekte aus dem Bereich der reichsstädtischen Verwaltung dar, die eine Teilhabe am Reich vermitteln konnten. Dazu gehören

---

128 Zu Augsburg vgl. Norbert LIEB: Augsburgs bauliche Entwicklung als Ausdruck städtischen Kulturschicksals seit 1800, in: Wiederaufbau und Tradition kirchlicher und profaner Bauten in Augsburg und Schwaben = ZHVS 58 (1951), S. 1–112; zu Lübeck vgl. u. a. Uwe ALBRECHT/Ulrike NÜRNBERGER: Kriegsverluste mittelalterlicher Kirchenausstattung in Lübeck – eine kunsthistorische Schadensbilanz, in: Corpus der mittelalterlichen Holzskulpturen und Tafelmalerei in Schleswig-Holstein, Bd. 2 Hansestadt Lübeck. Die Werke im Stadtgebiet, hg. von Uwe ALBRECHT, Kiel 2012, S. 13–44.

129 Zu den Problemen in der Archäologie vgl. exempl. Thorsten H. GOLISCH: Archäologie in der Altstadt – eine verpaßte Chance?, in: „...nicht eine einzige Stadt, sondern eine ganze Welt...". Nürnberg. Archäologie und Kulturgeschichte, hg. von Birgit FRIEDEL/Claudia FRIESER, Büchenbach 1999, S. 15–21; auch: Stadt und Archäologie, 36. Arbeitstagung 1997 (= Stadt in der Geschichte, Bd. 26), hg. von Bernhard KIRCHGÄSSNER/Hans-Peter BECHT, Stuttgart 2000; kritisch auch Rolf HAMMEL: Lübeck. Frühe Stadtgeschichte und Archäologie. Kritische Betrachtung aus der Sicht eines Historikers, in: ZVLGA 64 (1984), S. 9–38.

130 Vgl. u. a. WILHELM Wandmalerei 1983, S. 15–18, zu den Problemen der Erhaltung und der Konservierung und zu den umfangreichen sowie kleinteiligen Recherchearbeiten, die für Wilhelms Untersuchung notwendig waren; zu Lübeck Hans Arnold GRÄBKE: Die Wandmalereien der Marienkirche zu Lübeck, Hamburg 1951.

131 Über die persönlichen Recherchen vor Ort, in Museen sowie Archiven hinaus, wurde für dieses Werk umfangreiche Literatur gesichtet, wobei sich der Eindruck bestätigte, vgl. u. a. Lübeck. St. Annen-Museum. Bilder und Hausgerät (= Lübecker Museumsführer, Bd. 2), hg. von Max HASSE, Lübeck 1969.

EINLEITUNG

zum Beispiel Siegel[132] und Münzen.[133] Aufgrund der Tatsache, dass heute nur ein Bruchteil der Phänomene noch dinglich erfasst werden kann,[134] bietet nur ein interdisziplinärer Zugang die Möglichkeit, ein umfassendes Bild von der Reichserfahrbarkeit in den spätmittelalterlichen Städten zu erhalten. Neben den materiellen werden deshalb auch die schriftlichen Quellen berücksichtigt, um das ursprüngliche Stadtbild und die Ausgestaltung der städtischen Räume zu rekonstruieren und die Rolle der Reichssymbolik zu entschlüsseln.

Aus dem Bereich des städtischen Verwaltungsschrifttums werden folglich Satzungen und Ordnungen, die von Herrschern oder Gemeinden erlassen wurden, analysiert.[135] In erster Linie werden in ihnen Normen überliefert, die eine „[...] Lesbarkeit der aktuellen gesellschaftlichen und politischen Ordnung [...]"[136] ermöglichen. Ab dem 14. Jahrhundert steigt die Menge des erhaltenen Schrifttums kontinuierlich an und bietet somit eine breite Basis, um die Prämissen für die Stadtgestaltung sowie die politische Funktion der städtischen Bauten zu erfassen. Ausgewertet wurden in Hinblick auf die Fragestellung beispielsweise Urkunden. Im Untersuchungszeitraum besitzen

---

132 Vgl. dazu Die Bildlichkeit korporativer Siegel im Mittelalter. Kunstgeschichte und Geschichte im Gespräch (= Studien zur mittelalterlichen Kunst, Bd. 1), hg. von Markus SPÄTH, Köln/Weimar/Wien 2009.

133 Vgl. weiterführend zu den Quellen Bernd KLUGE: Numismatik des Mittelalters, Bd. 1, Handbuch und Thesaurus Nummorum, Medii Aevi (= Österreichische Akademie der Wissenschaften, Philosophisch-Historische Klasse, Sitzungsberichte, 769. Band = Veröffentlichungen der Numismatischen Kommission, Bd. 45), Berlin/Wien 2007, hier v. a. S. 26.

134 Georges DESCOEUDRES: Archäologie und Geschichte. Unterschiedliche Überlieferung – unterschiedliche Wirklichkeit, in: Die mittelalterliche Stadt erforschen – Archäologie und Geschichte im Dialog. Beiträge der Tagung „Geschichte und Archäologie: Disziplinäre Interferenzen" vom 7.–9. Februar 2008 in Zürich (= Schweizer Beiträge zur Kunstgeschichte und Archäologie des Mittelalters, Bd. 36), hg. von Armand BAERISWYL/ Georges DESCOEUDRES/Martina STERCKEN/Dölf WILD, Basel 2009, S. 53–60, hier v. a. S. 55; und Arnold ESCH: Überlieferungs-Chance und Überlieferungs-Zufall als methodisches Problem des Historikers, in: HZ 240 (1985), S. 529–570.

135 Karl BORCHARDT: Spätmittelalterliche Normensetzung durch den Rat der Reichsstadt Rothenburg ob der Tauber, in: Städtische Normen – genormte Städte. Zur Planung und Regelhaftigkeit urbanen Lebens und regionaler Entwicklung zwischen Mittelalter und Neuzeit, 43. Arbeitstagung in Rothenburg ob der Tauber. 12. bis 14. November 2004 (= Stadt in der Geschichte, Bd. 34), hg. von Andreas Otto WEBER, Sigmaringen 2005, S. 12–32.

136 ROGGE, Kommunikation 2004, S. 387.

wir für Augsburg annähernd 2100,[137] für Nürnberg 5100[138] und für Lübeck etwa 1800[139] Urkunden, die systematisch analysiert wurden. Hinzu kommen die städtischen Rechnungen und Ausgaben. Hier findet man nicht nur Ausgaben für Bau- und Gestaltungsmaßnahmen, sondern beispielsweise auch für die Herstellung von Medien mit Reichssymboliken, wie Fahnen oder Schilde. Auch der finanzielle Aufwand, der bei Besuchen der Reichsoberhäupter und bei Feierlichkeiten anfiel, ist teilweise erfasst. Augsburg weist den größten Bestand an seriellen Aufzeichnungen auf, die sogenannten Baumeisterbücher. Diese sind für die Jahre 1320 bis 1331 und weitgehend vollständig ab 1368 erhalten.[140] In geringerem Umfang und mit weniger aussagekräftigen Eintragungen liegen Aufzeichnungen über Ausgaben für die Stadt Lübeck in den Kämmereibüchern sowie Kämmereirollen, überwiegend ab dem 15. Jahrhundert, vor.[141] In Nürnberg sind nicht fortlaufende Baurechnungen ab

---

137 StadtA Augsburg, Urkundensammlung (= US) (ab 1046); dazu das Urkundenbuch der Stadt Augsburg, Bd. 1. Die Urkunden vom Jahre 1104–1346, hg. von Christian MEYER, Augsburg 1874 (= UBA 1); auch das Urkundenbuch der Stadt Augsburg, Bd. 2. Die Urkunden vom Jahre 1347–1399, hg. von DEMS., Augsburg 1878 (= UBA 2); zur Einordnung des Urkundenbestanden darüber hinaus v. a. KLUGE, Gedächtnis 2014, S. 3.

138 StadtA Nürnberg, A1 (Urkundenreihe) (ab 1301); StadtA Nürnberg, B11 (Ratskanzlei); auch StA Nürnberg, Rst. Nbg., Losungsamt, Urkunden (ab 1326); StA Nürnberg, Rst. Nbg., Kaiserliche Privilegien; StA Nürnberg, Rst. Nbg., päpstliche und fürstliche Privilegien, Urkunden; dazu das Nürnberger Urkundenbuch 907 bis 1300, bearbeitet vom STADTARCHIV NÜRNBERG, Nürnberg 1959 (= NUB); auch Historia Norimbergensis Diplomatica, bearbeitet von Lazarus Carl VON WÖLKERN, Nürnberg 1738.

139 AHL 7.1 Urkunden (ab 1139); die reichsstädtischen Urkunden zu Lübeck sind bereits ediert: Urkundenbuch der Stadt Lübeck: 1139–1470, Bd. 1–11 (= Codex diplomaticus Lubecensis. Lübeckisches Urkundenbuch, 1. Abtheilung), hg. vom VEREIN FÜR LÜBECKISCHE GESCHICHTE, Lübeck 1843–1932 (= LUB).

140 Dazu die Edition von Richard HOFFMANN: Die Augsburger Baumeisterrechnungen 1320–1331, in: ZHVS 5 (1878), S. 1–220; ab 1332 liegen die Urkunden nur im Original vor, vgl. StadtA Augsburg, Baumeisteramt, Rechnungen (Baumeisterbücher = BMB); für den Untersuchungszeitraum relevant sind die erhaltenen Bände zu 1320–31, 1368–79, 1388–98, ab 1400 mit wenigen Lücken; vgl. dazu die maßgebliche Arbeit von Dieter VOIGT: Die Augsburger Baumeisterbücher des 14. Jahrhunderts, Bd. 1: Darstellung (= Studien zur Geschichte des Bayerischen Schwaben, Bd. 43.1), Augsburg 2017; zum Vorgang der Rechnungsaufzeichnung auch KLUGE, Gedächtnis 2014, S. 147–145.

141 Vgl. die Kämmereirollen, AHL, 3.4–1 Kämmerei, 5045–5065 (1452–1490); weiter die Kämmereibücher, AHL, 3.4–1 Kämmerei, 1092–1100 (1283–1445). Es handelt sich um einige fragmentarische Ausgabenüberlieferungen aus dem 13. Jh., weitgehend vollständig sind sie für das 15. Jh. (mit Ausnahme der Dokumente von 1476/7 und 1477/8 wegen Schimmelbefalls); auch Antjekathrin GRAßMANN: Zu den Lübecker Stadtbüchern, in: Verwaltung und Schriftlichkeit in den Hansestädten (= Hansische Studien, Bd. 16), hg.

EINLEITUNG   29

1377 sowie systematische Darstellungen aus dem 15. Jahrhundert verteilt in diversen Beständen erhalten.[142] Dafür besitzen wir aus dem Verwaltungsbereich
der Baumeister einzelne vollständige Bücher, in denen die Baumaßnahmen
in der Stadt geregelt wurden.[143] Weiterhin wurden unter anderem
Amtsbücher, Ratsbücher und -protokolle,[144] sowie der städtische Briefverkehr
ausgewertet.[145]

Eine weitere wichtige Quellengattung ist die Historiografie. Der Fokus
liegt auf dem 15. Jahrhundert, da die reichsstädtische Geschichtsschreibung
in dieser Zeit zunehmend einsetzte. Die zum Teil abstrakten Normen und
Strukturen der Stadt bekommen durch die Erzählungen einen konkreten
Handlungsrahmen.[146] Es ist zu beachten, wie die Chronisten mit konkreten
Geschehnissen umgehen und diese, mit Einschränkungen, auch bewusst

---

von Jürgen SARNOWSKY, Trier 2006, S. 71–79; die Ausgaben der Stadt wurden umfang-
reich transkribiert und teilweise bereits systematisch zusammengestellt durch den
Hansehistoriker Friedrich Bruns (1862–1945). Sein Nachlass befindet sich im Archiv der
Hansestadt Lübeck, vgl. dazu AHL, 5.5 Bruns, Friedrich, hier v. a. 224, 225, 226.

142 StA Nürnberg, Rst. Nbg., Stadtrechnungen, Einzelbelege; StA Nürnberg, Rst. Nbg.,
Stadtrechnungsbelege, Urkunden und Briefe; StA Nürnberg, Rst. Nbg., Losungsamt,
Stadtrechnungen 177 für 1381 bis 1397; dazu auch Paul SANDER: Die reichsstädtische
Haushaltung Nürnbergs dargestellt aufgrund ihres Zustandes von 1431 bis 1440, Leipzig
1902, S. 723–755, zur Geschichte der Stadtrechnungen.

143 StA Nürnberg, Rst. Nbg., Amts- und Standbücher 323; vgl. dazu die Edition: Endres
Tuchers Baumeisterbuch der Stadt Nürnberg (1464–1475) (= Bibliothek des Literarischen
Vereins, Bd. 64), mit einer Einleitung und sachlichen Anmerkungen von Friedrich von
Weech, hg. von Matthias LEXER, Stuttgart 1862 (ND Amsterdam 1968); zur die fragmenta-
rische Überlieferung der Baumeisterbücher ab 1426 vgl. StadtA Nürnberg, B1 (Bauamt).

144 Vgl. zu Augsburg StadtA Augsburg, Ratsbücher (ab 1430–40); in Lübeck liegen
Ratsprotokolle und -bücher erst für den Zeitraum ab 1597 vor, dazu vgl. AHL, 3.1–2/2
Ratsprotokolle; die Ratsbücher sind in Nürnberg mit 86 Büchern weitgehend vollständig
ab dem 15. Jh. vorhanden, vgl. StadtA Nürnberg, B11 (Ratskanzlei); auch StA Nürnberg, Rst.
Nbg., Amts- und Standbücher.

145 Vgl. zur lückenhaften und noch nicht systematisch erfassten Überlieferung ab 1290 in
Augsburg: StadtA Augsburg, Literaliensammlung (Ratskorrespondenz); vgl. zur überlie-
ferten Korrespondenz in Lübeck u. a. AHL, 1.1–1 ASA Interna, 14.18–21 Briefbücher; auch
AHL, 1.1–1 ASA Interna, 14.17, Briefkopiarius; hier v. a. 3347 für 1366–1455; vgl. dazu A.C.H.
CHRISTENSEN: Das Missivbuch Jakob Cynnendorps. Ein Beitrag zur Geschichte der
Lübecker Kanzlei im 14. Jahrhundert, in: ZVLGA 16, 1914, S. 276–286; zu Nürnberg vgl.,
StadtA Nürnberg, B11 (Ratskanzlei), mit Briefen ab 1438.

146 Städtische Geschichtsschreibung im Spätmittelalter und in der frühen Neuzeit (=
Städteforschung, Reihe A, Bd. 47), Köln/Weimar/Wien 2000, hg. von Peter JOHANEK;
auch Regula SCHMID: Geschichte im Dienst der Stadt. Amtliche Historie und Politik im
Spätmittelalter, Zürich 2009, zur Eidgenossenschaft.

30 KAPITEL 1

darstellen.[147] Die Geschichtsschreibung hatte mitunter nicht den Zweck, die Zeitgenossen und die Nachwelt über reale Ereignisse zu informieren, sondern die Leser in ihrem Denken und Handel zu beeinflussen, und ihnen bestimmte Welt- und Stadtbilder zu vermitteln.[148] Der Anstoß für die Niederschrift ging häufig vom Stadtrat aus, der dann im Umkreis seiner Kanzlei eine offiziöse Chronik in Auftrag gab.[149] Das umfangreichste Material wurde in Folge von Krisen produziert. Vor allem die Historiografie lässt einen direkten Zusammenhang von aufkommenden Unruhen und der Produktion von schriftlichen Überlieferungen erkennen,[150] weshalb das einseitige Bild entstehen könnte, dass die symbolische Kommunikation vor allem in Zeiten von Konflikten auftrat.[151] Dies ist unter quellenkritischen Gesichtspunkten zu relativieren.

Für Augsburg wurden insgesamt zehn Chroniken ausgewertet, beginnend mit dem ersten bürgerlichen und ratsnahen Geschichtswerk, der Chronik eines anonymen Verfassers von 1368 bis 1406.[152] Weiterhin ist die Chronik des Priesters Sigismund Meisterlin von Sankt Ulrich und Afra eine wichtige Quelle, die 1457 dem Augsburger Rat übergeben wurde.[153] In Ansätzen quellenkritisch, griff er unter anderem auf die sagenhaft ausgestaltete Reimchronik des

---

147 Joachim SCHNEIDER: Symbolische Elemente der Konfliktaustragung zwischen Hof und Stadt. Zeugnisse der Chronistik aus dem 14. bis 16. Jahrhundert, in: Symbolische Interaktion 2013, hg. von DEUTSCHLÄNDER/VON DER HÖH/RANFT, S. 109–127, hier S. 111f.

148 Wilfried EHBRECHT: *Uppe dat sulck grot vorderffenisse jo nicht meer enscheghe.* Konsens und Konflikt als eine Leitfrage städtischer Historiographie, nicht nur im Hanseraum, in: Geschichtsschreibung 2000, hg. von JOHANEK, S. 51–109.

149 Dazu auch SCHMIDT, Städtechroniken 1958, S. 18f.

150 Wilfried EHBRECHT: Konsens und Konflikt. Skizzen und Überlegungen zur älteren Verfassungsgeschichte deutscher Städte (= Städteforschung, Reihe A, Bd. 56), Köln/Weimar/Wien 2001, S. 56.

151 Stephan SELZER: Symbolische Interaktion in der Residenzstadt des Spätmittelalters und der Frühen Neuzeit. Eine kurze Bestandsaufnahme am Ende der Tagung, in: Residenzstadt 2013, hg. von DEUTSCHLÄNDER/VON DER HÖH/RANFT 2013, S. 273–284, hier S. 280f.; auch SCHNEIDER, Symbolische Elemente 2013, S. 126; dazu ESCH, Überlieferungschance 1985; auch DERS.: Zeitalter und Menschenalter. Der Historiker und die Erfahrung vergangener Zeiten, München 1994, S. 39–69.

152 Chronik von 1368–1406, in: Die Chroniken der schwäbischen Städte. Augsburg, Bd. 1 (= Die Chroniken der deutschen Städte vom 14. bis ins 16. Jahrhundert, Bd. 4), Göttingen 1965, S. 21–128.

153 Vgl. Sigismund MEISTERLIN: Augsburger Chronik, Augsburg 1457, SuStB Augsburg, 2° cod. H 1; dazu Paul JOACHIMSOHN: Zur städtischen und klösterlichen Geschichte Augsburgs im 15. Jahrhundert, in: Alemannia 22 (1894), S. 1–32.

EINLEITUNG 31

ebenfalls Geistlichen Küchlin aus der Zeit um 1437 zurück.[154] Aus dem Umfeld der Ratsmitglieder, die Zugang zu reichsstädtischen Informationen hatten, besitzen wir außerdem die Fortsetzung der Chronik des Meisterlin von Hektor Mühlich. Er stammte aus einer patrizischen Kaufmannsfamilie –[155] ebenso wie der Handelstreibende Burkhard Zink, der Mitte des 15. Jahrhunderts ein weiteres Werk für die Zeit zwischen 1368 und 1468 mit eindeutigem Interesse an den politischen Vorgängen in der Reichsstadt verfasste.[156] Diese Chronik lag ebenso im Interessensbereich der Familie[157] wie die von Erhard Wahraus.[158]

Zu den Nürnberger Ratsherren, die sich der Geschichte der Stadt widmeten, gehören zunächst Ulrich Stromer am Ende des 14. Jahrhunderts[159] sowie Endres Tucher ab 1421 und zwei Fortsetzungen bis 1469.[160] Die eben genannten Werke und die Fortsetzung von Stromers *püchel* boten die Grundlage

---

154 Die Reimchronik des Küchlin, in: Die Chroniken der schwäbischen Städte. Augsburg, Bd. 1 (= Die Chroniken der deutschen Städte vom 14. bis ins 16. Jahrhundert, Bd. 4), Leipzig 1865, S. 333–356.

155 Chronik des Hector Mühlich 1348–1487, in: Die Chroniken der schwäbischen Städte. Augsburg, Bd. 3 (= Die Chroniken der deutschen Städte vom 14. bis ins 16. Jahrhundert, Bd. 22), Göttingen 1965, S. 1–273; dazu SCHMIDT, Städtechroniken 1958, S. 25; und Dieter WEBER: Geschichtsschreibung in Augsburg. Hektor Mühlich und die reichsstädtische Chronistik des Spätmittelalters (= Abhandlungen zur Geschichte der Stadt Augsburg. Schriftenreihe des Stadtarchivs Augsburg, Bd. 30), Würzburg 1984.

156 Vgl. die Chronik des Burkhard Zink; SCHMIDT, Städtechroniken 1958, S. 29–38; auch WEBER, Geschichtsschreibung 1984.

157 SCHMIDT, Städtechroniken 1958, S. 24, 30.

158 Chronik des Erhard Wahraus 1126–1445 mit Nachträgen zum Jahr 1462, in: Die Chroniken der schwäbischen Städte. Augsburg, Bd. 1 (= Die Chroniken der deutschen Städte vom 14. bis ins 16. Jahrhundert, Bd. 4), Göttingen 1965, S. 216–244; SCHMIDT, Städtechroniken 1958, S. 27.

159 Ulman Stromer's Püchel von mein geslecht und von abentewr' 1349 bis 1407, in: Die Chroniken der fränkischen Städte. Nürnberg, Bd. 1 (= Die Chroniken der deutschen Städte vom 14. bis ins 16. Jahrhundert, Bd. 1), Göttingen ²1961, S. 1–312.

160 Dazu auch SCHMIDT, Städtechroniken 1958, S. 24; auch Gerhard HIRSCHMANN: Einleitung, in: Johannes MÜLLNER: Die Annalen der Reichsstadt Nürnberg von 1623, Teil 2: von 1351–1469 (= Quellen zur Geschichte und Kultur der Stadt Nürnberg, Bd. 11), hg. von Gerhard Hirschmann, S. 1–7; Tucher'sches Memorialbuch 1386–1454, in: Die Chroniken der fränkischen Städte. Nürnberg, Bd. 4 (= Die Chroniken der deutschen Städte vom 14. bis ins 16. Jahrhundert, Bd. 10), Göttingen ²1961, S. 1–43; auch Endres Tucher's Memorial 1421 bis 1440, in: Die Chroniken der fränkischen Städte. Nürnberg, Bd. 2 (= Die Chroniken der deutschen Städte vom 14. bis ins 16. Jahrhundert, Bd. 2), Göttingen ²1961, S. 1–53; Tucher'sche Fortsetzung der Jahrbücher bis 1469, in: Die Chroniken der fränkischen Städte. Nürnberg, Bd. 5 (= Die Chroniken der deutschen Städte vom 14. bis ins 16. Jahrhundert, Bd. 11), Göttingen ²1961, S. 441–531.

32 KAPITEL 1

für die Nürnberger Jahrbücher des 15. Jahrhunderts. Diese wurden gleichermaßen von verschiedenen Patriziern, Kaufleuten und Handwerkern verfasst, aber die einzelnen wurden Autoren nicht namentlich überliefert.[161] Für die Zeit zwischen 1420 und 1440 ist zudem die sogenannte „Chronik aus Kaiser Sigmund's Zeit" eines unbekannten Verfassers eine wertvolle Überlieferung.[162] Auch die Chronik des Sigismund Meisterlin für Nürnberg aus der Zeit um 1488 ist historiographisch und mentalitätsgeschichtlich eine bedeutende Quelle.[163] Insgesamt wurden fünfzehn Chroniken über die fränkische Reichsstadt analysiert.[164]

In Lübeck[165] sind zunächst einmal die beiden Slawenchroniken zu nennen: Die erste wurde um 1167 von dem Geistlichen Helmold von Bosau verfasst.[166] Die Zweite stammt aus der Feder des Arnold von Lübeck, der sich im geistlichen Umfeld des Johannisklosters aufhielt, und wurde um 1210 vollendet.[167] Diese

---

161   Jahrbücher des 15. Jahrhunderts, in: Die Chroniken der fränkischen Städte. Nürnberg, Bd. 4 (= Die Chroniken der deutschen Städte vom 14. bis ins 16. Jahrhundert, Bd. 10), Göttingen ²1961, S. 44; weiter SCHMIDT, Städtechroniken 1958, S. 39.

162   Die Chronik aus Kaiser Sigmund's Zeit bis 1434 mit Fortsetzung bis 1441, in: Die Chroniken der fränkischen Städte. Nürnberg, Bd. 1 (= Die Chroniken der deutschen Städte vom 14. bis ins 16. Jahrhundert, Bd. 1), Göttingen ²1961, S. 313–476.

163   Sigmund Meisterlin's Chronik der Reichsstadt Nürnberg 1488, in: Die Chroniken der fränkischen Städte. Nürnberg, Bd. 3 (= Die Chroniken der deutschen Städte vom 14. bis ins 16. Jahrhundert, Bd. 3), Göttingen ²1961, S. 1–348.

164   Dazu auch Matthias KIRCHHOFF: Gedächtnis in Nürnberger Texten des 15. Jahrhunderts. Gedenkbücher, Bruderbücher, Städtelob, Chroniken (Nürnberger Werkstücke zur Stadt- und Landesgeschichte, Bd. 68), Nürnberg 2009; dazu MEYER, Stadt 2009; auch Joachim SCHNEIDER: Typologie der Nürnberger Stadtchronistik um 1500. Gegenwart und Geschichte in einer spätmittelalterlichen Stadt, in: Geschichtsschreibung 2000, hg. von JOHANEK, S. 181–203.

165   Zur Lübecker Ratschronistik vgl. Sascha MÖBIUS: Das Gedächtnis der Reichsstadt. Unruhen und Kriege in der lübeckischen Chronistik und Erinnerungskultur des späten Mittelalters und der frühen Neuzeit (= Formen der Erinnerung, Bd. 47), Göttingen 2011; auch Klaus WRIEDT: Geschichtsschreibung in den wendischen Hansestädten, in: Geschichtsschreibung und Geschichtsbewusstsein im späteren Mittelalter (= Vorträge und Forschungen, Bd. 31), hg. von Hans PATZE, Sigmaringen 1987, S. 401–426.

166   Helmoldi presbyteri Bozoviensis Chronica Slavorum (= MGH SS rer. Germ. 32), bearbeitet von Bernhard Schmeidler, hg. vom REICHSINSTITUT FÜR ÄLTERE DEUTSCHE GESCHICHTE, Hannover 1937; zur Chronik vgl. Volker SCIOR: Das Eigene und das Fremde. Identität und Fremdheit in den Chroniken Adams von Bremen, Helmolds von Bosau und Arnolds von Lübeck (= Orbis mediaevalis. Vorstellungswelten des Mittelalters, Bd. 4), Berlin 2002.

167   Arnoldi Chronica Slavorum (= MGH SS rer. Germ. 14), hg. von Georg Heinrich PERTZ/ Johann Martin LAPPENBERG, Hannover 1868; auch Die Chronik Arnolds von Lübeck.

EINLEITUNG

Chroniken sind grundlegend für die Frühgeschichte Lübecks. Die Anfänge der ersten Ratschronik datieren auf die Zeit vor 1350. Der Auftrag, diese weiterzuführen, wurde am Ende des 14. Jahrhunderts an das Franziskanerkloster Sankt Katharinen übergeben. Dieses vom Lesemeister Detmar verfasste Werk für die Zeit von 1101 bis 1395 wurde für Lübeck bisher am aufmerksamsten rezipiert.[168] Die weitere Fortsetzung bis 1483 stammt von den Ratsschreibern Johann Hertze, Johann Wunstorp und Dietrich Brand.[169] Auf den eben erwähnten Werken bauen die weiteren im Spätmittelalter verfassten Chroniken auf. Die lateinische Chronik des Lesemeisters Hermann Korner, die ‚Chronica novella,'[170] und deren deutsche Rezeptionen im zweiten Teil der sogenannten Rufus-Chronik sind als sehr wertvoll für die spätmittelalterliche Zeit einzustufen.[171] Dahingegen geht der erste Teil der Rufus-Chronik auf die Stede-Chronik zurück und bietet für die Zeit bis 1349 eine wichtige Grundlage.[172] Für diese Arbeit wurden insgesamt dreizehn Lübecker Chroniken ausgewertet.

Zu den Medien, die uns darüber hinaus historische Sachverhalte und Deutungen überliefern, zählen gedruckte Stadtansichten oder auch Stadtpläne.

Neue Wege zu ihrem Verständnis (= Jenaer Beiträge zur Geschichte, Bd. 10), hg. von Stephan FREUND/Bern SCHÜTTE, Frankfurt am Main [4]2008; und SCIOR, Identität 2002.

168 Detmar-Chronik von 1105–1276, Detmar-Chronik von 1105–1386, Detmar-Chronik von 1101–1395 mit der Fortsetzung von 1395–1400, in: Die Chroniken der niedersächsischen Städte. Lübeck, Bd. 1 (= Die Chroniken der deutschen Städte vom 14. bis ins 16. Jahrhundert, Bd. 19), Leipzig 1884; zum Forschungsstand der Lübecker Detmar-Chronik vgl. EHBRECHT, Uppe dat sulck 2000, S. 87–93.

169 Erste Fortsetzung der Detmar-Chronik von 1395–1399, Zweite Fortsetzung der Detmar-Chronik von 1400–1413, in: Die Chroniken der niedersächsischen Städte. Lübeck, Bd. 2 (= Die Chroniken der deutschen Städte vom 14. bis ins 16. Jahrhundert, Bd. 26), Leipzig 1899; Dritte Fortsetzung der Detmar-Chronik erster Theil von 1401–1438, in: Die Chroniken der niedersächsischen Städte. Lübeck, Bd. 3 (= Die Chroniken der deutschen Städte vom 14. bis ins 16. Jahrhundert, Bd. 28), Leipzig 1902; Schmidt, Städtechroniken 1958, S. 20f., 51–63; Die Ratschronik von 1438–1482 (= Dritte Fortsetzung der Detmar-Chronik zweiter Teil) I. 1438–1465, in: Die Chroniken der niedersächsischen Städte. Lübeck, Bd. 4 (= Die Chroniken der deutschen Städte vom 14. bis ins 16. Jahrhundert, Bd. 30), Leipzig 1910, S. 343–442.

170 Vgl. Die Cronica Novella des Hermann Korner, hg. von Jakob SCHWALM, Göttingen 1895.

171 Die sogenannte Rufus-Chronik zweiter Theil 1395–1430, in: Die Chroniken der niedersächsischen Städte. Lübeck, Bd. 3 (= Die Chroniken der deutschen Städte vom 14. bis ins 16. Jahrhundert, Bd. 28), Leipzig 1902, S. 1–342.

172 Der sogennannten Rufus-Chronik erster Theil von 1105–1395, in: Die Chroniken der niedersächsischen Städte. Lübeck, Bd. 2 (= Die Chroniken der deutschen Städte vom 14. bis ins 16. Jahrhundert, Bd. 26), Leipzig 1899, S. 175–276.

34   KAPITEL 1

Aussagekräftige Illustrationen sind etwa seit dem 15. Jahrhundert in über-
schaubarer Anzahl überliefert.[173] Wie bei vielen Städten kann man auch im
Falle von Augsburg, Nürnberg und Lübeck auf die bekannten Holzschnitte
in der sogenannten Schedel'schen Weltchronik von Anton Koberger aus
dem Jahre 1493 zurückgreifen.[174] Die Städte sind jedoch idealisiert mit
künstlerischen Ansprüchen dargestellt, eignen sich also nur bedingt für die
Rekonstruktion früherer Zustände.[175] Die frühen Abbildungen sind ebenfalls
nur selten realitätsgetreue Abbildungen der Städte. Meist werden sie formelhaft auf nur wenige markante Bauwerke verkürzt. Die von den Zeitgenossen
als wichtig erachteten Gebäude wurden bewusst akzentuiert.[176] Maßgebliche
Ansichten entstanden meist erst ab Anfang des 16. Jahrhunderts, unter anderem der Holzschnitt von Elias Diebel, der 1552 ein Panorama Lübecks wiedergibt. Aufgrund seiner realistischen Darstellung kann dieser zweifellos für die
Rekonstruktion zeitgenössischer Bauwerke verwendet werden.[177] Zur gleichen
Zeit erschienen die beiden Radierungen der Silhouette Nürnbergs von Hans
Lautensack, denen ebenfalls eine gewisse Realitätstreue zugeschrieben wird.[178]

---

173   Vgl. die archivalischen Bestände, die jeweils um 1500 einsetzen: StadtA Augsburg, Karten-
       und Plansammlung, mit einem Archivale für den maßgeblichen Zeitraum; StadtA
       Nürnberg, A4 (Karten und Pläne) ab 1552, StadtA Nürnberg, A7 (Stiche und Drucke)
       ab 1500; StA Nürnberg, Bildsammlung; AHL, 8.2–1 Karten- und Plansammlung; exempl.
       dazu: Das Bild der Stadt in der Neuzeit 1400–1800, hg. von Wolfgang BEHRINGER/Bernd
       ROECK, München 1999; auch BRAUNFELS, Stadtbaukunst 1976, S. 104–107.
174   GÜNTHER, Repräsentation 2009, S. 33.
175   Auch Bernd ROECK: Stadtdarstellungen der frühen Neuzeit: Realität und Abbildung, in:
       Stadtbilder der Neuzeit. Die europäische Stadtansicht von den Anfängen bis zum Photo,
       42. Arbeitstagung des Südwestdeutschen Arbeitskreises für Stadtgeschichtsforschung in
       Zürich vom 14.–16. November 2003 (= Stadt in der Geschichte, Bd. 32), hg. von DEMS.,
       Ostfildern 2006, S. 19–40, hier S. 21f.
176   U. a. dazu Lutz Philipp GÜNTHER: Die bildhafte Repräsentation deutscher Städte. Von
       den Chroniken der Frühen Neuzeit zu den Websites der Gegenwart, Köln/Weimar/Wien
       2009, S. 25, 31f.
177   AHL, 8.2–1 Karten- und Plansammlung, GM 1; Hartmut FREYTAG: Lübeck im Stadtlob und
       Stadtporträt der frühen Neuzeit. Über das Gedicht des Petrus Vincentius und Elias Diebels
       Holzschnitt von 1552, in: ZVLGA 75 (1995), S. 137–174; Peter SAHLMANN: Die Ausgaben der
       großen Ansicht von Lübeck des Elias Diebel (1552), in ZVLGA 70 (1990), S. 223–228.
178   StA Nürnberg, Bildsammlung, Nr. 15.2, Nr. 15.3; dazu Norenberc – Nürnberg. 1050 bis 1806.
       Eine Ausstellung des Staatsarchivs Nürnberg zur Geschichte der Reichsstadt. Kaiserburg
       Nürnberg, 16. September bis 12. November 2000 (= Ausstellungskataloge der Staatlichen
       Archive Bayern, Bd. 41), München 2000, Nummer 4, S. 32.

EINLEITUNG

Zudem sind einige Plandarstellungen vorhanden, die von den Grundrissen der Städte ausgehend deren Gestalt wiedergeben.[179] Ein wichtiger Plan Nürnbergs ist der von Georg Nöttelein, der auf einem 1540 hergestellten Holzmodell von Hans Baier basiert.[180] Augsburg wird auf dem Vogelschauplan des Goldschmieds Jörg Seld von 1521 erstmals nach einer detaillierten Vermessung dargestellt. Auf diesem Plan werden Gebäude wie das Rathaus recht exakt in Schrägsicht, inklusive Staffagefiguren gezeigt. Somit ist dies eine der wichtigsten Abbildungen noch vor den öffentlichen Umbaumaßnahmen des Rates um 1600.[181]

Teilweise wurden auch die mittelalterlichen Städtechroniken illuminiert und mit Holzschnitten versehen, die wiederum im Zusammenhang mit dem Inhalt des zu visualisierenden Textes zu interpretieren sind.[182] Das wohl bekannteste Beispiel unter den Chroniken der drei Auswahlstädte stellt das Werk des Sigismund Meisterlin für Augsburg dar, das um 1457 von Hektor Mühlich illuminiert wurde.[183] Ebenfalls für Augsburg besitzen wir ein Tafelgemälde aus der Zeit um 1530, das den Bereich um den Rathausplatz in unvergleichlicher Detailtreue wiedergibt.[184] Ab dem 14. Jahrhundert findet man konkrete Stadtdarstellungen auf religiösen Altarbildern.[185] Nürnberg

---

179 GÜNTHER, Repräsentation 2009, S. 18, 44.

180 Das Original befindet sich im Bayerischen Nationalmuseum München.

181 Vgl. den Seldplan in: Kunstsammlungen Augsburg, Inv. Nr. G 63.

182 GÜNTHER, Repräsentation 2009, S. 30; auch Regula SCHMID: Turm, Tor und Reiterbild: Ansichten der Stadt in Bilderchroniken des Spätmittelalters, in: Stadtbilder 2006, hg. von ROECK, S. 19–40, hier S. 21f.

183 Sigismund MEISTERLIN: Augsburger Chronik, Augsburg 1457, 2° cod. H 1; dazu Zita Ágota PATAKI: Bilder schaffen Identität – Zur Konstruktion eines städtischen Selbstbildes in den Illustrationen der Augsburger Chronik Sigismund Meisterlins 1457–1480, in: Identität und Krise? – Zur Deutung vormoderner Selbst-, Welt-, und Fremderfahrungen (= Symbolische Kommunikation und gesellschaftliche Wertesysteme. Schriftenreihe des Sonderforschungsbereichs 496, Bd. 17), hg. von Christoph DARTMANN/Carla MEYER, Münster 2007, S. 99–118; auch Zita Ágota PATAKI: Ein Bürger blickt auf seine Stadt. Zur Rezeption und Funktion des Stadtbildes bei Hektor Mülich 1455/57, in: Stadtgestalt 2010, hg. von Stephan ALBRECHT, S. 121–146.

184 Heinrich DORMEIER: Das große Finale. Der Auszug der Ratsherren aus dem Rathaus, in: Feste und Bräuche aus Mittelalter und Renaissance. Die Augsburger Monatsbilder, Gütersloh/München 2007, S. 180–183; Hartmut BOOCKMANN: Lebensgefühl und Repräsentationsstil der Oberschicht in den deutschen Städten um 1500, in: „Kurzweil viel ohn' Maß und Ziel". Alltag und Festtag auf den Augsburger Monatsbildern der Renaissance, hg. vom DEUTSCHEN HISTORISCHEN MUSEUM BERLIN, München 2001, S. 33–47.

185 GÜNTHER, Repräsentation 2009, S. 28.

wurde beispielsweise auf dem Krell'schen Altar um 1483 abgebildet und diese Darstellung wird als topografisch authentisch gedeutet.[186]

4   Zum Forschungsstand

Dass das Thema dieser Arbeit sehr aktuell ist zeigt sich unter anderem daran, dass 2014 eine Tagung des Arbeitskreises „Reichsstadtgeschichtsforschung" mit dem Titel „Reichszeichen. Darstellungen und Symbole des Reichs in Reichsstädten" stattfand. Die Referenten thematisierten die Vielfältigkeit, die Art und Weise, sowie die Träger von Reichsdarstellungen. In den Beiträgen wurde deutlich, dass die spätmittelalterlichen Reichsstädte Handlungs- und Erinnerungsräume darstellten, in denen während der unterschiedlichen Phasen der Stadtgeschichte durch verschiedene Akteure sowohl eigene Interessen als auch Interessen des Reichs visualisiert wurden.[187] Im Kontext der sichtbaren Reichsrepräsentation sind die wertvollen Arbeiten von Adolf Knappe und Lieselotte Saurma-Jeltsch zu sehen. Ein primär kunsthistorischer Ansatz ist Grundlage der Untersuchungen von Saurma-Jeltsch. Sie resümiert über die in den Städten angebrachten Reichsmetaphern, dass eine Zugehörigkeit zum Reich als Gesamtkörper programmatisch zum Ausdruck gebracht worden sei.[188] Knappe stellt fest, dass die ikonologischen Darstellungen in den Reichsstädten ein „[...] in besonderer Weise reichsstädtisches Selbstverständnis, mitunter allerdings [...] auch bloß Reichsstadtambitionen [...]" ausdrücken.[189] In diesen knappen Darstellungen werden die Symboliken des Reichs überwiegend ikonographisch gedeutet und autonom außerhalb ihres alltäglichen Rahmens betrachtet, wodurch sie einen überzeitlichen Charakter erhalten. Diese Sichtweise wird in der vorliegenden Untersuchung aufgebrochen, indem gerade die soziokulturelle und politische Entwicklung der Städte und des Reichs miteinbezogen wird, die den konkreten Umgang mit der Idee „Reich" zu verschiedenen Zeiten und dem damit verbundenen Wandel verdeutlicht.

In dieser Arbeit werden in erster Linie Formen und Funktionen von öffentlicher Gestaltung und städtischer Repräsentation analysiert. Damit stellt

---

186   Vgl. dazu Geschichte Nürnbergs in Bilddokumenten, hg. von Gerhard Pfeiffer, München 1970, S. 36.

187   Vgl. Michael Rothmann: Schlussbetrachtung – Reichsstädte und ihre Reichsstädtischen Zeichensysteme, in: Reichszeichen 2015, hg. von Wittmann, S. 267–273.

188   Saurma-Jeltsch, Reich 2006, hier S. 438f.

189   Knappe, Ikonologie 1980, S. 166.

EINLEITUNG

sie sich den Herausforderungen, die eine „Kulturgeschichte des Politischen"
bietet.[190] Der Fokus liegt auf den Diskursen, Symbolen, Ritualen oder Medien,
die Beziehungen und Strukturen generieren.[191] Wie bereits Ulrich Meier zu-
treffend formulierte,[192] lassen sich zwei dominierende Vorgehensweisen zur
Analyse der baulich-repräsentativen Ausgestaltung einer Stadt erkennen: Zum
einen kommunikationstheoretische Ansätze, die vor allem die Beziehung
zwischen Medien und Interaktionsformen in der städtischen Politik zum
Untersuchungsgegenstand haben. Zum anderen spielen, wie in dieser Arbeit
beabsichtigt, raumorientierte Ansätze eine Rolle, in denen überwiegend das
Wechselspiel zwischen der medialen Gestaltung und der Wahrnehmung
von öffentlichen Räumen einer Stadt thematisiert wird. Medien und
Kommunikation[193] sind seit Mitte der 1990er Jahre ein Schwerpunkt in den
historischen Wissenschaften.[194] Die Kommunikationsprozesse einer Stadt
bilden den Fokus des Sonderforschungsbereichs „Norm und Symbol" an der
Universität Konstanz unter Rudolf Schlögel. Hier wird das Zusammenspiel
von Medialität und der Herausbildung institutioneller Strukturen sowie politischer Prozesse untersucht, [195] und der Fokus liegt auf der Kommunikation

---

190   Vgl. v. a. Thomas MERGEL: Überlegungen zu einer Kulturgeschichte der Politik, in:
      Geschichte und Gesellschaft 28 (2002), S. 574–606, mit kritischen Überlegungen; dazu
      STOLLBERG-RILINGER, Kulturgeschichte 2005; weiter auch Neue Politikgeschichte.
      Perspektiven einer historischen Politikforschung (= Historische Politikforschung, Bd. 1),
      hg. von Ute FREVERT/Heinz-Gerhard HAUPT, Frankfurt/New York 2005.

191   Rudolf SCHLÖGL: Interaktion und Herrschaft. Probleme der politischen Kommunikation
      in der Stadt, in: Kulturgeschichte 2005, hg. von STOLLBERG-RILINGER, S. 115–128, hier
      S. 116f.; auch ZIMMERMANN, Einleitung 2012; die Kommunikation über Symbole und
      Rituale wird in der historischen Mediävistik seit annähernd zwei Jahrzehnten zuneh-
      mend thematisiert.

192   Ulrich MEIER: Repräsentation und Teilhabe. Zur baulichen Gestalt des Politischen in der
      Reichsstadt Dortmund (14.–16. Jahrhundert), in: Städtische Repräsentation. St. Reinoldi
      und das Rathaus als Schauplätze des Dortmunder Mittelalters (= Dortmunder Mittelalter-
      Forschungen, Bd. 5), hg. von Nils BÜTTNER/Thomas SCHILP/Barbara WELZEL, Bielefeld
      2005, S. 227–247, S. 228f.

193   Uwe GOPPOLD: Politische Kommunikation in den Städten der Vormoderne. Zürich und
      Münster im Vergleich (= Städteforschung, Reihe A, Bd. 74), Köln/Weimar/Wien 2007, mit
      Fokus auf dem 16–18. Jahrhundert.

194   Dazu u. a. Mark MERSIOWSKY: Wege zur Öffentlichkeit. Kommunikation und
      Medieneinsatz in der spätmittelalterlichen Stadt, in: Stadtgestalt 2010, hg. von ALBRECHT,
      S. 13–57, mit Anmerkung 3, und umfangreichen Literaturangaben zu den Themen
      „Medien und Kommunikation" im Mittelalter.

195   EBD., S. 128.

unter Anwesenden.[196] Der politisch geprägte Zeichengebrauch wird als Teil der symbolischen Kommunikation verstanden, was auch in dieser Arbeit eine Rolle spielt.[197] Auf Basis einer „[...] Vielzahl von Interaktionsebenen und Kommunikationspartnern [...]"[198] wurde unter anderem von Jörg Oberste die Komplexität der Städte als mediale Handlungsräume herausgearbeitet. Darüber hinaus gibt es in der Mediävistik den Ansatz, einen Raum „systemtheoretisch" zu denken, wobei man vor allem beobachten kann, wie Raum kommunikativ hergestellt wurde.[199] Die Phänomene Macht und Raum können jedoch nicht nur anhand ihrer Verräumlichung von sozialen und politischen Prozessen untersucht werden, wie in der Systemtheorie beabsichtigt wird, sondern auch in ihrer Bewegtheit und in ihren Möglichkeiten der Wahrnehmung und Rezeption, die den Betrachter von einem bloßen Zuschauer zu einem Teilnehmer werden lassen. Dieser methodische Ansatz wird von den Mitgliedern des Sonderforschungsbereichs „Institutionalität und Geschichtlichkeit" an der Technischen Universität Dresden überwiegend mit Blick auf die frühneuzeitliche Stadt bearbeitet,[200] und auch in dieser Arbeit modifiziert für die mittelalterliche Stadt aufgegriffen.

Im Bereich der Ritualforschung[201] ist dieses Vorgehen bereits etabliert und bietet weitreichende Erkenntnismöglichkeiten. Ein Schwerpunkt der Forschung lag in den letzten Jahren auf der Inszenierung von performativen Akten in der städtischen Erinnerungs- und Repräsentationskultur und der Zurschaustellung von symbolisch-rituellen Handlungen, die den Stadtbewohnern eine „grundlegende Vorstellung davon [gaben], dass es sich überhaupt um eine Kommune handelt und dass sich diese [...] durch bestimmte

---

196 Vgl. Rudolf SCHLÖGL: Vergesellschaftung unter Anwesenden. Zur kommunikativen Form des Politischen in der vormodernen Stadt, in: Interaktion 2004, hg. von DEMS., Konstanz 2004, S. 9–60; auch DERS.: Interaktion und Herrschaft. Probleme der politischen Kommunikation in der Stadt, in: Was heißt Kulturgeschichte des Politischen? (ZHF, Beiheft 35), hg. von Barbara STOLLBERG-RILINGER, Berlin 2005, S. 115–128.

197 Dazu GOPPOLD, Politische Kommunikation 2007, mit Fokus auf das 16.–18. Jh.

198 Vgl. OBERSTE, Einführung 2007, S. 7; weiter auch der Sammelband Repräsentationen der mittelalterlichen Stadt (= Forum Mittelalter, Studien, Bd. 4), hg. von DEMS., Regensburg 2008.

199 Vgl. RAU, Räume 2013, S. 104.

200 Dazu Machträume der frühneuzeitlichen Stadt (= Konflikte und Kultur – Historische Perspektiven, Bd. 13), hg. von Christian HOCHMUTH/Susanne RAU, Konstanz 2006.

201 Silvia Serena TSCHOPP/Wolfgang E.J. WEBER: Grundfragen der Kulturgeschichte, Darmstadt 2007, S. 111–122, mit weiterer Literatur.

Eigenschaften von anderen Städten unterscheidet."[202] Dazu gehörte die Inszenierung von Ratswahlen, Schwörtage oder historische Festtage. Durch die Regelmäßigkeit und Wiederholung des Dargestellten wurden die historisch gewachsene Stellung und Autonomie der Stadt immer wieder ins Gedächtnis der Bürger, Bewohner und Besucher gerufen.[203] Wilfried Ehbrecht konzentriert sich in Anlehnung daran auf die Untersuchung von Städten, beispielsweise auf den Zusammenhang von Konsens und Konflikt. Gerd Althoff betont die Wichtigkeit der öffentlichen und vor allem rituellen Kommunikation für die gesellschaftliche Ordnung und Stabilisierung mit Blick auf das Reich.[204] In dieser Arbeit werden beide Ansätze miteinander verknüpft, um das vor allem in und von den Reichsstädten generierte Funktionieren des Reiches zu untersuchen.

Zur Einordnung der Ergebnisse kann auf zahlreiche Vorarbeiten zurückgegriffen werden. Das reichsstädtische Bewusstsein in den historischen Wissenschaften wurde bereits öfters thematisiert: Heinrich Schmidt wertete beispielsweise in der Mitte des 20. Jahrhunderts deutsche Städtechroniken – ebenfalls mit Fokus auf Augsburg, Nürnberg und Lübeck – aus. Er stellte fest, dass eine „[...] Einheit von städtischem Interesse und Vorteil des Reichs [...]"[205] zu finden ist, die sowohl ein eigenes Urteil als auch die Förderung des allgemeinen Nutzens erkennen lassen. Beide Faktoren boten ihm zufolge die Grundlagen für die Ausbildung der städtischen Identitäten und des Reichsbewusstseins. Peter Moraw und Paul-Jörg Heinig schufen zudem durch ihre richtungsweisenden Untersuchungen ein theoretisches Fundament für die kritische Verwendung des Reichsstadtbegriffs. Die klar definierte ‚Reichsstadt', wie sie heute in den Geschichtswissenschaften erscheint, war im späten Mittelalter so nicht existent, sondern ist als Forschungsbegriff zu sehen, der ein von Fall zu Fall näher zu definierendes Phänomen bezeichnet. Moraw

---

202 Dazu u. a. Ulrich ROSSEAUX: Einleitung, in: Zeitrhythmen und performative Akte in der städtischen Erinnerungs- und Repräsentationskultur zwischen Früher Neuzeit und Gegenwart (= Bausteine aus dem Institut für Sächsische Geschichte und Volkskunde, Bd. 6), hg. von DEMS./Wolfgang FLÜGEL/Veit DAMM, Dresden 2005, S. 3–9, hier S. 3; ALTHOFF, Spielregeln 1997, v. a. S. 229–257, zu Demonstration und Inszenierung

203 Gerd ALTHOFF: Zur Einführung, in: Formen und Funktionen öffentlicher Kommunikation im Mittelalter (= Vorträge und Forschungen, Bd. 51), hg. von DEMS., Stuttgart 2001, S. 7–9.

204 Aus seinen zahlreichen Forschungen vgl. u. a. Gerd ALTHOFF: Die Veränderbarkeit von Ritualen im Mittelalter, in: Öffentliche Kommunikation 2001, hg. von DEMS., S. 157–176; DERS./Ludwig SIEP: Symbolische Kommunikation und gesellschaftliche Wertesysteme vom Mittelalter bis zur französischen Revolution. Der neue Münsterer Sonderforschungsbereich 496, in: Frühmittelalterliche Studien 34 (2000), S. 393–412.

205 SCHMIDT, Städtechroniken 1958, S. 64.

beschäftigte sich vor allem mit der Verfassung des Reiches, aber auch mit den Zusammenhängen größerer Räume.[206] Beide plädieren zu Recht dafür, die konkreten Beziehungen der Reichsstädte zum Königtum als eine unabdingbare Analysekategorie zu betrachten,[207] wenn man ‚das Reich' verstehen will. Die Analyse der Verhältnisse einzelner Glieder des Reichs zueinander[208] oder zum Reich[209] wurde in den historischen Wissenschaften mehrfach als Ansatz gewählt, um sich den Funktionsmechanismen des Reichs anzunähern. Die stadthistorische Untersuchung ist als besondere Herausforderung für die Reichsgeschichte zu sehen. Allerdings besteht eine Forschungslücke in der Erhebung und Beschreibung der unterschiedlichen Dimensionen symbolischer Repräsentation in den Städten. Diese Lücke wird mit diesem Buch ein Stück weit geschlossen.[210]

---

206 Vgl. MORAW, Reichsstadt 1979, S. 386, 388, 415–424.

207 Vgl. das Resümee von HEINIG, Reichsstädte 1983, S. 6, 354.

208 Vgl. exemplarisch KRISCHER, Reichsstädte 2006, der mit der Untersuchung im 15. Jh. ansetzt.

209 Dazu u. a. Bernd SCHNEIDMÜLLER: Magdeburg und das geträumte Reich des Mittelalters, in: Heilig-Römisch-Deutsch 2006, hg. von DEMS./WEINFURTER, S. 440–451.

210 OBERSTE, Einführung, S. 8f.

KAPITEL 2

‚Shaping': Die „Physiognomien" der Reichsunmittelbarkeit

In diesem Kapitel wird die Entwicklung des Raumtypus von Augsburg, Nürnberg und Lübeck aufgezeigt. Im Vordergrund stehen die Aspekte, die maßgeblich für die Anbindung an das Reich waren und dieses in den Städten sichtbar und erfahrbar werden ließen, noch bevor man von einer Reichsstadt sprechen konnte. Im Zuge ihrer verfassungsrechtlichen Weiterentwicklung durchliefen die Städte folglich zahlreiche Formierungsprozesse: Die topographische Gestalt und das Stadtbild veränderten sich mehrfach. Dieses ‚Shaping' führte zu ihrer jeweiligen Physiognomie, die den Bewohnern oder Besuchern einer Stadt die erteilten Privilegien der Herrscher und die damit verbundene Annäherung an die Reichsunmittelbarkeit vor Augen führte.[1] So wurden Siedlungszellen verlegt, Plätze erbaut, alte und neue Stadtteile zusammengefügt und Straßensysteme für die neuen infrastrukturellen Anforderungen angelegt. Die einzelnen Maßnahmen und Ausbauschritte lassen sich oft in zeitlichen Zusammenhang mit den Privilegien bringen, die von den Reichsoberhäuptern verliehen wurden. Sie unterstützten die Städte, die ursprünglich einem Bischof, Landesherren oder auch dem König und seinen Verwaltern selbst unterstanden, in ihren kommunalen Interessen bis hin zur Erlangung der vollständigen politischen Unabhängigkeit. Dass der Begriff der bürgerlichen oder reichsstädtischen Autonomie mit Vorsicht zu genießen ist, zeigen die einzelnen und differenzierten Entwicklungsschritte, welche die jeweiligen Reichsstädte durchliefen. Dabei kam es in keiner der drei Städte zu einem endgültigen inneren Abschluss der verfassungsrechtlichen Ausprägung; vielmehr unterlagen sie weiterhin einer gewissen Dynamik.[2]

---

1   Auch SAURMA-JELTSCH, Reich 2006, S. 402.
2   Zum Begriff nochmals ausführlich Eckhard MÜLLER-MERTENS: Bürgerlich-städtische Autonomie in der Feudalgesellschaft – Begriff und geschichtliche Bedeutung, in: Autonomie, Wirtschaft und Kultur der Hansestädte. Johannes Schildhauer zum 65. Geburtstag, hg. von Konrad FRITZE, Weimar 1984, S. 11–33.

42   KAPITEL 2

1   Die Anfänge der Reichsstädte Augsburg, Nürnberg und Lübeck

1.1   *Augsburg und die traditionsbildende Schlacht auf dem Lechfeld*
Die Anfänge der städtischen Entwicklung Augsburgs lassen sich bis in die
römische Antike zurückverfolgen: Nachdem die ehemalige Hauptstadt der
Provinz *Raetia secunda* am Ende des 5. Jahrhunderts von den Römern aufge-
geben wurde,[3] bestand vermutlich auf dem Gebiet des heutigen Domberges
eine kleine Siedlung fort (Karte 1).[4] Aufgrund der spärlichen schriftlichen und
archäologischen Quellen kann man für die Rekonstruktion des städtebaulichen

---

3   Nach dem Ende des um 15. v. Chr. angelegten Militärlagers auf dem Gebiet des heutigen
    Oberhausen wurde wohl in der ersten Hälfte des 1. Jhs. n. Chr. ein Kastell mit einem zivilen
    vicus gegründet. Die unter dem Namen *Augusta Vindelicum* bekannte Siedlung entwickelte
    sich rasch und wurde unter Kaiser Hadrian um 125 n. Chr. zum direkt Rom unterstellten *mu-
    nicipum Aelia Augusta*. Zur Entwicklung Augsburgs in der Römerzeit vgl. Andreas SCHAUB:
    Topographie und Stratigraphie des römischen Augsburg aufgrund neuerer Ausgrabungen,
    in: Neue Forschungen zur römischen Besiedlung zwischen Oberrhein und Enns: Kolloquium
    Rosenheim 14.–16. Juni 2000 (= Schriftenreihe der Archäologischen Staatssammlung, Bd. 3),
    hg. von Ludwig WAMSER/Bernd STEIDEL, Remshalden-Grunbach 2003, S. 109–120; ZORN,
    Augsburg 2001, S. 25–65; auch Gunther GOTTLIEB: Das römische Augsburg. Historische und
    methodische Probleme einer Stadtgeschichte (= Schriften der philosophischen Fakultäten
    der Universität Augsburg, Bd. 21), München 1981; älter Klaus FEHN: Probleme der frühen
    Augsburger Stadtentwicklung, in: Mitteilungen der geographischen Gesellschaft München
    53 (1968), S. 361–375; und Detlev SCHRÖDER: Stadt Augsburg. Historischer Atlas von Bayern.
    Teil Schwaben, H. 10, München 1975, S. 46f.
4   Zur Siedlungskontinuität in Augsburg vgl. Lothar BAKKER: Frühes Christentum und
    Siedlungskontinuität von der Spätantike zum frühen Mittelalter in Augsburg – ein Überblick,
    in: Hl. Afra. Eine frühchristliche Märtyrerin in Geschichte, Kunst und Kult. Ausstellungskatalog
    des Diözesanmuseums St. Afra (= Jahrbuch des Vereins für Augsburger Bistumsgeschichte,
    Bd. 38), hg. von Manfred WEITLAUFF, Augsburg 2004, S. 42–51; ERICH HERZOG: Werden
    und Form der mittelalterlichen Stadt. Ihre Bauten und Kunstwerke, in: Augusta 955–1055.
    Forschungen und Studien zur Kultur- und Wirtschaftsgeschichte Augsburgs, Augsburg
    1955, S. 83–106, S. 83f.; Wolfgang HÜBENER: Siedlungskontinuität und Bedeutungswandel
    zwischen Spätantike und Mittelalter im Augsburger Raum, in: Jahrbuch des Vereins für
    Augsburger Bistumsgeschichte 18 (1984), S. 162–198; auch Walter SAGE: Frühes Christentum
    und Kirchen aus der Zeit des Übergangs, in: Augsburg 1985, hg. von GOTTLIEB, S. 100–111;
    allgemein zur Problematik vgl. u. a. Alexander DEMANDT/Hans-Werner GOETZ/Helmut
    REIMITZ/Heiko STEUER/ Heinrich BECK: s. v. „Kontinuitätsprobleme", in: RGA 17 (2001), S.
    205–237; weiter auch Gian P. BROGIOLO/Nancy GAUTHIER/Neil CHRISTIE: Towns and their
    Territories between Late Antiquity and the Early Middle Ages (= The Transformation of the
    Roman World, Bd. 9), Leiden/Boston/Köln 2000.

Gefüges zwischen dem 5. und 8. Jahrhundert jedoch nur auf wenige Überlieferungen zurückgreifen. Eine der früheren Schriftquellen zu Augsburg ist dabei die um 567 von Venantius Fortunatus verfasste Vita des Heiligen Martin. Dieser Erzählung zufolge war damals bereits das südlich und *extra muros* der römischen Stadt gelegene Grab der Heiligen Afra überregional bekannt.[5] Als Wallfahrtsort zog selbiges zahlreiche Pilger an und begünstigte dadurch wahrscheinlich die Entwicklung einer kleinen, geistlich geprägten Siedlung und eines prominenten Begräbnisortes,[6] für den Bischof Sintpert (778–807) eine neue Kirche errichten ließ. Noch bis ins 10. Jahrhundert hinein ließen sich zahlreiche Bischöfe in unmittelbarer Nähe zum Grab der Heiligen bestatten.[7]

Ein Augsburger Dom wird hingegen erst fast dreihundert Jahre nach dem Tode Afras in einer Urkunde, die auf das Jahr 822 datiert, erwähnt.[8] Der Neubau der bischöflichen Kirche, deren Existenz von den Ergebnissen der in den Jahren 1970/71 und 1998 erfolgten archäologischen Ausgrabungen gestützt

---

5 Venanti Honori Clementiani Fortunati vita S. Martini, in: MGH Auct. Ant. 4/1, hg. von Leo FRIEDRICH, 1881, S. 294–370, hier S. 368: [...] *pergis ad Augustam, qua Virdo et Licca fluentant. illic ossa sacrae venerabere martyris Afrae.* Die heilige Afra soll um 304 den Märtyrertod erlitten haben. Wie in dieser Zeit üblich, wurde auf ihrem Grab vermutlich ein *cella memoriae* errichtet. Dazu u. a. die Beiträge in: WEITLAUFF, Afra 2004; auch Walter BERSCHIN: Am Grab der heiligen Afra. Alter, Bedeutung und Wirklichkeit der Passio S. Afrae, in: Jahrbuch des Vereins für Augsburger Bistumsgeschichte 16 (1982), S. 108–121.

6 Dazu der Nachweis von Bestattungen des 4. sowie 6. und 7. Jhs.: Die Ausgrabungen in Sankt Ulrich und Afra in Augsburg 1961–1968, 2 Teile (= Münchener Beiträge zur Ur- und Frühgeschichte, Bd. 23), hg. von Joachim WERNER, München 1977; allgemein zur Problematik der Deutung vgl. Max MARTIN: Zum archäologischen Aussagewert frühmittelalterlicher Gräber und Gräberfelder, in: Zeitschrift für Schweizerische Archäologie und Kunstgeschichte 59 (2002), S. 291–306.

7 So auch in Regensburg an Stelle der heutigen Kirche St. Emmeram: Silvia CODREANU-WINDAUER/Heinrich WANDERWITZ: Die frühen Kirchen in der Diözese Regensburg. Betrachtung zu den archäologischen und schriftlichen Quellen bis zum Ende des 8. Jahrhunderts, in: 1250 Jahre Kunst und Kultur im Bistum Regensburg (= Kunstsammlungen des Bistums Regensburg, Diözesanmuseum Regensburg, Kataloge und Schriften, Bd. 7), hg. von der KUNSTSAMMLUNG DES BISTUMS REGENSBURG, München/Zürich, 1989, S. 9–27, hier S. 9f.; zur Integration von Klöstern *extra muros*, vgl. BRAUNFELS, Stadtbaukunst 1976, S. 23.

8 Die erste urkundliche Erwähnung des Augsburger Doms stammt vom 31. August 822 in den Freisinger Traditionen; dazu VOLKERT/ZOEPFL I/1, S. 33f., Nr. 28.

wird,[9] soll jedoch schon während des Episkopats von Sintpert erfolgt sein.[10] Es ist durchaus anzunehmen, dass an dieser Stelle auch ein Vorgängerbau stand, der allerdings ebenso wie die Frühzeit des Augsburger Bistums nur spekulativ zu erfassen ist.[11] Der Bischofssitz habe einer Urkunde Kaiser Friedrichs I. vom 27. November 1155 zufolge bereits zur Zeit König Dagoberts (623/629–639) erstmalig oder nach einer zwischenzeitlichen Verlegung in Augsburg existiert. Dem Konstanzer Bischof Hermann wurden in dem Schriftstück nämlich die Grenzen zwischen dem Konstanzer und dem Augsburger Bistum bestätigt, welche bereits der Merowinger festgelegt hätte.[12] Da jedoch zeitgenössische Quellen fehlen, ist die Kontinuität eines Bischofssitzes von der Antike bis ins frühe Mittelalter nicht eindeutig belegt und die frühen verfassungsrechtlichen Strukturen bleiben weiterhin im Verborgenen.[13] Eine weitgehend gesicherte

---

9   Zuletzt wurden bei Ausgrabungen beim Bau des Diözesanmuseums 1998 Fundamente eines Kirchenbaus aus dem späten 8. bzw. 9. Jh. entdeckt, vgl. Andreas SCHAUB: Archäologische Untersuchungen am Hohen Dom zu Augsburg, in: Das Archäologische Jahr in Bayern 1998, S. 119–121; auch die älteren Berichte von Leo Johann WEBER: Die Ausgrabungen im Dom zu Augsburg 1970/71. Vorläufiger Bericht, Augsburg 1972, S. 6f.; und Walter SAGE: Die Ausgrabungen in der Krypta des Augsburger Doms, in: Jahrbuch des Vereins für Augsburger Bistumsgeschichte 15 (1981), S. 115–139.

10   Die Weihe erfolgte der Chronik des Benediktiners Korbinian Khamm, *Hierarchia Augustana chronologia tripartita*, Band 1, Augsburg 1709, zufolge im Todesjahr Sintperts am 28.09.807, hier zitiert nach Mathias Franc KLUGE: Architektur und Baugeschichte der Romanik, in: Der Augsburger Dom. Sakrale Kunst von den Ottonen bis zur Gegenwart, hg. von der DIÖZESE AUGSBURG, München 2014, S. 31–43, hier S. 31; vgl. auch Thomas GROLL: Lage und Umgebung, in: Augsburger Dom 2014, hg. von der DIÖZESE AUGSBURG, S. 19–27, hier S. 19f.; auch Martin KAUFHOLD: Der Dom im mittelalterlichen Augsburg: Stationen einer spannungsreichen Geschichte, in: Der Augsburger Dom im Mittelalter, hg. von DEMS. Augsburg 2006, S. 9–26, hier S. 11; sowie Denis André CHEVALLEY: Der Dom zu Augsburg (= Die Kunstdenkmäler von Bayern, Bd. 1), München 1995.

11   Es fehlen zeitgenössische Quellen. Nach der Chronik des Clemens Sender, 1. Hälfte des 16. Jhs., wurde um 600 ein erster Bau errichtet: Die Chronik des Clemens Sender von den älteren Zeiten der Stadt bis zum Jahre 1536, in: Die Chroniken der schwäbischen Städte. Augsburg, Bd. 4 (= Die Chroniken der deutschen Städte vom 14. bis ins 16. Jahrhundert, Bd. 23), Göttingen 1966, S. 1–404, hier S. 10; auch KLUGE, Romanik 2004, S. 31.

12   Vgl. die Urkunde von Friedrich I. vom 27.11.1155, MGH DD F I., S. 212–216, Nr. 128: [...] *versus orientem inter Constantiensem et Augustensem episcopatum* [...]; dazu Friedrich PRINZ: Augsburg im Frankenreich, in: WERNER, Ausgrabungen 1977, S. 375–398, hier S. 383; VOLKERT/ZOEPFEL I/1, S. 11; allgemein zur Überlieferungssituation: Immo EBERL: Dagobert I. und Alemannien. Studien zu den Dagobertüberlieferungen im alemannischen Raum, in: ZWLG 42 (1983), S. 7–51.

13   Auf die Diskussion soll nicht näher eingegangen werden; vgl. zum Bistum: Thomas GROLL: Geschichte des Bistums Augsburg, in: Augsburger Dom 2014, hg. von der

Liste an Augsburger Bischöfen liegt erst beginnend mit Bischof Wikterp (ca. 738–ca. 772) vor. Der Brief, in dem Wikterp 738 erstmals genannt wird, wurde von Papst Gregor III. (731–741) an die bayrischen und alemannischen Bischöfe gerichtet. In diesem Schreiben nennt der Papst Augsburg als möglichen Ort für eine Synode, was auf eine zentralörtliche Funktion hinweist.[14]

Die Bedeutung der Augsburger Bischöfe und der Stadt im Allgemeinen lässt sich erfassen, wenn man einen kurzen Blick auf die Funktionsmechanismen des Reichs im Frühen Mittelalter wirft. Die frühmittelalterliche Verfassung bezog sich wie die einzelnen Unterreiche[15] stark auf den König und seine Organe. Dabei wurde die königliche Herrschaft über Hausherrschaft und Gefolgschaft definiert, die unter anderem auf den personellen Beziehungen,[16] dem materiellen Besitz, wie etwa dem Reichsgut,[17] sowie auf den Einnahmen und

---

DIÖZESE AUGSBURG, S. 11–17. Groll geht ebenso wie HERZOG, Werden 1955, S. 83, von einem spätantiken Bistum ab dem 4. bzw. 5. Jh. aus; für die Gründung unter Dagobert argumentiert auch PRINZ, Frankenreich 1977, hier S. 375, 383f; kritisch hingegen äußert sich z. B. Georg KREUZER: Augsburg in fränkischer und ottonischer Zeit (ca. 550–1024). Bischof Ulrich von Augsburg, in: Augsburg 1985, hg. von GOTTLIEB, hier S. 115–117: Die ältesten Bischofslisten und Traditionen, die eine Verbindung zwischen dem merowingischen König Dagobert und Augsburg herstellen, stammen erst aus dem 11. bzw. 12. Jh.; zur Problematik vgl. u. a. auch Joachim JAHN: Topographie, Verfassung und Gesellschaft der mittelalterlichen Stadt – das Beispiel Augsburg, in: Miscellanea Suevica Augustana. Der Stadt dargebracht zur 2000-Jahrfeier 1985 (= Augsburger Beiträge zur Landesgeschichte Bayerisch-Schwabens, Bd. 3), hg. von Pankraz FRIED, Sigmaringen 1985, S. 9–42, S. 11; auch Georg KREUZER: s. v. „Augsburg", in: LexMa I (1980), Sp. 1212.

14   Die Briefe des Heiligen Bonifatius und Lullus (= MGH Epp. sel. I), hg. von Michael TANGL, Berlin 1916, S. 70f., Nr. 44: [...] iuxta Danuuium sive in civitate Augusta vel ubicumque [...]; dazu ausführlich: VOLKERT/ZOEPFL I/1, S. 14–16, Nr. 2, hier v. a. S. 15: ob diese Synode tatsächlich in Augsburg stattfand, ist nicht belegt; dazu auch Wilhelm GESSEL: Die spätantike Stadt und ihr Bischof, in: Stadt und Bischof 1988, hg. von KIRCHGÄSSNER/BAER, S. 9–27; KREUZER, Hoftage 1979, S. 86f.; ebenso FEHN, Probleme 1968, S. 268.

15   Oft wird der Einfachheit halber von „dem frühmittelalterlichen Reich" gesprochen. Um die Komplexität der sich verändernden Strukturen zu fassen, muss man hier allerdings „die Reiche" differenzieren: das Frankenreich der Merowinger (500–751) und Karolinger (751–829), sowie die Ausbildung neuer karolingischer Teilreiche in der Frühzeit (829–88) und die Konsolidierung des ostfränkischen Reiches, das in ein Deutsches Reich (ab 888) überging. Dazu vgl. Hans-Werner GOETZ: Europa im frühen Mittelalter 500–1050 (Handbuch der Geschichte Europas, Bd. 2), Stuttgart 2003, S. 49–117; auch Ernst PITZ: Europa im Früh- und Hochmittelalter (= Studienbuch Geschichte. Darstellungen und Quellen, Heft 3) Stuttgart 1982, hier S. 90–98.

16   EBD., S. 138–142.

17   EBD., S. 129–136; weiter Hans Constantin FAUSSNER: Die Verfügungsgewalt des deutschen Königs über weltliches Reichsgut im Hochmittelalter, in: DA 29 (1973), S. 345–449, mit

46   KAPITEL 2

der ideologischen Legitimation[18] fußten. Gerade die ideologische Komponente war stark an die persönliche Anwesenheit des Königs gebunden, weshalb sich auch das Reisekönigtum gegenüber einer festen Residenz durchsetzte.[19] In diesem Zusammenhang wird der Stellenwert Augsburgs in der Reichsgeschichte zur Zeit der Merowinger und Karolinger tatsächlich oft als gering bezeichnet,[20] da in der merowingischen keine[21] und in der karolingischen Epoche lediglich etwa fünf Königsaufenthalte[22] und zwei Urkundenausstellungen

---

     einem Definitionsansatz: Reichsgut sei demzufolge alles, was man unter Hoheits- und Fiskalrechten (u. a. Herzogtümer, Grafschaften, Gerechtigkeiten) sowie Grundbesitz verstünde; auch Eckhard MÜLLER-MERTENS: Die Reichsstruktur im Spiegel der Herrschaftspraxis Ottos des Großen: Mit historiographischen Prolegomena zur Frage Feudalstaat auf deutschem Boden, seit wann deutscher Feudalstaat? (= Forschungen zur mittelalterlichen Geschichte, Bd. 25), Berlin 1980, S. 175.

18   Vgl. GOETZ, Europa 2003, S. 127–129.

19   Dazu u. a. Günther BINDING: Deutsche Königspfalzen. Von Karl dem Großen bis Friedrich II. (765–1249), Darmstadt 1996, S. 27f.; älter auch Hans Conrad PEYER: Das Reisekönigtum des Mittelalters, in: Vierteljahrschrift für Sozial- und Wirtschaftsgeschichte 51 (1964), S. 1–21.

20   So u. a. bei Erich HERZOG: Die ottonische Stadt. Die Anfänge der mittelalterlichen Stadtbaukunst in Deutschland (= Frankfurter Forschungen zur Architekturgeschichte, Bd. 2), Berlin 1964, S. 185; FEHN, Probleme 1968, S. 366; KREUZER, Hoftage 1979, hier pointiert v. a. S. 89; Carlrichard BRÜHL: Palatium und civitas. Studien zur Profantopographie spätantiker Civitates vom 3. bis zum 13. Jahrhundert. Bd. 2: Belgica I, beide Germanien und Raetia II, Köln/Wien 1990, S. 197f.

21   Der Chronist „Fredegar" beschreibt die Schlacht bei Augsburg in: Chronicarum quae dicuntur Fredegarii Scholastici libri IV cum Continuationibus, in: MGH SS rer. Merov. 2, hg. von Bruno KRUSCH, Hannover 1888, S. 1–193, hier S. 180: [...] *super fluvium qui dicitur Lech* [...]. Nach BRÜHL, Palatium 1990, S. 197f., sei es nur eine Vermutung, dass die Schlacht zwischen Herzog Odilo und den Hausmeiern Karl und Pippin 743 bei Augsburg stattfand, weshalb sich dort nie ein Merowinger aufgehalten hätte; konträr argumentiert Gerd TELLENBACH: Augsburgs Stellung in Schwaben und im Deutschen Reich während des Hochmittelalters, in: Augusta 1955, S. 61–69, hier S. 64; so auch Barthel EBERL: Die Ungarnschlacht auf dem Lechfeld (Gunzenlê) im Jahre 955 (= Abhandlungen zur Geschichte der Stadt Augsburg. Schriftenreihe des Stadtarchivs Augsburg, Heft 7), Basel 1955, S. 98f.; allgemein dazu auch Kreuzer, Hoftage 1979, S. 86.

22   Karl der Große verhandelte z. B. 787 [...] *in loco ubi Lechfeld vocatur, super civitatem Augustam* [...] mit dem bayerischen Herzog Tassilo, vgl. den Eintrag zu 787, in: Annales Regni Francorum, in: Quellen zur Karolingischen Reichsgeschichte 1. Teil (= Ausgewählte Quellen zur deutschen Geschichte des Mittelalters. Freiherr-vom-Stein-Gedächtnisausgabe, Bd. 5), hg. von Reinhold RAU, Darmstadt 1968, S. 1–155, hier S. 50–55; auch EINHARDI VITA KAROLI, in: Quellen zur Karolingischen Reichsgeschichte 1. Teil (= Ausgewählte Quellen zur deutschen Geschichte des Mittelalters. Freiherr-vom-Stein-

nachzuweisen sind.[23] Die seltenen Aufenthalte[24] unterstreichen eine Königsferne[25] Augsburgs, im Gegensatz zu Niederlothringen und Rheinfranken, die als Kernlandschaften galten.[26] Den Itineraren der Herrscher zufolge war Augsburg tatsächlich kein Ort, der sich durch häufige Königsaufenthalte oder durch eine ideologisch-sakrale Funktion – beispielsweise eine Grablege – auszeichnete.[27] Jedoch fehlen für das frühe Mittelalter aussagekräftige und vor allem vollständige Quellenkorpora, die die Rekonstruktion eines lückenlosen Herrscheritinerars ermöglichen würden. Deshalb müssen Angaben über die Aufenthaltszahlen kritisch betrachtet werden.[28] Die seltene Anwesenheit der Reichsoberhäupter wird unter auf das Fehlen von Reichsgut[29] bzw. einer Königspfalz zurückgeführt.[30] Ob sich diese Annahme halten lässt oder ob

---

Gedächtnisausgabe, Bd. 5), hg. von Reinhold RAU, Darmstadt 1968, S. 157–211, hier S. 178–181; Ludwig der Fromme (781–840, ab 813 Kaiser) hielt 832 *ad Augustburg super Lech* einen nach Georg Kreuzer ersten und für diese Zeit einzigen bezeugten Hoftag, vgl. den Eintrag zu 823, in: Annales Fuldenses, in: Quellen zur Karolingischen Reichsgeschichte 3. Teil (= Ausgewählte Quellen zur deutschen Geschichte des Mittelalters. Freiherr-vom-Stein-Gedächtnisausgabe, Bd. 7), hg. von Reinhold RAU, Darmstadt 1969, S. 19–177, hier S. 20f.: *Imperator mense Maio contra Hludowicum filium ad Augustam Vindelicam cum exercitu venit*; dazu KREUZER, Hoftage 1979, S. 86f.; auch BRÜHL, Palatium 1990, S. 198 mit Anm. 41.

23 Ludwig II. der Deutsche urkundete in Augsburg am 02.02.874, in: MGH DD LD, S. 213f., Nr. 151; so auch Arnulf von Kärnten am 08.12.889, in: MGH DD Arn, S. 107f., Nr. 72.

24 Dazu Kreuzer, Hoftage 1979, S. 88f., Arnulf von Kärnten hatte einen Aufenthalt 889, Ludwig IV. das Kind ebenso 910, als er gegen Ungarn kämpfte, vgl. RI I, S. 218f., Nr. 2064a; mit Luidprandi Antapodoseos libri VI. a. 887–950, in: MGH SS 3, hg. von Georg Heinrich PERTZ, Hannover 1839, S. 273–339, hier S. 288; ausführlich dazu das Repertorium: Die deutschen Königspfalzen, Bd. 5: Bayern, Teilbd. 3: Bayerisch-Schwaben, hg. vom MAX-PLANCK-INSTITUT FÜR EUROPÄISCHE RECHTSGESCHICHTE/Caspar EHLERS/Helmut FLACHENECKER/Bernd PÄFFGEN/Rudolf SCHIEFFER, Göttingen 2016.

25 ZORN, Augsburg 2001, hier S. 74.

26 Eckhard MÜLLER-MERTENS: Romanum imperium und regnum Teutonicorum. Der hochmittelalterliche Reichsverband im Verhältnis zum Karolingerreich, in: Jahrbuch für Geschichte des Feudalismus 14 (1990), S. 47–54.

27 Vgl. GOETZ, Europa 2003, S. 131; auch Kurt ANDERMANN: Kirche und Grablege. Zur sakralen Dimension von Residenzen, in: Residenzen. Aspekte hauptstädtischer Zentralität von der frühen Neuzeit bis zum Ende der Monarchie (= Oberrheinische Studien, Bd. 10), hg. von DEMS., Sigmaringen 1992, S. 159–187, hier S. 161f.

28 Vgl. MÜLLER-MERTENS, Reichsstruktur 1980, S. 269: Auch für Otto I. sind nur etwa zehn Prozent aller Ortsaufenthalte überliefert. Durch eine erweiterte Quellenanalyse kann man jedoch ca. 4/5 der Aufenthalte in bestimmten Reichsteilen fassen.

29 So auch KREUZER, Fränkische Zeit 1985, hier S. 119.

30 KREUZER, Hoftage 1979, S. 90, mit Anm. 32, mit Hinweisen auf Literatur und Quellen, die das Fehlen von Königsgut in und um Augsburg belegen sollen. So beispielsweise der

48 KAPITEL 2

das Reich im frühmittelalterlichen Augsburg dauerhaft durch die Existenz einer Königspfalz erfahrbar war, kann aufgrund der unsicheren Überlieferung nicht geklärt werden. Für den Versuch, eine königliche Pfalz zu identifizieren, wird durchwegs eine Schenkungsurkunde aus dem Jahre 962 herangezogen:[31] Otto I. (936–973, ab 962 Kaiser) überträgt dem Konstanzer Bischof Konrad (934–975) Güter [...] *ut ipse prememoratus Guntramnus, antea quam in nostrum regium ius in nostro palacio Augustburc iudicata fuissent pro ispsius commissu.*[32] Ob es sich bei diesem *palacium Augustburc* um die Bischofspfalz handelt, in der möglicherweise auch Otto I. selbst[33] und später Heinrich II. nächtigten,[34] ob eine Königspfalz[35] oder gar ein Personenverband[36] damit gemeint ist, kann

---

Auszug eines Urbars des Bistums Augsburg: Brevium exempla ad descripendas res ecclesiasticas et fiscales (um 810) in: MGH Capit. 1, hg. von Alfred BORETIUS, Hannover 1883, S. 250–256, keine Hinweise auf königlichen Besitz. Die von Karl dem Großen bestätigten und erweiterten Landschenkungen von Pippin an die Augsburger Kirche, vgl. TRANSLATIO S. MAGNI, hier S. 425, cap. I, sowie die Erwähnung [...] *reges ea quae episcopatui dederunt tam ad Sanctam Afram quam ad Sanctam Mariam conscribi fecerunt,* Catalogus Episcoporum Augustensium et Abbatum Sanctae Afrae, in: MGH SS 13, hg. von Georg WAITZ, Hannover 1881, S. 278–280, hier S. 278, seien nicht zwingend so zu deuten, dass sich der Besitz in oder bei Augsburg befand.

31 U. a. dazu SCHRÖDER, Augsburg 1975, S. 17f.; Walter GROOS: Zur Augsburger Stadtentwicklung, in: ZBLG 34 (1971), S. 817–830; auch BINDING, Königspfalzen 1996, S. 21–26.

32 MGH DD OI, S. 327f., Nr. 236; mit KREUZER, Hoftage 1979, S. 115f.; auch BRÜHL, Palatium 1990, S. 216.

33 Dazu Gerhardi vita S. Oudalrici episcopi Augustani, in: MGH SS 4, hg. von Georg Heinrich PERTZ, Hannover 1841, S. 377–425, hier S. 402: [...] *cum episcopo illam noctem ducens* [...]. Die aus 28 Kapiteln bestehende Vita wurde um 983/93 nach dem Tod des Bischofs verfasst und stellt die wichtigste Quelle für sein Leben und Wirken sowie für die Augsburger Stadtgeschichte des 10. Jhs. dar.

34 Thietmari Merseburgensis Episcopi Chronicon. Die Chronik des Bischofs Thietmar von Merseburg und ihre Korveier Überarbeitung (= MGH SS rer. Germ. N.S. 9), hg. von Robert HOLTZMANN, Berlin 1935, S. 276, lib. 6, cap. 1, zum Jahre 1004: *Dehinc Augustanam urbem itinere attingens a Sigifrido antistite eius honorabiliter introducitur et habetur.*

35 Dazu SCHRÖDER, Augsburg 1975, S. 103; auch Friedrich BLENDINGER: Die Bischofsstadt Augsburg, in: Augsburg: Geschichte in Bilddokumenten, hg. von Wolfgang ZORN/ Friedrich BLENDINGER, München 1990, S. 27–34, hier S. 32, mit der Identifikation des sogenannten Königturms als Überrest dieser Pfalz, in der bis Mitte des 13. Jhs. der königliche Ministeriale gelebt hätte, vgl. dazu Kapitel IV, 1.1.

36 So KREUZER, Hoftage 1979, S. 116; auch Walter SCHLESINGER: Die Pfalzen im Rhein-Main-Gebiet, in: Geschichte in Wissenschaft und Unterricht 16 (1965), S. 487–504; Gerhard BAAKEN: Fränkische Königshöfe und Pfalzen in Südwestdeutschland, in: Ulm

nicht eindeutig beantwortet werden. Ohnehin distanzierte man sich in den letzten drei Jahrzehnten von einer starren Verwendung des Begriffs *palatium* und diesem als alleinigem Merkmal, um eine Pfalz zu erkennen. Vermutlich nur etwa ein Fünftel aller Herbergen für den Hof waren tatsächliche Königspfalzen.[37] Ab dem 10. Jahrhundert lässt sich außerdem bezüglich der Herrschaftspraxis feststellen, dass sich die königlichen Aufenthalte in den Gegenden, die spärlicher mit königlichen Pfalzen versehen wurden, oft auf die Bischofsstädte konzentrierten, da dort die logistischen Voraussetzungen für die Beherbergung des Hofes gegeben waren.[38] Diese Beobachtungen könnten für die Identifikation der bischöflichen Pfalz als Königsherberge sprechen.

Die Anzahl der Aufenthalte sollte jedoch nicht als einziges Kriterium zur Einordnung Augsburgs in der Königslandschaft gelten. Dass enge personelle Verbindungen und Beziehungen zwischen den Augsburger Bischöfen und dem karolingischen Königshaus bestanden, lässt sich nämlich nicht von der Hand weisen: Bischof Sintpert war möglicherweise ein Vertrauter von Karl dem Großen und wurde von eben jenem ernannt,[39] Witgar (ca. 861–887) war ehemaliger Kanzler von König Ludwig dem Deutschen (833–876) und Erzkaplan von König Karl III. dem Dicken (876–887),[40] und dessen Nachfolger Adalbero (887–909) hatte als Berater des Kaisers Arnulf von Kärnten (887–899, ab 896 Kaiser)[41]

---

und Oberschwaben 42/43 (1978), S. 28–46; zur Diskussion auch Thomas ZOTZ: Pfalzen zur Karolingerzeit. Neue Aspekte aus historischer Sicht, in: Deutsche Königspfalzen. Beiträge zu ihrer historischen und archäologischen Erforschung, Bd. 5: *Splendor palatii*. Neue Forschungen zu Paderborn und anderen Pfalzen der Karolingerzeit (= Veröffentlichungen des Max-Planck-Instituts für Geschichte, Bd. 11/5), hg. von Lutz FENSKE/Jörg JARNUT/ Matthias WEMHOFF, Göttingen 2001, S. 13–23, hier S. 19, der jedoch nach den neuesten Erkenntnissen im Bereich der Pfalzenforschung die Wendung *palatium* als feste Anlage und nicht funktionalen Begriff deutet.

37   Thomas ZOTZ: Königspfalz und Herrschaftspraxis im 10. und 11. Jahrhundert, in: BDLG 120 (1984), S. 19–46, hier S. 20; auch BINDING, Königspfalzen 1996, S. 22f.

38   GOETZ, Europa 2003, S. 134; ebenso Helmut FLACHENECKER: Eine vertane Chance? Die Rolle der bischöflichen *Civitates* im hochmittelalterlichen Spannungsfeld zwischen Raumerfassung und Herrschaftsausbildung, in: Bischof und Bürger 2004, hg. von GRIEME/KRUPPA/PÄTZOLD, S. 11–26, hier S. 13; auch MÜLLER MERTENS, Reichsstruktur 1980, S. 94.

39   VOLKERT/ZOEPFL I/1, S. 20–24, Nr. 10: die aus dem 13. Jh. stammende Vita Sancti Simperti bezeichnet Bischof Sintpert als Neffen von Karl dem Großen. Ältere Belege hierzu fehlen, vgl. EBD., S. 21; dazu Albertus Augustanus: Vita Sancti Simperti: eine Handschrift für Maximilian I., hg. von Otto PÄCHT, Berlin 1964.

40   Dazu VOLKERT/ZOEPFL I/1, S. 38–44, Nr. 38–51.

41   EBD., S. 44–59, Nr. 52–95.

und Erzieher von Ludwig IV. dem Kind (900–911) großen politischen Einfluss,[42] um hier nur einige Beispiele zu nennen.[43] Diese und auch die nachfolgenden Bischöfe brachten sich aktiv und vor allem auch einflussreich in die Reichspolitik ein. Eine wichtige Persönlichkeit war in diesem Zusammenhang Bischof Ulrich (923–973): Während seines Episkopats wurden wesentliche Voraussetzungen für die bedeutende Rolle Augsburgs im Reich geschaffen.[44] Der Bischof pflegte intensive persönliche Beziehungen zu König Otto I. und zum Reich. So hielt er sich mindestens 15 Mal in königlicher Umgebung auf – entweder auswärts, wenn er sich auf Reisen befand, oder bei Empfängen des Königs in Augsburg.[45] Otto I. hielt dort wiederum im Jahre 952[46] einen Hoftag und kam 961 ein weiteres Mal nach Augsburg, bevor er zu seiner Kaiserkrönung nach Rom aufbrach.[47] Der Weg dafür wurde durch die sogenannte ‚Schlacht auf dem Lechfeld' bei Augsburg im August 955 geebnet, bei der Truppen des Königs zusammen mit einem Militäraufgebot des Bischofs erfolgreich ungarische Krieger abwehrten.[48] Diese Bedrohung durch äußere Gefahren wurde von einigen Zeitgenossen auf die sich bereits im 9. Jahrhundert nachhaltig

---

42 Urkunde vom 28.04.900, in: MGH DD LK, S. 100f., Nr. 4: [...] *qualiter reverentissimus Augustensis videlicet honorabilis presul nomine Adalbero, noster admodum fidelis nutritor* [...]; vgl. KREUZER, Hoftage 1979, S. 89.

43 KREUZER, Fränkische Zeit 1985, S. 117f.

44 Auf die umfangreiche Literatur kann hier nicht kritisch eingegangen werden; vgl. dazu Manfred WEITLAUFF: Der heilige Bischof Udalrich von Augsburg (890–4. Juli 973), in: Bischof Ulrich von Augsburg und seine Verehrung. Festgabe zur 1000. Wiederkehr des Todestages (= Jahrbuch des Vereins für Augsburger Bistumsgeschichte 7), Augsburg 1973, S. 1–48; Wilhelm LIEBHART: Bischof Ulrich von Augsburg – ein politischer Heiliger?, in: 50 Jahre Schwäbische Forschungsgemeinschaft, hg. von der SCHWÄBISCHEN FORSCHUNGSGEMEINSCHAFT, Augsburg 1999, S. 59–67.

45 Dazu MÜLLER-MERTENS, Reichsstruktur 1980; auch WEITLAUFF, Ulrich 1973, S. 35f.

46 Dazu KREUZER, Hoftage 1979, S. 91f.; dazu auch die Urkunde vom 09.08.952, in: MGH DD OI, S. 236, Nr. 155; auch GERHARDI VITA S. OUDALRICI, S. 389.

47 Vgl. die Urkunde vom 15.08.961, in: MGH DD OI, S. 319f., Nr. 233; auch KREUZER, Hoftage 1979, S. 91, mit Anm. 37; da nur diese drei Aufenthalte nachzuweisen sind, wertet BRÜHL, Palatium 1990, S. 199, dies erneut als Zeichen für die geringe Bedeutung Augsburgs.

48 Nach den 960 abgeschlossenen Aufzeichnungen von LUIDPRANDI, Antapodoseos, hier S. 288: *Iamiam rex Hulodoicus collecta multitudine Augustam venerat, quae est in Suevorum, Bagoariorum seu orientalium Francorum confinio civitas* [...]. Auf die Diskussionen bezüglich der exakten Lage des Ortes der Kampfhandlungen kann an dieser Stelle nicht näher eingegangen werden. Vgl. dazu exemplarisch Bernd STEIDL: Fürstliches Pferdegeschirr von der Lechfeldschlacht, in: Bayerische Archäologie 1 (2014), S. 9–11, mit der Beschreibung eines archäologischen Fundes aus dem Norden Augsburgs, der wohl der Schlacht zuzuordnen ist.

verändernden Strukturen zurückgeführt, als das fränkische Großreich durch Erb- und Herrschaftsteilungen in kleinere Unterreiche aufgebrochen wurde.[49] Nach deren Verständnis war das Fehlen eines starken Herrschers für eine aufkommende Schwäche des Reiches verantwortlich zu machen.[50] In diesen Schriften spielt die überhöhende Wertung des Reiches Karls des Großen eine bedeutende Rolle,[51] die unter anderem den Kaiser in den spätmittelalterlichen Städten zu einer ikonographischen Leitfigur werden lässt.[52] Ist das Urteil somit nicht unkritisch zu betrachten, kann man dennoch eine gewisse Desorganisation feststellen, die kriegerischen Truppen ein vergleichsweise leichtes Spiel bot und die Sicherheit an den Reichsgrenzen maßgeblich bedrohte. So kam es auch zu Verwüstungen durch die Ungarn, die über ein halbes Jahrhundert hinweg in die südöstlichen Reichsgebiete einfielen. Der Sieg auf dem Lechfeld beendete die großflächigen Raubzüge aus dem Osten und wurde deshalb bereits von den Zeitgenossen als Schlüsselereignis der Reichsgeschichte gedeutet.[53]

49 U. a. Hagen KELLER/Gerd ALTHOFF: Die Zeit der späten Karolinger und der Ottonen. Krisen und Konsolidierungen 888–1024 (= Handbuch der deutschen Geschichte, Bd. 3), Stuttgart [10]2008; MÜLLER-MERTENS, Reichsstruktur 1980; Dirk ALVERMANN: Königsherrschaft und Reichsintegration. Eine Untersuchung zur politischen Struktur von *regna* und *imperium* zur Zeit Kaiser Ottos II. (967) 973–983 (= Berliner Historische Studien, Bd. 28), Berlin 1998.

50 Vgl. WEITLAUFF, Udalrich 1973, S. 1f., mit dem Verweis auf das Gedicht Salomos III. (890–919), Bischof von Konstanz und Abt von St. Gallen, Salomonis et Waldrammi Carmina, in: MGH. Poet lat. IV/1, hg. von Paul VON WINTERFELD, Berlin 1899, S. 297–310.

51 Dazu u. a. Pierre MONNET: Königs- und Kaiserbilder – Reichssymbolik im mittelalterlichen Frankfurt, in: Reichszeichen 2015, hg. von Helge WITTMANN, Petersberg 2015, S. 31–53, hier S. 33; auch Max KERNER: Mythos Karl. Wie die Nachwelt Karl den Großen sieht, in: Karl der Große. Charlemagne. Orte der Macht. Essays, hg. von Frank POHLE, Dresden 2014, S. 400–417; Matthias M. TISCHLER: Karl der Große in der Erinnerung des 8. bis 10. Jahrhunderts, in: Karl der Große 2014, hg. von POHLE, S. 408–417; vgl. zu Karl dem Großen allgemein: Johannes FRIED: Karl der Große. Gewalt und Glaube. Eine Biographie, München 2013.

52 SAURMA-JELTSCH, Reich 2006, S. 403; dazu auch Kapitel III, 4.1.

53 Auch Charles R. BOWLUS: The Battle of Lechfeld and its Aftermath, August 955. The End of the Age of Migrations in the Latin West, Aldershot 2006; älter dazu EBERL, Ungarnschlacht 1955, S. 72–75, hier stark toposhaft, nationalistisch gefärbt; allgemein PITZ, Europa 1982, S. 102f.; Sachsengeschichte, Buch III, 49: *Triumpho celebri rex factus gloriosus ab exercitu pater patriae imperatorque appellatus est.* Dazu auch Hagen KELLER: Ottonische Königsherrschaft. Organisation und Legitimation, Darmstadt 2002, S. 535; auch Ernst-Dieter HEHL, Kaisertum, Rom und Papstbezug im Zeitalter Ottos I., in: Ottonische Neuanfänge. Symposion zur Ausstellung „Otto der Große, Magdeburg und Europa", hg. von Bernd SCHNEIDMÜLLER/Stefan WEINFURTER, Mainz [2]2004, S. 213–235; auch Martin KAUFHOLD: Wendepunkte des Mittelalters, Ostfildern 2004, S. 23–28;

Durch die Einfälle war die *pax* des Reiches und der Kirche und damit auch das Königtum gefährdet worden, da die Friedenssicherung die zentrale Aufgabe eines Reichsoberhauptes war.[54] Ebenso wurde die Aufrechterhaltung des städtischen Friedens oberstes Anliegen eines spätmittelalterlichen Stadtrates, und dessen Erfolg konnte über An- oder Aberkennung der Räte entscheiden.[55] Zudem waren bis dahin auch Konflikte zwischen den Herrschaftsträgern des Reichs stark ausgeprägt, weshalb das Königtum Ottos I. zwar anerkannt, aber mitunter gefährdet war.[56] Durch den Sieg, der nun durch das konsensuale Zusammenwirken der wichtigen Herrschaftsträger erreicht wurde, erlangte Otto I. allgemeine Bestätigung, wodurch der Grundstein für dessen Kaiserkrönung gelegt wurde, die 962 in Rom von Papst Johannes XII. (955–963) vorgenommen wurde.[57]

Für König Otto I. hatte der sakrale Charakter des Königtums eine besondere Bedeutung. So zog er nach der Sachsengeschichte Widukinds mit der heiligen Lanze in die Schlacht, der als einem Symbol des Gottesgnadentums göttliche Kraft nachgesagt wurde.[58] Zugleich trug er den Reichsbanner mit sich,

---

jüngst auch DERS: Die Lechfeldschlacht und die Folgen für die Region, in: ZHVS 107 (2015), S. 23–39.

54 So auch formuliert im Mainzer Krönungsordo von 960, vgl. dazu Stefan WEINFURTER: Zur „Funktion" des salischen und ottonischen Königtums, in: Mittelalterforschung nach der Wende 1989, hg. von Michael BORGOLTE, München 1995, S. 349–361. Die Aufgaben des Königs waren es u. a., die Schwachen und Witwen zu schützen sowie gegen alle Feinde der Kirche – in dem Sinne auch die heidnischen Ungarn – vorzugehen.

55 ISENMANN, Stadt 2014, S. 327–329, 159–161, zum städtischen Frieden als wichtigste Institution und Voraussetzung für den Schutz der Rechte einer Stadt und deren Bürger.

56 Stephan FREUND: Herrschaftsträger des Reiches: Konflikte und Konsens unter Otto I., in: Otto der Große und das Römische Reich. Kaisertum von der Antike zum Mittelalter. Ausstellungskatalog. Landesausstellung Sachsen-Anhalt aus Anlass des 1100. Geburtstages Ottos des Großen vom 27. August bis 09. Dezember 2012, hg. von Matthias PUHLE/ Gabriele KÖSTER, Regensburg 2012, S. 531–545.

57 Vgl. u. a. die kritische Abhandlung von Joshua Kevin KUNDERT, Der Kaiser auf dem Lechfeld, in: Concilium medii aevi 1 (1998), S. 77–97, hier S. 96f.: Ihm zufolge war die Kaiseridee vielmehr von der germanischen Vorstellung eines „Herrschers über viele Völker" und „Retter des Abendlandes" geleitet, als von der imperial-römischen Idee. Kann man dem auch m. E. zustimmen, so ist dennoch nicht zu bestreiten, dass die Kaiserkrönung 962 ein Ausdruck des Wandels in Bezug auf Ottos Anerkennung ist, der sich nach der Schlacht vollzog.

58 Vgl. Widukindi Monachi Corbeiensis rerum gestarum Saxonicarum libri tres (=MGH SS rer. Germ. 60), neu bearbeitet von Paul Hirsch, hg. von Georg WAITZ/Hans Eberhard LOHMANN, Hannover 1935, hier im Speziellen lib. III, cap. 46, S. 126–130 mit der Rede Ottos I. auf dem Schlachtfeld und dem Einsatz der heiligen Lanze; zur heiligen Lanze u. a.

möglicherweise mit dem Bild des Erzengels Michael,[59] dem ursprünglich als Patron der Soldaten und Schutzherr der Kirche[60] der entscheidende göttliche Beistand für die Schlacht gegen die heidnischen Ungarn zugesprochen wurde.[61] Die sächsische Tradition ist nicht zu übersehen: Heinrich I. habe nach Widukind schon im Jahre 933 ein Banner mit dem Heiligen Michael in die Schlacht bei Riade an der Unstrut gegen die Ungarn mitgeführt.[62] Dass Michael jedoch zu *dem* Reichsheiligen des Mittelalters wurde, wie dies in der älteren Literatur oftmals beschrieben wird, ist auf Grundlage der zeitgenössischen Quellen nicht haltbar.[63] Die Michaelsverehrung erhielt lediglich einen nachweisbaren kleinen Aufschwung, der etwa bis in das 10. Jahrhundert andauerte, als Karl der Große 813 auf der Mainzer Synode festlegte, dass reichsweit am 29. September das Michaelsfest begangen werden solle.[64] Der Heilige wurde auf Grundlage der biblischen Überlieferung allgemein als Schlachtenhelfer und

---

die Beiträge in: Die heilige Lanze in Wien. Insignie. Reliquie. Schicksalsspeer (= Schriften des Kunsthistorischen Museums, Bd. 9), hg. von Franz KIRCHWEGER, Wien 2005.

59   Vgl. Widukind, lib. III, cap. 44, S. 125: [...] *coramque eo angelus* [...]; dazu Manfred MÜLLER: St. Michael, „der deutsche Schutzpatron?". Zur Verehrung des Erzengels in Geschichte und Gegenwart, Aachen 2003, S. 16.

60   EBD., S. 30, 40; und Arnold ANGENENDT: Geschichte der Religiosität im Mittelalter, Darmstadt 1997, S. 427f.

61   MÜLLER, Michael 2003, S. 31–33; die Verehrung geht bereits auf die römische Antike zurück: 313 ließ Kaiser Konstantin nach der Schlacht an der Milvischen Brücke dem heiligen Michael in Byzanz eine Kirche errichten; so trat auch Papst Leo der Große den Hunnen 452 bei Mantua entgegen und konnte deren König Attila, nachdem er die Stadt dem Heiligen Michael geweiht hatte, zum Rückzug bewegen; vgl. Andrea SCHALLER: Der Erzengel Michael im frühen Mittelalter. Ikonographie und Verehrung eines Heiligen ohne Vita (= Vestigia Bibliae, Bd. 26/27), Bern u. a. 2006, S. 32–28 und S. 274f., zu den frühen Heiligtümern.

62   Vgl. Widukind, lib. I, cap. 38, S. 57: *His optimis verbis erecti milites imperatoremque in primis, mediis et ultimis versantem videntes coramque eo angelum. hoc enim vocabulo effigieque signum maximum erat insignitum. acceperunt fiduciam magnamque constantiam.*

63   Zur Verehrung des Hl. Michael vgl. SCHALLER, Erzengel 2006, S. 158–160, 180f., 280: Die These geht zurück auf Eberhard GOTHEIN: Der Erzengel Michael, der Volksheilige der Langobarden, in: Die Culturentwicklung Süd-Italiens in Einzel-Darstellungen, hg. von DEMS., Breslau 1886, S. 41–111.

64   Concilium Moguntinense, in: MGH Conc. 2,1, hg. von Albert WERMINGHOFF, Hannover/ Leipzig 1906, S. 258–272, hier S. 269f.; dazu Christian-Samuel-Theodor BERND: Hauptstücke der Wappenwissenschaft, Bd. 1, Bonn 1841, S. 417; nach Carl ERDMANN: Kaiserliche und päpstliche Fahnen im hohen Mittelalter, in: Quellen und Forschungen aus italienischen Archiven und Bibliotheken 25 (1933/34); zur Synode auch MÜLLER, Michael 2003, S. 27f.

54 KAPITEL 2

Kämpfer gegen das Böse instrumentalisiert,[65] weshalb man bei Widukind möglicherweise davon ausgehen darf, dass er sich an diesem biblischen Vorbild orientierte.[66] Die materiellen Überreste von Reichs- oder Feldzeichen, wie man sie aus dem byzantinischen Raum kennt, fehlen für das westliche Kaisertum zudem komplett, was wiederum eine Rekonstruktion schwierig macht. Dennoch lässt sich nicht bestreiten, dass der Heilige unter den Ottonen eine besondere Rolle einnahm. Da unter anderem der Erzengel vor der Schlacht angerufen wurde, lässt sich dies mit dem Sieg in Einklang bringen, der damit auch das Bewusstsein für das Reich Ottos beförderte. So feierte Otto I. 967 als erster Kaiser ein Michaelsfest in der Bischofsstadt.[67] Doch nicht nur dem Erzengel wurde eine wichtige Bedeutung zugeschrieben. Da die Schlacht am Laurentiustag stattfand, versprach Otto I., im Falle eines Sieges dem Heiligen ein Bistum sowie eine Kirche zu stiften.[68]

Noch auf dem Schlachtfeld wurde Otto Widukind zufolge zum Kaiser proklamiert.[69] Bevor er die alten Römerstraßen entlang über die Alpen in Richtung Süden zog, versammelte Otto I. sein Heer auf dem Lechfeld, um der gewonnenen Schlacht zu gedenken – er begründete damit eine Tradition, die alle mittelalterlichen Kaiser vor einem Zug nach Italien über Jahrhunderte hinweg pflegten und Augsburg somit noch enger mit der Reichspolitik verband.[70] Wenn auch die Quellenlage für die ersten Jahrzehnte nach der Lechfeldschlacht noch dürftig ist, so zeigen die Nachrichten dennoch, dass Augsburg

---

65 Vgl. Off. 12,7.

66 SCHALLER, Erzengel 2006, S. 282f.; auch ERDMANN, Fahnen 1933/34, S. 20.

67 EBD., S. 180f. mit Continuatio Regionis, in: MGH SS rer. Germ. 50, hg. von Friedrich KURZE, Hannover 1890, S. 154–179, hier S. 178: [...] *Eodem anno intrante Septembre mense Otto rex Romam iturus decenti se comitatu egressus memoriam sancti Michahelis in Augusta civitate celebravit* [...].

68 Vgl. Widukind, lib. III, cap. 44–45, S. 139–141; allgemein Lorenz WEINRICH Laurentiusverehrung in ottonischer Zeit, in: Jahrbuch für die Geschichte Mittel- und Ostdeutschlands 21 (1972), S. 45–66.

69 EBD., Buch III, 49; zur Deutung von Schlacht und Kaiserkrönung: Hagen KELLER: Machabaeorum pugnae. Zum Stellewert eines biblischen Vorbilds in Widukinds Deutung der ottonischen Königsherrschaft, in: Iconologia Sacra. Mythos, Bildkunst und Dichtung in der Religions- und Sozialgeschichte Alteuropas. Festschrift für Karl Hauck zum 75. Geburtstag (= Arbeiten zur Frühmittelalterforschung, Bd. 23), hg. von DEMS./ Nikolaus STAUBACH, Berlin/New York 1994, S. 417–437, hier S. 417f.; auch KAUFHOLD, Wendepunkte 2004, S. 23–28 zur Kaiserkrönung Ottos des Großen.

70 Vgl. Widukind, lib. III, cap. 49, S. 143–145, mit der Proklamation Ottos zum Kaiser; zur Deutung der Darstellung von Schlacht und Kaiserkrönung vgl. u. a. die kritische Abhandlung von KUNDERT, Kaiser 1998.

zunehmend eine Mittlerrolle zwischen dem Reich und Italien einnahm:[71] Die meisten Aufenthalte von Königen bis in die Mitte des 11. Jahrhunderts stehen in Zusammenhang mit Italienzügen.[72]

Topographisch beschränkte sich das Stadtgebiet in dieser Zeit noch auf das alte römische Areal auf dem Domberg mit der kleinen Siedlungszelle bei der Heiligen Afra. Ulrichs Dompropst und Biograph Gerhard bezeichnete das Augsburg in der Vita Ulrichs, ebenso wie bereits Papst Gregor III. in seinem Brief aus dem Jahr 738, als *civitas*.[73] Dieser Begriff wurde im frühen und hohen Mittelalter meist für größere Ansiedlungen verwendet, die grundsätzlich als Bischofstädte, meist mit römischen Wurzeln, galten, oder aus solchen hervorgingen, was sich mit der Augsburger Entwicklung deckt.[74] Diese *civitas* hatte dort für den Bischof eine Mittelpunktsfunktion: der Dom als geistliche Hauptinstitution.[75] Die Stadt ist dabei noch nicht als voll ausgebildetes Rechtssubjekt zu verstehen, wie dies im Spätmittelalter der Fall ist.[76] Nach Hans Planitz könne man erkennen, dass die erstmalige Bezeichnung einer Siedlung als *civitas* mit dem Zeitpunkt übereinstimme, zu dem deren Ummauerung voll ausgebildet war.[77] Dies lässt sich für Augsburg

---

71 Dazu u. a. GOEZ, Augsburg und Italien 1974, hier v. a. S. 205f.

72 Beispielsweise 967, als sich Otto II. auf dem Weg Richtung Süden befand, vgl. KREUZER, Hoftage S. 94, 118; dazu RI II,2, S. 265, Nr. 589e zum 29.09.967; auf seine 2. Italienreise 980 zog er vermutlich über Chur und die Bündner Pässe, dazu RI II,2, S. 364, Nr. 831a zum 29.10.1980; auch Heinrich II. begann alle Reisen nach Italien in Augsburg, RI II,4, S. 899, Nr. 1559b zu (Ende 03.) 1004; wohl auch RI II,4, S. 997, Nr. 1790a zu (nach dem 07.10.) 1013; und gesichert RI II,4, S. 1089; Nr. 2003 zum 13.11.1021; weiter dazu vgl. BRÜHL, Palatium 1990, S. 199.

73 Vgl. GERHARDI VITA S. OUDALRICI, S. 391.

74 Karl BOSL: Kernstadt-Burgstadt, Neustadt-Vorstadt in der europäischen Stadtgeschichte (= Bayerische Akademie der Wissenschaften, Philosophisch-Historische Klasse, Sitzungsberichte, Jg. 1983, Heft 1), München 1983, S. 14f.

75 FLACHENECKER, Civitates 2004, S. 11f.

76 Zum mittelalterlichen Begriff *civitas* vgl. SCHMIEDER, Stadt 2012, S. 16; auch BOSL, Kernstadt 1983, S. 14f., 18f.; auch PLANITZ, Stadt 1954, S. 295f.: Er setzt dieses Phänomen ab dem 13. Jh. an, bezeichnet die *civitas* als „höchstentwickelte Form der Stadt". Den jüngeren Forschungen zufolge kann man den Begriff nicht auf Städte mit bereits „volle[r] Stadtfreiheit" verengen, weshalb die These zu relativieren ist; zur Bischofsstadt und dem Gestaltungswillen der Bischöfe im 10. Jh. vgl. BINDING, Städtebau 1986, S. 5; Helmut MAUER: Kirchengründung und Romgedanke am Beispiel des ottonischen Bischofsitzes Konstanz, in: Bischof und Kathedralstädte des Mittelalters und der Frühen Neuzeit, hrsg. von Franz PETRI, Köln/Wien 1976, S. 46–59, hier S. 49.

77 PLANITZ, Stadt 1954, S. 232–234, mit Beispielen zu Städten, in denen die Gleichung *civitas* = Ummauerung zutrifft.

so jedoch nicht bestätigen. Es ist anzunehmen, dass erst Bischof Ulrich im 10. Jahrhundert nach den Ungarneinfällen im Jahre 926 neue Stadtmauern anstelle der alten Holzpalisaden errichten ließ.[78] Erst ab dieser Zeit kann man von einem festen Mauerring sprechen, der einen etwa 15 Hektar großen Bereich um den Dom umfasste,[79] weshalb die sprachgeschichtliche und topographische Einordnung erst von da an aufeinander bezogen werden können. Es zeigt sich hier deutlich, dass sich die gestalterischen Leistungen der Bischöfe für die Städte auch im profanen Bereich wiederfinden lassen. So waren sie nicht nur Bauherren für die kirchlichen Gebäude, ihnen oblag auch die militärische Befestigung der Stadt.[80] Nur wenige Jahre später, um 930 und noch vor der finalen Schlacht, begann Ulrich mit der Instandsetzung des Doms, der während der Auseinandersetzungen massive Schäden erlitt.[81] Die Stadtmauern sind dabei nicht nur als Schutz errichtet worden, sie hatten auch eine symbolische Funktion, da sie das königliche Recht der Befestigung und die Schutzherrschaft des Erbauers widerspiegelten.[82] Die Kirche Sankt Afra, die bis in das 11. Jahrhundert außerhalb der Stadtmauern lag und mehrmals verheerend beschädigt wurde, ließ der Bischof erst nach dem Sieg 955 neu errichten. Der Dom im Norden und Sankt Afra im Süden der heutigen Augsburger Altstadt waren die Basis eines „topographischen „Dualismus",[83] der das Erscheinungsbild der ehemaligen Reichsstadt bis in die heutige Zeit hinein prägt. Darauf aufbauend setzte auch die weitere städtebauliche Entwicklung ein.

---

78 GERHARDI VITA S. OUDALRICI, hier S. 390: […] *et qualiter civitatem, quam ineptis valliculis et lignis putridis circumdatam invenit, muris cingere valuisset* […]; dazu auch eine Urkunde von 926, in: VOLKERT/ZOEPFL I/1, S. 67, Nr. 105, die Belagerung Augsburgs; sowie das Regest zu August 955, in: VOLKERT/ZOEPFL I/1, S. 74f., Nr. 124.

79 Vgl. die GERHARDI VITA S. OUDALRICI, S. 397; dazu WEBER, Dom 1927, S. 6; auch HERZOG, Werden 1955, S. 84f.; der Bereich umschloss einen etwa 300–620 Quadratmeter großen Komplex, vgl. KREUZER, Fränkische Zeit (1985), S. 120f.; auch FEHN, Probleme 1968, S. 367.

80 Vgl. Edith ENNEN: Bischof und mittelalterliche Stadt. Die Entwicklung in Oberitalien, Frankreich und Deutschland, in: Stadt und Bischof 1988, hg. von KIRCHGÄSSNER/BAER, S. 29–42, v. a. S. 42.

81 Auch KLUGE, Romanik 2014, S. 31; KAUFHOLD, Dom 2006, S. 9–26, hier S. 10–15.

82 Vgl. UNTERMANN, Inszenierung 2007, S. 22; auch Monika PORSCHE: Stadtmauer und Stadtentstehung. Untersuchungen zur frühen Stadtbefestigung im mittelalterlichen deutschen Reich, Hertingen 2000.

83 Nach ISENMANN, Stadt 2014, S. 89; auch HÜBENER, Siedlungskontinuität 1984, S. 171; dazu JAHN, Topographie 1985, S. 10.

1.2 Nürnberg als zentrale Königsgründung unter der Burg

Eine wie in Augsburg bis in die römische Zeit zurückreichende Geschichte findet man in Nürnberg nicht. Im Allgemeinen wird angenommen, dass die sogenannte „königliche Gründungsstadt"[84] von der Burg[85] ausgehend angelegt wurde (Karte 5).[86] Die tatsächlichen Ursprünge der Besiedlung lassen sich jedoch aufgrund der fehlenden Quellen nicht mehr rekonstruieren.[87] Da die mittelalterlichen Chroniken dazu noch widersprüchliche, teils legendenhafte Angaben enthalten,[88] kann man lediglich die spärlichen archäologischen Funde und Befunde heranziehen, um die Anfänge der Stadt zu erfassen. Vereinzelt kamen bei Ausgrabungen im nördlichen Sankt Sebalder Stadtteil um die Obstgasse und den Hauptmarkt herum Keramikfragmente zu Tage, die auf eine Siedlungstätigkeit des 10. oder 11. Jahrhunderts hinweisen.[89] Da der Bau einer Burg und das Bestehen bzw. die Anlage einer Siedlung oft Hand in Hand gingen und sich gegenseitig in ihrem Ausbau unterstützten, wäre eine

---

84 Karl BOSL: Die Anfänge der Stadt unter den Saliern, in: Nürnberg – Geschichte einer europäischen Stadt, hg. von Gerhard PFEIFFER, München 1971, S. 11–15, hier S. 11; dazu auch Hanns Hubert HOFMANN: Nürnberg: Gründung und Frühgeschichte, in: JfL 10 (1950), S. 1–35; und Alois SCHMID: Vom *fundus Nuorenberg* zur *civitas Nuoremberch*. Die Anfänge der Stadt Nürnberg in der Zeit der Salier und Staufer, in: Nürnberg 2000, hg. von Helmut NEUHAUS, Nürnberg 2000, S. 3–22.

85 Aus der Masse an Literatur zur Nürnberger Burg vgl. jüngst: Birgit FRIEDEL: Die Nürnberger Burg. Geschichte, Baugeschichte und Archäologie (= Schriften des Deutschen Burgenmuseums, Bd. 1), Petersberg 2007; auch Wilhelm SCHWEMMER: Die Burg zu Nürnberg (= Große Baudenkmäler, Heft 30), Berlin 1953; Fritz HAEBERLEIN: Burg Nürnberg. Amtlicher Führer, München 1942; Franz STRÖER/Sigrid SANGL: Die Burg zu Nürnberg, Nürnberg 1988; Ernst MUMMENHOFF: Die Burg zu Nürnberg. Geschichtlicher Führer für Einheimische und Fremde, Nürnberg ⁴1997; Erich BACHMANN/Albrecht MILLER: Kaiserburg Nürnberg. Amtlicher Führer, München ¹⁴1994; auch BINDING, Königspfalzen 1996, S. 304–317; allgemein zur herrschaftlichen Burg als Gründungsmittelpunkt vgl. Cord MECKSEPER: Kleine Kunstgeschichte der deutschen Stadt im Mittelalter, Darmstadt 1982, S. 89f.

86 Auf die These Ernst Mummenhofs zurückgehend, dazu Birgit FRIEDEL: Spuren der frühesten Stadtentwicklung, in: Nürnberg 1999, S. 48–51.

87 Martin NADLER: Die Vor- und Frühgeschichte – Nürnbergs schriftlose Zeit, in: Nürnberg 1999, hg. von FRIEDEL/FRIESER, S. 22–39; auch Fritz-Rudolf HERMANN: Vor- und Frühgeschichte des Nürnberger Umlandes, in: Nürnberg 1971, hg. von PFEIFFER, S. 5–10.

88 Zum Beispiel eine Gründung in der Römerzeit, vgl. Sigmund Meisterlin's Chronik der Reichsstadt Nürnberg, S. 46–49; dazu Ernst MUMMENHOFF: Nürnbergs Ursprung und Alter in den Darstellungen der Geschichtsschreiber und im Licht der Geschichte, Nürnberg 1908.

89 Dazu FRIEDEL, Stadtentwicklung 1999, S. 48f.

58 KAPITEL 2

Gründung in dieser Zeit durchaus möglich.[90] Die erste Erwähnung Nürnbergs stammt dabei exakt aus der Zeit der Spätdatierung der Keramik, und zwar aus dem Jahre 1050: In einer Urkunde Kaiser Heinrichs III. (1039–1056, ab 1046 Kaiser), der in *nourenberc suo fundo* einen Hoftag abhielt, wurde die Freilassung der Hörigen Sigena bestätigt.[91] Hier wurde deutlich gemacht, dass man sich auf Grund und Boden des Kaisers befand. Dabei kann man davon ausgehen, dass der Hoftag bereits in einer nicht explizit genannten burgähnlichen Anlage oder Pfalz stattfand, deren Existenz auch durch Ausgrabungsbefunde inzwischen als gesichert erachtet wird.[92] Möglicherweise bestand an der Stelle bereits ein befestigter Vorgängerbau, da bei den Ausgrabungen unter den Fundamenten aus der Zeit um 1050 eine Brandschicht festgestellt wurde, die in Beziehung mit der Zerstörung einer vorherigen Anlage oder Siedlung stehen könnte.[93] Karl Bosl spricht von der Möglichkeit, dass ein Vorgängerbau bereits vor 1025 abgebrochen wurde, da der Kaiser in diesem Jahr sowie 1030 im benachbarten Mögeldorf urkundete, weshalb man davon ausgehen kann, dass bis 1050 keine Burg in Nürnberg stand.[94]

---

90   Vgl. SCHMIEDER, Stadt 2012, S. 22f.

91   Vgl, die Urkunde im StadtA Nürnberg, A1, 1050 07 16; zur Einordnung des Inhalts vgl. Hanns Hubert HOFMANN: Sigena – oder: Was ist Freiheit?, in: MVGN 65 (1978), S. 39–54; auch Norenberc 2000, Nr. 11, S. 48; auch die Niederaltaicher Annalen sprechen von dem Ereignis, dazu vgl. Annales Altahenses maiores (= MGH SS rer. Germ. 4), hg. von Wilhelm VON GIESEBRECHT/Edmund VON OEFELE, Hannover 1891, S. 46: [...] *quae prius tam evidente Dei iudicio cesserat ditioni suae, in Nuorenberg suo fundo principes convocat Baioariae totius* [...]. Zur Königslandschaft auch Karl BOSL: Nürnberg als Stützpunkt staufischer Staatspolitik, in: MVGN 39 (1944), S. 51–82, hier v. a. S. 52–55.

92   Die Ausgrabungen fanden 1963/64 und 1990/91 statt. Hier wurden sowohl Baubefunde freigelegt, als auch Keramiken gefunden, die sich in die Mitte des 11. Jhs. datieren lassen, EBD., S. 48; auch Günther FEHRING/Günther STACHEL: Grabungsbefunde des hohen und späten Mittelalters auf der Burg zu Nürnberg, in: JfL 28 (1968), S. 53–92; auch Günther FEHRING: Zur älteren Geschichte von Burg und Pfalz zu Nürnberg aufgrund neuerer Grabungsergebnisse der Archäologie des Mittelalters, in: Burgen und Schlösser 12 (1972), S. 10–17; Birgit FRIEDEL: Die Ausgrabungen in der Kaiserburg zu Nürnberg, in: Das archäologische Jahr in Bayern 1991, S. 156–158.

93   FRIEDEL, Burg und Stadt 2007, S. 16, 43f.; auch Gerhard PFEIFFER: Studien zur Geschichte der Pfalz Nürnberg, in: JfL 19 (1959), S. 303–366, S. 313–315, mit Versuchen die Burg bereits auf das Anfang des 10. Jahrhunderts zurückzudatieren, was bislang aber nicht eindeutig belegt werden konnte.

94   Urkunde vom 06.05.1025, in: NUB, S. 4, Nr. 6; und Urkunde vom 19.09.1030, in: NUB, S. 4f., Nr. 7; auch BOSL, Salier 1971, S. 11f.; und SCHMID, Anfänge 2000, S. 6: demnach könne es sich um eine Anlage der Markgrafen von Schweinfurt handeln, deren Burgen von Heinrich

Die kaiserliche Burg befindet sich im Norden der Altstadt auf einem Felsen und prägt noch heute von weitem sichtbar das Stadtbild. Als „Haus des Königs"[95] war sie ein Symbol für Reich und Königtum par excellence und hatte aufgrund ihrer Monumentalität eine deutliche Wirkung auf den Betrachter und war auch außerhalb der Stadtmauern über Jahrhunderte hinweg sichtbar. Die archäologischen Ergebnisse zeigen schon alleine aufgrund der qualitativ hochwertigen Beschaffenheit des Mauerwerks, dass das Bauwerk von Anbeginn mit dem Anspruch auf Repräsentation errichtet wurde.[96] Das territorialpolitische Ziel war dabei die strategische Befestigung des Herrschaftskomplexes zwischen den Bischofssitzen Bamberg, Würzburg, Regensburg und Eichstätt. So sollten der politische Einfluss und das fränkische Reichsgut in dieser Region gesichert werden.[97] Wurde die Gliederung des Reiches bis dato vor allem von den bischöflichen Hauptorten, wie unter anderem auch Augsburg, sowie auch vereinzelt von den Pfalzen auf den Krongütern vorgenommen, so stand man in dieser Zeit vor neuen Herausforderungen. Es wurde wichtig, neue Orte zu okkupieren und primär mit Personen zu besetzen, die der königlichen Herrschaft dienlich waren.[98] Ausgehend vom ottonischen Hausmachtbesitz setzten die

---

II. (1002–1024, ab 1014 Kaiser) 1003 aufgrund vorherrschender Konflikte geschleift wurden, und würde also nicht im Zusammenhang mit königlichen Aktivitäten stehen.

95   MONNET, Reichshauptstadt 2004, S. 112.

96   Birgit FRIEDEL: Zur Baugeschichte der Nürnberger Kaiserburg, in: Nürnberg 1999, hg. von DERS./FRIESER, S. 107–110; allgemein auch Horst Wolfgang BÖHME: Burgenbau der Salierzeit, in: Die Salier. Macht im Wandel, hg. vom HISTORISCHEN MUSEUM DER PFALZ SPEYER u. a., München 2011, S. 119–127; und Dieter BARZ: Zur baulichen Entwicklung der „Adelsburg" im 10. und 11. Jahrhundert in Mittel- und Westeuropa, in: Neue Forschungen zum frühen Burgenbau, hg. von der WARTBURG-GESELLSCHAFT ZUR ERFORSCHUNG VON BURGEN UND SCHLÖSSERN in Verbindung mit dem Germanischen Nationalmuseum (= Forschungen zu Burgen und Schlössern, Bd. 9), München 2006, S. 67–84.

97   Dazu Peter FLEISCHMANN: Nürnberg mit Fürth und Erlangen. Von der Reichsstadt zur fränkischen Metropole, Ostfildern 2000, S. 15; auch BOSL, Salier 1971, S. 11; weiter SCHMID, Anfänge 2000, S. 8.

98   Dazu Capar EHLERS: Räumliche Konzepte europäischer Monarchien an der Wende vom 11. zum 12. Jahrhundert. Itinerare, Grablegen, Zentrallandschaften, in: Salisches Kaisertum und neues Europa. Die Zeit Heinrichs IV. und Heinrich V., hg. von Bernd SCHNEIDMÜLLER/Stefan WEINFURTER, Darmstadt 2007, S. 123–137, hier S. 124f., 136; auch Reinhard SCHNEIDER: Landeserschließung und Raumerfassung durch salische Herrscher, in: Die Salier und das Reich, Bd. 1: Salier, Adel und Reichsverfassung, hg. von Stefan WEINFURTER, Sigmaringen 1991, S. 117–138, hier S. 135.

Könige auf den Ausbau der Königsländer und des Reichsguts.[99] Dadurch kam es zu einer neuen Dynamik im Bereich der Burgen- und Siedlungsgründungen. Lediglich in der Zeit der Vormundschaft Heinrichs IV. (1056–1105, ab 1084 Kaiser) wurde diese Politik unterbrochen und das bereits erworbene Hausgut dezimiert. Allerdings war dieser in seiner aktiven Regierungszeit umso mehr darauf bedacht, den verlorenen Besitz zurückzuerhalten und weiter auszubauen. In den Urkunden wird die Nürnberger Burg in Folge meist als *castrum* bezeichnet, was auf eine befestigte Anlage hinweist.[100] Die erste Nennung stammt dabei aus dem Verzeichnis der königlichen Güter, das in den Jahren 1064/5 angelegt wurde.[101] Um 1100 häuft sich die Verwendung des Begriffs, so wie im Jahre 1105, als Heinrich V. (1105/6–1125, ab 1111 Kaiser) zehn Wochen lang die Burg belagern ließ. Dort hielt sich nämlich sein Vater Heinrich IV. auf, gegen den er sich erhob.[102] Nürnberg wurde in diesem Jahr zu einem Schauplatz des Kampfes um Herrschaft und weiterhin zu einem politischen Schwerpunkt in Süddeutschland.[103] Nur zwei Mal, 1183[104] und 1207,[105] findet man den für das 12. Jahrhundert bereits antiquierten Begriff *palatium*, was in dieser Zeit mit

---

99   Gabriel ZEILINGER: Salische Ressourcen der Macht. Grundherrschaft, Silberbergbau, Münzprägung und Fernhandel, in: Salisches Kaisertum 2007, hg. von SCHNEIDMÜLLER/WEINFURTER, S. 143–160, hier v. a. S. 150f.

100   Dazu auch BINDING, Königspfalzen 1996, S. 23, 304f.

101   SCHMID, Anfänge 2000, S. 9; mit Das Tafelgüterverzeichnis des römischen Königs, hg. von Carlrichard BRÜHL/Theo KÖLZER, Wien/Köln 1979, S. 53.

102   Vgl. aus der Fülle an Literatur aus den jüngeren Arbeiten Jürgen DENDORFER: Heinrich V. König und Große am Ende der Salierzeit, in: Die Salier, das Reich und der Niederrhein, hg. von Tilman STRUVE, Köln/Weimar/Wien 2008, S. 115–170; zur Bewertung der Vorgänge vgl. Stefan WEINFURTER: Reformidee und Königtum im spätsalischen Reich. Überlegungen zu einer Neubewertung Kaiser Heinrichs V., in: Gelebte Ordnung – Gedachte Ordnung. Ausgewählte Beiträge zu König, Kirche und Reich, hg. von DEMS./Helmuth KLUGER/Hubertus SEIBERT/Werner BOMM, Ostfildern 2005, S. 289–333, der reformreligiöse Motive im Vordergrund sieht; anders u. a. Ernst SCHUBERT, Königsabsetzung im deutschen Mittelalter. Eine Studie zum Werden der Reichsverfassung (= Abhandlungen der Akademie der Wissenschaften zu Göttingen, phil.-hist. KL., 3. Folge, Bd. 267), Göttingen 2005, S. 165–177, mit dem Fokus auf machtpolitische Interessen.

103   Elmar WADLE: Reichsgut und Königsherrschaft unter Lothar III. (1125–1137). Ein Beitrag zur Verfassungsgeschichte des 12. Jahrhunderts (= Schriften zur Verfassungsgeschichte, Bd. 12), Berlin 1969, S. 78; auch BOSL, Salier 1971, S. 12; und PFEIFFER, Pfalz 1959, S. 101; auch SCHMID, Anfänge 2000, S. 10.

104   Vgl. Urkunde vom 14.03.1183, in: NUB, Nr. 88, S. 63f.: Die Stadt Alessandria-Cesarea unterwirft sich Kaiser Friedrich I. [...] *in palacio Nurenberc* [...].

105   Vgl. Urkunde vom 4.11.1207, in: NUB, Nr. 123, S. 85: König Philipp von Schwaben setzt [...] *in palacio de Nurinberg* [...] Friedrich von Wangen mit den Regalien der Trienter Bischofskirche.

der Verwaltungsfunktion des Hofes übereinzubringen ist. Für Nürnberg lassen sich jedoch über die Jahrhunderte hinweg die Voraussetzungen feststellen, die gelten, um eine Pfalz tatsächlich als eine solche zu bezeichnen: die Angliederung an das Reichsgut, die vorhandene Infrastruktur sowie die Dauer und Bedeutung der Königsaufenthalte.[106] Die Stadt erhielt dadurch eine zentralörtliche Aufgabe, eine Rolle als eigentliche Hauptstadt ist in diesem Zusammenhang aber noch nicht zu konstatieren.[107]

Nürnberg war somit auch in Abwesenheit der Reichsoberhäupter ein Ort königlicher Präsenz, diese wurde jedoch in entsprechendem Maße intensiviert, wenn der König und sein Hof dort residierten. Insgesamt lässt sich feststellen, dass sich die salischen Könige ebenso wie die Ottonen überwiegend im Harzumland aufhielten, und dass nun wie bereits bei den Karolingern das Rhein-Main-Gebiet mit zu den „Basislandschaften" zu zählen ist.[108] Zudem wurden aber auch die „[...] Integrationsstränge von Sachsen nach Süddeutschland [...]"[109] weiter ausgebildet. Heinrich III. kam dabei zwei Mal und Heinrich IV. neun Mal nach Nürnberg,[110] Heinrich V. hingegen nur noch ein Mal.[111] Von den beiden Kaisern wurde die Stadt vergleichsweise selten besucht, dennoch stieg Nürnbergs Bedeutung, weshalb man wie im Falle Augsburgs nicht zwingend von der Anzahl der Aufenthalte auf die Gewichtung der Städte im Reichsgeschehen schließen sollte. Bereits 1112 findet man Nürnberg nämlich in der Zollfreiheitsurkunde Heinrichs V. für Worms unter den *loci imperiali potestati assignata* neben Frankfurt, Goslar und Dortmund.[112]

---

106 Dazu auch Thomas Michael MARTIN: Die Pfalzen im dreizehnten Jahrhundert, in: Herrschaft und Stand. Untersuchungen zur Sozialgeschichte im 13. Jahrhundert, hg. von Josef FLECKENSTEINER (= Veröffentlichungen des Max-Planck-Instituts für Geschichte, Bd. 51), Göttingen ²1979.

107 SCHNEIDER, Landeserschließung 1991, S. 135.

108 MÜLLER-MERTENS, Reich und Hauptorte 1991, S. 145.

109 EBD., S. 156.

110 Er hielt sich 1061, 1073, 1074, 1075, 1077, 1079, 1080, 1097 und noch ein weiteres Mal bei der Belagerung 1105 in Nürnberg auf; dazu SCHMID, Anfänge 2000, S. 10, mit Urkunde vom 11.06.1077, in: MGH DD H IV, S. 389f., Nr. 296; Urkunde vom 13.06.1077, in: MGH DD H IV, S. 390f., Nr. 297; Urkunde vom 16.08.1079, in: MGH DD H IV, S. 416f., Nr. 316; Urkunde vom 22.07.1080, in MGH DD H IV, S. 224f., Nr. 323; auch Eugen KILIAN: Itinerar Heinrich IV., Karlsruhe 1886.

111 Dies war im Jahr 1105, dazu Hans Jochen STÜLLEIN: Das Itinerar Heinrichs V. in Deutschland, 1971; auch SCHMID, Anfänge 2000, S. 13.

112 Urkunde vom 16.10.1112, in: Urkundenbuch der Stadt Worms, Bd. 1: 627–1300 hg. von Heinrich BOOS, Berlin 1886, S. 52f., Nr. 61; zur reichspolitischen Bedeutung Nürnbergs in der Salierzeit auch PFEIFFER, PFALZ 1959, S. 303–305.

Die Burg spielte somit eine besondere Rolle in der Reichspolitik, was sich wiederum auf die am Fuße des Berges entstandenen Siedlungen auswirkte. Hier erwuchsen archäologisch gesichert mehrere kleinteilige Siedlungskerne, allesamt auf Königsgut (Karte 6).[113] Die Entwicklung der flächenmäßigen Ausdehnung konzentrierte sich zunächst auf die Bereiche vom Burgfelsen bis zur späteren Kapelle Sankt Sebald und um den königlichen Wirtschaftshof bei der um 1150 erbauten Klosterkirche Sankt Egidien, der *curia Nurenberc*.[114] Bereits kurz nach der ersten Erwähnung Nürnbergs finden wir einen Hinweis auf die Siedlungstätigkeit: In einer heute nicht mehr erhaltenen Urkunde vom 05. Oktober 1056 verlegte Kaiser Heinrich III. das Markt-, Münz-, und Zollrecht von Fürth nach Nürnberg und erhob den Bereich zum *forum*.[115] Das Recht wurde allerdings 1062 von Heinrich IV. wieder an den Bamberger Bischof Günther und damit an die Stadt Fürth zurückgegeben, vermutlich weil Heinrichs Vormund Bischof Anno von Köln (1056–1075) mit Günther eine enge Freundschaft pflegte.[116] Möglich, dass dies gleichbedeutend mit der Aufgabe des Nürnberger Marktes zu sehen ist,[117] da die Anlage eines Handelsplatzes die Voraussetzung für einen funktionierenden Markt darstellte. Unter Umständen könnte der Markt in Nürnberg aber auch weitergenutzt worden sein, was sich jedoch nicht mehr klären lässt. Die Mauerreste, die man bei den Ausgrabungen im Sebalder Stadtteil fand, lassen es aufgrund der Beschaffenheit der Mauerverbände jedoch als wahrscheinlich erachten, dass die erste Siedlung im ersten Drittel des 12. Jahrhunderts eine Umwehrung erhalten hat.[118]

Die These, dass die Benennung einer Stadt als *civitas* mit ihrer vollständigen Ummauerung zusammenfällt, führte Hans Seibold zu der Annahme, dass Nürnberg ebenso wie Augsburg erstmals durch eine Palisadenwand mit

---

113 FRIEDEL, Stadtentwicklung 1999, S. 50f.; auch FLEISCHMANN, Topographie 2000, S. 24f.

114 Gerhard PFEIFFER: Die Anfänge der Egidienkirche zu Nürnberg. Ein Beitrag zur ältesten Stadtgeschichte, in: MVGN 37 (1940), S. 253–308; vgl. dazu Tafelgüterverzeichnis 1979, hg. von BRÜHL/KÖLZER; Fritz SCHNELBÖGL: Nürnberg im Verzeichnis der Tafelgüter des römischen Königs, in: JfL 10 (1950), S. 37–46.

115 Vgl. Norbert KAMP: Moneta regis. Königliche Münzstätten und königliche Münzpolitik in der Stauferzeit (= MGH Schriften, Bd. 55), Hannover 2006, hier S. 527 mit Anm. 47; und ERLANGER, Reichsmünzstätte 1979, S. 3.

116 Urkunde vom 19. Juli 1062, in: NUB, S. 9, Nr. 14.

117 Vgl. BOSL, Salier 1971, S. 15.

118 Vgl. Birgit FRIEDEL: Neue Aspekte zur Ummauerung der Sebalder Stadt um Hochmittelalter, in: Nürnberg 1999, hg. von DERS./FRIESER, S. 111–118, hier S. 113, 117f.: Noch heute kann man am Vestner Tor einen Mauerwerksverband aus dem 12. Jh. sehen.

vorgelagerten Wällen und Gräben geschützt wurde.[119] Da der Begriff *civitas* jedoch nicht vor 1219 erscheint, ist Seibold zu korrigieren.[120] Somit kann man festhalten, dass eine Umwehrung nicht unmittelbar zur Bezeichnung einer Siedlung als *civitas* führt, umgekehrt wie im Falle Augsburgs auch die *civitas* nicht zwingend mit Mauern oder Wällen umgrenzt war. Der mögliche Zeitpunkt für die Befestigung in den Jahren nach 1120 würde mit mehreren Ereignissen zusammenfallen, die einen Schutz der Stadt erforderlich machten: Nach der oben genannten Belagerung der Burg und der Zerstörung des Umlandes 1105 durch Heinrich V. sowie die in den 1120er und 30er Jahren erfolgten Belagerungen durch seinen Nachfolger Lothar III. von Supplinburg. Dieser kam nicht zu Regierungshandlungen in die Stadt, versuchte hier jedoch seine Ansprüche auf die Herrschaft gegen die Staufer Friedrich und Konrad zu behaupten. Dabei belagerte er 1127 und 1130 die Nürnberger Burg: *Rex Lotharius [...] mox castrum Nŭrinberg obsidet, habens secum in auxilium eundem ducem cum grandi exercitu Boemiorum.*[121] Nachdem die Burg standhielt, wurde die Stadt durch die frühen Staufer wieder in wachsendem Maße zu einem Zentrum königlicher Interessen. Konrad III. (1138–1152) soll nach der erfolgreichen Gegenwehr beschlossen haben, dieses Reichsgut für sich in Anspruch zu nehmen: *Unde et Cŭonradus idem nimia inflatus superbia contra ius fasque regium sibi nomen usurpat[,]*[122] heißt es dazu in den Annalen der Stadt Erfurt. Die von Lothar an seinen Schwiegersohn Heinrich den Stolzen (1126–1139) verpfändete Burg wurde 1138 von Konrad eingenommen.[123]

Es ist sehr wahrscheinlich, dass sich in diesem Jahr in Nürnberg bereits das erste Mal die Reichskleinodien befanden, die Herrschaftsinsignien der

---

119 Hans SEIBOLD: Die bürgerliche Siedlung des mittelalterlichen Nürnberg, ihre räumliche Entfaltung und ihre Stadtmauerumgrenzung, Nürnberg 1959; auch Hanns Hubert HOFMANN: Die Nürnberger Stadtmauer, Nürnberg 1967, S. 12, geht von Palisaden, Wällen und Gräben aus.

120 Freiheitsbrief vom 08.11.1219, in: NUB I, S. 111–114, Nr. 178; auch SCHMID, Anfänge 2000, S. 21; Die Erwähnung von *Bürgern* findet man allerdings erst in einer Urkunde Ottos IV. (1198–1218) aus dem Jahre 1209, der auf Bitten der *ministerales* und *cives* die Kirche Sankt Jakob dem Deutschritterorden übergibt.

121 Vgl. S. Petri Erphesfurtensis auctarium et continuatio Chronici Ekkehardi, in: MGH SS rer. Germ. 42, hg. von Oswald HOLDER-EGGER, Hannover/Leipzig 1899, hier S. 35; die Annalen der Stadt Erfurt wurden im 12. Jh. verfasst; auch PFEIFFER, Pfalz 1959, S. 305.

122 Vgl. S. Petri Erphesfurtensis auctarium et continuatio Chronici Ekkehardi, S. 35.

123 Vgl. Annales Palidenses auctore Theodoro monacho, in: MGH SS 16, hg. von Georg Heinrich PERTZ, Hannover 1859, S. 48–98, hier S. 80, diese wurden im 12. Jh. verfasst, sind als zeitgenössische Quelle mit hohem Aussagewert einzustufen; auch SCHMID, Anfänge 2000, S. 11.

römischen Könige.[124] Dazu gehörte neben Reichskrone, -apfel, -schwert und -kreuz auch das Zepter sowie die Heilige Lanze, die Otto bei der Schlacht auf dem Lechfeld mitführte.[125] Wo die Insignien im 11. und 12. Jahrhundert ständig aufbewahrt wurden, ist nicht bekannt. Denkbar wäre jedoch, dass die Herrscher mit dem Heiltum zu den jeweiligen Pfalzorten reisten. Einige wenige Quellen teilen den vorübergehenden Aufenthaltsort der Reichsinsignien mit. So heißt es in den sogenannten *Annales Palidenses*, die im 12. Jahrhundert entstanden:

> *Anno incarnationis dominice 1138. Conradus genere Suevus, electione episcoporum et aliquorum principum apud Confluentiam successit in regnum, et regalia que Heinricus dux Bawariorum et Saxonum sub se habuit apud castrum Noremberg eum obsidens requisivit.*[126]

Es ist durchaus möglich, dass die Reichszeichen ihren Weg auf die Nürnberger Burg fanden, zumal die zeitgenössische Quelle als glaubhaft einzustufen ist. Nach dem Tode Heinrichs V. wurden die Kleinodien zunächst auf Burg Trifels aufbewahrt, und dort an Lothar übergeben. Von ihm wurden sie mutmaßlich nach Nürnberg zu Heinrich dem Stolzen gebracht und nach der Herrschaftsübernahme an Konrad III. ausgeliefert.[127] Dieser konzentrierte

---

124 Vgl. BINDING, Königspfalzen 1996, S. 218.
125 Zu den Reichskleinodien vgl. u. a. das berühmte Werk von Christoph Gottfried VON MURR: Beschreibung der sämtlichen Reichskleinodien aus der Handschrift des seel. Herrn Duumviers Hieronymus Wilhelm Ebners von Eschenbach und der Reichsheiligthümer, welche in der des Heil. Röm. Reichs freyen Stadt Nürnberg aufbewahret werden, Nürnberg 1790.
126 Vgl. Annales Palidenses, S. 80; auch SCHMID, Anfänge 200, S. 11; und CHRONICUM LUNEBURGICUM APUD ECCARDI I, S. 1377: [...] *He besat Nurenberch, dar de Hertoge Heinric das Rike hadde behalden, unde gewan it ane des Hertogen Dank* [...]; zitiert nach Philipp JAFFÉ: Geschichte des deutschen Reichs unter Conrad dem Dritten, Hannover 1845, S. 11f. Es handelt sich hier um keine zeitgenössische Quelle, da das Chronicum erst im 18. Jh. verfasst wurde, jedoch wäre es in Verbindung mit den Annales Palidenses eine durchaus legitime Interpretation: Mit *das Rike* wären ihm zufolge die Reichskleinodien gemeint, da diese sinnbildlich für das Reich stünden; nach Stefan WEINFURTER: Die Zeichen des Herrschers – Zur Einführung, in: „… die keyserlichen zeychen…". Die Reichskleinodien – Herrschaftszeichen des Heiligen Römischen Reiches, hg. von Jan KEUPP/Peter POHLIT/Hans REITHER/Katharina SCHOBER/Stefan WEINFURTER, Regensburg 2009, S. 9–16, hier S. 14f., stand nur die Krone metonymisch für das Reich.
127 Bettina JOST: Die Reichskleinodien, der Trifels und Philipp von Falkenstein, in: Stauferkaiser, Reichsinsignien, Ministerialität (= Beiträge zur Geschichte des Trifels und des Mittelalters, Bd. 2), hg. vom TRIFELSVEREIN E. V. ANNWEILER AM TRIFELS,

sich, nachdem er die Burg eingenommen hatte, stark auf diesen herrschaftlichen Ort und hielt sich insgesamt zehn Mal in Nürnberg, der von ihm am dritthäufigsten gewählten Stadt nach Würzburg und Regensburg, auf.[128] Außerdem stieg die Qualität der Aufenthalte in seiner Zeit nachweislich – unter anderem im Jahre 1138, als er für eine Genueser Gesandtschaft ein feierliches Hofzeremoniell abhielt.[129] Unter Konrad ist auch die erste Münzprägung für Nürnberg gesichert,[130] wobei die erste Reichsmünzstätte zur Zeit Heinrichs III. gegründet wurde.[131] Wann die Münze nach der Rückgabe an Anno von Köln wieder eingerichtet wurde, lässt sich heute aufgrund der fehlenden Quellen nicht mehr sagen. Alle Bestrebungen Konrads führten jedoch dazu, dass Nürnberg zu einem Zentrum des staufischen Königsgutes wurde. Ein Ziel der staufischen Städtepolitik, die hier in Nürnberg einsetzte, war die Zusammenfassung der dem Reich zur Verfügung stehenden Güter sowie die Förderung der Städte, da diese eine machtvolle Basis für die Herrschaft boten.[132] Die weitere Entwicklung zur Reichsstadt begann auf eben jenen Grundlagen.

1.3 Lübeck zwischen Sachsenherzog, Kaiser und Dänenkönig

Die Anfänge Lübecks lassen sich bis in das 8. oder 9. Jahrhundert zurückverfolgen. Heute spricht man in Zusammenhang mit der im ehemaligen Abotritenreich gegründeten Siedlung von Alt-Lübeck.[133] Die Niederlassung

---

      Annweiler 2002, S. 102–128; dazu Jörg ROGGE: Die deutschen Könige im Mittelalter. Wahl und Krönung, Darmstadt 2011, S. 98.

128   PFEIFFER, Pfalz 1959, S. 306; auch JAFFÉ, Conrad 1845, S. 300–306: Die Aufenthalte fanden 1138, 1139, 1140, 1142, 1144, 1146, 1147, zwei Mal 1150 und 1151 statt.

129   Urkunde von Dezember 1138, in: NUB, S. 25, Nr. 34.

130   Herbert J. ERLANGER: Die Reichsmünzstätte in Nürnberg (= Nürnberger Forschungen, Bd. 229), Nürnberg 1979, S. 5.

131   U. a. ZEILINGER, Salische Ressourcen 2007, S. 154 zur Münzpolitik des Saliers.

132   Dazu PFEIFFER, Pfalz 1959, S. 307; auch Karl BOSL: Das staufische Nürnberg, Pfalzort und Königsstadt, in: Nürnberg 1971, hg. von PFEIFFER, S. 16–29, hier S. 16; auch SCHMID, Anfänge 2000. S. 11f.; ebenso BOSL, Nürnberg 1944, S. 56; weiter Ferdinand OPLL: Friedrich Barbarossa, Darmstadt [4]2009, S. 249 zur Einordnung der staufischen Städtepolitik von Konrad III. zu Friedrich I.

133   Wolfgang HÜBENER: Alt Lübeck und die Anfänge Lübecks – Überlegungen der Archäologie zu den Anfängen ihres „städtischen Wesens", in: Neue Forschungen 1985, hg. von GRAßMANN, S. 7–25, hier S. 11f.: Eine erste verlässliche Dendro-Datierung aus den Hölzern der Wallanlagen ist das Jahr 819; ältere archäologische Funde lassen sich in die Mitte des 8. Jhs. datieren, deren Zusammenhang mit der Siedlungsgründung bislang nicht eindeutig geklärt ist; Henning Helmuth ANDERSON: Alt Lübeck. Zu den Grabungsergebnissen 1976–1986; in: Lübecker Schriften zur Archäologie und Kulturgeschichte 13 (1988), S. 25–59; dazu auch Ursula RADIS: Neue archäologische

wurde vermutlich nach einer ersten Wüstung, die nicht genau zu datieren ist, um 1055 von den Slawen wiedererrichtet und ausgebaut.[134] Archäologische Funde und Befunde weisen darauf hin, dass die Siedlung von Alt-Lübeck in Teilen auch nach ihren beiden erneuten Zerstörungen von 1127 und 1138 weiterbestand, als das neue Lübeck weiter flussaufwärts im Jahre 1143 angelegt bzw. befestigt wurde.[135] Sowohl beim Wiederaufbau Alt-Lübecks in der Mitte des 11. Jahrhunderts als auch bei der Neugründung spielten wirtschaftliche und verkehrspolitische Gründe eine wichtige Rolle. Ziel war es, die Ostsee in das mitteleuropäische Handelsnetz einzubeziehen,[136] worauf die Landesherrschaft entsprechend reagierte und fördernd wie regulierend eingriff. Zur Zeit der Neugründung Lübecks befand sich das Gebiet, das von Lothar III. von Supplinburg in das sächsische Herzogtum integriert und wirtschaftlich gefördert wurde, in der Hand des Welfen Heinrich dem Stolzen. Dieser wiederum belehnte den Schauenburger und Holsteiner Grafen Adolf II. (1130–1164) mit dem abotritischen Teilreich Wagrien, auf dessen Boden sich auch das neue Lübeck befand.[137] Sogar der Name des Fernhandelszentrums wurde übernommen: *Lubece*. [138]

Die Grundlage für den auf den Fernhandel gründenden Ausbau waren die beiden in die Ostsee mündenden Flüsse Trave und Wakenitz. Sie umflossen den Hügel, auf dem die Siedlung angelegt wurde.[139] Zudem führte aus Lüneburg

---

     Erkenntnisse zur slawischen und frühen deutschen Besiedlung Lübecks, in: Lübeckische Blätter 163/5 (1998), S. 69–72; detailliert auch Rolf HAMMEL-KIESOW: Die Anfänge Lübecks: Von der abotritischen Landnahme bis zur Eingliederung in die Grafschaft Holstein-Stormarn, in: Lübeck 2008, hg. von GRAßMANN, S. 1–38, hier S. 1–13.

134   Die einzelnen Untersuchungsschritte und archäologischen Überlegungen, die zu der Annahme führten, sollen hier nicht näher erläutert werden, vgl. HÜBENER, Alt Lübeck 1985, S. 16–20; auch HAMMEL-KIESOW, Anfänge 2008, S. 13–16.

135   HÜBENER, Alt Lübeck 1985, S. 21, zu den archäologischen und sprachwissenschaftlichen Nachweisen; dazu bereits Heinz STOOB: Schleswig – Lübeck – Wisby, in: ZVLA 59 (1979), S. 7–27, hier S. 15–20; auch HAMMEL-KIESOW, Anfänge 2008, S. 42: Es ist möglich, dass sich an dieser Stelle schon eine Kaufleutesiedlung befand und die Burg nachträglich zu deren Schutz erbaut wurde. Dabei hätte die Siedlung eventuell bereits ein erstes Stadtrecht erhalten.

136   HÜBENER, Alt Lübeck 1985, S. 19.

137   In der 1167 niedergeschriebenen Slawenchronik des Geistlichen Helmold von Bosau, unterscheidet der Verfasser nicht zwischen Alt- und (Neu-)Lübeck, vgl. dazu HAMMEL-KIESOW, Anfänge 2008, S. 34–38.

138   Vgl. dazu die zahlreichen Beispiele in: Helmoldi Chronica Slavorum; auch HAMMEL-KIESOW, Anfänge 2008, S. 42; zur Chronik vgl. SCIOR, Identität 2002.

139   Rolf HAMMEL-KIESOW: Novgorod und Lübeck. Siedlungsgefüge zweier Handelsstädte im Vergleich, in: Novgorod. Markt und Kontor der Hanse (= Quellen und Darstellungen zur

und Bardowick über den nördlichen Bereich des Geländes eine Landstraße in die Stadt und verband somit den Seehandel mit dem Reich.[140] Anfangs wurden auf dem Hügel – ähnlich wie bereits in Augsburg und Nürnberg – mehrere Siedlungsteile angelegt, die im Laufe der Zeit zusammenwuchsen. Im Norden ließ der ursprüngliche Stadtherr Adolf II. auf den Fundamenten einer slawischen Befestigung[141] eine neue Burg erbauen (Karte 9).[142] Da sich diese in einer exponierten Lage auf dem Plateau oberhalb eines Steilufers an der Trave befand, konnten von hier aus die Wasser- und Landwege kontrolliert werden.[143] Die älteste fassbare Handelsstraße führte exakt durch einen Vorgängerbau des spätmittelalterlichen Burgtores. Da sowohl die Errichtung als auch die Zerstörung des Tores in die Zeit vor 1180 datiert werden, handelt es sich

---

hansischen Geschichte N. F., Bd. 53), hg. von Norbert ANGERMANN/Klaus FRIEDLAND, Köln 2002, S. 25–68, hier S. 47f.; auch Rolf HAMMEL-KIESOW: Stadtgründung, topographische Expansion und gesellschaftliche Entwicklung Lübecks. Quellen zur Geschichte Schleswig-Holsteins, Teil 5: Geschichtlicher Hintergrund, Hinweise und Anregungen, hg. vom INSTITUT FÜR REGIONALE FORSCHUNG UND INFORMATION IM DEUTSCHEN GRENZVEREIN E. V. u. a., Kiel 1989, S. 27–41; ebenso Günther P. FEHRING/Rolf HAMMEL-KIESOW: Die Topographie der Stadt Lübeck bis zum 14. Jahrhundert, in: Stadt im Wandel. Kunst und Kultur des Bürgertums in Norddeutschland 1150–1650, Bd. 3, hg. von Cord MECKSEPER, Stuttgart/Bad Canstatt 1985, S. 167–190.

140 HAMMEL-KIESOW, Novgorod 2002, S. 49, mit Anm. 63: Der erste Hafen Lübecks ist noch unbekannt. Es ist möglich, dass die ersten archäologischen Nachweise in die 1160er Jahre zu datieren sind, dazu Ingrid SCHALIES: Erkenntnisse der Archäologie zur Geschichte des Lübecker Hafens vom 12.–16. Jahrhundert, in: Lübecker Schriften zur Archäologie und Kulturgeschichte 17 (1988), S. 129–132; auch MECKSEPER, Kunstgeschichte 1982, S. 185 zu Hafenanlagen.

141 Vgl. dazu Günther P. FEHRING: Der Slawische Burgwall Buku im Bereich des ehemaligen Burgklosters zu Lübeck, in: Lübecker Schriften zur Archäologie und Kulturgeschichte 17 (1988), S. 53–56.

142 Manfred GLÄSER: Die Ausgrabungen im Burgkloster, in: Weltkulturerbe Lübeck. Ein archäologischer Rundgang, hg. von DEMS./Doris MÜHRENBERG, Lübeck 2003, S. 6f.; dazu Christian GOEDICKE/Jens Christian HOLST: Thermolumineszenzdatierung an Lübecker Backsteinbauten: Probleme und Entwicklung, in: Wege zur Erforschung städtischer Häuser und Höfe. Beiträge zur fächerübergreifenden Zusammenarbeit am Beispiel Lübecks im Spätmittelalter und in der Frühen Neuzeit (= Häuser und Höfe in Lübeck, Bd. 1), Neumünster 1993, hg. von Rolf HAMMEL-KIESOW, S. 251–271.

143 Die Fernhandelswege führten einerseits über den Stadthügel und die Burg weiter nach Mecklenburg, andererseits vom Koberg aus über die Trave, die mit einer Fähre passiert wurde, nach Holstein. Zu den archäologischen Befunden der bereits Mitte des 12. Jhs. angelegten Straßenzüge vgl. Ursula RADIS: Eine Lübecker Straße und ihre Geschichte, in: Lübeck, 2003, hg. von GLÄSER/MÜHRENBERG, S. 8f.; auch MECKSEPER, Kunstgeschichte 1982, S. 89f.

68   KAPITEL 2

um den ältesten nachgewiesenen Teil der städtischen Befestigungsanlagen. Diese beschränkten sich in den frühen Jahren lediglich auf das Gebiet des Burghügels.[144] Die Burg selbst bot den Auftakt für den Ausbau der Siedlung und besaß von Anfang an eine fortifikatorische Bedeutung, die vor allem mit dem Schutz des Handels einherging. Da man sie noch vor Erlangung des Reichfreiheitsbriefes zu Beginn des 13. Jahrhunderts niederlegte, wurde sie je- doch anders als in Nürnberg nicht in das Geschehen der Reichsstadt einbezo- gen und nahm auch keine reichsrechtlich zentrale Funktion ein.

Südlich der Burg befand sich die bei Helmold von Bosau für das Jahr 1147 genannte *civitas* (Karte 10).[145] Im Bereich westlich der Marienkirche konn- ten Archäologen Gebäude nachweisen, die nach neueren Erkenntnissen in die Zeit um 1143/5 datiert werden können.[146] Vermutlich befand sich dort eine Wohnsiedlung der Kaufleute. Ob diese bereits umwehrt war, lässt sich heute nicht mehr feststellen.[147] Ebenfalls nannte der Chronist ein

---

144   Vgl. u. a. GLÄSER, Lübecker Straße 2003, S. 9. Die Fundamente aus Feldstein wurden bei
       einer Rettungsgrabung 1997/8 freigelegt. Das aufgehende Mauerwerk bestand wohl auch
       aus Feldstein, für den Turm wäre zudem eine weniger repräsentative Holzkonstruktion
       möglich. Eine erneute Bauphase an der Burg lässt sich an den Anfang des 13. Jh. kurz
       vor dem Abbruch datieren: Die aus Holz errichteten Häuser im Inneren wurden durch
       Backsteinhäuser ersetzt, zudem wurde vermutlich ein 40 Meter langer Palas im Zentrum
       der Anlage erbaut. Dazu auch Günther P. FEHRING: Die ehemalige landesherrliche
       Burg im Bereich des Burgklosters zu Lübeck, in: Lübecker Schriften zur Archäologie und
       Kulturgeschichte 17 (1988), S. 77–80.
145   Helmoldi Chronica Slavorum, S. 119f., cap. 63: *Miseruntque ad civitatem et ad forum nunti-*
       are eis inminens periculum. Weiter dazu auch Manfred GLÄSER/Rolf HAMMEL/Michael
       SCHEFTEL: Das Haupt der Hanse: Lübeck, in: Hanse. Lebenswirklichkeit und Mythos,
       Textband zur Hamburger Hanse-Ausstellung von 1989, hg. von Jörgen BRACKER/Volker
       HENN/Rainer POSTEL, Lübeck ⁴2006, S. 348–368, hier S. 350f.
146   Ingrid SCHALIES: Hier wurde Lübeck gegründet, in: Lübeck 2003, hg. von GLÄSER/
       MÜHRENBERG, S. 38f. Es handelt sich v. a. um Holzhäuser, die im späten 13. Jh. durch
       Backsteinbauten ersetzt wurden; dazu auch Ursula Radis: 800 Jahre Geschichte. Vom
       Holzhaus zum Kaufhaus, in: Lübeck 2003, hg. von GLÄSER/MÜHRENBERG, S. 42f.;
       ebenso Rolf HAMMEL-KIESOW: Die Entstehung des sozialräumlichen Gefüges der mit-
       telalterlichen Großstadt Lübeck. Grund und Boden, Baubestand und gesellschaftliche
       Struktur, in: Die Sozialstruktur und Sozialtopographie vorindustrieller Städte (= Hallische
       Beiträge zur Geschichte des Mittelalters und der Frühen Neuzeit, Bd. 1), hg. von Matthias
       MEINHARDT/Andreas RANFT, Berlin 2005, S. 139–203, hier S. 142.
147   Heinz STOOB: Lübeck (Schleswig-Holstein) (= Deutscher Städteatlas, Bd. 3,6), Altenbeken
       1984, S. 34, geht von einer Erd-Holz-Konstruktion aus, die das erste Lübeck umwehrte. Die
       archäologischen Untersuchungen blieben bislang aber erfolglos, vgl. Manfred GLÄSER:
       Die Lübecker Befestigungen (Burgen und Stadtmauern) im Mittelalter und in der Neuzeit,

forum als „Mittelpunkt der Gründungssiedlung." [148] Ein weiteres Zeugnis für das Bestehen eines Marktes bietet die Urkunde aus dem Jahre 1152, in der Heinrich der Löwe (1142–1180) den Fernhandel auf einen reinen Lebensmittelmarkt reduziert.[149] Der Grund dafür war vermutlich, dass der erfolgreiche Lübecker Markt den Handel in Heinrichs Marktsiedlungen erheblich beeinträchtigte.[150] Diese schriftlichen Erwähnungen werden durch archäologische Befunde gestützt. Unter dem Gelände des Marktplatzes fand man eine plateauartige Schicht, die möglicherweise durch das Markttreiben seit der zweiten Hälfte des 12. Jahrhunderts entstand.[151] Höchstwahrscheinlich wurde in unmittelbarer Nähe auch der spätere Hafen an der Trave angelegt.[152] Weitere Teile des ersten *forum* werden zudem auf dem Domhügel vermutet.[153] 1159 erzwang Heinrich der Löwe die herrschaftliche Übernahme Lübecks. Dieser ließ die Stadt nach dem Brand, der sich zwei Jahre zuvor ereignet hatte, und einer kurzen, erfolglosen Verlegung an selber Stelle nach planmäßigen Vorgaben wiedererrichten.[154] Im Zuge des Wiederaufbaus erfolgte bereits eine Erweiterung der Siedlungsfläche in Richtung Westen und die Errichtung des Hafens (Karte 10).[155] Es ist anzunehmen, dass diese Maßnahmen im

---

in: Die Befestigungen (= Lübecker Kolloquium zur Stadtarchäologie in Hanseraum, Bd. 7), hg. von DEMS., Lübeck 2010.

148   Vgl. Doris MÜHRENBERG: Handel und Wandel auf dem Lübecker Markt, in: Lübeck 2003, hg. von GLÄSER/MÜHRENBERG, S. 44f.

149   Helmoldi Chronica Slavorum, S. 143–145, cap. 76, hier S. 145; dazu Fritz RÖRIG: Die Stadt in der deutschen Geschichte, in: Wirtschaftskräfte im Mittelalter. Abhandlungen zur Stadt- und Hansegeschichte, hg. von DEMS., Wien/Köln/Weimar ³1971, S. 358–860, hier S. 453.

150   Vgl. weiter HAMMEL-KIESOW, Anfänge 2008, S. 44.

151   Vgl. MÜHRENBERG, Handel 2008, S. 44f.; für diese These argumentiert auch HOFFMANN, Lübeck 2008; für das Jahr 1152 existiert zudem der dendrochronologisch datierte Fund eines Röhrenbrunnens auf Höhe der Fischerstraße; älter auch Wolfgang ERDMANN: Archäologie im Marktviertel von Lübeck, in: 25 Jahre Archäologie in Lübeck. Erkenntnisse von Archäologie und Bauforschung zur Geschichte und Vorgeschichte der Hansestadt, Bonn 1988, S. 101–197.

152   Dazu u. a. SCHALIES, Lübeck 2003, S. 38f.

153   Rolf HAMMEL-KIESOW: Exkurs 1: Räumliche Entwicklung und Berufstopographie Lübecks bis zum Ende des 14. Jahrhunderts, in: Lübeck 2008, hg. von GRASSMANN, S. 46–80, hier S. 48.

154   Vgl. dazu Helmoldi Chronica Slavorum, S. 165–168, cap. 85, hier S. 168: *Tandem victus comes fecit quod necessitas imperarat et resignavit ei castrum et insulam. Statim iubente duce reversi sunt mercatores cum gaudio desertis incommoditatibus novae civitatis et ceperunt reedificare ecclesias et menia civitatis.*

155   HAMMEL-KIESOW, Entstehung 2005, S. 143.

70   KAPITEL 2

Zusammenhang mit der Aufgabe des *forum* auf dem Domhügel zu sehen sind. An diese Stelle im Südwesten des Plateaus zwischen Trave und Wakenitz wurde 1160 nämlich das Oldenburger Bistum verlegt (Karte 11).[156] In Lübeck besaß der Bischof jedoch keine dem Augsburger Bischof vergleichbare Bedeutung, weshalb er auch bei der städtebaulichen Gestaltung eine eher untergeordnete Rolle einnahm.[157]

Dass Heinrich der Löwe im Norden des Reichs so stark agieren konnte, kann man auf seine Position zurückführen. Als Stellvertreter des Kaisers Friedrich I. hatte er die Möglichkeiten und Mittel, das *de jure* in der Hand des Königs liegende Marktregal im sächsischen Herzogtum zu verwalten.[158] Das Reich hatte zur Zeit der Gründung Alt-Lübecks noch keinen Anteil am Ostseeraum,[159] weshalb man zweifellos von einem reichsfernen Territorium sprechen kann. Erst während der Herrschaft Lothars von Supplinburg kam das Gebiet allmählich in den Blick der Könige.[160] Die Interessen am Ausbau der Stadt lagen eindeutig im Bereich des Handels begründet, wofür die Lage des Siedlungsplatzes in der Landenge zwischen Ost- und Nordsee die fördernde Voraussetzung bot.[161] Außerdem nahm Lübeck zunehmend eine zentrale, zunächst landesherrliche Funktion im Norden ein. Die königsgleiche Stellung Heinrichs des Löwen führte im letzten Viertel des 12. Jahrhunderts jedoch vermehrt zu Auseinandersetzungen, da er seine Ansprüche gegenüber dem Kaiser und den Fürsten im Reich zu entschieden artikulierte.[162] 1180 wurde der Sachse

---

156   Zu den genauen Gründen vgl. HOFFMANN, Lübeck 2008, S. 85–88.

157   FLACHENECKER, Civitates 2004, S. 18f.; mit Wolfgang PRANGE: Bischöfe von Lübeck, in:
       Die Bischöfe des heiligen Römischen Reiches 1198–1448, hg. von Erwin GATZ, Berlin 2001,
       S. 349–361.

158   HAMMEL-KIESOW, Anfänge 2008, S. 44; zu Heinrich dem Löwen vgl. Joachim
       EHLERS: Heinrich der Löwe. Eine Biographie, München 2008, hier S. 149–158; auch Ulf
       DIRLMEIER: Heinrich der Löwe und ‚die Wirtschaft‘, in: Heinrich der Löwe. Herrschaft
       und Repräsentation (= Vorträge und Forschungen, Bd. 56), hg. von Johannes FRIED/Otto
       Gerhard OEXLE, Ostfildern 2003, S. 293–309.

159   Dazu auch WECZERKA, Lübeck 1985, S. 27f.: Das Gebiet war aufgeteilt zwischen den
       ostseeslawischen Abotriten und Pomoranen, baltischen und finnougrischen Anrainern,
       Schweden und Dänen.

160   Heinz STOOB: Gedanken zur Ostseepolitik Lothars III., in: Festschrift Friedrich
       Hausmann, hg. von Herwig EBNER, Graz 1977, S. 531–552.

161   WECZERKA, Lübeck 1985, S. 29f.

162   Dazu Bernd SCHNEIDMÜLLER: Heinrich der Löwe. Innovationspotential eines mittelalterlichen Fürsten, in: Staufer und Welfen. Zwei rivalisierende Dynastien im Hochmittelalter, hg. von Werner HECHBERGER/Florian SCHULLER, Regensburg 2009, S. 51–65, hier S. 60–64; auch Wilhelm BIEREYE: Die Kämpfe gegen Heinrich den Löwen in den Jahren 1177–1181, in: Forschungen und Versuche zur Geschichte des Spätmittelalters

schlussendlich verurteilt und ihm wurde in der Folge Lübeck als Reichslehen abgesprochen. Die Stadtherrschaft ging an Kaiser Friedrich I. über. Er belagerte in infolge die Stadt an der Trave, weshalb Heinrich die Befestigung verstärken ließ: *Dux autem tunc temporis Lubeke constitutus erat, muniens civitatem et erigens machinas multas.*[163] Hier wird erstmals eine Stadtmauer für die alte *civitas* genannt. Die Stadt unterwarf sich freiwillig, um sich von der landesherrlichen Autorität zu lösen. Lübeck wurde danach erstmals – und nur vorübergehend – dem Zugriff der Landesherren und des benachbarten dänischen Königs entzogen.[164] Ob Friedrich tatsächlich selbst die Herrschaft ausübte bzw. einen Vogt einsetzte, ist nicht bekannt.[165] Er unterstützte jedoch die lübischen Kaufleute in Hinblick auf eigene finanzielle Interessen, die auch dem Reich zugutekamen. Diese Bemühungen gingen maßgeblich von den Lübecker Bewohnern aus, die versuchten, sich gegen die Zugriffe durch Graf Adolf III. von Holstein (1164–1225) zur Wehr zu setzen, und sich mit einer Bitte an den Kaiser wandten.[166] Er bestätigte oder ergänzte daraufhin bereits im Jahr 1181 alte Privilegien,[167] die in einer heute nicht mehr erhaltenen Urkunde aus dem Jahre 1188 fixiert wurden. Es handelte sich um Rechte, welche die Nutzung von Wald, Wiesen, und Wegen im Umland sowie die Verteilung und Rechtsgrundlagen der städtischen Siedlungsfläche betrafen. Zudem wurde nun auch Lübeck das Münzrecht verliehen, was den Markt weiter beförderte.[168]

---

und der Neuzeit. Festschrift für Dietrich Schäfer zum siebzigsten Geburtstag, hg. von Adolf HOFMEISTER, Jena 1915, S. 149–196.

163 Arnoldi Chronica Slavorum, S. 61f., lib. 2, cap. 20, hier S. 61; auch Arnold von Lübeck 2008, hg. von FREUND/SCHÜTTE; und SCIOR, Identität 2002.

164 Auch MARTIN, Städtepolitik 1976, S. 47.

165 Bernhard AM ENDE: Studien zur Verfassungsgeschichte Lübecks im 12. und 13. Jahrhundert (= Veröffentlichungen zur Geschichte der Hansestadt Lübeck, Bd. 2), Lübeck 1975, S. 110f.

166 Zur Annäherung der Hansestädte an den Kaiser bei drohenden oder beginnenden Verschlechterungen vgl. WERNICKE, Hanse 1998, S. 9.

167 Heinz STOOB: Die Hanse, Graz 1995, S. 68f.; auch Johannes FRIED: Die Wirtschaftspolitik Friedrich Barbarossas in Deutschland, in: BDLG 120 (1984), S. 195–239.

168 Urkunde vom 19.09.1188, in: LUB I, S. 9–12, Nr. 7; vgl. dazu Urkunden und erzählende Quellen zur deutschen Ostsiedlung im Mittelalter, hg. von Herbert HELBIG/Lorenz WEINRICH, 1: Mittel- und Norddeutschland, Ostseeküste (= Ausgewählte Quellen zur deutschen Geschichte des Mittelalters, Bd. 26a), Darmstadt 1975, S. 125–133; die originale Urkunde wurde 1225 von den Lübecker Bürgern vernichtet und neu geschrieben, vgl. HOFMANN, Lübeck 2008, S. 107; Helmut G. WALTHER: Kaiser Barbarossas Urkunde für Lübeck vom 19. September 1188, in: ZVLGA 69 (1989), S. 11–48; Lübeck bekam in dem Privileg außerdem weitreichendere Rechte als die Stauferstädte, um die welfischen Landesherren durch die städtische Autonomie zu schwächen, vgl. OPPL, Friedrich Barbarossa 2009, S. 249f.

72 KAPITEL 2

Für das Jahr 1181 ist in diesem Zusammenhang der erste kaiserliche Besuch in Lübeck bezeugt[169] und markiert den Beginn einer sehr dünnen Reihe von nur vier Herrscheraufenthalten bis in das späte Mittelalter. Das Reich bzw. der Kaiser wurden in diesem Jahr den Lübeckern erstmalig personell greifbar und vor Ort erfahrbar. Der *adventus*, die Ankunft des Königs, wurde feierlich inszeniert. Arnold von Lübeck berichtet dazu: *Et ita ingrediens civitatem magnifice susceptus est cum hymnis et laudibus Dei, tripudiante clero et omni populo.*[170] Friedrich I. beließ es jedoch bei diesem einen Besuch und konzentrierte sich im Folgenden auf die Italienpolitik.[171] Dort schwelten seit Jahrzehnten Konflikte zwischen Kaiser und Papst sowie den lombardischen Städten, die eine große Herausforderung für die Geschlossenheit des Kaisertums darstellten. Durch neue Initiativen Friedrichs I. wurde nun spezielles Augenmerk auf einen Ausgleich der Interessen in dieser Region gelegt, um eine Festigung der politischen Strukturen im Reich zu befördern. Dadurch erschien der Norden trotz der anfänglichen Unterstützung wieder reichsferner. Eine auf Dauer angelegte Ostseepolitik lässt sich also noch nicht erkennen. Nach dem Tode Friedrichs I. folgten bewegte Zeiten betreffend die Herrschaft über die Stadt. Zunächst brachte Heinrich der Löwe Lübeck wieder in seinen Verfügungsbereich und wurde bereits 1192 gewaltsam von dem holsteinischen Grafen Adolf III. von Schauenburg abgelöst. Nachdem sich die Verhältnisse zwischen den Territorialherren im Norden während des Thronstreits nach dem Tode Kaiser Heinrichs VI. (1190–1197, ab 1191 Kaiser) im Jahre 1197 verschlechtert hatten, erkannten die Lübecker 1202 den dänischen König Knut VI. (1182–1202) als Stadtherrn an. Dieser Schachzug diente nicht zuletzt der Sicherung und dem Ausbau des gefährdeten Handels für beide Seiten. Die Dänen sowie die übrigen skandinavischen Königreiche hatten einen großen Anteil am Ostseehandel,[172] weshalb die Herrschaft auch positive Auswirkungen auf den Handel der

---

169 HOFFMANN, Lübeck 2008, S. 105; auch Hartmut BOOCKMANN: Barbarossa in Lübeck, in: ZVLGA 61 (1981), S. 7–18, auch mit quellenkritischen Anmerkungen zu Arnold von Lübecks Chronik und seinem Bericht über den Aufenthalt Friedrichs I.

170 ARNOLDI CHRONICA SLAVORUM, S. 63–66, lib. 2, cap. 21, hier S. 65; Hartmut Boockmann äußert die Möglichkeit, dass die Hofgeistlichen des Kaisers bei der Gestaltung des Zeremoniells mitwirkten, um die fehlenden Erfahrungswerte auszugleichen, vgl. BOOCKMANN, Barbarossa 1981, S. 13.

171 Allgemein zur Italienpolitik v. a. Knut GÖRICH: Konflikt und Kompromiss: Friedrich Barbarossa in Italien, in: Staufer und Welfen 2009, hg. von HECHBERGER/SCHULLER, S. 78–97; weiter OPLL, Friedrich Barbarossa 2009, S. 175–200; auch HOFMANN, Lübeck 2008, S. 108; aktuell: Knut GÖRICH: Friedrich Barbarossa. Eine Biographie, München 2011.

172 Vgl. WECZERKA, Lübeck 1985, S. 27f.

deutschen Kaufleute hatte, die sich vermehrt in Dänemark niederließen.[173] Erst nach dem Ende der dänischen Stadtherrschaft 1225 waren wieder intensivere Kontakte zwischen dem Reich und Lübeck möglich, die mitunter auf das Engagement Friedrichs I. zurückzuführen sind, wenn auch damals noch mit offenem Ausgang.[174]

2 Der Weg zur Reichsstadt und die reichsstädtische ‚Physiognomie'

2.1 *Privilegien: Grundlage und Motivation für den städtischen Ausbau bis zur Erlangung der ‚Reichsfreiheit'*

Im Alltag wurden den Stadtbewohnern das Reich und die Anbindung an das Reich ganz praktisch in der räumlichen Struktur und den daran erfolgten Veränderungen erfahrbar gemacht. Bestimmte Schritte des Ausbaus lassen sich zeitnah in Übereinstimmung mit Privilegien bringen, die den reichsstädtischen Status der Stadt beförderten oder festigten. Die Städte wuchsen idealtypisch aus mehreren Siedlungskernen zusammen, wodurch es zu einem Wechselspiel zwischen reichsstädtischer Verfassung und Topographie kam.[175]

Der bestimmende Faktor bei den königlichen Privilegienvergaben in Augsburg war zunächst keine bürgerliche Gemeinde, sondern der bischöfliche Stadtherr. Auch der Ausbau der Stadt war bischöflich gefördert,[176] obwohl bis ins 11. Jahrhundert darüber wenig bekannt ist. In der Zeit der salischen Könige wurde Augsburg dann immer stärker zu einem „politischen Vorort"

---

173 EBD., S. 32; dazu Dorthe WILLE-JORGENSEN: Das Ostseeimperium der Waldemaren. Dänische Expansion 1160–1227, in: Dänen in Lübeck 1203–2003 (= Ausstellungen zur Archäologie in Lübeck, Bd. 6), hg. von Manfred GLÄSER/Doris MÜHRENBERG, Lübeck 2003, S. 263–265.

174 Vgl. MARTIN, Städtepolitik 1976, S. 48; vgl. BOOCKMANN, Barbarossa 1981, S. 17f.

175 FRIEDEL, Stadtentwicklung 1999, S. 51; auch Stephan ALBRECHT: Zeremonialräume in den mittelalterlichen Städten des Alten Reichs, in: Stadtgestalt 2010, hg. von DEMS., S. 233–251, hier S. 233; ein ähnlicher Ansatz ist mehrfach im Bereich der Sozialtopographie zu beobachten, vgl. dazu u. a.: Die Sozialstruktur und Sozialtopographie vorindustrieller Städte. Beiträge eines Workshops am Institut für Geschichte der Martin-Luther-Universität Halle-Wittenberg am 27. und 28. Januar 2000 (= Hallische Beiträge zur Geschichte des Mittelalters und der Frühen Neuzeit, Bd. 1), hg. von Matthias MEINHARDT/Andreas RANFT, Berlin 2005.

176 Dazu vgl. Sabine REICHERT: Die Kathedrale der Bürger. Zum Verhältnis von Stadt und Bürger in mittelalterlichen Kathedralstädten. Zum Verhältnis von mittelalterlicher Stadt und Bischofskirche in Trier und Osnabrück (= Westfalen in der Vormoderne, Bd. 22), Münster 2014.

des Reichs.[177] Dies hat unter anderem damit zu tun, dass sich die Herrscher in erster Linie auf die infrastrukturell gut ausgebauten Bischofsstädte konzentrierten. Das bestätigt auch die Anzahl der Aufenthalte, die in salischer Zeit massiv ansteigen. So befand sich Heinrich IV. beispielsweise ganze 14 Mal in Augsburg.[178] Auch in den prominenten Auseinandersetzungen des Investiturstreits spielte die Bischofsstadt eine wichtige Rolle: Nachdem sich Heinrich IV. ein Jahr in Exkommunikation befunden hatte, riefen die Fürsten 1077 die Versammlung für eine Königswahl in Augsburg zusammen. Von hier aus zog Heinrich in der Folge dem Papst, der sich auf dem Weg zur geplanten Wahl befand, bis nach Canossa entgegen. Das Ziel des Königs war es, von Papst Gregor VII. (1073–1085) die Aufhebung des Kirchenbanns zu erwirken, um die Wahl hinfällig zu machen.[179] Diese Aufenthalte machten den Kaiser persönlich sowie das Reich in Augsburg greifbar. Parallel kam es zu Bestrebungen, die den Ausbau des Landes mit neuen Orten betrafen, und die unter anderem zur Errichtung der Nürnberger Burg und zur Vergrößerung der angrenzenden Siedlung führten. Als Heinrich III. 1056 dorthin das Markt- und Münzrecht verlegte, besaß Augsburg diese Regalien bereits. Das ist einer Urkunde aus dem Jahre 1030 zu entnehmen, in der den Donauwörthern von König Konrad II. das Marktrecht nach Augsburger Vorbild verliehen wurde.[180] Ein Münzrecht findet man in Augsburg erstmals 1061, als unter Bezug auf eine heute verlorene Vorurkunde die Verleihung des Regals erneuert wird. Zudem bekommt der Bischof als Stadtherr in diesem Jahr auch das Recht, eine Münze mit eigenem Münzfuß zu prägen. Die Münze wurde ausdrücklich unter königlichen Schutz gestellt und der Bischof als alleiniger Herr genannt.[181] Die Vorurkunde

---

177   Allgemein MÜLLER-MERTENS, Reich und Hauptorte 1991, S. 150–153, hier S. 153; auch
      Thomas MAYER: Das deutsche Königtum und sein Wirkungsbereich, in: Das Reich und
      Europa, Leipzig ²1941, S. 52–74; dazu Hagen KELLER: Zwischen regionaler Begrenzung
      und universalem Horizont. Deutschland im Imperium der Salier und Staufer 1024 bis
      1250, Berlin 1986, S. 364f.; auch Hubertus SEIBERT: Amt, Autorität, Diözesanausbau – Die
      Bischöfe als Häupter der Ordnung im Reich, in: Die Salier. Macht im Wandel, hg. vom
      HISTORISCHEN MUSEUM DER PFALZ SPEYER, München 2011, S. 85–93.
178   Vgl. dazu KREUZER, Hoftage 1979, S. 103–106, hier u. a. S. 103 mit Anm. 148, und umfangreicher Literatur.
179   Dazu u. a. KAUFHOLD, Wendepunkte 2004, S. 68f.
180   MGH DD K II, S. 195, Nr. 144, Urkunde vom 17.01.1030: diejenigen, die den Marktfrieden
      verletzen, sollen dort der gleichen Bannbuße wie in Augsburg und Regensburg verfallen:
      [...] *qualem componeret, ac si illud merkatum Radispone aut Auguste inquietaret* [...]; auch
      KREUZER, Hoftage 1979, S. 100–103.
181   Urkunde vom 07. 03.1061, in: MGH D H IV, S. 93f., Nr. 71; Dirk STEINHILBER: Geldund Münzgeschichte Augsburgs im Mittelalter, in: Jahrbuch für Numismatik und
      Geldgeschichte 5/6 (1954/55), S. 5–142, hier S. 27f.

wurde vermutlich ebenfalls während des Episkopats von Ulrich ausgestellt. Außerdem existieren Münzen mit dem Namen[182] und dem Bildnis Bischof Ulrichs, was diese Annahme unterstützt.[183] Da Münzstätten[184] aufgrund des zunehmenden Geldverkehrs eine Symbiose mit funktionierenden Märkten bildeten, ist davon auszugehen, dass den Augsburgern etwa zeitgleich[185] auch das Marktrecht verliehen wurde.[186] Im 10. oder spätestens im 11. Jahrhundert muss also einhergehend mit diesen Privilegien ein Handelsplatz auf dem Kirchengut des Bistums in oder bei Augsburg angelegt worden sein. Dieser ist nicht mehr eindeutig zu lokalisieren, da die archäologischen Befunde im Augsburger Stadtkern frühestens im 12. Jahrhundert einsetzen. Vermutlich ist der Marktplatz in unmittelbarer Nähe des Hügels, [...] *qui dicitur Perleihc* [...],[187] dem Perlachberg, zu suchen, der sich etwa auf Höhe der geographischen Mitte zwischen Sankt Ulrich und Afra und dem Dom befindet (Karte 2).[188] Die Gestaltung großräumiger Plätze, die auch als Märkte dienten, geht in vielen Städten zurück bis in die ottonisch-salische Zeit, und so auch im Falle Augsburg.[189] Auf den Resten der alten römischen Handelsstraße, der *Via*

---

182 EBD., S. 26.

183 EBD., S. 27; dazu S. 93–95 und Tafel I, Nr. 1–6.

184 Dazu u. a. Bernd KLUGE: Deutsche Münzgeschichte von der späten Karolingerzeit bis zum Ende der Salier (ca. 900 bis 1125) (= Römisch-Germanisches Zentralmuseum, Monographien, Bd. 31), Sigmaringen 1993, S. 1–16.

185 Für die freundlichen Hinweise zur Situation der Mittelalterarchäologie danke ich Michaela HERMANN von der Stadtarchäologie Augsburg (Gespräch vom 04.05.2015).

186 Vgl. SCHMIEDER, Stadt 2012, S. 49f.; auch MÖNCKE, Bischofsstadt 1971, S. 24; ebenso Wolfgang HESS: Münzstätten, Geldverkehr und Märkte am Rhein in ottonischer und salischer Zeit, in: Beiträge zum hochmittelalterlichen Städtewesen (= Städteforschung, Reihe A, Bd. 11), hg. von Berhard DIESTELKAMP, Köln/Wien 1982, S. 111–133; und ZEILINGER, Salische Ressourcen 2007, S. 156.

187 Vgl. die Erstnennung in GERHARDI VITA S. OUDALRICI, S. 39. Er erstreckt sich vom Merkurbrunnen im Süden bis zur Karolinenstraße im Norden und von der Philippine-Welser-Straße im Osten bis zum Hangabbruch im Westen. Der Platz wurde im 10. Jh. *colis Pereleich*, im 13. Jh. *Berlaich, Bernlaich, Perlaig*, ab dem 14. Jh. *Berlach* genannt. Remigius VOLLMANN: Der Perlach in Augsburg, Augsburg 1927, bietet einen Abriss der sprachhistorischen Forschungen; u. a. lokalisiert HERZOG, Werden 1955, hier S. 86, an dieser Stelle den Markt.

188 FEHN, Probleme 1968, S. 369, nimmt dies als gesichert an.

189 Vgl. zur Anlage von Märkten und Straßen exempl. Gerhard DILCHER: Zum Verhältnis von Recht und Stadtgestalt im Mittelalter. Eine Skizze, in: La bellezza della città. Stadtrecht und Stadtgestaltung im Italien des Mittelalters und der Renaissance (= Reihe der Villa Vigoni, Bd. 16), hg. von Michael STOLLEIS/Ruth WOLFF, Tübingen 2004, S. 47–70, S. 54f.

Claudia Augusta,[190] zog nach der Vita des Bischofs Ulrich im Jahre 973 die Palmsonntagsprozession vom Grabe der heiligen Afra zum Dom und passierte dabei den Berg.[191] Da er ohne Bebauung beschrieben wurde, handelt es sich hier um einen *terminus post quem* für die Datierung. Diese Straße wurde im Laufe des 12. Jahrhunderts zur Handelsstraße ausgebaut, die als sogenannte *via triumphalis*[192] vom Stadtgebiet aus zum Dom führte und dabei nicht nur die Handelsfunktion, sondern auch den Weg zum bischöflichen Stadtherrn akzentuierte. Diese Straße wurde von Plätzen und Märkten flankiert oder durchbrochen, wobei man hier im Stadtausbau ein geplantes und für die salische Zeit typisches Vorgehen erkennen kann.[193] Der Platz lag nicht in der eigentlichen Stadt, sondern erweiterte den Stadtraum in Richtung Süden.[194] Vermutlich begünstigt durch die Gründungen des Kollegiatsstiftes St. Moritz 1020[195] und des Chorherrenstifts St. Peter am Perlach 1067[196] bildete sich hier etwa zeitgleich eine Kaufmannssiedlung, die sich stufenweise zu einer eigenen

---

190 Der Ausbau fand 46/47 unter Kaiser Claudius statt. Heute verläuft die Via Claudia Augusta westlich der Haunstetterstraße über das Rote Tor und die Dominikanergasse bis zum Hohen Weg, wo südlich des Doms Überreste ergraben wurden. Nördlich des Doms verlief die Straße etwa auf Höhe des Nordportals weiter und bog dann an unbekannter Stelle nach Westen hin zur Wertach ab. Zum genauen Verlauf vgl. Lothar BAKKER: Zur Topographie der Provinzhauptstadt Augusta Vindelicum, in: Augsburg 1985, hg. von GOTTLIEB, S. 41–50.

191 VITA S. UODALRICI, S. 409.

192 Vgl. MECKSEPER, Kunstgeschichte 1982, S. 53f., zur Anlage von Straßenzügen im 10./11. Jh.; dazu auch HERZOG, Werden 1955, S. 94.

193 MECKSEPER, Kunstgeschichte 1982, S. 50–52, zu der Anlage von Marktplätzen in den deutschen Städten, dazu Klaus HUMBERT/Martin SCHENK: Entdeckung der mittelalterlichen Stadtplanung. Das Ende vom Mythos der „gewachsenen Stadt", Stuttgart 2001, S. 368f.; auch HERZOG, Werden 1955, S. 86; Karl BOSL: Die wirtschaftliche und gesellschaftliche Entwicklung des Augsburger Bürgertums vom 10. bis zum 14. Jahrhundert (= Bayerische Akademie der Wissenschaften. Philosophisch-Historische Klasse. Sitzungsberichte, Heft 3), München 1969, S. 9–11, verweist hier auf die Ähnlichkeiten in der ehemaligen Bischofsstadt Speyer, die sich im 13. Jh. wie Augsburg von ihrem Stadtherren löste und im späten Mittelalter den Prozess der Reichsstadtwerdung durchlief. Auch in Speyer wurde entlang des Straßenzuges zum Dom ein Markt mit einer Kaufmannssiedlung angelegt, um die sich die bürgerliche Stadt entwickelte, dazu exempl. Ferdinand SCHLICKEL: Speyer. Von den Saliern bis heute, Speyer 2002.

194 Auch Matthias UNTERMANN: Plätze und Straßen. Beobachtungen zur Organisation und Repräsentation von Öffentlichkeit in der mittelalterlichen Stadt, in: Stadtgestalt und Öffentlichkeit 2010, hg. von ALBRECHT, S. 59–71, hier S. 65.

195 VOLKERT/ZOEPFL I/2, S. 135f., Nr. 233.

196 VOLKERT/ZOEPFL I/3, S. 187f., Nr. 314.

Rechtsgemeinde entwickelte und dadurch den Weg zur Reichsstadt ebnete.[197] Dies wird etwa ein Jahrhundert später in der Aufzeichnung des Stadtrechts von 1156 deutlich:[198] Auf Bitte des Bischofs Konrad von Hirscheck (1152–1167), des Klerus' und des Volkes fixierte und ordnete Kaiser Friedrich I. die Rechte der *Augusta civitas*.[199] Anfangs waren es auch bei ihm die potenten Bischofsstädte, auf die er verstärkt seine Aufmerksamkeit legte, und er stand somit im Gegensatz zu Konrad III., der vor allem die königlichen Gründungen wirtschaftlich förderte.[200] Die Niederschrift ist als Versuch des Bischofs zu werten, seine Position als Stadtherr rechtlich zu verankern und seine Herrschaft vor Eingriffen und Einschränkungen durch die neu entstehende Bürgerschaft zu sichern. Gleichzeitig wurde jedoch erstmals das Bestehen einer Stadtgemeinde anerkannt, deren Siedlung man bis in die zweite Hälfte des 12. Jahrhunderts noch als *suburbium* der *civitas*, der bischöflichen Stadt, bezeichnete.[201] Das Machtzentrum lag demnach nicht nur verfassungsrechtlich sondern auch topographisch weiterhin beim Bischof auf dem Domberg.[202] Dennoch wurde der Wandel bereits eingeläutet: Durch den Ausbau der Siedlung wurde dieser ursprüngliche Vorort der Bischofsstadt allmählich zum Kern der bürgerlichen Stadt und der Platz auf dem Perlach zum Symbol eines königlichen

---

197 Auch hierzu sind keine archäologischen Befunde vorhanden, vgl. Gespräch mit Michaela Hermann, Stadtarchäologie Augsburg (Gespräch vom 04.05.2015).

198 Vgl. die Edition des 1. Augsburger Stadtrecht vom 21.11.1156, in: Urkunden zur städtischen Verfassungsgeschichte (= Ausgewählte Urkunden zur Deutschen Verfassungs- und Wirtschaftsgeschichte, Bd. 1), hg. von Friedrich Keutgen, Berlin 1901, S. 90–92, hier S. 90; allgemein zum Vorgang der Stadtrechtsaufzeichnungen vgl. Isenmann 2014, S. 172.

199 1. Augsburger Stadtrecht von 1156, in: Urkunden 1901, S. 90, Abs. III, Nr. 2: [...] *episcopus ministerialium urbanorum et totius populi* [...]; dazu 700 Jahre Augsburger Stadtrecht 1276–1976, Ausstellung des Stadtarchivs Augsburg, hg. von Stadtarchiv Augsburg, Augsburg 1976, S. 27, Nr. 7.

200 Auch Oppl, Friedrich Barbarossa 2009, S. 49f.

201 Vgl. auch Bosl, Bürgertum 1969, S. 12; zum Phänomen auch Untermann, Plätze 2010, S. 65.

202 Eine Bischofspfalz wird erstmals 1060 genannt, vgl. Volkert/Zoepfl I/1, Nr. 290, mit Nachtrag S. 349; dazu Brühl, Palatium und Civitas 1990; Kreuzer, Hoftage 1979, S. 116f.; Kreuzer, Verhältnis 1988, S. 55; allgemein zum Phänomen der bischöflichen *civitates* vgl. Flachenecker, Civitates 2004; dies ist auch für Worms so festzustellen, vgl. Gerold Bönnen: Stadt und Öffentlichkeit am Beispiel mittelrheinischer Bischofsstädte im späten Mittelalter, in: Stadtgestalt 2010, hg. von Albrecht, S. 177–190, S. 179, und Gerhard Streich: Burg und Kirche während des deutschen Mittelalters. Untersuchungen zur Sakraltopographie von Pfalzen, Burgen und Herrensitzen (= Vorträge und Forschungen, Sonderbd. 29,1), Sigmaringen 1984.

Regals, der Marktfreiheit.[203] Die Kaufmannssiedlung vor den Toren der Stadt war zunächst vermutlich nicht umwehrt.[204] Dafür sprechen die historiographischen Quellen, denen zufolge sich die Angriffe durch die Welfen am Ende des 11. Jahrhunderts gegen die *civitas* auf dem Domberg richteten.[205] Ebenso weisen die großen Verheerungen von *civitas* und *suburbium* 1132 darauf hin, als während des einzigen Aufenthalts des Kaisers Lothar von Supplinburg kaiserliche und bischöfliche Truppen aneinander gerieten.[206] Kurz danach dürfte die Mauer jedoch nach Süden erweitert worden sein.[207] Vermutlich war nicht nur die Sicherung der Domburg durch einen besseren Verteidigungsring intendiert, sondern auch der Schutz der Kaufmannssiedlung, die in ihrer Bedeutung ständig zunahm. Gleichzeitig wurde so dem Stadtherrn die Möglichkeit gegeben, den Handel besser zu kontrollieren, was mitunter ausschlaggebend war. St. Ulrich und Afra hatte im 11. Jahrhundert vermutlich noch separate

---

203 So auch Giancarlo ANDENNA: Die Ambiguität eines Symbols. Die „piazza" einer italienischen Stadt zwischen dem 13. und 15. Jahrhundert: ein freier Raum für die Eigendarstellung von Macht oder abgeschlossenes „centro commerciale"?, in: Das Sichtbare und das Unsichtbare der Macht. Institutionelle Prozesse in Antike, Mittelalter und Neuzeit, hg. von Gert MELVILLE, Köln/Weimar/Wien 2005, S. 131–158, hier S. 133, für den Platz der italienischen Stadt Novara; zum Markt auch MECKSEPER, Kunstgeschichte 1982, S. 178–184.

204 So auch BRÜHL, Palatium und civitas 1990, S. 213; für HERZOG, Werden 1964, S. 190f., war diese schon umwehrt, ähnlich auch ZORN, Augsburg 2001, S. 75, was allerdings nicht bestätigt werden kann.

205 Aufgrund der Unterstützung der Salier während des Investiturstreits wurde Augsburg zum Angriffsziel der Anhänger des Papstes Gregor, was 1080, 1081, 1088 und 1095 zu Zerstörungen durch Welf IV. führte; vgl. dazu die Annales Augustani a. 973–1104, in: MGH SS 3, hg. von Georg Heinrich PERTZ, Hannover 1839, S. 123–136, hier S. 130, 134; auch JAHN, Topographie 1985, hier S. 17f.

206 Dazu KREUZER, Salier 1985, S. 123f., und FRIED, Staufer 1985, S. 128; auch KREUZER, Verhältnis 1988, S. 43f.; vgl. weiter die Urkunde, ausgestellt nach dem 31.08.1132, in: VOLKERT/ZOEPFL I/4, S. 281–283, Nr. 475: Bischof Hermann von Augsburg bittet nach der Zerstörung der Stadt um Rat und Hilfe.

207 Genaue Daten liefern hier weder die schriftlichen noch die archäologischen Quellen. Nach SCHRÖDER, Augsburg 1975, S. 160, habe der Ausbau bereits in der Mitte des 12. Jhs. stattgefunden; Robert HOFFMANN: Die Thore und die Befestigungen der Stadt Augsburg von dem 10. bis zum 15. Jahrhundert, in: ZHVS 13 (1886), S. 1–48, hier S. 14, setzt den Bau am Ende des 12. oder am Anfang des 13. Jhs. an. Dies erscheint im Vergleich mit anderen Städten der Region und der Entwicklung in Augsburg allerdings als zu spät; Klaus HEFELE: Studien zum hochmittelalterlichen Stadttypus der Bischofsstadt in Oberdeutschland (Augsburg, Freising, Konstanz, Regensburg), Augsburg 1970, S. 62, spricht nur von der neuen Ummauerung der Bischofsstadt, was aufgrund der Begebenheiten in der Zeit als unwahrscheinlich gilt; vgl. auch die Annales SS. Udalrici et Afrae Augustenses, in: MGH SS 17, hg. von Philipp JAFFÉ, Hannover 1861 (ND 1963), S. 428–436, S. 428.

›SHAPING‹: DIE »PHYSIOGNOMIEN« DER REICHSUNMITTELBARKEIT 79

Befestigungen[208] und wird 1187 als *infra muros* beschrieben. Daraus folgt, dass das alte Stadtgebiet südlich des Doms damals bereits komplett ummauert war (Karte 3).[209] Zu dieser Zeit besaß der Bischof noch das Befestigungsrecht, das ebenso wie das Marktrecht vom König verliehen wurde. Die königliche Privilegierung wurde somit durch die bischöfliche Initiative erfahrbar.

Wie die Marktsituation in dieser Zeit in Nürnberg aussah, kann nur vermutet werden. Es ist nicht klar, ob nach der Rückgabe des Markt-, Münz- und Zollrechts an Fürth im Jahre 1062 der Nürnberger Markt weitergeführt wurde oder nicht. Gesichert ist jedoch, dass sich die Stadt seit ihrer Gründung baulich weiterentwickelte, um den Handel erstmals zu ermöglichen. Die Urkunde aus dem Jahr 1122, die Nürnberg als wichtige Zollstätte des Reichs nennt, geht mit weitreichenden Handelstätigkeiten einher, die eine solche Funktion bedingten. Aufgrund der anzunehmenden Symbiose von Markt- und Münzrecht muss Nürnberg zudem bereits zur Zeit Kaiser Konrads III. 1138 einen funktionierenden Markt besessen haben, da aus diesem Jahr die ersten Reichsmünzprägungen bekannt sind. Die Markttätigkeit fand wahrscheinlich im älteren Stadtteil nördlich der Pegnitz statt, in Nähe zur späteren Kirche Sankt Sebald sowie entlang der Nord-Süd-Achse in Richtung des Flusses.[210] Die Stauferkönige erweiterten Nürnberg etwa zur selben Zeit in Richtung Süden, weshalb der Stadtausbau auch als „staufische Gründungsstadt" bezeichnet wird.[211] Es war vermutlich ebenfalls Konrad III., der um den Königshof bei Sankt Jakob eine weitere kleine Siedlung anlegen ließ (Karte 7).[212] Der spätere Lorenzer Stadtteil, benannt nach der im 13. Jahrhundert eingerichteten

---

208 So schreibt der Benediktinermönch W. Wittwer um 1500, zitiert nach HERZOG, Ottonische Stadt 1964, S. 195, mit Anm. 37; auch SCHRÖDER, Augsburg 1975, S. 134.

209 Vgl. u. a. BRÜHL, Palatium und civitas 1990, S. 313; SCHRÖDER, Augsburg 1975, S. 160f.; FRIED, Staufer 1985, S. 130; HERZOG, Ottonische Stadt 1964, S. 195, datiert dies unter Berufung auf die Annales ss. Udalrici et Afrae Augustenses, S. 430, schon auf das Ende des 11. Jhs., was jedoch unwahrscheinlich ist.

210 SCHMID, Anfänge 2000, S. 20. Zur Zeit des Stadtausbaus befand sich hier eine vermutlich dem heiligen Petrus geweihte Kirche, die ab 1230/40 durch einen Neubau ersetzt wurde, zur Kirche vgl. Gerhardt WEILANDT: Die Sebalduskirche in Nürnberg. Bild und Gesellschaft im Zeitalter der Gotik und Renaissance, Petersberg 2007; Walter FRIED: Die Kirche St. Sebalduskirche zu Nürnberg (= Deutsche Bauten, Bd. 10), Berg 1928, S. 5–10; auch Arno BORST: Die Sebaldslegenden in der mittelalterlichen Geschichte Nürnbergs, in: JfL 26 (1966), S. 19–178.

211 Vgl. Michael DIEFENBACHER/Horst-Dieter BEYERSTEDT: Die Nähe zum Reichsoberhaupt – Privilegien und Verpflichtungen der Reichsstadt Nürnberg, in: Kaiser – Reich – Stadt 2013, hg. von HEINEMANN, S. 41–52, hier S. 41.

212 Vgl. dazu BRÜHL/KÖLZER, Tafelgüterverzeichnis 1979; SCHNELBÖGL, Tafelgüter 1950.

Pfarrei,[213] weist dabei regelhaft geometrische Raumstrukturen auf, was für ein herrschaftliches Ausbaukonzept spricht und möglicherweise die „ordnende Hand" des Königs widerspiegeln sollte.[214] Nürnberg wird folglich in den zeitgenössischen Quellen als *urbs* bezeichnet.[215] Die Bedeutung des von den Königen verliehenen Münz- und Marktrechts ist demnach auch für Nürnberg betreffend den städtischen Ausbau hin zur Reichsstadt als hoch zu bewerten. Dabei waren die Reichsoberhäupter in diesem Falle selbst die Motoren für die Privilegienvergaben und deren Motivation, die fränkische Stadt als politischen Hauptort zu etablieren, die Grundlage für die städtisch-planvolle Weiterentwicklung. Die Märkte boten die Voraussetzung für die wirtschaftliche Unabhängigkeit der Städte, auf die sie ihre reichsstädtischen Bestrebungen aufbauen konnten.[216] Die Bedeutung des Handels und der Märkte ist dabei vor allem für Lübeck mehr als deutlich zu erkennen, da die Stadt in erster Linie für diesen Zweck zur Zeit Konrads III. durch die Landesherren angelegt und gefördert wurde.[217]

Unter eben jenem König kam es parallel zum Stadtausbau zu großen Umbaumaßnahmen an der Nürnberger Reichsburg, um diese den neuen repräsentativen Ansprüchen anzupassen.[218] Friedrich I. setzte darauf noch ein Neubauprogramm, da Nürnberg als zentraler Ort der staufischen Königsländer

---

213 Die *capella sancti laurentii in Nürenberc*, vgl. die Urkunde vom 04.07.1235, zitiert nach Marco POPP: Die Lorenzkirche in Nürnberg. Restaurierungsgeschichte im 19. und 20. Jahrhundert, Regensburg 2014, S. 17 mit Anm. 39 (Staatsarchiv Bamberg B 21, Nr. 1, Bl. 15 / Bamberger Privilegienbuch).

214 Dazu vgl. UNTERMANN, Inszenierung 2007, S. 20.

215 Vgl. dazu SCHMID, Anfänge 2000, S. 11f.; mit dem Hinweis auf zeitgenössische Nennungen u. a. zu 1130, in: Chronica Regia Colonienses (Annales Maximi Colonienses) (= MGH SS rer. Germ. 18), hg. von Georg WAITZ, Hannover 1880, S. 65: *Rex Norinberg urbem munitissimam obsidione premit* [...]; selbige findet sich zu 1127, in: Annales Hildesheimenses (=MGH SS rer. Germ. 8), hg. von Georg WAITZ, Hannover 1878, S. 67.

216 So auch DIEFENBACH/BEYERSTEDT, Reichsoberhaupt 2013, S. 40; mit Thomas BILLER: Burg – Festung – Schloß – Amtshaus? Liechtenau bei Ansbach als Stützpunkt und Symbol der Reichsstadt Nürnberg, in: Der frühe Schloßbau und seine mittelalterlichen Vorstufen (= Forschungen zu Burgen und Schlössern, Bd. 3), hg. von Hartmut HOFRICHTER/Georg Ulrich GROßMANN, München/Berlin 1997, S. 97–113.

217 Dazu siehe ausführlich Kapitel II, 1.3.

218 SCHWEMMER, Burg 1953, S. 4f., und HAEBERLEIN, Burg 1942, S. 15f., gehen von einem bereits prächtigen Bau unter Konrad III. aus, der allerdings nicht erfasst werden kann, weshalb man bei der Rekonstruktion der Ausstattung spekulativ vorgehen muss; aktuell dazu FRIEDEL, Burg 2007, S. 17f., 48f.: bei Grabungen 1990/1 konnten Fundamente von Vorgängern eines Saalbaus und einer Kapelle freigelegt werden.

›SHAPING‹: DIE »PHYSIOGNOMIEN« DER REICHSUNMITTELBARKEIT

als solches optisch erkennbar sein sollte.[219] Hier kann man zweifelsohne von einem „von oben" in Auftrag gegebenen Bauprogramm sprechen, welches die Erfahrbarkeit des Reichs in Nürnberg nachhaltig beeinflusste. Die Aufenthalte der Kaiser nahmen in staufischer Zeit zu, was durch die Konzentration ihrer politischer Aktivitäten im Süden des Reichs zu erklären ist.[220] Nachdem Konrad III. sich vor allem auf die fränkische Stadt fokussierte, befand sich Friedrich I. vermutlich 14 Mal in Nürnberg,[221] aber ebenso zwölf Mal in Augsburg, [222] Heinrich VI. weilte insgesamt vier Mal in Nürnberg[223] und zwei Mal in Augsburg, wo er auf einem Hoftag 1184 die Verlobung mit der Erbin Siziliens, Konstanze, feierte.[224] Dieses Ereignis fand in [...] *palatio episcopi* [...] statt, was die These stützt, dass sich in Augsburg auch zu dieser Zeit keine königliche Pfalz befunden hatte.[225] Unabhängig von der Stellung der Städte als Pfalz- oder Residenzort machten diese Aufenthalte und Ereignisse den Bewohnern das Reich erfahrbar.

Im Vergleich dazu befand sich Kaiser Friedrich I. nur ein einziges Mal in Lübeck. Während seines Aufenthalts in Lübeck 1188 erneuerte er auf Bestreben der Bürger ein Privileg, welches die rechtliche Verteilung des städtischen Grundeigentums neu regelte, und somit eine neue topographische Situation schriftlich zum Ausdruck brachte. Vermutlich wurde das Stadtrecht,

---

219 STRÖER/SANGL, Burg 1988, S. 13f.; dazu auch BOSL, Nürnberg 1944.

220 Die Angaben über die Anzahl der Aufenthalte weichen in den verschiedenen Aufsätzen oft voneinander ab. Für diese Arbeit werden durchgehend die Angaben bei BOSL, Nürnberg 1944, herangezogen.

221 SCHMID, Anfänge 2000, S. 13; auch OPLL, Friedrich Barbarossa 1978.

222 KREUZER, Hoftage 1979, S. 108–110: Im Vergleich dazu kann Ulm auch 14 Aufenthalte verzeichnen; Konrad III. war hingegen nur ein einziges Mal in Augsburg; zum Itinerar Konrads weiterhin: Wolfram ZIEGLER: König Konrad III. (1138–1152). Hof, Urkunden und Politik (= Forschungen zur Kaiser- und Papstgeschichte des Mittelalters, Bd. 26), Wien/Köln/Weimar 2008, S. 769; auch Walter SCHLESINGER: Bischofssitze, Pfalzen und Städte im deutschen Itinerar Friedrich Barbarossas, in: Aus Stadt- und Wirtschaftsgeschichte Südwestdeutschlands. Festschrift für Erich Maschke zum 75. Geburtstag, Stuttgart 1975, S. 1–56.

223 SCHMID, Anfänge 2000, S. 13; auch FLEISCHMANN, Nürnberg 2003, S. 16, spricht von einer Pfalz.

224 KREUZER, Hoftage 1979, S. 110; dazu die Urkunde vom 19.10.1184, in: RI IV, 3, Nr. 2k, zum Hoftag mit der Verlobung Heinrichs IV. mit Konstanze; ebenso die Urkunde vom 29.09.1190, in: RI IV, 3, Nr. 109.

225 Annales Augustani Minores a. 1137–1321, in: MGH SS 10, hg. von Georg Heinrich PERTZ, Hannover 1852, S. 8–11, hier S. 9: [...] *Filio imperatoris Heinrico regi Constantia filia Siculi regis Augustae in palatio episcopi 4. Kal. Novembris iuramento firmatur;* auch KREUZER, Hoftage 1979, S. 116f.

das sogenannte Weichbildrecht der bürgerlichen *civitas*,[226] schon 1181 auch auf den Bistumsbereich ausgedehnt, was hier noch einmal schriftlich fixiert wurde. Dadurch wurde die Entwicklung einer wie in Augsburg verfassungsrechtlich starken Domimmunität eingebremst.[227] Städte, die nicht auf kirchlichem Boden erwuchsen, entwickelten, wie man hier sieht, oft schneller eine eigene städtische Verfassung, weil sie anders als die Städte mit einem bischöflichen Stadtherren diverse Machtkämpfe nicht führen mussten, und in der Folge bestimmte Schritte bis hin zur reichsstädtischen Autonomie schneller durchlaufen konnten.[228] Gleichzeitig waren in Lübeck Bischof und Domkapitel Parteigänger der Welfen, die somit in ihren Machtinteressen beschränkt wurden.[229] Deren Einfluss schlug sich in diesem Jahrhundert im Lübecker Stadtbild nieder, das auf bürgerliches Bestreben hin nachhaltig verändert wurde.[230] Topographisch machte sich die königliche Privilegierung in Lübeck vor allem in der Vergrößerung der Stadt nach Osten hin bemerkbar. Die *civitas* durfte bis an das sumpfige Traveufer erweitert werden: [...] *ut usque ad locum, ad quem in inundatione ascendit fluvius, qui Travene dicitur, eadem, qua et intra ciuitatem, ut diximus, fruantur per omnia iusticia et libertate.*[231] Das Recht und die Freiheit der Bürger sollte also bis zur Hochwassergrenze des Flusses reichen. Peter Kallen bezeichnet die in der Folge einsetzende räumliche Gestaltung Lübecks als modern und rational, „geradezu revolutionär," da in Bezug auf die Stadtgestaltung klare Vorgaben und ein in

---

226 Vgl. Karl KROESCHELL: s. v. „Weichbild, -recht", in: LexMA VII, München 1997, S. 2093–2095.

227 Vgl. HAMMEL-KIESOW, Novgorod 2002, S. 51; dazu auch WALTHER, Friedrich Barbarossa 1989.

228 Vgl. RÖRIG, Stadt 1964, S. 19, betont diesen Vorgang, der sich in Lübeck so idealtypisch beobachten lässt.

229 Vgl. HAMMEL-KIESOW, Räumliche Entwicklung 2008, S. 54; und DERS., Novgorod 2002, S. 51: Da der Bereich südlich der Burg nicht in dem Privileg erwähnt wird, ist es möglich, dass dieser zunächst ein rechtlicher Sonderbezirk der Schauenburger Grafen blieb und erst 1217 integriert wurde, als die Dänen die Stadt komplett ummauern ließen. Die Existenz einer möglicherweise hier angelegten „Gegensiedlung" lässt sich aber weder archäologisch noch anhand schriftlicher Überlieferungen belegen. Die Funde setzten hier erst im 13. Jh. ein; vgl. dazu Günther P. FEHRING: Frühe Besiedlung und Bebauung um den Koberg zu Lübeck, in: Lübecker Schriften zur Archäologie und Kulturgeschichte 17 (1988), S. 84–87.

230 Vgl. RÖRIG, Stadt 1964, S. 19.

231 Urkunde vom 19.09.1188, in: LUB 1, S. 9–12, Nr. 7, hier S. 11; dazu HAMMEL-KIESOW, Räumliche Entwicklung 2008, S. 54.

sich geschlossenes System entwickelt wurden.[232] Dafür rief man weitere Maßnahmen zur Gewinnung von neuem Bauland ins Leben, die bis etwa Ende des 13. Jahrhunderts andauerten und das Siedlungsgebiet um mehr als die Hälfte vergrößerten (Karte 12). Der sumpfige und hügelige Untergrund musste begradigt und befestigt werden. Die Hölzer für die Befestigungsarbeiten stammten aus den Wäldern beiderseits der Trave bis Oldesloe, die bereits seit dem Privileg Kaiser Friedrichs I. von 1188 von den Lübeckern genutzt werden durften.[233] Da es keine schriftlichen Quellen für diese Arbeiten gibt, ist man bezüglich der Finanzierung und Beaufsichtigung der Maßnahmen auf Mutmaßungen angewiesen. Wahrscheinlich waren die Bürger daran beteiligt, was aus ihrem gemeinsamen Auftreten bei der Privilegienvergabe geschlossen werden kann.[234] Zur Zeit der Dänenherrschaft über Lübeck zwischen 1201 und 1225 wurde das Unternehmen des großen städtischen Ausbaus entschieden vorangetrieben.[235] Vor allem während der Stadtherrschaft König Waldemars II. (1202–1241) konnte sich der Lübecker Handel weiter etablieren, was wiederum wichtige finanzielle Mittel für den Stadtausbau generierte.[236] Die erweiterte Stadt erhielt wohl auch die 1217 erstmals erwähnte Stadtmauer aus Stein, welche Burg und *civitas* gleichermaßen umfasste, wie in der Detmar-Chronik beschrieben wird: *In deme jare 1217 [...] de zulve koning leit ok irst ummemoren*

---

232   Dazu Peter W. KALLEN: Kunst der Fuge. Die Baukunst der Gotik in Lübeck, in: Die Hanse. Macht des Handels. Der Lübecker Fernhandelskaufmann, Ausstellung im Holstentor zu Lübeck im Rahmen der Initiative „Wege zur Backsteingotik", Bonn 2002, S. 31–87, hier S. 46.

233   Urkunde vom 19.09.1188, in: LUB 1, S. 9–12, Nr. 7, hier S. 9: *A ciuitate sursum usque ad uillam odislo, ita, quod in utraque parte fluuii trauene ad duo miliaria usum habeant nemoris, tam in lignis, quam in pratis et pascuis, [...]*; zur Vergrößerung der Siedlungsfläche von 60 ha auf ca. 113 ha auch HAMMEL-KIESOW, Novgorod 2002, S. 52; auch Ursula RADIS: Ein neuer Puzzlestein in der Stadtgeschichte, in: Lübeck 2003, S. 10f.; mit Wolfgang ERDMANN: Die Aufsiedlung des Lübecker Altstadthügels im 12. und 13. Jahrhundert, in: Lübecker Schriften zur Archäologie und Kulturgeschichte 17 (1988), S. 63–67; und DERS.: Hafen- und Stadterweiterung im 12. und 13. Jahrhundert, in: Lübecker Schriften zur Archäologie und Kulturgeschichte 17 (1988), S. 120–142.

234   Auch HAMMEL-KIESOW, Räumliche Entwicklung 2008, S. 55f. äußert die Annahme, dass ein „genossenschaftlich verfasstes mittelalterliches Stadtbürgertum" beteiligt war.

235   GLÄSER/HAMMEL/SCHEFTEL, Hanse 1998, S. 257: Dies findet auch im Hausbau Niederschlag; weiter dazu auch Doris MÜHRENBERG: Die Dänenzeit in Lübeck im Überblick, in: Dänen 2003, hg. von GLÄSER/MÜHRENBERG, S. 42f.; sowie Ortwin PELEC: Lübeck unter der Herrschaft Waldemars II. von Dänemark, in: Dänen 2003, hg. von GLÄSER/MÜHRENBERG, S. 45–50.

236   HOFFMANN, Lübeck 2008, S. 113f.; dazu auch GLÄSER/HAMMEL/SCHEFTEL, Hanse 1989, S. 251; und ERDMANN, Aufsiedlung 1988, S. 66.

de stat unde de borch Lubeke.[237] Neben der Schutzfunktion führte die Mauer auch zwei ursprünglich unterschiedliche Rechtsräume zusammen.[238] Das Reich war in dieser Zeit also weder präsent noch tatsächlich erfahrbar. Das Verhältnis zum dänischen Königtum wurde hingegen aufgegriffen und intensiviert, um Vorteile durch den Schutz des anfangs mächtigen Stadtherrn zu sichern und die Stadt dadurch rechtlich und städtebaulich weiterzuentwickeln. Als sich Waldemar II. während des Thronstreits zugunsten der Staufer positionierte und nach wechselhaften Jahren den Schauenburger Grafen geschlagen geben musste, fielen auch die Lübecker vom Dänenkönig ab, da diese von ihm nicht mehr in ihren Interessen unterstützt werden konnten.[239] Weil sie sich keinem neuen Stadtherren unterwerfen wollten, wurde die Bindung an das Reich wieder gestärkt. Im Zuge dessen wurde die Urkunde Friedrichs I. von 1188 zerstört und in der Neufassung einige Bestimmungen als Grundlage für das Reichsfreiheitsprivileg eingefügt, welche die Stadt künftig vor landesherrlichen Zugriffen schützen sollten.[240] Lübeck wurde folglich auf Initiative der Lübischen Bürger – diese [...] *hadden* [...] *ere boden over berch in Italia, dar se deme keisere, ereme rechten heren, clagheden ere not* [...] *und se gy truwe hadden to deme keiserrike, dar sy se gherne wolden bliven* [...][241] – von Friedrich II. im Jahre 1226 zur Reichsstadt erhoben. In einem wichtigen Passus[242] wurde festgehalten, dass die Stadt nicht vom Reich getrennt werden solle, [...] *vt*

---

237 Vgl. die Detmar-Chronik von 1105–1276, S. 59.

238 Auch GLÄSER, Befestigungen 2010, S. 282f.: An drei Stellen wurden Fundamentunterfangungen ergraben; auch DERS.: Befunde zur Hafenrandbebauung Lübecks als Niederschlag der Stadtentwicklung im 12. und 13. Jahrhundert. Vorbericht zu den Grabungen Alfstraße 36/38 und An der Untertrave 111/112; in: Lübecker Schriften zur Archäologie und Kulturgeschichte 11 (1985), S. 117–129, hier S. 121f.; ebenso GLÄSER/HAMMEL/SCHEFTEL, Hanse 1989, S. 256; auch ALBRECHT, Zeremonialräume 2010, S. 234.

239 Ausführlich zu den Streitigkeiten HOFFMANN, Lübeck 2008, S. 114–117; und Ortwin PELEC: Das Ende der dänischen Herrschaft in Lübeck 1220/1227, in: Dänen 2003, hg. von GLÄSER/MÜHRENBERG, S. 111–116; auch WECZERKA, Lübeck 1985, S. 13, zu den politischen Verhältnissen und der Befriedung der Ostsee zur Zeit der starken Dänenherrschaft.

240 EBD., S. 117–123, zur kaiserlichen Urkunde.

241 Vgl. die Detmar-Chronik 1105–1276, S. 69; dazu Hartmut BOOCKMANN: Das „Reichsfreiheitsprivileg" von 1226 in der Geschichte Lübecks, in: Lübeck 1226. Reichsfreiheit und frühe Stadt, hg. von Olof AHLERS/Antjekathrin GRAßMANN/Werner NEUGEBAUER/Wulf SCHADENDORF, Lübeck 1976, S. 97–113; auch RÖRIG, Stadt 1964, S. 23.

242 Urkunde von Juni 1226, in: LUB 1, S. 45–48, Nr. 35, hier S. 46: [...] *uidelicet specialis Ciuitas et locus Imperii et ad dominium Imperiale specialiter pertinens, nullo umquam tempore ab ipso speciali dominio seperanda* [...].

›SHAPING‹: DIE »PHYSIOGNOMIEN« DER REICHSUNMITTELBARKEIT

predicta Ciuitas lubicensis libera semper sit [...]. Dazu kam, dass kein auswärtiger Vogt sich das Recht zur Ausübung der Vogtei nehmen dürfe, was die autonome Stellung der Stadt festigte: [...] *vt nullus extraneus aduocatus infra terminos Ciuitatis eiusdem Aduocatiam regere uel justiciam exercere presumat.*[243] Die verfassungsrechtliche Entwicklung war jedoch noch nicht abgeschlossen, da die Bestimmungen des Privilegs vor allem Ansprüche der Bürger, aber noch keine etablierten Zustände fixierten.[244] Nur die räumliche Ausdehnung fand ein erstes Ende, weil die bürgerliche Gemeinde bereits den kompletten reichsstädtischen Rechtsbezirk umfasste, der später noch in seinen inneren Strukturen durch weitere Um- und Ausbaumaßnahmen gestaltet wurde.[245]

Die Erschließung von Bauland ging dort einher mit dem Erhalt von Privilegien, die den reichsstädtischen Status befördern konnten oder sollten. Eine Aufschüttung innerstädtischer Sumpfgebiete und Befestigungsarbeiten waren für eine Siedlungsvergrößerung notwendig.[246] Ähnliches lässt sich in Nürnberg etwa zur gleichen Zeit feststellen, dort jedoch vor allem durch königlichen Antrieb (Karte 8). Der spätere Nürnberger Hauptmarkt in dem Bereich zwischen Fleischerbrücke und heutigem Hans-Sachs-Platz[247] war zunächst ein Sumpfgelände und für eine Besiedlung nicht geeignet.[248] Bei Ausgrabungen wurden hier Reste von Holzbohlen gefunden, die zur Befestigung der Wege ausgelegt wurden und ein Überqueren des Gebietes erst ermöglichten.[249] Die erste durch Ausgrabungen freigelegte Kulturschicht an dieser Stelle, die allerdings noch keine Bebauungsspuren aufweist, datiert in das späte 12., möglicherweise auch

---

243   EBD., hier S. 47.

244   Antjekathrin GRAßMANN: Das Reichsfreiheitsprivileg – ein Wechsel auf die Zukunft, in: Dänen 2003, hg. von GLÄSER/MÜHRENBERG, S. 104–110; Rolf HAMMEL: Gründung und Entwicklungsstufen von Lübeck im 12. und 13. Jahrhundert, in: Lübecker Schriften zur Archäologie und Kulturgeschichte 17 (1988), S. 59–63.

245   HAMMEL-KIESOW, Räumliche Entwicklung 2008, S. 54; auch DERS., Entstehung 2008, S. 146.

246   Diese Maßnahmen lassen sich häufig in der kommunalen Bauplanung feststellen, z. B. in Venedig, vgl. dazu Antje MIDDLEDORF KOSEGARTEN: Kommunale Gesetzgebung, Bauplanung und Stadtästhetik im mittelalterlichen Venedig, in: La bellezza 2004, hg. von STOLLEIS/WOLFF, Tübingen 2004, S. 112.

247   Claudia FRIESER/Birgit FRIEDEL: *... di juden hi waren gesessen zu mittelst auf dem platz...* Die ersten Nürnberger Juden und ihre Siedlung bis 1296, in: Nürnberg 1999, hg. von DIESS, S. 52–70, hier S. 52.

248   FRIEDEL, Spuren 1999, S. 51; auch FRIESER/FRIEDEL, Juden 1999, S. 64f.; auch Arnd MÜLLER: Geschichte der Juden in Nürnberg 1146–1945 (= Beiträge zur Geschichte und Kultur der Stadt Nürnberg, Bd. 12), Nürnberg 1968, S. 15.

249   Leonhart WITTMANN: Der geologische Untergrund von Nürnberg beobachtet in den Jahren 1958–1964 (Nürnberg 1975), in: StadtA Nürnberg, F5, Nr. 315/2.

86   KAPITEL 2

frühe 13. Jahrhundert. Diese Datierung stellt einen *terminus post quem* für die
erste Besiedlung dar, welche durch die jüdische Gemeinde erfolgte.[250] Diese
stand anfangs unter königlichem Schutz. Es scheint möglich, dass die ersten
Juden aufgrund der Ausstellung des Zollfreiheitsprivilegs von 1112 unter Kaiser
Heinrich V. nach Nürnberg kamen, da die Ansiedlung jüdischer Gemeinden
in größeren Städten des Reichs aufgrund ihrer ausgedehnten Handelsaktivitäten gefördert wurde.[251] Dies wäre ein weiteres Indiz für einen bestehenden
Nürnberger Markt. Erstmals genannt wird eine jüdische Bevölkerung jedoch in
der Lebensbeschreibung Kaiser Friedrichs I. durch Bischof Otto von Freising
(1138–1158). Er berichtet, die Juden seien 1146 aus dem Rheinland geflohen, da
sie dort verfolgt worden wären, woraufhin sie sich in Nürnberg niedergelassen
hätten: [...] *fugientes in oppido principis, quod Nourenberk appellatur* [...].[252] Ob
dieser Bericht die tatsächlichen Zustände beschreibt, ist nicht klar,[253] denn
erst eine Urkunde aus dem Jahre 1182 verzeichnet einen jüdischen Einwohner, *Samuel de Norenberc*.[254] Vermutlich wurden für die Siedlung am Anfang
des 13. Jahrhunderts zumindest Teile des Platzes aufgeschüttet und um etwa
2,5 Meter erhöht.[255] Gesichert ist, dass die Aufschüttung deutlich vor dem
Bau der Synagoge 1296 stattfand.[256] Bei Ausgrabungen unter der Frauenkir-

---

250   Zu den Ausgrabungen vgl. FRIESER/FRIEDEL, Juden S. 57f.: Die Schicht aus dem 11.
       Jahrhundert wird als *Wohnschicht der Juden* bezeichnet und befindet sich etwa in 2,5 bis 2,7
       Meter Tiefe; allgemein dazu vgl. Juden in Nürnberg. Geschichte der jüdischen Mitbürger
       vom Mittelalter bis zur Gegenwart, hg. vom PRESSE- UND INFORMATIONSAMT DER
       STADT NÜRNBERG, Nürnberg 1993, hier v. a. S. 5; auch Karl KOHN: Das hochmittelalterli-
       che Judenviertel Nürnbergs. Eine topographische Rekonstruktion, in: MVGN 65 (1978), S.
       89–90.

251   Vgl. Ernst MUMMENHOFF: Die Juden in Nürnberg bis zu ihrer Austreibung im Jahre
       1499 in topographischer und kulturhistorischer Beziehung, in: Gesammelte Aufsätze und
       Vorträge (= Aufsätze und Vorträge zur Nürnberger Ortsgeschichte, Bd. 1), hg. von DEMS.,
       Nürnberg 1931, S. 335–366, hier S. 307f.; und MÜLLER, Juden 1968, gehen bereits von einer
       Ansiedlung 1112 mit der Zollfreiheit durch Heinrich V. aus; weiterhin auch das Werk von
       Hugo BARBECK: Geschichte der Juden in Nürnberg und Fürth, Nürnberg 1878.

252   Ottonis episcopi Frisingensis: Gesta Friderici I. imperatoris, S. 372.

253   Dazu FRIESER/FRIEDEL, Juden 1999, S. 54, mit falscher Zitation des entsprechenden
       Passus bei Otto von Freising, mit dem Verweis auf den Bericht über die Judenverfolgung
       im Rheinland von Rabbi Joseph ben Joshua ben Meir.

254   Vgl. NUB, S. 61, Nr. 85 [...] *versus septentrionem domum Samuelis de Norenberc* [...].

255   Vgl. FRIESER/FRIESER, Juden 1999, S. 58f., 60f.: Die These, dass der Platz erst um 1350 um
       drei bis vier Meter aufgeschüttet wurde, um den Hauptmarkt anzulegen, wird durch die
       neuere Interpretation der archäologischen Befunde entkräftet.

256   Vgl. zur Errichtung der Synagoge den Eintrag im Nekrolog der Nürnberger Juden, in:
       Siegmund SALFELD: Das Martyrologium des Nürnberger Memorbuches (= Quellen zur

SHAPING‹: DIE »PHYSIOGNOMIEN« DER REICHSUNMITTELBARKEIT

che im Jahre 1986 fand man unter den Fundamenten der im 14. Jahrhundert abgebrochenen Synagoge Nachweise für diese Planierungsschicht.[257] Möglicherweise standen die Bauarbeiten an der Stadtmauer in der Mitte des 13. Jahrhunderts in Zusammenhang mit dieser Aufschüttungsmaßnahme, die eine großflächige Bebauung des sumpfigen Gebietes die Ansiedlung der Juden an dieser Stelle erst ermöglichte.[258] Die Stadtmauer wurde in dieser Zeit über die alte Mauer hinaus erweitert. Denkbar ist ein Ausbau um 1250, da das Kloster Sankt Egidien in den Urkunden der 1240er Jahre noch als *apud Nurenberc* bezeichnet wird.[259] Ziel des Ausbaus war es, beide Stadtteile zu vereinen, was zu neuen städtebaulichen Aufgaben führte. So musste die Pegnitz befestigt und passierbar gemacht werden, damit die Reichsstadt nicht nur zu einem „einheitlichen Rechts- und Wirtschaftsraum,"[260] sondern auch optisch zu einer Einheit wurde. Nur zwei Jahrzehnte zuvor erhielt Nürnberg – nur wenige Jahre vor Lübeck – einen sogenannten „Freiheitsbrief" durch Kaiser Friedrich II. verliehen.[261] Im Jahre 1219 stellte er eine Urkunde aus, in der er Nürnberg erstmals als *carissima civitas* bezeichnete. Der Fokus des Inhalts war die Förderung des Handels und der Kaufleute, was die Bedeutung Nürnbergs als wirtschaftliches Zentrum hervorhebt.[262] Zudem wurde bestätigt, dass kein Bürger des Ortes einen Schutzherren – *advocatus* – außer dem Römischen König oder Kaiser haben sollte und in Strafprozessen nicht mehr dem Burggrafen, sondern dem Schultheißen als königlichem Amtsträger unterstehe.[263] Das Vogteiverhältnis zwischen Stadt und Kaiser wird dadurch deutlich betont und bezieht sich vermutlich darauf, dass Friedrich II. die

---

Geschichte der Juden in Deutschland, Bd. 3), Berlin 1898. Der Jude Samuel schenkte hier der Gemeinde ein Grundstück und erbaute darauf eine Synagoge.

257 Vgl. FRIESER/FRIEDEL, Juden 1999, S. 64.

258 Dazu auch EBD., S. 65f.: zuvor wird die jüdische Siedlung in der heutigen Königsstraße vermutet; ebenso Leonhart WITTMANN: Nürnberg 1963/4: Die Ummauerung der Lorenzer Stadtseite um 1260, Bd. 2 (Nürnberg 1975), in: StadtAN, F5, 315/2; ebenso Karl KOHN: Stadtmauerfund am Hauptmarkt 1973 (Nürnberg am 27.09.1973), in: StadtA Nürnberg, F5, Nr. 307/1.

259 Vgl. FRIEDEL, Ummauerung 1999, S. 116.

260 SCHMID, Anfänge 2000, S. 21; zur Einbeziehung der Flüsse in den Stadtraum auch BRAUNFELS, Stadtbaukunst 1976, S. 115; zur Topographie auch Fritz SCHNELBÖGL: Topographische Entwicklung Nürnbergs, in: Nürnberg 1971, S. 54–62.

261 MASCHKE, Stadt 1982, S. 319f.; auch BOSL, Staufer 1971, S. 21; SCHMID, Anfänge 2000, S. 21.

262 Peter FLEISCHMANN: 750 Jahre Geschichte, in: Norenberg 2000, S. 46f. mit S. 50f.

263 Urkunde vom 08.11.1219, in: NUB, S. 111–114, Nr. 178, hier S. 113: [...] *quod quilibet eiusdem loci civis nullum habere debeat advocatum preterquam nos et nostros successores Romanorum reges et imperatores* [...].

Stadt, die sich auf kaiserlichem Boden befand, von vornherein vor Zugriffen des Bamberger Bischofs schützen wollte.[264] Dies war ein wichtiger Schritt hin zur bürgerlich-reichsstädtischen Autonomie und ein „erster Abschluss der inneren Entwicklung des Nürnberger Gemeinwesens."[265] Er änderte per se nicht die Verfassungsstrukturen, sondern ermöglichte die Weiterentwicklung bis hin zur weitreichend autonomen Stellung der Bürgerschaft in vielen Bereichen des städtischen Rechts- und Verwaltungslebens. Die königliche Stadtherrschaft bestand im Sinne der Vogtei weiter fort. Der Burggraf als Repräsentant königlicher Hochgerichtsbarkeit, der Butigler sowie der Schultheiß standen noch weiterhin zwischen Stadt und König. Erst am Anfang des 14. Jahrhunderts konnten sich die Nürnberger weitere Rechte, wie z. B. die Steuergesetzgebung 1313[266] oder den Übertrag der Hochgerichtsbarkeit an den Rat 1320,[267] sichern, die eine Ablösung der Bürgerschaft vom Schultheiß ermöglichten, was als Abschluss der reichsstädtischen Verfassung gesehen werden kann.

Sowohl Nürnberg als auch Lübeck erhielten also zur Zeit Friedrichs II. wichtige Privilegien, die den Stadtausbau beförderten. Es mag jedoch ein Trugschluss sein, dass der Kaiser sich mit Eifer dem Norden des Reiches annäherte, da der Schwerpunkt seiner Herrschaft weiterhin auf den Süden ausgerichtet war.[268] Wirft man einen Blick auf die Aufenthalte in den Städten, so verschob sich das Verhältnis zu Gunsten Augsburgs, wo sich der Kaiser zwölf Mal aufhielt. Zusammen mit Ulm steht die Stadt damit an erster Stelle der Orte im Reich, an denen Hoftage abgehalten wurden.[269] Nürnberg verzeichnet neun Aufenthalte, sowie die Hochzeit von Friedrichs Sohn Heinrich (VII.) (1220–1235) mit Margarethe von Österreich im Jahre 1225.[270] Der zeitgenössische Chronist

---

264 BOSL, Staufer 1971, S. 22.

265 EBD., S. 21; dazu u. a. DIEFENBACHER/BEYERSTEDT, Reichsoberhaupt 2013, S. 42f.; und FLEISCHMANN, 750 Jahre Geschichte 2000, S. 50f.

266 Dazu das Privileg Heinrichs VII. vom 13.06.1313, in: StA Nürnberg, Rst. Nbg., Kaiserliche Privilegien 15; auch Werner SCHULTHEISS: Verfassung und Verwaltung in der ersten Hälfte des 14. Jahrhunderts, in: Nürnberg 1971, hg. von PFEIFFER, S. 33–38; dazu DERS.: Politische und kulturelle Entwicklung 1298–1347, in: Nürnberg 1971, hg. von PFEIFFER, S. 38–45; auch FLEISCHMANN, 750 Jahre Geschichte 2000, S. 50; zum Begriff der Autonomie vgl. MÜLLER-MERTENS, Autonomie 1984.

267 DIEFENBACHER/BEYERSTEDT, Reichsoberhaupt 2013, S. 42f.

268 Dazu aus der reichhaltigen Literatur u. a. Herrschaftsräume, Herrschaftspraxis und Kommunikation zur Zeit Friedrichs II. (= Münchner Beiträge zur Geschichtswissenschaft, Bd. 2), hg. von Knut GÖRICH/Jan KEUPP/Theo BROEKMANN, München 2008.

269 KREUZER, Hoftage 1979, S. 112–113; BRÜHL, Palatium und civitas 1990, S. 201, kommt auf 13 Aufenthalte.

270 SCHMID, Anfänge 2000, S. 13.

›SHAPING‹: DIE »PHYSIOGNOMIEN« DER REICHSUNMITTELBARKEIT

Rolandinus von Padua beschreibt 1235 Augsburg als *Augustam civitatem scilicet imperatoris in Alemaniam et semper imperii propriam mansionem.*[271] Unabhängig von der Stellung der Städte als Pfalz- oder Residenzort machten diese Aufenthalte und Ereignisse den Bewohnern das Reich erfahrbar. Eine in besonderem Maße wichtige Privilegierung durch Friedrich II. kann man für Augsburg jedoch nicht feststellen. Dennoch muss die bereits erwähnte Phase des städtischen Ausbaus ab der Zeit Friedrichs I. vorangetrieben worden sein, da zunehmend eine Verdichtung im Stadtraum zu erkennen ist. Im 13. Jahrhundert erfolgte eine Erweiterung nach Norden: die *vorstat vor frauntor* wird erstmals genannt (Karte 4).[272] Einen engen zeitlichen Zusammenhang kann man hier nicht nur mit der Aufzeichnung des ersten Stadtrechts und der Bestätigung des Bischofs als Stadtherren, sondern auch mit dem Erwerb der Vogtei durch die Staufer erkennen, wodurch sich die königliche Herrschaft über Augsburg ableitete. Nach dem Tode des kinderlosen Adelgoz III. (†1167), dem letzten belehnten Mitglied der Familie der Schwabegger, okkupierte Friedrich I. 1167 den Besitz und die Vogtei über Stadt und Kirche Augsburgs. Dadurch übernahm er vor allem die Hochgerichtsbarkeit über den bürgerlichen Bereich, die somit de facto aus dem herrschaftlichen Bereich des Bischofs ausgegliedert wurde.[273] Die Besetzung der Vogtei stellte für die Staufer häufig eine Möglichkeit dar,

---

271   Rolandini Patavini Chronica, in: MGH SS 19, ed. von Philipp JAFFÉ, Hannover 1866, S. 32–147, hier, S. 60, lib. III, cap. 9; dazu KREUZER, Hoftage 1979, S. 113.

272   Vgl. die Urkunde im StadtA Augsburg, US 1295 07 12; zur „gewachsenen Stadt" vgl. HERZOG, Werden 1955, S. 93; auch BAER, Bürgerstadt, 1985, S. 135; die These von ISENMANN, Stadt 2014, S. 88, es handle sich um ein Wachstum, das von der Stadt gesteuert und reguliert wurde, scheint im Falle Augsburgs überzeugend; auch Karlheinz BLASCHKE: Die Stellung der Vorstädte im Gefüge der mittelalterlichen Stadt, in: Stadtgrundriss 1997, hg. von Peter JOHANEK, S. 172–192.

273   Uneinheitlich wird beantwortet, ob die Vogtei bischöfliches Lehen oder Reichslehen war; MÖNCKE Bischofsstadt 1971, S. 56; KREUZER, Verhältnis 1988, S. 57–60; BAER, Bürgerstadt, 1985; aufgrund des Erwerbs wird Augsburg vermutlich 1241 in der Reichssteuerliste aufgeführt. Vgl. dazu das Verzeichnis von 1241: Notitia de precariis civitatis et villarum (1241), in: MGH Const. 3, hg. von Jakob SCHWALM, Hannover/Leipzig, S. 1–5, führte die steuerpflichtigen Städte und Verwaltungsämter auf, die dem staufischen Königsterritorium zugehörig waren. Hierin wird ersichtlich, dass die Einkünfte aus der Stadt im 13. Jh. zwischen dem Bischof und den Königen bzw. Kaisern des Reichs geteilt wurden. Augsburg ist zusammen mit Konstanz und Basel unter den einzigen drei steuerpflichtigen Bischofsstädten, deren Vogtei ebenfalls von den Staufern erworben wurde. Nach KIRCHNER 1953, S. 70, ist die Steuerliste eines der wenigen direkten Zeugnisse für das Bestehen und die Verwaltung des staufischen Königsterritoriums; vgl. auch KREUZER, Verhältnis 1988, S. 58; zu Augsburg unter den Staufern bis 1268 vgl. exemplarisch Pankraz FRIED: Augsburg unter den Staufern (1132–1268), in: Augsburg 1985, hg. von GOTTLIEB, S. 127–131.

Städte, die sich auf Kirchengut befanden, in ihren Verfügungsbereich zu integrieren, wie schon für Nürnberg festgestellt wurde.[274] Die Aufgaben des Vogtes waren bereits im Stadtrecht von 1156 fixiert worden. Er war für Vergehen zuständig, die mit Leibesstrafen geahndet wurden.[275] Er stand auf derselben Stufe wie der Burggraf, der als bischöflicher Ministeriale mit Verwaltungsaufgaben und der niederen Gerichtsbarkeit betraut war.[276] Nach mehreren spannungsreichen Jahrzehnten zwischen den Vögten, Bischöfen und Bürgern kam die Vogtei 1257 nochmals vorübergehend in die Hände des Bischofs Hartmann von Dillingen (1248–1286). In einer Urkunde aus dem Jahr 1269 ließen sich die Augsburger Bürger jedoch endgültig zusichern, dass die Vogtei künftig nur an den deutschen König vergeben werden durfte.[277] Von der königlichen Kanzlei Heinrichs (VII.) wird Augsburg erstmals 1231 als *urbs regia* bezeichnet.[278] Die Frage nach der bürgerlichen Emanzipation vom Bischof sowie der Weitergang der Reichsstadt wurden aber erst nach dem Interregnum entschieden, als König Rudolf von Habsburg 1276 die Vogtei in seiner Hand hatte, obwohl die genaueren Umstände der Belehnung nicht bekannt sind.[279] Unter ihm wurde die Augsburger Vogtei mit dem ostschwäbischen Reichsgut zur ostschwäbischen Reichslandvogtei vereinigt und bildete so einen wichtigen Faktor in der Reichspolitik.[280] Rudolf erlaubte der städtischen Bürgergemeinde, in

---

274 Auch Bosl, Staufer 1971, S. 23; mit Opll, Friedrich Barbarossa 2009, S. 250f.

275 1. Augsburger Stadtrecht von 1156, in: Urkunden 1901, S. 91, Abs. V, Nr. 19: [...] *temeritas, iniustitia, monomachia* [...]. Zu den Verantwortungsbereichen vgl. Möncke, Bischofsstadt 1971, S. 56f. Das Stadtrecht weist dem Bischof das Absetzungsrecht für den Vogt zu, woraus Möncke auch ein Einsetzungsrecht schließt; dazu auch Kiessling, Bürgerliche Gesellschaft 1971, S. 54–59.

276 1. Augsburger Stadtrecht von 1156, in: Urkunden 1901, Abs. V, Nr. 18 und Abs. VI, Nr. 21: [...] *secundum urbanorum justitia* [...], die beiden bischöflichen Richter sollen gemäß dem bürgerlichen Recht handeln.

277 Urkunde vom 24.10.1269, in: MB, 33, 1, S. 116–118, Nr. 107: *Ceterum Ciues nostri, nos Dominum et advocatum suum recognoscere debent et nobis tamquam domino et advocato parere fideliter et intendere er nichilominus consueta ac debita feruitia exhibere;* dazu Thomas Krüger: Die Anfänge des Augsburger Stadtsiegels und die Emanzipation der Bürgerschaft, in: Kaufhold, Augsburg 2009, S. 19–35; auch Möncke, Bischofsstadt 1971, S. 65f.

278 Urkunde vom 09.08.1931, in: RI V,1,2, Nr. 4214; dazu auch Bosl, Bürgertum 1969, S. 8.

279 Dazu insbesondere Kreuzer, Werden 1988, S. 59f.; auch Möncke, Bischofsstadt 1971, S. 67.

280 Hans-Georg Hofacker: Die schwäbischen Reichslandvogteien im späten Mittelalter (= Spätmittelalter und Frühe Neuzeit, Bd. 8), Stuttgart 1980, hier S. 122, 292–299.

einem Stadtbuch wichtige Regelungen niederzuschreiben.[281] Diese lassen einen Übergang bischöflicher Herrschaftsrechte auf König und Stadt erkennen. 1316 fand die Entwicklung einen weitgehenden Abschluss, als Ludwig IV. der Bayer (1314–1347, ab 1328 Kaiser) Augsburg die Unveräußerlichkeit vom Reich zusicherte – dieselbe Festschreibung, die auch Lübeck von Friedrich II. erwirkte.[282]

2.2 Die herrschaftliche Zentralfunktion von reichsstädtischen Räumen

Bestimmte reichsstädtische Räume wurden höher gewichtet als andere.[283] Dies sieht man unter anderem an den Baumaßnahmen, die für die entsprechenden Bereiche initiiert wurden. Dazu gehört der sogenannte Hauptplatz einer Stadt, der ein außerordentlich komplexes „Symbol der civitas" darstellte.[284] Er war ein gesetzlich festgelegter, speziell abgegrenzter Raum, dessen Verwendung und Gestaltung von den städtischen Autoritäten geregelt wurde. Feste Grenzen waren nicht erforderlich. Definiert wurde der Platz von einer besonderen Architektur, die sich meist auf diesen Bereich konzentrierte.[285] Vor allem handelte es sich hier um das Rathaus, das exakt in diesem bürgerlichen Kristallisationskern reichsstädtischer Repräsentation errichtet wurde.[286]

In Lübeck konnte man für das frühe 13. Jahrhundert die Anlage von zwei größeren Plätzen nachweisen, die in ihrer Funktion hervorgehoben wurden:

---

281 Dazu die Urkunde vom 09.03.1276, in: UBA 1, S. 37, Nr. 51. Das Stadtbuch wurde vermutlich nach der Bewilligung von Minoriten in Augsburg abgefasst. Vgl. die Edition: Das Stadtbuch von Augsburg, insbes. das Stadtrecht von 1276, hg. von Christian MEYER, Augsburg 1872, S. 1: Das Recht wurde für alle Bürger festgelegt: [...] eins ieglichen biderben mannes reht, er si arm oder riche. Das Buch wurde bis in das 16. Jh. regelmäßig durch Zusätze ergänzt. Zum Stadtbuch auch Rolf Schmidt: Das Stadtbuch von 1276, in: Augsburg 1985, hg. von GOTTLIEB, S. 140–144; auch BOSL, Bürgertum 1969, S. 21; auch KLUGE, Gedächtnis 2014, S. 57–90.

282 Dazu die Urkunde vom 09.01.1316, in: UBA 1, S. 196–198, Nr. 235. Zur Konsolidierung des reichsstädtischen Status vgl. FRIED, Nachstaufische Zeit, 1985. Am 24.10.1329 folgte die Bestätigung, vgl. UBA 1, S. 255, Nr. 291; so urteilt auch KIESSLING, Bürgerliche Gesellschaft 1971, S. 22.

283 Dazu KOEPF, Stadtbild 1983, S. 15; auch Robert GIEL: Politische Öffentlichkeit im spätmittelalterlichen-frühneuzeitlichen Köln (1450–1550) (= Berliner Historische Studien, Bd. 29), Berlin 1998; dazu überblicksartig RAU/SCHWERHOFF: Öffentliche Räume 2004, S. 42.

284 Vgl. ANDENNA, Ambiguität 2005, S. 131.

285 Vgl. HOWELL, Spaces 2000, S. 8.

286 Dass diese Räume auch in zeremonielle Prozesse eingebunden wurden, soll vorerst nur am Rande erwähnt werden, da eine genauere Analyse folgt (vgl. Kapitel IV).

der sogenannte Koberg und der Marktplatz (Karte 12). Der Koberg im Norden der Stadt wurde vermutlich zur Zeit der Dänenherrschaft nach den erfolgten Maßnahmen zur Baulandgewinnung um 1200 als weitläufiger, freier Platz angelegt.[287] Dieser befand sich im Süden der Burg und wurde von der in Nord-Süd-Richtung verlaufenden Ausfallstraße, die zugleich die Haupthandelsstraße und der einzige Landweg in die Stadt war, flankiert. Die Nähe zum Hafen und zur Fähre an der Trave begünstigte den Ausbau des Platzes zu einem zentralen Markt, der überwiegend die Landbevölkerung nördlich der Stadt versorgte. An diesem Platz kumulierten sich wichtige Gebäude, die zum Ausdruck der Autonomieansprüche der Bürgerschaft wurden. Vermutlich hat sich dort auch die königliche Vogtei befunden.[288] Ein Vogt, dessen Sitz sich noch in der Burg befand, ist bereits zur Zeit Heinrichs des Löwen 1161 namentlich genannt.[289] Schon unter Waldemar II. und nach der Zusammenfügung der Stadtteile zu einem einheitlichen Rechtsraum wurde wohl um 1217 die neue Vogtei auf dem Koberg erbaut, die nach dem sogenannten Reichsfreiheitsprivileg an den königlichen Vogt überging. Das Gebäude selbst ist noch in Teilen erhalten und wurde als repräsentativer Großbau mit beheizbarem Saalgeschoss errichtet.[290] Vermutlich war an diesem Gebäude eine Laube angebaut, die bis zur Mitte des 13. Jahrhunderts als Gerichtslaube diente.[291] Die Vogtei und die Niedergerichtsbarkeit wurden jedoch bereits 1247 dem Rat unterstellt, der nun auch über das Einkommen der Vogtei verfügen konnte.[292] Parallel dazu

---

287 Zur Lage des Kobergs vgl. Karl-Bernhard KRUSE/Günther P. FEHRING: Zur Baugeschichte des Heiligen-Geist-Hospitals zu Lübeck, in: Lübecker Schriften zu Archäologie und Kunstgeschichte Band 25 (1997), S. 40f.; auch FEHRING, Besiedlung 1988, S. 84; dazu ALBRECHT, Zeremonialräume 2010, S. 242.

288 FEHRING, Besiedlung 1988, S. 86; mit Albrecht, Zeremonialräume 2010, S. 244.

289 Dazu HAMMEL, Gründung 1988, S. 60.

290 Nach KALLEN, Kunst 2002, S. 51, handelt es sich um das Haus am Koberg 2, das sogenannte „Hoghe Hus;" in Klaus J. GROTH: Weltkulturerbe Lübeck – Denkmalgeschützte Häuser – Über 1000 Porträts der Bauten unter Denkmalschutz in der Altstadt – nach Straßen alphabetisch gegliedert, Lübeck 1999, S. 292, ist dies nicht aufgeführt. Die älteste nachweisbare Bebauung befindet sich dort ihm zu Folge erst ab 1276.

291 Vgl. dazu Wolfgang ERDMANN: Die Ausbildung der Lübecker Plätze im 12. und 13. Jahrhundert sowie Anmerkungen zu deren Ikonologie, in: ZVLGA 71 (1991), S. 9–54, hier S. 13f.; auch Doris MÜHRENBERG: Öffentliche Plätze und Märkte in Lübeck, in: Schriften des kulturhistorischen Museums in Rostock, hg. von Manfred GLÄSER, Rostock 1993, S. 289–296, hier S. 290.

292 Zum Lübecker Vogt sowie zur Übernahme der Vogteirechte vgl. Wilhelm EBEL: Lübisches Recht, Bd. 1, Lübeck 1971, S. 254; auch HOFFMANN, Lübeck 2008, S. 218–224; auch Georg Wilhelm VON BRANDT: Vogtei und Rektorat während des 13. Jahrhunderts, in: BDLG 107 (1971), S. 162–201; sowie AM ENDE, Verfassungsgeschichte 1975, S. 168.

nahm die Bürgerschaft die Stadtgestaltung auf dem Koberg Schritt für Schritt für sich in Anspruch: Die Vogtei wurde spätestens nach dem verheerenden Lübecker Stadtbrand vermauert und die Aufgaben der Gerichtsbarkeit auf den neu erbauten Marktplatz mit dem Rathaus verlegt. Nach Stephan Albrecht wurde der Koberg dadurch „entpolitisiert.“[293] Dies lässt sich korrekterweise nur für die Funktion der Vogtei sagen, denn die Umbaumaßnahmen, die im 13. Jahrhundert durchgeführt wurden, hatten eine hochpolitische Aussagekraft.

Zunächst verlegte der Rat das Heilig-Geist-Spital[294] 1263 vom Gebiet des Bistums auf den Koberg, wo es seitdem mit seinen Speicherhäusern und dem Friedhof die Ostseite des Platzes flankiert. Gegründet wurde das Spital ebenfalls vom Rat und nicht wie üblich vom Bischof, weshalb es sich im Verständnis des Bischofs um eine ‚profane‘ Institution handelte und dieser zunächst die Einrichtung einer Kapelle ablehnte.[295] Erst in einem 1234 geschlossenen Vertrag kam das Spital unter die geistliche Aufsicht des Bischofs – allerdings nur bis es 1285 wieder unter Protest des Bischofs vom Rat übernommen wurde.[296] Dadurch wurden die gestiegenen Ansprüche auf die alleinige Herrschaft und Aufsicht über wichtige Einrichtungen innerhalb der Stadt deutlich artikuliert, was mit der Verfestigung der reichsstädtischen Verfassung im Laufe des 13. Jahrhunderts einherging.[297]

Nach dem Ende der dänischen Herrschaft über Lübeck, das endgültig im Jahre 1227 durch die Schlacht bei Bornhöved besiegelt wurde, ließen die Bürger

---

293 ALBRECHT, Zeremonialräume 2010, S. 245.

294 Vgl. Karl Bernhard KRUSE: Die Baugeschichte des Heiligen-Geist-Spitals zu Lübeck (= Lübecker Schriften zur Archäologie und Kulturgeschichte, Bd. 25), hg. von Manfred GLÄSER, Bonn 1997; Karl Bernhard KRUSE/Manfred NEUGEBAUER: Die Baugeschichte des Heiligen-Geist-Hospitals in Lübeck, in: Lübecker Schriften zur Archäologie und Kulturgeschichte 17 (1988), S. 87–91.

295 Christian RADTKE: *Si non facietis voluntatem nostram...* Zum Lübecker Kirchenkampf im 13. Jahrhundert, in: Bischof und Bürger 2004, hg. von GRIEMDE/KRUPPA/PÄTZOLD, S. 165–184; auch Ilka S. MINNEKER: Repräsentation und sakrale Legitimation. Majestas Domini und Bürgermedaillons im Heilig-Geist-Hospital zu Lübeck, in: ZVLGA 79 (1999), S. 24–74.

296 Urkunde aus der Zeit um 1234, in: UBL I, S. 73–75, Nr. 66; vgl. dazu die deutsche Übersetzung in KRUSE, Baugeschichte 1997, S. 122f.

297 Dietrich W. POECK: Klöster und Bürger. Eine Fallstudie zu Lübeck (1225–1531), in: Vom Kloster zum Klosterverband. Das Werkzeug der Schriftlichkeit (= Münstersche Mittelalter-Schriften, Bd. 74), hg. von Hagen KELLER/Franz NEISKE, München 1997, S. 423–451, hier S. 432, deutet diesen Akt der Übernahme der Sorge für die Kranken zusätzlich als sakrale Komponente. Der Rat stelle sich in die Nachfolge christlicher Herrscher. Urkunde vom 25.07.1236, in: LUB 1, S. 83, Nr. 76.

die Burg entfestigen.[298] Die Mauern, die die Festung von der Stadt abtrennten und eine optische Einheit im Inneren verhinderten, wurden abgetragen. Übrig blieb bezeichnenderweise der repräsentative Teil der Anlage, der Palas. Dies war der Saalbau, in dem königliche Regierungshandlungen und Empfänge abgehalten wurden. Die Stadt übergab das Gebiet dem Dominikanerorden, der hier 1229 begann, ein Kloster zu errichten:[299] [...] *to eren unde der hilgen vrowen* [*Maria Magdalena; Erg. d. Verf.*] *wart gestichtet ein kloster to Lubeke, dar de borch lach, der predeker brodere.*[300] Der Neubau wurde vor allem durch bürgerliche Stiftungen bezahlt. Die Umwidmung der Burg ist als Zeichen der Reichsfreiheit zu deuten, da man sich so optisch von der Dänenherrschaft verabschiedete und zukünftigen Übergriffen durch Landesherren entgehen wollte. Dadurch wurde der komplett ummauerte Stadtbereich zu einem geschlossenen Rechtsbezirk.[301]

Parallel zu den Umbaumaßnahmen am Koberg wurde der zentrale Markt zum festen Sitz des Rates. Am Anfang des 13. Jahrhunderts wurde der Platz weiter befestigt und ausgebaut. Einen schriftlichen Hinweis darauf gibt eine Urkunde aus dem Jahr 1236, in der Kaiser Friedrich II. Lübeck das Recht erteilt, eine jährliche Messe abzuhalten. Für dieses Ereignis muss eine weiträumig freie Fläche angelegt oder vorhanden gewesen sein. Die jüngeren archäologischen Befunde stützen diese Annahme: Am Anfang des 13. Jahrhunderts wurden auf der plateauartigen Schicht des früheren Markttreibens ein Holzboden und Abfallgruben errichtet.[302] Dies bedeutete einen Vorteil für den Handel

---

298 Vgl. exemplarisch Manfred GLÄSER: Untersuchungen auf dem Gelände des ehemaligen Burgklosters zu Lübeck. Ein Beitrag zur Burgenarchäologie, in: Lübecker Schriften zur Archäologie und Kulturgeschichte 22 (1992), S. 65–121, hier S. 83; auch Manfred GLÄSER/ Russalka NIKOLOV/Lutz WILDE: Das Burgkloster zu Lübeck, Lübeck 1992; dazu Die Bau- und Kunstdenkmäler der Freien und Hansestadt Lübeck, Bd. 4: Die Klöster. Die kleinen Kirchen und Kapellen in den Außengebieten. Denk- und Wegekreuze und der Leidensweg Christi, hg. vom DENKMALRAT, bearbeitet von Johannes BALTZER/Friedrich BRUNS/Hugo RAHTGENS, hg. vom DENKMALRAT, Lübeck 1928, S. 167–280.

299 Vgl. die Nennung der Stiftungen der Dominikanerklöster der Provinz Sachsen in Mecklenburg nach einer 1519 geschnitzten Inschrift in das Chorgestühl der ehemaligen Dominikanerkirche zu Röbel, in: Mecklenburgisches Urkundenbuch, Bd. 2: 1251–1280, hg. von dem VEREIN FÜR MECKLENBURGISCHE GESCHICHTE UND ALTERTUMSKUNDE, Schwerin 1864, S. 71f., Nr. 761.

300 Vgl. die Detmar-Chronik 1105–1276, S. 71; auch in der Rufus-Chronik erster Theil von 1105–1395, S. 211.

301 Vgl. FEHRING/HAMMEL, Topographie 1985, S. 176, zum Kloster auch POECK, Klöster 1997.

302 Vgl. Doris MÜHRENBERG: Der Lübecker Markt, in: Dänen 2003, hg. von GLÄSER/ MÜHRENBERG, S. 79–82.

und zeugte gleichzeitig vom Interesse des Rates, diesen Platz repräsentativ umzugestalten. Dort stand bereits um 1200 ein Gebäude, in dem möglicherweise bürgerliche Versammlungen stattfanden.[303] Zwischen 1225 und 1250 wurde dann mit dem Bau eines neuen Rathauses begonnen. Ursprünglich wurde dieses als Kaufhaus der Tuchhändler geplant, wobei die erste Etage vom Rat genutzt werden sollte.[304] Wahrscheinlich sollte man sich bezüglich des Baubeginns eher dem früheren Datum annähern. Archäologische Befunde wiesen auf dem sogenannten Schrangen eine Abfallschicht nach, die bezeugt, dass der Fleischmarkt bereits im ersten Drittel des 13. Jahrhunderts – vermutlich um Platz für das neue Rathaus zu schaffen – vom Hauptmarkt weg verlegt wurde.[305] Diese Maßnahme fällt in die Zeit, als auch das Reichsfreiheitsprivileg ausgestellt wurde. Die Entwicklung der Stadtverwaltung setzte jedoch bereits früher ein, da die Lübecker *consules* bereits im Jahre 1201 als Urkundenzeugen genannt werden. Ebenfalls im Jahr 1201 schickte die Bürgerschaft Gesandte zum dänischen König Waldemar II., um diesen als neuen Stadtherren zu gewinnen.[306] Wie bereits 1188, als sich eine Gesandtschaft auf den Weg zu Friedrich Barbarossa machte, handelten die Bürger hier eigenmächtig mit dem Ziel, sich vor weiteren landesherrlichen Repressionen zu schützen. In dieser Zeit traten vor allem die potenten Fernhandelskaufleute als diplomatische Hauptakteure in den Vordergrund, was die Bedeutung der wirtschaftlichen Kraft für den Ausbau von Verfassung und Stadtbild unterstreicht.[307] Der Machtgewinn der Ratsherrschaft im Verlauf des 13. Jahrhunderts wurde im

---

303 Vgl. ERDMANN, Archäologie 1988, S. 103f.

304 Dazu MÜHRENBERG, Lübecker Markt 2003, S. 82; auch Die Bau- und Kunstdenkmäler der Hansestadt Lübeck, Bd. 1, 2. Teil: Rathaus und öffentliche Gebäude der Stadt, hg. vom AMT FÜR DENKMALPFLEGE DER HANSESTADT LÜBECK, in Verbindung mit Friedrich BRUNS, bearbeitet von Hugo RAHTGENS, überarbeitet und ergänzt von Lutz WILDE, Lübeck 1974, S. 1–249, hier S. 3–7.

305 ERDMANN, Archäologie 1988, S. 106; auch Doris MÜHRENBERG: Der Markt zu Lübeck. Ergebnisse Archäologischer Untersuchungen, in: Lübecker Schriften zur Archäologie und Kulturgeschichte 23 (1993), S. 83–154; nach den schriftlichen Quellen, vgl. RÖRIG, Wirtschaftskräfte 1971, S. 49, sind die Fleischhauer hier erst 1288 nachzuweisen, die Abfallschicht würde jedoch zeitlich mit dem Neubau des Rathauses eine plausible Erklärung für die frühe Datierung ergeben.

306 Urkunde vom 12.05.1201, in: LUB 1, S. 13f., Nr. 9; dazu HOFFMANN, Lübeck 2008, S. 221–225, zum Rat im 12. Jahrhundert; v. a. die umfangreichen Arbeiten von Fritz RÖRIG, Wirtschaftskräfte 1971, S. 1–35, hier S. 4f., zum Ursprung der Ratsverfassung in Lübeck: Aus den Zeugenlisten kann man eventuell das frühere Auftreten von nicht explizit als solchen bezeichneten *consules* erkennen; auch EBEL, Lübisches Recht 1971, S. 225–253.

307 Rolf HAMMEL-KIESOW, Macht 2002, S. 27.

Bau des Rathauses sichtbar.[308] Die Eintragungen in den 1284 einsetzenden Oberstadtbüchern – sprich: den Grund- und Rentenbüchern – unterstreichen diese Entwicklung: Die Buden auf dem Marktplatz, die anfangs noch alle den Stadtherren gehört hatten, befanden sich nun in den Händen von Ratsfamilien und das Rathaus gehörte der Reichsstadt.[309]

Auf dem Markt fand seit Heinrich dem Löwen außerdem zu festgelegten Zeiten ein Echteding statt. Während dieser öffentlichen Gerichtssitzung wurden städtische Rechtsangelegenheiten entschieden: *Do satte ok de hartuge, dat men dar scholde holden op deme markede openbare echdink, dat nu het vogetdink, dre juwelikes jares.*[310] Auch die regelmäßig wiederkehrende und für die Einwohner verpflichtende Bursprake wurde hier abgehalten. Bei dieser Veranstaltung wurden die Rechtsbestimmungen der Stadt durch die Bürger öffentlich bekräftigt.[311] Die Nutzung des Marktplatzes für Rituale, die dazu dienten, die politische Ordnung und Verfassung beständig aufs Neue zu begründen und zu festigen, wurde bei solchen Ereignissen überaus deutlich.[312]

Östlich des Rathauses baute man die sogenannte Fronerei, die als Amts- und Wohngebäude des Fronen, der für die Vollstreckung der städtischen Gerichtsurteile zuständig war, diente. Das Gebäude selbst taucht erstmals

---

308 Vgl. u. a. AM ENDE, Verfassungsgeschichte 1975, S. 133f.; Klaus WRIEDT: Zum Profil der lübischen Führungsgruppen im Spätmittelalter, in: Neue Forschungen 1985, hg. von GRASSMANN, S. 41–49, hier S. 42; ausführlich dazu auch Rolf HAMMEL-KIESOW: Stadtherrschaft und Herrschaft in der Stadt, in: Die Hanse. Lebenswirklichkeit und Mythos. Ausstellung des Museums für Hamburgische Geschichte, Bd. 1, hg. von Jörgen BRACKER, Hamburg 1989, S. 446–479.

309 Dazu RÖRIG, Wirtschaftskräfte, S. 36–133; mit Paul REHME: Das Lübecker Oberstadtbuch. Ein Beitrag zur Geschichte der Rechtsquellen und des Liegenschaftsrechts, Hannover 1895, S. 261; auch ALBRECHT, Zeremonialräume 2010, S. 244.

310 Vgl. die Detmar-Chronik 1105–1276, S. 21; dazu HOFFMANN, Lübeck 2008, S. 219–221; auch EBEL, Lübisches Recht 1971, S. 318–328.

311 Dazu die älteste Lübecker Bursprake, vor 1350/1351, in: Quellen zur Hanse-Geschichte mit Beiträgen von Jürgen Bohmbach und Jochen Goetze (= Ausgewählte Quellen zur deutschen Geschichte des Mittelalters, Bd. 36), hg. von Rolf SPRANDEL, Darmstadt 1982, S. 29f.; auch EBEL, Lübisches Recht 1971, S. 307–317; auch Jürgen BOLLAND: Zu städtischen „Bursprake" im hansischen Raum, in: ZVLGA 36 (1956), S. 96–118.

312 Zu den Huldigungsritualen für die Stadtherren und das Ratsregiment vgl. ALBRECHT, Zeremonialräume 2010; weiter dazu auch Jörg ROGGE: Stadtverfassung, städtische Gesetzgebung und ihre Darstellung in Zeremoniell und Ritual in deutschen Städten vom 14. bis 16. Jahrhundert, in: Aspetti e componenti dell'identità urbana in Italia e in Germania (secoli XIV–XVI) – Aspekte und Komponenten der städtischen Identität in Italien und Deutschland (14.–16. Jahrhundert), hg. von Giorgio CHITTOLINI/Peter JOHANEK, Bologna/Berlin 2003, S. 193–226, hier S. 209–218.

1313 in den schriftlichen Quellen auf; die archäologischen Befunde sprechen allerdings dafür, dass es zeitgleich mit dem Rathaus erbaut wurde.[313] Die Giebelfassade wurde zum Fleischmarkt hin errichtet und entwickelte sich zum Symbol der Gerichtsbarkeit. Sie tritt zusammen mit der Laube auf, die sich in dieser Zeit schon am Rathaus befand und sich in der Folge als Ort der Rechtsprechung prägend für die norddeutschen Rathäuser durchsetzte.[314] Zuvor befand sich das Gericht am Koberg in der kaiserlichen Vogtei, die aber spätestens nach dem Stadtbrand im Jahre 1276 vermauert wurde.[315] Dies spricht nicht nur für die Aufgabe der Funktion, sondern ließ darüber hinaus auch die ehemalige Zuständigkeit des Vogtes unsichtbar werden.

Auf dem Marktplatz stand seit etwa 1150 auch die Marienkirche.[316] Der Sakralbau wurde nach einer kurzen romanischen Bauphase in der Mitte des 13. Jahrhunderts zu einer Hallenkirche umgebaut.[317] Der Bautypus der Hallenkirche wird als Ausdruck des Freiheitswillens der Bürgerschaft gedeutet, da die gleichhohen Schiffe Ebenbürtigkeit suggerieren. Dadurch ist die Marienkirche ein Zeichen „urbaner Emanzipation".[318] Neben diesem Gedanken, der die Repräsentation betrifft,[319] war auch die Funktionalität bei der Wahl der Bauform ausschlaggebend: In der Kirche fanden größere

---

313   ERDMANN, Archäologie 1988, S. 106; auch DERS., Plätze 1991, S. 15.

314   Stephan ALBRECHT: Die Laube als Mittel der Repräsentation in den Rathäusern des südlichen Ostseeraumes, in: Aspekte 2003, hg. von CHITTOLINI/JOHANEK 2003, S. 227–247, hier S. 238f.

315   ALBRECHT, Zeremonialräume 2010, S. 245; dazu Jens Christian HOLST: Das Haus Koberg 2 in Lübeck – zur Stratigraphie eines Baudenkmals, in: Bauforschung und Denkmalpflege, hg. von Johannes CRAMER, Stuttgart 1987, S. 96–109, hier S. 106f.

316   Helmoldi Chronica Slavorum, S. 130–134, cap. 69, hier S. 134: der Bischof Vicelin aus Oldenburg [...] *venit quoque ad novam civitatem quae Lubeke dicitur confortare manentes illic et dedicavit ibi altere domino Deo.* Eine Kirche kann in der Zeit allerdings weder durch weitere Quellen noch archäologisch nachgewiesen werden. Es ist also fraglich, ob tatsächlich die Marienkirche gemeint ist; auch UNTERMANN, Plätze 2010, S. 65, zum Platzensemble.

317   EBD., S. 41f., zu den technischen Voraussetzungen und Umbauverfahren, weiter Hans-Joachim KUNST: Die Marienkirche in Lübeck. Die Präsenz bischöflicher Architekturformen in der Bürgerkirche, Worms 1986.

318   Vgl. KALLEN, Kunst 2002, S. 39.

319   Vgl. zum Repräsentationsanspruch Johannes ZAHLTEN: Mittelalterliche Sakralbauten der südwestdeutschen Städte als Zeugnisse bürgerlicher Repräsentation, in: Stadt und Repräsentation, 31. Arbeitstagung in Pforzheim 1992 (= Stadt in der Geschichte, Bd. 21), hg. von Bernhard KIRCHGÄSSNER/Hans-Peter BECHT, Sigmaringen 1995, S. 77–91.

bürgerliche Versammlungen statt[320] und zum Teil auch nach dem Bau des Rathauses noch Ratsversammlungen. Die Besonderheit in der Rechtsform der Marienkirche war allerdings, dass der Rat keine Vikarie, eine rechtsfähige private Stiftung, besaß, die eine Kontrolle durch weltliche Patrone zugelassen hätte. Der Rat besaß lediglich vier Kommenden, mittels derer Einkünfte aus Kirchenvermögen ohne Amtspflichten übertragen wurden. Dies hängt damit zusammen, dass die Marienkirche eine Filiale des Doms war und keine tatsächliche Ratskirche.[321] Dennoch versuchte der Rat mehrfach, seinen Einfluss geltend zu machen, wie beispielsweise im Jahre 1281, als er die Pfarrstelle eigenmächtig mit einem ortsfremden Pfarrer zu besetzten suchte. Der Kandidat war jedoch nicht wie vorgeschrieben ein Mitglied des Domkapitels, weshalb es zu erheblichen Auseinandersetzungen mit dem amtierenden Bischof Burchard von Serkem kam. Erst an der Kurie wurde der Rechtsstreit zugunsten des Bischofs entschieden.[322] Trotz der rechtlichen Beschränkungen zeigte sich die enge Verbindung des Rates zu Sankt Maria daran, dass die Ratsglocken im Kirchturm hingen.[323] Oberhalb der Herrenkapelle befand sich weiterhin die Tresenkammer, die mit dem Wappen der Stadt als Eigentum gekennzeichnet wurde. Hier wurden die Urkunden und städtischen Privilegien aufbewahrt.[324]

Zu weiteren topographischen Verschiebungen der herrschaftlichen Zentren kam es in Lübeck nicht. Dies betrifft jedoch nicht den Ausbau und die Gestaltung der Stadt mit repräsentativen Bauten. Am Ende des 13. Jahrhunderts wurde nach den sogenannten Knochenhaueraufständen, bei denen die Handwerker

---

320 MECKSEPER, Kunstgeschichte 1982, S. 221f.

321 Uwe HECKERT: Die Ratskapelle als Zentrum bürgerlicher Herrschaft und Frömmigkeit. Struktur, Ikonographie und Funktion, in: BDLG 129 (1993), S. 139–164, S. 153; mit Max HASSE: Die Marienkirche zu Lübeck, München 1983, S. 70f.; sowie DERS.: Der Lübecker Rat und die Marienkirche, in: ZVLGA 64 (1984), S. 39–50.

322 RADTKE, Kirchenkampf 2004, S. 169f.: Das Urteil wurde am 11.05.1284 verkündet, vom Rat angefochten, aber in einem Vergleich vom 11.02.1286 geklärt. Das Urteil wurde auf alle Pfarrkirchen der Stadt ausgeweitet; auch HOFFMANN, Lübeck 2008, S. 288f., zur Situation zwischen Bischof, Domkapitel und Stadt.

323 Elsbeth LIPPERT: Glockenläuten als Rechtsbrauch (= Das Rechtswahrzeichen. Beiträge zur Rechtsgeschichte und rechtlichen Volkskunde, Bd. 3), Freiburg 1939, S. 40; auch Ahasver VON BRANDT: Geist und Politik in der Lübeckischen Geschichte, Lübeck 1938, S. 88f.; HECKERT, Die Ratskapelle 1993, S. 157; auch MERSIOWSKY, Öffentlichkeit 2010; und Eberhard ISENMANN: Ratsliteratur und städtische Ratsordnung des späten Mittelalters und der frühen Neuzeit. Soziologie des Rats – Amt und Willensbildung – politische Kultur, in: Stadt und Recht im Mittelalter. La Ville et le Droit au moyen Âge (= Veröffentlichungen des Max-Planck-Instituts für Geschichte, Bd. 174), Göttingen 2003, hg. von Pierre MONNET/Gerhard OEXLE, S. 214–479, hier S. 376.

324 HECKERT, Die Ratskapelle 1993, S. 13–57.

unter Führung der Fleischer in den Rat strebten, in der Ratswahlordnung festgelegt, dass nur gewählt werden darf, wer [...] *nin ammet hebbe van heren* [...] und [...] *dhe sine neringe mit handwerke nicht* [...] *geh wunnen hebbe.*[325] Auch während der verfassungsrechtlich unruhigen Zeiten blieb die Sichtbarkeit der Reichsfreiheit in der topographisch-räumlichen Untergliederung weitgehend gleich. Der alte Rat konnte sich auch nach zeitweise erfolgten Umschwüngen durchsetzen, weshalb keine baulichen Veränderungen am herrschaftlichen Zentrum durchgeführt wurden, wie dies in Augsburg der Fall war. Die ratsfähigen Familien zählten in der Praxis zur sozialen Oberschicht[326] und es befanden sich [...] *rike koplude unde de rike van gude weren* [...][327] im Rat. Diese hatten die finanziellen Möglichkeiten, ihre politischen Ansprüche auch im Stadtraum sichtbar zu machen, was sich nicht nur öffentlich, sondern auch in den Bemühungen um die Ausgestaltung privater und sakraler Räume zeigt.[328]

Durch die Anlage und Verlagerung der Plätze verschob und änderte sich das innere Raumgefüge Lübecks. Es wurden dadurch auch Arbeiten am Straßensystem vorgenommen. So fand man bei Ausgrabungen Substruktionen und Reste von Bohlenwegen, die parallel zu den ersten Steinbebauungen angelegt worden waren. Dadurch tritt immer deutlicher eine Nord-Süd-Ausrichtung der Stadtgestalt hervor.[329] Ein ähnliches Phänomen existierte

---

325 Das alte Lübische Recht, hg. von Johann Friedrich HACH, Lübeck 1839, S. 170; dazu EBEL, Lübisches Recht 1971, S. 229f.

326 Zur Ratszusammensetzung auch EBEL, Lübisches Recht 1971, S. 228f.; dazu Rolf HAMMEL: Hauseigentum im spätmittelalterlichen Lübeck. Methoden zur Sozial- und Wirtschaftsgeschichtlichen Auswertung der Lübecker Oberstadtbuchregesten, in: Archäologische und schriftliche Quellen zur spätmittelalterlichen-neuzeitlichen Geschichte der Hansestadt Lübeck. Materialien und Methoden einer archäologisch-historischen Auswertung (= Lübecker Schriften zur Archäologie und Kunstgeschichte, Bd. 10), hg. von Alfred FALK/Rolf HAMMEL, Bonn 1987, S. 85–300, hier v. a. S. 89f., hier S. 149.

327 Vgl. die Detmar-Chronik 1105–1276, S. 581; unter den letztgenannten versteht man Rentner, die ihr Geld anlegten, aber nicht mehr aktiv am Handel beteiligt waren; zum Aufstand auch Ulrich BÜNING: Die Fleischhauerstraße zu Lübeck. Leben und Arbeiten vom Mittelalter bis heute – dokumentiert durch historische Schriften, Funde, Fotos und Zeichnungen, München 2005; zur Zusammensetzung früher Führungsschichten vgl. Franz IRSIGLER: Kaufmannsmentalität im Mittelalter, in: Mentalität und Alltag im Spätmittelalter, hg. von Cord MECKSEPER, Elisabeth SCHRAUT, Göttingen ²1991, S. 53–75, hier S. 65.

328 Zur Repräsentation der Herrschaft in sakralen Räumen vgl. RÜTHER, Repräsentation 2000.

329 Dazu Monika REHMANN: Frühe Straßenanlagen in Lübeck – Ergebnisse einer Notbergung in der Breiten Straße 1984, in: Lübecker Schriften zur Archäologie und Kulturgeschichte 22 (1992), S. 201–215, hier S. 208f.; auch Doris MÜHRENBERG: Archäologische und bau-

auch in Augsburg. Hier bestand die Nord-Süd-Verbindung, die die Siedlung der Kaufleute mit den Handelsstraßen verband, bereits seit Anbeginn.[330] Noch im 12. Jahrhundert ließ der Bischof eine Ausfallstraße erbauen, die nördlich des Perlachbergs über den heutigen Schmiedberg und die Pilgerhausstraße führte. Am Ende des 13. Jahrhunderts ließen die Bürger diese vom Bischof weg verlegen – direkt über den Perlach und weiter durch das Sträfinger Tor nach Osten. Entlang der Straße siedelten sich im Laufe des folgenden Jahrhunderts Fernhändler an, die die Grundlage für die Entwicklung der Jakober Vorstadt bildeten (Karte 4). Die zentralörtliche Funktion des Perlachs wurde hier für den Handel und darüber hinaus eindeutig bestätigt: Der Ort nahm eine Vermittlerrolle zwischen reichstädtischer politischer Kommunikation und den praktischen Handelsaktivitäten ein.[331] Das Gebiet ging mit dem Erwerb der Vogtei vom Rechtsbereich des Bistums an das Reich über. In dieser Zeit traten zunehmend die Bürger der Stadt in Urkunden auf, und ließen sich Rechte zusichern, die bauliche Aktivitäten auf dem Platz betrafen. Es kam zu Befestigungsarbeiten, wie man sie auch bei den Maßnahmen zur Gewinnung von Bauland in Nürnberg und Lübeck feststellen konnte. Dadurch wurde das Gebiet als Baugrund erschlossen, gesichert und auf neue Funktionen vorbereitet: Um den vermehrt repräsentativen und wohl auch ästhetischen Zwecken gerecht zu werden, wurde der Platz vermutlich in der zweiten Hälfte des 13. Jahrhunderts an der Hangkante mit einer Stützmauer und einer integrierten Treppe versehen. Die Indizien hierfür liefert eine Urkunde aus dem Jahre 1273, als Heinrich von Rechberg, Propst von Sankt Peter, mit Zustimmung von Bischof Hartmann und seinen Chorherren Läden an der Perlachmauer und an der Treppe verlieh.[332] Der Platz wurde zunehmend zum Kristallisationskern der Bürger und ihrer wichtigsten reichsstädtischen Bauten. Eine der wesentlichsten bildlichen Quellen für das Aussehen des Perlachs um 1500 ist das Jahreszeitenbild von Oktober bis Dezember aus einem vierteiligen Bilderzyklus,

---

     geschichtliche Untersuchungen im Handwerkerviertel zu Lübeck. Befunde Hundestraße 9–17, in: Lübecker Schriften zur Archäologie und Kulturgeschichte 16 (1989), S. 233–290.

330   Zur Topographie vgl. HERZOG, Werden 1955, S. 94. Die These wird ebenfalls durch die Archäologie gestützt.

331   Zur kommunikativen Bedeutung vgl. SCHWERHOFF/RAU, Öffentliche Räume 2004, S. 45.

332   Da der Perlach selbst nicht ummauert war – die Stadtmauer verlief unterhalb des Hügels entlang des Stadtgrabens – kann hier nur eine Art Substruktion mit einer integrierten Treppe gemeint sein. Vgl. die Urkunde von 1273 im StadtA Augsburg, zitiert nach Placidus BRAUN: Geschichte des Collegiatsstiftes St. Peter auf dem Perlach in Augsburg, in: Conferenz-Arbeiten der augsburgischen Diöcesan-Geistlichkeit im Pastoralfache und anderweitigem Gebiete der practischen Theologie 1837, S. 239–260, hier S. 250f. Die Urkunde war aufgrund der Auslagerung von Urkundenbeständen im Stadtarchiv Augsburg zur Zeit der Abfassung dieser Arbeit nicht zugänglich.

ABB. 1 *Der Perlach in Augsburg: Markttreiben und der Auszug der Ratsherren aus dem Rathaus. Das Augsburger Monatsbild für Oktober, November, Dezember. Augsburg, 1. Hälfte 16. Jahrhundert. Deutsches Historisches Museum, Inv.-Nr. 1990/185.4.*
© DEUTSCHES HISTORISCHES MUSEUM BERLIN/A. PSILLE.

der wohl in der ersten Hälfte des 16. Jahrhunderts entstand (Abb. 1).[333] Auf dem Bild sind die wichtigsten Gebäude zu sehen: Links ein als „Alte Metzg" oder Schlachthaus angesprochenes Gebäude, die Ratskirche Sankt Peter mit dem Stadtturm und rechts davon das Rathaus.[334] Diesen Sitz der erstmals 1257 genannten *consules*[335] findet man bereits 1260: Der Augsburger Bischof

---

[333] Vgl. das Augsburger Monatsbild: Oktober, November, Dezember", im: Deutschen Historischen Museum, Berlin, Inv.-Nr. 1990/185.4. Die exakte Datierung sowie der Auftraggeber und der Künstler sind nicht bekannt. Zu den aktuellen Diskursen vgl. Heinrich DORMEIER: Kurzweil und Selbstdarstellung. Die „Wirklichkeit" der Augsburger Monatsbilder, in: Kurzweil 2001, hg. vom DEUTSCHEN HISTORISCHEN MUSEUM BERLIN, S. 148–232; BOOCKMANN, Lebensgefühl 2001; Heinz SCHILLING: „Ruhe im Sturm." Zum historischen Hintergrund, in: Feste 2007, S. 34–45; eine Abzeichnung aus der zweiten Hälfte des 16. Jhs. ist heute noch im Maximilianmuseum in Augsburg zu sehen. Dieses Bild weicht in Details jedoch vom Original ab, weshalb in der vorliegenden Arbeit das Originalgemälde betrachtet wird.

[334] Eine detaillierte Bildbeschreibung findet sich bei DORMEIER, Kurzweil 2001, S. 184–196.

[335] Dazu die Urkunde von 1257 in: UBA 1, S. 15–17, Nr. 15. Nach MÖNCKE, Bischofsstadt 1971, S. 121f., sei die Zeugenliste in der Urkunde vom 09.05.1251 ein Indiz für einen bestehenden Stadtrat. Da das bischöfliche Vokabular häufig versuchte, über eine selbständige

102   KAPITEL 2

Hartmann entschied eine Streitsache zwischen den Chorherren von Sankt
Peter und der Stadt, die bezüglich der Verwendung des Platzes zwischen
dem Stift und dem *domus civium* entstand. Die Entscheidung wurde zugunsten der Stadt gefällt, die dort befindliche Stiftsgebäude abreißen durfte, um
den Platz für ein Ratsgebäude zu vergrößern und Raum für eine Treppe zu
schaffen.[336] Laut der Urkunde befand sich dort, wo das Haus erbaut wurde,
ein *pretorium*, das möglicherweise als Sitz des Vogtes zu deuten ist, weshalb sich eine Traditionslinie erkennen lässt, denn der Vogt hatte nach dem
Stadtbuch dreimal jährlich im Rathaus zu tagen.[337] Ob der Bau jedoch von der
Bürgerschaft selbst initiiert worden war, lässt sich nicht feststellen, ist jedoch
anzunehmen.[338] Da das im 11. Jahrhundert eingerichtete Kollegiatsstift Sankt
Peter eng mit dem Bischof verbunden war,[339] kann man durch das Auftreten
der Bürger schließen, dass sie sich den Platz auf Kosten des Stadtherren zunehmend sicherten. Vorweg gingen jahrelange Streitigkeiten zwischen dem
von Papst Innozenz IV. (1243–1254) ernannten Bischof Hartmann und den
staufisch gesinnten Bürgern, die sich im Verlauf der Auseinandersetzungen
zahlreiche Rechte sicherten, wie z. B. das Besetzungsrecht der Mauern und
Tore sowie das Steuerrecht.[340] In einer Urkunde vom 01.03.1293 wird der Streit

---

     Bürgervertretung hinweg zu sehen, sei eine fehlende Nennung der *consules* kein Beleg
     für eine Nichtexistenz. Die im Vergleich zu anderen Reichsstädten in Schwaben relativ
     späte Nennung wird bei PLANITZ, Stadt 1954, S. 306, auf die Stärke der Bischöfe zurück-
     geführt. Ab 1260 erscheinen *consules et universi cives* in den städtischen Gerichts- und
     Ratsurkunden als Aussteller; dazu die Urkunde vom 07.10.1264, in: UBA 1, S. 23, Nr. 26.

336   Dazu die Urkunde von 1260, in: UBA 1, S. 19f., Nr. 21, hier S. 19: [...] *super area sita inter mo-*
     nasterium s. Petri et domum civium predictorum ex altera, et ipsi cives quedam edificiorum
     menia ad memoratam ecclesiam cum eadem area jure proprietatis pertinentia indebite de-
     struxissent [...].

337   Vgl. das Stadtbuch von Augsburg, S. 134–136, Art. 70, 71.

338   Hier u. a. KREUZER, Werden 1988, S. 60.

339   So wurden die Pröpste von St. Peter bis 1447 von den Bischöfen bestellt. Papst Nikolaus V.
     erlangte dann durch das Konkordat mit dem Römischen Reich die Ernennung der Pröpste,
     vgl. BRAUN, St. Peter 1837, S. 16; auf die Geschichte kann nicht näher eingegangen werden,
     siehe deshalb weiter auch Norbert BACKMUND: Die Kollegiat- und Kanonissenstifte in
     Bayern, Windberg 1973; auch Walter PÖTZL: Augusta sacra. Augsburger Patrozinien des
     Mittelalters als Zeugnisse des Kultes und der Frömmigkeit, in: Jahrbuch des Vereins für
     Augsburger Bistumsgeschichte 9 (1975), S. 19–75.

340   Urkunde vom 09.05.1251, in: UBA 1, S. 9–11, Nr. 9: *portas urbis seu civitatis nostrae univer-*
     sas constructas et construendas [...] *Ad hec circa conditiones ipsorum civium id volumus et*
     promittimus firmiter observare [...]. Die in der Urkunde genannten Rechte wurden den
     Bürgern am 04.05.1254 bestätigt. Zusätzlich durften die Bürger nun an den Stadttoren ein
     Ungeld erheben, die Zollhoheit blieb jedoch weiterhin beim Bischof.

›SHAPING‹: DIE »PHYSIOGNOMIEN« DER REICHSUNMITTELBARKEIT

endgültig beigelegt und festgeschrieben, dass die [...] *burger den Berg haben unter und ober der Erd, und bauen und machen, was sie wollen, ohne dass sie [...] etwas machen, davon das Münster möchte verbrennen [...].*[341] Dadurch ging der Platz städtebaulich komplett an die bürgerliche Stadt über.

Die alte Metzg, links auf dem Bild, steht hier symbolisch für die Zünfte. Diese hatten seit dem Ende des 14. Jahrhunderts eine wichtige Rolle in der politischen und baulichen Gestaltungen der Stadt sowie des Perlachbergs inne. Ausschlaggebend war die sogenannte „Zunftrevolution" des Jahres 1368, die einen Wandel in der ratsherrschaftlichen Organisation mit sich brachte.[342] Die Augsburger Handwerksmeister schlossen sich in diesem Jahr zusammen und zogen in einem politischen Akt bewaffnet zum Sitz des Stadtrates.[343] Sie forderten vor allem politisches Mitspracherecht, denn bis dahin war es nach dem im Jahre 1276 angelegten Stadtbuch denjenigen vorbehalten, in den Stadtrat gewählt zu werden, die „Bürger" der Stadt waren – und um dieses Bürgerrecht zu erlangen, war es notwendig, durch Geburt der städtischen Oberschicht anzugehören oder Grund und Boden in der Stadt zu besitzen. Folglich formierte sich der Rat überwiegend aus dem Stadtadel und den reichen Kaufleuten, welche die finanziellen Mittel besaßen, um Grundbesitz zu erwerben. Der Aufstand war insoweit von Erfolg gekrönt, dass infolgedessen die Mehrheit der in Augsburg vorhandenen Zünfte, 17 an der Zahl, in den Rat kam. Die Zusammenarbeit der verschiedenen sozialen Gruppierungen führte zu keinem kompletten Umschwung, aber unverkennbar zu einem gewissen

---

341 Vgl. die Urkunde vom 01.03.1293 im StadtA Augsburg, zitiert nach BRAUN, St. Peter 1837, S. 252.

342 Allgemein dazu SCHMIEDER, Stadt 2012, S. 104; weiter Friedrich BLENDINGER: Die Zunfterhebung von 1368, in: Augsburg 1985, hg. von GOTTLIEB, S. 150–153, mit einem kritischen und ausführlichen Überblick; weiter auch IRSIGLER, Kaufmannsmentalität 1991, S. 66f.; dazu ISENMANN, Stadt 1988, S. 191, mit der Kritik an dem Begriff der „Zunftrevolution," da kein Umsturz der politischen Verhältnisse, sondern eine Mitregierung beabsichtigt gewesen sei. Da die revolutionäre Dynamik nicht verkannt werden sollte, es in Augsburg u. a. zu blutigen Straßenkämpfen kam und Mitglieder des Alten Rates vertrieben oder zum Teil hingerichtet wurden, ist der Begriff hier durchaus berechtigt.

343 Dazu die Chronik des Hector Mühlich, S. 5: *Nach Christi gepurt 1368 jar [...] wapnoten sich hie zů Augspurg alle hantwerck [...]. des morgens an sant Severinus tag kamen auf den Perlach 24 paner und ihre hantwerck, all gewapnot. [...] da kame auf das haus newer und alter raut [...] und warden baid thüren der stuben und des ratshaus wol besetzt und behüet [...];* die Chronik des Burkhard Zink, s. 1; dazu auch die ratsnahe CHRONIK 1368–1406: Diese Chronik beginnt mit der Zunfterhebung 1368, was auch die Einordnung des Aufstands als bedeutendes Ereignis durch die Zeitgenossen verdeutlicht.

104 KAPITEL 2

gesellschaftlichen Ausgleich.[344] Diese neue Verfassung wurde 1374 von Karl IV. bestätigt, nachdem die Stadt den Kaiser finanziell unterstützt hatte.[345] Da die Zünfte in Folge eigene Zunfthäuser rund um den Perlach erbauten, kann man deutlich erkennen, dass die einzelnen Korporationen in das politische und städtebauliche Zentrum der Reichsstadt strömten, was auch die städtebauliche Gestalt veränderte und ästhetischen Ansprüchen folgend umgestaltete. [346] Nach dem Chronisten Hektor Mühlich wurde 1391 [...] *die metzgk hie zů Augspurg auf dem Perlach gepawen und* [...] *die alt abgeprochen und ain platz daraus gemacht* [...].[347] Dass der Rat bewusst gegen die ältere Bebauung des Perlachs vorging, um neuen Bauplatz zu schaffen, zeigt sich wenige Jahre später 1398, als [...] *beschach ain grosse prunst do ietzo das prothaus stat, und pran alles ab bis gen parfůssen* [...].[348] Hier brannte ein Gebiet, das der Rat bereits 1392 vom Domkapitel erworben hatte.[349] Möglicherweise wurde es vorsätzlich abgebrannt, um neues Bauland zu gewinnen, denn daraufhin[350]

---

344 Dazu EHBRECHT, Konsens 2001, S. 42; BOSL, Bürgertum 1969, S. 32; Karl SCHNITH: Die Reichsstadt Augsburg im Spätmittelalter, in: Augsburg 1985, hg. von GOTTLIEB, S. 153–166, hier S. 145; zur Entstehung der Zünfte in Augsburg vgl. Maximilian GLOOR: Politisches Handeln im spätmittelalterlichen Augsburg, Basel und Straßburg (= Heidelberger Veröffentlichungen zur Landesgeschichte und Landeskunde, Bd. 15), Heidelberg 2010, S. 164–175.

345 Vgl. BLENDINGER, Zunfterhebung 1985, S. 150f.; auch Erich MASCHKE: Verfassung und soziale Kräfte in der deutschen Stadt des späten Mittelalters, in: Vierteljahrsschrift für Sozial- und Wirtschaftsgeschichte 46 (1959), S. 289–349, hier S. 309–311; und ZORN, Augsburg 2001, S. 174–179.

346 Laut Hille DEMMLER-MOSETTER hätte die Zunftverfassung keine „individuelle Prachtentfaltung" bewirkt, was hier revidiert wird, vgl. Hille DEMMLER-MOSETTER: Die Augsburger Altstadt. Einige Determinanten städtebaulicher Entwicklung – eine Gestaltanalyse aus sozialgeographischer Sicht (= Angewandte Sozialgeographie, Nr. 10), Augsburg 1985.

347 Aus der Chronik des Hector Mühlich, S. 40; dazu die Chronik von 1368–1406, S. 94.

348 Aus der Chronik des Hector Mühlich, S. 46.

349 Vgl. die Urkunde vom 10.05.1392, in: UBA 2, S. 255f., Nr. 775; dazu die Kopie des Tauschbriefs, in: StadtA Augsburg, Reichsstadt, Rat, Geheimer Rat, Beziehungen zu Hochstift, Bischof, Domkapitel (1408–1792), Nr. 28; Probst und das Domkapitel tauschten Grund und Boden, genannt [...] *des kaisers hofstat* [...] mit den Bürgern der Stadt Augsburg. Möglicherweise ist von ehemaligem Reichsgut die Rede, vgl. dazu u. a. JAHN, Topographie 1985, hier S. 24–28; KREUZER, Verhältnis 1988, S. 54–57.

350 Nach der anonymen Chronik wurde der Bereich von der Stadt mit Gewalt eingenommen, vgl. die Anonyme Chronik 991–1483, in: Die Chroniken der schwäbischen Städte. Augsburg, Bd. 2 (= Die Chroniken der deutschen Städte vom 14. bis ins 16. Jahrhundert, Bd. 5), Göttingen 1965, S. 453–528, hier S. 463.

›SHAPING‹: DIE »PHYSIOGNOMIEN« DER REICHSUNMITTELBARKEIT 105

[...] *ward alles abgeprochen, da dise stat die heuser pawet* [...],[351] unter anderem die Zunfthäuser der Bäcker und Schuster. Demnach kann man hier ein Gestaltungsprogramm des Rates erkennen, das die herrschaftliche Bedeutung des Platzes verdeutlicht.[352]

Die Bindung des de jure dem Bischof unterstehenden Stifts Sankt Peter an den Rat lässt sich aufgrund seiner Tradition erklären: Es ist durchaus wahrscheinlich, dass der Kirchenraum auch als Versammlungsraum der Bürgerschaft des ehemaligen *suburbiums* genutzt wurde, denn auch der Sitz der Gerichtsbarkeit befand sich vor dem Bau des Rathauses in Sankt Peter.[353] Nachdem die Zünfte 1368 in den Rat eingezogen waren, legte man fest, dass vor der jährlichen Ratswahl am Dreikönigstag in St. Peter ein Gottesdienst stattfinden sollte.[354] Ebenso wurde vor jeder Ratssitzung eine Messe gelesen,[355] weshalb man aufgrund der Funktion von einer Ratskirche sprechen kann. Es ist möglich, dass die westlichen Gewölbe als Lagerraum der Stadt genutzt wurden, da bis zum Bau des neuen Rathauses 1385 in den städtischen Rechnungsbüchern nicht näher definierte jährliche Zahlungen von fünf rheinischen Gulden aufgeführt sind, die dann abrupt enden.[356] In den unteren Geschossen der steinernen Stadttürme waren zum Schutz vor Feuer Archive der Stadt eingerichtet, die in dieser Form auch für Augsburg in Erwägung gezogen werden können.[357] In der Tat erhob sich über den westlichen Gewölbekapellen der sogenannte Perlachturm, der mit Sankt Peter baulich verbunden war.[358] Spätestens seit

---

351   Vgl. die Chronik des Hector Mühlich, S. 47.

352   Die politische Bedeutung des Hauptplatzes zeigt sich auch in Novara, da hier die Zünfte jahrhundertelang um ihre Macht rangen, dazu ANDENNA, Ambiguität 2005, S. 136–140.

353   Vgl. die Urkunde vom 13.08.1243, in: Hermann HOFFMANN: Die Urkunden des Reichsstiftes Kaisheim 1135–1287 (= Schwäbische Forschungsgemeinschaft, Reihe 2a, Bd. 11), Augsburg 1972, S. 64–66, Nr. 93; das vermutet auch Helmut MAURER: Die Ratskapelle. Beobachtungen am Beispiel von St. Lorenz in Konstanz, in: Politische Architektur in Europa vom Mittelalter bis heute – Repräsentation und Gemeinschaft, hg. von Martin WARNKE, Köln 1984, S. 296–308, S. 299, für Konstanz.

354   Vgl. dazu die Urkunde nach dem 21.12.1368, in: UBA 2, S. 154f., Nr. 614.

355   Vgl. EBD.; auch HECKERT, Ratskapelle 1993, S. 156.

356   Leo J. WEBER: St. Peter am Perlach in Augsburg (= Schnell Kunstführer, Nr. 1540), Regensburg, ²1994; WEBER 1994, S. 6, bezieht sich auf einen Vertrag zwischen Burggraf und Stift, in dem Rechte an Gewölben verliehen wurden, in denen sich Stadtsiegel, Stadtkasse und Stadtbuch ehemals befanden; allgemein zur Archivfunktion der Ratstürme vgl. ISENMANN, Stadt 2014, S. 110f.

357   ALBRECHT, Rathäuser 2004, S. 36.

358   Zur frühen Funktion vgl. WEBER, St. Peter 1994, S. 6, zur Kirchturmthese; Carmen ROLL: St. Peter am Perlach in Augsburg. Wallfahrtskirche zur Gottesmutter „Maria

1276 befand sich der Turm im reichsstädtischen Verfügungsbereich, denn nach dem Stadtbuch hing hier die Sturmglocke, die [...] *in der burger gewalt sol sin*.[359] Die Installation von Glocken hatte nicht nur rein pragmatische Gründe – z. B. als Signal bei Gefahr oder wenn man die Bürger versammeln wollte[360] –, sondern sie wurden auch verwendet, um bestimmten Handlungen und Situationen eine höhere Publizität zu verleihen und neuen Gesetzen offiziell ihre Rechtskraft zu bestätigen. Das Recht, die Sturmglocke zu läuten, wurde im Stadtbuch darüber hinaus dem Vogt eingeräumt, [...] *so er rihten will uber diebe, uber rauber, uber morder, uber den totslac, unde uber alle schaedeliche lute*.[361] Der Bischof durfte sich die Glocke nur mit der Erlaubnis des Vogtes zu Nutze machen, wenn [...] *ez si umbe di lipnar oder umbe sine münzze* [...],[362] den beiden Kompetenzen, die auch nach 1276 noch in seinem Verfügungsbereich lagen.[363] Zudem bekamen die Glocken rituelle Funktionen zugewiesen: dem Kaiser zu Ehren wurden, wenn er sich in der Stadt befand, die Glocken geläutet, was erstmals für das Jahr 1418 bezeugt ist, als König Sigismund in Augsburg weilte. [...] *und was geordnet die ratglock zů dem feur und die sturmglogk zů auflauf* [...].[364] Der Kaiser wurde für die Bewohner durch das Geläute hörbar, was die aufgeladene symbolische Bedeutung der ratsherrschaftlichen Gebäude für den Perlach unterstreicht. Außerdem wurde der Platz durch Huldigungen, die uns ab dem 14. Jahrhundert überliefert sind, zu einem Zeremonialraum. Nicht

---

       Knotenlöserin", Augsburg 2006, S. 14f.; und Walter HAAS/Ursula PFISTERMEISTER: Romanik in Bayern, Stuttgart 1985, S. 256, zur Stadtturm-These.

359   Vgl. das Stadtbuch von Augsburg, S. 64f., Art. 23.

360   EBD., S. 50, Art. 17: *Sie suln auch den turn uf berlaich bewahten durch daz iar ane lon des nahtes, unde suln auch die sturmgloggen luten, ze swelher noete ir der vogt oder die burger bedurfen tages oder nahtes.* Dazu ROLL, St. Peter 2006, S. 15; auch BRAUN, St. Peter 1837, S. 252: anfangs waren die Weinträger die Wächter.

361   Vgl. das Stadtbuch von Augsburg, S. 64f., Art. 23.

362   EBD.

363   Ursprünglich lag das Recht der Lebensmittelüberwachung alleine beim Burggrafen. Dem Rat wurde 1276 das Mitspracherecht eingeräumt. Allgemein dazu MÖNCKE 1971, S. 147; dazu das Stadtbuch von Augsburg, S. 13–15, Art. 7, und S. 195, Art. 118; 1283 erließ die Stadt bereits unabhängig vom Burggrafen eine Bäckerordnung, was als Zeichen steigender Autonomie zu werten ist, dazu die Urkunde vom 29.03.1283, in: UBA 1, S. 57f., Nr. 76; zur Münze vgl. das Stadtbuch von Augsburg, S. 19, Art. 8.

364   Vgl. dazu die Chronik des Hector Mühlich, S. 63.

,SHAPING': DIE »PHYSIOGNOMIEN« DER REICHSUNMITTELBARKEIT

nur die Ratsherren, sondern auch die Reichsoberhäupter präsentierten sich hier ihrer Stadt und schufen damit eine politische, reichsstädtische Bühne.[365] In Nürnberg lassen sich große Gestaltungsmaßnahmen für herrschaftliche Plätze erst ab dem 14. Jahrhundert feststellen. Karl IV. betonte in der Urkunde vom 16.11.1349

> [...] *daz wir angesehen haben solchen gebrechen, der gemeinlich ist untz her gewesen in der stat zu Nûrnberg, bei namen daran, daz in derselben stat kein grozzer platz nicht enist, daran die leut gemeinlichen an gedienge kaufen und vorkaufen mûgen und andirr iren nutz schaffen* [...].[366]

In Anlehnung an den Karlsplatz, das neue Zentrum des kaiserlich-luxem-burgischen Hauses,[367] wurde dort aufgrund des Fehlens eines großflächigen Handelsplatzes ab 1349 der Hauptmarkt errichtet.[368] Um eine freie Fläche zu schaffen, mussten alte Siedlungsbereiche und Gebäude weichen. Aus diesem Grund befand er

> [...] *daz es uns, dem Reich, der stat und den burgern da selbest zu Nuremberg irlaubet und erlauben auch mit disem brief, daz si alle di judenhauser zu Nuremberg, die gelegen sint zwischen Frantzen des Hallers und Fritz des Beheims heuser, und darzu di Judenschul* [...] *brechen mûgen und sullen*

---

365 ALBRECHT, Zeremonialräume 2010, S. 237; ROGGE, Stadtverfassung 2003, S. 210, vgl. dazu Kapitel IV, 1.2.

366 Urkunde vom 16.11.1349, in: Dokumente des deutschen Reichs und seiner Verfassung 1349 (= MGH Const. 9), bearbeitet von Margarete KÜHN, hg. von der AKADEMIE DER WISSENSCHAFTEN DER DDR/Zentralinstitut für Geschichte, Weimar 1974–1983, S. 481f., Nr. 616.

367 Dazu UNTERMANN, Plätze 2010, S. 66f.; auch Lorenc VILÉM: Das Prag Karls IV. Die Prager Neustadt, Stuttgart 1982; mit Iva ROSARIA: Art and Propaganda. Charles IV of Bohemia, 1346–1378, Woodbridge 2000, S. 7–13, zur Kunstpatronage in Böhmen; auch Lenka BOBKOVÁ: Corona Regni Bohemiae und ihre visuelle Repräsentation unter Karl IV., in: Kunst als Herrschaftsinstrument. Böhmen und das Heilige Römische Reich unter den Luxemburgern im europäischen Kontext, hg. von Jiri FAJT/Andrea LANGER, Berlin/München 2009, S. 120–135.

368 FLEISCHMANN, Nürnberg 2003, S. 83–88; Der Hauptmarkt im Spiegel der Zeit. Ausstellungskatalog der Museen der Stadt Nürnberg/Stadtmuseum, Fembohaus, Nürnberg 2003.

und darauz zwene pletzze machen, dy ewiclichen also bleiben und zu der stadt gemeintlich gehoren [...].[369]

Man entschied sich für das ehemalige Sumpfgebiet in der Sebalder Stadt, das im 13. Jahrhundert nach den Befestigungsmaßnahmen von der jüdischen Gemeinde besiedelt worden war. Die Stadt und der Rat wurden zum ausführenden Organ für die Baumaßnahmen und übernahmen in Folge gewaltsam die jüdischen Grundstücke.[370] Nur wenig später kam es zu einem Pogrom, während dem [...] *die juden vurden verprant an sant Niclos abent* [...].[371] Die Häuser der ermordeten Juden[372] wurden niedergelegt und die 1296 erbaute Synagoge ließ man abreißen.[373] Hier wurde nach dem Erlass Karls IV. die Frauenkirche erbaut: [...] *daz man aus der judenschul sol machen eine kirchen in sant Marien ere unser frawen* [...].[374] Als Stifter tritt der Kaiser selbst auf, was im Jahre 1355 rechtlich fixiert wurde.[375] Die Kirche selbst wurde reich ausgestaltet und zum Ort herrschaftlicher Repräsentation sowie zum Schauplatz von Festen und Prozessionen.[376] Der Vorgang, eine jüdische Synagoge durch eine Marienkirche zu ersetzen oder in eine solche umzuwandeln, ist für diese Zeit im Reich nicht singulär.[377] Meist stand dieses Phänomen, wie auch in Nürnberg,

---

369   Urkunde vom 16.11.1349, in: StA Nürnberg, Rst. Nbg., Kaiserliche Privilegien 77; zitiert nach: Dokumente des deutschen Reichs und seiner Verfassung 1349, S. 481, Nr. 616.

370   Dazu mit ähnlichen Ergebnissen für die Stadt Rothenburg um 1404 auch BORCHARDT, Normensetzung 2005, S. 25.

371   Vgl. Ulman Stromer's Püchel, S. 25 zum 05.12.1349.

372   Vgl. Das Verzeichnis der zu Nürnberg 1349 Dez. 5–7 ermordeten Juden, in: Die israelitische Bevölkerung der deutschen Städte. Ein Beitrag zur deutschen Städtegeschichte. Mit Benutzung archivalischer Quellen, Bd. 3, Nürnberg im Mittelalter, hg. von Moritz STERN, Kiel 1894–1896, S. 181–190: Demzufolge wurden 592 Juden ermordet.

373   Vgl. dazu ALBRECHT, Zeremonialräume 2010, S. 240f., zur Vertreibung der Juden in Köln, um den Ausbau des Rathauses zu ermöglichen.

374   Vgl. die Urkunde im StadtA Nürnberg, A1, 1349 11 16; zur Frauenkirche auch FLEISCHMANN, Nürnberg 2003, S. 88–94.

375   Urkunde vom 09.07.1355, in: RI VIII, S. 176, Nr. 2168.

376   Vgl. Gerhard WEILANDT: Der ersehnte Thronfolger – Die Bildprogramme der Frauenkirche in Nürnberg zwischen Herrschaftspraxis und Reliquienkult im Zeitalter Kaiser Karls IV., in: Kirche als Baustelle. Große Sakralbauten des Mittelalters, hg. von Katja SCHRÖCK/Bruno KLEIN/Stefan BÜRGER, Köln/Weimar/Wien 2003, S. 224–242; UNTERMANN, Plätze 2010, S. 67; dazu vgl. Kapitel IV, 2.

377   Wolfgang GLÜBER: Die Judengaßen thet man zerstören/der hymelkünigin zu eren. Synagogenzerstörung und Marienkirchenbau, in: Maria – Tochter Sion? Mariologie, Marienfrömmigkeit und Judenfeindschaft, hg. von Johannes HEIL/Rainer KAMPLING, Paderborn/München/Wien/Zürich 2001, S. 163–186, zu dem komplexen Vorgang, der

in unmittelbarem Zusammenhang mit dem Anlegen von Marktplätzen oder mit Stadterweiterungen.[378] Die anfangs unter königlichem Schutz stehenden jüdischen Gemeinden wurden somit für diese im Zusammenhang mit kommunalen und auch reichspolitischen Interessen stehenden Baumaßnahmen aus dem Schutz des Reichs entlassen.[379] Man kann davon ausgehen, dass in Nürnberg nach dem Abbruch der jüdischen Häuser erneut Teile des Platzes planiert und aufgefüllt wurden. Aus dieser Zeit findet man auch Nachweise für eine Aufschüttung des Obstmarktes, die teilweise auf eine Höhe von bis zu 6,5 Metern reicht.[380] Dass das Vorgehen Karls IV. stark politisch motiviert war und er sich dadurch die Gunst seiner Parteigänger im Rat nach den im Jahr zuvor erfolgten Aufständen – über die im Anschluss berichtet wird – sichern wollte, zeigen kurz vor dem Pogrom ausgestellte Urkunden. In diesen erklärte der König, dass in der Stadt zwischen den Juden und den Bürgern Feindschaften bestünden, aufgrund derer die letzteren um ihr Leben und Gut fürchten müssten. Sollte es aus diesem Grunde zu einem Pogrom kommen, werde dies nicht durch das Reich entgolten.[381] In wieweit der Kaiser bei der Platzgestaltung regulierend eingriff, lässt sich anhand der Quellen nicht feststellen. Es ist jedoch sehr wahrscheinlich, dass Planung, Ausführung und Finanzierung in den Händen der Bürger und des Rates lagen, die dadurch die Möglichkeit erhielten, ihre eigenen Interessen zum Ausdruck zu bringen.

Wie der Urkundentext zeigt, war der Nürnberger Hauptmarkt, ebenso wie der in Prag, vornehmlich für den Handel gedacht. Die Marktfunktion für das Gebiet des jüdischen Viertels ist jedoch nicht neu. Hier befanden sich wohl bereits seit dem 13. Jahrhundert Buden und Stände, in denen Handel getrieben wurde.[382] Der Wittelsbacher Ludwig IV. hatte bereits vor Karl IV. nachhaltigen Einfluss auf die Stadtgestaltung, der ebenfalls zu Lasten der Nürnberger

---

hier nicht in all seinen Einzelheiten erläutert werden kann; ebenso Hedwig RÖCKELEIN: Marienverehrung und Judenfeindlichkeit in Mittelalter und früher Neuzeit, in: Maria in der Welt. Marienverehrung im Kontext der Sozialgeschichte 10.–18. Jahrhundert (= Clio Lucernensis, Bd. 2), hg. von Claudia OPITZ/Hedwig RÖCKELEIN/Gabriela SIGNORI/Guy P. MARCHAL, Zürich 1993, S. 279–307.

378 Siehe zu diesem Phänomen allgemein die Aufstellung von GLÜBER, Synagogenzerstörung 2001, S. 164, mit Anlage 1, S. 182–185, explizit zu Nürnberg, S. 185–167.

379 Vgl. u. a. Michael TOCH: Die Juden im mittelalterlichen Reich (= Enzyklopädie Deutsche Geschichte, Bd. 44), Oldenburg 2013, S. 69.

380 FRIESER/FRIEDEL, Juden 1999, S. 60f.

381 Urkunde vom 02.10.1349, in: StA Nürnberg, Rst. Nbg., Kaiserliche Privilegien 76.

382 Vgl. eine Schenkung an das Deutschordensspital: [...] *macellos, curtes et alia, que possidebant, sita infra stratam publicam et ecclesiam sancti Mauricii* [...], in: Urkunde vom Dezember 1236, in: NUB, S. 164f., Nr. 278; dazu auch FRIESER/FRIEDEL, Juden 1999, S. 55f.

Juden ging: Er erteilte 1315 das Recht, dass die Stadt diverse Anbauten vor den jüdischen Häusern niederreißen dürfe, wenn diese die – möglicherweise in der Schenkungsurkunde genannte – Straße behinderten.[383] Zudem erließ der Bamberger Bischof schon 1313, dass die ferner erwähnte Moritzkapelle an die Nordseite von Sankt Sebald verlegt werden solle, um auf dem dort situierten Friedhof den betriebsamen Handel einzudämmen.[384] An der frei gewordenen Stelle wurde vermutlich zunächst der ab 1319 erwähnte Salzmarkt angelegt und am Ende des 14. Jahrhunderts der Schöne Brunnen erbaut,[385] der in seiner Ausgestaltung selbst zu einem Symbol des Reichskörpers wurde und damit die Erfahrbarkeit des Reiches in diesem Ensemble von Markt und Frauenkirche manifestiert. Gesteigert wurde der Effekt durch zeremonielle Handlungen im Dienst und Zeichen von Reich und König: Im Jahre 1425 fand auf dem Hauptmarkt erstmals die Weisung der Reichskleinodien statt, nachdem Karls Sohn Sigismund angeordnet hatte, dass diese [...] *ewiclich vnd vnwiderruflich* [...] in Nürnberg aufbewahrt werden sollten.[386]

Durch diese baulichen Veränderungen setzte Karl IV. ein optisches Zeichen der „lokalen Verdichtung"[387] und nahm Nürnberg somit als Stützpunkt im fränkischen Kernland ein. Er befand sich selbst während seiner Regierungszeit 52 Mal in Nürnberg und hielt neun Hoftage – die höchste Aufenthaltsdichte im Reich nach Prag.[388] In dieser Zeit verschob sich die politisch-geographische

---

383 Vgl. die Urkunde vom 29.06.1315, BayHStA, Kaiser-Ludwig-Selekt, Nr. 67; dazu auch BARBECK, Juden 1878, S. 3.

384 Vgl. die Urkunde vom 06.09.1313, StA Nürnberg, Rst. Nbg., Münchner Abgabe 1992 257.

385 U. a. dazu Helmut HÄUSSLER: Brunnen, Denkmale und Freiplastiken in Nürnberg. Brunnen der reichsstädtischen Zeit, Brunnen des 19. und 20. Jahrhunderts, zeitgenössische Brunnenkunst, Nürnberg 1977, S. 9–12; mit FLEISCHMANN, Nürnberg 2003, S. 94–98; auch FLEISCHMANN, 750 Jahre Geschichte 2000, S. 62f.; vgl. dazu Kapitel III, 2.2.

386 Vgl. Urkunde vom 29.09.1423, in: StA Nürnberg, Rst. Nbg., Kaiserliche Privilegien 283; die Urkunde wurde bereits ediert von Christoph Gottfried VON MURR: Diplomarium Lipsano-Klinodiographicum S. Imp. Rom. Germ. ab A 1246 usque ad A 1764, in: Journal zur Kunstgeschichte und allgemeinen Litteratur 12 (Nürnberg 1784), S. 37–216, hier S. 76f.; dazu weiter Peter FLEISCHMANN: Zeremoniell und Memoria – Kaiser und Reich in Nürnberg, in: Kaiser – Reich – Stadt. Die Kaiserburg Nürnberg, hg. von Katharina HEINEMANN, München 2013, S. 27–38, hier S. 31; vgl. zur Thematik auch die Kapitel IV.

387 FLEISCHMANN, Nürnberg 2003, S. 88.

388 Vgl. u. a. Werner GOEZ: Nürnberg – Kaiser und Reich, in: Nürnberg 1986, S. 11–16, hier S. 12; mit SEYBODT, Reichsversammlungen 1992; auch Werner SCHULTHEISS: Kaiser Karl IV. und die Reichsstadt Nürnberg. Streiflichter und Funde zur Territorialpolitik in Ostfranken, in: MVGN 52 (1963–64), S. 42–53, hier S. 43: Die Reichstage fanden in den Jahren 1353, 1355/56, 1358, 1360, 1361, 1362, 1376, 1377, 1378 statt.

Situation. Der Blick der Könige rückte unter Karl IV. weiter Richtung Norden, was unter anderem damit zu tun hatte, dass die Verpfändung von südlich gelegenem Reichsgut schon während der Stauferzeit begonnen hatte und aus den ehemaligen Königslandschaften Oberdeutschlands königsnahe Gebiete wurden.[389] Dem gingen scharfe Auseinandersetzungen im Zuge seiner Wahl zum Gegenkönig Ludwigs IV. am 11. Juli 1346 voran. Nürnberg unterstützte in dieser Zeit den Wittelsbacher, der sich mit 90 Aufenthalten noch häufiger in der fränkischen Reichsstadt befunden hatte als der Luxemburger.[390] Erst nach dem plötzlichen Tod Ludwigs IV. im Oktober 1347 erkannte Nürnberg den neuen König an und öffnete ihm im November die Tore. Karl IV. konzentrierte sich in der Folge darauf, seinen Einfluss in den königlichen Gebieten zu erhöhen, die Ludwig IV. und seine Dynastie maßgeblich unterstützt hatten. Das war auch in Nürnberg der Fall, was sich an persönlichen Begünstigungen zeigt: Conrad Groß (†1356), der als erster Bürger und wichtiger Finanzmann von Ludwig IV. als Reichsschultheiß eingesetzt worden war, wurde in seinem Amt bestätigt.[391]

Obwohl in der Urkunde Karls IV. primär kommunale wirtschaftliche Interessen genannt werden, die zur Anlage des Platzes führten, dürfen die herrschaftlichen Komponenten nicht außer Acht gelassen werden.[392] Der persönliche Einfluss einzelner Bürger ist nicht zu gering einzuschätzen: Dem Ratsherren Ulrich Stromer (†1385) wird beispielsweise eine wichtige Rolle bei der Erlangung der Markturkunde zugeschrieben. Auch er unterhielt wie Conrad Groß aufgrund seiner Wirtschaftskraft enge Beziehungen zum Kaiser,

---

389   SCHUBERT, König 1979, S. 79, 83f., 153; auch MORAW, Reichsstadt 1979, zur Klassifizierung.

390   Vgl. Heinz STOOB: Kaiser Karl IV. und seine Zeit, Graz/Wien/Köln 1990, S. 14–51, ausführlich zum Streit zwischen Wittelsbacher und Habsburger; älter, aber heute aufgrund der umfangreichen Quellenauswertung noch immer zitiert: Georg Wolfgang Carl LOCHNER: Kaiser Ludwig der Bayer und Nürnberg, Nürnberg 1840; auch Wolfgang von STROMER: Die Metropole im Aufstand gegen König Karl IV. Nürnberg zwischen Wittelsbach und Luxemburg, Juni 1348 – September 1349, in: Festschrift des Vereins für Geschichte der Stadt Nürnberg zur Feier seines hundertjährigen Bestehens 1878–1978 (MVGN 65), Nürnberg 1978, S. 55–91, hier S. 55.

391   Dazu SCHUBERT, König 1979, S. 79; auch STOOB, Kaiser Karl IV. 1990, S. 70; SCHULTHEISS: Kaiser Karl IV. 1963, S. 47; STROMER, Aufstand 1978, S. 61.

392   Karsten IGEL: Die Entdeckung des Platzes. Die Entstehung und Gestaltung kommunaler Plätze – Methoden ihrer Erforschung, in: Stadt 2009, hg. von BAERISWYL/DESCOEUDRES/STERCKEN/WILD, S. 79–88, hier S. 81.

obwohl er selbst dem während der Aufstände eingesetzten Rat angehörte.[393] Auf dem Salzmarkt wurde in der Mitte des 14. Jahrhunderts das Rathaus erbaut. Im Jahr 1332 verkauften die Heilsbronner Zisterzienser unter Abt Johannes Gamsfelder (1328–1345) [...] *nostrum domum in foro salis* [...],[394] das bis dato als Kaufhaus des Klosters gedient hatte. In diesem Fall sind die Ausgaben für den Erwerb des Gebäudes bekannt. Die enorme Summe ist der Beleg dafür, dass der Rat dazu bereit war, für diesen repräsentativen Standort entsprechend viel zu investieren: Die Kosten belaufen sich auf einen Ewigzins von jährlich 100 Pfund Heller, was für das Kloster Einnahmen in Höhe von 51.168 kg Brotgetreide entsprach.[395] Nachdem das Kaufhaus abgerissen worden war, ließ der Rat zwischen 1332 und 1340 ein neues Rathaus errichten.[396] Zuvor tagte der 1241 erstmals genannte Rat[397] in einem Gebäude, das ebenfalls am späteren Hauptmarkt – etwas weiter südlich zwischen der Tuchgasse und der Winklerstraße – stand. Warum der Rat das Gebäude, in dessen Untergeschoss sich ein Verkaufslokal der Tuchmacher befand, so plötzlich aufgab, lässt sich nicht mehr feststellten.[398]

In den nachfolgenden Jahrzehnten achtete man stark auf das optische Bild des städtebaulichen Zentrums rund um das Rathaus. Sowohl der Rat als auch

---

393 Vgl. STROMER, Aufstand 1979, S. 76f.; zur Familie vgl. Peter FLEISCHMANN: Rat und Patriziat in Nürnberg. Die Herrschaft der Ratsgeschlechter vom 13. bis zum 18. Jahrhundert, Bd. 2: Ratsherren und Ratsgeschlechter (= Nürnberger Forschungen, Bd. 31,2), Nürnberg 2008; auch Adalbert SCHARR: Die Nürnberger Reichsforstmeisterfamilie Waldstromer bis 1400 und Beiträge zur älteren Genealogie der Familien Forstmeister und Stromer von Reichenbach, in: MVGN 52 (1963/4), S. 1–41.

394 Vgl. dazu die beiden Urkunde vom 28.07.1332, in: StadtA Nürnberg, A1, 1332 07 28/I und 1332 07 28/II, hier die Bestätigung des Kaufs vom Rat; dazu auch FLEISCHMANN, Nürnberg 2003, S. 81f.

395 Dazu Michael DIEFENBACHER: Schätze aus dem Stadtarchiv: Der Rat der Reichsstadt kauft 1332 sein späteres Rathaus, in: Norica. Berichte und Themen aus dem Stadtarchiv Nürnberg 8 (2012), S. 44–51, hier S. 44f.: Das Rathaus wurde nach sogenanntem *iure emphiteotico* verkauft, ähnlich der heutigen Erbpacht. Die Umrechnung erfolgte auf Basis der Werte von Roggenverkäufen des Klosters von 1340. Das Gebiet wurde erst 1522 abgelöst, bis dahin bezahlte man insgesamt eine Summe von 1.022.376 kg Roggen.

396 Horst-Dieter BEYERSTEDT: Die Nürnberger Rathausbauten im Überblick, in: Norica. Berichte und Themen aus dem Stadtarchiv Nürnberg 8 (2012), S. 52–59.

397 Zur Geschichte und Entwicklung des Nürnberger Stadtrates vgl. das maßgebliche Werk von Peter FLEISCHMANN: Rat und Patriziat in Nürnberg, Die Herrschaft der Ratsgeschlechter in der Reichsstadt Nürnberg vom 13. bis zum 18. Jahrhundert, Bd. 1 (= Nürnberger Forschungen, Bd. 31,1), Neustadt a. d. Aisch 2008.

398 EBD., S. 51.

SHAPING': DIE »PHYSIOGNOMIEN« DER REICHSUNMITTELBARKEIT 113

der Kaiser griffen regulierend in die Gestaltung ein, wie die Urkunden zeigen, die auch nach der Anlage des Hauptmarktes ausgestellt wurden. So sollte beispielsweise die Frauenkapelle frei sein und nie mehr verbaut werden. Dafür wurde sogar ein Haus abgetragen, das Karl IV. vormals zusammen mit dem Burggrafen Albrecht an Herzog Rudolf II. von Sachsen (1356–1370) verschenkt hatte. Als Begründung wurde angeführt, [...] *daz von feŭres wegen derselben Capelle keyn schad geschehe vnd ouch der platz bei der capellen dester schŏner und geraŭrmer sey [...]*.[399] Da der Herzog ein Vertrauter des Kaisers war,[400] ist anzunehmen, dass das Ziel einer optimalen Platzgestaltung sogar persönliche Beziehungen in den Hintergrund drängte. Weiterhin ließ Karl IV. festschreiben, dass der Platz auf ewig frei bleiben soll und dies in das Stadtbuch aufgenommen wird.[401]

Eine größere Streitsache, die sich über Jahrzehnte hinzog, zeigt, wie sich die Ansprüche des Rates auf diesen Platz entwickeln. In der zweiten Hälfte des 14. Jahrhunderts kam es zu Streitigkeiten zwischen dem Rat und der Nürnberger Familie Beheim. Der Auslöser war, dass sich ein Fritz Beheim, anscheinend bereits in den 1350er Jahren,[402] dazu verpflichtet hatte, die ihm vom Rat genehmigten An- und Umbauten an seinem am Marktplatz gelegen Haus wieder zurückzubauen, sobald der Rat dies anordnete.[403] In einer Urkunde zwischen dem Stadtrat und dem Sohn von Fritz Beheim, Michel, aus dem Jahre 1378 wird deutlich, dass sich Fritz bereits kurze Zeit später an Kaiser Karl IV. wandte,

[...] vnd brief von im gewünnen hat von meins hawses wegen an dem platz am markt gelegen vnd Ich dornach an meinen gnedigen heren heren Wentzla den Romischen Kunig geworben han, daz er mir denselben brief

---

399 Vgl. die Urkunde in: StadtA Nürnberg, A1, 1360 07 13.

400 Heinrich KÜHNE: Die Askanier. Aus der Geschichte der sächsisch-askanischen Herzöge und Kurfürsten von Sachsen-Wittenberg (1180–1422), Wittenberg 1999, S. 48–55.

401 Vgl. die Urkunde in: StadtA Nürnberg, A1, 1360 07 13: *[...] vnd verbieten mit rechter wizzen daz daz vorgenant haus, daz also vertilget ist, nymermer ewiclich wider bawet [...], auch beuelen und gebieten wir ernstlich dem Schultheizzen, dem Burgermeister und dem Rat [...] daz si dazselbe haus nymer wider bawen gestatten [...] und disen unsern gegenwertigen brief in irer Statbŭch zŭ einem ewigen gedechtnŭzze von wort ze worte schreiben schaffen [...]*.

402 Die im Repertorium verzeichnete Urkunde vom 23.07.1356, in: StadtA Nürnberg, A1, ist dort nicht vorhanden. Nach dem Regest soll beurkundet worden sein, dass Fritz Beheim die ihm zuvor gestatteten neuen Fenster in die Richtung des Marktplatzes sowie eine Traufe wieder abbrechen müsse, wenn der Rat dies verlange.

403 Die Bestimmungen des zwischen Fritz Beheim und dem Rat geschlossenen Vertrags wird wiederholt in der Urkunde im StadtA Nürnberg, A1, 1387 08 30: *[...] so sullen alle Tür liecht venster und Trüpfen an seinem hawse [...] zŭstund abtün und vermachen [...]*.

*bestetigen solt vnd etlich new artikel dorine erworben het wider den brief
den mein vater selig den Burgern dez Rats vnd der gemain gemainlichen
der Stat zu Nuremberg darvber geben het [...].*[404]

Michel Beheim ließ sich demnach von König Wenzel (1378–1400) den
Brief Karls IV. bestätigten und [...] *daz allez ist wider der Stadt gesetze [...].*[405]
Außerdem solle dem Rat darin untersagt werden, künftig auf dem Markt zu
bauen.[406] Der Stadtrat duldete jedoch keine Beschränkung seiner Befugnisse
oder Eingriff in die Bebauung des Platzes und der umliegenden Häuser.
Schließlich lenkte Michel Beheim ein und versprach, dass er von nun an nach
dem alten Briefe seines Vaters innerhalb von zwei Monaten alle Anbauten an
seinem Haus beseitigen werde, sofern der Rat dies fordert. Außerdem werde
er sich nicht mehr an den Kaiser oder König wenden, um weitere Urkunden
zu erwerben, die sein Haus und den Markt beträfen.[407] Der Rat konnte seine
Ansprüche auf den Platz somit in diesem Streitfall nachhaltig durchsetzen.

Einen tiefgreifenden verfassungsmäßigen Umschwung wie in Augsburg
1368 gab es in Nürnberg ebenso wie in Lübeck nicht.[408] Die zünftische
Selbstverwaltung wurde bereits im ersten Nürnberger Satzungsbuch von
1315 nicht erlaubt.[409] Kurz vor dem Bau des Hauptmarktes kam es jedoch zu
einem Aufstand ähnlich der Augsburger Zunftrevolution, welcher die kurze
Einführung von Zünften zwischen dem 04. Juni 1348 und dem 27. September
1349 zur Folge hatte.[410] Allerdings spielten hier stadt- sowie reichspolitische

---

404 Vgl. die Urkunde im StadtA Nürnberg, A1, 1387 08 28.

405 Vgl. die Urkunde im StadtA Nürnberg, A1 1378 08 30.

406 EBD.: [...] *daz die egenanten Burger vnd die gemain der Stat zů Nůremberg vff iren platz
dheinerley gepew nicht tun sollten [...].*

407 Urkunde im StadtA Nürnberg, A1, 1387 08 30: [...] *daz wir furbaz ewiclichen dheinerley
freyheit noch brief von Romischen keysern oder Kunigen von kürfürsten noch von niemant
anders [...] erwerben noch gewinnen sullen [...].*

408 Walter LEHNERT: Nürnberg – Stadt ohne Zünfte. Die Aufgabe des reichsstädtischen
Rugamts, in: Deutsches Handwerk in Spätmittelalter und Früher Neuzeit (= Göttinger
Beiträge zur Wirtschafts- und Sozialgeschichte, Bd. 9), hg. von Rainer S. ELKAR, Göttingen
1983, S. 71–81; dazu FLEISCHMANN, Rat 2008, S. 315f.

409 Vgl. Werner SCHULTHEISS: Satzungsbücher und Satzungen der Reichsstadt Nürnberg
aus dem 14. Jahrhundert, 1. Lieferung (= Quellen zur Geschichte der Stadt Nürnberg, Bd.
3), Nürnberg 1965, S. 54: [...] *Ez schol auch keyn antwerc kayn aynunge under in machen ane
des rates wort [...].*

410 Werner SCHULTHEISS: Der Handwerkeraufstand von 1348/49, in: Nürnberg 1971, hg.
von PFEIFFER, S. 73–75; auch Gerhard PFEIFFER: Vom Handwerkeraufstand zum
Landfrieden von Eger, in: Nürnberg 1971, hg. von DEMS., S. 75–80, hier S. 75f.; ausführlich
auch FLEISCHMANN, Rat 2007, S. 29–37, zum Aufstand.

Hintergründe eine größere Rolle, da sich die Anhänger der Wittelsbacher aus dem Patriziat mit den auf Mitbestimmung drängenden Handwerkern zusammenschlossen.[411] Nach einem Vergleich zwischen den Lagern im Jahre 1349 kamen die zum Teil aus der Stadt gewichenen luxemburgerfreundlichen Patrizier zurück in den Rat, schlossen einen Vertrag mit den ursprünglich gegnerischen Ratsmitgliedern, und verdrängten gleichzeitig die Handwerker.[412] Kaiser Karl IV. bestätigte dem Rat im Anschluss: [...] *und soll auch kein czunft, noch kein verbuntnûzze noch keinerley sache da sein noch beliben, dann als diu stat von alter her komen ist* [...].[413] Er ließ zudem alle Dokumente, die von den Aufständischen mit dem Stadtsiegel versehen worden waren, außer Kraft setzen, da sie sich dessen unrechtmäßig bemächtigt hätten.[414] Die anschließende weitgehende Stabilität in der Ratsherrschaft zeigt sich in Nürnberg auch im Stadtbild.

3   Zwischenfazit

Mit der Weiterentwicklung der jeweiligen politischen Verfassung der drei Vergleichsstädte veränderten sich auch die räumliche Struktur und deren Stadtbild. Bezüglich der Prämissen, die den städtischen Ausbau im Mittelalter beeinflussten, wurden in den vergangenen Jahrzehnten kontroverse Diskussionen geführt. Augsburg wird meist als ‚gewachsene Stadt' bezeichnet, da das Stadtrecht an eine alte Bischofsstadt mit einer bereits funktionierenden städtischen Siedlung verliehen wurde, was mit einer Art ‚natürlichem

---

411   Vgl. STROMER, Aufstand 1978, S. 61f.; dazu der Augenzeugenbericht des Markgrafen Ludwig, ediert von Hugo LOERSCH: Ein Schreiben des Markgrafen Ludwig von Brandenburg vom 06. Juni 1348, in: Forschungen zur deutschen Geschichte 15 (1875), S. 394f.

412   Dazu auch Werner SCHULTHEIß: Die Achts-, Verbots- und Fehdebücher Nürnbergs von 1285–1400 (= Quellen und Forschungen zur Geschichte der Stadt Nürnberg, Bd. 2), Nürnberg 1960, S. 71f., mit den Eintragungen von 133 geachteten Handwerkern in Folge; mehr symbolische Leistung hatte die Aufnahme von acht „Ratsfreunden vom Handwerk" in den Rat ab 1370. Diese hatten jedoch keine Ämter inne, dazu LEHNERT, Zünfte 1983, S. 75.

413   Urkunde vom 13.07.1349, in: Dokumente des deutschen Reichs und seiner Verfassung 1349, S. 330f., Nr. 434.

414   Vgl. Urkunde vom 02.10.1349, in: StA Nürnberg, Rst. Nbg., Kaiserliche Privilegien 76; auch: Dokumente des deutschen Reichs und seiner Verfassung 1349, S. 462f., Nr. 592; dazu FLEISCHMANN, 750 Jahre Geschichte 2000, S. 56f.

Wachstum' gleichgesetzt wird.[415] Bei einer gegründeten Stadt geht man dem-gegenüber davon aus, dass die Stadt weitgehend durch einen Stadtherren nach einem bewusst erfolgten Gründungsakt geplant und angelegt wurde. Diese Städte zeichnen sich durch eine geordnete Struktur und einen gleich-mäßigen Grundriss aus, wie es häufig für Lübeck und Nürnberg angeführt wird.[416] Diese stark vereinfachten Modelle weist Schwächen auf, da man bei allen drei Städten sowohl gewachsene als auch geplante Strukturen erkennen kann. Die städtische Entwicklung muss als dynamischer Prozess verstanden werden, der durch das Zusammenspiel aller äußeren und inneren Interessen geprägt war, welche sich durch ihren jeweiligen historischen Hintergrund so-wohl als bewusste Planung, als auch in Form eines unbewussten Wachstums und somit als Spiegel der aktuellen Zustände darstellten. Oft zeigte die Erlangung von bestimmten Rechten Folgen im Stadtausbau – wie beispiels-weise die Anlage eines Marktes in Augsburg, der später um die als geplant gel-tende Haupthandelsstraße, die man aufgrund ihrer römischen Tradition als *Via Claudia Augusta* auch als gewachsen kategorisieren könnte, erweitert und zum herrschaftlichen Zentrum wurde. Auch in Lübeck findet man sowohl ge-plante Elemente – die regelmäßigen Häuser- und Straßenstrukturen – als auch gewachsene Stadtteile, die sukzessive erst durch Baugewinnungsmaßnahmen angelegt wurden. [417] Wie vor allem am Beispiel Lübecks zu sehen ist, konn-te es innerhalb von nur wenigen Jahrzehnten zu mehreren topographischen Veränderungen kommen, wie zum Beispiel zur Aufgabe von Märkten oder zur Verlegung politischer Zentren. Hier ist das Ende der königlichen Vogtei am Koberg und die Installation der Gerichtsbarkeit am Marktplatz zu nen-nen, die bereits eine bewusste Maßnahme gegen Eingriffe in die bürgerliche Selbstverwaltung darstellten. In Nürnberg wiederum besteht der Unterschied zwischen dem gewachsenen älteren Stadtteil nördlich der Pegnitz und der geplanten jüngeren Stadterweiterung im Süden noch bis heute. Wachstum und Planung gingen Hand in Hand, und auch wenn hier keine explizite Kennzeichnung im Stadtraum erfolgte, so wurde durch diese Maßnahmen des Ausbaus, Umbaus und der herrschaftlichen Zentrumsbildung den Bewohnern oder Besuchern einer Stadt die Anbindung an das Reich alltäglich und vor allem praktisch erfahrbar. Da die weitere Stadtentwicklung und deren Gestaltung

---

415 Vgl. Michaela JANSEN: Gegründet & geplant. Hochmittelalterliche Stadtgründungen – die vielseitigen Facetten eines Begriffspaares, in: Stadt 2009, hg. von BAERISWYL/ DESCOEUDRES/STERCKEN/WILD, S. 89–98, hier S. 89; auch FEHRING, Stadtentwicklung 2002, S. 71–88.

416 Vgl. JANSEN, Stadtgründungen 2009, S. 89.

417 Dazu auch FEHRING/HAMMEL, Topographie 1985, S. 176.

darauf aufbaute, ist dies als die nachhaltigste Form der Reichsrepräsentation anzusehen.

Bei allen drei Städten kann man bezüglich des Ausbaus der herrschaftlichen Zentren planerische Elemente erkennen. Die Anlage der Plätze hängt übereinstimmend mit dem Handel zusammen, der seinerseits auf das Marktrecht als ein vom König verliehenes Regal zurückgeht. Die Rechte, die eine Stadt erhielt, wurden sichtbar im Stadtraum umgesetzt.[418] Oft bezogen sich diese, wie man bei den Stadtrechtsprivilegien sehen konnte, auf die Sicherung des Handels, der nicht nur Auswirkung auf die ökonomische, sondern auch auf die politische Macht einer Stadt hatte. Dies zu unterstützen war auch den Reichsoberhäuptern spätestens ab der Zeit der Staufer ein Anliegen. Zur Realisierung der reichsstädtischen Ordnungen stellte man besondere Anforderungen an die Märkte als Keimzellen herrschaftlicher Repräsentation. Das hatte zum einen praktische Gründe, wie die Sicherung des Perlachbergs in Augsburg, welche Baumaßnahmen am Hang erst ermöglichte; zum anderen spielte die Ästhetik eine wichtige Rolle, da ein mit Holz ausgelegter Platz wie in Lübeck, bzw. die Pflasterung des Hauptmarktes in Nürnberg der Sauberkeit dienten, und zugleich das optische Bild der Stadt deutlich verbesserten. In der Literatur über italienische Städteplanung im Mittelalter wird häufig erwähnt, dass im Reich stadtästhetischen Gesichtspunkten kein Vorrang gegeben wurde, wie es beispielsweise im mittelalterlichen Venedig der Fall war.[419] Dies ist deutlich zu relativieren. Außerdem konnte man durch den Ausbau der Plätze dem „Bedarf an Öffentlichkeit" gerecht werden, den große reichsstädtische Zusammenkünfte erforderlich machten.[420]

In Augsburg war es anfangs noch der Bischof, der maßgeblichen Einfluss auf die Gestaltung der Räume hatte und die Anlage des Marktes beeinflusste. Die steigende Autonomie der Bürger, die auf die Förderung durch die Könige und die Anbindung der Stadt an das Reich über den Erwerb der Vogtei durch Friedrich I. zurückgeht, ließ den Einfluss des Bischofs auf den Ausbau des

---

418 UNTERMANN, Plätze 2010, S. 65, zur Planstadt des 12./13. Jh..

419 MIDDLEDORF-KOSEGARTEN, Venedig 2004, S. 104, zu Venedig mit dem Referenzpunkt Konstantinopel; auch ALBRECHT, Zeremonialräume 2010, S. 234, mit dem Verweis auf Venedigs ästhetische Gestaltung.

420 Auch Stephan ALBRECHT: Architektur und Öffentlichkeit am Rathausbau, in: Rathäuser als multifunktionale Räume der Repräsentation, der Parteiungen und des Geheimnisses (Forschungen und Beiträge zur Wiener Stadtgeschichte, Bd. 55), hg. von Susanne Claudine PILS/Martin SCHEUTZ/Christoph SONNLECHNER/Stefan SPEVAK, Innsbruck 2012, S. 76–90, hier S. 74.

suburbium nach und nach in den Hintergrund treten.[421] Die Koexistenz[422] von beiden Kräftebereichen in der Stadt lässt sich nicht leugnen: Dombezirk und Rat bestanden lange nebeneinander fort. Der Einfluss auf die Stadtgestaltung verschob sich jedoch zunehmend in Richtung Bürgerschaft und Reichsstadt. Großflächige Umbauten wurden allerdings erst während der Ratsherrschaft aufgrund von Spannungen bezüglich der Stadtverfassung durchgesetzt. Die Interessen der Bürger, die durch die Reichsoberhäupter mit ihren Privilegien befördert wurden, dienten hier als Motivation für die Änderung räumlicher Strukturen.

In Nürnberg war dies mit Blick auf die herrschaftlichen Zentren nur in geringem Maße zu beobachten. Dort setzte der großräumige Stadtausbau erst unter den Staufern ein, was aufgrund der späteren Stadtgründung wohl Mitte des 11. Jahrhunderts jedoch nicht verwundern mag. Wegen der traditionellen Anbindung der königlichen Stadt an die Reichsoberhäupter, waren diese an einem herrschaftlich inszenierten Ausbau interessiert.[423] Zuvor sprechen die Quellen von repräsentativen Arbeiten an der Burg, die das Reich erfahrbar werden ließen. Die Anlage des Hauptmarktes ging mitunter auf die Initiative Kaiser Karls IV. zurück, obwohl bereits unter Ludwig IV. die ersten Bestrebungen für die Gestaltung eines Zentrums zu erkennen sind. Der Einfluss des Rates bei der Gestaltung darf nicht verkannt werden, da neben den „aktive[n] königliche[n] Eingriffe[n]"[424] immer auch die Interessen der Bürger, die sich zunehmend Rechte sicherten, am Stadtausbau zu erkennen sind. Der Fokus lag stets auf handelspolitischen Aspekten. Die älteren Strukturen – in diesem Fall das jüdische Viertel – wurden hier anders als in Augsburg komplett verdrängt, um eine Bühne für die Stadt und das Reich zu errichten.

In Lübeck waren die Autonomiebestrebungen stark auf wirtschaftliche Interessen ausgerichtet. Dies beeinflusste das Auftreten der Stadt und auch ihr Agieren in außen- und handelspolitischen Belangen. Wichtig war das Verhältnis Lübecks zum jeweiligen Stadtherren;[425] der König wurde dann

---

421 In Worms lässt sich Ähnliches finden, vgl. ALBRECHT, Zeremonialräume 2010, S. 239.

422 Zu dieser Beobachtung auch Michael SCHOLZ: Konflikt und Koexistenz – Geistliche Fürsten und ihre Städte in Mitteldeutschland im späten Mittelalter, in: Politische, soziale und kulturelle Konflikte in der Geschichte von Sachsen-Anhalt. Beiträge des landesgeschichtlichen Kolloquiums am 4./5. September 1998 in Vockerode (= Studien zur Landesgeschichte, Bd. 1), hg. von Werner FREITAG, Halle 1999, S. 79–99.

423 Vgl. UNTERMANN, Inszenierung 2007, S. 20.

424 MORAW, Reichsstadt 1979, S. 417, zur aktiven Königspolitik Karls IV. mit und in den Reichsstädten.

425 HAMMEL-KIESOW, Macht 2002, S. 14.

angerufen, wenn man um die eigene Autonomie fürchtete, aber auch in solchen Zeiten wurde durch Privilegien der Stadtausbau vorangebracht. Die sogenannte ‚Reichsferne' war eine treibende Kraft und die Zeit der dänischen Herrschaft nutzte man, um den Handel und die daraus resultierenden Einnahmen sicherzustellen. Dadurch wurden wiederum auch die Maßnahmen zur Baulandgewinnung angekurbelt. Deshalb kann man in diesem Fall nicht nur von der Sichtbarkeit des Reiches, sondern auch von einer Sichtbarkeit der Dänenherrschaft im Stadtraum sprechen. Der innerstädtische topographische Wandel mit der Anlage des Markt- und Rathausplatzes hängt wiederum eng mit dem Reichsfreiheitsprivileg und dem Ende der Herrschaft Waldemars zusammen. Mit dem Abriss der Burg der Landesherren und der Dänen setzte die Stadt der optischen Erfahrbarkeit der Fremdherrschaft ein Ende.

Das Bild der Städte veränderte sich fortwährend.[426] Kontrolle über Gestaltung und Nutzung der Hauptplätze zu erlangen war eines der wichtigsten Anliegen der Reichsstädte. Vor allem die an der Führung der Stadt beteiligten Gruppen und Personen versuchten so, die Herrschaft über die Stadt zu festigen.[427] Dies passierte in den verschiedenen Städten zu unterschiedlichen Zeiten, war abhängig unter anderem von deren Alter, Gründungsbedingungen und Lage im Reich, und prägte die Grundlagen für die Reichsanbindung und die lokale Erfahrbarkeit des Reichs. Persönliche Kontakte und häufige Aufenthalte der Könige in den Städten führten zwar nicht zwingend zur verfassungsrechtlichen Weiterentwicklung und zu Baumaßnahmen, motivierten jedoch dazu. Umgekehrt trieb die räumliche Veränderung die Städte und deren Regierung an, sich weitere Rechte zu sichern und im Stadtraum sichtbar umzusetzen.

---

426 ALBRECHT, Zeremonialräume 2010, S. 233f.
427 Äquivalent vgl. die Beobachtungen zu Italien von ANDENNA, Ambiguität 2005, S. 131.

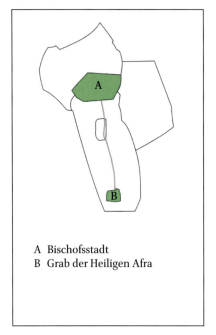

A Bischofsstadt
B Grab der Heiligen Afra

KARTE 1   *Augsburg – Ausbauphase 1:
5.–10. Jahrhundert.*
© DANIELA KAH.

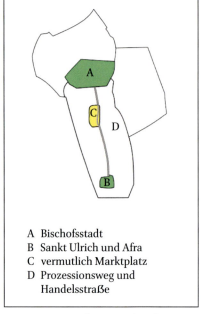

A Bischofsstadt
B Sankt Ulrich und Afra
C vermutlich Marktplatz
D Prozessionsweg und Handelsstraße

KARTE 2   *Augsburg – Ausbauphase 2:
10.–11. Jahrhundert.*
© DANIELA KAH.

A Bischofsstadt: civitas
B Sankt Ulrich und Afra
C Handelsstraße
D suburbium der civitas

KARTE 3   *Augsburg – Ausbauphase 3:
12. Jahrhundert.*
© DANIELA KAH.

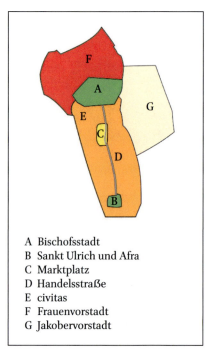

A Bischofsstadt
B Sankt Ulrich und Afra
C Marktplatz
D Handelsstraße
E civitas
F Frauenvorstadt
G Jakobervorstadt

KARTE 4   *Augsburg – Ausbauphase 4:
13.–14. Jahrhundert.*
© DANIELA KAH.

‚SHAPING': DIE »PHYSIOGNOMIEN« DER REICHSUNMITTELBARKEIT 121

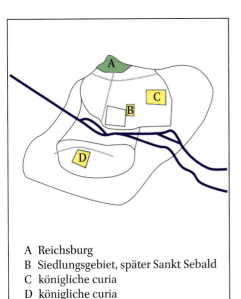

A Reichsburg
B Siedlungsgebiet, später Sankt Sebald
C königliche curia
D königliche curia

KARTE 5   *Nürnberg – Ausbauphase 1:*
          11. Jahrhundert.
          © DANIELA KAH.

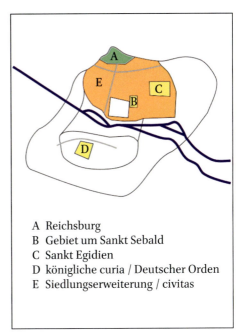

A Reichsburg
B Gebiet um Sankt Sebald
C Sankt Egidien
D königliche curia / Deutscher Orden
E Siedlungserweiterung / civitas

KARTE 6   *Nürnberg – Ausbauphase 2:*
          12.–13. Jahrhundert.
          © DANIELA KAH.

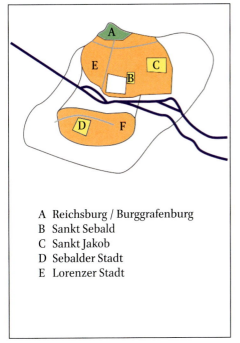

A Reichsburg / Burggrafenburg
B Sankt Sebald
C Sankt Jakob
D Sebalder Stadt
E Lorenzer Stadt

KARTE 7   *Nürnberg – Ausbauphase 3:*
          13. Jahrhundert.
          © DANIELA KAH.

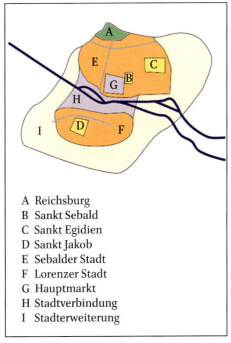

A Reichsburg
B Sankt Sebald
C Sankt Egidien
D Sankt Jakob
E Sebalder Stadt
F Lorenzer Stadt
G Hauptmarkt
H Stadtverbindung
I Stadterweiterung

KARTE 8   *Nürnberg – Ausbauphase 4:*
          14.–15. Jahrhundert.
          © DANIELA KAH.

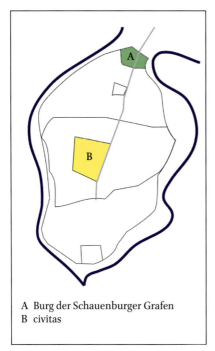

A Burg der Schauenburger Grafen
B civitas

KARTE 9   Lübeck – Ausbauphase 1:
          1. Hälfte 12. Jahrhundert.
          © DANIELA KAH.

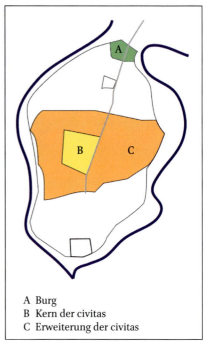

A Burg
B Kern der civitas
C Erweiterung der civitas

KARTE 10 Lübeck – Ausbauphase 2:
          2. Hälfte 12. Jahrhundert.
          © DANIELA KAH.

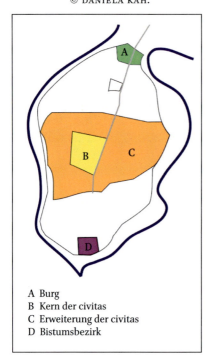

A Burg
B Kern der civitas
C Erweiterung der civitas
D Bistumsbezirk

KARTE 11 Lübeck – Ausbauphase 3:
          um 1200.
          © DANIELA KAH.

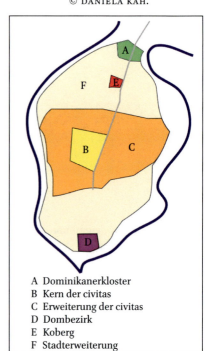

A Dominikanerkloster
B Kern der civitas
C Erweiterung der civitas
D Dombezirk
E Koberg
F Stadterweiterung

KARTE 12 Lübeck – Ausbauphase 4:
          13. Jahrhundert.
          © DANIELA KAH.

KAPITEL 3

,Corporate Branding': Die spätmittelalterliche Reichsstadt *unter den Flügeln des Adlers* (?)

In diesem Kapitel wird gezeigt, wie die Vergleichsstädte sich selbst und das Reich repräsentierten und welche Medien verwendet wurden, um eine reichsstädtische Identität auszubilden. Diese Methoden werden unter dem Begriff ,Branding' zusammengefasst.[1] Den Bewohnern und Besuchern der Stadt wurde das Reich so medial erfahrbar gemacht, auch wenn der Herrscher persönlich nicht anwesend war. Eine wichtige Rolle in der Identitätsbildung spielte das Wappen der Reichsstadt oder des Reiches, das sowohl mobil oder auch fest auf seinen Trägermedien angebracht sein konnte[2] und damit in unterschiedlicher Form die Zugehörigkeit zu Stadt oder Reich symbolisierte. Das bekannteste Beispiel ist wohl der Reichsadler, weshalb z. B. Sigismund Meisterlin Nürnberg als die Stadt *unter den flügeln des adlers* bezeichnete.[3] Die Notwendigkeit der Wappenführung war streng genommen dann für die Städte gegeben, wenn sie als Bürgergemeinde Heeresfolge leisteten, da die Wappen ursprünglich als militärische Schildbilder konzipiert worden waren. Die Wappenbilder wurden bald auf den außermilitärischen Bereich übertragen, wo sie unter anderem auf Münzen und Siegeln als ,Repräsentanten der Stadt' für die Gültigkeit von Geld- oder Schriftstücken bürgten. Aufgrund Quellenmangels ist es schwierig darauf zu schließen, wer die tatsächlichen Auftraggeber für Wappen-, Siegel-, und Münzbilder waren und welchen Anteil sie an der Gestaltung hatten. Mit der fortschreitenden Autonomie von Korporationen und Städten kann man davon ausgehen, dass die führenden Personen die Gestaltung in ihre Hände nahmen.[4]

---

1 Auch MEYER, ,City branding' 2012, hier S. 21, mit einem ähnlichen Ansatz.

2 Vgl. dazu Peter SEILER: Kommunale Heraldik und die Visibilität politischer Ordnung. Beobachtungen zu einem wenig beachteten Phänomen der Stadtästhetik von Florenz, 1250–1400, in: La bellezza 2004, hg. von STOLLEIS/WOLFF, S. 205–240, hier S. 207–209.

3 Vgl. Sigmund Meisterlin's Chronik der Reichsstadt Nürnberg 1488, S. 45.

4 Walter LEONHARD: Das große Buch der Wappenkunst. Entwicklung, Elemente, Bildmotive, Gestaltung, München 1978, S. 21, 41; weiter auch Markus SPÄT: Die Bildlichkeit korporativer Siegel im Mittelalter. Perspektiven eines interdisziplinären Austauschs, in: Bildlichkeit 2009, hg. von DEMS., S. 9–29; kritisch dazu auch Toni DIEDERICH: Siegelkunde. Beiträge zu ihrer Vertiefung und Weiterführung, Wien/Köln/Weimar 2012, S. 4f., zum Siegel als Geschichtsquelle und dem Verhältnis zwischen Auftraggebern und Künstlern. Es ist

Diese Wappen konnten „versteinert" werden,[5] um Besitz, Anspruch oder Präsenz von Personen und Korporationen zu kennzeichnen sowie politische und soziale Räume zu markieren, weshalb sie in der „visuellen Kultur mittelalterlicher Kommunen" einen hohen Stellenwert besitzen.[6] Im Folgenden werden nach den Trägermedien, die von den Personen haptisch erfasst werden können, die Raumdynamiken untersucht, welche das Reich oder die Herrscher in aktuellem zeitgenössischem Bezug vergegenwärtigten. Darstellungen, die einen deutlichen Vergangenheitsbezug aufweisen, haftete eine besondere Denkmal- und Memorialfunktion an, weshalb sie hier separat behandelt werden.[7] Auch wenn der Fokus auf der Vergegenwärtigung beziehungsweise Erfahrbarkeit des Reiches liegt, werden auch lokale Formen der städtischen Identitätskonstruktion analysiert. Dadurch wird es möglich, die Koexistenz von oder Konkurrenz zu Reichssymbolen darzustellen, was am Ende des Kapitels zur Frage führt, ob sich jede der drei Reichsstädte ‚unter den Flügeln des Adlers' präsentierte.

1 Das Reich im Alltag von Bürgern und Verwaltung: Münzen und Siegel

1.1 ‚Herrscher und Reich' in der Hand? – Die Bedeutung von Münzbildern

Die ersten symbolischen Darstellungen in den drei Vergleichsstädten, die eindeutig in Beziehung mit dem Kaiser und dem Reich zu bringen sind und die vor allem von der Stadt selbst hervorgebracht wurden, sind die Münzbilder

---

anzunehmen, dass dem Künstler, wie in der mittelalterlichen Architektur, kaum eine Mitsprache an der Gestaltung eingeräumt wurde.

5 U. a. Andrea LERMER: Besiegelung des Rathauses. Der Venecia-Tondo am Dogenpalast in Venedig, in: Bildlichkeit 2009, hg. von SPÄTH, S. 131–146.

6 Vgl. SEILER, Heraldik 2004, S. 206.

7 Vgl. dazu u. a. Gabriele KÖSTER: Zwischen Grabmal und Denkmal. Das Kaiserdenkmal für Speyer und andere Grabmonumente für mittelalterliche Könige und Kaiser im 15. und 16. Jahrhundert, in: Heiliges Römisches Reich 2006, hg. von PUHLE/HASSE, S. 399–409; allgemein auch aus der umfangreichen Literatur Aleida ASSMANN/Jan ASSMANN: Das Gestern im Heute. Medien und soziales Gedächtnis, in: Die Wirklichkeit der Medien. Eine Einführung in die Kommunikationswissenschaft, hg. von Klaus MERTEN/Siegfried J. SCHMIDT/ Siegfried WEISCHENBERG, Opladen 1994, S. 114–140; Astrid ERLL: Kollektives Gedächtnis und Erinnerungskulturen. Eine Einführung, Stuttgart/Weimar 2005; konkreter u. a. Henrike HAUG: Preteritum, Presens, Futurum: Über die Aufgaben von historischer Erinnerung in der Gegenwart der Kommune Siena, in: Repräsentationen 2008, hg. von OBERSTE, S. 165–178.

,CORPORATE BRANDING': DIE SPÄTMITTELALTERLICHE REICHSSTADT

auf den reichsstädtischen Lübischen Münzen. Münzprägungen waren banal gesprochen „[...] Geld in der Form eines handlichen Metallstückes [...]"[8] und damit Gegenstände, die für all diejenigen, die sie in die Hand nahmen, eine dauerhafte Zusicherung der Reichsanbindung darstellte.[9] In Zusammenhang mit der Einordnung Lübecks in eine „reichsferne" Landschaft mag dies zunächst verwundern. Fügt man dieses Phänomen in die historischen Umstände ein, so kommt man jedoch zu dem Schluss, dass die Prägung der königlichen Denare unmittelbar mit der Ausbildung der städtischen Autonomie zusammenfällt. Kaiser Friedrich II. verfügte nämlich im Reichsfreiheitsprivileg von 1226, dass die Münzen künftig [...] *sub caractere nostri nominis* [...] geprägt werden sollten.[10] Das ist gleichzeitig das erste Mal, dass im Reich eine Stadt das Münzregal bekam.[11] Es ist sehr wahrscheinlich, dass dies durch die offenkundig verfälschte Urkunde von 1188 vorbereitet worden war, denn darin war verfügt worden, dass die Bürgerschaft die Münzen kontrollieren solle.[12] Man wollte sich hier, wie im Bereich des Handels, vor landesherrlichen Zugriffen schützen und setzte fortan Münzherren ein. Diese beaufsichtigten die städtische Münze und bekleideten zugleich ein Ratsamt.[13] Bis dahin hatte das Münzrecht in Lübeck mehreren Herren unterstanden: Ab 1159 lag es bei Heinrich dem Löwen, der nach dem Sturz des Schauenburger Grafen dieses Recht zusammen mit dem Markt- und Zollrecht an sich genommen hatte. Mit dessen Absetzung 1181 kam es kurz in die Hände des Kaisers Friedrich I., nach 1188 wurde es von Bischof Dietrich I. (1186–1210) verwaltet.[14] Auch der dänische

---

8 Vgl. KLUGE, Numismatik 2007, S. 45, mit dem Verweis auf Kurt REGLING: Münzkunde, in: Einleitung in die Altertumswissenschaften, Bd. 2, Heft 2, Berlin [4]1930, S. 1; auch Bernd KLUGE: Geld im Mittelalter – Eine numismatische Einführung, in: Geld im Mittelalter. Wahrnehmung – Bewertung – Symbolik, hg. von Klaus GRUBMÜLLER/Markus STOCK, Darmstadt 2005, S. 18–33.

9 SAURMA-JELTSCH, Reichsstadt 2006, S. 400.

10 Urkunde von Juni 1226, in: LUB 1, S. 45–48, Nr. 35, hier S. 46.

11 Vgl. Peter BERGHAUS: Die Münzpolitik der deutschen Städte im Mittelalter, in: Denar – Sterling – Goldgulden. Ausgewählte Schriften zur Numismatik, hg. von DEMS./Gert HATZ/ Peter ILISCH/Bernd KLUGE, Osnabrück 1999, S. 281–291, S. 290. Danach wurde erst wieder 1272 ein Münzrecht an Städte vergeben.

12 Urkunde vom 19.09.1188, in: LUB 1, S. 9–12, Nr. 7.

13 Vgl. dazu näher HOFFMANN, Lübeck 2008, S. 226f.

14 Zur mittelalterlichen Münzgeschichte Lübecks vgl. Dieter DUMMLER: Exkurs II: Zur Lübecker Münzgeschichte, in: Lübeck 2008, hg. von GRAẞMANN, S. 340–349, hier S. 340–343; auch Dieter DUMMLER: Handel, Geld und Politik vom frühen Mittelalter bis heute. Die Münzsammlung der Reichs- und Hansestadt Lübeck 1114–1819, Lübeck 2012; auch HAMMEL-KIESOW, Anfänge 2008, S. 87f.

König Waldemar II. machte zwischen 1201 und 1225 seinen Einfluss geltend und ließ lübische Brakteaten prägen, die mit Stadtmauern, Toren und Türmen versehen waren und dadurch die Wehrhoheit und die Stadt als gekennzeichneten Friedensraum symbolisch darstellten.[15] Der schnelle Wechsel der Münzherren wurde möglich, da das Münzregal von den Reichsoberhäuptern verliehen wurde. Weltliche sowie geistliche Herren bemühten sich um dieses Recht, da es sich durch einen funktionierenden Markt bedingte.[16] Die Errichtung von Münzstätten folgte dabei sowohl politischen als auch ökonomischen Gründen, und die bisherigen Ergebnisse zeigen, dass beide eng ineinander griffen. Warf man nach den karolingischen Reformbewegungen im 8. Jahrhundert noch eine zentrale Reichsmünze aus,[17] so setzte im 11. Jahrhundert allmählich eine Regionalisierung der Münzpolitik ein. Hier ist Augsburg als frühestes Beispiel zu nennen: 1061 bekam der Augsburger Bischof von Kaiser Heinrich IV. das Recht, Pfennige nach Regensburger Gepräge, jedoch mit eigenem Münzfuß herzustellen, was zu einem regionalen Münzbezirk führte.[18]

Das Lübecker Münzregal führte dazu, dass silberne Pfennige geprägt wurden, die mit einem gekrönten und von Seitenlocken gerahmten Königskopf versehen waren (Abb. 2). Das Bildnis ist durch das Privileg eng mit der Person Friedrichs II. verbunden, der so zum Bürgen der Gültigkeit der Münze wurde.[19] Das gleiche Münzbild trugen auch die seit den 1280er Jahren geprägten halben

---

15 Vgl. dazu EBD., S. 12, mit Wilhelm JESSE: Münz- und Geldgeschichte Niedersachsens. Die Zeit der Brakteatenprägung im 12. und 13. Jahrhundert, Braunschweig 1952, S. 26–33. In Lübeck fand man auch kaiserliche Münzen, überwiegend aus der Zeit Heinrichs VI., deren Prägung allerdings dem Einfluss umliegender Herren unterlag; dazu auch Gerald STREFKE: „Goldwährung" und „lübisches" Silbergeld in der Mitte des 14. Jahrhunderts, in: ZVLGA 63 (1983), S. 25–81; zu den Brakteaten weiter auch Hans GEBHART: Deutsche Münzen des Mittelalters und der Neuzeit (= Bibliothek für Kunst- und Antiquitäten-Sammler, Bd. 32), Berlin 1929, S. 31–56.

16 Vgl. dazu BERGHAUS 1999; weiter auch Arnold LUSCHIN VON EBENGREUTH: Allgemeine Münzkunde und Geldgeschichte des Mittelalters und der neueren Zeit, Darmstadt 1973.

17 Exemplarisch dazu KLUGE, Numismatik 2007, S. 58; auch Arthur SUHLE: Deutsche Münz- und Geldgeschichte von den Anfängen bis zum 15. Jahrhundert, Berlin 1975, S. 27–44.

18 Vgl. die Urkunde vom 07.03.1061, in: MGH DD H IV, S. 93f., Nr. 71; zu Augsburg vgl. allgemein die umfassende, wenn auch ältere Arbeit von STEINHILBER, Geld- und Münzgeschichte 1954/55, hier S. 27f.; auch BERGHAUS, Münzpolitik 1999, S. 281.

19 Vgl. Percy Ernst SCHRAMM: Die deutschen Kaiser und Könige in Bildern ihrer Zeit 751–1190, München 1983, S. 16–19, auch wenn man hier sicherlich nicht von einem Porträtcharakter sprechen kann, EBD., S. 20f.; auch KLUGE, Numismatik 2007, S. 45, zum Rechtscharakter der Abbildungen; weiter auch Peter SCHMID: Mittelalterliche Münzen und Herrscherporträt. Probleme der Bildnisforschung, in: Geld 2005, hg. von GRUBMÜLLER/STOCK, S. 52–90.

ABB. 2 *Ein gekrönter Königskopf. Lübecker Pfennig, Avers, um 1250, AHL, 8.4–2 Münzsammlung, Nr. 26.*
© ARCHIV DER HANSESTADT LÜBECK.

ABB. 3 *Johannes der Täufer mit dem lübischen Doppeladler. Lübecker Floren, Revers, um 1347, AHL, 8.4–2 Münzsammlung, Nr. 72.*
© ARCHIV DER HANSESTADT LÜBECK.

Pfennige, die Scherfen.[20] Durch die Übernahme des Bildnisses, dem man keinen porträthaften Charakter nachsagen kann, wurde es zu einem überzeitlichen Symbol für die kaiserliche Privilegierung und Reichsanbindung. Unter Kaiser Ludwig IV. erhielt Lübeck zudem das Recht, einen Goldgulden – den Floren – zu prägen.[21] Die Besonderheit ist, dass der Gulden bezeichnenderweise nicht mit dem Königskopf versehen wurde: Die Vorderseite ziert eine Florentiner Lilie, die Rückseite Johannes der Täufer mit einem kleinen beigezeichneten Lübischen Doppeladler (Abb. 3).[22] Die Bestrebungen der Reichsstadt waren darauf ausgerichtet, sich aus der Beschränkung, nur Silbermünzen herstellen zu dürfen, zu lösen. Dies fällt zusammen mit dem Aufstieg der Hanse und lässt erneut die wirtschaftliche Einflusskraft Lübecks erkennen. Kaiser Ludwig IV. kam dem Interesse der Stadt nach und erteilte ihr 1339 das Recht, dass sie nach

---

20 DUMMLER, Handel 2012, S. 14; auch HAMMEL-KIESOW, Reichsstadt 2014, S. 75f.; weiter auch Heinrich BEHRENS: Münzen und Medaillen der Stadt und des Bisthums Lübeck, Berlin 1905, hier S. 7–9.
21 Dazu u. a. Joachim WESCHKE: Die Anfänge der deutschen Reichsgoldprägung im 14. Jahrhundert, in: Berliner Numismatische Zeitschrift 2 (1956), S. 190–196.
22 Vgl. dazu auch HAMMEL-KIESOW, Reichsstadt 2014, S. 75f., mit Anm. 3; dazu Mittelalterliche Goldmünzen in der Münzsammlung der Deutschen Bundesbank, München 1982, Tafel 43.

128 KAPITEL 3

Florentiner Vorbild Goldmünzen prägen dürfe, [...] *quod unus aureus Lubicensis non sit gravior pondere et valore, quam florenus aureus de Florencia* [...].[23] Wiederum war Lübeck eine der ersten Städte im Reich, die dieses Recht zugesprochen bekam.[24] Von Seiten des Königs war die Verleihung des neuen Regals zudem der Versuch, den Geldverkehr zentral zu steuern und erstmals wieder eine Art ‚Reichsmünze' einzuführen, was die Bedeutung der Goldgulden im reichspolitischen Kontext unterstreicht.[25] Gleichzeitig kam unter Ludwig der Norden des Reiches wieder vermehrt in den Blick, weshalb eine Privilegierung Lübecks eintritt und seine starke Stellung im Handel des Nordens fördert.[26] Allerdings entschied man sich in Lübeck, anders als bei den reichsstädtischen Silberpfennigen, gegen die Sichtbarmachung der eindeutig königlichen Herkunft des Privilegs und prägte keinen Königskopf auf die Münzen. Dies lässt sich möglicherweise auf lokale Repräsentationsbedürfnisse zurückführen, da der Floren selbst als Fernhandelsmünze ohne große Bedeutung für den Binnenmarkt im Reich war und damit vor allem mit einer enormen Reichweite die Handelsmacht Lübecks symbolisieren konnte.[27]

---

23 Vgl. die Urkunde vom 05.11.1339, in: AHL, 7.1–3/9 Caesarea, Nr. 84; mit LUB 2,2, S. 641f., Nr. 692; auch die Urkunde vom 25.03.1340, in: AHL, 7.1–3/9 Caesarea, Nr. 86 mit LUB 2, S. 652. Nr. 703; dazu auch DUMMLER, Handel 2012, S. 16; auch Heinrich MÄKELER: Reichsmünzwesen im späten Mittelalter, Teil 1: Das 14. Jahrhundert (= Vierteljahrzeitschrift für Sozial- und Wirtschaftsgeschichte, Beihefte, Nr. 209), Stuttgart 2010, S. 83–101; weiter auch Gerald STEFKE: „Goldwährung" und „lübisches Silbergeld" in Lübeck um die Mitte des 14. Jahrhunderts, in: ZVLGA 63 (1983), S. 25–82.

24 EBD. spricht von Lübeck als der ersten Stadt mit diesem Privileg; dazu auch MÄKELER, Reichsmünzwesen 2010; WESCHKE Anfänge 1956, S. 190f., erwähnt jedoch einen Brief an Speyer vom 07.05.1324, in: MGH Const. 5, S. 720, Nr. 905, in dem Kaiser Ludwig IV. bestätig, dass die Bürgermeister, Ratsherren und Münzmeister seinem Auftrag entsprechend die Prägung von Gold- und Silbermünzen sowie Hellern durchführten.

25 Dies unterstreicht die Tatsache, dass 1340 auch ehemalige Reichsmünzstätten von Ludwig IV. mit der Prägung von Goldmünzen beauftragt wurden, vgl. Urkunde vom 04.09.1430, in: Urkundenbuch der Reichsstadt Frankfurt 2, Frankfurt 1905, hg. von Friedrich LAU/Johann Friedrich BÖHMER, S. 526f., Nr. 712; dazu WESCHKE Anfänge 1956, S. 191; auch JESSE, Münz- und Geschichte 1952, S. 49; MÄKELER, Reichsmünzwesen 2010, S. 102–105, zu den genauen handelspolitischen Hintergründen im Norden des Reichs sowie in Skandinavien.

26 U. a. dazu Pankraz FRIED: Die Städtepolitik Kaiser Ludwigs des Bayern, in: ZBLG 60,1 (1997), S. 105–114; zur Vorgeschichte des Verhältnisses zwischen Reich und Lübeck während des Interregnums vgl. KAUFHOLD, Interregnum 2000, S. 294–300.

27 Aufgrund der Münzschwäche wurde 1371 die Florenprägung bis 1406 eingestellt. Erst mit dem Verbot des Rheinischen Guldens unter König Ruprecht entschloss man sich dazu, den Floren zu reaktivieren, vgl. dazu DUMMLER, Handel 2012, S. 26–28.

ABB. 4
Lübischer Doppeladler.
Lübecker Witten, Avers,
um 1379, AHL, 8.4–2
Münzsammlung, Nr. 86.
© ARCHIV DER
HANSESTADT LÜBECK.

Auf dem Goldgulden kann man außerdem den bereits erwähnten doppelköpfigen Adler erkennen, der erneut auf den Witten begegnet (Abb. 4). Diese Münzen wurden seit 1365 ausgeworfen, was wiederum ein Jahrzehnt später bereits die Einrichtung einer neuen Münzstätte erforderlich machte. Der Witten wurde anstelle des Hellers geprägt, für den seit 1339 das Prägerecht vorlag. Der Heller stellte wie der Floren eine Art zentral gesteuerte Reichsmünze dar, obwohl man sich in Lübeck aufgrund ihrer Abwertung 1356 für das Verbreitungsgebiet im Süden, zu dem auch Augsburg und Nürnberg gehörten,[28] bewusst gegen die Ausbringung entschloss. Die Reichweite der Witten erstreckte sich vor allem ab 1378 weit über die Region hinaus, da die lübischen Münzen in diesem Jahr innerhalb des Wendischen Münzvereins anerkannt wurden, der die norddeutschen Hansestädte umfasste.[29] Diese Witten trugen nun den Doppeladler, der von da an für alle in Lübeck geprägten Münzen übernommen wurde – mit Ausnahme der Pfennige,

---

28 Vgl. zu Nürnberg und Bedeutung der Heller Norbert KAMP: Moneta regis. Königliche Münzstätten und königliche Münzpolitik in der Stauferzeit (= MGH Schriften, Bd. 55), Hannover 2006, S. 142–152: In diesem Raum tritt der Heller erstmals in den 1340er Jahren auf, in Augsburg ab 1356, vgl. Urkunde vom 18.07.1356, in: MB 33,2, S. 246, Nr. 221.

29 Wilhelm JESSE: Der Wendische Münzverein, Braunschweig 1967; auch DERS: Lübecks Anteil an der deutschen Münz- und Geldgeschichte, in: ZVLGA 40 (1960), S. 5–36.

die weiterhin unter königlichem Haupt erschienen.[30] Allgemein kann man beobachten, dass der Adler als Wappentier in Lübeck ab der Mitte des 14. Jahrhunderts bereits häufig Verwendung fand: nicht nur auf den Münzen, sondern beispielsweise auch an öffentlichen Gebäuden wie dem Rathaus.[31] Es ist möglich, dass die ersten Darstellungen im Stadtraum, hier explizit als Kennzeichnung des Mühlentors, schon in die Mitte des 13. Jahrhunderts datiert werden können.[32] Für den Beginn des 14. Jahrhunderts existieren zudem noch singuläre Belege dafür, dass in Lübeck einfache Adler als Wappen verwendet wurden, wie auf dem zeitgenössischen Einband des Buches über die Lübische Ratslinie von 1318.[33] Dass der lübische Adler im Zusammenhang mit dem Reich gedacht werden kann, lässt sich nicht bestreiten. Der Adler selbst ist als kaiserliches Zeichen schon seit dem frühen Mittelalter bekannt und wird der Tradition der römischen Feldzeichen und deren *translatio* auf die mittelalterlichen Kaiser unter Karl dem Großen zugeschrieben. Seit Friedrich I. erlebte die Verwendung des Adlers – allerdings noch mit einem Kopf – als Signet des Reichsoberhauptes einen merklichen Aufschwung.[34] Der erste offiziöse Doppeladler ist erstmals 1433 in einem kaiserlichen Siegel Sigismunds bezeugt. Dadurch wurde dieser als Zeichen des Kaisers und Imperiums insti-

---

30 DUMMLER, Handel 2012, S. 19f.; und DERS., Münzgeschichte 2008, S. 341f.

31 Dies sieht man unverkennbar in der Chronik Ulrichs von Richenthal (1455–1465), wo beide Wappen getrennt voneinander aufgeführt werden. Vgl. Ulrich RICHENTAL: Chronik des Konzils zu Konstanz 1414–1418. Faksimile der Konstanzer Handschrift, Darmstadt 2013, fol. 137; vgl. zur Thematik auch Kapitel 3.2.1; zur Bedeutung der Wappen vgl. exemplarisch Thomas SZABÓ: Die Visualisierung städtischer Ordnung in den Kommunen Italiens, in: Visualisierung 1993, hg. von MAUÉ, S. 55–68, hier S. 60; auch Werner PARAVICINI: Gruppe und Person. Repräsentation durch Wappen im späteren Mittelalter, in: Repräsentation 2014, hg. von OEXLE/VON HÜLSEN-ESCH, Göttingen 1998, S. 327–389.

32 HAMMEL-KIESOW, Reichsstadt 2014, S. 76; nach Bau- und Kunstdenkmäler der Freien und Hansestadt Lübeck, Bd. 1,1 Stadtpläne und –ansichten, Stadtbefestigung, Wasserkünste und Mühlen, bearb. von Friedrich BRUNS/Hugo RAHTGENS, Lübeck 1939, S. 224–237, sei das Mühlentor, das Mitte des 13. Jhs. erbaut wurde, ebenfalls mit dem doppelköpfigen Adler geschmückt worden.

33 Vgl. den Einband des Buchs über die Lübecker Ratslinie aus der Zeit um 1318, in: AHL, 8.1 Handschriften, Nr. 1120, Lübische Wappen, gesammelt von Dr. Kretschmar.

34 Die Geschichte kann nicht komplett dargestellt werden, vgl. näher dazu u. a. Erich GRITZNER: Symbole und Wappen des alten deutschen Reichs (= Leipziger Studien aus dem Gebiet der Geschichte, Bd. 8,3), Leipzig 1902; Johannes Enno KORN: Adler und Doppeladler. Ein Zeichen im Wandel der Geschichte, Göttingen 1969, S. 45–361; Claus D. BLEISTEINER: Der Doppeladler von Kaiser und Reich im Mittelalter. Imagination und Realität, in: MIÖG 109, Heft 1–4 (2001), S. 4–52; auch ERDMANN, Fahnen 1933/34, S. 26–33; ebenso Paul WENTZCKE: Die deutschen Farben. Ihre Entwicklung und Deutung sowie ihre Stellung in der deutschen Geschichte, Heidelberg 1955, S. 13–22.

tutionalisiert und folglich konsequent von dem einköpfigen Adler des Königs unterschieden.[35] In der Forschung wird dabei widersprüchlich auf die Frage geantwortet, ab wann der im 13. Jahrhundert allmählich auftauchende doppelköpfige Adler tatsächlich als Zeichen des Kaisers identifiziert werden könne.[36] Nur selten würden nämlich vor Sigismund unmissverständlich kaiserliche Doppeladler auftreten, auch Karl IV. führte noch einen einfachen Adler in seinem Siegel.[37] Auch wenn die Eindeutigkeit der Zuordnung nicht gegeben ist, so spricht die zunehmende und auch partiell kaiserliche Verwendung des Doppeladlers, wie z. B. auf einer Münze Kaiser Ludwigs IV. aus dem Jahre 1338,[38] dafür, dass dieser zunehmend mit dem Reich assoziiert wurde. Vor allem Lehensnehmer, Amtsträger oder Korporationen wie die Reichsstädte übernahmen dieses Bild zur Identitätsdarstellung.[39] Die Erklärung, dass man in Anlehnung an den einköpfigen Adler eine annähernde Illustration konstruierte, um nicht das kaiserliche Siegel selbst zu tragen, aber auf Reich und Kaiser zu verweisen, erscheint hier plausibel. So auch im Falle des Lübecker Doppeladlers, der für die Münzen übernommen wurde. Verstärkt wurde die Aussage durch die Umschrift des Revers, CIVITAS:IMPERIAL(IS), das explizit Lübeck als kaiserliche Stadt bezeichnet.

Anders sieht es für die Augsburger Münzen aus. Hier wurde die Darstellung des Bischofs, sowohl namentlich, bildlich als auch symbolisch durch Ring und Krummstab kennzeichnend, was man übergreifend für alle Augsburger Münzsorten feststellen kann. Dies spricht für eine autonome bischöfliche Münzprägung.[40] Zusammen mit der Urkunde von 1061, in der man sich auf

---

35   Vgl. Jürgen KLÖCKLER: Ulrich Richenthal: Chronik des Konzils zu Konstanz 1414–1418, Stuttgart 2013.

36   Vgl. dazu SAURMA-JELTSCH, Zeichen 2006, S. 342f., mit einer nicht festgelegten Meinung; Franz-Heinz HYE: Der Doppeladler als Symbol für Kaiser und Reich, in: MIÖG 81 (1973), S. 63–100, hier S. 65f., spricht sich eindeutig dafür aus; so auch KORN, Adler 1969, S. 368.

37   Dazu BLEISTEINER, Doppeladler 2001, S. 29f.: Er deutet den Doppeladler auf der Münze „écu d'or" als Konstruktion, da die Prägung vom englischen König Edward III. veranlasst wurde und es sich vielmehr um ein „münzspezifisches Zeichen handeln würde", als um ein Reichszeichen; KORN, Adler 1969, S. 54, sieht hier die Weiterentwicklung des einköpfigen Adlers für Münzzwecke; dennoch lässt sich die Verbindung zum Kaiser bzw. Reich nicht komplett leugnen, auch wenn es erst zu einer allmählichen Weiterentwicklung des einfachen Adlers bzw. zu einer Konstruktion des Doppeladlers kommt.

38   EBD., S. 63.

39   Vgl. explizit zu Beispielen BLEISTEINER, Doppeladler 2001, S. 21–45; KORN, Adler 1969, S. 54.

40   STEINHILBER, Geld- und Münzgeschichte 1954/55, hier S. 26: Fälschlicherweise wurde die Verbindlichkeit des doppelköpfigen Adlers häufig der Chronik des Engländers Matthäus Parisiensis (1259) zugeschrieben, der, allerdings ohne belegbare Grundlage, den

das Münzrecht unter Ulrich bezieht, kann man davon ausgehen, dass dem Bischof das Regal von König Otto I. verliehen wurde. Außerdem wurde die Münze unter königlichen Schutz gestellt und der Bischof als alleiniger Herr genannt, was sich auf die Münzgestaltung auswirkte. Die ältesten erhaltenen Denare stammen aus der Zeit des Bischofs Ulrich und tragen zusätzlich zu seinem Namen, ODALRICVS~EPS, die Umschrift AVGVSTA CIVITAS.[41] Die Stadt wurde während des kompletten Untersuchungszeitraums als *civitas* bezeichnet, ohne dass ein Hinweis auf die ‚königliche' oder ‚kaiserliche' Stadt erscheint.

Zeitweise trugen die Augsburger Denare jedoch auch die Namen oder Bildnisse von Königen, was in diesem Kontext allerdings darauf hindeutet, dass die Herrscher persönlich in der Stadt münzten. Dass sie neben dem Bischof als oberer Münzherr auftraten und Geld ausgaben, wäre dabei nicht ungewöhnlich. Da es in Augsburg keine königliche Münzstätte gab und die Münzfunde in erheblichem Maße geringer sind als die der Bischofsmünzen, wurden sie vermutlich nur vorübergehend geschlagen, wenn die Reichsoberhäupter persönlich vor Ort waren.[42] Bezeichnenderweise findet man gerade Königsdenare der Herrscher, die sich nach ihren Itineraren besonders häufig in Augsburg aufhielten, was sicherlich nicht nur auf einen Überlieferungszufall zurückzuführen ist: Dazu gehört Heinrich II. (1002–1024, ab 1014 Kaiser), der Bruder des Bischofs Brun (1006–1029), mit den ältesten erhaltenen Königsmünzen Augsburgs, die jeweils ein Bild des Herrschers zeigen.[43] Die meisten Münzen sind indes von Heinrich VI. und Friedrich II. überliefert.[44] Möglicherweise diente die Prägung der Reichsoberhäupter dazu, den höheren Bedarf an Münzen während ihrer Aufenthalte zu decken oder durch den zusätzlichen Gewinn die königliche Kasse zu füllen. Der symbolische Wert der Prägung ist also nicht zu gering einzuschätzen, zumal das Reichsoberhaupt hier von oben

---

      einköpfigen zum doppelköpfigen Adler des Kaiser umdeutete. Weiter dazu auch Ottfried NEUBECKER: Wappenkunde, München 1988, S. 27f., 110–115; mit KORN, Adler 1969, S. 60f.

41   EBD., S. 93–95, mit einem Verzeichnis der Gepräge. Bildliche Darstellungen gibt es aus dieser Zeit keine. Diese treten erst mit Bischof Heinrich II. (1047–1063) auf, dazu EBD., S. 101; mit Wolfgang HAHN: Beiträge zu einem Stempelcorpus der bayerischen Münzen des 10. und 11. Jahrhunderts. 4. Die Augsburger Münzprägung in den Jahren 950–978; in: Jahrbuch für Numismatik 31/32 (1981/82), S. 117–126.

42   STEINHILBER, Geld- und Münzgeschichte 1954/55, S. 28, mit dem Hinweis, dass es einige wenige herzogliche Münzen aus Augsburg gibt, da diese ebenso bei Aufenthalten in Augsburg münzten, z. B. Otto von Schwaben (973–982).

43   EBD., S. 36, 103–105: Es gibt drei Typen für Heinrich II., je einen Typ für Konrad III., Heinrich III. und Heinrich IV.

44   EBD., S. 122–130: Von Heinrich VI. gibt es elf Typen, von Friedrich II. 21; dazu noch je neun Typen von Philipp von Schwaben sowie Konradin, weiter 21 Typen von Friedrich III.

einwirkte, was die Aufenthalte tatsächlich zu einem nachhaltigen Erlebnis machte und die jeweilige Person im Alltag der Bürger immer wieder vergegenwärtigte. Man hatte einen realen Bezugspunkt, auf den man jedes Mal verwiesen wurde, wenn man die Münze in die Hand nahm. Die königlichen Prägungen für Augsburg endeten mit dem letzten Staufer Konrad IV. (1237–1254), was vor allem mit dem Zerfall der zentralen Herrschergewalt während des Interregnums zu erklären ist.

Nur langsam wurde den Augsburger Bürgern ein Kontrollrecht über die bischöfliche Münze eingeräumt. Im ersten Stadtrecht von 1156 wurde zunächst festgeschrieben, dass der Münzmeister [...] *ministerialium urbanorum et totius populi civitatis peticione* [...][45] ernannt werden soll. Im Stadtrecht von 1276 wurde der Bischof dann erneut als Münzherr bestätigt,[46] obwohl in der Folge kurzzeitige Verpfändungen der Münze an die Stadt vorkamen, wie beispielsweise 1272.[47] Möglicherweise wurde in dieser Zeit der erste Denar geprägt, der eine Verbindung von Bischof und Stadtsymbol darstellt: Es handelt sich um ein Brustbild des Bischofs, der offenbar in seiner Linken den Augsburger Pinienzapfen hält, auf dessen Herkunft und Bedeutung später noch genauer eingegangen wird.[48] Aufgrund des schlechten Zustandes der Abbildung ist die Interpretation des Gegenstandes jedoch schwierig, da es sich um einen singulären Fund handelt, der keine weiteren Vergleiche zulässt. Es würde aufgrund der damals vorherrschenden Konkurrenzsituation zwischen der Bürgerschaft und dem amtierenden Bischof Hartmann nicht verwundern, wenn tatsächlich eine Kennzeichnung der neuen Verhältnisse stattgefunden hätte. Den Bürgern war es wichtig, dass auch ihre Interessen vom Bischof gewahrt wurden, was sicherlich mit der Koexistenz beider Kräftebereiche in der Stadt sowohl im politischen als auch wirtschaftlichen Sinne zusammenhing. Der Versuch, sich gegen Münzverrufung zu wehren, war beispielsweise 1284 von Erfolg gekrönt, als Bischof Hartmann versprach, die Münze vier Jahre lang nicht zu ändern:

> [...] *ad quatuor annos immediate sequentes capituli nostri consilio et assensu plenius accedente sub eodem ferro, figura, forma, pondere et albedine, qua nunc sunt denarii monetati, stabiles volumus permanere* [...].[49]

---

45 Vgl. das älteste Augsburger Stadtrecht vom 21.06.1156, in: 1. Augsburger Stadtrecht von 1156, in: Urkunden 1901, S. 90; zur Münze KIESSLING, Bürgerliche Gesellschaft 1971, S. 60–62.

46 Vgl. das Stadtbuch von Augsburg, S. 19, Art. 8, §20; dazu SCHMIDT, Stadtbuch 1985, S. 141.

47 STEINHILBER, Geld- und Münzgeschichte 1954/55, S. 42; dazu Urkunde vom 27.02.1272, in: MB 31, 1, S. 126, Nr. 114; mit UBA 1, S. 31, Nr. 43.

48 Dazu STEINHILBER, Geld- und Münzgeschichte 1954/55, S. 119.

49 Urkunde vom 28.04.1284, in: UBA 1, S. 66f., Nr. 85.

134 KAPITEL 3

Die Entwicklung des Kontrollrechts des Stadtrats an der Münze wurde nach einem Nachtrag im Stadtbuch von 1324 zum Abschluss gebracht. Der Münzmeister wurde dazu verpflichtet, nach seiner Ernennung erst zu schwören, dass er die Münze recht ausbringe, um sich daraufhin der Kontrolle eines vom Rat ernannten Hausgenossen zu unterstellen.[50] Dass die Stadt ihren Einfluss ausweiten konnte, zeigen die beiden Münzgesetze von König Wenzel 1385[51] und 1396,[52] in denen den Städten in Schwaben und Franken die Kontrolle über die Münzen zugesprochen wurde.[53] Die Quellen lassen darüberhinaus nicht erkennen, dass die Augsburger Bürger versuchten, die Münze komplett in ihren Verfügungsbereich zu bringen. Ihnen war es dem Anschein nach wichtiger, dass ihre Prägung die lokale Wirtschaft unterstützte.[54] Die Augsburger Münzen hatten zudem eine große Reichweite und wurden überregional gehandelt. War der Umlauf bis ins 13. Jahrhundert vor allem noch auf das Lechgebiet und den Norden Augsburgs begrenzt, weitete er sich im 14. Jahrhundert merklich über den schwäbischen Raum aus.[55]

Augsburg erweiterte die Darstellungen auf seinen Münzen ab dem Ende des 14. Jahrhunderts, beginnend mit Bischof Burkhard von Ellerbach (1373–1404). Neben Haupt des Bischofs und Krummstab ist von da an auch das Stadtwappen, der Pyr, zu sehen. Dies stellte eine symbolische Verbindung

---

50   Vgl. das Stadtbuch von Augsburg, Nachtrag, S. 22: [...] *swi offte ein muenzmaizter gesetzzet wirt der der muenzze phlegen sol der sol des ersten gan fuer den rat oder fuer daz gerihte als die ratgeben danne mit im enein werdent* [...].

51   Dazu die Verabredung des Schwäbischen Städtebunds über eine neue Münzgesetzgebung vor dem 12.06.1385, in: RTA ÄR 1, S. 475–477, Nr. 259; weiter dazu das neue Münzgesetz Kaiser Wenzels vom 16.07.1385, in: RTA ÄR 1, S. 477–481, Nr. 260.

52   Dazu die Münzgesetze Kaiser Wenzels von 14.09.1390, in RTA ÄR 2, S. 290–292, Nr. 150; mit einer Modifizierung des Münzgesetzes vom 20.07.1396, in: RTA ÄR 1, S. 293, Nr. 151.

53   Zu den exakten Bestimmungen vgl. STEINHILBER, Geld- und Münzgeschichte 1954/55, S. 32–34; dazu auch die Chronik des Burkhard Zink, S. 51f.; dazu auch die Urkunde vom 29.11.1396, in: MB 34,1, S. 105, Nr. 69, bezüglich der Übereinkunft des Herzogs Leupold zu Österreich, des Bischofs Burkhard, des Grafen Eberhart zu Württemberg und der Grafen zu Öttingen mit den Reichsstädten Ulm, Esslingen und Gmünden aufgrund der Reichsmünze.

54   STEINHILBER, Geld- und Münzgeschichte 1954/55, S. 34, mit weiteren Beispielen.

55   EBD., S. 17, 19, 23: Im 12. Jh. war es v. a. das Lechgebiet, im 13. Jh. verlief die Grenze etwa bei Donauwörth. Im Süden wurde aufgrund der ungünstigen Verhältnisse der Augsburger Pfennig bald vom Innsbrucker Berner verdrängt; zum Heller vgl. die Urkunde vom 18.07.1356, in: MB 33,2, S. 246, Nr. 221, geschlagen wurde allerdings in Dillingen, nicht in Augsburg. In der Urkunde vom 23.06.1357, in: MB 33,2, S. 251, Nr. 224, erklärt er den Münzschlag und die allgemeine Zustimmung der Städte; dazu STEINHILBER, Geld- und Münzgeschichte 1954/55, S. 44.

und Gleichberechtigung zwischen Bischof und Reichsstadt her.[56] Die gemeinsame Prägung begann zu einer Zeit, die von starken innerstädtischen Auseinandersetzungen gezeichnet war: Die Reichsstadt lag damals im Konflikt mit dem Bischof, der als Mitglied der sogenannten ‚Gesellschaft der Löwenritter‘ ab 1381/82 gegen Augsburg vorging. Diese Streitigkeiten sind in einen größeren Kontext einzuordnen: Die Reichsstadt wurde bereits 1379 Teil des Schwäbischen Städtebunds, um sich gegen Zugriffe der bayerischen Herzöge zu wehren, die vor allem auf wirtschaftspolitischen Interessen gründeten. 1388 verbündete sich daraufhin der auf Wittelsbacher Seite stehende Bischof Burkhard mit Herzog Stefan III. (1375–1413) und ließ einen Warentransport in Füssen festhalten, woraufhin die Stadt Augsburg dem Bischof [...] *die munczschmid* [*auf dem Perlach; Erg. d. Verf.*] *und die hüsser auf dem fronhoff abbrach* [...].[57] Erst 1389 wurde ein Friedensvertrag geschlossen und der geistliche Oberhirte behielt auch weiterhin seinen Einfluss als Inhaber und Repräsentant des königlichen Münzrechts. Das Recht über die Münze besaß der Bischof auch, nachdem sich der Rat im Jahre 1425 gegen den Umlauf von schlechten Münzen wehrte und seine eigenen Beschauer einsetzte. In diesem Jahr [...] *warf man ain newe müntz hie auf* [...] *und stünd bischof Peter selb mit den rautgeben bei dem aufwerfen auf dem rauthaus.*[58] Auch dafür gab ein Konflikt den Ausschlag. Bischof Peter von Schaumberg (1424–1469) versuchte die Rechte der bürgerlichen Stadt einzudämmen und an die ehemalige bischöfliche Stadtherrschaft anzuknüpfen. Deshalb hatte das gemeinsame Auftreten von Rat und Bischof eine hochpolitische sowie stark symbolisch aufgeladene Wirkung.

In Nürnberg hat man es dagegen anfangs mit einer königlichen Münzstätte zu tun. Spätestens seit den Staufern befand sich dort eine ständige Münze, die nicht nur zur Zeit der Königsaufenthalte die Arbeit aufnahm.[59] Wann

---

56   EBD., mit Anm. 146, äußert die Möglichkeit, dass die Münzen auch um 1396 mit dem Stadtwappen versehen wurden, da in den Baumeisterbüchern (vgl. den Eintrag zu 1396, in: StadtA Augsburg, BMB, Nr. 10, fol. 52) Ausgaben für die Vorlage eines neuen Musters für die neu zu schlagenden Augsburger Pfennige zu finden sind.

57   Vgl. die Chronik des Erhard Wahraus 1126–1445, S. 227. Der Bischof einigte sich mit Herzog Stefan III. von Bayern darauf, die Waren unter sich zu teilen. Die Stadt musste nach der Niederlage des Schwäbischen Bundes dem Bischof 7000 Gulden Entschädigung bezahlen, vgl. SCHNITH, Reichsstadt 1985, S. 158.

58   Vgl. die Chronik des Hector Mühlich, S. 68; dazu auch KIEßLING, Bürgerliche Gesellschaft 1971, S. 60–62.

59   Vgl. ERLANGER, Reichsmünzstätte 1979, S. 7; mit KAMP, Moneta regis 2006, S. 97–103; auf die verschiedenen Thesen bezüglich der Kontinuität der Münze beziehungsweise einer zwischenzeitlichen Einstellung derer Tätigkeit kann an dieser Stelle nicht eingegangen werden, vgl. dazu ausführlich ERLANGER, Reichsmünzstätte 1979, S. 83–96; dazu weiterhin Paul-Gerhard FENZLEIN: Die Stadt-, Kultur-, und Münzgeschichte der freien

136   KAPITEL 3

diese nach der zwischenzeitlichen Verlegung der Stätte Heinrichs III. 1062
genau eingerichtet wurde,[60] kann man heute nicht mehr feststellen. Unter
König Konrad III. ist die erste Münzprägung jedoch durch reiche Funde
gesichert.[61] Im Reichsfreiheitsbrief von 1219 erscheint erstmals der *magister
Nurenbergensis monetae*, der das Recht erhielt, in Donauwörth und Nördlingen
Münzen nach Nürnberger Schlag zu prägen. Die Nürnberger Kaufleute durften
an diesen beiden Orten mit eigenen Münzen einkaufen, was hier schon für
einen großen Umlauf des Nürnberger Geldes spricht.[62] Vermutlich unterstand
die Münze anfangs der Aufsicht des Burggrafen und wurde später wahrscheinlich von einem königlichen Beamten ersetzt. Aus der unsicheren Quellenlage
zu dessen Kompetenzen lässt sich nicht entnehmen, ob es sich um den
Reichsbutigler oder den Reichsschultheißen handelte.[63] Die in dieser Zeit geprägten Münzen in der Reichsmünzstätte tragen bezeichnenderweise alle die
Kopf- oder Brustbilder der amtierenden Reichsoberhäupter.[64] Die Reichsstadt
selbst konnte sich lange Zeit keine Rechte an der Münzstätte sichern.[65] Die
guten Verbindungen zwischen den Kaisern Ludwig IV. sowie Karl IV. und dem
Nürnberger Ratsmann Conrad Groß, die vor allem auf dessen Finanzkraft basierten, brachten die Regalien schließlich in die Hände eines Bürgers.[66] Schon

---

        Reichsstadt Nürnberg im Spiegel des Heiligen Römischen Reiches Deutscher Nation, Bd. 1:
        Vom Beginn der Reichsmünzstätten im Hohen Mittelalter bis zum Dreißigjährigen Krieg,
        Nürnberg 2012, S. 30f; auch Günther SCHUHMANN: Nürnberger Münzen und Medaillen,
        in: Nürnberg – Kaiser und Reich 1986, S. 163–176, hier S. 165f.

60   Urkunde vom 19.07.1062, in: NUB, S. 9, Nr. 14.

61   Auch Hans-Jörg KELLNER: Die Münzen der freien Reichsstadt Nürnberg, Teil 1: Die
       Goldmünzen, in: Jahrbuch für Numismatik und Geldgeschichte 3/4 (1952/53), S. 115–131;
       auch KAMP, Moneta regis 2006, S. 102f.

62   Vgl. Urkunde von 08.11.1219, in: NUB, S. 111/114, Nr. 178, hier S. 113: *Et magister Nurembergensis
       monetę, illuc ibit, si voluerit et denarios sue monete ibi formabit* .

63   Vgl. ausführlich dazu ERLANGER, Reichsmünzstätte 1979, S. 19–21: Er tendiert nach aus-
       führlicher Literaturrecherche zum Reichsbutigler, dem wohl die Wahrnehmung der allge-
       meinen Rechte über das Reichsgut übergeben wurde.

64   EBD., S. 134–153, mit einem Katalog der Münzen ab Heinrich IV. (1056) bis Sigismund
       (1437); dazu den großen Münzkatalog von FENZLEIN, Münzgeschichte 2013.

65   EBD., S. 112, zitiert hier eine Urkunde vom August 1251, in: NUB, S. 210, Nr. 345, mit dem
       Hinweis, dass Konrad IV. der Stadt die Münze auf fünf Jahre überließ. Dies ist nicht kor-
       rekt, da es sich in der entsprechenden Urkunde nicht um Nürnberg, sondern Mühlhausen
       handelte.

66   August GEMPERLEIN: Konrad Groß. Der Stifter des Nürnberger Heiliggeist-Spitals, und
       seine Beziehungen zu Kaiser Ludwig, in: MVGN 39 (1944), S. 83–126; dazu FLEISCHMANN,
       Rat 2008, S. 458; auch SCHULTHEISS, Stadtentwicklung 1971, S. 41; zur finanzpolitischen
       Bedeutung der Regalienvergabe vgl. auch SCHUBERT, König 1979, S. 182; auch MÄKELER,
       Reichsmünzwesen 2010, S. 76–83.

1339 löste Groß im Vorfeld das Reichsschultheißenamt sowie den Zoll aus[67] und erhielt im selben Jahr die Frankfurter Hellermünze, mit der Bedingung, dass er [...] *dheinen haller ninder mer slahen sol, dann ze Franchenfurt und ze Nürnberg in den steten.*[68] Das Amt des Schultheißen wurde zu einer Chance für Stadt, sich verfassungsrechtlich weiter vom König zu lösen und damit die reichsstädtische Autonomie auszubauen, was de jure die Anbindung an den König löst, de facto aber die Reichsstadtwerdung fördert.[69] 1349 bekam Groß von Karl IV. zusätzlich die Nürnberger Reichsmünze verliehen, die sich damals im Pfandbesitz des Burggrafen befand.[70] Die wichtigen Regalien wurden somit an den Kaufmann persönlich gebunden. Dass sich die Verhältnisse nachhaltig veränderten, zeigte sich bereits 1347, als Karl IV. festlegte, dass der Münzmeister ein Bürger sein musste, auch wenn er de jure dem Schultheißen unterstand.[71] Das Angebot Karls IV., das Münzmeisteramt 1370[72] auszulösen, schlug der Rat aus unbekannten Gründen aus.[73]

Es folgten einige wechselhafte Jahre um die Rechte an der Münze. 1419 wurde dem Nürnberger Burggrafen Friedrich VI. (1397–1420) von König Sigismund

---

67 SCHULTHEISS, Stadtentwicklung 1971, S. 43: Der missglückte Reichskrieg in Flandern führte zu einer Finanznot des Reichs. Auch der Nürnberger Burggraf, der zuvor das Reichsschultheißenamt innehatte, nahm daran teil. Deshalb verpfändete Ludwig IV. das Regal, um die Kassen wieder zu füllen.

68 Vgl. Urkunde vom 04.11.1339, in: Codex Diplomaticus Moenofrancofurtanus. Urkundenbuch der Reichsstadt Frankfurt, 1. Theil, hg. von Johann Friedrich BÖHMER, Frankfurt am Main 1836, S. 560f.

69 Dazu u. a. DIEFENBACHER/BEYERSTEDT, Reichsoberhaupt 2013, S. 42.

70 Ernst SCHOLLER: Die Reichsstadt Nürnberg Geld- und Münzwesen in älterer und neuerer Zeit (= Ein Beitrag zur reichsstädtischen Wirtschaftsgeschichte), Nürnberg 1916, S. 43, mit den Anmerkungen S. 258; dazu weiter Werner SCHULTHEISS: Geld- und Finanzgeschäfte Nürnberger Bürger vom 13.–17. Jahrhundert, in: Beiträge zur Wirtschaftsgeschichte Nürnbergs, Bd. 1 (= Beiträge zur Geschichte und Kultur der Stadt Nürnberg, Bd. 11/1), hg. von STADTARCHIV NÜRNBERG, Nürnberg 1967, S. 49–116, hier S. 59; auch MÄKELER, Reichsmünzwesen 2010, S. 79–81; und FLEISCHMANN, Rat 2007, S. 31; zum Einfluss der Burggrafen auf die Nürnberger Münzstätte im 14. und 15. Jh. vgl. FENZLEIN, Münzgeschichte 2012, S. 174.

71 Vgl. Urkunde vom 12.11.1347, in: RI VIII, S. 39; mit SCHOLLER, Münzwesen 1916, S. 39; und ERLANGER, Reichsmünzstätte 1979, S. 91.

72 Urkunde vom 28.01.1370, in: RI VIII, S. 399, Nr. 4805: Karl IV. bittet den Bürgermeister und den Rat, seinem Münzmeister Leupold Grozz (Groß) guten Willen zu beweisen in allen Sachen, die derselbe mit ihnen zu schicken hat, und erlaubt ihnen, das Münzmeisteramt von demselben zu kaufen; dazu die Urkunde vom 21.09.1369, in: RI VIII, S. 397, Nr. 4783, zur Verleihung der Münze an Leupold Grozz (Groß). Es wird verfügt, dass man nirgendwo anders Haller schlagen soll als in Nürnberg, Ulm, Halle und Frankfurt.

73 Vgl. SCHOLLER, Münzwesen 1916, S. 47f.; dazu ERLANGER, Reichsmünzstätte 1979, S. 89.

138 KAPITEL 3

erneut gestattet, die Reichsmünzstätte als Pfandbesitz zu übernehmen.[74] Aufgrund einer daraus resultierenden Konkurrenzsituation mit den Bürgern, die ebenfalls Interesse an der Münze hatten, ließ der Burggraf die Münzstätte vor die Tore der Stadt verlegen. Dies führte wiederum dazu, dass die Reichsstadt 1422 in einem großen Münzprivileg erwirkte, dass sie von nun an auch ihre eigenen Münzen prägen dürfe. Gleichzeitig bekam sie die Hälfte des daraus resultierenden Gewinns zugesprochen.[75] Da der Burggraf in Folge das Interesse an der Reichsmünze verlor, verkaufte er die Pfandschaft zwei Jahre später an den Rat,[76] wodurch dieser zum alleinigen Besitzer der Reichsmünze wurde. Die Münzen, die von nun an von der Reichsstadt Nürnberg geprägt wurden, waren nach dem Privileg von 1422 zunächst aus Silber, ab 1429 auch aus Gold:[77] *Item 1429 jar da schlug man die gůlden und slug auf einen werunggůlden sant Sebolt und slug auf die lantzwerung sant Lorentzen.*[78] Die Stadtwährungsgulden trugen also Sankt Sebald, die Landwährungsgulden Sankt Lorenz auf dem Avers. Um die Kirchen der zwei eben genannten Heiligen entstanden nördlich und südlich der Pegnitz zwei Pfarreien in den jeweiligen Stadtteilen. Die Heiligen und die jeweiligen Kirchen waren stark identitätsbildend, indem die Darstellungen auf den Münzen ihre Funktion als Patrone hervorhoben.[79] Nürnberg war keine Bischofsstadt, aber der Repräsentationswillen der Bürger und der Nürnberger Geistlichkeit zeigte sich in den kathedralähnlichen Pfarrkirchenbauten von

---

74 Vgl. die Urkunde vom 08.01.1419, in: RI IX,1, S. 265, Nr. 3779: König Sigismund gestattet dem Kurfürsten Friedrich von Brandenburg die Münze oder das Münzmeisteramt zu Nürnberg, das an den dortigen Bürger Herdegen Pfaltzner von seinen Vorfahren im Reich verpfändet ist, für 4000 Gulden auszulösen; dazu KELLER, Münzen 1955, S. 121; dazu SCHOLLER, Münzwesen 1916, S. 53.

75 Vgl. die Urkunde vom 13.09.1422, in: RI IX,1, S. 368, Nr. 5245.

76 Vgl. Urkunde vom 26.08.1424 mit der Bestätigung König Sigismunds vom 08.01.1425, in: RI XI, S. 1, Nr. 6032. Der Kauf erfolgte für 4000 Gulden.

77 Ausführlich zur Geschichte der Münzprägung im 15. Jh.: FENZLEIN, Münzgeschichte 2012, S. 246–248; dazu auch SCHUMANN, Nürnberger Münzen 1986, S. 166.

78 Aus: Jahrbücher des 15. Jahrhunderts, S. 147; dazu auch Ludwig VEIT: St. Sebald auf Münzen der Reichsstadt Nürnberg, in: 600 Jahre Ostchor St. Sebald 1379–1979, hg. von Helmut BAIER, Neustadt a. d. Aisch 1979, S. 177–185.

79 Vgl. äquivalent dazu die Abbildungen von Heiligen auf städtischen Siegeln: Rainer KAHSNITZ: Städte- und Kaisersiegel: Das Bild des Königs und Kaisers auf Siegeln mittelrheinischer Städte im 13. Jahrhundert, in: Festschrift zum 125jährigen Bestehen des Herold zu Berlin 1869–1994 (= Herold-Studien, Bd. 4), hg. von Bernhart JÄHNING/Knut SCHULZ, Berlin 1994, S. 45–68, hier S. 45; auch Hans-Jürgen BECKER: Defensor et patronus. Stadtheilige als Repräsentanten einer mittelalterlichen Stadt, in: Repräsentationen 2008, hg. von OBERSTE, S. 45–63, hier S. 59.

Sankt Sebald und Sankt Lorenz.[80] Der Stadtpatron Sebald, ein Einsiedler aus dem 11. Jahrhundert, war erst kurz zuvor, im Jahre 1425, aus lokalen wirtschaftlichen und politischen Beweggründen heilig gesprochen worden.[81] Überhaupt handelte es sich um eine bewegte Zeit, da auch die Reichskleinodien unter König Sigismund nach Nürnberg überführt wurden. Diese Ereignisse dienten alle dazu, die Bedeutung der Stadt zu steigern. Die Erlaubnis zur reichsstädtischen Münzprägung zielte zweifellos auf die Wirtschaftskraft der Stadt ab und festigte deren autonome Stellung, auch gegenüber dem Burggrafen. Der Verweis auf die Stadt und die Bürgergemeinschaft ist bei beiden Umschriften gegeben: MONETA CIVITATIS NURENBERGENSIS auf den Sebaldmünzen, sowie MONETA COMMUNIS NUREMBERGIS auf den Lorenzgulden.[82] Erstere tragen auf dem Avers zudem einen einfachen Adler mit einem N auf der Brust, letztere das Nürnberger Stadtwappen in einem Dreipass: ein geteilter Schild mit einem halben Adler rechts und ein fünf Mal schräg geteilter Schild links.[83] Der einfache Adler wird in dieser Zeit bereits explizit als Symbol des Königs gedeutet, verweist mit dem N auf seiner Brust dazu eindeutig auf die Stadt Nürnberg. Dieses N findet sich nicht nur auf Münzen, sondern überall dort, wo Nürnberger Eigentum gekennzeichnet wurde: auf den Siegeln, auf den Stadttoren und Türmen oder auch auf Schafen, die bei Feuerlöscharbeiten als Eimerträger eingesetzt wurden.[84] Die Bedeutung des Münzprägeregals wird dadurch optisch erhöht, die Reichsanbindung visuell erfahrbar. Den Schild findet man als das sogenannte „kleine Stadtwappen" seit der Mitte des 14. Jahrhunderts auch auf den Stadtsiegeln. Er war bei seinem Auftreten auf den Münzen bereits im kollektiven Nürnberger Gedächtnis identitätsbildend verankert.

---

80 Dieter J. WEIß: Des Reiches Krone – Nürnberg im Spätmittelalter, in: Nürnberg 2000, hg. von NEUHAUS, S. 23–41, hier S. 30; auch 500 Jahre Hallenchor St. Lorenz 1477–1977, hg. von Herbert BAUER/Gerhard HIRSCHMANN/Georg STOLZ (= Nürnberger Forschungen, Bd. 20); 600 Jahre Ostchor St. Sebald 1379–1979, hg. von Helmut BAIER, Neustadt a. d. Aisch 1979.

81 Vgl. die Bulle von Papst Martin V. vom 26.03.1425, StA Nürnberg, Rst. Nbg., Päpstliche und fürstliche Privilegien, Urkunden 189; dazu FLEISCHMANN: Kirchenwesen, in: Norenberc 2000, S. 210f.; WEIß, Krone 2000, S. 29; sowie WEILANDT, Sebalduskirche 2007.

82 Zur Münzbeschreibung vgl. KELLER, Münzen 1955, S. 127; vgl. den Münzkatalog in: FENZLEIN, Münzgeschichte 2012, S. 249–263, 255–263; und Mittelalterliche Goldmünzen 1982, Tafel 54.

83 Dazu u. a. SCHULTHEISS 1971, S. 35.

84 Im Stadtarchiv Nürnberg lassen sich hier unzählige Beispiele finden, vgl. u. a. Das Schlüsselverzeichnis zu Nürnberger Mauern und Türmen ab 1400, in: StadtA Nürnberg, B1/I, Nr. 73; Baumeisterbuch 1455–1468, in: StadtA Nürnberg, B1/I, Nr. 1, fol. 18r.

Beachtet man die Initiative, die die Städte an den Tag legten, um die Münztätigkeit zu kontrollieren,[85] so kann man dementsprechend die repräsentative Wirkung von Münzen als hoch einstufen. Die Münzen hatten auch ganz alltägliche Bezüge: Jeder, der in der Stadt oder im Verbreitungsgebiet der Münzen am Handel teilnahm, bekam sie in die Hand. Auch die haptische Komponente ist ein Faktor, den man nicht verkennen sollte, da mehrere Sinne gleichzeitig angesprochen wurden.[86] Vor allem den Bilddarstellungen kann man dabei eine große Wirkung nachsagen – mehr als den lateinischen Inschriften, die sicherlich nicht von allen gelesen oder verstanden wurden. Dennoch darf nicht unerwähnt bleiben, dass ab dem 13. Jahrhundert die Lese- und Schreibefähigkeit kein klerikales Standeskriterium mehr war. Das Reich und die Reichsanbindung der Stadt wurden den Zeitgenossen so nicht nur bewusst, sondern auch unbewusst ins Gedächtnis gerufen und durch wiederholtes Betrachten gefestigt.[87]

1.2 ,Königliche Siegel' und ,Reichswappen': Die Lesbarkeit korporativer Darstellungen

Die Bedeutung der Siegel für die städtische Verwaltung zeigt sich an folgendem Vorfall: Im Jahre 1440 verlor der damalige Siegelherr Hans Tetzel das Messingtypar des Sekretsiegels der Stadt Nürnberg. Nachdem es fünf Tage später im Leuchter der Frauenkirche gefunden wurde, hatte man Angst vor einem Nachschnitt, weshalb man es zerstörte und neu schneiden ließ. Der neue Schnitt zweier Goldschmiede genügte jedoch nicht den Ansprüchen des Rates, der es aus Angst vor einem möglichen Missbrauch zerschlagen und von zwei anderen Meistern erneut herstellen ließ: Dabei wurden *merkliche Veränderungen* gefordert, um die Möglichkeiten des Missbrauchs so gering wie möglich zu halten.[88] Eben solche Siegel waren Zeichen der Rechtsfähigkeit einer Kommune: Mit ihnen wurden Schriftstücke beglaubigt und die Urkundenaussteller reprä-

---

85   BERGHAUS, Münzpolitik 1999, S. 289.

86   Auch HAMMEL-KIESOW, Reichsstadt 2014, S. 75f.; und SAURMA-JELTSCH, Reichsstädte 2006, S. 400; dazu Alfred WENDEHORST: Wer konnte im Mittelalter lesen und schreiben, in: Schulen und Studium im sozialen Wandel (= Vorträge und Forschungen, Bd. 30), hg. von Johannes FRIED, Sigmaringen 1986, S. 9–33.

87   Zur manipulativen Wirkung von Bildern vgl. Bruno BOERNER: Bildwirkungen: Die kommunikative Funktion mittelalterlicher Skulpturen, Berlin 2008, S. 136f.

88   Vgl. dazu Wilhelm FÜRST: Der Verlust des Sekretsiegels der Stadt Nürnberg 1440, in: Archivalische Zeitschrift, N. F., Bd. 19 (1912), S. 205–220; auch Johannes MÜLLNER: Die Annalen der Reichsstadt Nürnberg von 1623, Teil 2: von 1351–1469 (= Quellen zur Geschichte und Kultur der Stadt Nürnberg, Bd. 11), hg. von Gerhard HIRSCHMANN, Nürnberg 1984, 345f.

sentiert und vergegenwärtigt.[89] Auch Siegel trugen oftmals kaiserliche Bilder als Zeichen der Echtheit der Urkunde, als Rechtssymbol oder als Symbol des Reichs.[90] Wenn die Reichsstädte bei den Siegelbildern die Anlehnung an das Reich suchten, kann man von einer „doppelten Vergegenwärtigung" sprechen. Im Folgenden steht der diplomatische Gebrauch von Siegeln im Mittelpunkt,[91] die als „[...] zentrales Medium gesellschaftlicher Repräsentation im europäischen Mittelalter" gelten.[92]

In der ersten Hälfte des 13. Jahrhunderts schritt in Nürnberg die Ausbildung einer autonomen Verfassung allmählich voran. Dies lässt sich auch an der Verwendung eines eigenen städtischen Siegels als Teil des Prozesses erkennen, der zu einer selbständigen kommunalen Organisation führte.[93] Bereits um 1236–1242 wird in den schriftlichen Überlieferungen ein Siegel genannt:

---

89   Antje DIENER-STAECKLING: Zwischen Stadt und Rat. Das Siegel als Zeichen von städtischer Repräsentation seit dem 14. Jahrhundert, in: Bildlichkeit 2009, hg. von SPÄTH, S. 223–238; weiter auch die kritische Betrachtung von Rüdiger BRANDT: Schwachstellen und Imageprobleme: Siegel zwischen Ideal und Wirklichkeit, in: Das Siegel. Gebrauch und Bedeutung, hg. von Gabriela SIGNORI, Darmstadt 2007, S. 21–28.

90   Der in dem Kontext verwendete Begriff „Staatssymbol" bei SCHRAMM, Kaiser 1983, S. 20, soll hier vermieden werden.

91   Andrea STIELDORF: Siegelkunde. Basiswissen, Hannover 2004, S. 32f.: Auch Waren, Gefäße etc. wurden häufig versiegelt. Es sind nur wenige Typare erhalten, was von der Bedeutung der diplomatischen Siegel spricht, die häufiger in den Archiven aufbewahrt wurden; zu den Beglaubigungszeichen an „alltäglichen Gegenständen" vgl. VOLK, Visualisierung 1993, S. 43f.

92   Markus SPÄTH: Zeichen bürgerlicher Repräsentation – Reichsstädtische Siegel und ihre künstlerischen Kontexte, in: Reichszeichen 2015, hg. von WITTMANN, S. 137–166, hier S. 37.

93   Vgl. zur Bedeutung von Siegeln als Zeichen der *communitas* u. a. Toni DIEDERICH: Siegel als Zeichen städtischen Selbstbewusstsein, in: Visualisierung 1993, hg. von MAUÉ, S. 142–152; Manfred GROTEN: Studien zur Frühgeschichte deutscher Stadtsiegel. Trier, Köln, Mainz, Aachen, Soest, in: Archiv für Diplomatik 31 (1985), S. 443–478; auch SPÄTH, Bildlichkeit 2009, S. 17f.: In der Literatur wird kontrovers diskutiert, ob die Siegel Ausdruck städtischer Autonomie waren oder durch die Verwendung von Siegel die Gemeinde erst als Gesamtheit auftrat. Zu älteren Ansicht vgl. u. a. PLANITZ, Stadt 1954, S. 115. Auf diese Diskussion kann hier nicht näher eingegangen werden. Sowohl die Reichsstadtwerdung als auch die Siegelführung werden in dieser Arbeit als ein prozesshaftes Ineinandergreifen verstanden; dazu weiter auch Tobias HERMANN: Anfänge kommunaler Schriftlichkeit. Aachen im europäischen Kontext (= Bonner Historische Forschungen, Bd. 62), Siegburg 2006, zu Nürnberg hier v. a. S. 408; auch Wolfgang KRAUTH: Stadtsiegel in Soest und Coesfeld. Zwei westfälische Bischofsstädte im Vergleich, in: Bildlichkeit 2009, hg. von SPÄTH, S. 209–222, hier S. 210f.

[...] *sigilli nostri ordinis ac civium Nurenbergensium appensione* [...].[94] Das erste reichsstädtische Nürnberger Siegel hat sich erst aus der Zeit um 1254 an einer Urkunde bezüglich einer Schenkung eines Hofes an die Nürnberger Magdalenerinnen erhalten: [...] *hoc predictis prestanda sororibus sigillum sculteti et universitatis civium Nurenbergensium appendendo* [...].[95] Neben dem Siegel des Schultheißen findet man an der Urkunde also auch das der Bürgerschaft, die neben dem königlichen Amtsträger als rechtsfähige, genossenschaftlich verbundene Gemeinde auftrat.[96] Die erste Nennung der [...] *universi[s] civibus in Nurenberc* [...] fällt in das Jahr 1245, als Konrad IV. dem Franziskanerkloster einen Nürnberger Bürger als Prokurator beistellt, und zeigt die zunehmende korporative Verbundenheit.[97] Auch auf der Umschrift des Siegels findet man wie bei den Münzen einen Verweis auf die gesamte Gemeinde: SIGILLVM UNIVERSITATIS CIUIVM DE NURENBERCH. Das Siegelbild zeigt einen Adler mit einem gekrönten Königskopf, die symbolhafte Verbindung zwischen Reich und König, den Nürnberger Königsadler, der uns hier zum ersten Mal begegnet. Ob hier das Haupt vom Siegel des Freiheitsbriefes Kaiser Friedrichs II. übernommen wurde,[98] lässt sich rein auf Grundlage der Überlieferung nicht klären. Ebenso wird in der Literatur die Ähnlichkeit mit dem Siegelbild König Konrads IV. betont, der 1254 die Nachfolge seines Vaters angetreten hatte. Ließe sich diese These stichhaltig beweisen, so hätte man nicht den Urheber der Reichsfreiheit als Bild gewählt, sondern den amtierenden Kaiser, der durch die Ehe mit einer Wittelsbacherin seinen Einfluss im Süden des Reiches sowie

---

94　NUB, S. 168, Nr. 284: Die Nürnberger Bürger testieren in einer Urkunde des Deutschen Ordens; dazu Ernst MUMMENHOFF: Entstehung und Alter des Nürnberger Ratssiegels, in: MVGN 22 (1918), S. 280–292, hier S. 282, der die Urkunde in die 1220er Jahre datiert; dies übernimmt auch KORN, Adler 1969, S. 54; der Herausgeber des NUB Gerhard Pfeiffer setzt die Datierung nach Auswertung der Zeugenreihe auf 1236–1242; so auch Reinhold SCHAFFER: Die Siegel und Wappen der Reichsstadt Nürnberg, in: ZBLG 10 (1937), S. 157–203; mit Ingo KRÜGER: Das Nürnberger Schrift- und Urkundenwesen 1240–1350, Bonn 1988, S. 31f.; und BOSL, Staufer 1971, S. 26; sowie m. E. HERMANN, Schriftlichkeit 2008, S. 409, sprechen sich für die spätere Datierung aus. Für die Fragestellung soll nur der etwaige Zeitraum im Zusammenhang mit der Ausbildung der Verfassung interessieren, weshalb keine näheren Untersuchungen stattfinden können.

95　Dazu die Urkunde vom 06.07.1254, in: NUB, S. 216f., Nr. 356; vgl. dazu u. a. Heinrich KOHLHAUSSEN: Nürnberger Goldschmiedekunst des Mittelalters und der Dürerzeit 1240 bis 1540, Berlin 1968, S. 12; zum Siegelstempel aus dem Jahr 1343 vgl. FLEISCHMANN, Stadtregiment, in: Norenberc 2000, S. 104.

96　Zum Begriff vgl. Gerhard DILCHER: Bürgerrecht und Stadtverfassung im europäischen Mittelalter, Köln/Weimar/Wien 1996, S. 129, hier mit dem Beispiel Frankfurt am Main.

97　Vgl. Urkunde vom 20.02.1245, in: NUB, S. 195f., Nr. 322; auch BOSL, Staufer 1971, S. 26.

98　SCHAFFER, Siegel 1973, S. 191; so auch in: GOEZ, Nürnberg 1986, S. 14; auch Günther SCHUHMANN: Nürnberger Wappen und Siegel, in: Nürnberg 1986, S. 155–162, hier S. 155.

‚CORPORATE BRANDING': DIE SPÄTMITTELALTERLICHE REICHSSTADT

in Nürnberg vergrößern konnte.[99] Schriftlich wird die Darstellung, ohne auf ihren Ursprung einzugehen, erstmals durch Sigismund Meisterlin um 1488 beschrieben: [...] *ein guldner adler mit einem menschenhaubt, gekrönt mit einer gulden cron*.[100] Dass etwa parallel zum ersten Auftreten des Siegels auch die *consules* genannt werden, überrascht nicht, wenn man die Ausbildung eines Rates mit dessen beginnender Siegelführung übereinbringt. Eines der ersten Zeugnisse für die existierenden Ratsherren ist ein Schreiben aus dem Jahre 1256, in dem die [...] *consules et universitas civium Nurenbergensium* [...] die Regensburger zu ihrem Beitritt zum Rheinischen Städtebund beglückwünschten.[101] In Nürnberg trat das gleiche Phänomen auf, das man auch bei anderen Städten des Rheinischen Bundes erkennen kann: Die Ausbildung eines Rates hing stark mit den äußeren reichspolitischen Begebenheiten zusammen[102] und damit auch mit den neuen Erfahrungen ihrer politischen Möglichkeiten und Aufgaben innerhalb eines Bündnisses, das als „[...] eine Folge der restriktiven Städtepolitik Friedrichs II. [...]" zu werten ist.[103] Diese wiederum wirkten im umgekehrten Sinne auf das Selbstverständnis der Stadt und deren Repräsentationswillen. Dadurch wurde auch die Weiterentwicklung der reichsstädtischen Autonomie befördert. Sichtbar wird dies in der Wahl des Siegelbildes, obwohl man allmählich versuchte, sich von der königlichen Anbindung zu lösen, da der Handlungsspielraum vor allem durch die Stellung als unmittelbar dem König unterstellte Stadt ermöglicht wurde.

1368 ließ der Rat zu Nürnberg ein neues Stadtsiegel herstellen.[104] Die Darstellung blieb annähernd gleich mit nur geringen stilistischen Veränderungen. Der Königskopfadler behielt seine Funktion und auch seine Bedeutung. Nach Otto Posse könne man eine Verbindung zum Siegeladler Kaiser Ludwigs IV. erkennen,[105] was die alte Loyalität gegenüber dem Wittelsbacher aufzeigen sollte. Diese Interpretation ist angesichts der Tatsache, dass Karl IV. die Reichsstadt stark begünstigte und ebenso eine enge Beziehung aufbaute,

---

99 EBD., auch BOSL, Staufer 1971, S. 27; zur Kritik am Porträtcharakter vgl. KAHSNITZ, Städte- und Kaisersiegel 1994, S. 67.

100 Vgl. Sigmund Meisterlin's Chronik der Reichsstadt Nürnberg, S. 153.

101 Vgl. Schreiben vom 10.10.1256, in: NUB, S. 225, Nr. 369.

102 Vgl. HERMANN, Schriftlichkeit 2008, S. 414.

103 Dazu KAUFHOLD, Interregnum 2000, S. 216; allgemein zum Rheinischen Städtebund vgl. EBD., S. 168–215.

104 Vgl. SCHAFFER, Siegel 1937, S. 159: Die erste Urkunde mit diesem Siegel wurde am 28.09.1368 ausgestellt; nach SCHULTHEISS, Verfassung 1971, S. 35, wurde seit dem 14. Jahrhundert ein eigens mit der Verwahrung und Verwendung des Siegels beauftragter Ratsherr eingesetzt.

105 Vgl. Otto POSSE: Die Siegel der Deutschen Kaiser und Könige, Bd. 1, Dresden 1913, Tafel 51,4.

ABB. 5
Das reichsstädtische Siegel Nürnbergs mit einem gekrönten N auf einer Urkunde vom 28.05.1348, StA Nürnberg, Rst. Nbg., Münchner Abgabe 1992 737.
© STAATSARCHIV NÜRNBERG.

als unwahrscheinlich zu erachten. Ab 1346 kam als Rücksiegel ein gekröntes N mit der Umschrift SIGN(ETUM) S(ECRET)U(M) NUR(ENBERGENSE) dazu. Dies machte das Siegel einerseits fälschungssicherer und intensivierte andererseits optisch die Verbindung zu Nürnberg (Abb. 5).[106] Auch den Goldgulden wurde dieses N auf einem Adler zur Kennzeichnung ihrer Provenienz aufgesetzt. Nach den Aufständen im Jahre 1349 ersetzte man dieses durch einen gespaltenen Dreiecksschild: Ihn ziert rechts ein aufsteigender halber Adler, links ist er fünf Mal schräg geteilt.[107] Vermutlich kam es zu den Änderungen, um die neuen Siegel deutlicher von den alten zu unterscheiden, die auch von den Aufständischen genutzt wurden. Dies deckt sich auch mit der Urkunde Karls IV., in der er die vom Rat der Aufständischen ausgestellten Urkunden für unrechtmäßig erklärte. Sigismund Meisterlin schrieb in seiner Chronik, Kaiser Karl IV.

> [...] gab auch ein newes secretsigel dem rat, wann dreierlei sigil und schilt hat diese stat: das erst ein gantzen adler des reichs, das ander ein halben adler, das ander tail Schwanfelt [...] zwischen den zweien flüßen, Swabach genant, und ist rot und weiß über zwerich,[108] das drit ist ein secret, ein guldner adler mit einem menschenhaubt, gekrönt mit einer gulden cron.[109]

---

106 Vgl. KOHLHAUSSEN, Goldschmiedekunst 1968, S. 30; z.B. an der Urkunde vom 28.05.1348, in: StA Nürnberg, Rst. Nbg., Münchner Abgabe 1992 737.
107 Vgl. dazu SCHAFFER, Siegel 1937, S. 182.
108 Auch Sigmund Meisterlins Chronik der Reichsstadt Nürnberg 1488, S. 42, zur weiteren Interpretation des Wappens. Die Bezeichnung des Wappens als „Schwabfelder Wappen" entstand wohl aus einem Irrtum, da Meisterlin davon ausging, dass Nürnberg als Königsgut zum staufisch-schwäbischen Herzogtum gerechnet wurde. Vgl. dazu SCHAFFER, Siegel 1937, S. 195f.
109 Sigmund Meisterlins Chronik der Reichsstadt Nürnberg 1488, S. 153.

,CORPORATE BRANDING': DIE SPÄTMITTELALTERLICHE REICHSSTADT

Der genannte geteilte Schild wurde vermutlich von den gewappneten Heeresdienstleistenden übernommen, die diesen bereits im 13. Jahrhundert trugen.[110] Die Farben Rot und Weiß beziehungsweise Silber werden wiederum zurückgeführt auf die Heeresfahnen der Kreuzzüge der römischen Könige, die kontinuierlich seit Heinrich VI. ein weißes Kreuz auf rotem Grund trugen.[111] Diese Farben wurden auch zur Kennzeichnung von Reichsbesitz verwendet, wie dies in Nürnberg der Fall ist und bei Lübeck zu sehen sein wird. Auch wenn die letztgenannte Stadt nicht auf Reichsgut entstand, ist die Farbgebung als Zeichen der Reichsanbindung zu verstehen.[112] Bei der Beschreibung in Mühlichs Chronik aus dem 15. Jahrhundert wird die sogenannte Wappendreiheit von Königsadler, Reichsadler und geteiltem Schild genannt, die erstmals im Jahre 1481 auf dem Peststadel in der Tetzelgasse im städtischen Raum erschien.[113] Ebenso erscheinen die drei Wappen auf dem nur wenige Jahre später hergestellten Titelholzschnitt der Nürnberger Stadtrechtsreformation von 1484 (Abb. 6).[114] Zusätzlich verwendete man in Nürnberg ab 1345 ein Sekretsiegel als kleines Siegel für Verschlüsse.[115] Es handelte sich um einen im Umfang kleine-

---

110 Vgl. dazu Paul GANZ: Geschichte der heraldischen Kunst in der Schweiz im 12. und 13. Jahrhundert, Frauenfeld 1899, S. 178.

111 Die ältesten Abbildungen hiervon stammen aus der Chronik des Petrus de Ebulo aus der Zeit um 1195, vgl. dazu: Liber ad Honorem Augusti sive de rebus Siculis. Codex 120 II der Burgerbibliothek Bern. Eine Bilderchronik der Stauferzeit, hg. von Theo KÖLZER/ Marlis STÄHLI, Sigmaringen 1994; auch WENTZCKE 1955, S. 16f., 30f.; zur Chronik vgl. Sibyl KRAFT: Ein Bilderbuch aus dem Königreich Sizilien. Kunsthistorische Studien zum „Liber ad honorem Augusti" des Petrus von Eboli (Codex 120 II der Burgerbibliothek Bern), Weimar 2006.

112 Vgl. SCHAFFER, Siegel 1937, S. 194.

113 Vgl. HYE, Doppeladler 1973, S. 88; SCHAFFNER, Siegel 1937, S. 179.

114 Vgl. den Titelholzschnitt von Michael WOLGEMUT: Reformacion der Statut vnd gesetze, Nürnberg, 1484, StadB Nürnberg, Will. I, 954.2°; weiter dazu SCHAFFER, Siegel 1973, S. 158; auch WENTZCKE, Farben 1955, S. 19, mit Verweis auf das älteste Wappengedicht Deutschlands von Konrad Mure um 1244, vgl. Theodor VON LIEBENAU: Das älteste Wappengedicht Deutschlands, in: Vierteljahresschrift für Heraldik, Sphragistik und Genealogie 7 (1880), S. 20–34; auch SCHUMANN, Nürnberger Wappen 1986, S. 160. Es handelt sich um die älteste gedruckte Gesetzespublikation, die in der Werkstatt des Nürnbergers Anton Koberger entstand, vgl. dazu Timo HOLZBORN: Die Geschichte der Gesetzespublikation: insbesondere von den Anfängen des Buchdrucks um 1450 bis zur Einführung von Gesetzesblättern im 19. Jahrhundert (= Juristische Reihe Tenea, Bd. 39), Berlin 2003, S. 50–53.

115 Zur Größe der Siegeltypen, die bei einer Gesamtbetrachtung der repräsentativen Wirkung unabdingbar ist, kann im Zusammenhang mit der Fragestellung nicht näher eingegangen werden, vgl. dazu u. a. DIEDERICH, Siegelkunde 2012, S. 113–117.

ABB. 6
Die Darstellung der beiden Nürnberger Stadtpatrone, Sankt Lorenz und Sankt Sebald, sowie der Wappendreiheit mit dem Reichsadler, dem Königskopfadler und dem geteilten Schild.
Der Titelholzschnitt von Michael Wolgemut, in: Reformacion der Statut vnd gesetze, Nürnberg 1484, StadtB Nürnberg, Will. I, 954.2°.
© STADTBIBLIOTHEK NÜRNBERG.

ren Königskopfadler mit der Umschrift: SIGILLVM SECRETVM CIUIVM DE NURENBERCH.[116] Parallel zur Reichsstadt führte auch der Schultheiß, der de jure als königlicher Amtsträger im Dienste stand, ein Siegel mit einem einfachen Adler, allerdings ohne den Königskopf, was als Reichsverweis, aber dennoch in deutlicher Abgrenzung zum reichsstädtischen Siegel gesehen werden kann.[117] Für die Bedeutung der Stellung des Schultheißen bis in die erste Hälfte des 14. Jahrhunderts spricht die Verwendung eines eigenen Siegels. Dieses wird

---

116 Vgl. Daniel BURGER: Typar des ersten Sekretsiegels der Reichsstadt Nürnberg, in: Kaiser – Reich – Stadt 2013, hg. von HEINEMANN, S. 158.

117 Es handelt sich um einen nach links blickenden Adler von 1246 bis 1342 bzw. um einen nach rechts blickenden Adler nach 1343, vgl. KOHLHAUSSEN, Goldschmiedekunst 1968, S. 13, 30; dazu die Urkunde von 1251–1254, in: NUB, S. 211. Nr. 348, für die Umschrift SIGILLUM SCULTETI DE NVRINBERC; vgl. auch HERMANN, Schriftlichkeit 2006, S. 411, 418f.

,CORPORATE BRANDING': DIE SPÄTMITTELALTERLICHE REICHSSTADT   147

1343 durch das Stadtgerichtssiegel ersetzt, das den Adler und die Umschrift SIGILLUM IUDICII DE NURENBERCH trägt, wodurch sich der zunehmende Kompetenzverlust des Schultheißen abzeichnet.[118]

Kontroversen bezüglich seiner Darstellung ruft das 1360 entstandene Siegel des Priesterkollegs an der Marienkapelle hervor, das einen Doppeladlerschild trägt. Über diesem wird die Marienkrönung dargestellt, der Moment, als Gottvater die soeben gekrönte Muttergottes segnet. Der Erstgenannte trägt ein kaiserliches Gewand und hält einen Reichsapfel in seiner Linken.[119] Claus Bleisteiner äußert sich sehr skeptisch gegenüber der Interpretation des doppelköpfigen Adlers als Zeichen für das Reich und Karl IV., dem Stifter der Kapelle sowie des Kollegs. Vielmehr möchte Bleisteiner eine Darstellung erkennen, die als Abgrenzung zum kaiserlichen Wappen Karls und dem einköpfigen Adler gewählt wurde.[120] Da das Priesterkolleg keine besondere Privilegierung auszeichnen würde, wäre es nach Bleisteiner unwahrscheinlich, ein kaiserliches Wappen zu wählen, zumal in der Mitte des 14. Jahrhunderts ohnehin der Doppeladler noch nicht institutionalisiert war. Die Darstellung Gottes wäre deshalb als eine Art „überirdischer Kaiser" und der Adler als „apokryph überhöht" zum einfachen kaiserlichen Adler zu sehen.[121] Dem ist teilweise zuzustimmen, denn das Bild Gottes mit Reichsapfel und Krone ist für diese Zeit ikonographisch keine Seltenheit und nicht als Verweis auf einen irdischen Herrscher zu deuten, sondern es stellt vielmehr die Schnittstelle zur Sakralität des Königtums dar.[122] Zudem finden wir in der Frauenkapelle selbst zwei Schlusssteine, welche ebenfalls die Marienkrönung zeigen: Der erste befindet sich im Langhaus, der zweite im Michaelschor. Außerdem befindet sich eine dritte Marienkrönung auf der Brüstung der Westempore.[123] Dieses mariologische Programm scheint sich im Siegel des Priesterkollegiums widerzuspiegeln. Es bleibt jedoch die Frage, warum der Adlerschild abgebildet wird. Ruft man sich noch einmal die Herleitung des Doppeladlers im Lübecker Schild ins

---

118   Dazu SCHULTHEISS, Verfassung 1971, S. 37; und KRÜGER, Urkundenwesen 1988, S. 195.

119   KOHLHAUSSEN, Goldschmiedekunst 1968, S. 29 mit S. 47, Abb. 86: Der Typar ist nicht erhalten.

120   BLEISTEINER, Doppeladler 2001, S. 41f.

121   EBD., S. 41f., mit 46f.

122   Heinrich SCHMID/Margarethe SCHMID: Die vergessene Bildersprache christlicher Kunst: Ein Führer zum Verständnis der Tier-, Engel- und Mariensymbolik, München 2007, S. 221–223, zur Marienkrönung; auch Sabine POESCHEL: Handbuch der Ikonographie. Sakrale und profane Themen der bildenden Kunst, Darmstadt 2005, S. 125.

123   Zur Bauplastik vgl. Günther BRÄUTIGAM: Gmünd – Prag – Nürnberg. Die Nürnberger Frauenkirche und der Prager Parlerstil vor 1360, in: Jahrbuch der Berliner Museen 3 (1961), S. 38–75, hier S. 46–53, mit Abb. 11–13.

ABB. 7
Die Darstellung einer Hansekogge auf dem Lübecker Stadtsiegel von 1256.
© ARCHIV DER HANSESTADT LÜBECK.

Gedächtnis, so kann man möglicherweise auch hier von einer heraldischen Konstruktion ausgehen, die trotz aller Skepsis auf den einfachen Adler des Kaisers verweist und den Stifter der Kapelle im Siegel vergegenwärtigt.

Das erste Lübecker Siegel[124] auf einer Urkunde aus der Zeit um 1230 zeigt eine Schiffsdarstellung und trägt die Umschrift SIGILLVUM BVRGHENSIVM DE LVBEKE.[125] Das Schiff, eine Hansekogge, steht in erster Linie für den Hochseehandel, dessen Erfolg wesentlich durch den Einsatz der Kogge beeinflusst wurde. Die entsprechende Urkunde wurde zwischen dem Bischof zu Ratzeburg mit seinem Domkapitel [...] et Burgenses Lubicenses [...] ausgestellt und betrifft die Grenzregelungen zwischen beiden Territorien.[126] Bereits um 1250 fertigte man das Typar nach (Abb. 7).[127] Diesem wurde nun erstmals ein Rücksiegel mit der Darstellung eines gekrönten Königs beigefügt.[128] Dieser wird wie das Königshaupt auf den Münzen zwischen zwei Perlreihen abgebildet. Er hält in seiner Rechten ein Zepter und in seiner Linken den Reichsapfel, die

---

124 Dazu vgl. Georg FINK: Die Lübecker Stadtsiegel, in: ZVLGA 35 (1955), S. 14–56.
125 Vgl. Heino WIECHELL: Das Schiff auf Siegeln des Mittelalters und der beginnenden Neuzeit. Eine Sammlung von bildlichen Quellen zur Schiffstypenkunde, Lübeck 1971, hier v. a. S. 16; zu Bedeutung der Kogge vgl. Phillippe DOLLINGER: DIE HANSE, Stuttgart ⁵1998, S. 186–196.
126 Vgl. die Urkunde vom 08.09.1230, in: LUB 1, S. 58, Nr. 48 mit Tafel 1, Nr. 1.
127 Erneut 1281, vgl. die Urkunde vom 06.10.1281, in: LUB 1, S. 379, Nr. 457 mit Tafel 2, Nr. 2a; vgl. weiter auch Georg FINK: Die lübische Flagge, in: ZVLGA 23 (1926), S. 133–171, hier S. 141; DERS.: Lübecks Kennzeichnung durch Namen, Wappen und Flagge, in: Lübeckische Blätter 79 (1937), S. 280f.; auch Siegel des Mittelalters 1856, S. 7f., mit Tafeln 3,12, 3,13, 5,15.
128 Dazu die Urkunde vom 12.03.1256, in: LUB 1, S. 206, Nr. 226, mit Tafel 2, Nr. 1a.

CORPORATE BRANDING': DIE SPÄTMITTELALTERLICHE REICHSSTADT   149

Krönungsinsignien des römischen Königs.[129] Ab der Mitte des 14. Jahrhunderts wurde die Darstellung verfeinert und der Thron des Königs durch zwei Säulen und einen Balkon geschmückt.[130] Die Siegelumschrift auf dem Revers lautet SECRETV(M) CIVITAT(IS) LVBEK(ENSIS). Da hier auf dem Siegel *burgensium* parallel zu *civitatis* erscheint, ist diese doppelte Begriffsverwendung nach Hermann Kownatzki nicht als Änderung der Verfassung zu sehen, zumal in Lübeck die zwei Wörter am Anfang des 13. Jahrhunderts synonym verwendet wurden.[131] Dennoch lässt sich feststellen, dass in den Urkundentexten die *burgenses* allmählich von der *civitatis* abgelöst werden, obwohl beide primär auf die innere genossenschaftliche Einigung verweisen und ein Wandel der Begrifflichkeiten vermutlich auf sprachgeschichtlichen Entwicklungen basiert.[132] Die dazugehörige Urkunde betrifft einen Vergleich zwischen dem Lübecker Johanniskloster und dem Kloster zu Cismar, Aussteller der Urkunde war der Bischof von Lübeck, die Bürger erscheinen als Zeugen. Die Verwendung eines eigenen Siegels lässt sich wie in Nürnberg auch in Lübeck in einen zeitlichen Zusammenhang mit dem Reichsfreiheitsprivileg bringen. Dass nur wenige Jahre später die bildliche Darstellung eines Königs aufgenommen wird, hängt möglicherweise mit dem prozesshaften Voranschreiten städtischer Autonomie zusammen. So wie man versuchte, sich von landesherrlichen Zugriffen auf Basis der Reichsfreiheit zu schützen, repräsentierte man die Anbindung an das Kaisertum.

Den Doppeladler nahm Lübeck dahingegen erstmals 1362/8 in eines seiner Siegel auf.[133] Man erkennt darauf einen König mit Zepter und Reichsapfel sowie zwei Schilde: zu seiner Rechten den geteilten Lübischen Schild und zu seiner Linken den Schild, der mit dem Doppeladler geziert wurde.[134] Dieses

---

129   Siegel des Mittelalters 1 1856, S. 8, mit Tafel 3,14 und LUB, Tafel 2, Nr. 1b; auch HAMMEL-KIESOW, Reichsstadt 2014, S. 78, zu den Siegeln.

130   Siegel des Mittelalters 1 1856, S. 9, mit Tafel 4,16 und LUB, Tafel 2, Nr. 2b.

131   Hermann KOWNATZKI: Sigillum burgensium – Sigillum civitatis. Ein Beitrag zur Entwicklung der Staatsauffassung im Mittelalter, Köln 1979, S. 9f.; dazu auch Arnoldi Chronica Slavorum, lib. 2, S. 65.

132   Auf die Diskussion über beide Begriffe kann hier nicht näher eingegangen werden, vgl. dazu ISENMANN, Stadt 2014, S. 133; DILCHER, Bürgerrecht 1996, S. 129, 132, 135f.

133   Zur Datierung vgl. u. a. BLEISTEINER, Doppeladler 2001, S. 42f.; v. a. aber Siegel des Mittelalters aus den Archiven der Stadt Lübeck, 3. Heft, hg. vom VEREIN FÜR LÜBECKISCHE GESCHICHTE UND ALTERTHUMSKUNDE, Lübeck 1859, S. 24f.; das Siegel selbst ist nur vier Mal erhalten; nach HAMMEL-KIESOW, Reichsstadt 2014, S. 78 wurde das Siegel bereits 1362 angebracht.

134   1908 wird das Wappen fälschlicherweise von Friedrich KÜCH: Siegel und Wappen der Stadt Kassel, in: Zeitschrift für hessische Geschichte und Landeskunde 41 (1908), S. 242–

Siegel wurde verwendet, um die städtischen Pfundzollquittungen zu beglaubigen.[135] Da die Quittungen allen Kaufleuten bei der Einfuhr von Waren ausgestellt wurden, hatten sie einen großen Wirkungskreis. Annähernd zeitgleich mit dem Aufkommen des Doppeladlers auf den Witten wird hier die Reichsstadt mit Verweis auf das Reich repräsentiert.[136] In dieser Zeit war der Doppeladler schon eng mit Lübeck verknüpft, weshalb wohl lokale Interessen im Vordergrund standen, als man dieses Symbol wählte. In erster Linie ist der Handel zu nennen, der allerdings durch Karl IV. maßgeblich gefördert wurde. Nach Claus Bleisteiner würde die Reichsrepräsentation in diesen Siegeln überhaupt keine Rolle spielen. Er begründet dies dadurch, dass die Allianz der Seestädte gegen den dänischen König Waldemar IV. im Jahre 1368 ebenso ein Siegel mit einem Doppeladler führte und dieses Bündnis nicht unter dem Zeichen des Reichs, sondern unter Lübischer Führung auftreten würde, weshalb der Doppeladler „[...] als spezielles Lübecker Zeichen [...]" angesehen werden könnte.[137] Das ist im Zusammenhang mit der Allianz sicherlich korrekt. Bezogen auf die Lübecker Siegel ist die These jedoch zu hinterfragen. Als weiteres Indiz zieht Bleisteiner die Anordnung der Schilde auf dem Siegel heran. Da sich rechts der Lübische und links der Doppeladler befindet, könne man von einer Vorrangstellung des Ersteren sprechen, was den Reichsbezug in den Hintergrund drängen würde. Dem ist allerdings nicht vorbehaltlos zuzustimmen. Beide Schilde sind klar der Reichsstadt zugeordnet, verweisen aber an sich schon durch die Farb- oder Bildgebung auf das Reich. Der geteilte Schild ist ebenso wie der Nürnberger in Rot und Weiß/Silber gehalten. Möchte man durch die Anordnung der Schilde dennoch darauf schließen, welches Vorrang genoss, so muss man die zeitgenössische Interpretation beachten: Die Darstellung des roten Kreuzes auf weißem Grund, dem der geteilte Schild zu

---

266, hier S. 259f., als das „ältestbekannte Stadtwappen" bezeichnet. Diese These war zu diesem Zeitpunkt schon längst überholt, aber wurde dennoch häufig bis in die Mitte des 20. Jahrhunderts zitiert, dazu auch Hans Joachim VON BROCKHUSEN: Wetzlar und die Reichsadler im Kreis der älteren Stadtwappen, in: MittWetzlaerGV 16 (1954), S. 93–126, hier S. 94. Vorsicht ist geboten, da auch in der neueren Literatur diese These noch zu finden ist.

135 Zur Quellengattung vgl. Hansische Pfundzollisten des Jahres 1368 (= Quellen und Darstellungen zur hansischen Geschichte, Neue Folge, Bd. 10), hg. von Georg LECHNER, Lübeck 1935.

136 Wilfried SCHÖNTAG: Siegelrecht, Siegelbild und Herrschaftsanspruch. Die Siegel der Städte und Dörfer im deutschen Südwesten, in: Siegel 2007, hg. von SIGNORI, S. 128–138, hier S. 135, mit dem Postulat, die Quellengattungen Wappen, Siegel und Münzen zu trennen. Dem wird in dieser Arbeit auch Rechnung getragen.

137 BLEISTEINER, Doppeladler 2001, S. 43.

Grunde liegt, war im 14. Jahrhundert dem Adler vorgeordnet. Dies wird anhand einer Beschreibung der Bestattung von Kaiser Karls IV. deutlich. Hier heißt es: [...] *darnach fürt man den fan des hailgen richs, ain wizz crütz mit ainem langen zagel in ainem rotten veld [...] darnach fürt man ain guldin rennfaun mit ainem schwartzen adler des richs [...].*[138] Alleine die Anordnung der Schilde auf dem Wappen ist demnach nicht als Widerspruch zu werten. Vielmehr wird die Identität der Reichsstadt über den Reichsbezug hergestellt und mit der Darstellung der königlichen Person intensiviert. Ein Porträtcharakter des Siegels ist vermutlich nicht gegeben und somit auch nicht zwingend ein expliziter Verweis auf den amtierenden Kaiser Karl IV. Nicht nur, weil dieser auf dem Siegelbild eine einfache Königskrone und keine kaiserliche Bügelkrone oder Mitra trägt, sondern auch weil man hier vermutlich von einem eher ,überzeitlichen' Symbol sprechen kann.

Die Darstellung des Doppeladlers auf den Pfundzollquittungen, die danach nur noch den König und den geteilten Schild trugen, endete um 1370 wieder.[139] Damit wurde der Reichsbezug exakt in dem Zeitraum intensiviert, als die bereits erwähnte Allianz der Seestädte einen Krieg gegen Waldemar IV. führte. Nachdem dieser 1360 Südschweden mit der Insel Gotland und der bedeutenden Hansestadt Visby erobert hatte,[140] vereinigten sich die führenden Städte im Norden des Reichs. Da es durch die Einführungen neuer Zölle und Abgaben zu einer Verschlechterung der Handelssituation und zu Engpässen kam, schlossen sich die Städte mit den Fürsten im Norden des Reiches zusammen, um unter lübischer Führung[141] gegen den dänischen König vorzugehen.[142] Nach einer ersten Niederlage der Städte und einem vorläufigen Frieden im

---

138 Die Chronik von 1368–1406, S. 61.

139 Erst die Signetsiegel ab dem Jahre 1476 tragen wieder den lübischen Doppeladler alleine mit der Umschrift SIGNETUM CIVITATIS LUBICE, vgl. Siegel des Mittelalters 3 1859, S. 25, mit Tafel 1b, 43; HAMMEL-KIESOW, Reichsstadt 2014, S. 78.

140 Vgl. die Bestätigung der Rechte Visbys durch König Waldemar IV. in einer Urkunde vom 29.10.1361, in: HUB 4, S. 10, Nr. 21; mit der Detmar-Chronik von 1101–1395, S. 529: [...] *do besammelde konik Woldemer van Denemarken een grot heer, unde sprak, he wolde se bringhen, dar goldes unde sulvers ghenoch were*[...].

141 Dazu Rainer DEMSKI: Adel und Lübeck. Studien zum Verhältnis zwischen adeliger und bürgerlicher Kultur im 13. und 14. Jahrhundert (= Kieler Werkstücke. Reihe D: Beiträge zur europäischen Geschichte des späten Mittelalters, Bd. 6), Frankfurt 1996, S. 147–155, mit einer ausführlichen Zusammenstellung der Quellen zu den einzelnen Kriegsschauplätzen.

142 Dazu gibt es reichhaltige Quellen, vgl. u. a. die Versammlung der Hansestädte zu Stralsund am 08.10.1362 und die Verhandlungen über das Verhalten der Könige von Schweden und Norwegen, in: HR 1, S. 194–205.

152   KAPITEL 3

Jahre 1365[143] führten sie für einige Jahre diplomatische Verhandlungen mit dem Dänenkönig, der seine restriktive Haltung jedoch nicht änderte. Deshalb verbündeten sich die Städte 1367 als sogenannte „Kölner Konföderation" und zogen erneut unter lübischer Führung [...] *mit groter macht in denemarken unde vorworven al eren willen.*[144] Ein Ende fanden die Auseinandersetzungen am 24. Mai 1370 mit dem Stralsunder Frieden.[145] Nach den Bestimmungen der Goldenen Bulle 1356 war der Zusammenschluss der Kölner Konföderation nicht unproblematisch, da Bündnisse zwischen Personen und Städten de jure nur erlaubt waren, wenn sie ein kaiserlicher Landfriede hervorbrachte.[146] Daher ernannte Karl IV. die Lübecker Bürgermeister für den Zweck des Landfriedens zu Reichsvikaren, damit sie über die Übeltäter in der Stadt richten konnten.[147] Dies diente unter anderem persönlichen Interessen des Kaisers und ermöglichte die Sicherung des Elbhandels.[148] Jedoch wurde der Zusammenschluss schon vor der rechtlichen Fixierung von Anfang an im Sinne des Handels geduldet, weshalb Lübeck in seiner Vormachtstellung auch die Besiegelung seiner Pfundzollquittungen änderte und damit seinem Repräsentationsbedürfnis in der Krisenzeit Ausdruck gab. Dass hier genau die beiden Schilde verwendet wurden, die im kollektiven Gedächtnis als lübische Zeichen verstanden wurden, mindert nicht die Tatsache, dass diesen ein Verweis auf das Reich zu Grunde liegt.

Mit Blick auf Augsburg stellt sich die Frage, ob sich dort die Beobachtungen fortsetzen, die bereits bei den Münzen zu erkennen waren, oder ob auf den Siegeln Reichssymbolik zu finden ist. Tatsächlich besitzt die erste Urkunde der Augsburger jüdischen Gemeinde von 1298 ein Siegel, auf dem ein Judenhut zwischen den beiden Köpfen eines Doppeladlers abgebildet wurde (Abb. 8).[149] In der Urkunde erbitten die Juden von der Stadt, innerhalb von vier Jahren auf eigene Kosten eine Stadtmauer um den Friedhof bei Heilig-

---

143   Dazu HR 1, S. 306–311, mit den vorbereitenden Verhandlungen am 27.03.1365 in Stralsund; HR 1, S. 311–314 mit den vorbereitenden Verhandlungen zu Lübeck am 28.05.1365; HR 1, S. 315–323 mit den Hauptverhandlungen am 12.06.1365 in Stralsund und am 03.09.1365 in Vordingborg.

144   Vgl. die Detmar-Chronik 1101–1395 mit der Fortsetzung von 1395–1400, S. 541; dazu auch die zahlreichen Urkunden in LUB 3, die hier nicht alle einzeln aufgeführt werden können.

145   DEMSKI, Adel 1996, S. 155 mit Anm. 49; dazu HR I, S. 485–494; auch DOLLINGER: Die Hanse, 1998, S. 96–102.

146   Vgl. die Goldene Bulle, S. 600, cap. 15.

147   Vgl. die Urkunde vom 23.03.1374, in: LUB 4, S. 228f., Nr. 222.

148   Vgl. SCHUBERT, König und Reich 1979, S. 8of.

149   Vgl. die Urkunde vom 23.08.1298, in: UBA 1, S. 129f., Nr. 176; dazu auch 700 Jahre Augsburger Stadtrecht 1276–1976, hg. vom STADTARCHIV AUGSBURG, Augsburg 1976, S. 73f.

ABB. 8
Das Siegel der jüdischen Gemeinde Augsburg auf der Urkunde vom 23.08.1298, Avers. StadtA Augsburg, US 1298 08 23.
© STADTARCHIV AUGSBURG.

Kreuz erbauen zu dürfen. Dass die jüdischen Gemeinden ein eigenes Siegel führten, war üblich, denn Geschäftstätigkeiten wurden üblicherweise durch Besiegelung in ihrer Rechtmäßigkeit bestätigt.[150] In der älteren Literatur wird die Augsburger Darstellung in Zusammenhang mit dem Judenprivileg Kaiser Friedrichs II. von 1236 gebracht, der sich selbst zum Schutzherren über die Juden erhob.[151] An dieser Interpretation werden jedoch auch Zweifel geäußert. Die Verbindung einer jüdischen Gemeinschaft mit dem Doppeladler ist im französischen Raum zwar häufiger zu beobachten, im Reich tritt diese aber singulär auf, weshalb Frankreich als Vorbild hätte dienen können.[152] Der Vergleich mit dem jüdischen Geschäftssiegel aus Straßburg aus der Zeit um 1350, das nach kaiserlicher Privilegierung den einköpfigen Adler trägt, bzw. dem Regensburger Judensiegel, dem 1297 ein Adler aufgesetzt wurde, zeigt jedoch, dass man den Doppeladler des Augsburger Judensiegels als Verweis auf das Reich deuten kann.[153] Das reichsstädtische Siegel Augsburgs zeigt hingegen eine andere Darstellung: Auf dem ältesten erhaltenen Siegel an einer Urkunde von 1237[154] – ein bereits 1234 angekündigtes Siegel hat sich nicht

---

150   Zur Bedeutung jüdischer Siegel vgl. J. Friedrich BATTENBERG: Sonne, Mond und Sternzeichen. Das jüdische Siegel in Mittelalter und Früher Neuzeit, in: Siegel 2007, hg. von SIGNORI, S. 83–95.
151   Vgl. HYE, Doppeladler 1973, S. 65f.; auch KORN, Adler 1969, S. 62; ebenso Anna-Dorothee VON DEN BRINCKEN: Rheinische Judensiegel im Spätmittelalter, in: Archiv für Diplomatik 9/10 (1963/64), S. 415–425, hier S. 418.
152   BLEISTEINER, Doppeladler 2001, S. 27.
153   Dazu auch BATTENBERG, Jüdische Siegel 2007, S. 85.
154   Vgl. die Urkunde von 1237, BayHStA, KU Steingaden, Nr. 43: Bischof Siboto bestätigt hier einen Güterübertrag.

154 KAPITEL 3

erhalten[155] – erkennt man ein geöffnetes Stadttor innerhalb einer zinnenbe-
krönten Stadtmauer, die wiederum von zwei Türmen flankiert wird. Dadurch
gehört es zu dem Typus der Siegel, die formelhaft städtische Bauwerke
abbilden.[156] Zu betonen ist die Symbolhaftigkeit dieser Ausführungen, die
weniger auf die Darstellung der Stadt als Raum abzielen, sondern vielmehr
die *communitas* als Personenverband illustrieren sollten. Auch wenn sie
dadurch nicht ihre „innere Verfasstheit" abbilden,[157] so wird dennoch das
Selbstverständnis der Reichsstadt gezeigt, die sich auch durch den Stadtraum
definiert. Im Augsburger Kontext kann man trotz aller Symbolhaftigkeit der
Mauern auch einen aktuellen Bezugspunkt erkennen: der Kompetenzstreit
um die Wehrhoheit sowie die Erhebung von Ungeldern zwischen Bischof und
Bürgern.[158] Dieser prägte vor allem die nach dem erstmaligen Auftreten des
Siegels folgende Jahrzehnte des Episkopats von Hartmann von Dillingen und
wurde schließlich 1251 zugunsten der Bürgerschaft gelöst.[159] Wirft man einen
weiteren Blick auf das Siegel, so sieht man oberhalb des Tores einen sechsstrah-
ligen Stern, darunter ein aufgrund des schlechten Erhaltungszustandes schwer

---

155 Vgl. die Urkunde vom 17.03.1234, in: BayHStA, KU Steingaden, Nr. 41: [...] *ut autem hec*
     stabilia et in convulsa in futurum permaneant, advocatus et Burgenses de Augusta hanc
     paginam sigillo universitatis fecerunt communiri [...]; mit Thomas Michael KRÜGER:
     Zeugen eines Spannungsverhältnisses? Die mittelalterlichen Siegel des Augsburger
     Domkapitels und der Augsburger Bürgerschaft, in: Bildlichkeit 2009, hg. von SPÄTH,
     S. 239–260, hier S. 248; auch DERS.: Die Anfänge des Augsburger Stadtsiegels und die
     Emanzipation der Bürgerschaft, in: Augsburg 2009 hg. von KAUFHOLD, S. 19–35; auch
     DERS.: Fragmentierung bischöflicher Herrschaft. Korporative Siegel und institutioneller
     Wandel in der Augsburger Stadtgeschichte des 13. Jahrhundert, in: ZHVS 107 (2015), S. 49–
     68; zur Bedeutung des Augsburger Siegels auch KLUGE, Gedächtnis 2014, S. 35–57.
156 GÜNTHER, Repräsentation 2009, S. 26; Peter JOHANEK: Die Mauer und die Heiligen.
     Stadtvorstellungen im Mittelalter, in: Bild 1999, hg. von BEHRINGER/ROECK, S. 26–38;
     mit DIENER-STAECKLING, Siegel 2009, S. 223.
157 Vgl. Franz-Josef ARLINGHAUS: Konstruktionen von Identität mittelalterlicher
     Korporationen – rechtliche und kulturelle Aspekte, in: Bildlichkeit 2009, hg. von SPÄTH,
     S. 33–46, hier S. 39f.; auch Manfred GROTEN: Vom Bild zum Zeichen. Die Entstehung
     korporativer Siegel im Kontext der gesellschaftlichen und intellektuellen Entwicklung
     des Hochmittelalters, in: Bildlichkeit 2009, hg. von SPÄTH, S. 65–85, hier S. 82–85, zum
     Zeichencharakter der Siegel und der *universitas*.
158 Vgl. auch KRÜGER, Spannungsverhältnis 2009, S. 250.
159 Die Besetzung und Überwachung der Stadttore wurde 1251 zusammen mit dem
     Steuerrecht den Bürgern übertragen, vgl. die Urkunde vom 09.05.1251, in: UBA 1, S. 9–11,
     Nr. 9, hier S. 9f.: [...] *portas urbis seu civitatis* [...] *conditiones ipsorum civium* [...]. Die in
     der Urkunde genannten Rechte wurden den Bürgern am 04.05.1254 bestätigt. Die Bürger
     durften an den Stadttoren auch ein Ungeld erheben, die Zollhoheit blieb beim Bischof.

‚CORPORATE BRANDING': DIE SPÄTMITTELALTERLICHE REICHSSTADT   155

ABB. 9
Das seit 1260 gebräuchliche
Siegel der Reichsstadt
Augsburg an einer Urkunde
vom 14.02.1303, Avers. StA
Augsburg, Maria Stern, Uk 14.
© STAATSARCHIV
AUGSBURG.

zu identifizierendes Zeichen. Dieses lässt sich, wenn man es mit den späteren Siegeln vergleicht, (Abb. 9) als das Stadtsymbol, der sogenannte Pyr, deuten.[160] Die Bedeutung des Siegels kann nicht endgültig geklärt werden: so muss der Stern nicht zwingend als Verweis auf den Dom gedeutet werden, wie dies in der älteren Literatur beschrieben wird.[161] Wie bereits in Nürnberg taucht auch in Augsburg ab 1342 die gleiche Darstellung in verkleinerter Form als Sekretsiegel auf. Als Siegelumschrift wurde SIGILLVM CIUIVM AVGUSTENSIVM gewählt, und es stellt sich die Frage, auf wen sich in dieser Zeit die Bezeichnung *civitas* bezog. Die Urkunde mit dem ältesten erhaltenen Siegel von 1237 lässt mit dem Wortlaut [...] *tam civitatis nostre quam nostro sigillo hanc fecimus communiri* [...][162] erkennen, dass der Bischof die Stadt als die seine ansieht und auch die Siegelführung noch in dessen Hand lag. Möglicherweise handelte es sich um eine bereits formierte Gruppe aus der Bürgerschaft, die in Urkunde von 1234 vom Vogt in diesen Rechtsangelegenheiten geleitet wurde:

---

160 Zur Herkunft und nicht unumstrittenen Bedeutung vgl. Kap. III, 3.1. Die besser erhaltenen Siegel wurden mit einem neuen Typar ab 1260 geprägt, vgl. dazu die Urkunde von 1260, in: StA Augsburg, Kloster Oberschönenfeld, Uk 12; der Vergleich erfolgt hier mit der Urkunde vom 14.02.1303, in: StA Augsburg, Maria Stern, Uk 14.
161 KRÜGER, Spannungsverhältnis 2009, S. 250f.; älter dazu Klemens STADLER/Friedrich ZOLLHOEFER: Wappen der schwäbischen Gemeinden, Kempten 1952, S. 113–117.
162 Vgl. Urkunde von 1237, BayHStA, KU Steingaden, Nr. 43.

[...] *advocatus et Burgenses de Augusta hanc paginam sigillo universitatis fecerunt communiari* [....].[163] Zu dieser Zeit stellte die Gruppe wohl noch ein Äquivalent zum Domkapitel dar, dessen Siegel zudem an der Urkunde zu finden ist. Deutlich wird vor allem die Abgrenzung der Darstellung der *civitas* zum Siegel des Domkapitels, das die Muttergottes zeigt, der auch der Augsburger Dom geweiht wurde.[164] Dies ist im Vergleich mit den Siegeln anderer Bischofsstädte, die sich oft an deren Domkapitel orientierten, eine Besonderheit, die gleichzeitig die Konkurrenzsituation zwischen beiden Institutionen bezüglich der repräsentativen Siegelführung verschärfte.[165] Anders zeigt sich der Umgang mit der Symbolik zwischen Reichsstadt und Bischof im 15. Jahrhundert, was weiter unten noch zu sehen sein wird. In der Wahl des Siegelbildes werden auch die Autonomiebestrebungen der Augsburger Bürgerschaft sichtbar, obwohl die Wahl eines ‚lokalen' Symbols heißt nicht, dass sich Augsburg nicht als Teil des Reiches verstand. Durch die besondere Abbildung wurde jedoch die eigene Identität betont, die auch auf die Förderung der Reichsoberhäupter zurückzuführen ist. Auch in Augsburg blieb das Siegelbild bis in das 16. Jahrhundert hinein gleich, was für ein starkes Identifikationspotential spricht.

Da die Wahl der Siegeldarstellungen immer im Spannungsfeld verschiedener Personen und Gruppierungen erfolgte, sind diese für das Selbstverständnis der Stadt eine überaus wichtige Quelle. Auch für Siegel spielt die haptische Komponente eine wichtige Rolle. Dies galt für den Siegler, der das Typar in die Hand nahm, sowie für alle, die die Urkunde in Händen hielten.[166] Es ist sicherlich korrekt, dass es sich bei Siegeln „im Prinzip täglich wahrnehmbare Objektmanifestationen" handelte.[167] Allerdings stellt sich die Frage, für wen sie tatsächlich visuell und taktil greifbar waren. Das zu beurkundende Rechtsgeschäft besaß einen öffentlichen Charakter, denn das Siegel in seiner Funktion als öffentliches Beglaubigungsinstrument bedingte eine Rechtsverbindlichkeit des Inhaltes.[168] Weil sich die Sichtbarkeit in erster Linie auf diejenigen beschränkte, die am jeweiligen diplomatischen Schriftverkehr

---

163 Urkunde vom 17.03.1234, in: BayHStA, KU Steingaden, Nr. 41; dazu KRÜGER, Spannungsverhältnis 2009, S. 248; auch DERS., Stadtsiegel 2009, S. 27f.

164 Zu den Siegeln, die den jeweiligen Patronen geweiht sind, vgl. DIEDERICH, Siegelkunde 2012, S. 27–30.

165 KRÜGER, Spannungsverhältnis 2009, S. 252, 259; zur Siegelführung des Domkapitels vgl. EBD., S. 240–246.

166 Dazu DIEDERICH, Siegelkunde 2012, S. 14.

167 Vgl. HAMMEL-KIESOW, Reichsstadt 2014, S. 78.

168 Vgl. Helen WANKE: Zum Zusammenhang zwischen Rathaus, Verfassung und Beurkundung in Speyer, Straßburg und Worms, in: Stadtgestalt 2010, hg. von ALBRECHT, S. 101–120, hier S. 101f.

beteiligt waren, handelte es sich um eine ‚okkasionelle Öffentlichkeit.‘ Der Gebrauch von Siegeln nahm im 15. Jahrhundert massiv zu und wurde von einem das Dokument aufwertenden Beglaubigungsinstrument zu einem „selbstverständlichen Strukturmerkmal." Dies förderte dessen Präsenz und Verbreitung.[169] Sofern es, wie im Falle Lübecks, Handelsdokumente betraf, hatten Siegeldarstellungen eine große alltägliche Reichweite. Dieses Phänomen lässt sich auch in Augsburg für den Handelsverkehr fassen, da hier in den Baumeisterbüchern zu 1371 Ausgaben für [...] *den Syglern von die Worzaichen* [...] *vnder die Torr*[170] verzeichnet sind.

2 Raumdynamiken: Symbole des Reichs und Reichsdarstellungen in den öffentlichen und privaten Räumen der Reichsstadt

2.1 *Rat- und Zunfthäuser: Reichsstädtische Symbolbauten und ‚das Reich' zwischen Inklusion und Exklusion*

Rathäuser stellen in besonderem Sinne bauliche Symbole für die spätmittelalterlichen Reichsstädte dar.[171] In der Anfangszeit waren die Gebäude, in denen der Rat tagte, vor allem für den praktischen, meist wirtschaftlichen Nutzen errichtet worden. Sowohl die frühen Versammlungsräume in Nürnberg als auch in Lübeck wurden typischerweise in Tuchhäusern untergebracht. Der erste Augsburger Rat versammelte sich wohl in Sankt Peter am Perlach – es wurde also ein bereits vorhandener Kirchenraum genutzt – und später möglicherweise in einem angrenzenden *pretorium*, bevor das erste bekannte Rathaus erbaut wurde. Mit fortschreitender Autonomie der Bürgerschaft steigerte sich auch das Bedürfnis der Repräsentation, weshalb eigene Gebäude für die *consules* errichtet wurden. In allen drei Städten kann die wichtige Verbindung zwischen Handels- und Marktaktivitäten und der Lage des Rathauses herausgestellt werden. Das spricht für die starke Frequentierung und für einen hohen Grad an Öffentlichkeit der Orte. Die Größe der Gebäude und der erhöhte Raumbedarf der Rathäuser erklärt sich auch durch die Kumulation der im Rathaus untergebrachten Funktionen: Es handelte sich nicht nur um den Sitz der Verwaltung, sondern um multifunktionale Orte, in die verschiedene

---

169 Vgl. KLUGE, Gedächtnis 2014, S. 307.

170 Ausgaben zu 1371, in: Stadtarchiv Augsburg, BMB, Nr. 2, fol. 90r: Es wurden am 13.04.1371 insgesamt 31 Denar bezahlt.

171 Zu den mittelalterlichen Rathäusern vgl. MECKSEPER, Kunstgeschichte 1982, S. 186–195; jünger Stephan ALBRECHT: Mittelalterliche Rathäuser in Deutschland. Architektur und Funktion, Darmstadt 2004.

158   KAPITEL 3

Funktionen integriert wurden.[172] So wie die Reichsstadt selbst ein Konglomerat verschiedener Räume und Funktionen darstellte, war das Rathaus eine Art reichsstädtischer Mikrokosmos, in dem sich politische und soziokulturelle Aufgaben verdichteten.

Das spätmittelalterliche Rathaus war geprägt von einem Wechselspiel zwischen Inklusion und Exklusion, von Teilhabe und Abgrenzung, weshalb man den Grad der Öffentlichkeit für bestimmte Bereiche des Baus eigens definieren muss. Die Gebäude erhielten meist eine Ausgestaltung mit Symbolen und Zeichen, die im Kontext mit dem städtischen Selbstverständnis standen. Im Zusammenhang mit der Sichtbarmachung von König und Reich ist das Lübecker Rathaus ein besonderes Beispiel. Das Rathaus wurde von 1346 bis 1351 komplett umgebaut, was eine völlige Neugestaltung der Fassade mit sich brachte.[173] Sie wurde von allen Seiten mit den lübischen Wappen gekennzeichnet:[174] dem Doppelkopfadler sowie dem geteilten Schild in Rot und Weiß/Silber.[175] Besonders auffällig erkennt man diese Schilde auf der Stadtansicht Elias Diebels von 1552 (Abb. 10). Damit markierte der Rat das Gebäude als po-

---

172   So der Titel des folgenden Sammelbandes: Rathäuser als multifunktionale Räume der Repräsentation, der Parteiungen und des Geheimnisses (= Forschungen und Beiträge zur Wiener Stadtgeschichte, Bd. 55), hg. von Susanne Claudine Pils/Martin Scheutz/ Christoph Sonnlechner/Stefan Spevak, Innsbruck 2012; Franz-Josef Arlinghaus: Raumkonzeptionen der spätmittelalterlichen Stadt. Zur Verortung von Gericht, Kanzlei und Archiv im Stadtraum, in: Städteplanung – Planungsstädte, hg. von Bruno Fritzsche/Hans-Jörg Gilomen/Martina Stercken, Zürich 2006, S. 101–123, hier S. 103, spricht hier davon, dass es sich um integrale Raumkonzepte und keine multifunktionalen Räume handeln würde, da verschiedene Funktionen nicht aufgrund eines Platzmangels, sondern aufgrund des zeitgenössischen Verständnisses bezüglich ihrer Zusammenhänge zusammengelegt wurden. Jedoch muss das eine das andere nicht ausschließen, weshalb beide Aspekte zum Tragen kommen.

173   Zu den Umbaumaßnahmen vgl. Albrecht, Rathäuser 2004, S. 42f.: Das Rathaus durchlief insgesamt vier grundlegende Umbaumaßnahmen; auch Stefan Brüggerhof/Christian Ochwat/Jochen Seebach: Die Fassade des Lübecker Rathauses – Instandsetzung und Farbfassung, in: Stein. Zerfall und Konservierung, hg. von Siegfried Siegmund/Michael Auras/Rolf Snethlage, Leipzig 2005, S. 227–231; auch Rathaus 1974, hg. von Bruns/ Rahtgens/Wilde, S. 15f.

174   Thomas Brockow: Mittelalterliche Wand- und Deckenmalerei in Lübecker Bürgerhäusern, in: Ausstattungen Lübecker Wohnhäuser. Raumnutzungen, Malereien und Bücher im Spätmittelalter und in der frühen Neuzeit (= Häuser und Höfe in Lübeck, Bd. 4), hg. von Mandfred Eickhölter/Rolf Hammel-Kiesow, Neumünster 1993, S. 41–152, S. 81f., zu den Wappendarstellungen im Stadtraum.

175   Albrecht, Rathäuser 2004, S. 42f., mit Anm. 6, zu erfolgten bauhistorischen Untersuchungen, die das Vorhandensein der Wappen bereits für das Mittelalter belegen.

ABB. 10   *Die Stadtansicht Lübecks von Elias Diebel, Holzschnitt, um 1550, Lübeck. AHL, 8.2–1 Karten- und Plansammlung, GM 1.*
© ARCHIV DER HANSESTADT LÜBECK.

litischen Raum, in dem sich die Kommune darstellte.[176] Der Umbau ging indes mit dem Fortschreiten der Ratsverfassung und der Ausdifferenzierung der Ratsämter einher.[177] Zudem benötigte der Rat einen größeren Saal. Das lässt sich unter anderem mit dem Aufstieg Lübecks zum ‚Haupt der Hanse' erklären, weshalb im neuen Gebäude der Hansesaal für Versammlungen erbaut wurde. Dort fand 1356 der erste allgemeine Hansetag statt, auf dem die namhaften Vertreter der Hansestädte zusammenkamen, um Beschlüsse über Angelegenheiten zu fassen, welche die Gesamtheit ihrer Kaufleute betrafen. Die Gestaltung der Rathausfassade war von außen für alle sichtbar, die das Rathaus passierten oder sich auf dem Marktplatz einfanden, sei es für alltägliche Handelsaktivitäten oder auch für politische Versammlungen, deren Einberufung dem Stadtrat oblag.[178] Dazu gehörte die seit spätestens 1321 vier Mal jährlich stattfindende Bursprake, [...] *dese settige vnde voghinge to holdene van deme daghe sunte Tomas, alset ghekundeghit wart von der louen, vort ouer en jar.*[179] Die erste Bursprake im Jahr fand gleichzeitig mit der jährlichen

---

176   SEILER, Heraldik 2004, S. 207f.; dazu auch FINK, Flagg, S. 143f.
177   Vgl. ALBRECHT, Rathäuser 2004, S. 31f., zur räumlichen Differenzierung.
178   Vgl. allgemein ROGGE, Kommunikation 2004, S. 388–398, zu den Partizipationsmöglichkeiten; zu Lübeck speziell auch Elmar ARNOLD: Das norddeutsche Rathaus in der mittelalterlichen Stadttopographie, in: Rathäuser im Spätmittelalter und in der Frühen Neuzeit. VI. Symposion des Weserrenaissance-Museums Schloß Brake im Zusammenarbeit mit der Stadt Höxter vom 17. bis zum 20. November 1994 in Höxter (= Materialien zur Kunst- und Kulturgeschichte in Nord- und Westdeutschland, Bd. 21), Marburg 1997, S. 49–82, hier S. 58–60.
179   Entwurf einer Verordnung wider der Vorkäuferei von 1321, in: LUB 2,1 S. 352f., Nr. 402, hier S. 353; dazu Rathaus 1974, hg. von BRUNS/RAHTGENS/WILDE, S. 89.

160   KAPITEL 3

Ratswahl von der oben genannten Laube aus statt.[180] Eine solche, *probe tribunal*, entstand bereits am alten Rathaus nach der 1247 erfolgten Verpfändung der Vogtei und der Niedergerichtsbarkeit und kann als sichtbares Zeichen der Rechtssprechung interpretiert werden.[181] Unter dem Laubengewölbe fanden die Verhandlungen des Rates über Verstöße gegen die städtische Ordnung statt: *So we dat to breket, dat de ratman settet, dat scholen de ratman richten*.[182] Die Laube, deren Fassade mit einem Fries geschmückt war, befand sich an der Ostseite des Rathauses.[183] Auf Stuckplatten wurden hier inmitten von Ranken und Laubwerk mit Getier insgesamt zwanzig Vierpässe angebracht, die jeweils ein Haupt ziert: Könige, Königinnen, Hofnarren, ältere Männer und Frauen, Kleriker – ein Programm, das man als Herrscher mit ihrem zugehörigen Hofstaat deuten kann, und das auf die Verbindung Lübecks zum Reich verweist.[184] Die komplexe Darstellung befindet sich auf sechs Metern Höhe. Da der Fries selber nur etwa fünfzig Zentimeter groß ist, darf man an-

---

180   Vgl. Dietrich W. POECK: Rituale der Ratswahl. Zeichen und Zeremoniell der Ratssetzung in Europa (12.–18. Jahrhundert) (= Städteforschung, Reihe A, Bd. 60), Köln/Weimar/Wien 2003, S. 177f.

181   Eine Zeichnung des Gewölbes war im heute verschollenen Kämmereibuch von 1316–1338 erhalten, gem. Rathaus 1974, hg. von BRUNS/RAHTGENS/WILDE, S. 88. Das Kämmereibuch 1316–1338 (ehemals AHL, Kämmerei 1094) ist nach kriegsbedingter Auslagerung verschollen; zur Laube vgl. ALBRECHT, Rathäuser 2004, S. 33–35, 43f.; mit ALBRECHT, Laube 2003.

182   Vgl. Das alte Lübische Recht, hg. von HACH, S. 266: das sogenannte Heinrichsprivileg wurde 1296 im lübischen Recht zusammengefasst; vgl. weiter EBEL, Lübisches Recht 1971, S. 352–365, zum Niedergericht bzw. auch Stadtgericht; ebenso HOFFMANN, Lübeck 2008, S. 238–240.

183   Vgl. Wolfgang ERDMANN: Der Narr am Lübecker Rathaus und die Bedeutung des Kopf-Frieses aus der Zeit um 1340/1350, in: Lübeckische Blätter 148 (1988), Heft 3, S. 41–48, hier S. 42: insgesamt haben sich 15 Köpfe erhalten, fünf gingen im Laufe der Zeit verloren. Die Ranken werden unterschiedlich gedeutet, u. a. als eine Art *locus amoenus;* auch HAMMEL-KIESOW, Reichszeichen 2014, S. 76f., erwähnt diesen Fries; dazu weiter Rathaus 1974, hg. von BRUNS/RAHTGENS/WILDE, S. 70–72, v. a. über die 1912 erfolgten konservatorischen Arbeiten am Fries; mit Peter W. KALLEN: Skulptur am Bau in der Lübecker Altstadt, Lübeck 1990, S. 28f.

184   ERDMANN, Narr 1988, S. 46f.: weiterhin interpretiert er den Fries als Darstellung des „wohlgeordneten Staates" mit den geschmückten Ranken als „[...] freie Urgesellschaft [...], in der Frieden geherrscht hat und aus der sich der damals Gegenwärtige entwickelt habe." Diese Deutung ist im Zusammenhang mit dem Reich, v. a. mit dem anachronistischen Begriff des Staates, etwas überzogen, zumal die Szenerie typisch für mittelalterliche Rankenmotive ist und auch in Lübeck häufiger vorkommt, vgl. dazu u. a. die Bildwerke in Carl Georg HEISE: Fabelwelt des Mittelalters. Phantasie- und Zierstücke Lübeckischer Werkleute aus drei Jahrhunderten, Berlin 1936.

,CORPORATE BRANDING': DIE SPÄTMITTELALTERLICHE REICHSSTADT

nehmen, dass die Sichtbarkeit der Darstellung im Alltag eingeschränkt war und sie dementsprechend wenig rezipiert wurde. Eine Ausnahme hiervon stellte die Bursprake dar: Wenn der Rat den Bürgern die Willküren verkündete, blickten die Teilnehmer nach oben zur Laube, weshalb der Fries vermutlich deutlicher wahrgenommen wurde und ein repräsentatives Ensemble mit der Bekanntmachung bildete: Es fand eine Untergliederung des Rathauses und des davor befindlichen Platzes in weitere Raumebenen statt. Die Höhe wirkte hierarchisierend und war Ausdruck einer Machtposition.[185] Die Bursprake war für alle Bürger verpflichtend, wodurch eine gesamtstädtische Öffentlichkeit generiert wurde, die über die Teilhabe am reichsstädtischen Ratsritual nicht nur in das Reich, sondern noch viel konkreter sinnbildlich in den königlichen Hofstaat integriert wurde. Die Bürger wurden zu tatsächlichen Teilnehmern am königlichen Gefolge, was über bloße Huldigung hinausging und eine direkte Integration darstellte.

Eine Deutung des Königsfrieses als heilsgeschichtliches Programm, wie sie für die Fassadenbemalung spätmittelalterlicher Rathäuser häufiger konstatiert wird, erscheint hingegen wenig wahrscheinlich.[186] In den Kämmereirollen des 15. Jahrhunderts wird über weitere Bemalungen des Rathauses berichtet, ohne allerdings auf Details der Darstellungen einzugehen. So findet man beispielsweise 1477 den Eintrag: *Item so heft gekostet de rathußdore unde piler to malende 225 ml.*[187] Anders zeigt sich die Situation in Nürnberg: Das Rathaus erhielt dort am Ende des 14. bzw. zu Beginn des 15. Jahrhunderts eine Bemalung mit eben einem solchen ikonographischen Inhalt. Nach Sigismund Meisterlin entstanden die Bilder bereits zur Erbauungszeit um 1340:

Es was das rathaus under Ludwico etwas gepawet und gemalt mit historien, genomen auß Valerio Maximo, Plutarcho und Aggellio: die histori die rats-

---

185   Cord MECKSEPER: Oben und unten in der Architektur. Zur Entstehung einer abendländischen Raumkategorie, in: Architektur als politische Kultur. Philosophia practica, hg. von Hermann HIPP/Ernst SEIDL, Berlin 1996, S. 37–52, hier S. 45.

186   So ERDMANN, Narr 1988, S. 46f.; dazu auch Ulrich MEIER: Vom Mythos der Republik. Formen und Funktionen spätmittelalterlicher Rathausikonographie in Deutschland und Italien, in: Mundus in imagine. Bildersprache und Lebenswelten im Mittelalter. Festgabe für Klaus Schreiner, hg. von Andrea LÖTHER/Ulrich MEIER/Norbert SCHNITZLER/Gerd SCHWERHOFF/Gabriela SIGNORI, München 1996, S. 345–382, hier v. a. S. 347.

187   Vgl. die Ausgaben in den Kämmereirollen zu 1477/78, in: AHL, 3.4–1 Kämmerei, Nr. 5058; aufgrund des schlechten Erhaltungszustands des Archivale wird hier zitiert nach der Abschrift von Friedrich Bruns, in: AHL, 5.5 Bruns, Friedrich, Nr. 225, weiter auch in den Kämmereirollen zu 1479/80, AHL, 3.4–1 Kämmerei Lübeck, Nr. 5059: *So hefft kostet dat rathus dit jar tu malende 651 ml 13 ß.*

*herren und richter solten bewegen zu gerechtigkeit desgleichen die notari
und schreiber.*[188]

Dies spricht für umfangreiche Gestaltungsmaßnahmen, jedoch nicht explizit an der Fassade. Es ist gut möglich, dass die Bilder auch im Inneren des
Ratssaales oder der Stuben angebracht wurden. Endres Tucher vermerkt erst
Arbeiten in seinem Memorialbuch, die fast ein Jahrhundert später stattgefunden hätten: [...] *do man zalt 1423 jar zwischen ostern und pfingsten do molet
man das rothaus hinten und vorn.*[189] Auch hier lässt sich nicht feststellen, um
welche Art von Malerarbeiten es sich genau handelte. Rathäuser wurden
häufig mit Historienmalereien, die vermutlich keine explizite Stadt- oder
Reichssymbolik besaßen, versehen. Die erwähnten Bilder stammten aus einem
allgemeingültigen künstlerischen Kanon.[190] Für Augsburg wird eine ähnliche
Fassadengestaltung angenommen, obwohl auch hier die Darstellungen fehlen. Das Winterbild (Abb. 1) zeigt lediglich einen Reichsadler am Perlachturm,
der als Stadtturm mit dem Rathaus eine reichsstädtisch-bauliche Einheit beschreibt. Dieser wurde erst um 1527 dort angebracht.[191] Zuvor war der Turm
nach den Chroniken und Baumeisterrechnungen seit einem umfangreichen
Gestaltungsprogramm in den Jahren 1436–1438 prachtvoll bemalt gewesen.[192]
Kombiniert wurde die Bemalung mit Schilden, die wohl an der Fassade installiert wurden. Welche Darstellungen die Schilde trugen, wurde nicht überliefert, es wäre jedoch möglich, dass die Wappen der führenden Familien und
Korporationen im Stadtregiment aufgemalt wurden.[193] Aus diesem Grund geht
man davon aus, dass das mittelalterliche Rathaus, um eine Verdopplung der
Darstellungen zu vermeiden, mit dem Heilsprogramm oder Historienbildern
bemalt wurde. Zu den Bildprogrammen, die erneut 1457 angebracht wurden,
sind in den ausgewerteten schriftlichen und bildlichen Quellen nur spärliche

---

188   Sigmund Meisterlins Chronik der Reichsstadt Nürnberg 1488, hier S. 154f.

189   Vgl. Endres Tuchers Memorial 1421 bis 1440, S. 11.

190   Auch KNAPPE, Ikonologie 1980, S. 159; darüber hinaus BÖNNEN, Öffentlichkeit 2010, S. 181,
zu den Monumentalmalereien in Worms und den Rathausfassaden als Projektionsflächen.

191   Vgl. den Eintrag zu 1527, in: StadtA Augsburg, BMB, Nr. 121, fol. 92a, und BMB, Nr. 127,
fol. 67r zu 1533: Bemalung des Perlachturms von Beck Leonhart I., dazu auch WILHELM,
Wandmalerei 1983, S. 410–413.

192   Allgemein zu den Arbeiten am Perlachturm WILHELM, Wandmalerei 1983, S. 31f.; vgl.
dazu den Eintrag zu 1436, in: StadtA Augsburg, BMB, Nr. 37, fol. 2v: Bemalung durch
Kasper von Ketz, dazu WILHELM, Wandmalerei 1983, S. 446f.; Eintrag zu 1437, in: StadtA
Augsburg, BMB, Nr. 38, fol. 1r: Bemalung des Perlachturms von Hans Kron I., dazu
WILHELM, Wandmalerei 1983, S. 460–462.

193   EBD., Wandmalerei 1983, S. 31f., 446f., 460–462.

,CORPORATE BRANDING': DIE SPÄTMITTELALTERLICHE REICHSSTADT   163

Hinweise zu finden. Man erfährt in der Anonymen Chronik nur: *Item* [...] *ward das rauthaus gar zů gericht und darnach gemalet.*[194] Die über eine Bemalung hinausgehende Symbolik in Form eines Reliefs, das dort in der Mitte des 15. Jahrhunderts angebracht wurde, tradierte lokale Bezugspunkte mit einer reichspolitischen Implikation.

Am Lübecker Rathaus wurde nach Abschluss der Umbaumaßnahmen am östlichen Eingang unterhalb der Laube ein Türzieher installiert (Abb. 11).[195] In der Mitte eines Medaillons aus Weinranken befindet sich die Figur des römischen Königs auf dem Thron mit Zepter in seiner Rechten und Reichsapfel in seiner Linken. Um ihn herum sind sieben kleinere Rundfelder zu sehen, in denen sich jeweils einer der Kurfürsten des Reiches mit seinem Wappen befindet. Die geistlichen Fürsten – die Erzbischöfe von Mainz, Köln und Trier – werden durch ihre Bischofsstäbe gekennzeichnet, die weltlichen Fürsten – der

---

194   Vgl. die ANONYME CHRONIK VON 991–1483, S. 505; zu den nicht erhaltenen Werken EBD., S. 27–33; dazu Eintrag zu 1378, in: StadtA Augsburg, BMB, Nr. 2, fol. 52v: Bemalung durch Judmann Conrad, auch WILHELM 1983, S. 516f.; Eintrag zu 1409, in: StadtA Augsburg, BMB, Nr. 20, fol. 47v: Bemalung durch Nicolaus, auch WILHELM, Wandmalerei 1983, S. 536f.; Eintrag zu 1429/30, in: StadtA Augsburg, BMB, Nr. 32, fol. 75v: Bemalung durch Jörg Amann, auch WILHELM, Wandmalerei 1983, S. 398–401; Eintrag zu 1449, in: StadtA Augsburg, BMB, Nr. 47, fol. 62r: Bemalung durch Schellenweg Hans Mang, auch WILHELM, Wandmalerei 1983, S. 545–548; dazu auch die CHRONIK VON DER GRÜNDUNG DER STADT AUGSBURG BIS ZUM JAHRE 1469, S. 227. Erneuert wurden die Fassadenmalereien am Ende des 15. Jhs. mit Habsburgerfresken, die vermutlich von Maximilian I. in Auftrag gegeben wurden, vgl. dazu u. a. Ralph ANDERSSON: Obrigkeit und Architektur – Reichsstädtische Rathäuser in politisch-kommunikativer Funktion, in: Stadt und Land in der Geschichte Ostschwabens (= Augsburger Beiträge zur Landesgeschichte Bayerisch-Schwabens, Bd. 10), hg. von Rolf KIEßLING, Augsburg 2005, S. 73–130, S. 82; nach Achilles Pirmin GASSER: Annales Augustani, Augsburg 1593, SuStB Augsburg, 2° Cod. Aug 40, sp. 1625: [...] *Senatorium item autem venustissimis picturos ab extra delinari illustrarique* [...]. Der humanistische Universalgelehrte Gasser (1505–1577) verfasste die Augsburger Annalen um 1576 auf der Basis zuverlässiger Quellen, weshalb der Quellenwert seines Werkes als hoch anzusehen ist. Allerdings kam es nach 1457 zu weiteren Bemalungen, weshalb hier nicht gesichert der Zustand des 15. Jhs. widergegeben wird.

195   Das Original befindet sich im Sankt-Annen-Museum Lübeck, Inv.-Nr. 1978–13; vgl. weiter Kaiser – Reich – Stadt 2013, hg. von HEINEMANN, S. 88, 117f.; KNAPPE, Ikonologie 1980, S. 162; HAMMEL-KIESOW, Reichszeichen 2014, S. 78. Seit 1978 befindet sich das Original im Sankt-Annen-Museum; dazu auch Rathaus 1974, hg. von BRUNS/RAHTGENS/WILDE, S. 147f.; zudem Paul HOFFMANN: Die bildlichen Darstellungen des Kurfürstenkollegiums von den Anfängen bis zum Ende des Hl. Römischen Reiches (13.–18. Jahrhundert) (= Bonner Historische Forschungen, Bd. 47), Bonn 1976, S. 51; mit HEISE, Fabelwelt 1936, S. 53–55; Ursula MENDE: Die Türzieher des Mittelalters (= Bronzegeräte des Mittelalters, Bd. 2), Berlin 1981, S. 90–97.

ABB. 11   Ein Türzieher aus Bronze mit der Darstellung der sieben Kurfürsten am Eingangsportal des Lübecker Rathauses. Nachbildung des vermutlich in der Werkstatt des Johannes Apengeter um 1350 gefertigten Originals.
© DANIELA KAH.

König von Böhmen, der Pfalzgraf bei Rhein, der Herzog von Sachsen und der Markgraf von Brandenburg – durch Schwerter (beginnend links unten, im Uhrzeigersinn). Die Verbindung dieser Individuen stellt das Reich als Herrschaftskollektiv dar. Der König ist im Zentrum, was dem Verständnis der Zeitgenossen entsprach. An die Seite des Reichsoberhauptes traten die Kurfürsten als königliches Wählerkollegium.[196] Bereits im 12. Jahrhundert

---

196   Deren komplexe Geschichte und Funktion kann hier nur angerissen werden, vgl. dazu u. a. Alexander BEGERT: Die Entstehung und Entwicklung des Kurkollegs von den

,CORPORATE BRANDING': DIE SPÄTMITTELALTERLICHE REICHSSTADT 165

kündigte sich die Verringerung der Wahlberechtigten von ursprünglich *ab omni populo*[197] auf ein Gremium von sieben Kurfürsten an. Dieses wurde erstmals in dem zwischen 1220 und 1240 verfassten Sachsenspiegel mit der Nennung des Erstkurrechts für die Fürsten – und noch ohne den König von Böhmen – konkretisiert[198] und endgültig in der Goldenen Bulle von 1356 festgeschrieben.[199] Zudem erhielten die Kurfürsten als *columnae* des Reichs[200] neben diversen Privilegien, welche Immunität, Gerichtshoheit oder Münz- und Zollrechte betrafen, eine wichtige beratende sowie ausführende Mitteilhabe an der Reichsherrschaft. Sie konnten so beispielsweise zur Wahrung der Reichsinteressen als genossenschaftlicher Verband auftreten oder de jure über die Verteilung des Reichsgutes mitbestimmen – ein Punkt, der in Nürnberg noch zur Sprache kommen wird.[201] Dies zeigt, dass neben dem König Kräfte

---

Anfängen bis zum frühen 15. Jahrhundert (= Schriften zur Verfassungsgeschichte, Bd. 81), Berlin 2010.

197 Vgl. KRIEGER, König 1992, S. 10; dazu BEGERT, Kurkolleg 2010, S. 171.

198 Vgl. Sachsenspiegel. Quedlinburger Handschrift (= MGH Fontes iuris 8), hg. von Karl August ECKHARDT, Hannover 1966, S. 74, III, 57 §2; vgl auch Heiner LÜCK: Über den Sachsenspiegel. Entstehung, Inhalt und Wirkung des Rechtsbuches, Dößel (Saalkreis) ²2005; zu den Bilderhandschriften des 14. Jhs., die auf Vorbilder des 13. Jhs. zurückgehen, vgl. HOFFMANN, Kurfürstenkollegium 1976, S. 33–35; auch BEGERT, Kurkolleg 2010, S. 43f.: Die Norm entsprach jedoch nicht der Realität und wurde erst bis 1257 ausgebildet, als die sieben Fürsten erstmalig als alleinige Wähler auftraten. Problematisch war die Möglichkeit, dass die Kurwürde auf ein Haus und nicht auf eine Person beschränkt war, was zu mehreren Königswählern und zu Unstimmigkeiten im Wahlvorgang führen konnte; weiter auch Armin WOLF: Erbrecht und Sachsenspiegel – Fürsten und Kurfürsten: Stellungnahme in einer Kontroverse, in: Verwandtschaft – Erbrecht – Königswahlen, Bd. 1 (= Studien zur europäischen Rechtsgeschichte. Veröffentlichungen des Max-Planck-Instituts für europäische Rechtsgeschichte Frankfurt am Main, Bd. 283,1), von DEMS., Frankfurt am Main 2013, S. 1–162; auch DERS.: Königswähler in den deutschen Rechtsbüchern, in: Verwandtschaft – Erbrecht – Königswahlen, Bd. 2 (= Studien zur europäischen Rechtsgeschichte. Veröffentlichungen des Max-Planck-Instituts für europäische Rechtsgeschichte Frankfurt am Main, Bd. 283,1), von DEMS., Frankfurt am Main 2013, S. 686–701.

199 Vgl. die Goldene Bulle, S. 574–578, cap. 2, S. 344, cap. 7, S. 584–588, cap. 20, S. 60of., cap. 25; mit BEGERT, Kurkolleg 2010, S. 43f., 185–192, auch Armin WOLF: Das „Kaiserliche Rechtsbuch" Karls IV. von 1256 (sogenannte Goldene Bulle), in: Königswahlen 2 2013, von DEMS., S. 971–1010.

200 Mehrfach erscheint diese Bezeichnung in der Goldenen Bulle, vgl. die Goldene Bulle, S. 578–581, cap. 3: [...] *velut columpne proceres* [...], auch S. 596–599, cap. 12: [...] *qui solide bases imperii et columpne immobiles*[...].

201 Weiter zur Teilhabe der Kurfürsten an der Reichsgewalt u. a. KRIEGER, König 1992, S. 46f.

166 KAPITEL 3

werkten, die das Funktionieren des Reichs mitbestimmten und auch zu dessen Visualisierung genutzt wurden.

Da das Wappen des Trierer Erzbischofs das Wappen der Reichsabtei Prüm zeigt, das zwischen 1347 und 1354 und wieder ab 1374 Teil des Erzstiftes war, lässt sich die Fertigung des Türziehers datieren.[202] Aufgrund der stilistischen Merkmale weist man den Türzieher der Werkstatt des Gießers Johannes Apengeter zu, der bis 1351 seinen Betrieb führte, weshalb die frühe Datierung anzunehmen ist.[203] Somit befindet man sich noch in den Jahren vor der Goldenen Bulle, die 1356 unter Karl IV. verfasst wurde. Zeitgleich mit der Anbringung des Türziehers entstand auch eine der ältesten bildlichen Darstellungen der sieben Kurfürsten. Diese findet sich im *Codex Balduini Trevirensis* über die Romfahrt König Heinrichs VII., obwohl ihr noch eine ausgebildete Ikonographie fehlte.[204] In einigen wenigen Fällen ist belegt,[205] dass

---

202 Es handelt sich um das „Agnus Dei"-Wappen, vgl. Rathaus 1974, hg. von BRUNS/RAHTGENS/WILDE, S. 147; Josef GIESEN: Heraldisches am Türklopfer des Lübecker Rathauses, in: ZVLGA 30 (1940), S. 361–364.

203 HAMMEL-KIESOW, Reichszeichen 2014, S. 78: Dies wird für die Werkstatt des Lübecker Erzgießers Johannes Apengeter angenommen, dazu s. v. „Apengheter, Johannes", in: Allgemeines Künstlerlexikon. Die Bildenden Künstler aller Zeiten und Völker, Bd. 4, Leipzig 1990, S. 505: Apengeter besaß 1332 und 1344 ein Grundstück an der Breiten Straße mit einer *fabrica*; Rathaus 1974, hg. von BRUNS/RAHTGENS/WILDE, S. 148, sprechen sich noch für die Datierung ab 1374 aus und bringen die Darstellung eher in Beziehung mit dem Besuch Kaiser Karls IV. Man kann diese These nicht eindeutig ausschließen, aber dem stilistischen Vergleich wird hier Vorrang gegeben.

204 Die Chronik wurde von Heinrichs Bruder, Erzbischof Balduin von Trier, in Auftrag gegeben. Die Entstehungszeit wird mit etwa 1340 angegeben; dazu auch KORN, Adler 1969, S. 53; mit BLEISTEINER, Doppeladler 2001, S. 20, 39; auch HOFFMANN, Kurfürstenkollegium 1976, S. 41–44; zur Handschrift vgl. Der Weg zur Kaiserkrone. Der Romzug Heinrichs VII. in der Darstellung Erzbischof Balduins von Trier (= Publications du CLUDEM 24), hg. von Michel MARGUE/Michel PAULY/Wolfgang SCHMID, Trier 2009; die jüngste Faksimile-Ausgabe stellt Il Viaggio di Enrico VII in Italia, hg. von Mauro TOSTI-CROCE, Città di Castello 1993 dar; zur Darstellung vgl. Christoph WINTERER: Leere Gesichter und Wappen. Zur Welt der Zeichen in ‚Kaiser Heinrichs Romfahrt', in: Das Mittelalter 11 (2006), Heft 2, S. 71–97, hier v. a. S. 75, zur Gleichförmigkeit der Kurfürstendarstellung, der jeglicher individuelle Charakter fehlt; sowie EBD., S. 81f., zur Ikonographie.

205 Bei HOFFMANN, Kurfürstenkollegium 1976, S. 28, sind fünf genannt, da er den Lübecker Türzieher in die Zeit um 1375 datiert. Möglicherweise befindet sich die älteste Darstellung von Kurfürsten am Aachener Rathaus aus dem 13. Jh. Dort sind sieben Personen zu sehen, die als sechs Wahlmänner und ein Herrscher gedeutet werden, nach HOFFMANN, Kurfürstenkollegium 1976, S. 28–33, war die Verlegung des Appellationsgerichts maßgeblich, die nur unter Einwirkung der Kurfürsten möglich gewesen sei; auch SAURMA-JELTSCH, Reichsstadt 2006, S. 411f.; mit Armin WOLF: Von den Königswählern zum

die Kurfürsten bereits vor der Festschreibung in der Goldenen Bulle bildlich im städtischen Raum dargestellt worden waren. Gemeinsam ist den Städten, in denen dieses Phänomen auftritt, dass sie eine entsprechend starke politische Stellung im Reich mit einer ausgeprägten Ratsverfassung besaßen, wie es auch in Lübeck der Fall war. Im Norden des Reichs gingen diesem gefestigten Zustand einige unruhige Jahrzehnte voraus, welche die Lübecker Autonomie gefährdeten. So bat König Rudolf von Habsburg mitunter 1274 König Magnus VI. von Norwegen (1283–1280) um den Schutz Lübecks, da er diesen aufgrund der während des Interregnums aufgeweichten Strukturen im reichsfernen Norden des Reiches nicht mehr garantieren konnte.[206] Nur wenige Jahre später sprach er 1280 den Schauenburger Grafen noch einmal die Reichsvogtei zu,[207] wurde allerdings von den Lübeckern zur Rücknahme der Entscheidung gedrängt. Der König selbst bestätigte bereits 1274 das Recht, keinen Vogt ohne Zustimmung des Stadtrates zu ernennen. Dies war eine Weiterentwicklung des Reichsfreiheitsprivilegs von 1226, in dem Friedrich II. verbriefte, dass kein Auswärtiger die Vogteirechte ausüben solle.[208] Lübeck geriet in den unruhigen Zeiten am Ende des 13. Jahrhunderts aus dem Blick des Reiches. Aufgrund der instabilen Lage bedingt durch zahlreiche Fehden, die sowohl den Handel

---

Kurfürstenkolleg. Bilddenkmale als unerkannte Dokumente der Verfassungsgeschichte, in: DERS.: Königswahlen 2, 2013, S. 881–970, hier S. 883–895: Er widerspricht deutlich der These, hier würde es sich um die Kurfürsten handeln. Hoffmann formuliert eine weitere These, dass ein losgelöstes Interesse an der Darstellung eines idealen Kurkollegiums zu repräsentativen Zwecken ausschlaggebend für die Wahl des Bildmotivs sei, vgl. HOFFMANN, Kurfürstenkollegium 1976, S. 36–38: Er führt hier das Haus „zum Langen Keller" in Zürich als das erste bekannte Bild, auf dem der König mit den sieben Kurfürsten gezeigt wird, an; dazu WOLF, Bilddenkmale 2013, S. 907–909, mit dem korrekten Einwand, dass Zürich mehrfach ab 1299 vom Kaiser besucht wurde. Er sieht auch hier die konkrete Beziehung als Anlass für die Darstellung. Beide Thesen Hoffmanns müssten in einer weitergehenden Untersuchung nochmals kritisch überprüft werden, wie bereits Armin Wolf korrekt feststellte, vgl. Armin WOLF: Die bildlichen Darstellungen des Kurfürstenkollegiums. Kritische Bemerkungen und Ergänzungen zum gleichnamigen Buch von Paul Hoffmann, in RhVjBll 50 (1986), S. 316–326.

206 Dazu Urkunde vom 01.11.1274 in: LUB 1, S. 331, Nr. 354; auch KAUFHOLD, Interregnum 2000, S. 453f.; weiter auch zu den Strukturen Peter MORAW: Nord und Süd in der Umgebung des deutschen Königtums im späten Mittelalter, in: Nord und Süd in der deutschen Geschichte des Mittelalters. Akten des Kolloquiums veranstaltet zu Ehren von Karl Jordan, 1907–1984, Kiel, 15.–16. Mai 1987 (= Kieler Historische Studien, Bd. 34), hg. von Werner PARAVICINI, Sigmaringen 1990, S. 51–70; auch MARTIN, Städtepolitik 1976, hier S. 48f.

207 Dazu Urkunde vom 09.09.1280, in: LUB 1, S. 369f., Nr. 403; auch HOFFMANN, Lübeck 2008, S. 125–128, zu den genauen Ereignissen, die hier nur kurz angerissen werden können.

208 Dazu Urkunde vom 05.11.1274, in: LUB 1, S. 331f., Nr. 355.

als auch die Stadt selbst gefährdeten,[209] erkannte die Stadt deshalb 1307 nach einem Friedensschluss die Schirmvogtei des dänischen Königs Erich VI. Menved (1286–1319) an. Da sich die Lage nach dessen Tod erneut als unsicher erwies, lösten sich die Lübecker von Dänemark und schlossen 1333 ein eigenes Friedensbündnis mit den adeligen und städtischen Parteien des Nordens. Nur wenig später erfolgte sowohl der Bau des Rathauses als auch die Anbringung des Türziehers – möglicherweise noch, als Ludwig IV. auf dem kaiserlichen Thron saß,[210] spätestens aber zur Zeit Karls IV. Beide Kaiser förderten den Norden des Reichs mehr als ihre Vorgänger und vor allem der Letztgenannte pflegte eine engere Beziehung zu Lübeck, mitunter aufgrund wirtschaftlicher Interessen. Auch wenn die Ikonographie in erster Linie auf das gesamte Reich verweist, war der Status dennoch nur durch konkrete Beziehungen zu erlangen, weshalb sowohl auf die Beziehung zum Königtum als auch auf den reichsstädtischen Status verwiesen wird.[211] Da in Lübeck diese Darstellung vergleichsweise früh erscheint, wird die Reichsferne der Stadt durch die Ikonographie am Rathaus deutlich zurückgenommen und zudem das Interesse an der Reichsanbindung sowie der reichsstädtischen Autonomie artikuliert. Diese Maßnahmen dienten sowohl handels- als auch machtpolitischen Belangen, da Lübeck seit dem Ende des 13. Jahrhunderts als Zentrum der Hanse agierte und auf die freie Durchsetzungen seiner Interessen sowie auf Rechtssicherheit für den Handel bedacht war.[212]

---

209   Vgl. Konrad FRITZE: Bürgervertretungen in wendischen Hansestädten vom 14. bis zum 16. Jahrhundert, in: Verwaltung und Politik in Städten Mitteleuropas. Beiträge zu Verfassungsnorm und Verfassungswirklichkeit in altständischer Zeit (= Städteforschung, Reihe A, Bd. 34), hg. von Winfried EHRBRECHT, Köln 1994, S. 147–158, hier S. 148f.; auch Evamaria ENGEL: Städtebünde im Reich von 1226 bis 1314 – eine vergleichende Betrachtung, in: Bürgertum, Handelskapitel, Städtebünde (= Hansische Studien, Bd. 3 = Abhandlungen zur Handels- und Sozialgeschichte, Bd. 15), hg. von Konrad FRITZE, Weimar 1975, S. 177–209, hier S. 18f.

210   Zur Beziehung zwischen Ludwig und dem Norden des Reichs vgl. Michael MENZEL: Europas bayerische Jahre. Eine Skizze zum Nordosten und –westen des Reiches im 14. und 15. Jahrhundert, in: Ludwig der Bayer (1313–1347). Reich und Herrschaft im Wandel, hg. von Hubertus SEIBERT, Regensburg 2014, S. 237–262; ebenso Doris BULACH: Organisieren von Herrschaft im späten Mittelalter. Ludwig der Bayer und der Nordosten des Reiches, in: Ludwig 2014, hg. von SEIBERT, S. 263–283.

211   SAURMA-JELTSCH, Reichsstadt 2006, S. 418 ist demnach zu relativieren.

212   Dazu auch Horst WERNICKE: Von Rechten und Privilegien – Zum Wesen und zur Dynamik der Hanse, in: Beiträge zur hansischen Kultur-, Verfassungs-, und Schiffahrtsgeschichte (= Hansische Studien, Bd. 10), hg. von DEM./Nils JÖRN, Weimar 1998, S. 283–297, hier S. 293; ebenso Johannes SCHILDHAUER: Charakter und Funktion der Städtebünde in der

,CORPORATE BRANDING': DIE SPÄTMITTELALTERLICHE REICHSSTADT 169

Aufgrund ihrer Ähnlichkeit zu christlicher Symbolik an Kirchenportalen dient die Darstellung der Sakralisierung des Rathauses. Demjenigen, der durch die Türe tritt, wird Heil versprochen. Auch der Stadtrat selbst erfuhr durch seine Weihe, die nach der Wahl erfolgte, Legitimation und Sakralisierung,[213] was die Bedeutung des Rathauses als „heiliges Bauwerk"[214] unterstreicht. Zudem ist der Gedanke von Inklusion und Exklusion, der an der Eingangstür konkret umgesetzt wurde, deutlich ausgeprägt. Der Türzieher befindet sich dort, wo entschieden wird, wer den Raum betreten darf – oder eben nicht. Die Zugänglichkeit zum Rathaus war nicht uneingeschränkt gegeben: In der Regel war das Gebäude verschlossen und nur für die sogenannte ,politische Öffentlichkeit' gedacht, konnte aber bei bestimmten Ereignissen für weitere, im Einzelfall zu definierende Personen oder Gruppen geöffnet werden.[215] Demnach muss eine differenzierte Begriffsverwendung bei der Kategorisierung des Grades an Öffentlichkeit von reichsstädtischen Gebäuden vorgenommen werden, die fließenden Übergängen unterliegt. Der Gebäudeflügel, der sich hinter dem Eingang befindet, war speziell für politische Zwecke gedacht. Ging man durch die Tür, kam man zunächst in die Diele, wo die Ratsdiener saßen und wo man fremden Kaufleuten Recht sprach.[216] Über diesen Raum konnte man den heute als Audienzsaal bezeichneten Versammlungsraum des Rates im Norden betreten. Dort tagte der Rat regelmäßig dreimal wöchentlich; außerdem fand hier das Ober- oder Vogtgericht statt, das Leibes- und Freiheitsstrafen verhandelte.[217] Über die Treppe gelangte man in die ersten

---

     Feudalgesellschaft – vornehmlich auf dem Gebiet des Reiches, in: Bürgertum 1975, hg. von FRITZE, S. 149–170, hier S. 156.

213   Zum Thema vgl. ISENMANN, Stadt 2014, S. 327f.; auch HECKERT, Ratskapelle 1993, S. 139; in Augsburg wurde vor jeder Ratswahl ein Gottesdienst gehalten, vgl. dazu die Urkunde nach dem 21.12.1368, in: UBA 2, S. 154f., Nr. 614.

214   SAURMA-JELTSCH, Reichsstadt 2006, S. 412–419, weist auf die Ähnlichkeit mit christlicher Symbolik an Kirchenportalen hin, hier auf den Dom zu Kolberg, die vor allem mit den Worten Johannes 10,9 den Einritt durch eine Pforte versinnbildlichen sollen: *Ego sum ostium: per me si quis introierit, salvabitur, et ingredietur, et egredietur, et pascua inveniet* [...]. Der Türzieher am Dom zu Kolberg wurde in der gleichen Werkstatt des Johannes Apengeter hergestellt, weshalb stilistische Ähnlichkeiten nicht verwunderlich sind.

215   RAU/SCHWERHOFF, Öffentliche Räume 2004, S. 49, allgemein zu Integration und Separation am Rathaus vgl. Jan BRADEMANN: Gesellschaftlicher Wandel und Umbruch im Spiegel symbolischer Kommunikation. Zu kulturgeschichtlichen Forschungsfeldern in Halle an der Saale zwischen 1450 und 1550, in: Symbolische Interaktion 2013, hg. von DEUTSCHLÄNDER/VON DER HÖH/RANFT, S. 221–247, hier S. 224.

216   Vgl. ERDMANN, Narr 1988, S. 42.

217   Zum Vogtgericht vgl. EBEL, Lübisches Recht 1971, S. 328–351.

Stock, wo sich die Laube befand, an die wiederum der große Hansesaal grenzte. Somit schritten beispielsweise die Ratsherren durch die Tür, denen der Status der Stadt vor Augen geführt wurde, und der seinerseits ihre Stellung im politischen Geschehen der Stadt ausmachte. Außerdem schworen die Ratsherren jährlich nach ihrer Wahl einen Eid auf das Heilige Römische Reich, was eine rituelle Verbindung herstellte.[218] Bei Hansetagen, wenn da [...] *was to Lubeke en gret samelinge der raetheren unte sendeboden ut allen steden der hense* [...], kam zudem ein großer Kreis von Abgesandten der Städte in das Rathaus.[219] Auch die Angeklagten gingen durch diese Tür, denen die Gerichtsbarkeit des Rats, ein königliches Privileg, vor Augen geführt wurde. Um die Öffentlichkeit der Verhandlungen zu wahren, standen die Türen des Audienzsaales solange offen, bis sich die Ratsherren zur ‚geheimen und geschlossenen' Urteilsfindung zurückzogen.[220] Bereits das Öffnen oder Schließen einer Türe alleine stellte einen symbolischen Akt dar.[221] Das Reich wurde in Lübeck zum Garant von Teilhabe an gewissen Prozessen, die im Inneren des Rathauses stattfanden. Im Kontext mit dem Königsfries, der sich über dem Eingangsbereich befand, kann man diese östliche Fassade als Schauseite für das Reich bezeichnen.[222]

In Augsburg zeigt sich der Umgang mit Öffentlichkeit und Exklusivität an den reichsstädtischen Symbolbauten an einem verfassungsrechtlich wichtigen Ereignis, das auch für die Stadtgestaltung wichtig wurde: die Zunftrevolution

---

218 Vgl. KRETSCHMAR, 1926, S. 15–18.

219 Vgl. die erste Fortsetzung der Detmar-Chronik von 1395–1399, S. 100.

220 ALBRECHT, Rathäuser 2004, S. 19.

221 Dazu u. a. Ulrich SCHÜTTE: Stadttor und Hausschwelle. Zur rituellen Bedeutung architektonischer Grenzen in der Frühen Neuzeit, in: Die Grenze. Begriff und Inszenierung, hg. von Markus BAUER/Thomas RAHN, Berlin 1997, S. 159–176.

222 Für die Zeit der Anbringung des Türziehers sind für die Innenräume noch keine Symbole und Darstellungen bekannt, die explizit auf das Reich verweisen. Die Ausmalung der Hörkammer erfolgte erst fast ein Jahrhundert später und ist in direktem Zusammenhang mit memorialen Zwecken zu bringen, die später genauer beleuchtet werden (vgl. Kapitel 3.3.2). Für Lübeck gibt es in den Akten der Baubehörde von 1888 einen Hinweis auf eine weitere Darstellung von Kaiser und Kurfürsten sowie Bischöfen und Rittern: Ein Baudirektor namens Schwiening nahm vor dem Abbruch der alten Nordfassade des Rathauses die Beschreibung von damals bereits sehr schlecht erhaltenen Resten von Wandmalereien auf. Die überlebensgroßen, mit Ölfarben gemalten Figuren hätten sich in Nischen befunden und wurden auf etwa die Zeit der Erbauung um 1340/50 datiert, vgl. KNAPPE, Ikonologie 1980, S. 162; mit Rathaus 1974, hg. von BRUNS/RAHTGENS/WILDE, S. 64. Da diese Aussage nicht mehr zu überprüfen ist und Datierungen aus der das Mittelalter verklärenden Zeit des späten 19. Jahrhunderts mit Vorsicht zu genießen sind, wird an dieser Stelle auf eine Deutung der Malereien verzichtet.

ABB. 12
Die Versammlung der bewaffneten Handwerker vor dem Augsburger Rathaus während der Zunftrevolution im Jahre 1368. Federzeichnung in der Anonyme Chronik von 1368 bis 1406, Augsburg um 1480, SuStB Augsburg, 4° Cod. Aug 1, fol. 283v.
© STAATS- UND STADTBIBLIOTHEK AUGSBURG.

im Jahre 1368.[223] Von der Versammlung der bewaffneten Handwerker existiert eine Federzeichnung aus dem späten 15. Jahrhundert in der sogenannten anonymen Chronik von Ulrich und Afra (Abb. 12). Die Aufständischen

> [...] *kamen auf den Perlach* [...] *und warden baid thüren der stuben und des ratshaus wol besetzt und behüet mit den hantwerckern* [...]. *sie wölten haben die slüssel zů dem Berlachthurn darzů die slüssel zů dem gewelb und der stat insigel und das bůch.*[224]

Das Innere des Augsburger Rathauses war wohl eher zweckmäßig gestaltet, um den zahlreichen Einrichtungen, wie zum Beispiel Marktparzellen, zu denen die breite städtische Öffentlichkeit Zugang hatte, Platz bieten zu können.[225] Die Ratsstube, die von den Handwerkern besetzt wurde, hatte jedoch

---

223   Darüber hinaus auch ausführlich GLOOR, Politisches Handeln 2010, S. 253–264; auch älter Peter DIRR: Studien zur Geschichte der Augsburger Zunftverfassung 1368–1548, in: ZHVS 39 (1913), S. 144–243, hier S. 144–160, v. a. mit ausführlichen Bemerkungen zur Vorgeschichte.
224   Vgl. Chronik des Hector Mühlich, S. 5f.; auch die Chronik 1368–1406, S. 21f.
225   Es handelt sich hier v. a. um die Kellergewölbe sowie die Erdgeschossräume, die u. a. für Lagerhaltung, Bewirtschaftung, und Verkauf verwendet wurden. Zu den einzelnen

eine besondere Bedeutung, denn sie war der Raum, in den sich der Rat zur Beratung und für interne Versammlungen zurückzog, und demnach nur einer begrenzten Gruppe zugänglich. Dort fand bezeichnenderweise auch die Wahl des neuen Stadtrates statt. Der alte Rat übergab daraufhin die Stadtschlüssel – eine politische Geste mit konkreter Bedeutung: Den Handwerkern wurde der uneingeschränkte Zugang zum Rathaus und zum Perlachturm mit der Sturmglocke verliehen, was zugleich mit künftigen Führungskompetenzen verbunden war.[226] Dazu kam der freie Zutritt zur Stadt, denn die Schlüssel zu den Stadttoren waren Teil der Insignien und umfassten eines der wichtigsten Regalien der Reichsstadt. Die Tür und Tore sowie deren Schlüssel standen im Mittelpunkt symbolischer Herrschaftskommunikation. Kaum zwanzig Jahre nach den Aufständen wurde laut Pirmin Gassers Chronik im Jahre 1385 vom Rat beschlossen, das Rathaus auf dem Perlach neu zu erbauen – diesmal jedoch nicht mehr aus Holz, sondern aus Backstein, um die Feuergefahr zu bannen.[227] Zudem konnte ein Steingebäude noch monumentaler und repräsentativer gestaltet und ausgeschmückt werden. Dass man gerade in jener Zeit damit begann, lässt sich mit dem erstarkten Selbstbewusstsein des Regiments und mit der Festigung der neuen Ratsverfassung in Zusammenhang bringen.[228] Ob die Fassade oder die Innenräume mit Reichssymboliken bebildert wurden, lässt sich nicht sagen.

Anders sieht es in den Augsburger Zunfthäusern aus, explizit in dem der Weber: Zu den Bauwerken, die eine Reichsstadt repräsentieren konnten, gehörten die Amtsgebäude der Zünfte – vor allem der politischen Zünfte, wie

---

Funktionen vgl. Eberhard P. HILBICH: Das Augsburger spätgotische Rathaus und seine Stellung unter den süddeutschen Rathausbauten, Dissertation (ungedruckt), Technische Hochschule München, 1968, S. 33–40.

226 Vgl. dazu SZABÓ, Visualisierung 1993, S. 58; auch VOLK 1993, Visualisierung S. 42. Die Übergabe des Schlüssels ist ein symbolischer Akt, der als Unterwerfung einer unterlegenen Gruppe zu deuten ist. Auch beim *adventus* eines Stadtherren werden ihm vor der Stadtmauer die Schlüssel zu den Toren überreicht als Anerkennung seiner Herrschaft, vgl. u. a. LAMPEN/JOHANEK 2009; dazu ROECK 2003, S. 193f.: auch innerhalb der Häuser ist der Zugang zu einzelnen Räumen abgestuft; weiter VOLK, Visualisierung 1993, S. 42; und ROGGE, Kommunikation 2004, S. 389.

227 GASSER, Annales Augustani 1593, hier zu 1385; zum Bau des Rathauses auch Julius BAUM: Das alte Augsburger Rathaus, in: ZHVS 33 (1907), S. 63–73; und Wolfram BAER: Zur historischen Funktion des Augsburger Rathauses während der reichsstädtischen Zeit, in: Elias Holl und das Augsburger Rathaus, hg. von DEMS./Hanno-Walter KRUFT/Bernd ROECK, Regensburg 1985, S. 73–75.

228 Knut SCHULZ: Die politische Zunft. Eine die spätmittelalterliche Stadt prägende Institution?, in: Verwaltung und Politik, hg. von EHBRECHT 1994, S. 1–20.

dies in Augsburg der Fall war. Nach 1368 bekamen die Zünfte die Möglichkeit zur politischen Partizipation: der Weg führte für die jeweiligen Zunftmeister über den Zunftvorstand in den Großen und von dort aus in den Kleinen Rat: *Und ist die zunft also groz und erber, so sol einer us derselben zunffte mit irem zunfftmeister an den rat gaun also daz us einer sulichen zunffte zwen an den rat gaun sullen.*[229] Die Weber ließen sich am Ende des Perlachs am Weinmarkt nieder: Ein prominenter Ort, denn Augsburg zählte im Spätmittelalter zu den Hauptstapelplätzen für süddeutschen und welschen Wein. Dort erwarben sie im Jahre 1389, etwa zwei Jahrzehnte nach ihrer erstmaligen Beteiligung am Stadtregiment, als erste Zunft ein eigenes Gebäude.[230] Die Korporation der Weber, die auch die Aufstände anführten, tritt als Akteur in der Reichsrepräsentation hervor. Spätestens am Anfang des 15. Jahrhunderts ließen sie die Stube, die bis 1548 als Versammlungsort der Zunftmitglieder diente, mit Gewölbe- und Wandvertäfelungen verkleiden. *„Anno domini 1457 das man die stuben malen ließ. peter kaltenoff der mäler hieß,"*[231] wurde in einer Inschrift überliefert. Die Weberzunft – der genaue Auftraggeber ist nicht bekannt – ließ die Vertäfelung mit einem reichen ikonographischen Programm bemalen.[232]

---

229 Vgl. Urkunde vom 16.12.1368, in: UBA 2, S. 148–152, Nr. 612; die Zunftverfassung wurde von Karl IV. am 09.01.1374 bestätigt, vgl. die Urkunde, in: StadtA Augsburg, US 1374 01 09; zum Wahlvorgang vgl. Jörg ROGGE: „Ir freye wale zu haben": Möglichkeiten, Probleme und Grenzen der politischen Partizipation in Augsburg zur Zeit der Zunftverfassung (1368–1548), in: Stadtregiment und Bürgerfreiheit. Handlungsspielräume in deutschen und italienischen Städten des späten Mittelalters und der Frühen Neuzeit (= Bürgertum. Beiträge zur europäischen Gesellschaftsgeschichte, Bd. 7), hg. von Klaus SCHREINER/Ulrich MEIER, Göttingen 1994, S. 244–277, hier S. 246f., 258–263; auch Jörg ROGGE: Für den gemeinen Nutzen. Politisches Handeln und Politikverständnis von Rat und Bürgerschaft in Augsburg im Spätmittelalter (= Studia Augustana, Bd. 6), Tübingen 1996, S. 12f.; zur Situation auch SCHULZ, Zunft 1994; weiter Gerhard FOUQUET: Trinkstuben und Bruderschaften – soziale Orte in den Städten des Spätmittelalters, in: Geschlechtergesellschaften 2003, hg. von DEMS./STEINBRINK/ZEILINGER, Ostfildern 2003, S. 9–30; KIEßLING, Bürgerliche Gesellschaft 1971, S. 48f.; zum Zunftbrief auch KLUGE, Gedächtnis 2014, S. 218–223.

230 Vgl. die Urkunde von 1389, zitiert nach ROGGE, Nutzen 1996, S. 134: *Ich Chunrat der Ylsung, ich Hans Ylsung sin sun [...] veriehen [...] daz wir [...] unser stainhus [...] daz gelegen hie zu Augspurg in sant Maricien pfarr [...] zu kaufen gegeben haben dem hantwerk gemainlichen der weber [...].*

231 Weiter heißt es hier, dass die Bemalung von Jörg Breu dem Jüngeren 1538 erneuert und von Johann Herzog 1601 ausgebessert wurde.

232 Seit dem Abbruch des Originalhauses 1931 befindet sich die Weberstube im Bayerischen Nationalmuseum in München, Inv.-Nr. MA 856. Die Anordnung der Holztafeln ist eventuell nach mehrmaligen Renovierungsarbeiten nicht mehr zeitgenössisch, kann jedoch nicht mehr rekonstruiert werden. Vgl. Monika MEINE-SCHAWE: Die Augsburger

174   KAPITEL 3

Dies geschah im selben Jahr, in dem auch der Stadtrat sein Rathaus neu bemalen ließ.

Für die Ostseite der Weberstube wurde das Motiv Kaiser Friedrichs III.
mit den sieben Kurfürsten gewählt (Abb. 13). Diese Darstellung steht wie
im Falle des Lübecker Türziehers sinnbildlich für das Reich. Dazu kommen
an der Südwand die neun Helden und fünf antiken Philosophen sowie fünf
Propheten (Abb. 14). Vier Figuren, vermutlich die vier Evangelisten, fielen dem
Türdurchbruch zum Opfer. Die Decke wiederum ist mit Szenen aus dem Alten
Testament ab der Erschaffung von Adam und Eva in Kombination mit Szenen
aus dem Alexanderroman bemalt. Die Geschichte endet mit Friedrich III. Nach
Paul Hoffmann sei das komplexe Programm als Heils- und Weltgeschichte
zu deuten.[233] Die Philosophen und Propheten können als Ratgeber und
Verkünder im Sinne von tugendhaften und gerechten Entscheidungen interpretiert werden und sind als Programm deshalb des Öfteren in mittelalterlichen Rathäusern als Orten der Rechtsprechung zu finden.[234] Dies unterstreicht
den politischen Charakter der Zunft und vor allem deren Selbstverständnis
als Teil des reichsstädtischen Regiments. Bezüglich der Darstellung der neun
Helden entstanden in der kunsthistorischen Forschung einige Kontroversen.
Ihnen wurde eine Vorbildfunktion für die Bürger zugeschrieben, ebenso
wie der Beisitz vor Gericht.[235] In ihrer ursprünglichen Bedeutung stellen
sie jedoch waffentragende Helden dar, die den Betrachter zum Kampf um
Gerechtigkeit auffordern sollten.[236] Dies gibt einen Hinweis darauf, woher die
Weber ihr Selbstverständnis als führende Zunft in Augsburg ableiteten: Nach
Clemens Jäger, dessen Chronik in der Mitte des 16. Jahrhunderts entstand,

---

Weberstube im Bayerischen Nationalmuseum, in: Münchner Jahrbuch für bildende
Kunst, 3. Folge 46 (1995), S. 25–80; dazu u. a. Jörg ROGGE: Die Bildzyklen in der Amtsstube
des Weberzunfthauses in Augsburg von 1456/57, in: Mundus in imagine 1996, hg. von
LÖTHER/MEIER/SCHNITZLER, S. 319–344.

233 HOFFMANN, Kurfürstenkollegium 1976, S. 61, 115; auch MEINE-SCHAWE, Weberstube
1995, S. 34.

234 Dazu ausführlicher ROGGE, Bildzyklen 1996, S. 327–334; auch SAURMA-JELTSCH,
Reichsstadt 2006, S. 410f. zum Kölner Rathaussaal.

235 MEIER, Mythos 1996, S. 365; dazu v. a. Robert L. WYSS: Die neun Helden. Eine ikonographische Studie, in: Zeitschrift für Schweizerische Archäologie und Kunstgeschichte 17
(1957), S. 73–106; auch Horst SCHROEDER: Der Topos der Nine Worthies in Literatur und
bildender Kunst, Göttingen 1971.

236 Vgl. MEIER, Mythos 1996, S. 365, führt diese These an. Da es sich um ein ikonographi-
sches Gesamtprogramm handelt, ist diese Bedeutung nicht alleine zur Interpretation
der Wandbemalung heranzuziehen. Es ist zudem keine direkte Denkmalfunktion zu
konstatieren.

,CORPORATE BRANDING': DIE SPÄTMITTELALTERLICHE REICHSSTADT 175

ABB. 13.1
Die Zunftstube der Augsburg Weber: Ostseite mit Friedrich III. und den sieben Kurfürsten. Peter Kaltenhoff, Augsburg, 1457. Bayerisches Nationalmuseum, Inv.-Nr. MA 856.
© BAYERISCHES NATIONALMUSEUM.

ABB. 13.2
Zunftstube der Augsburg Weber: Ostseite mit Friedrich III. und den sieben Kurfürsten. Peter Kaltenhoff, Augsburg, 1457. Bayerisches Nationalmuseum, Inv.-Nr. MA 856.
© BAYERISCHES NATIONALMUSEUM.

ABB. 13.3
Die Zunftstube der Augsburg Weber: Ostseite mit Friedrich III. und den sieben Kurfürsten. Peter Kaltenhoff, Augsburg, 1457. Bayerisches Nationalmuseum, Inv.-Nr. MA 856.
© BAYERISCHES NATIONALMUSEUM.

,CORPORATE BRANDING': DIE SPÄTMITTELALTERLICHE REICHSSTADT 177

ABB. 14　*Die Zunftstube der Augsburg Weber: Südwand mit den neun guten Helden, fünf antiken Philosophen und fünf Propheten. Peter Kaltenhoff, Augsburg, 1457. Bayerisches Nationalmuseum, Inv.-Nr. MA 856.*
© BAYERISCHES NATIONALMUSEUM.

zogen sie bereits mit Bischof Ulrich in die Lechfeldschlacht.[237] Nach der erfolgreichen Teilnahme hätte ihnen Kaiser Otto I. ein Wappen verliehen, was

---

237　Vgl. Die Weberchronik von Clemens Jäger (Der erbern Zunft von Webern Herkommen, Cronika und Jarbuch 955–1545), in: Die Chroniken der Schwäbischen Städte, Augsburg, Bd. 9 (= Die Chroniken der deutschen Städte vom 14. bis ins 16. Jahrhundert, Bd. 34), Göttingen 1966, S. 42–44: […] *und im namen des allmechtigen die ungerische schlacht, so*

178   KAPITEL 3

allerdings nach heraldisch nicht haltbar ist.[238] Ob diese Geschichte bereits im 15. Jahrhundert so erzählt wurde, lässt sich auf Basis der überlieferten Quellen nicht feststellen. Da Jäger aber mit der Neuordnung des Archivs betraut war, hatte er Zugang zu heute nicht mehr erhaltenen Archivalien, weshalb seine Chronik als überwiegend glaubwürdig erachtet werden kann.[239] Spätestens bei der Zunftrevolution traten die Weber als führende Gruppe auf. Somit kann man hier den Verweis auf die tragende Rolle sehen, die sie für die Erlangung des städtischen Gemeinwohls hatten. Zusätzlich zum amtierenden Kaiser erscheint auf der Wandvertäfelung Karl der Große als Mitglied der neun guten Helden und als überzeitliche Figur. Dieses ikonographische Programm war für das Spätmittelalter keine Seltenheit (Abb. 15)[240] und der Kaiser wurde bereits von den nachfolgenden Herrscherdynastien als Leit- und Legitimationsfigur instrumentalisiert.[241] Er nimmt eine mehrschichtige Rolle als König und

---

> *durch den kaiser Otho und des reichs fürsten vor diser stat Augspurg im neunhundert und fünfundfünftzigsten jar [...] in wöllicher glücklicher schlacht das erber handwerck der weber sein uralt, löblich schildt und wappen, wölliches sich die erber zunft weber noch heutigs tags rechtlich geprauchet, nicht mit klainen ehren und sig überkomen und erlanget hat [...].*

238   U. a. dazu Günther KAPFHAMMER: Augsburger Stadtsagen, Augsburg 1985, S. 57–62; auch Wilhelm Heinrich RIEHL: Kulturstudien aus drei Jahrhunderten, Stuttgart/Berlin 1910, S. 285.

239   Zur Einordnung Jägers vgl. Pius DIRR: Clemens Jäger und seine Augsburger Ehrenbücher und Zunftchroniken, in: ZHVS 36 (1910), S. 1–32; DERS., Zunftverfassung 1913, S. 161–163; auch Gregor ROHMANN: ,Eines Erbaren Raths gehorsamer amptman': Clemens Jäger und die Geschichtsschreibung des 16. Jahrhunderts (= Veröffentlichungen der Schwäbischen Forschungsgemeinschaft Augsburg: Reihe 1, Studien zur Geschichte des bayerischen Schwaben, Bd. 28), Augsburg 2001: Da Jäger 1542/3 das Archiv der Reichsstadt ordnete und hier direkten Zugang zu den Archivalien hatte, sind seine Berichte als sehr glaubhaft einzuordnen. Ihm standen heute nicht mehr vorhandene Archivalien zur Verfügung, u. a. die Ratsbücher 1357–1387; zu Jäger auch KLUGE, Gedächtnis 2014, S. 29f.

240   Vgl. MEIER, Mythos 1996, S. 370–372. Weitere Beispiele sind das Kölner Rathaus, dazu Walter GEIS: Die Neun Guten Helden, der Kaiser und die Privilegien, in: Köln. Das gotische Rathaus und seine historische Umgebung (= Stadtspuren. Denkmäler in Köln, Bd. 26), hg. von DEMS./Ulrich KRINGS, Köln 2000, S. 387–413; zur Rezeption Karls des Großen vgl. v. a. den Aufsatzband Karl der Große und sein Nachleben in Geschichte, Kunst und Literatur (= Zeitschrift des Aachener Geschichtsvereins, Bd. 104/105, 2002/2003), hg. von Thomas KRAUS/Klaus PABST, Aachen 2003.

241   Vgl. exempl. zum Karlskult Hagen KELLER: Die Ottonen und Karl der Große, in: Karl 2003, hg. von KRAUS/PABST, S. 69–94; Dietrich LOHRMANN: Politische Instrumentalisierung Karls des Großen durch die Staufer und ihre Gegner, in: Karl 2003, hg. von KRAUS/PABST, S. 95–112; Frank MACHILEK: Karl IV. und Karl der Große, in: Karl 2003, hg. von KRAUS/PABST, S. 112–145; weiter auch Paul-Joachim HEINIG: Die Habsburger des 15. und 16. Jahrhunderts und Karl der Große, in: Karl 2003, hg. von KRAUS/PABST, S. 147–171.

ABB. 15   *Die Zunftstube der Augsburg Weber: Detailausschnitt mit Kaiser Karl dem Großen. Peter Kaltenhoff, Augsburg, 1457. Bayerisches Nationalmuseum, Inv.-Nr. MA 856.*
© BAYERISCHES NATIONALMUSEUM.

Prophet, als Kämpfer für das Christentum im Auftrag des Herren sowie als Ahnherr des Heiligen Römischen Reiches ein.[242] Ab dem 14. Jahrhundert wurde das Bild Karls von den Städten aufgegriffen, um deren Ansprüche und

---

242   Vgl. Lieselotte E. SAURMA-JELTSCH: Karl der Große im Spätmittelalter: Zum Wandel einer politischen Ikone, in: Karl 2003, hg. von KRAUS/PABST, S. 421–461, hier S. 430; ebenso Lieselotte E. SAURMA-JELTSCH: Karl der Große als vielberufener Vorfahr, in: Karl der Große als Vielberufener Vorfahr. Sein Bild in der Kunst der Fürsten, Kirchen und Städte (= Schriften des Historischen Museums in Frankfurt am Main, Bd. 19), hg. von DERS., Sigmaringen 1994, S. 9–22.

Reichsanbindung zu verdeutlichen. In Augsburg ist vermutlich keine lokale Implikation vorhanden,[243] auch wenn Bischof Simpert von eben jenem ernannt wurde. Vielmehr ist er im Kontext mit den neun Helden als *miles christianus* zu sehen, was den Aspekt der Verkündigung und des Kampfes um die Tugenden unterstreicht. Karl der Große ist in diesem komplexen Programm somit tatsächlich eine überzeitliche Figur und nicht nur ein Kaiser, der aufgrund einer realen Beziehung zu Augsburg visualisiert wurde.[244]

Der Geschichtszyklus ist in künstlerisch-repräsentativen Zusammenhang mit dem neu auftretenden humanistischen Geschichtsverständnis zu bringen, das sich auch an der – nicht genau zu definierenden – Fassadenbemalung des Rathauses sowie der malerischen Ausgestaltung Augsburger Privathäuser zeigt.[245] Dies kann jedoch nicht als alleinige Erklärung für die Wahl des Motivs gelten. Die Darstellung der Kurfürsten als Königswähler könnte ebenso bedeuten, dass die Mitglieder der Zunft in den Stadtrat gewählt werden können, was einer Art „Kurwürde" entspricht.[246] Viel wahrscheinlicher erscheint allerdings, dass die Reichsanbindung visualisiert werden sollte, welche Augsburg, den Stadtrat und die Zunft der Weber als Teilhaber am reichsstädtischen Regiment direkt dem Kaiser unterstellte. Da diese Stube nur einem begrenzten Kreis zugänglich war – den Zunftmitgliedern und ihren geladenen Gästen –, war die Wahrnehmung der Reichsikonographie an der Stelle nur durch eben jene Personen möglich und trug somit zur Repräsentation und Identitätsbildung in der Zunft bei. Dieser Wunsch und auch die Notwendigkeit, die eigene Identität zu festigen, entstammten dem politischen und sozialen Wandel, der durch die Bildung der neuen korporativen Zusammenschlüsse nicht nur Auswirkungen auf die Zünfte selbst hatte. Auch die alten patrizischen Geschlechter schlossen sich bald in der sogenannten Herrenstube zusammen, um sich vorüber-

---

243   Anders ist es beispielsweise in Frankfurt am Main, vgl. dazu MONNET, Königsbilder 2015, speziell S. 48; ein weiteres Beispiel ist Aachen, vgl. dazu Cord MECKSEPER: Die Rezeption der ‚Marienkirche' Karls des Großen in Aachen in der Baukunst des Mittelalters, in: Karl 2003, hg. von KRAUS/PABST, S. 277–294; auch Werner TSCHACHER: Königtum als lokale Praxis. Aachen als Feld der kulturellen Realisierung von Herrschaft. Eine Verfassungsgeschichte (ca. 800–1918) (= Historische Mitteilungen im Auftrag der Rankegesellschaft, Bd. 80), Stuttgart 2010, S. 94–154.

244   Vgl. SAURMA-JELTSCH, Karl der Große 2003, S. 436f., zur ikonographischen Deutung; EBD., S. 449f., erwähnt zwar die Augsburger Weberstube, geht aber nicht auf das Programm und dessen Deutung ein; zur Ikonographie auch WYS, Helden 1957; auch SCHROEDER, Nine Worthies 1971.

245   Vgl. dazu die These bei WEBER, Wandmalerei 1983, S. 32. Zur Bemalung des Wohnhauses von Peter Egen mit einer Augsburger Gründungssage vgl. Kapitel 4.3.2.

246   Vgl. ROGGE, Bildzyklen 1996, S. 325f.

gehend von den Zünften abzugrenzen, aber diese Restriktion wurde bereits 1416 wieder aufgelöst, und von da an konnten Zunftmitglieder der Herrenstubengesellschaft beitreten.[247] Da in den Quellen bis in das zweite Drittel des 15. Jahrhunderts keine ausgreifenden Konkurrenzsituationen zwischen Patriziat und Zünften zu finden sind, und Quellen bekanntlich in Krisenzeiten produziert wurden, ist davon auszugehen, dass weitgehende Einigkeit zwischen den beiden Parteien herrschte. Deren Übergang gestaltete sich zunehmend als fließend.[248] Dass die Weber die Darstellung Friedrichs III. wählten, ist vermutlich nicht auf enge Beziehungen zwischen Kaiser und Reichsstadt oder den Zunftmitgliedern zurückzuführen, da dieser sich trotz einiger Privilegienvergaben eher distanziert zeigte.[249] Wichtige Ereignisse, die das Repräsentationsbedürfnis des Rates steigerten, waren vermutlich die Streitigkeiten mit Peter von Schaumberg: Der Bischof versuchte die alten stadtherrlichen Rechte an sich zu ziehen und instrumentalisierte während des Streits das wichtigste reichsstädtische Symbol, den Stadtpyr.[250] Wichtig im Kontext mit der Ausschmückung der Weberstube erscheint, dass die Augsburger [...] *wollten mit im auch nit rechten umb das ir, umb ir fraihait, die sie hetten von künigen [und] kaisern herpracht in nutz und in gewör und lenger, dann das bistumb gewert hett [...].*[251] Der Kaiser setzte zur Lösung des Problems als Reichssache ein Schiedsgericht ein, welches 1456, also ein Jahr vor den Malarbeiten, zugunsten der Reichsstadt entschied.[252] Die Bürger reagierten mit der Neugestaltung des Rathauses 1457 und des Weberzunfthauses.

Das Rathaus in Nürnberg verdient eingehendere Betrachtung: Der Rat beschloss 1332 einen Neubau an der nordwestlichen Ecke des Hauptmarktes, der ein bürgerlich-herrschaftliches Zentrum im Kontrast zur kaiserlichen Burg

---

247 StadtA Augsburg, Evangelisches Wesensarchiv 49, S. 22–23; zur Thematik vgl. Mathias KÄLBLE: Die ‚Zivilisierung‘ des Verhaltens. Zum Funktionswandel patrizischer Gesellschaften in Spätmittelalter und früher Neuzeit, in: Geschlechtergesellschaften 2003, hg. von FOUQUET/STEINBRINK/ZEILINGER, S. 31–55; auch GLOOR, Politisches Handeln 2010, S. 87f.; auch KIESSLING, Bürgerliche Gesellschaft 1971, S. 43, 51; mit DIRR, Zunftverfassung 1912, S. 194–198.

248 Zum gleichen Schluss kommen auch GLOOR, Politisches Handeln 2010, S. 264; ROGGE, Nutzen 1996.

249 SCHNITH, Spätmittelalter 1985, S. 161.

250 Da hier ein lokaler, traditionsbildender Moment im Zentrum steht, werden die genauen Umstände und Auswirkungen der krisenhaften Zeiten später genauer beleuchtet (vgl. Kap. 3.3.1).

251 Vgl. die Chronik des Burkhard Zink, S. 210.

252 Vgl. u. a. SCHNITH, Spätmittelalter 1985, S. 162, zu diesem Ereignis.

bildete.[253] Das alte Versammlungsgebäude in der Tuchgasse gab man in dieser Zeit auf, weshalb man übergangsweise in einem Privathaus des Ratsherren Ulrich Haller tagte.[254] An einem Haus in der Winklerstraße 37 befindet sich in einem Medaillon ein Nürnberger Königskopfadler, weshalb dieses Gebäude als das maßgebliche angesprochen wird. Im öffentlichen Raum konnte man so das Gebäude für die reichsstädtische Nutzung markieren.[255] Am neuen Rathaus selbst wurde um 1340 ein einfacher Reichsadler angebracht,[256] der nun im Kontrast dazu einen eindeutigen Reichsbezug herstellte. Es ist möglich, dass dies in Zusammenhang mit den engen Beziehungen steht, die Nürnberg zu dieser Zeit mit Ludwig dem Bayern unterhielt. Die Bauleitung des Rathauses lag zudem bei Philipp Groß, dem Bruder Conrads, dem der Kaiser unter anderem das Amt des Schultheißen verpfändete.[257]

Im großen Rathaussaal, dem offiziellen Versammlungs- und Festsaal der Reichsstadt, ließ vermutlich der Rat am Ende der Bauzeit ein Steinrelief anbrin-

---

253 Matthias MENDE: Das alte Nürnberger Rathaus. Baugeschichte und Ausstattung des großen Saales und der Ratsstube, Bd. 1 (= Ausstellungskataloge der Stadtgeschichtlichen Museen Nürnberg, Bd. 15), Nürnberg 1979, S. 26–37, zum Rathaus bis zur Ausgestaltung von Albrecht Dürer; auch FLEISCHMANN, Ratsherrschaft 2008, S. 116f.; älter Ernst MUMMENHOFF: Das Rathaus in Nürnberg, Nürnberg 1881.

254 Nach EBD., S. 2 mit Anm. 14; dazu Georg Andreas WILL: Kleine Beiträge zu der Diplomatik und deren Literatur, Altdorf 1789, S. 109–116: Das Dokument verzeichnet eine Beratung in Ulrich Hallers Haus bezüglich der in Nürnberg auftretenden Ketzer; weitere Beratungen fanden fast ausschließlich im Kloster der Augustiner statt.

255 StadtAN, F5, 901, Häuserkartei, mit Georg Wolfgang CARL: Die nach vorhandenen Abzeichen Nürnberger Häuser zusammengetragen und geordnet von einem Forscher in alten Dingen, Nürnberg 1855, S. 55–59; auch SCHUHMANN, Nürnberger Wappen 1986, S. 158; mit SCHAFNER, Siegel 1937, S. 177f.; dazu Christoph Gottlieb VON MURR: Beschreibung der vornehmsten Merckwürdigkeiten in der Reichsstadt Nürnberg in deren Bezirke und auf der Universität Altdorf, Nürnberg 1801, S. 347; Rainer KAHSNITZ: Skulptur in Stein, Ton und Holz, in: Nürnberg 1300–1550. Kunst der Gotik und Renaissance, hg. von Gerhard BOTT/Philippe DE MONTEBELLO/Rainer KAHSNITZ/William D. WIXOM, München 1986, S. 61–74, hier S. 64; auch MUMMENHOFF, Rathaus 1881, S. 8f.; ebenso Wilhelm SCHWEMMER: Die Bürgerhäuser der Nürnberger Altstadt aus reichsstädtischer Zeit. Erhaltener Bestand der Sebalder Seite (= Nürnberger Forschungen. Einzelarbeiten zur Nürnberger Geschichte, Bd. 6 = Die Bürgerhäuser der Nürnberger Altstadt, Bd. 1), Nürnberg 1961, S. 154–156.

256 Vgl. MENDE, Rathaus 1979, S. 27.

257 Vgl. Eugen HILLENBRAND: ‚Ecce sigilli faciem'. Das Siegelbild als Mittel politischer Öffentlichkeitsarbeit im 14. Jahrhundert, in: Bild und Geschichte. Studien zur politischen Ikonographie. Festschrift für Hansmartin Schwarzmaier zum fünfundsechzigsten Geburtstag, hg. von Konrad KRIMM/Herwig JOHN, Sigmaringen 1997, S. 53–77, hier S. 61f.

,CORPORATE BRANDING': DIE SPÄTMITTELALTERLICHE REICHSSTADT

gen (Abb. 16):[258] Es zeigt Kaiser Ludwig den Bayern auf einem von Löwen getragenen Thron. Dieser wird flankiert von zwei Adlern, welche den Löwen ihre Krallen in die Köpfe schlagen. Die zwei Adler kann man als Verdopplung des einfachen Adlers deuten, wie bereits in der Heraldik bekannt. Somit weisen sie den Weg zum doppelköpfigen Reichsadler, auch wenn jener zur Zeit Ludwigs IV. noch nicht institutionalisiert war. Über dem Kaiser schweben zwei Engel, die hinter dessen Kopf einen Vorhang öffnen und zugleich die Bügelkrone als Insignie des Königs berühren. Diese Symbolik erinnert an das herrschaftlich-kaiserliche Siegel Ludwigs[259] und repräsentiert dadurch in besonderer Form den Kaiser, fast so als würde er sich hier selbst zeigen. Somit handelt es sich eindeutig um die Vergegenwärtigung des Kaisers als konkrete Person.

Nach Eugen Hillebrand und Rainer Kahsnitz sei das Relief dabei vor allem ein „Forum politischer Öffentlichkeitsarbeit" für den Kaiser.[260] Die Engel würden nach der oft rezipierten Deutung von Kahsnitz[261] die Legitimation der Kaiserwürde Ludwigs darstellen, da die Päpste diesem die Krönung verweigerten und ihm auf dem Bild die Krone direkt vom Himmel übergeben werde. Engelsdarstellungen in dieser oder ähnlicher Weise sind auf Thronsiegeln oder Krönungsmotiven, wie bei der Marienkrönung, jedoch häufiger zu beobachten.[262] Die Engel nehmen im herrschaftlichen Kontext die himmlische Sphäre ein und stellen den Schnittpunkt zwischen sakraler und weltlicher Macht dar, weshalb nicht zwingend auf die „Krönungshoheit"

---

258 U. a. GOEZ, Nürnberg 1986, S. 21f.: Das Original wurde im 2. Weltkrieg 1945 teilweise zerstört, es befindet sich heute im Germanischen Nationalmuseum in Nürnberg; eine Nachbildung ist im Bayerischen Nationalmuseum in München, Inv.-Nr. 2341.1–2; weiter auch KNAPPE, Ikonologie 1980, S. 159; zum Rathaussaal vgl. Matthias MENDE: Der große Nürnberger Rathaussaal. Bemerkungen zur vorgesehenen Wiederherstellung, in: Kunstspiegel 2 (1980), Heft 1, S. 5–16; dazu Rainer KAHSNITZ: Kaiser Ludwig der Bayer und Schwertübergabe, in: Nürnberg 1986, hg. von BOTT/DE MONTEBELLO/KAHSNITZ/ WIXOM, S. 127–131; ebenso MUMMENHOFF, Rathaus 1881, S. 32–34.

259 Vgl. HILLEBRAND, Siegelbild 1997, S. 61; auch Robert SUCKALE: Die Hofkunst Kaiser Ludwigs des Bayern, München 1993, S. 32; SAURMA-JELTSCH, Zeichen 2006, S. 340–342; KÖSTER, Grabmal 2006, S. 409f.: Diese Darstellung Ludwigs war typisch und wurde beispielsweise im 15. Jahrhundert von dem bayerischen Herzog Albrecht IV. für eine neue Grabplatte Ludwigs in der Liebfrauenkirche in München adaptiert, was einen Hinweis auf die Gleichrangigkeit der bayerischen Herzöge zum Kaiserhaus geben sollte.

260 HILLEBRAND, Siegelbild 1997, S. 62f.

261 Zur Deutung vgl. KAHSNITZ, Schwertübergabe 1986, S. 130.

262 Zu der heraldischen Bedeutung von Engeln vgl. u. a. DIEDERICH, Siegelkunde 2012, S. 198–200; ebenso Aloys BUTZKAMM: Christliche Ikonographie. Zum Verstehen mittelalterlicher Kunst, Paderborn ²2001, S. 113–115.

ABB. 16 Das Relief Kaiser Ludwigs IV. aus dem Nürnberger Ratssaal. Abguss von 1855 des im Zweiten Weltkrieg weitgehend beschädigten Originals von 1340 aus Nürnberg. Bayerisches Nationalmuseum, Inv.-Nr. 2341.1–2.
© BAYERISCHES NATIONALMUSEUM.

Gottes verwiesen wird.[263] Im reichspolitischen Zusammenhang solle man nach Hillebrand den Versuch des Rates nicht verkennen, den exkommunizierten Ludwig IV. mit der Kurie zu versöhnen. Die Darstellung der Adler, welche auf den Löwen sitzen und diese zu Boden werfen, wäre ihm zufolge ein Verweis auf die Streitigkeiten mit Papst Johannes XXII. (1316–1334), der ebenfalls Löwen in seinem Wappen führte.[264] Diese Deutung ist allerdings in Frage zu stellen, da Thronlöwen typische Wappentiere darstellten.[265] Die sakral-profane Doppeldeutigkeit von Adler und Löwe ist keine singuläre Erscheinung, da sich für das Vorkommen beider Tiere zur Kennzeichnung der Herrschaft im geistlichen sowie weltlichen Bereich zahlreiche weitere Beispiele anführen lassen.[266] Den Saal des Rathauses als sein öffentliches Forum zu charakterisieren scheint trotz der unbestrittenen Königsnähe Nürnbergs ebenfalls nicht ohne Einschränkungen möglich.[267] Im 14. Jahrhundert, also zur Zeit der Anbringung der Reliefs, versammelte sich vermutlich bereits regelmäßig das Stadtgericht unter dem Vorsitz des Schultheißen und urteilte über zivil- und strafrechtliche Klagen gegen Nürnberger Bürger.[268] Etwa zeitgleich mit dem Bau des Rathauses trat 1343 das Siegel des Stadtgerichts an Stelle des Schultheißen, was für den allmählichen Bedeutungsverlust des königlichen Amtsträgers spricht und durch die gesteigerte Kompetenz des Rates für dessen wachsen-

---

263   Dazu KAHSNITZ, Schwertübergabe 1986, S. 130; ähnlich in ihrer Kritik auch SAURMA-JELTSCH, Zeichen 2006, S. 342: Sie deutet die Darstellung als „Verleihung der Krone des ewigen Lebens;" die Darstellung von Engeln als Träger der Krönungsinsignien und im Zusammenhang mit dem Heiltumsschrein wird an späterer Stelle noch einmal angesprochen (vgl. Kap. 4.4.2).

264   HILLEBRAND, Siegelbild 1997, S. 67, mit Christa WREDE: Leonhard von München, der Meister der Prunkurkunden Kaiser Ludwigs des Bayern (= Münchner Historische Studien. Geschichtliche Hilfswissenschaften, Bd. 17), Kallmünz 1980, S. 78: So wird Johannes XII. auf einem Thron sitzend dargestellt; zur Thematik u. a. Sebastian ZANKE: Johannes XXII., Avignon und Europa. Das politische Papsttum im Spiegel der kurialen Register (1316–1334) (= Studies in Medieval and Reformation Traditions, Bd. 175), Leiden/Boston 2013.

265   Wie auf dem bereits angesprochenen Augsburger Relief am Rathaus, vgl. Kap. 3.3.1.

266   Z. B. der Hochchor der Reinoldikirche in Dortmund, vgl. dazu Thomas SCHILP: Kirchenbau und -ausstattung als politisches Programm: Zur Reichssymbolik im Hochchor der Dortmunder Reinoldikirche (um 1465), in: Reichszeichen 2015, hg. von WITTMANN, S. 73–86, hier v. a. S. 83; auch das Adlerrelief am Frankfurter Galgentor zeigt einen Doppeladler, der auf einem Löwen sitzt, vgl. SAURMA-JELTSCH, Karl der Große 2003, S. 435f.

267   SCHUBERT, König und Reich 1979, S. 61f., zum Öffentlichkeitsgedanken unter Ludwig dem Bayern.

268   Vgl. MUMMENHOFF, Rathaus 1881, S. 42, mit konkreten Beispielen; dazu MENDE, Rathaus 1979, S. 33; auch SCHULTHEISS, Verfassung 1971, S. 37, zum Stadtgericht.

des Repräsentationsbedürfnis spricht. Veranstaltungen im Raum waren im 14. Jahrhundert nur einem begrenzten Publikum vorbehalten, das sich in erster Linie auf Mitglieder des Kleinen und Großen Rats und deren geladene Gäste beschränkte, obwohl auch Feierlichkeiten für den König und sein Gefolge dort abgehalten wurden. Zudem war der Saal, wie seine Größe unzweifelhaft vorgibt, auch für Reichsversammlungen gedacht.[269]

Um die Intention für die Anbringung des Reliefs zu fassen, lohnt ein Blick auf einen Vermerk im Repertorium der Urkunden Kaiser Ludwigs IV. Der Rat ließ demzufolge [...] *zu immerwehrenter Gedechtnus schuldigster danckbarlicher Erkanntnus* [...] den Kaiser [...] *in Stain künstlich hauen,* [*und*; Erg. d. Verf.] *mit Goldt und Farben auffs best zieren* [...].[270] Da diese Notiz erst 1626 verfasst wurde, handelt es sich um keine zeitgenössische Wiedergabe der Intention der Auftraggeber. Dennoch erscheint der Inhalt plausibel: Das überaus positive Verhältnis zwischen der Reichsstadt Nürnberg und Kaiser Ludwig dem Bayern hatte maßgeblichen Einfluss auf die starke Stellung der Stadt und sie zeigte sich deshalb loyal gegenüber dem Wittelsbacher – auch als dieser nach über zwanzig Jahren in Exkommunikation verstarb, weshalb die persönliche Komponente einen gewichtigen Anteil hatte.[271] Davon zeugen zum einen seine zahlreichen Aufenthalte, zum anderen die insgesamt 34 Privilegien, die er an Nürnberg vergab.[272] Vor allem die Urkunde vom 12. September 1332[273] ist eine der herausragenden wirtschaftspolitischen Errungenschaften der Reichsstadt,

---

269 Zu den amtlichen und nichtamtlichen Veranstaltungen im Rathaussaal auch MUMMENHOFF, Rathaus 1891, S. 41, 53; die ersten Belege hierfür stammen aus der Regierungszeit Karls IV.

270 Urkundenrepertorium, in: StAN, Rst. Nbg., Nürnberger Geheimes Archiv, 39 Laden, fol. 13; dazu auch FLEISCHMANN, 750 Jahre Geschichte 2000, S. 54f.; und Wolfgang VON STROMER: Nürnbergs große Zollfreiheiten, ihre Symbole und ihre Monumente im Saal des Alten Rathauses, in: MVGN 80 (1993), S. 117–135, hier S. 118.

271 Dazu die Urkunde vom 23.03.1324, in: MGH Const. 5, S. 692–699, Nr. 881; vgl. weiter u. a. Martin KAUFHOLD: Vergessen und Erinnern. Das Verhältnis der Kirche zum gebannten Kaiser Ludwig im späten Mittelalter, in: Ludwig 2014, hg. von SEIBERT, S. 437–449, hier S. 439; auch Martin KAUFHOLD: Gladius Spiritualis. Das päpstliche Interdikt über Deutschland in der Regierungszeit Ludwigs des Bayern (1324–1347) (= Heidelberger Abhandlungen zur Mittleren und Neueren Geschichte, NF, Bd. 69), Heidelberg 1994.

272 FLEISCHMANN, Rat 2007, S. 31f., zum Verhältnis zwischen Nürnberg und Kaiser Ludwig IV.; auch Gerhard HIRSCHMANN: Nürnbergs Handelsprivilegien, Zollfreiheiten und Zollverträge bis 1399, in: Wirtschaftsgeschichte 1967, hg. von STADTARCHIV NÜRNBERG, S. 1–48, hier S. 10–19.

273 Vgl. die Urkunde vom 12.09.1332, in: StAN, Rst. Nbg., Kaiserliche Privilegien 43; dazu Verzeichnis der Zollfreiheiten Nürnbergs, in: Werner SCHULTHEIß: Satzungsbücher und Satzungen der Reichsstadt Nürnberg aus dem 14. Jahrhundert, 1. Lieferung (= Quellen zur

da hier alle 72 bis dato erfolgten Zollfreiheiten in einem Dokument zusammengefasst wurden, wodurch Nürnbergs Stellung als Handelsmacht gefestigt wurde.[274] Dass das Relief auch im Zusammenhang mit der Wirtschaftspolitik gesehen werden kann, wird durch ein zweites Relief gestützt, das etwa zeitgleich an der gegenüberliegenden Seite angebracht wurde. Man sieht hier eine größere, männliche Person, die auf einem prachtvoll gestalteten Stuhl sitzt. Eine kleinere, ebenfalls männliche Person reicht ihr ein Schwert, an dem zwei Handschuhe befestigt sind. Eine eindeutige Identifizierung der beiden Personen,[275] falls diese überhaupt beabsichtig war, kann aufgrund der mangelnden Quellen nicht vorgenommen werden. Kenntnisse über den ikonographischen Inhalt erhält man vorrangig über den zeitgenössischen Kontext. Die beiden Figuren werden gemeinhin als ‚Norimberga‘ und ‚Brabantia‘ bezeichnet, denn ein bedeutendes Privileg aus dem Jahre 1311 unter Heinrich VII. hatte die Nürnberger von Zollzahlungen im Herzogtum Brabant befreit.[276] Die abgebildete Szene stellt vermutlich die Übergabe der jährlichen Zollgabe in Form von Schwert und Handschuh dar,[277] die in der Regel in einer

---

Geschichte und Kultur der Stadt Nürnberg, Bd. 3), Nürnberg 1965, S. 197–199; weiter u. a. GOEZ, Nürnberg 1986, S. 22.

274 Hektor AMMANN: Die wirtschaftliche Stellung der Reichsstadt Nürnberg im Spätmittelalter, Nürnberg 1970, S. 20f.; so auch VON STROMER, Zollfreiheiten 1993, S. 11; auch DERS.: Handel und Gewerbe der Frühzeit, in: Nürnberg 1971, S. 46–54; mit HIRSCHMANN, Handelsprivilegien 1967.

275 VON STROMER, Zollfreiheiten 1993, S. 134f., wagt sich hier an eine Interpretation möglicher Ratsherren, die allerdings rein spekulativ bleiben muss.

276 Vgl. dazu ausführlich VON STROMER, Zollfreiheiten 1993, S. 123–132; ausführlich zum Wert der Zollgaben EBD., S. 131–134; dass Städte oder Regionen in dieser Zeit durch männliche Figuren dargestellt werden, ist nicht unüblich, vgl. dazu die Darstellung der Kommunen in Oberitalien: SZABÓ, Visualisierung 1993, S. 63f.; auch das Stapelrecht im Kölner Hansesaal wurde durch eine männliche Figur personifiziert, vgl. SAURMA-JELTSCH, Reichsstadt 2006, S. 421.

277 So auch MUMMENHOFF, Rathaus 1891, S. 30f.; auch MENDE, Rathaus 1979, S. 34f.; SUCKALE, Hofkunst 1993, S. 111; auch VON STROMER, Zollfreiheiten 1993, S. 117, 121; konträr äußert sich KAHSNITZ, Schwertübergabe, S. 131: nach Rainer Kahsnitz sei hier die Übertragung des Schultheißenamts an Conrad Groß zu sehen, was allerdings aufgrund der Darstellung der Person, die gänzlich anders gezeigt wird als der singuläre Ludwig IV., unwahrscheinlich ist, zumal der Kaiser in der Regel nicht kleiner als ein Belehnter dargestellt wird. Darüberhinaus ist die Übergabe eines Pfandbesitzes, wie es das Schultheißenamt zu dieser Zeit einer war, keine Lehensvergabe, die mit einem Schwertübertrag rechtmäßig wurde.

188 KAPITEL 3

aufwändigen Zeremonie erfolgte.[278] Die Ratsherren, die mit diesem Vorgang vertraut waren, hatten auf dem Relief also ein konkretes Ereignis und Privileg vor Augen, weshalb die Darstellung zwar Memoria schuf,[279] dabei aber nicht nur zu einem bloßen Erinnerungsbild wurde.[280] Dabei wurde in Kombination mit dem zweiten Relief nicht explizit Heinrich VII. gedacht, der mit seinen zahlreichen Privilegien in den Jahren 1311 bis 1313, die Autonomie der Stadtverfassung stark vorantrieb. Vielmehr war es Ludwig der Bayer, der enge persönliche Beziehungen zu Nürnberg pflegte, wobei die Übernahme des Siegelbildes, das auch die Urkunde von 1332 zierte, als endgültige Besiegelung der bis dato erlangten Handelsprivilegien bezeichnet werden könnte. Die persönliche Wertschätzung für den Kaiser scheint deshalb maßgeblich für die Darstellung zu sein.[281]

In späteren Zeiten nahmen diese ‚tagesaktuellen Darstellungen' selbstverständlich auch eine Erinnerungsfunktion ein, in letztgenanntem Beispiel gegenüber den Ratsleuten und Besuchern des Saales. So waren selbst die Könige zu Feierlichkeiten in Nürnberg *auf dem hause*.[282] Dadurch konnten die Bilder eine neue Wirkung auf die Betrachter erlangen, die erneut einer Interpretation vor ihren zeitgenössischen Hintergründen bedarf. Mit Blick auf die vorangegangenen Auseinandersetzungen zwischen dem Luxemburger und Ludwig

---

278   Zum Schwert als Rekognitionsgabe vgl. VON STROMER, Zollfreiheiten 1993, S. 123–132; dass diese Schwerter tatsächlich an Brabant übergeben wurden, zeigen die erhaltenen Stadtrechnungen, deren Überlieferung mit dem beginnenden 15. Jahrhundert einsetzt: [...] *6 Schwerter wie man sie nach Brabant schickt von Hermann Tremp, swertfeger zu Passau 25 fl. neu und 6 hlr.* [...], zitiert nach EBD.

279   So bei SAURMA-JELTSCH, Zeichen, S. 342.

280   Der Typus des Erinnerungsbildes wurde in den 1430er Jahren von Jan van Eyck eingeführt, um eine verstorbene oder räumlich entfernte Person zu vergegenwärtigen, vgl. die Inkunabel „Leal Souvenir von 1432, dazu Mathias MÜLLER: Die Bildwerdung des Fürsten. Das Verhältnis von Realpräsenz und medialer Fiktion als Aufgabe symbolischer Kommunikation in den höfischen Bau- und Bildkünsten des 15. und 16. Jahrhunderts, in: Symbolische Interaktion 2013, DEUTSCHLÄNDER/VON DER HÖH/RANFT, S. 15–63, hier S. 41.

281   Zur exakten Deutung der Ikonographie und vor allem der Raumwirkung fehlen essentielle originale Ausstattungsgegenstände. Vgl. dazu KAHSNITZ, Schwertübergabe 1986, S. 127: Nach den erfolgten bauhistorischen Untersuchungen waren sowohl an der Nord- als auch an der Südwand Skulpturen aufgestellt, über die nichts weiter bekannt ist.

282   Vgl. hier exemplarisch die Stadtrechnung zu 1377, in: StadtAN, F5, 151, Bl. 99: *It dn xxvi ß tb do der kunig uff dem hawse tantzt;* in dem Dokument sind zahlreiche weitere Ausgaben zu finden; weiter dazu MUMMENHOFF, Rathaus 1881, S. 45, erwähnt weitere Beispiele für Friedrich III.; weiter für das 15. Jh. auch SANDER, Reichsstädtische Haushaltung 1902, S. 639f.

dem Bayern erhielt dessen Darstellung eine neue Konnotation. Dies lässt sich auf alle Städte und die erwähnten Beispiele in diesem Kapitel übertragen und befördert die Festigung gewisser Abbildungen und Symbole als überzeitlicher Sinnbilder des Reichs.

2.2 Die Körper von Reich und König im reichsstädtisch-‚öffentlichen‘ Raum

Als ‚Körper von König und Reich‘ kann man die Darstellung konkreter Personen verstehen, was sowohl für das Gemälde Kaiser Friedrichs III. in Augsburg als auch das am Relief Kaiser Ludwigs in Nürnberg zutrifft. Darüber hinaus impliziert der Terminus auf der Grundlage von im Mittelalter rezipierten Körpermetaphern die Vorstellung einer Gemeinschaft als ‚Körper,‘ denn die Zeitgenossen sprachen das Reich als solches an. Das früheste Beispiel dazu ist der Lübecker Türzieher,[283] denn auch die Kurfürsten wurden in der Goldenen Bulle von 1356 als *pars corpori nostri* bezeichnet.[284] Als Haupt des Körpers trat der König auf, die Kurfürsten als Glieder, und nur das Zusammenwirken aller ermöglichte das Funktionieren des Reiches. Diese Art der symbolischen Darstellung fand ihre bildliche Entsprechung ebenso im öffentlichen Stadtraum, der untergliedert war in einzelne Räume, Zentren und Nebenzentren, und er wurde durch Bauwerke ausgestaltet, die der Reichsstadt zur Repräsentation dienten. Die Räume, die hier als ‚öffentlich‘ charakterisiert werden, waren innerhalb der Stadtmauern frei zugänglich, und es ist keine bauliche Inklusions- oder Exklusionsleistung zu erkennen, wodurch deren Gestaltung für ein breites Publikum sichtbar war.

Die Körpermetapher wurde in Nürnberg zu einer monumentalen und vor allem prominenten Ausführung gebracht. 1363 [...] *fieng man an den prunnen zu machen am Margkt zu Nürembergk* [...], heißt es dazu in den

---

283 Vgl. Bruno REUDENBACH: Die Gemeinschaft als Körper und Gebäude. Francesco di Giorgios Stadttheorie und die Visualisierung von Sozialmetaphern im Mittelalter, in: Gepeinigt, begehrt, vergessen. Symbolik und Sozialbezug des Körpers im Mittelalter und der frühen Neuzeit, hg. von Klaus SCHREINER/Norbert SCHNITZLER, München 1992, S. 171–198, hier S. 177–191; auch SAURMA-JELTSCH, Reichsstadt 2006, S. 428; zudem Moritz REIFFERS: Das Ganze im Blick: Eine Geschichte des Überblicks vom Mittelalter bis zur Moderne, Bielefeld 2013, S. 65; auch KRIEGER, König 1992, S. 37.

284 Vgl. die Goldene Bulle, S. 616–621, cap. 24: [...] *nam et ipsi pars corporis nostri sunt* [...]. Zum Verständnis des Reichs als Organismus siehe u. a. Tilman STRUVE: Die Entwicklung der organologischen Staatsauffassung im Mittelalter (= Monographien zur Geschichte des Mittelalters, Bd. 16), Stuttgart 1978, S. 87–116; auch Wolfgang SCHILD: Recht als leiblich geordnetes Handeln. Zur sinnlichen Rechtsauffassung des Mittelalters, in: Das Mittelalter 8 (2003), S. 84–91.

Nürnberger Jahrbüchern.[285] Die Datierung des bereits von den Zeitgenossen als ‚Schöner Brunnen' bezeichneten Werks wird heute angezweifelt, da man in den Baurechnungen zwischen 1385 und der Mitte der 1390er Jahre noch Hinweise auf Bautätigkeiten eines *meister Heinrich Parlier* findet.[286] Unter Umständen lässt dies aber nur auf eine Neufassung des Brunnens schließen.[287] In den Baumeisterbüchern des 15. Jahrhunderts wird genauer vom Ursprung des Schönen Brunnens berichtet, ebenso über den Verlauf der etwa vier Kilometer langen Rohre, die ihn mit Wasser speisten.[288] Im Vergleich zu den Beschreibungen der Wasserzuläufe anderer innerstädtischer Brunnen ist diese besonders detailliert, was die Bedeutung des Schönen Brunnens unterstreicht. Der Verlauf der Rohre wurde spätestens am Anfang des 15. Jahrhunderts von der Stadt mit Adlern gekennzeichnet: [...] *von dem eingang des gartens do stet ein marcktstain mit einem adler verzaichennt darunter ist ein ründer prün* [...].[289] Auch dies findet man ausschließlich bei der Beschreibung dieses Brunnens. Es wird nicht näher benannt, ob es sich um den Adler Nürnbergs oder des Reiches handelt. Das Nürnberger Wappen verwies jedoch selbst auf das Reich, und zumindest der gelehrte Teil der Zeitgenossen assoziierte den Adler mit dem Reich, wie in den politischen Dichtungen zum Ausdruck kommt.[290] Wenn auch im Alltag der Bürger diese Verbindung nicht bewusst wahrgenommen wurde, so wirkte sie dennoch auf das kollektive Gedächtnis. Dass der Brunnen eine doppelte Geltung besaß, kommt weiterhin in Endres Tuchers Baumeisterbuch von 1464 bis 1475 zum Ausdruck: Der Brunnen [...] *ist nottorft und auch eine zire*

---

285   Vgl. DIE CHRONIKEN DES 15. JAHRHUNDERTS, in: Die Chroniken der fränkischen Städte. Nürnberg Bd. 4 (= Die Chroniken der deutschen Städte vom 14. bis ins 16. Jahrhundert, Bd. 10), Göttingen ²1961, S. 54–440, hier S. 127: Laut der Chronik fing man 1362, ein Jahr nach der Geburt Wenzels an; die Inschrift am Brunnen aus dem 19. Jh. verzeichnet 1361 als Baubeginn. Wolfgang SCHMID: Brunnen und Gemeinschaften im Mittelalter, in: HZ 267 (1998), S. 561–586, hier S. 579, datiert die Errichtung auf 1385.

286   Vgl. FLEISCHMANN, Nürnberg 2003, S. 94–98, hier S. 94, datiert den Brunnenbau auf 1385 bis 1392, ebenso HÄUSSLER, Brunnen 1977, hier v. a. S. 10.

287   So Hubert HERKOMMER: Heilsgeschichtliches Programm und Tugendlehre. Ein Beitrag zur Kultur- und Geistesgeschichte der Stadt Nürnberg am Beispiel des Schönen Brunnens und des Tugendbrunnens, in: MVGN 63 (1976), S. 192–216, hier S. 193.

288   Vgl. das Baumeisterbuch 1455–1468, in: StadtAN, B1/I, 1; dazu auch das Brunnenbuch 1419–1459, in: StadtAN, B35, B1, S. 1 r/v.

289   EBD.; der komplette Verlauf der Rohre wurde so gekennzeichnet, und dies ist nur ein Beispiel von vielen.

290   Dazu MEYER, Stadt 2009, S. 365–367, hier mit Verweis auf Hans Rosenplüts Spruchdichtung über den Markgrafenkrieg: Hans ROSENPLÜT: Reimpaarsprüche und Lieder, hg. von Jörn REICHEL, Tübingen 1990, S. 203–219. Die Spruchdichtung entstand in der zweiten Hälfte des 15. Jahrhunderts.

,CORPORATE BRANDING': DIE SPÄTMITTELALTERLICHE REICHSSTADT 191

[...],[291] heißt es hier explizit. Brunnen können schon aufgrund ihrer Funktion als Trinkwasserquellen als „Mittelpunkte menschlicher Gemeinschaften"[292] gesehen werden. Die funktionierende Wasserversorgung hatte eine hohe repräsentative Wirkung für die mittelalterliche Stadt. Wasser war nicht nur das wichtigste aller Lebensmittel, sondern auch Energieresource, da man mit ihm beispielsweise Mühl- oder Schmiederäder antrieb. Ebenso wusch man in den Bächen und Flüssen auch Waren oder schwemmte Unrat aus der Stadt.[293] Die Gestaltung wichtiger öffentlicher Brunnen wurde zu einer Möglichkeit, Botschaften zu transportieren. Dies untermauert in Nürnberg die Sorge um den Schönen Brunnen. Man wollte zudem, dass er von allen Seiten gut sichtbar ist. Deshalb erließ der Rat im 15. Jahrhundert diverse Verbote, wie z. B., dass man nicht auf den Brunnen klettern und ihn nicht mit Dingen bewerfen dürfe. Außerdem sollte er nicht mit Buden verbaut werden.[294]

Der Brunnen ist als Oktogon mit einer gotischen Turmpyramide gestaltet (vgl. Abb. 17).[295] Die älteste Zeichnung des Brunnens ist in einer Handschrift des Bauamtes aus dem Jahre 1499 erhalten (Abb. 18).[296] Man findet hier die komplexe Darstellung des Reichskörpers, untergliedert in 24 Figuren:[297] von

---

291 Vgl. Endres Tuchers Baumeisterbuch, S. 259; später finden sich immer wieder Arbeiten am Brunnen, vgl. die Jahrbücher des 15. Jahrhunderts, S. 167, zu 1447: *Des jars malet man den prunnen am Markt vergult.* In Endres Tuchers Baumeisterbuch, s. 293, findet man Kosten in Höhe von 500 rheinischen Gulden.

292 Vgl. SCHMID, Brunnen 1998, S. 563.

293 Vgl. zur Thematik u. a. Klaus GREWE: Wasserversorgung und -entsorgung im Mittelalter. Ein technikgeschichtlicher Überblick in: Die Wasserversorgung im Mittelalter (= Geschichte der Wasserversorgung im Mittelalter, Bd. 4), Mainz 1991; zu Lübeck vgl. Mieczysław GRABOWSKI/Georg SCHMITT: „Und das Wasser fließt in Röhren." Wasserversorgung und Wasserkünste in Lübeck, in: Archäologie und Bauforschung im Hanseraum. Eine Festschrift für Günter P. Fehring, hg. von Manfred GLÄSER, Rostock 1993, S. 217–223; zu Augsburg aktuell Martin KLUGER: Historische Wasserwirtschaft und Wasserkunst in Augsburg. Kanallandschaft, Wassertürme und Wasserkunst in Augsburg, Augsburg 2012.

294 Vgl. Nürnberger Polizeiordnungen aus dem XIII. bis XV. Jahrhundert (= Bibliothek des Literarischen Vereins in Stuttgart, Bd. 63), hg. von Joseph BAADER, Stuttgart 1861, S. 28of.; dazu SCHMID, Brunnen 1998, S. 50.

295 Zum Brunnen und zur Figurendeutung sei auf die Literatur verwiesen. Vgl. dazu u. a. Hermann MAUÉ: Nürnberg – Stadtbild und Baukunst, in: Nürnberg 1986, hg. von BOTT/ DE MONTEBELLO/KAHSNITZ/WIXOM, S. 27–50, hier S. 36; FLEISCHMANN, Nürnberg 2003, S. 96f.; HERKOMMER, Tugendlehre 1976, S. 194–209.

296 Vgl. StadtAN, B1/II, 824.

297 Die älteste Beschreibung des Brunnens ist „Der Lobspruch auf Nürnberg" in: ROSENPLÜT, Reimpaarsprüche 1990, S. 220–234, hier S. 224f., V. 128–149: *Wer drei die frumsten heiden wolle schawen, Der vindt sie an dem prunnen gehawen, Und auch die frümsten juden drei.* *sucht man so vindt man auch dabei Drei die allerfrumsten cristen: Wer hoch zu got in himel*

ABB. 17 Der Schöne Brunnen auf dem Nürnberger Hauptmarkt: Detail des Hauptgeschosses mit den sieben Kurfürsten und den neun guten Helden, Nürnberg, Ende des 15. Jahrhunderts.
© MARKUS PRUMMER.

ABB. 18 Eine Zeichnung des Schönen Brunnens in den Akten des Nürnberger Bauamtes von 1499. StadtA Nürnberg, B1/II, Nr. 824.
© STADTARCHIV NÜRNBERG.

oben nach unten zunächst acht Propheten, darunter die sieben Kurfürsten mit den neun guten Helden, die Sinnbilder und Kämpfer für Tugend, Recht

> wolle nisten, Der leb als kunig Eckhart von Frankreich; Herzog Gotfrid von Pelgir was im wol gleich; Der groß keiser Karl, dem got das swert sant, Das sein drei die frumsten cristen genant. Die frumsten juden drei in der alten ee: Kunig David und herzog Josue, Und Judas Machabeus der dritt Die haben sich vor der helle befridt Keiser Julius der heiden recht urteile vant, Troianus seinem reichter die haut abschant, Hector von Troia der dritte frumst heiden ist, als man in der bibel puch list. Das sein newn die allerfrumsten person; Und siht man mitten an dem brunnen stan Und auch di siben kurfursten dabei [...].

und Gerechtigkeit. Auch hier nimmt Karl der Große eine Rolle als Vertreter des Reiches ein, die nicht auf sein persönliches Wirken in Nürnberg verweist.[298] Eine Etage tiefer folgen die jeweils vier Evangelisten und Kirchenväter als Verkünder des Christentums.[299] Dazu kommen die sieben freien Künste, zusammen mit der Philosophie, die im Dienste Gottes und der Erkenntnis standen. Der Brunnen wird so zu einem christologisch-heilsgeschichtlichen Programm, zum „Lebensbrunnen"[300] bzw. zur „Verwirklichung des Reiches Gottes."[301] Das Aufzeigen einer funktionierenden Ordnung und eines intakten Gemeinwesens nimmt bei diesem ikonographischen Programm einen wichtigen Stellenwert ein, weshalb dieses als Verkörperung des Reichs in den spätmittelalterlichen Städten visualisiert wurde.[302] Da der Brunnen vermutlich noch zur Zeit Karls IV. hier errichtet wurde und unter seiner Leitung 1356 in Nürnberg die Verhandlungen über die Goldene Bulle stattfanden, wird die Ikonographie des Brunnens, vor allem aufgrund der Darstellung der sieben Kurfürsten, oft in Zusammenhang mit dem Reichsgesetz gebracht.[303] Dass nach der Verabschiedung der Goldenen Bulle die Bilder des Reichskörpers zunehmen, lässt sich nicht bestreiten. Diese mit dem konkreten Geschehen der Ausfertigung der Goldenen Bulle in Zusammenhang zu bringen ist jedoch nur in soweit korrekt, als dass man auf die Verbindung zu Reich oder König verweisen wollte, nicht aber auf den exakten Gesetzestext.

Das Reichsoberhaupt fehlt auf dem Schönen Brunnen: Der König – respektive Kaiser – befand sich, sowohl in ‚versteinerter' Form als auch persönlich während diverser Aufenthalte, in unmittelbarer Nähe an der Frauenkirche. Immer wieder wird der ikonographische Zusammenhang zwischen dem Schönen Brunnen und der Frauenkirche betont. Die dreischiffige Hallenkirche wurde auf Initiative Kaiser Karls IV. auf den Fundamenten der alten, 1349 abgebrochen Synagoge errichtet. Deshalb ist eine von oben initiierte Gestaltung

---

298 Vgl. SAURMA-JELTSCH, Karl der Große 2003, S. 437

299 Vgl. SAURMA-JELTSCH, Reichsstadt 2006, S. 428; u. a. auch KNAPPE, Ikonologie 1980, S. 159; zudem HOFFMANN, Kurfürstenkollegium 1976, S. 49f.

300 U. a. dazu KNAPPE, Ikonologie 1980, S. 160 mit Verweis auf Joh. 7,38 [...] *Wer an mich glaubt* [...] *von des Leibes werden Ströme lebendigen Wassers fließen* [...]; auch HERKOMMER, Tugendlehre 1976, S. 198.

301 Vgl. HOFFMANN, Kurfürstenkollegium 1976, S. 50.

302 SAURMA-JELTSCH, Karl der Große 2003, S. 437f.; auch FLEISCHMANN, Nürnberg 2003, S. 97, spricht hier von der „staatlichen Ordnung."

303 Vgl. HERKOMMER, Tugendlehre 1976, S. 205f.; auch FLEISCHMANN, Nürnberg 2003, S. 95; kritisch dazu Günther BRÄUTIGAM: Nürnberg als Kaiserstadt, in: Kaiser Karl IV. Staatsmann und Mäzen, hg. von Ferdinand SEIBT, München 1978, S. 339–343, hier S. 343.

CORPORATE BRANDING': DIE SPÄTMITTELALTERLICHE REICHSSTADT   195

zu berücksichtigen. Da Brunnen und Frauenkirche unabdingbar aufeinander bezogen zur Raumsymbolisierung beitrugen, wird die Kirche in die Analyse eingebettet. Die Baumaßnahmen nahmen, wenn man von der Frühdatierung ausgeht, etwa ein Jahrzehnt vor dem Baubeginn des Brunnens ihren Anfang. Die erste Erwähnung der Frauenkirche findet man im Jahre 1352, als Konrad Meyentaler in seinem Testament seinen Nachlass der [...] *pfründe in der Newen Capellen, die man bawet auf dem Newen markt* [...][304] bestimmt. Das Wort *bawet* zeigt nicht eindeutig an, ob sich die Kirche bereits im Bau befand oder dieser erst bevorstand, obwohl die Chroniken eher für Letzteres sprechen:[305]

> *Item 1300 und 55 jar da hub kaiser Carolus der vierd und kungk zu Beheim mit kůrfůrsten an zu pawen und zu stiften an sant Affra tag auf den jůdenplatz zu Nůrmberg ein schône cappeln in der eren der heiligen gotz geпererin junckfrawen Marie und ander heiligen [...].*[306]

Hier sollte allerdings die Stiftung und nicht der Baubeginn gemeint sein, da es nach der Stiftungsurkunde Karls IV. heißt, dass [...] *nouam ecclesiam seu Capellam ereximus, fundauimus et creauimus* [...].[307] Dies spricht für einen fortgeschrittenen Zustand der Kirche, deren erste Altarweihen im Langhaus um 1358 vollzogen wurden.[308]

Vielfach wurde in der Forschung die Vorbildfunktion der Aachener Pfalzkapelle angesprochen.[309] Dies erscheint in dem Sinne legitim, als Karl IV. selbst

---

304 Dazu das Testament des Konrad Meyentaler vom 29.02.1352, zitiert nach BRÄUTIGAM, Gmünd 1961.

305 Vgl. zur Frauenkirche u. a. BRÄUTIGAM, Gmünd 1961, hier S. 39; auch DERS.: Die bildende Kunst zur Zeit der Luxemburger, in: Nürnberg 1971, hg. von PFEIFFER, S. 106–113, hier S. 107f.

306 Vgl. die Jahrbücher des 15. Jahrhunderts, S. 125.

307 Vgl. die Urkunde vom 09.07.1355, in: RI VIII, Nr. 2168, S. 176; mit STEPHAN SCHULERS SAALBUCH der Frauenkirche in Nürnberg, hg. von Johann METZNER, Bamberg 1869, S. 83f. Der Pfleger der Frauenkapelle verfasste dieses im Jahre 1442, dazu das Original: Unser Frauenkirchen Püchlein von den Pflegern Gabrihel Tetzel und Steffan Schuller 1435 ist in: StaatsA Nürnberg, Losungsamt Akten, SIL 131, Nr. 7.

308 BRÄUTIGAM, Gmünd 1961, S. 39; dazu STEPHAN SCHULERS SAALBUCH.

309 Vgl. HERKOMMER, Tugendlehre 1976, S. 210f., er schließt darauf aufgrund der „ideellen Einheit" von Brunnen und Kirche, die sich auch in Aachen zwischen Pfalzkapelle und Atriumsbrunnen finden ließe; auf die Übernahme der Bauteile verweist hingegen FLEISCHMANN, Nürnberg 2003, S. 88, sowie BRÄUTIGAM, Gmünd 1961, S. 179; auch WEILANDT, Thronfolger 2013, S. 228; auch BRÄUTIGAM, Kaiserstadt 1987, S. 340; ebenso

stark an die Tradition Karls des Großen anknüpfte und Aachen als ehemaligem Zentrum der Herrschaft und Grablege des Karolingers eine besondere Wertschätzung entgegenbrachte.[310] Da beide Bauten gleichzeitig ausgeführt wurden und der Kaiser an beiden Vorhaben beteiligt war, ist ein Zitat der Bauformen wahrscheinlich: Es handelt sich um zwei Zentralräume, in Nürnberg in Form eines quadratischen Langhauses, einem Westbau mit Vorhalle und Umgang sowie einer Königsloge.[311] Auch wenn in Nürnberg Karl der Große als Person nur im Reichskörper des Brunnens abgebildet wurde, kann man die Frauenkirche als monumentale Repräsentation und Rückgriff auf dessen Hofarchitektur sehen. In der Goldenen Bulle wurde Aachen bekanntlich als Krönungsort festgeschrieben, Nürnberg als Ort des ersten Reichstags und Frankfurt als Ort der Königswahl. Hier wurde das Bartholomäusstift, wo sich die Fürsten für die Wahl einfanden, einer umfangreichen Erneuerung unterzogen.[312] Alle in der Goldenen Bulle erwähnten Städte bekamen somit eine optische Überarbeitung. Die Intention Karls IV. für den Bau der Frauenkirche wird im Stiftungsbrief deutlich: Sie erfolgte nicht nur zu Ehren der Jungfrau Maria und Jesus Christus, sondern auch

> [...] *zu nutz und haill unser wirdigkeit ob mit flaiß kiniglicher wirdigkait des dinstes geprait wird mit welchs unmessiger crafft die mach unnsers kaiserthums durch weyte lant der werlt geprait wird dorumb zu seinen lob und ere* [...].[313]

Diese Weiheformel findet sich auch für die Pfalzkapelle zu Aachen.[314] Der Rückgriff diente nicht alleine der Verschönerung des Stadtbilds, sondern vor

---

Erich BACHMANN: Karolingische Reichsarchitektur, in: Kaiser Karl IV. Staatsmann und Mäzen, hg. von Ferdinand SEIBT, München 1978, S. 334–339, hier v. a. S. 336, mit einer relativierenden Aussage, dass vielmehr ein Zitat als eine komplette Nachbildung angedacht war, wie es auch in dieser Arbeit vermutet wird.

310 Vgl. MACHILEK, Karl IV. 2002/2003; SAURMA-JELTSCH, Karl 2002/2003, S. 425–430; zu Aachen auch: Karl der Große 2014, hg. von Frank POHLE.

311 Zur Aachener Pfalzkapelle Klaus WINANDS: Zur Geschichte und Architektur des Chores und der Kapellenbauten des Aachener Münsters, Recklinghausen 1989.

312 Vgl. dazu August HEUSER/Matthias Theodor KLOFT: Der Frankfurter Kaiserdom. Geschichte – Architektur – Kunst (= Große Kunstführer, Bd. 217), Regensburg 2006.

313 Vgl. STEPHAN SCHULERS SAALBUCH, S. 83.

314 Nach Einhardi Vita Karoli, S. 203, cap. 31, sei die Pfalzkapelle die angemessene Grabstätte Karls, welche eine ähnliche Weiheformel aufweist wie die Nürnberger Frauenkapelle: [...] *Tandem omnium animis sedit nusquam eum honestius tumulari posse quam in ea basilica, quam ipse propter amorem Dei et domini nostri Iesu Christi et ob honorem sanctae et*

allem den eigenen kaiserlichen Interessen im Sinne der Visulisierung und Legitimierung von Herrschaft.[315]

Der Westchor der Kirche wurde dem heiligen Michael geweiht, der uns bei der Schlacht auf dem Lechfeld begegnete, und zwar auf dem Banner des Kaisers Otto I. Es ist Vorsicht geboten, den Erzengel per se als Reichsheiligen zu betiteln und damit eine auf ihn erfolgte Konsekration eines Gebäudes in unmittelbaren Bezug mit dem Reich zu bringen, da sich der Kult nicht gleichermaßen über alle Regionen und Epochen hinweg ausbildete.[316] Wichtig ist hier die theologische Komponente, da der heilige Michael als Bezwinger des Bösen, das sich im Westen befindet, und somit als Verteidiger der Kirche auftritt.[317] Der Chor war dennoch mit dem Reich verbunden, vor allem, als Karl IV. hier im Jahre 1361 bei der Taufe seines Sohnes Wenzel die Reichskleinodien wies. Der vorgelagerte Westbau und die zum Markt blickende Fassade sind als Schauseite anzusehen, da diese eine reiche und vor allem von Reichssymbolik bestimmte Ausgestaltung bekamen.[318] Das Binnenportal selbst zeigt die Heimsuchung, und die Schwangerschaft Marias wird betont. Sie wird begleitet von ihrem Ehemann Joseph sowie den Eltern von Johannes dem Täufer, Zacharias und Elisabeth.[319] Joseph und Zacharias können als Sinnbilder Karls IV. gedeutet werden, da er selbst wie die beiden bis ins höhere Alter kinderlos blieb und um den Fortbestand seiner Dynastie fürchtete. Die Entstehungszeit des Portals wäre somit in die Zeit der Schwangerschaft von Karls Ehefrau Anna 1360/61 zu

---

aeternae virginis, genetricis eius, propio sumptu in eodem vico construxit. Zur nicht unstrittigen Datierung der Pfalzkapelle vgl. Ulrike HECKNER: Der Tempel Salomos in Aachen. Datierung und geometrischer Entwurf der karolingischen Pfalzkapelle, in: Die karolingische Pfalzkapelle in Aachen. Material, Bautechnik, Restaurierung (= Arbeitsheft der rheinischen Denkmalpflege, Bd. 78), Worms 2012, S. 25–62, hier v. a. S. 40.

315 Klaus GRAF: Retrospektive Tendenzen in der bildenden Kunst vom 14. bis zum 16. Jahrhundert. Kritische Überlegungen aus der Perspektive des Historikers, in: Mundus in Imagine 1996, hg. von LÖTHER/MEIER/SCHNITZLER/SCHWERHOFF/SIGNORI, S. 389–420, hier S. 394f.

316 Eindeutig Bezug auf den heiligen Michael als Reichsheiligen nimmt hingegen BRÄUTIGAM, Kaiserstadt 1987, S. 341; vgl. dazu Kap. 2.1.1.

317 Vgl. WEILANDT, Sebalduskirche 2007, S. 138; mit SCHALLER, Erzengel 2006, S. 193–197.

318 Zur Frauenkirche u. a. MAUÉ, Nürnberg 1986, S. 35; auch FLEISCHMANN, Nürnberg 2003, S. 90f.; WEILANDT, Bildprogramme 2013, S. 238–242, zur Ikonographie. Die komplexen Bildprogramme und alle hier angebrachten Skulpturen können in dieser Arbeit nicht aufgeführt werden. Es sollen deshalb nur diejenigen erwähnt werden, welche im direkten Zusammenhang mit der Repräsentation des Reichs stehen.

319 Genauer vgl. WEILANDT, Bildprogramme 2013, S. 238–341.

setzen.[320] In der ehemaligen Kapelle Sankt Moritz wurde von den Zeitgenossen, möglicherweise von Karl selbst, ein Fresko angebracht, auf dem die Geburt Wenzels in ikonographischer Anlehnung an die Verkündigungsszene dargestellt wurde. Auch wenn Laien die Hauptadressaten von Kirchenskulpturen waren,[321] ist davon auszugehen, dass ein solch vielschichtiges Programm nur vom engsten Kreise um Karl IV. und von Gelehrten verstanden wurde. Ein alltäglicher Betrachter nahm mit großer Wahrscheinlichkeit nur die eindeutig christlichen Portalskulpturen wahr. Außerdem musste man sich auf dem Weg in die Kirche befinden, um die Skulpturen in ihren Einzelheiten zu sehen, da das Portal von einer Vorhalle umgeben ist. Anders ist die Situation womöglich bei den Skulpturen an den Eckpfeilern der Vorhalle, die im Vorbeigehen deutlich sichtbar waren. Am nördlichen Eckpfeiler wurden die Patrone des Bistums – der heiliggesprochene Kaiser Heinrich II. (Abb. 19) und seine Ehefrau Kunigunde – angebracht (Abb. 20),[322] am südlichen Eckpfeiler die beiden Stadtpatrone Sebald und Lorenz. Der bereits seit dem 11. Jahrhundert verehrte Sebald wurde noch vor seiner päpstlichen Konsekration hier aufgestellt, was Ausdruck des kollektiven Nürnberger Gedenkens war.[323] An dieser Stelle wurde ganz bewusst eine lokale, identitätsbildende Einheit zwischen kaiserlicher Stiftung und dem Bistum mit den beiden kaiserlichen Vertretern sowie der Reichsstadt hergestellt.[324] Da Skulpturen ein „leibliches Gegenüber" boten, hatten sie eine integrierende Kraft und dienten der Vergegenwärtigung der dargestellten Personen in die Lebenswelt des Betrachters.[325] Darüber hinaus verband man diese Gemeinwesen mit dem Reich: Oberhalb des Westbaus befindet sich ein Umgang, der wiederum von einem Wappenfries geschmückt wird. In der Mitte befindet sich der Reichsadler, daneben die Wappen der

---

320 EBD., S. 238; er führt weitere Argumente für seine These an, wie die Ausgestaltung des Tympanons, die sich auf die frühe Kindheit Christi bezieht, und nicht wie erwartet eine triumphale Szene.

321 Nach BOERNER, Bildwirkungen 2008, S. 62.

322 Vgl. dazu Gekrönt auf Erden und im Himmel – das heilige Kaiserpaar Heinrich II. und Kunigunde (= Veröffentlichungen des Diözesanmuseums Bamberg, Bd. 26), hg. von Norbert JUNG/Holger KEMPKENS, Münsterschwarzach 2014.

323 Zur Verehrung Sebalds vgl. u. a. BORST, Sebaldslegenden 1966; auch Svetozar SPRUSANSKY: Das Haupt des Heiligen Sebaldus. Zur Geschichte des Nürnberger Stadtheiligen und seiner Verehrung, in: MVGN 68 (1981), S. 109–121.

324 Vgl. zum Stadtheiligen als Garant der städtischen Einheit und Repräsentant des Gemeinwesens auch BECKER, Defensor 2008, S. 57.

325 Zu den Wahrnehmungsmodalitäten mittelalterlicher Skulptur vgl. Michael GRANDMONTAGNE: Claus Sluter und die Lesbarkeit mittelalterlicher Skulptur. Das Portal der Kartause von Champmol, Worms 2005, hier S. 89f.

ABB. 19 Skulptur Kaiser Heinrichs II. an der Vorhalle der Nürnberger Frauenkirche, um 1360.
© DANIELA KAH.

ABB. 20 *Skulptur der Kaiserin Kunigunde an der Vorhalle der Nürnberger Frauenkirche, um 1360.*
© DANIELA KAH.

,CORPORATE BRANDING': DIE SPÄTMITTELALTERLICHE REICHSSTADT   201

sieben Kurfürsten sowie, um die Symmetrie zu wahren, das der Stadt Rom mit den Buchstaben SPQR[326] (Abb. 21, Abb. 22, Abb. 23).[327] Der Leitspruch des antiken Roms verweist auf die Verfasstheit der römischen Gesellschaft und deren politischen Grundsätze: das Gemeinwohl des *populus*, des Volkes beziehungsweise der Bürgerschaft, lag im Fokus der Stadt und des Reiches.[328] Der Fries wurde vermutlich nach der Weihe im Jahr 1355 hier angebracht; im selben Jahr fand an Ostern in Rom die Krönung Karls zum Kaiser und im Dezember die Verhandlung über die Goldene Bulle in Nürnberg statt. Ein aktueller Bezug ist vor allem bei der Krönung anzunehmen, da die Darstellung von Kurfürsten, wie in Lübeck gesehen, bereits früher einsetzte. Dennoch kann man die Anbringung der Wappenschilde als Festigung der Reichsverfassung sehen, die in der Goldenen Bulle dann schriftlich verankert wurde.

Dass die Bürger Nürnbergs mit in den Bau der Frauenkirche einbezogen wurden, lässt sich über deren Ausstattung mit zahlreichen bürgerlich finanzierten Pfründen erkennen.[329] Auch die an den Skulpturen angebrachten Wappen zeugen von einer primär finanziellen beteiligt der Stifter, obwohl eine begrenzte Mitsprache an der Gestaltung gegeben sein konnte.[330] Das bedeutete, dass die Stifter von Pfründen oder materiellen Gaben Rechte an

---

326   = *Senatus Populusque Romanus*.

327   Dazu KNAPPE, Ikonologie 1980, S. 159: Die Anbringung des thronenden Kaisers und der sieben Kurfürsten an der Westfassade wurde erst 1509 unter Kaiser Maximilian in Auftrag gegeben. Diese Darstellung wird deshalb hier nicht eigens interpretiert; auch HOFFMANN, Kurfürstenkollegium 1976, S. 47f.

328   Wolfgang MAGER: Spätmittelalterliche Wandlung des politischen Denkens im Spiegel des *res publica*-Begriffs, in: Sozialer Wandel im Mittelalter. Wahrnehmungsformen, Erklärungsmuster, Reglungsmechanismen, hg. von Jürgen MIETHKE/Klaus SCHREINER, Sigmaringen 1994, S. 401–410, hier speziell S. 402.

329   Vgl. BRÄUTIGAM, Kaiserstadt 1987, S. 342; dazu auch der Stiftungsbrief von 1355, STEPHAN SCHULERS SAALBUCH, S. 83–85; auch Fritz SCHNELBÖGL: Kirche und Caritas, in: Nürnberg 1971, hg. von PFEIFFER, S. 100–106, hier S. 101; allgemein zum Pfründenwesen vgl. Benjamin SCHELLER: Stiftungen und Staatlichkeit im spätmittelalterlichen Okzident, in: Stiftungen in Christentum, Judentum und Islam vor der Moderne. Auf der Suche nach ihren Gemeinsamkeiten und Unterschieden in religiösen Grundlagen, praktischen Zwecken und historischen Transformationen (= Stiftungsgeschichten, Bd. 4), hg. von Michael BORGOLTE, Berlin 2005, S. 205–222, hier v. a. S. 208f. und Anm. 15 mit weiteren Hinweisen zur lokalen Pfründenpolitik; auch Siegfried REICKE: Stadtgemeinde und Stadtpfarrkirche der Reichsstadt Nürnberg im 14. Jahrhundert. Eine rechtsgeschichtliche Untersuchung, in: MVGN 66 (1926), S. 1–110, hier S. 58–96, zur Pfründenpolitik; auch REICHERT, Kathedrale 2014, zum Zusammenwirken von Bürgern und Kirchenbau.

330   U. a. dazu die Aufsätze von Michael BORGOLTE: Stiftungen und Memoria (= Stiftungsgeschichte, Bd. 10), hg. von Tillmann LOHSE, Berlin 2012.

ABB. 21   *Der Wappenfries an der Vorhalle der Nürnberger Frauenkirche, um 1355 (Westen).
Von links nach rechts: Erzbischof von Trier, Erzbischof von Mainz, Reichsadler, König
von Böhmen, Pfalzgraf bei Rhein.*
© DANIELA KAH.

ABB. 22   *Der Wappenfries an der Vorhalle der Nürnberger Frauenkirche, um 1355 (Norden).
Von links nach rechts:* SPQR *(= Senatus Populusque Romanus), Erzbischof von Köln.*
© DANIELA KAH.

‚CORPORATE BRANDING': DIE SPÄTMITTELALTERLICHE REICHSSTADT 203

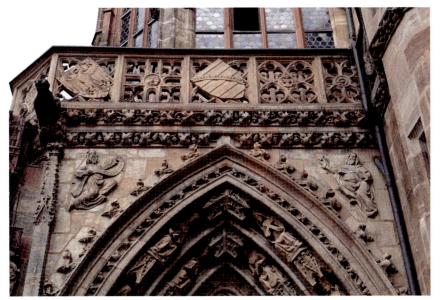

ABB. 23 *Der Wappenfries an der Vorhalle der Nürnberger Frauenkirche, um 1355 (Süden).*
Von links nach rechts: Markgraf von Brandenburg, Herzog von Sachsen.
© DANIELA KAH.

der Kirche erwarben, welche die Kirche und deren Kleriker in eine gewisse Abhängigkeit von den Bürgern brachten.[331] In Nürnberg war die Abhängigkeit in dieser Zeit noch nicht herrschaftlich konnotiert, da das Patronatsrecht und somit die Mitsprache bei der Besetzung der Pfarrstellen – auch für die beiden Pfarrkirchen Sankt Sebald und Sankt Lorenz – bis 1475 nicht beim Rat lag.[332] Dennoch konnte er beispielsweise Teile des Inhalts der von ihnen gestifteten Gottesdienste bestimmen.[333] Weder im Fries noch unter den Skulpturen lässt sich eine eindeutige Darstellung beziehungsweise symbolische Verkörperung Karls IV. als Stifter der gesamten Kirche erkennen. Das passende ‚Ersatzstück'

---

[331] Michael BORGOLTE: Die Stiftungen des Mittelalters in rechts- und sozialgeschichtlicher Sicht, in: Stiftungen 2012, hg. von LOHSE, S. 3–22; sowie Michael BORGOLTE: Stiftungen des Mittelalters im Spannungsfeld von Herrschaft und Genossenschaft, in: Stiftungen 2012, hg. von LOHSE, S. 23–40; auch SCHELLER, Stiftungen 2005, S. 210f; auch zu Lübeck vgl. die maßgebliche Arbeit von Stefanie RÜTHER: Prestige und Herrschaft. Zur Repräsentation der Lübecker Ratsherren in Mittelalter und Früher Neuzeit (= Norm und Struktur. Studien zum sozialen Wandel in Mittelalter und früher Neuzeit, Bd. 16), Köln/Weimar/Wien 2003, S. 16f.

[332] Vgl. REICKE, Stadtgemeinde 1926, S. 48.

[333] Auch SCHELLER, Stiftungen 2005, S. 218.

findet sich auf der gegenüberliegenden Pegnitzseite, wo etwa zur gleichen Zeit die Kirche Sankt Lorenz als dreischiffige Basilika neu erbaut wurde. Die ursprüngliche, von Fürth abhängige *capelle sancti Laurentii in Nuremberch*,[334] wurde spätestens 1275 zur eigenständigen Pfarre, was zum Bau einer ersten Kirche führte.[335] Auch hier wurde das Hauptportal im Westen erneuert.[336] Es wurde mit zwei Wappen zu beiden Seiten des Tympanons geschmückt: der böhmische Löwe für den Kaiser sowie der schlesische Adler für seine Ehefrau Anna, Herzogin von Schweidnitz (†1362) (Abb. 24). Es ist sehr wahrscheinlich, dass dies eine Ehrenbezeugung gegenüber dem Herrscherpaar war, da ein kaiserliches Mitwirken am Bau nicht bezeugt ist.[337] Die Bauleitung lag per se beim Rat.[338] Die Stiftungstätigkeit der Bürger, die somit einen großen Teil der Finanzlast trugen, lässt sich anhand der Indulgenzbriefe sowie der Wappen an den Skulpturen sowie Epitaphien belegen.[339] Somit trat die Reichsstadt, wie bereits mit dem Bau des Brunnens, in einen Dialog mit der kaiserlichen Architektur und der künstlerischen Gestaltung und nahm aktiv an der Reichsrepräsentation Teil. Dadurch kam es zur reichssymbolischen Vereinheitlichung beider Stadtteile. Nur wenige Jahre vorher hatte man zudem mit dem Bau des Verbindungsstücks zwischen den beiden Stadtmauern um die Sebalder sowie um die Lorenzer Seite begonnen.[340] Die Bauprogramme fielen in eine Zeit, in der zum einen Karl IV. darauf bedacht war, Nürnberg zu einem zentralen Ort auszubauen, und zum anderen der Rat daran interessiert war, die Reichsstadt als eine Einheit zu präsentieren.

---

334 Vgl. die Urkunde vom 04.07.1235, in: NUB, S. 161f., Nr. 273: In der Urkunde des Papstes Gregor IX. wurden dem Bischof von Bamberg Kirchen und Güter bestätigt.

335 Nach Erich Freiherr VON GUTTENBERG/Alfred WENDEHORST: Das Bistum Bamberg. Zweiter Teil: Die Pfarreiorganisation (= Germania Sacra II, 1,2), Berlin 1966, S. 266: Belegt durch einen *Ulrich vicarius in Fuert*, der nun neben einem *plebanus s. Laur.* wirkte; dazu auch Akiko HARADA: Die Symbiose von Kirche und Stadt im Spätmittelalter. Das bürgerliche Gemeinschaftsbewusstsein und Stiftungen an die Pfarrkirchen in der Reichsstadt Nürnberg (= Studien zur Geschichtsforschung des Mittelalters, Bd. 31), Hamburg 2014, S. 40f.; auch REICKE, Stadtgemeinde, S. 15.

336 Vgl. REICKE, Stadtgemeinde 1926, S. 18f.

337 So auch BRÄUTIGAM, Kaiserstadt 1987, S. 343; auch FLEISCHMANN, Nürnberg 2003, S. 136f., zur Ausgestaltung der Fassade; mit Günther BRÄUTIGAM: Die bildende Kunst zur Zeit der Luxemburger, in: Nürnberg – Geschichte einer Stadt, hg. von Gerhard PFEIFFER, München 1971, S. 106–113, S. 110.

338 Dazu REICKE, Stadtgemeinde 1926, S. 56f., 97.

339 Vgl. HARADA, Symbiose 2014, S. 84f.; auch REICKE, Stadtgemeinde 1926, S. 57: Aus der Zeit zwischen 1255 und 1310 sind 20 Indulgenzbriefe erhalten.

340 Dazu SCHNELBÖGL, Topographische Entwicklung 1971, S. 89f.

ABB. 24 *Die Wappen des Kaisers Karls IV. und seiner Ehefrau Anna von Schweidnitz an der Westfassade von Sankt Lorenz, 14. Jahrhundert.*
© DANIELA KAH.

Die Bedeutung des Hauptmarktes für das reichsstädtische Regiment war entsprechend: Zur Zeit der Auseinandersetzungen zwischen den Anhängern der Wittelsbacher und der Luxemburger kam es zu innerstädtischen Streitigkeiten um die Kompetenzen bezüglich dieses Platzes.[341] Um die Gunst der Oppositionellen zu erlangen, die auf Seiten der Wittelsbacher standen, belehnte Karl IV. den Burggrafen von Nürnberg, den Bischof von Bamberg sowie den Markgrafen von Brandenburg 1349 mit drei Judenhäusern, die später abgebrochen wurden.[342] Da durch die Aktion des Kaisers äußere Kräfte Besitz am zentralen Platz erworben hatten, wären die reichsstädtische Politik sowie deren Möglichkeiten in Folge deutlich geschwächt worden. Der Reichsstadt war deshalb daran gelegen, dies zu verhindern. Als der alte Rat wieder eingesetzt war, bekamen die Bürger 1350 den Platz aufgrund ihrer Initiative

---

341 Vgl. dazu Markus TWELLENKAMP: Die Burggrafen von Nürnberg und das deutsche Königtum (1273–1417) (= Schriftenreihe des Stadtarchivs Nürnberg, Bd. 54), Nürnberg 1994, S. 72f.

342 Vgl. die Urkunde vom 26.06.1349, in: Dokumente des deutschen Reichs und seiner Verfassung 1349, S. 298, Nr. 402.

206   KAPITEL 3

endgültig zugesprochen. Den Vergleich führte Bischof Marquart von Augsburg
herbei:

> [...] *Vmb den stoz der biz her gewesen ist zwischen den Erwirdigen Edeln*
> *heren von dem bischof von Babenberg vnd den Burggrafen von Nůrnberg zů*
> *einer siten vnd den burgern zu Nůrnberg ze der andern siten vmb den platz,*
> *den di burger gemacht hant* [...].[343]

Daraufhin verkündeten die Burggrafen Johann und Albrecht nach einer
Zahlung von 800 Gulden[344] durch den Rat, dass sie sich mit den Bürgern geei-
nigt und versöhnt hätten.[345]

Die Umgestaltung des Platzes wurde vermutlich noch während der
Regierung Ludwigs IV. begonnen, aber erst nach der Zeit der Aufständischen
im Rat intensiviert. Mit der Festigung der Ratsverfassung wurde auch der
sichtbare Reichsbezug im Stadtraum hergestellt. Dadurch, dass die eben be-
schriebene Konkurrenzsituation im Vorfeld eintrat und von Karl IV. mit initiiert wurde, kann man die Gestaltungsmaßnahmen des Stadtrates auch als
Machtdemonstration gegenüber dem Kaiser sehen.

Am Beispiel des Lübecker Königsfrieses wurde angedeutet, dass er aufgrund
der geringen Größe der Köpfe sowie der Höhe seiner Anbringung schwer sichtbar war, jedoch zu einer „vertikalhierarchischen Verräumlichung"[346] beitrug.
Dieser Aspekt ist auch in Nürnberg wichtig. Der Ort der Aufstellung sowie
die erhobene Zurschaustellung betonten die Bedeutung der Skulpturen
und Wappen sowie das Geschehen auf der Loge der Frauenkirche. Die starke Frequentierung des Hauptmarktes spricht für die Gegenwärtigkeit des
Brunnens und der Frauenkirche im Alltag der Nürnberger Bürger und Händler,
die dort ihren Geschäften nachgingen, ebenso all derjenigen, welche sich auf
dem Hauptmarkt zu Feierlichkeiten einfanden.[347] Der Brunnen zeugte schon
durch seine prachtvolle Gestaltung und Höhe von über 19 Metern von seiner

---

343   Vgl. die Urkunde im StadtAN, A1, 1350 05 31.

344   Vgl. die Urkunde im StadtAN, A1, 1350 09 18: *Wir Johans von gotes gnaden burggrafe ze*
      Nůrnberg bekennen und tun kunt [...] *daz di bescheiden manne, die gemein͛der stat ze*
      Nůrenberg uns gentzlichen und gar bezalt und verricht haben der acht hundert guldein die
      sie uns von des platz wegen den sie anz der Juden heusern da [...] *schuldes waren zegebn* [...].
      Die Stadt legte daraufhin den Streit mit der Urkunde vom 18.09.1350 bei, in: StadtAN, A1,
      1350 09 18.

345   Vgl. die Urkunde im StadtAN, A1, 1350 08 25.

346   Dazu MECKSEPER, Raumkategorie 1996, S. 45.

347   Dazu KOEPF, Stadtbild 1983, S. 26f.

Bedeutung und war er aufgrund seiner oktogonalen Form von allen Seiten sichtbar. Jedoch ist davon auszugehen, dass nicht alle Betrachter das vielschichtige, ikonographische Programm und die auf verschiedenste Vorbilder verweisenden symbolischen Implikationen gleichermaßen verstanden.[348] Durch die Gestaltung bekam der Platz ein Mehr an Aufmerksamkeit, nicht nur während der Baumaßnahmen, die schon zwei Jahrzehnte vorher mit der Errichtung des Rathauses sowie dem Abbruch des jüdischen Viertels begonnen hatten. Bezeichnete Karl IV. Nürnberg 1366 als [...] *die vornemste und baz gelegenste stat des richs* [...],[349] in der man Reichsversammlungen abhalten könne, so waren die in den Jahren zuvor erfolgten und von ihm und seinem Vorgänger Ludwig veranlassten Baumaßnahmen sicherlich wegweisend, aber Ausmaß der Gestaltung konnte nur durch die reichsstädtische Initiative erreicht werden. Nicht nur am Hauptmarkt, sondern auch entlang der Ausfallstraße, die an Sankt Lorenz vorbeiging, wurden das Zusammenspiel von Reichsstadt und Kaiser sowie die Herrschaftsansprüche des unabhängigen Rates vergegenwärtigt. Zudem traten die beiden Parteien in ein Wechselspiel der architektonischen und künstlerischen Ausgestaltung ein, um ihren Ansprüchen und Möglichkeiten sichtbar Ausdruck zu verleihen.[350]

In der Literatur des 19. Jahrhunderts, die auch in den letzten Jahrzehnten vereinzelt noch kritiklos zitiert wurde, findet man die Annahme, dass es sich bei einer am Nürnberger Rathaus aufgestellten Figur aus dem 14. Jahrhundert um Karl IV. handle, der ein – inzwischen verlorenes – Zepter und die Goldene Bulle in seinen Händen getragen habe (Abb. 25).[351] Die Identifikation der Figur muss

---

348 Hier nur der Verweis der *Septem Artes Liberales* mit der Philosophie auf die Universität in Prag und zugleich als Symbolik des Wassers als *aqua sapientiae,* dazu HERKOMMER, Tugendlehre 1976, S. 198f.

349 Vgl. die Urkunde vom 20.11.1366, in: Monumenta Zollerana. Urkundenbuch zur Geschichte des Hauses Hohenzollern, Bd. 4 (Urkunden der fränkischen Linie 1363–1378), hg. von Rudolf VON STILLFRIED/Traugott MAERCKER, Berlin 1858, S. 106f., Nr. 95.

350 Vergleichbar ist hier Paris, dazu Wolfgang BRÜCKLE: Paris als Denkmal guter Herrschaft unter Karl V. von Valois. Die Entfaltung öffentlichen Raums im Mittelalter, in: Stadtgestalt und Öffentlichkeit 2010, hg. von ALBRECHT, S. 287–309.

351 Vgl. HÄUSSLER, Brunnen 1977, S. 48; wohl nach LOCHNER, Abzeichen, S. 30; Richard GRUNDMANN: Die Holzstatue des heiligen Georg im Germanischen Museum, in: MGN 1900, S. 185–196, hier S. 192; Siegfried G. PÜCKLER-LIMPURG: Die Nürnberger Bilderkunst um die Wende des 14. und 15. Jahrhunderts (= Studien zur deutschen Kunstgeschichte, Heft 48), Nürnberg 1904, S. 56f.; ebenso Wilhelm SCHWEMMER: Die Bürgerhäuser der Nürnberger Altstadt aus reichsstädtischer Zeit. Erhaltener Bestand der Lorenzer Seite (= Nürnberger Forschungen. Einzelarbeiten zur Nürnberger Geschichte, Bd. 14 = Die

ABB. 25 *Die Skulptur eines Fürsten, Nürnberg, 14. Jahrhundert. Staatliche Museen zu Berlin – Preußischer Kulturbesitz / Skulpturensammlung und Museum für Byzantinische Kunst, Inv.-Nr. 366.*
© STAATLICHE MUSEEN ZU BERLIN – PREUSSISCHER KULTURBESITZ / SKULPTURENSAMMLUNG UND MUSEUM FÜR BYZANTINISCHE KUNST / FOTO: ANTJE VOGT, BERLIN.

angezweifelt werden, da die Skulptur ikonographisch eher auf einen Fürsten als auf einen Kaiser verweist: Es handelt sich vermutlich um einen ungekrönten, jedoch gerüsteten Mann mit Schild und Lanze, dessen Attribute aufgrund ihres schlechten Erhaltungszustandes fehlgedeutet wurden.[352] Die konkrete Darstellung eines Kaisers findet man in Augsburg: Nach der Chronik des Pirmin Gasser wurde dort im Jahre 1415 das Brustbild des Königs Sigismund auf der Stadtseite des Jakoberturms angebracht.[353] Dieses Bildnis hat sich weder erhalten, noch können entsprechende Belege in den Baumeisterbüchern der entsprechenden Jahre gefunden werden. Aus dem 15. Jahrhundert hat sich jedoch der Kopf einer Skulptur erhalten, die möglicherweise die Überreste eines steinernen Sigismunds darstellen (Abb. 26).[354] Dessen ursprünglicher Aufstellungsort ist ebenso wie die genaue Datierung nicht bekannt.[355] Es ist aber möglich, dass dieser für eine Portal- oder Torverzierung hergestellt wurde, ähnlich wie am Frankfurter Galgentor die Skulptur Karls des Großen.[356] Wurde der Kaiser tatsächlich als einziger öffentlich im Augsburger Stadtraum abgebildet, waren vermutlich die konkreten Beziehungen zwischen der Reichsstadt und Sigismund ausschlaggebend dafür.

Sigismund war als König von Ungarn zunächst nur selten im Reich,[357] aber die Reichsstädte spielten in seiner Politik eine wichtige Rolle. In die Zeit

---

Bürgerhäuser der Nürnberger Altstadt, Bd. 2), Nürnberg 1970, S. 154–156; in dem umfangreichen Werk von Marco BOGADE: Kaiser Karl IV. Ikonographie und Ikonologie, Stuttgart 2005, fand diese Skulptur keine Erwähnung; die Skulptur befindet sich in den Staatlichen Museen zu Berlin – Preußischer Kulturbesitz / Skulpturensammlung und Museum für Byzantinische Kunst, Inv.-Nr. 366

352 Dazu BRÄUTIGAM, Kaiserstadt 1987, S. 343; auch FLEISCHMANN, Nürnberg 2003, S. 83; auch KAHSNITZ, Skulpturen 1986, S. 66.

353 Vgl. GASSER, Annales Augustani 1593, hier zu 1415.

354 Das Original befindet sich im Maximilianmuseum der Kunstsammlungen und Museen Augsburg, Inv.-Nr. 9682; dazu Norbert LIEB/Doris LIEB/Götz Freiherr VON PÖLNITZ: Augusta Vindelicorum. Augsburg. Begegnung mit einer zweitausendjährigen Stadt, Augsburg ³1972, S. 111.

355 Die Figur befindet sich heute in den Kunstsammlungen Augsburg, Maximilianmuseum, Inv.-Nr. 9682. Nach Norbert Lieb wurde diese in der ersten Hälfte des 15. Jahrhundert hergestellt, nach der Inventarkarte des Museums um 1470. Alleine auf Basis der Stilistik lässt sich die Datierung wegen der starken Beschädigung des Kopfes nicht eindeutig klären. Die Figur war in der Hintermauerung einer Grundsohle der Altarnische an der Ostseite der im zweiten Weltkrieg zerstörten Sankt-Veits Kapelle am Fronhof eingemauert. Näheres wurde bei der Auffindung 1947 nicht verzeichnet.

356 Vgl. Paul-Joachim HEINIG: Das Bild Karls des Großen in der Stadt Frankfurt im 14. Jahrhundert, in: Karl der Große 1994, hg. von SAURMA-JELTSCH, S. 63–86, hier S. 78f.

357 Jörg K. HOENSCH: Itinerar König und Kaiser Sigismunds von Luxemburg 1368–1437 (=Studien zu den Luxemburgern und ihrer Zeit, Bd. 6), Warendorf 1995, zum Itinerar und

ABB. 26 *Der Kopf einer Augsburger Skulptur, möglicherweise Kaiser Sigismund, Augsburg, 15. Jahrhundert. Unbekannter Originalstandort, Fundort: Kapelle Sankt Veit in Augsburg, Kunstsammlungen und Museen Augsburg Inv.-Nr. 9682.*
© KUNSTSAMMLUNGEN UND MUSEEN AUGSBURG.

seiner Regentschaft fallen wichtige Ereignisse, die dazu führten, dass der Augsburger Rat dem Kaiser eine besondere Wertschätzung entgegenbrachte. Hervorzuheben ist hier der zwischen 1413 und 1423 ausgetragene Streit zwischen Stadt, König und Bischof. Das Domkapitel wählte seinen Kustos Anselm von Nenningen (1414–1423) zum neuen Episkopus und wandte sich damit gegen Sigismund, der Friedrich von Grafeneck (1413–1414) favorisierte.[358] Dass sich die Stadt auf die Seite des Königs stellte, hatte nicht nur mit der Gunst Sigismunds, sondern auch mit innerstädtischen Auseinandersetzungen zu tun, was ein Vorfall aus dem Jahre 1407 zeigt: Da [...] *het der Annshelm Meminger, der küster zů dem tům, ain erger auf der stat maur, den prach die stat ab.*[359] Der Rat sah den Bau eines Gebäudes auf der Mauer als Eingriff in seine Rechte und ging deshalb dagegen vor. Die Befestigungshoheit war seit dem 13. Jahrhundert ein Hauptaspekt der Auseinandersetzungen zwischen dem Bischof und den Bürgern, wie man während des Episkopats Hartmanns von Dillingen sehen konnte.[360] Als politisches Signal ist auch das weitere Handeln der Stadt zu sehen, denn anschließend [...] *pawet die stat ain turen an des ergers stat.*[361] Dies diente in erster Linie nicht der besseren Verteidigung, sondern ist als Gegenbau zu deuten, der den Erker an Größe übertraf.[362] Dadurch wurde das Privileg der Befestigungshoheit sichtbar zum Ausdruck gebracht. Der Augsburger Rat wandte sich, nachdem Papst Johannes XXIII. (1410–1415) die Stadt aufgrund der Unstimmigkeiten mit einem Interdikt belegt hatte, 1414 zusammen mit Friedrich von Grafeneck an das Konstanzer Konzil. Dies hatte eine innerstädtische Fehde und die Positionierung des neu gewählten Papstes

---

zur Politik Sigmunds; dazu Kaiser Sigismund. Zur Herrschaftspraxis eines europäischen Monarchen (1369–1437) (= Forschungen zur Kaiser- und Papstgeschichte, Bd. 31), hg. von Karel HRUZA/Alexandra KAAR, Wien/Köln/Weimar 2012; auch ISENMANN, Wende 1979, S. 13, zur Einordnung seiner Politik; speziell zu Augsburg SCHNITH, Reichsstadt 1985, S. 159f.; dazu auch die reichsstädtische Chronistik, etwa die Chronik des Burkhard Zink, S. 78.

358 Dazu Placidus BRAUN: Geschichte der Bischöfe von Augsburg, Augsburg 1814, S. 521; auch SCHNITH, Spätmittelalter 1985, S. 159; ebenso Anton UHL: Peter von Schaumberg. Kardinal und Bischof von Augsburg 1424–1469. Ein Beitrag zur Geschichte des Reichs, Schwabens und Augsburgs im 15. Jahrhundert, Augsburg 1949, S. 1–9.

359 Vgl. die ANONYME CHRONIK 991–1483, S. 465.

360 Dies findet sich bei vielen anderen Städten, vgl. FUHRMANN 2006, S. 33; auch ISENMANN, Stadt 2014, S. 99f.

361 Vgl. die ANONYME CHRONIK 991–1483, S. 465.

362 Zur Funktion des Gegenbaus vgl. Martin WARNKE: Bau und Gegenbau, in: Architektur als politische Kultur. Philosophia practica, hg. von Hermann HIPP/Ernst SEIDL, Berlin 1996, S. 11–18.

212   KAPITEL 3

Martin V. (1417–1431) zugunsten des Bischofs zur Folge. Erst 1423 [...] *satzt der bapst den Nenninger ab von dem bistum und nam im die kirch* [...],[363] da die Augsburger mit kaiserlicher Empfehlung und einer hohen Geldzahlung an ihn appellierten.[364]

Außerdem waren die zahlreichen Privilegien ausschlaggebend für die guten Beziehungen, die der Kaiser z. B. im Bereich des Handels gewährte. So erneuerte er das von Ludwig dem Bayern ausgestellte Verbot zur Verbauung des Lechs[365] und untersagte damit den bayerischen Herzögen die Unterbrechung eines reibungslosen Handelsverkehrs.[366] Die Herzöge hatten wenige Jahre zuvor diese Maßnahme im Bistumsstreit ergriffen, als sie sich auf die Seite des Bischofs stellten. Wichtig für die verfassungsrechtliche Entwicklung ist vor allem das Privileg aus dem Jahr 1426, als Sigismund festschrieb, er würde der Stadt

[...] *hinfür kainen Lant-Vogt noch Statt-Vogt nicht geben, noch sy damit in ainichen Wege beschwären wolle, denn vmb wen sy in durch ire erbere Bottschafft oder Brieffe bitten.*[367]

Bereits die Bestellungen der Augsburger Stadtvögte in den letzten beiden Jahrzehnten des 14. Jahrhunderts enthalten Hinweise darauf, dass die Bürgerschaft ihren Einfluss innerhalb der von König Rudolf gegründeten Reichslandesvogtei vergrößern konnte.[368] Nachdem König Adolf von Nassau

---

363   Vgl. die ANONYME CHRONIK 991–1483, S. 475.

364   Dazu BRAUN, Bischöfe 1814, S. 535f.; Anselms Nachfolger wurde Bischof Peter von Schaumberg, der die Reichsstadt vor neue Herausforderungen stellte, die später genauer beleuchtet werden, vgl. Thomas KRÜGER: Peter von Schaumberg (1388–1469), in: Lebensbilder aus dem Bistum Augsburg. Vom Mittelalter bis in die neueste Zeit (= Verein für Augsburger Bistumsgeschichte, Jahrbuch, 39. Jg.), hg. von Manfred WEITLAUFF, Augsburg 2005, S. 31–43.

365   Vgl. die Urkunde vom 21.11.1346, in: StadtA Augsburg, US 1346 11 21; auch Karl IV. erneuerte dieses, vgl. die Urkunde vom 03.06.1462, in: StadtA Augsburg, US 1462 06 03.

366   Vgl. die Urkunde vom 09.10.1418, in: StadtA Augsburg, US 1418 10 09.

367   Vgl. die Urkunde zum 14.03.1426, in: Heinrich GOTTFRIED: Codex iuris municipalis Germaniae medii aevi. Regesten und Urkunden zur Verfassungs- und Rechtsgeschichte der deutschen Städte im Mittelalter, Bd. 1, Erlangen 1863, S. 89; dazu auch KIEßLING, Bürgerliche Gesellschaft 1971, S. 54–57; MÖNCKE, Bischofsstadt 1971, S. 203f.; auch HEINIG, Reichsstadt 1983, S. 36f.

368   1389 erkannte der Landvogt bei der Ernennung des Stadtvogts das Vorschlagsrecht der Stadt an, vgl. dazu die Urkunde vom 04.12.1389, in UBA 2, S. 242f., Nr. 762. Johann Landgraf zu Leuchtenberg: *Als ir uns verschriben und gepeten habt umb ein undervogt, den ir zu uns gesant habt, Hansen den Tischinger, daz wir im die undervogtey in unsers hern des Römischen kunigs stat zu Awgspurk verleihen schullen, wann ir das bey alter und guter*

(1291–1298) das sogenannte *privilegium de non evocando*[369] erteilt, das die Bürger von fremdem Gerichtszwang ausnahm, beurkundete Ludwig IV. 1316 die Unveräußerlichkeit der Stadt und der Vogtei vom Reiche.[370] Durch das Privileg von 1426 kam die Vogtei gänzlich in städtische Hand. Damit hatte der Rat die Möglichkeit, einen Vogt abzulehnen, wenn er nicht auf dessen Bitte hin eingesetzt wurde. Das Recht erhielt Lübeck bereits 1226 in ähnlicher Form von Friedrich II., was zu konkreten Maßnahmen gegen den von König Rudolf von Habsburg eingesetzten Schauenburger Grafen führte. Da der königliche Vogt durch ein „unmittelbares Treueverhältnis"[371] die wichtigste Verbindung zwischen Stadt und Reichsoberhaupt darstellte, war dies ein wesentlicher Schritt für die Entwicklung der reichsstädtischen Autonomie. Hier wird wiederum sichtbar, dass gerade die Loslösung der Stadt vom Reichsoberhaupt den reichsstädtischen Status begünstigte. Der Umfang der Selbstverwaltung war demnach abhängig von der Beschränkung der königlichen Eingriffsmöglichkeiten, welche das Reichsoberhaupt selbst verbriefte, weshalb Sigismund die Wertschätzung der Reichsstadt Augsburg genoss.[372] Diese Art von Respektbekundung hatte vor allem symbolische Wirkung, da der Vogt selbst nach dem Stadtrecht zwar formal die Strafgerichtsbarkeit innehatte, jedoch in der Praxis zunehmend das Stadtgericht die Urteilsfindung lenkte. Unter anderem zeigt sich dies in der Anlage eines reichsstädtischen Achtbuchs im Jahr 1302, durch welches der Rat als Entscheidungsträger über das Ausmaß der verhängten Strafen auftrat.[373] Das hieß nicht, dass man die Aktionen des Kaisers vorbehaltlos unterstützte: beispielsweise ignorierte man die Aufforderung, im Schwäbischen Städtebund, dem Augsburg von 1417

---

    gewonheit herpracht habt, schol ewer weissheit wissn, daz wir ewer pet darinn angesehen haben [...]. Weitere Beispiele in: MÖNCKE, Bischofsstadt 1971, S. 201–204; auch HEINIG, Reichsstädte 1983, S. 36.

369   Urkunde vom 05.09.1294, in: UBA 1, S. 108, Nr. 140.

370   Dazu die Urkunde vom 09.01.1316, in: UBA 1, S. 196–198, Nr. 235; zur Konsolidierung des reichsstädtischen Status vgl. FRIED, Nachstaufische Zeit, 1985. Am 24.10.1329 folgte die Bestätigung, vgl. UBA 1, S. 255 Nr. 291; ebenso unter Karl IV. am 25.06.1358, in: UBA 2, S. 72, Nr. 519.

371   Eberhard ISENMANN: Reichsstadt und Reich an der Wende vom späten Mittelalter zur frühen Neuzeit, in: Mittel und Wege früherer Verfassungspolitik. Kleine Schriften 1 (= Spätmittelalter und Frühe Neuzeit. Tübinger Beiträge zur Geschichtsforschung, Bd. 9), hg. von Josef ENGEL, Stuttgart 1979, S. 9–223, hier S. 9; dazu auch SCHNITH, Reichsstadt 1985, S. 153–155; auch ISENMANN, Stadt 2014, S. 296f.

372   Dazu MORAW, Reich 1979, S. 390; ISENMANN, Wende 1979, S. 14.

373   Vgl. Achtbuch, in: StadtA Augsburg, Selekt Schätze, 81; dazu MÖNCKE, Bischofsstadt 1971, S. 180.

214 KAPITEL 3

bis 1421 angehörte, zu verbleiben.[374] Den Augsburgern war ein autonomes Auftreten demnach sehr wichtig.

Möglicherweise motivierten die Besuche des Kaisers in Augsburg dazu, das Bildnis am Jakobertor anzubringen. Ob der König einst über dieses Tor in die Stadt zog und durch die Darstellung begrüßt wurde, kann man auf Basis der Überlieferung nicht klären. Meist wurde für die Ankunft des Königs das Tor gewählt, das sich in der Richtung befand, aus welcher er in die Stadt kam.[375] Genaueres erzählen die Einträge in den Baumeisterbüchern nur zum ersten Besuch des Königs von 1418. Da heißt es nämlich, dass Ausgaben anfielen in Höhe von [...] *1 lb den. vmb holtz zů wertachprugg do der küng ein ritt bey der naht*.[376] Über die weiteren Besuche 1431 und 1434 sind keine Details zum Tor genannt. Jedoch kamen durch das Jakobertor all diejenigen, welche die Stadt von Osten her betraten oder weiter Richtung Osten gingen, wo das bayerische Herzogtum angrenzte. Dazu gehörten vor allem die Fernhändler, denen damit das Selbstverständnis der Reichsstadt Augsburg mit ihrer Wertschätzung für den Kaiser und dessen persönliche Anwesenheit vor Augen geführt wurde.

Ein solches Ansehen genoss Kaiser Sigismund auch in Nürnberg. Das im 13. Jahrhundert erbaute sogenannte Nassauer Haus[377] wurde vermutlich zwischen 1431 und 1437 mit einem Wappenfries versehen, der zeichenhaft auf ihn und das Reich verwies:[378] Neben dem gespaltenen Schild und dem Königskopfadler wurden der Doppeladlers, der einköpfige Adler und Wappen der Personen angebracht, die Kaiser Sigismund nahe standen: das seiner zweiten Ehefrau

---

374 Vgl. SCHNITH, Reichsstadt 1985, S. 160.

375 Vgl. dazu u. a. Winfried DOTZAUER: Die Ankunft des Herrschers. Der fürstliche ‚Einzug' in die Stadt (bis zum Ende des Alten Reichs), in: Archiv für Kulturgeschichte 55 (1973), S. 245–288, hier S. 258f.; auch SCHENK 2003, S. 314f.

376 Vgl. den Eintrag zu 1418, in: StadtA Augsburg, BMB, fol. 118r.

377 Die Benennung geht u. a. zurück auf Sigmund Meisterlin's Chronik der Reichsstadt Nürnberg 1488, S. 71; dazu auch Ernst MUMMENHOFF: Die Besitzungen der Grafen von Nassau in und bei Nürnberg und das sogenannte Nassauerhaus, in: MVGN 15 (1902), S. 1–87, hier S. 3–6.

378 MECKSEPER, Kunstgeschichte 1982, S. 128; HYE, Doppeladler 1973, S. 73; SCHAFFER, Siegel 1937, S. 178f.; dazu auch KNAPPE, Ikonologie 1980, S. 160; und HOFFMANN, Kurfürstenkollegium 1976, S. 61, 113f.; MUMMENHOFF, Grafen von Nassau 1902, S. 44; BRÄUTIGAM, Luxemburger 1971, S. 110f.; dazu die heute i. d. R. nicht mehr rezipierte Meinung, dass das Nassauer Haus eine alte Königspfalz darstelle: Reinhold SCHAFFER: Der alte Königshof Nurinberc festgelegt. Das Nassauer Haus als Königspfalz, in: Bamberger Blätter für fränkische Kunst und Geschichte 7 (1930) Bd. 6, S. 23–32; DERS.: Der alte Königshof Nurinberc festgelegt. Das Nassauer Haus als Königspfalz, in: Bamberger Blätter für fränkische Kunst und Geschichte 7 (1930) Bd. 8, S. 32; mit SCHWEMMER, Bürgerhäuser 1970, S. 57–61.

Barbara von Cilly (1414–1451) sowie seines Schwiegersohns Herzog Albrecht V. von Österreich. Letztgenannter trat 1438 das Erbe Sigismunds an und wurde zu König Albrecht II. (1438–1439) gewählt. Vermutlich lässt sich so erklären, dass ein Habsburger und kein Luxemburger Wappen am Fries zu sehen ist: Der junge König ließ das Wappen seines Vorgängers ersetzen.[379] Dazu kommen die Wappen der sieben Kurfürsten, des Papstes Eugen IV. (1431–1447) sowie der Stadt Rom. Ebenso findet man zwei konstruierte Wappen der Stadtheiligen Lorenz und Sebald. Das Haus steht noch heute gegenüber der Lorenzkirche, direkt an den Ausfallstraßen Richtung Süden und Osten, über die auch die herrschaftlichen Einzüge stattfanden. Der Grund für die Gestaltung wird kontrovers diskutiert. Ernst Mummenhoff vermutete, dass die persönlichen Beziehungen zwischen dem ab dem 4. Februar 1427 bezeugten Besitzer des Hauses, dem Ratsherrn Ulrich Ortlieb, und dem Kaiser ausschlaggebend waren, da dieser 1431 von Sigismund eine Krone verpfändet bekam:

> *Wir Sigmund [...] bekennen [...] das wir unsern lieben getruen Ulrichen Ortlieb [...] unser guldin cron [...] fur funfczehenhundert rheinische guldin versetzt und verpfendet haben mit solichem unterscheid, das wir die von im oder seinem erben uff sandt Gilgen tag nechstkunftig widerloezen sollen [...].*[380]

Dass hier die Reichskrone gemeint ist,[381] die sich seit der Überführung der Reichskleinodien durch Sigismund 1424 in Nürnberg befand, erscheint alleine aufgrund ihrer Bedeutung als höchst unwahrscheinlich. Eher ist an eine beliebige Krone aus dem königlichen Besitz zu denken. Diese Annahme lässt sich anhand eines Quellenfundes belegen, da hier eindeutig erwähnt wird, dass es sich um eine Krone handelt, auf die ein herzoglicher Schild gemalt wurde:

> *Es ist zuwissen das unß here der Römisch [...] küng mit mancherley bete an den Rate bracht und bringen ließ Im xv^c guldin landswůng auff die Cron die*

---

379 EBD., S. 61.

380 Vgl. die Urkunde vom 29.04.1431, zitiert nach MUMMENHOFF, Grafen von Nassau 1902, S. 45; auch Gerhard PFEIFFER: Das Zeitalter der Hussitenkriege, in: Nürnberg 1971, hg. von DEMS., S. 93–88, hier S. 86; dazu weiter SCHWEMMER, Bürgerhäuser 1970, S. 61; ebenso StAN, Rst. Nbg., Amts- und Standbücher 268: *Es ist zuwissen daz unser here der Römisch [...] küng mit flehlicher bete an den Rat kom, seinen gnaden hie auszubringen viij ɱ ducaten die sölten uns wider bezalt werden zu venedig [...] vnd also hat der Rate Vlrichen Ortliep hannsen Rumel und Cunrad pawmgarten fürgeschoben und in beuolhen dem egenant heren dem küng die egenanten viij^M ducaten also auszubringen [...].*

381 Dazu MUMMENHOFF, Grafen von Nassau 1902, S. 47f.

er hertzog witold selign geschilt malt haben auszubringen. Also hat der Rat Vlrichen Ortliep fürgeschoben und Im xv^C guldin gelihen die er also von des Rats haiß wegen In geheim fürbas den egenant unserm hern dem kunig auff die egenant Cron gelihen hat [...].[382]

Der Kaiser unterhielt nicht nur zu den Ortliebs finanzpolitische Beziehungen,[383] sondern zu zahlreichen Nürnberger Bürgern sowie dem Rat. Dies wurde bereits am geschilderten Erwerb des Münzrechts durch den Rat im Jahre 1422 deutlich. Günther Bräutigam hingegen mag allein einen der Nürnberger Reichstage als Grund für die Ausgestaltung des Hauses erkennen.[384] Ein Besuch des Kaisers bzw. der Reichsstände ist allerdings in Betracht zu ziehen.

In Lübeck gibt es über das Rathaus hinaus kein bekanntes Beispiel für die Darstellung des Reichskörpers im öffentlichen Stadtraum. Hier findet man zahlreiche Belege für die Anbringung der lübischen Wappen,[385] was auf ein ausgeprägtes reichsstädtisches Bewusstsein verweist. Diese Repräsentationsformen müssen sich jedoch nicht gegenseitig ausschließen, denn neben den konkreten Beziehungen können im jeweiligen historischen Umfeld auch allgemein repräsentative Aspekte auftauchen.

2.3   *Sakrale Innenräume zwischen Gottes und des Kaisers Reich*

Die sakralen Räume in den Städten waren unentbehrliche Bühnen für das Repräsentationsbedürfnis der Bürger bzw. der städtischen Eliten. Bildstrategien und Bildprogramme entwickelten sich über einen langen Zeitraum hinweg auf hohem Niveau als „komplexeste künstlerische Herausforderung des Mittelalters."[386] Kirchen und ihre Innenräume sind mit so vielschichtigen Ebenen durchzogen, dass sie weit mehr als nur „Orte

---

382   Vgl. StAN, Rst. Nbg., Amts- und Standbücher 268.

383   Vgl. WEIß, Krone 2000, S. 26.

384   Vgl. BRÄUTIGAM, Luxemburger 1971, S. 110.

385   Vgl. dazu das unpublizierte, jedoch sehr ausführliche Werk von Johannes KRETSCHMAR: Lübische Wappen, in: AHL, 8.1 Handschriften, 1120; darüberhinaus auch die Wappen bestimmter Lübecker Familien, in: AHL, 8.1 Handschriften, 1051a.

386   Vgl. WEILANDT, Sebalduskirche 2007, S. 9f.: Er wählte in seinem umfangreichen und bahnbrechenden Werk über die Sebaldkirche in Nürnberg den Ansatz, das Verständnis der Bilder aus ihren Funktionen und den Motiven ihrer Stifter heraus sowie in ihrem Raumkontext als „klar strukturiertem Kosmos" zu betrachten; auch Jörg OBERSTE: Zwischen Heiligkeit und Häresie. Religiosität und sozialer Aufstieg in der hochmittelalterlichen Stadt, Bd. 1: Städtische Eliten in der Kirche des hohen Mittelalters (= Norm und Struktur. Studien zum sozialen Wandel in Mittelalter und Früher Neuzeit, Bd. 171), Köln 2003.

kommunaler Repräsentation" darstellen.[387] Die zahlreichen Stiftungen von Bürgern oder Korporationen für ihre Kirche zeugen ebenfalls von mehreren Bedeutungsschichten: Als Denkmal für die eigene Person, Familie oder Gemeinschaft, als Pfand für das Seelenheil oder als Vermittler übergeordneter Werte und Anschauungen verdeutlichen sie nicht nur den Zeitgenossen, sondern auch der Nachwelt die Anschauungen der Stifter oder Kleriker einer Kirche, wie am Beispiel der Skulpturen an der Frauenkirche bereits dargelegt wurde.[388] Eine recht schmale Basis der Überlieferung existiert bezüglich der Reichsrepräsentation in den sakralen Innenräumen der drei Vergleichsstädte. In Augsburg und Lübeck lassen sich in den ausgewerteten Quellen keine Hinweise darauf finden, dass Symboliken des Reichs oder des Kaisers in Kirchen zu sehen waren. In Nürnberg ist wiederum Vorsicht geboten, um nicht die Repräsentationsbedürfnisse der Reichsoberhäupter – und damit verbunden die Auftragsvergabe von oben – mit der von den Reichsstädten ausgehenden Visualisierung der Reichsanbindung unkritisch nebeneinanderzustellen, wie es häufig passiert. Der Vollständigkeit halber seien die kaiserlichen Stiftungen mit direktem Reichsbezug kurz vorgestellt, da auch diese zur Erfahrbarkeit des Reichs in den Städten beitrugen, denn die Kirchenräume waren im Alltag der Bürger stets präsent.[389] Sie waren im Sinne der religiösen, politischen und soziokulturellen Kommunikation Orte für Liturgie und Prozessionen, manchmal sogar Handelsplätze.[390] Zudem wurden in Nürnberg

---

387 Vgl. dazu Bruno KLEIN: Das Straßburger Münster als Ort kommunaler Repräsentation, in: Repräsentationen 2008, hg. von OBERSTE, S. 83–93; zum Sakralbau als Kommunikationsform und der Nutzbarmachung von Sakralarchitektur für kommunale Zwecke, vgl. auch Bruno KLEIN: Sakralbau als Kommunikation in italienischen Kommunen, in: Kommunikation 2007, hg. von OBERSTE, S. 133–140.

388 Dazu u. a. Rainer KAHSNITZ: Glasmalerei in Nürnberg, in: Nürnberg 1986, hg. von BOTT/DE MONTEBELLO/KAHSNITZ/WIXOM, S. 87–92, hier S. 88; ebenso ausführlich zum Thema Stiftungen, die maßgeblichen Einfluss auf die Kirchengestaltungen hatten: REICHERT, Kathedrale 2014; zu Lübeck vgl. die maßgebliche Arbeit von RÜTHER, Repräsentation 2000; zu Nürnberg u. a. Martin BRANDL: Ein ‚kaiserlicher' Apostelzyklus für die Pfarrkirche St. Sebald?, in: Nürnberg 1999, hg. von FRIEDEL/FRIESER, S. 148–156.

389 Dazu vgl. Judith ZEPP: Der Chor der St. Reinoldikirche als Handlungsraum des Hl. Reinold und der Dortmunder Bürger, in: Städtische Repräsentation, hg. von BÜTTNER/SCHILP/WELZEL, S. 205–225.

390 Vgl. dazu Andrea LÖTHER: Die Inszenierung der stadtbürgerlichen Ordnung. Herrschereinritte in Nürnberg im 15. und 16. Jahrhundert als öffentliches Ritual, in: Wege zur Geschichte des Bürgertums. Vierzehn Beiträge (= Bürgertum. Beiträge zur europäischen Gesellschaftsgeschichte, Bd. 8), hg. von Klaus TENFELDE/Hans-Ulrich WEHLER, Göttingen 1994, S. 105–124.

wichtige Versammlungen des Rates in den beiden Pfarrkirchen abgehalten,[391] wie auch in Lübeck der Rat in der Marienkirche tagte. Dieses Phänomen ist in Augsburg nicht auszumachen, da hier der Rat nur bis zum Bau des Rathauses in Sankt Peter am Perlach tagte, wo eine sakrale Vereidigung des Rates nach dessen jährlicher Wahl stattfand. Die heutigen Innen- und Außenfassaden, die erhaltenen Kunstgegenstände sowie die bauhistorischen Untersuchungen brachten nur wenig Aufschluss über die mittelalterliche Ausgestaltung von Sankt Peter. Unter dem Putz haben sich gotische Fresken aus dem 13. bis 15. Jahrhundert sowie ein Großteil der Malereien des Barock erhalten, welche jedoch nur an wenigen Stellen freigelegt wurden, und die keinen Hinweis auf ein Bildprogramm liefern, das spezifisch zur Repräsentation der Reichsstadt diente.[392] Das trifft für die meisten Kirchen zu, weshalb die Überlieferung eher spärlich ist. Deshalb ist Vorsicht geboten, um nicht aufgrund mangelnder Zeugnisse auf eine generelle Nichtexistenz von Reichssymbolik in sakralen Räumen zu schließen.

Die berühmten Nürnberger Kaiserfenster gehen allesamt auf Stiftungen der Reichsoberhäupter zurück. Das älteste Kaiserfenster ist als Stiftung von König Adolf von Nassau für das Barfüßerkloster überliefert.[393] Ein weiteres bekanntes Kaiserfenster ist für den Chor von Sankt Maria als Aquarell in einer Handschrift aus dem 18. Jahrhundert überliefert.[394] Die heute nicht mehr erhaltene Scheibe zeigte demnach einen gekrönten Herrscher auf einem Adlerthron mit einem Zepter in seiner Rechten und einem Reichsapfel in seiner Linken. Unterhalb des Herrschers ist auf dem Blatt der Handschrift ein Reichswappen, sprich ein schwarzer doppelköpfiger Reichsadler in einem goldenen Schild, zu

---

391 Vgl. WEILANDT, Sebalduskirche 2007, S. 15.

392 Hätte es ein solches im Mittelalter gegeben, wäre es womöglich bereits im 17. Jh. zerstört worden, bzw. wäre unter den jüngeren Fresken. Bei der Renovierung 1954 entschloss man sich zu einer rein weißen Fassung des Kircheninneren. Vgl. ROLL, Sankt Peter 2006, S. 16f., 26–28; zu Lübeck vgl. u. a. ALBRECHT/NÜRNBERGER, Kriegsverluste 2012; auch GRÄBKE, Wandmalereien 1951.

393 Vgl. dazu das Barfüßer Register Gult und Einkommen 1300–1495, in: StadtAN, A21, 001–4, fol. 62r/v: [...] *und auch sünderlich dez wirdige Römischen küng adolfs der auch ain geporen graf von nassaŵ waz und fraŵen margret seiner wirtin. die disem Couent daz mytter glas indem chor habent lossen machen.* Hier muss Reiner Kahsnitz widersprochen werden, der das Scheitelfenster für den Chor von Sankt Maria als ältestes bekanntes Kaiserfenster anführt, vgl. KAHSNITZ, Glasmalerei 1986, S. 89.

394 Vgl. Die Zeichnung von Johann Jacob Schwarz, in: Abzeichnung und Abmahlung der Fenster in der Capellen Unsrer Lieben Frauen am Marckt in des Heil. Röm. Reichs Freyen Stadt Nürnberg, Nürnberg 1740, Germanisches Nationalmuseum Nürnberg, Bibliothek, Merkel HS 2° 210.

sehen. Vermutlich ist hier Karl IV. dargestellt, weshalb eine Stiftungstätigkeit seinerseits angenommen wird.[395] Auch sein Sohn Wenzel soll im Jahr 1379 eine Fensterstiftung für Sankt Sebald vorgenommen haben.[396] Die Fenster wurden bereits von Kaiser Maximilian I. 1514 ersetzt und die wenigen, schlecht erhaltenen Reste lassen keine Rekonstruktion zu.[397] Für Sankt Lorenz stifteten Kaiser Friedrich III. und seine Gemahlin Eleonore von Portugal ein Fenster, das eindeutig auf ihre Personen verweist.[398] Dieses zeigt zentral das Kaiserpaar in vollem Ornat unter einem Baldachin, umrahmt von Wappenhaltern. Ihre Gewänder tragen die Inschrift ‚AEIOU' – eine Vokalreihe, die von Friedrich III. selbst ausgedacht und von ihm als Symbol seiner Person instrumentalisiert wurde. Es ist nicht eindeutig belegt, wofür die Abkürzungen stehen; allerdings ist der Verweis auf den Kaiser eindeutig.[399] Über dem Kaiserehepaar findet man Szenen aus der *Legenda Aurea*, welche die Geschichte um das Heilige Kreuz thematisieren.[400] Darunter wurde die Taufe des nach der Legende ersten christlichen Kaisers Konstantin dargestellt. Im darüber liegenden Obergaden wurde 1477 das Nürnberger Wappen eingefügt, nachdem der Rat beschloss,

---

395 Dazu KAHSNITZ, Glasmalerei 1986, S. 89; Gottfried FRENZEL: Kaiserliche Fensterstiftungen des vierzehnten Jahrhunderts in Nürnberg, in: MVGN 51 (1962), S. 1–17, hier S. 1f.

396 Vgl. Hartmut SCHOLZ: Prag oder Nürnberg? Die Luxemburger Fensterstiftungen in Nürnberg und Franken und die Frage ihrer künstlerischen Verortung, in: Kunst als Herrschaftsinstrument. Böhmen und das Heilige Römische Reich unter den Luxemburgern im europäischen Kontext, hg. von Jiri FAJT/Andrea LANGER, Berlin/München 2006, S. 221–235, hier S. 222–224; auch FRENZEL, Fensterstiftungen 1962, S. 11.

397 Die wenigen Reste sind im Geuderfenster weiterverwendet und können nicht zur Gänze rekonstruiert werden; auch FLEISCHMANN, Nürnberg 2003, S. 70, erwähnt dieses Fenster ohne Deutung; diese Fensterstiftung für Sankt Sebald zeigt vermutlich keine, wie von Gottfried Frenzel rein spekulativ angenommen, Szenen aus dem Leben Christi, die typologisch Szenen aus dem Leben Wenzels gegenübergestellt wurden, vgl. dazu FRENZEL, Fensterstiftungen 1962, S. 14f.; ohne Einschränkung übernommen von Wolfgang VON STROMER: Die Fensterstiftungen des Sebalder Ostchors, in: 600 Jahre Ostchor 1979, hg. von BAIER, S. 80–93, hier S. 82; zur Kritik vgl. SCHOLZ, Prag 2006, S. 223f.

398 Vgl. Gottfried FRENZEL: Die Farbverglasung aus St. Lorenz/Nürnberg, Augsburg 1968, S. 31–42; dazu Georg STOLZ: St. Lorenz zu Nürnberg, Berlin [15]2006, S. 20; mit KAHSNITZ, Glasmalerei 1986, S. 90f.

399 Vgl. exempl. zur Thematik Alfred LHOTSKY: A.E.I.O.U. Die „Devise" Kaiser Friedrichs III. und sein Notizbuch, in: Mitteilungen des Instituts für Österreichische Geschichtsforschung 60, 1952, S. 155–193.

400 Iacobo DA VAREZZE: Legenda Aurea (= Millennio medievale 6,1), ed. von Giovanni Paolo MAGGIONI, Florenz 1998, S. 459–470.

[...] daß von gemeiner Stadt wegen das Fenster ob unsers allergnädigsten Herrn, des römischen Kaisers, Fenster zu S(ankt) Lorenz im Chor gemacht werden soll mit des Reichs, auch der Stadt Sekret und gemeinen der Stadt Wappen.[401]

Somit war eine symbolische Verbindung von Stadt und Reich hergestellt, in der das Nürnberger Wappen sogar über dem Kaiser und der Kaiserin thront. Dadurch, dass die Kaiserfenster alle in den Scheiteln der Chöre eingebracht wurden,[402] hatten sie eine Sonderstellung. Gleichzeitig waren diese Fenster den herrschaftlichen Stiftungen vorbehalten. Auch in der Hierarchisierung des Kirchenraums kommt die Metapher von ,oben und unten' zu tragen. Erstrangig war der Chor im Osten ,oben,' nachranging folgte der westliche Bauteil ,unten.'[403] Im Ostchor thronten die Kaiserfenster zentral über dem Hochaltar, der dem Kirchenpatron geweiht war: schon beim Betreten der Kirche wurde der Blick direkt auf diese monumentalen, bunten Glasmalereien gelenkt. Durch das Einfügen der Darstellungen in die religiöse Umgebung wurde das Reichsoberhaupt sakralisiert; der Kaiser war inmitten des reichsstädtischen Geschehens, wodurch auch Nürnberg Teil dieses ,heiligen' Römischen Reiches wurde. An bestimmten Tagen wurde in Sankt Sebald ein Teppich ausgehängt, in den die sieben Kurfürsten gewebt waren. Das Mesnerpflichtbuch aus dem Jahre 1482 verzeichnet zu Karfreitag: *[...] nach dem tisch hengt man die kurfursten auf [...]*.[404] Ebenso soll dieser an *Nativitatis Cristi*, dem 25. Dezember, aufgehängt und am 2. Februar wieder abgenommen werden: *Item man hengt die kurfursten [...] das neu; man lest die churfursten hangen unz purificationis [...]*.[405] Hier ist eindeutig die Verbindung zwischen dem repräsentativen Akt und den wichtigsten Feiertagen im Jahr zu sehen. An diesen Tagen waren die Messen hoch frequentiert, und die Verbindung zum Reichskörper wurde bewusst visualisiert.

Während man für das Scheitelfenster in Sankt Sebald nicht bestätigen kann, dass eine Darstellung König Wenzels erfolgte, so wurde in der ehemals nebenan befindlichen Moritzkapelle mit Gewissheit ein Fresko angebracht, dass

---

401 Zitiert nach SCHAFFER, Siegel 1937, S. 180, 183, hier mit Verweis auf die Nürnberger Ratsverlässe.

402 Vgl. WEILANDT, Sebalduskirche 2007, S. 135.

403 Vgl. dazu Günther BANDMANN: Früh- und hochmittelalterliche Altaranordnung als Darstellung, in: Das erste Jahrtausend. Kultur und Kunst im werdenden Abendland an Rhein und Ruhr, Textband 1, hg. von Victor H. ELBERN, Düsseldorf 1962, S. 371–411; auch WEILANDT, Sebalduskirche 2007, S. 139f., speziell zu St. Sebald.

404 Vgl. Albert GÜMPEL: Das Mesnerpflichtbuch von Sankt Sebald in Nürnberg vom Jahre 1482 (= Einzelarbeiten aus der Kirchengeschichte Bayerns, Bd. 1929), München 1929, S. 17f.

405 Vgl. GÜMPEL, Mesnerpflichtbuch 1929, S. 37.

die frühe Kindheit Wenzels zeigt.[406] In der Darstellung im oberen Feld wird einer Frau eine Botschaft übergeben. Vermutlich handelt es sich um Anna, die Ehefrau Karls IV. Da ihre Schwangerschaft betont wurde, ist das Bild wahrscheinlich als Verkündigungsszene zu deuten, in der Anna mitgeteilt wird, dass sie den Thronfolger gebären wird.[407] Die Verkündigung erfolgt nicht wie üblich durch einen Engel, sondern durch einen Mann, möglicherweise Karl IV. Über der Gruppe fliegt zudem ein Adler und es ist nicht auszuschließen, dass eine Verbindung zum Wappentier des Reichs hergestellt wurde. Darunter sieht man links die Geburt Wenzels 1361, mittig die noch im selben Jahr stattfindende Taufe in der Kirche Sankt Sebald sowie rechts davon Wenzel als etwa Achtjährigen in der Schule. Die letzte Darstellung ist für ein terminus post quem für die Datierung, der eine Entstehung des Bildes nicht vor 1369 vermuten lässt. Da angenommen wird, dass der kaiserliche Hofmaler Sebald Weinschröter das Fresko malte, ist es sehr wahrscheinlich, dass Karl IV. an der Gestaltung und Auftragsvergabe mitwirkte.[408]

Bei Restaurierungsarbeiten am Ende des 19. Jahrhunderts fand August von Essenwein in der Frauenkirche ein heute nicht mehr erhaltenes Fresko aus dem 14. Jahrhundert.[409] Es zeigte eine schwebende Architektur mit mehreren Engeln, die Monstranzen tragen. Eine Inschrift berichtete:

in dieser kirche ist daz wirdig heiligtum daz kayser karl d. viert und der erber rat diser kirchen gegeben hat dasselbige all jar mit fleisze hie wiszen ze lon.

Fälschlicherweise wurde diese im 19. Jahrhundert als Beweis dafür angesehen, dass in der Frauenkirche die Reichskleinodien aufbewahrt wurden, was aber nicht korrekt ist.[410] Wie im Salbuch von Stephan Schuler verzeichnet, gab der

---

406 Vgl. dazu Wilhelm SCHWEMMER: Zwei Fresken der Luxemburger in Nürnberg, in: BDLG 114 (1978), S. 539–545; auch Helga WAMMETSBERGER: Individuum und Typ in den Porträts Kaiser Karls IV., in: Wissenschaftliche Zeitschrift der Universität Jena, Gesellschafts- und Sprachwissenschaftliche Reihe 16 (1967), S. 79–93, hier S. 82, 91.

407 Dazu WEILANDT, Bildprogramme 2013, S. 240; Wilhelm Schwemmer möchte darin die Werbung Karls um seine spätere Ehefrau erkennen, vgl. SCHWEMMER, Fresken 1978, S. 541.

408 Dazu WEILANDT, Bildprogramme 2013, S. 241.

409 Vgl. EBD., S. 229f.; das Fresko ist durch Fotografien überliefert, die allerdings eine sehr schlechte Qualität aufweisen; mit Robert LEYH: Die Frauenkirche zu Nürnberg. Katholische Pfarrkirche Unser Lieben Frau (= Große Kunstführer, Bd. 167), München/ Zürich 1992, S. 9: entdeckt wurde dies im 19. Jh. unter mehreren Schichten.

410 Der Restaurator August von Essenwein kam fälschlicherweise zu dem Entschluss, dass die Frauenkirche als Aufbewahrungsort für die Reliquien erbaut wurde und ließ das Bild demzufolge ebenso inkorrekt mit der Heiligen Lanze ergänzen, dazu August ESSENWEIN:

Kaiser zahlreiche weitere Reliquien an die Kirche, welche in den zeitgenössischen Quellen als ‚Heiltümer' bezeichnet wurden. Darunter befanden sich ein silbernes Kreuz, ein goldenes Messgewand, [...] *daz der keyserin mantel ist gewest mit einem schilt von stetin* [...], sowie zwei zugehörigen Alben und eine Stola.[411] Die Intention für die Stiftung ist wohl mit der Tradition in Aachen zu begründen: Dort wurde durch zahlreiche Stiftungen eine Wallfahrt initiiert und eine solche sollte vermutlich auch nach Nürnberg einsetzen.[412] Dass die Kleriker der Marienkapelle daraufhin das Siegel mit einem Doppeladler wählten, würde unter diesen Umständen einen Reichs- und Königsbezug noch wahrscheinlicher werden lassen. Von Bedeutung ist der Hinweis der Inschrift, dass der Kaiser zusammen mit dem Rat die Stiftung tätigte, was das Zusammenwirken von Reichsstadt und Kaiser unterstreicht.[413]

Bei der Ausstattung der sakralen Innenräume erscheinen die persönlichen Interessen der Stifter sowie der Kleriker, die ein Bildprogramm in Auftrag gaben, ausschlaggebend gewesen zu sein, welche Darstellungen gewählt wurden.[414] Mit Blick auf die Symbolik des Reichs erkennt man auf Basis der wenigen Hinweise, dass die Kaiser zunächst selbst versuchten, ihre Präsenz in den sakralen Räumen Nürnbergs herzustellen. Die Nähe der Reichsoberhäupter und ihre persönliche Anwesenheit in der Pfalz – und damit auch der Reichsstadt – waren essentielle Gründe dafür: Der Kaiser wurde in der Reichsstadt und in den Kirchen zu einem allgegenwärtigen Teilhaber am Geschehen. Dies erinnerte den Betrachter daran, dass die Stadt oder auch er selbst Teil des Reichs war. Dass der Rat versuchte, sowohl seinen Anteil an den Stiftungen König Wenzels zu kommunizieren als auch die Verbindung zwischen Reichsstadt

---

Der Bilderschmuck der Liebfrauenkirche zu Nürnberg, Nürnberg 1881, S. 3; vgl. auch LEYH, Frauenkirche 1992, S. 9; zur Kritik WEILANDT, Bildprogramme 2013, S. 227f.

411 Unser Frauenkirchen Püchlein von den Pflegern Gabrihel Tetzel und Steffan Schuller 1435, in: StA Nürnberg, Losungsamt Akten, SIL 131, Nr. 7; auch WEILANDT, Bildprogramme 2013, S. 229, verweist auf diesen Zusammenhang.

412 EBD., S. 231 mit der Bestätigung der Stiftung einer Pfründe durch Karl IV. durch Bischof Lamprecht von Bamberg aus dem Jahre 1378, in: STEPHANS SCHULERS SAALBUCH, S. 86; darüberhinaus auch Heinrich SCHIFFERS: Der Reliquienschatz Karls des Großen und die Anfänge der Aachenfahrt, Aachen 1951.

413 Die enge Verbindung der Kapelle zu Karl IV., dessen im nachfolgenden Jahrhundert noch gedacht wurde, zeigt sich auch an einer Zeichnung im vorhin erwähntem Saalbuch. Der Kaiser wird hier zusammen mit dem Wappen des Reichs, sowie dem Wappen Böhmens und den Wappen seiner vier Ehefrauen dargestellt. Vgl. zum Bildnis auch GOEZ, Nürnberg 1986, S. 23f.

414 Dazu die Motive der Stiftungen in Sankt Sebald/Nürnberg bei VON STROMER, Ostchor 1976.

und Kaiser am Beispiel der Wappen über dem Scheitelfenster in Sankt Lorenz herzustellen, zeigt ein deutliches Interesse daran, das kaiserliche Wirken als Einheit mit der Reichsstadt zu präsentieren.

2.4 Okkasionelle vs. feste Kennzeichnung von Räumen durch Reichssymbole

Neben den Raumsymboliken, die ‚versteinert‘ und dadurch auf Dauer angelegt waren, existierten auch beweglichen Medien wie Banner und Fahnen. Durch deren Mobilität wurden situationsbedingt ephemere Räume geschaffen, die eine zeitlich begrenzte Aussage machten.[415] Sie stammten wie Wappenschilde aus dem Militärwesen und wurden unter anderem bei Kriegszügen vorangetragen, um ein Heer zu kennzeichnen. Meist trugen sie die Farben oder das Zeichen der Stadt, damit man die Truppen eindeutig identifizieren konnte.[416] In Augsburg wurde nach den Baumeisterbüchern von 1372 [...] *viiij lb vj ß den. xxxj Eln sidens Tuch Gruns Weizz Rotz zu Banieren* ausgegeben,[417] was den Augsburger Stadtfarben entspricht. In diesem Jahr zogen die beiden Söhne des bayerischen Herzogs Stephan II. (1347–1375), Stephan III. (1375–1413) und Friedrich (1375–1393), aufgrund von Zollstreitigkeiten gegen Augsburg. Deshalb ist anzunehmen, dass die Banner einem militärischen Zweck dienten.[418] Im Falle eines Sieges nahm man den Gegnern die Feldzeichen oft ab, um sie als Trophäen auszustellen. Dadurch wurden sie zu einer Art Denkmal. Dieses Phänomen findet sich beispielsweise in Nürnberg, als der Rat nach der gewonnenen Schlacht von Pillenreuth im Jahre 1450 die Fahnen der Unterlegenen im Ratssaal sowie in der Frauenkirche aufhängen ließ.[419] Diese Schlacht bedeutete eine Wende zugunsten der Reichsstadt im sogenannten ersten Markgrafenkrieg (1449–1450), in dem Markgraf Albrecht Achilles von Brandenburg-Ansbach (1440–1486) versuchte, seine Position in Franken

---

415 Vgl. zur „okkasionellen Zeremonialarchitektur" SCHENK, Zeremoniell 2003, S. 314; auch SAURMA-JELTSCH, Reichsstadt 2006, S. 401f.; weiter PILTZ, Trägheit 2008, S. 80.

416 Zu den Fahnen vgl. VOLK, Visualisierung 1993, S. 46; Regula SCHMID: Fahnengeschichte. Erinnern in der spätmittelalterlichen Gemeinde, in: Traverse 1 (1999), S. 39–48.

417 Vgl. den Eintrag zum 29.08.1372, in: StadtA Augsburg, BMB, fol. 118v.

418 Vgl. dazu ZORN, Augsburg 2001, S. 178f.

419 Vgl. MUMMENHOFF, Rathaus 1881, S. 38, mit Polizeiordnungen, hg. von BAADER 1861, S. 1f.; auch der Bericht über Nürnbergs Krieg gegen den Markgrafen Albrecht (Achilles) von Brandenburg, 1449 und 1450. Kriegsbericht und Ordnungen, zusammengebracht von Erhard SCHÜRSTAB, in: Die Chroniken der fränkischen Städte. Nürnberg, Bd. 5 (= Die Chroniken der deutschen Städte vom 14. bis ins 16. Jahrhundert, Bd. 2), Leipzig 1864, S. 95–530, hier S. 204.

auszubauen und deshalb massiv gegen Nürnberg vorging.[420] Dass dieses Ereignis nachhaltig auf Nürnbergs Selbstverständnis wirkte, lässt sich nicht nur durch dessen Würdigung in den Chroniken,[421] sondern auch daran erkennen, dass der am Krieg beteiligte Büchsenmeister und Lyriker Hans Rosenplüt darüber ein Gedicht verfasste:[422] Der Krieg wurde nicht nur als Kampf gegen die Stadt, sondern regelrecht als Kampf gegen das Römische Reich instrumentalisiert, weshalb man sich vor der Schlacht mit der Bitte an Gott gewandt habe: *Hanthabe das heilige romisch reich / Das es icht werde untertuckt.*[423] Auch im außermilitärischen Bereich wurden Fahnen verwendet, um Herrschaft zu visualisieren.[424] Nach den Rechnungen ließ beispielsweise der Nürnberger Rat 1393 für den Rathaussaal ein *reichspanier* für 5 Pfund und 16 Schilling Haller herstellen.[425]

Prädestiniert für eine Ausschmückung mit Fahnen und Bannern waren auch die Stadtmauern, die per se schon symbolisch für die mittelalterliche Stadt standen.[426] Die Mauer als Raumkonstitution war das sichtbarste Symbol der Stadt, da hier ein Rechtsraum klar umgrenzt wurde, ohne dass dieser durch transzendente Aspekte geschaffen werden musste. Auf allen vorliegenden Stadtansichten wurde deshalb die Mauer besonders akzentuiert oder wie im Falle Augsburgs ein Stadttor als Siegelbild gewählt. Die Bedeutung der Befestigungsanlagen rührte aus dem Sicherheits- und Schutzinteresse

---

420　Zur Schlacht am 11.03.1450 vgl. Richard KÖLBEL: Der Erste Markgräflerkrieg 1449–1453, in: MVGN 65 (1978), S. 91–123; auch WEIß, Krone 2000, S. 36f.; ebenso Ernst SCHUBERT: Albrecht Achilles, Markgraf und Kurfürst von Brandenburg (1414–1486), in: Fränkische Lebensbilder, Bd. 4 (= Veröffentlichungen der Gesellschaft für fränkische Geschichte, Reihe VII A, Bd. 4), Würzburg 1971, S. 130–172; Heinz QUIRIN: Markgraf Achilles von Brandenburg-Ansbach als Politiker. Ein Beitrag zur Vorgeschichte des Süddeutschen Städtekrieges, in: Jahrbuch für fränkische Landesforschung 31 (1971), S. 261–308.

421　U. a. der Bericht über Nürnberg's Krieg, S. 243; Dazu MEYER, Stadt 2009, S. 364.

422　Vgl. ROSENPLÜT, Reimpaarsprüche 1990, S. 203–219; vgl. dazu MEYER, Stadt 2009, S. 210–220, zur politischen Dichtung, die sich mit dem Ersten Markgrafenkrieg befasste; zu Rosenplüts Aufgaben in der Stadt v. a. EBD., S. 216, mit Anm. 240.

423　ROSENPLÜT, Reimpaarsprüche 1990, S. 203–219, V. 3, und V. 15; MEYER, Stadt 2009, S. 365f., mit weiteren Beispielen.

424　Vgl. u. a. Steffen BOGEN: Repräsentierte Medialität. Gemalte und bemalte Fahnen in Venedig 1100–1500, in: Das Mittelalter 11 (2006), S. 121–146.

425　Vgl. MUMMENHOFF, Rathaus 1881, S. 38 mit Polizeiordnungen, hg. von BAADER, 1861, S. 1f., nach heute nicht mehr erhaltenen Rechnungen.

426　Vgl. allgemein und exemplarisch zu den Funktionen von Stadtmauern im Mittelalter aus der umfangreichen Literatur: MECKSEPER, Kunstgeschichte 1982, S. 90f.; SCHMIEDER, Stadt 2012, S. 134f.; ISENMANN, Stadt 2014, S. 34; PLANITZ, Stadt 1954, S. 229; auch PORSCHE, Stadtmauer 2000.

der Stadt.[427] Weiters dienten sie der Demonstration von Herrschaft und städtischer Freiheit. Beides führte dazu, dass die Bürger einen finanziellen oder praktischen Beitrag zum Erhalt der Mauer zu leisten hatten. In Augsburg fing man beispielsweise 1431 an [...] *ze graben den graben umb die vorstat vor sant Jacobs tor, das was davor ain klain trückins greblin gewessen* [...].[428] Dafür musste [...] *ein yeglich hushäbig Mensch in der Statt gesessen* [...] *ye 4 Wochen in demselben Graben arbeiten* [...].[429] Die Stadt sollte sich als „dauernd institutionalisierte Wehrgemeinschaft"[430] verstehen, was wiederum den Zusammenhalt stärkte. Dadurch trat sie in die Fußstapfen des Stadtherrn, der das königliche Befestigungsrecht besaß. Die Übernahme der Herrschaft über Stadtmauern und Tore ist als Zeichen der kommunalen Autonomie zu werten,[431] weshalb die Bedeutung der Mauern mit fortschreitender reichsstädtischer Selbständigkeit immer stärker symbolhaft aufgeladen wurde. Diese konnten natürlich auch mit festen Wappen geschmückt werden, wie für alle drei Städte in den Quellen nachweisbar ist: Die Lübecker Stadttore wurden beispielsweise als Ausdruck des reichsstädtischen Selbstverständnisses mit dem Stadtwappen geziert. Bekannt ist unter anderem das Burgtor, das von Nikolaus Peck 1444 umgebaut wurde und noch heute die ursprünglichen Wappenschilde trägt.[432] Sowohl in Richtung Stadt- als auch in Richtung Feldseite erkennt man deutlich den Doppeladler, der sich mit dem geteilten Schild in rot und weiß abwechselt. Ebenso war der Neubau des Holstentors ab 1464 mit einem Wappenfries geziert. Der Doppeladler wird auf diesem von Mustern oder Wilden Männern flankiert, die in ähnlicher Form auf dem am Rathaus angebrachten Fries zu sehen sind (Abb. 27).[433] Beide Lübecker Tore zeugen von ihrer großen Bedeutung für die

---

427 Zur militärischen Bedeutung der Stadtmauern vgl. Heinrich KOLLER: Die mittelalterliche Stadtmauer als Grundlage städtischen Selbstbewusstseins, in: Stadt und Krieg. 25. Arbeitstagung in Böblingen 1986 (= Stadt in der Geschichte. Veröffentlichungen des Südwestdeutschen Arbeitskreises für Stadtgeschichtsforschung, Bd. 15), hg. von Bernhard KIRCHGÄSSNER/Günther SCHOLZ, Sigmaringen 1989, S. 9–26.

428 Vgl. die ANONYME CHRONIK 991–1483, S. 482.

429 Dazu das Ratsdekret von 1430, zitiert nach HOFFMANN, Thore 1886, S. 41f. Diejenigen, die nicht persönlich an der Mauer arbeiten konnten, wurden zu finanziellen Leistungen verpflichtet.

430 Vgl. DILCHER, Verhältnis 1985, S. 59.

431 Auch Ingrid BAUMGÄRTER: Kommunale Bauplanung in Rom. Urkunden, Inschriften und Statuten vom 12. bis 14. Jahrhundert, in: La bellezza 2004, hg. von STOLLEIS/WOLFF, S. 269–301, hier S. 273, zu Stadtmauern.

432 Vgl. zum Lübecker Burgtor: Stadtpläne 1939, hg. von BRUNS/RAHTGENS, S. 141–153.

433 Vgl. zum Lübecker Holstentor: Stadtpläne 1939, hg. von BRUNS/RAHTGENS, S. 166–223; auch Thorsten ALBRECHT: Das Holstentor in Lübeck. Wahrzeichen und Museum

ABB. 27　*Detail des Terrakottafrieses mit dem Lübecker Wappen am Holstentor, nach 1464.*
© DANIELA KAH.

Stadt. Wie die Türen am Rathaus waren sie eine Schwelle, über die man einen rechtlichen Sonderraum, in diesem Fall den Rechtsraum der Reichsstadt, betrat.[434] Hier wurde kontrolliert, wer die Stadt betreten durfte und wer wieder ausgelassen wurde. Es wurden Zölle und Ungelder auf Waren und Güter erhoben, aber vor allem demonstrierte man an den Toren die Herrschaft über den Raum.[435] Bei der Huldigung des Stadtherrn wurden die Tore in das Zeremoniell miteinbezogen, sodass der Kaiser oder König als Stadtherr bereits beim Einzug in die Stadt vor ihren Pforten begrüßt wurde. Dort wurden

---

(= Kulturstadt Lübeck, Heft 9), Lübeck 2011; Thorsten RODIECK: Das Holstentor – Wehrbau, Symbol und Wa(h)r(en)zeichen in: Gebrannte Größe. Wege zur Backsteingotik, Bd. 1. Monumente Publikationen der Deutschen Stiftung Denkmalschutz, Bonn 2002, S. 58–87; Wulf SCHADENDORF: Das Holstentor. Symbol der Stadt. Geschichte und Herkunft des Lübecker Tores, Lübeck 1977; auch DERS.: Das Holstentor zu Lübeck. Der Bau und seine Geschichte (= Niederdeutscher Verband für Volks- und Altertumskunde, Bd. 2), Braunschweig 1978; DERS.: Das Holstentor in Lübeck (= Große Baudenkmäler, Heft 377), München/Berlin ²1991.

434　U. a. SCHÜTZE, Stadttor 1997, S. 168.
435　Vgl. LAMPEN, Stadttor 2009, S. 1; ebenso Günter BANDMANN: Mittelalterliche Architektur als Bedeutungsträger, Berlin ¹¹1998, S. 92–112.

ihm dann die Schlüssel zu den Toren symbolisch zur Anerkennung seiner Herrschaft überreicht, was vergleichbar ist mit der Schlüsselübergabe bei der Augsburger Zunftrevolution.[436] Auf der Sonntagsgemäldeseite des Flügelretabels der Lübecker Lukasbruderschaft ist deshalb deutlich an einem Tor ein Wappen mit einem Doppeladler abgebildet (Abb. 28). Die Szenerie handelt von der Vita des heiligen Lukas und war Ausdruck des Selbstverständnisses der Stiftervereinigung, unter der sich die Maler, Glaser und Bildhauer der Stadt 1484 zusammenschlossen.[437] Die Stadtansicht selbst enthält keine Lübecker Charakteristika, obwohl der Wappenschild eindeutig auf die Reichsstadt verweist. Dadurch wurde nicht nur auf dem Altar, sondern auch in der Realität denjenigen, die durch das Tor gingen, visualisiert, dass sie nun den Rechtsraum der Stadt betraten bzw. verließen, und es wurde verdeutlicht, wer die Gewalt über die Tore besaß.[438] Ebenso waren die Tore in Augsburg mit Stadtwappen bemalt, weshalb man 1396 Ausgaben für [...] *daz Vorzaichen vor Hustetter Tor* [...][439] aufzeichnete. In Nürnberg findet man am Weißen Turm Reliefs, die ebenfalls stilistisch in das 14. Jahrhundert datieren.[440]

Dass diese Kennzeichnungen sowohl auf die Reichsstadt als auch auf das Reich verweisen konnte, lässt sich eindrucksvoll am Beispiel Nürnberg belegen. Die Grundlage dafür bieten die Aufzeichnungen im Wehrgutachten von 1434,[441] das zur Zeit der Herrschaft Kaiser Sigismunds am Ende der

---

436 Vgl. dazu LAMPEN, STADTTOR 2001, S. 18–20, zur Bedeutung des Empfangs als *ingressus* im *adventus*-Zeremoniell; zur Bedeutung und Funktion des Stadttors, vgl. EBD., S. 10–12; auch SCHENK, Zeremoniell 2003, S. 313–319.

437 Das Altarblatt wurde zwischen 1485 und 1495 von Hermann Rode gemalt. Es befindet sich im Lübecker St.-Annen-Museum, Inv.-Nr. 1892/193. Die Lukasbruderschaft war die Vereinigung der Maler, Glaser und Bildhauer, die den Altar für die Katharinenkirche stifteten. Vgl. dazu Corpus der mittelalterlichen Holzskulptur und Tafelmalerei in Schleswig-Holstein, Bd. 1: Hansestadt Lübeck, St.-Annen-Museum, hg. von Uwe ALBRECHT, Kiel 2009, S. 248–257; auch: Klöster 1928, hg. von BALTER/BRUNS/RAHTGENS, S. 100; auch Max HASSE: Lübecker Maler und Bildschnitzer um 1500, 1. Teil, in: Niederdeutsche Beiträge zur Kunstgeschichte, III, 1964, S. 258–318.

438 Zu den Adressaten der Torsymboliken vgl. auch Gerrit DEUTSCHLÄNDER: Der Adler über dem Tor – Reichsstädtische Tore und ihre Symbolik, in: Reichszeichen 2015, hg. von WITTMANN, S. 167–186.

439 Eintrag zu 1396, in: StadtA Augsburg, BMB fol. 54v: Dafür wurden dem Meister Mentellin am 01.10.1396 4 Gulden bezahlt.

440 Vgl. dazu FLEISCHMANN, Nürnberg 2000, S. 131.

441 Vgl. Das Wehrgutachten von 1434, in: StadtAN, F5, 270. Es handelt sich um eine Kopie. Im alten Repertorium des 7-farbigen Alphabets von 1522 im Staatarchiv Nürnberg (Amts- und Standbuch, Nr. 35) ist das Archivale auf Bl. 16b verzeichnet: *Statt Nürmberg bevestigung betreffent, und wie man einem grossen gewalltt widerstehen möchte.* Im Repertorium

ABB. 28 *Die Sonntagsseite des Altars der Lukasbruderschaft, Lübeck 1485/95. Aus der Werkstatt Hermann Rodes, heute im Sankt-Annen-Museum Lübeck, Inv.-Nr. 1892–193a.*
© DANIELA KAH.

Hussitenkriege (1414–1434) entstand. Der Verfasser erstellte das Gutachten, um die Stadt künftig besser zu schützen, da

> [...] *die selben ketzer [die Hussiten; Erg. d. Verf.] hinderlisticlich mit mechtiger hersch craft etliche lande überzogen haben vnd dabey gar vil Stete grawsamlichen genötiget mit morde, nome und brande on alle barmhertzikeyt [...].*[442]

In dieser Beschreibung tritt deutlich eine negative Wertung der revolutionären Strömungen zu Tage, die sich nach der Verbrennung des Reformators Jan Hus auf dem Konstanzer Konzil 1415 von Böhmen und seinem Zentrum Prag ausgehend formierten.[443] Nach folgenschweren Auseinandersetzungen der Hussiten mit dem böhmischen König und dem Kaiser kam es zwischen 1419 und 1434 zu den verheerenden Kriegszügen von und gegen beide Parteien, die auch in den fränkischen Raum übergriffen. Der Verfasser des Gutachtens verweist auf die früheren Zustände der Nürnberger Umwehrung:

> *Als dann bey kurtzen zeiten Ein wercklich pawe alhye zu Nůremberg vmb die vorstat gefüret ist von des wegen auch die Inner stat geöffent wart. das nu die vorstat mitsampt der Innern Stat beyderseyt in einer vestenung herlichen beslossen werden [...].*[444]

Die Rede ist hier vom Stadtmauerausbau, der in der Mitte des 14. Jahrhunderts stattfand. Der Mauer um Sankt Sebald, deren Erweiterung mit der Aufschüttung des Hauptmarktes 1250 zusammenfiel, wurde in dieser Zeit ein weiterer Mauerring angefügt. Maßgeblich daran beteiligt war Conrad Groß, der die

---

2d des 7-farbigen Alphabets im Staatsarchiv Nürnberg von 1622 ist die Handschrift Gelb N bereits nicht mehr enthalten. Das Stück war also bereits dem reichsstädtischen Archiv entfremdet. Als Verfasser dürfte Johannes Glöckner von Zittau in Frage kommen, der von 1431–1438 im Dienst der Stadt Nürnberg als Werkmeister tätig war und mit dem Bau der Befestigung an der Burg beschäftigt war: zitiert nach der Geschichte der Archivalie gemäß dem Archivar Hirschmann, 1967; vgl. dazu Joseph BAADER: Beiträge zur Kunstgeschichte Nürnbergs, Nördlingen 1862, S. 8; auch SANDER, Reichsstädtische Haushaltung, S. 681; auch Max BACH: Die Mauern Nürnbergs. Geschichte der Befestigung der Reichsstadt, in: MVGN 5 (1984), S. 47–96.

442 Wehrgutachten von 1434, fol. 1r.

443 Dazu u. a. PFEIFFER, Hussitenkriege 1971; auch Friedrich VON BEZOLD: König Sigmund und die Reichskriege gegen die Hussiten, Bd. 1–3, München 1872–1877 (ND Hildesheim 1976).

444 Wehrgutachten von 1434, fol. 1v.

230 KAPITEL 3

Unterstützung Kaiser Ludwigs des Bayern genoss: Der Wittelsbacher bewillig-
te dem Schultheiß die Erhebung einer Steuer auf Getränke, die allein für die
Befestigungsarbeiten verwendet werden durfte.[445] Durch diese Maßnahmen
wurde zwischen 1323–1346 eine fortifikatorische und optische Verbindung
zwischen den Sebalder und den Lorenzer Stadtteilen geschaffen.[446] Noch
während der Hussitenkriege begann man in Nürnberg mit einem erneuten
Ausbau ab ca. 1427, und auch hier wurden nach dem Grabenbuch die Bürger
dazu verpflichtet, bei der Erweiterung der Stadtgräben mitzuhelfen.[447] Man
umschloss die über die Stadtgrenzen hinauswachsende Stadt zunächst nach
Osten hin und anschließend in Richtung Süden und Westen mit einem dritten
Mauerring.[448]

Im Wehrgutachten wird weiterhin beschrieben, wie im Falle eines zu erwar-
tenden Angriffes vorzugehen sei. Hier wird deutlich, wie der Rat den reichsstädtischen Grund nach seiner Bedeutung staffelte und sich selbst verortete:

*Sülcher außteylunge gleyche wil ich für mich nemen zu disem regiment den
Centrum. Das ist den grunt podem des hertzen aller gescheffte [...]. Dieser
gruntpoden sol sein die erste vnd die oberste statio des Innersten Rates und
der obersten hauptmannschafft. Auf disem gruntpodem sol man der Stat
beste gezelte aufrichten vnd auf dem selben getzelte sol man auffstecken
des Reyches Banyr [...].*[449] *[A]uch sol man des Reyches Banyr über yclichem
Innern tor und der Stat Banyr über yclichem außern tor frolichen aufstek-
ken [...].*[450]

---

445   Weiter dazu GEMPERLEIN, Konrad Groß 1944, S. 101; dazu auch Karl Kohns Bericht vom
      08.11.1973: Die Stadtmauerfunde an der Oberen Wörthstraße, in: StadtA Nürnberg, F5,
      307/3.

446   Vgl. FLEISCHMANN, Ratsherrschaft 2008, S. 17f.: Die erste Mauererweiterung Mitte des 13.
      Jahrhunderts brachte wohl noch keine Komplettummauerung der Stadt, sondern noch
      zwei getrennte Mauerringe; auch Thomas LIEBERT: Eine Stadt rüstet auf. Der Ausbau
      der Nürnberger Stadtbefestigung im 15. und 16. Jahrhundert, in: Nürnberg 1999, hg. von
      FRIEDEL/FRIESER, S. 119–129, hier S. 121f., zu Fundamentfunden bei Ausgrabungen am
      Rosa-Luxemburg-Platz in den Jahren 1997/98.

447   Vgl. SCHNELBÖGL: Topographische Entwicklung 1971.

448   Dazu Markus SANKE: Ausgrabungen im Nürnberger Kreuzgassenviertel. Beiträge zur
      Siedlungs- und Sozialgeschichte einer spätmittelalterlichen Erweiterung der Lorenzer
      Stadt, in: Nürnberg 2000, hg. von NEUHAUS, S. 71–103, hier S. 72f.

449   Wehrgutachten von 1434, fol. 2v/3r.

450   Wehrgutachten von 1434, fol. 5r.

Im Zentrum der Stadt sollten demnach Zelte errichtet werden, die ebenso wie die inneren Mauern mit dem Reichsbanner gekennzeichnet wurden. Der Rat befand sich hier metaphorisch gesprochen im ‚Herzen' der Stadt, einem herrschaftlich hervorgehobenen Ort. Wie der König, der sowohl als Kopf und Herz bezeichnet wurde, charakterisierte man den Stadtrat als lenkendes Organ.[451] Dieser innere Bereich wurde mit dem Reich optisch verbunden, was wiederum die Ratsherrschaft auf die Privilegierung des Reichs zurückführte. Die äußeren Tore wurden mit den städtischen Bannern klar als Grenze und Schwelle zum reichsstädtischen Raum gekennzeichnet, was auch heranziehenden Feinden deutlich vor Augen geführt wurde. Erst wenn man dieses erste Hindernis überwunden hätte, würde man direkt vor dem als Teil des Reichs markierten Zentrum der Stadt stehen.

Dass eine Mauer aus mehreren Ringen bestand, war nicht ungewöhnlich. Meist machte der Ausbau der Stadt über die alten Grenzen hinaus neue Befestigungen notwendig, und die alten wurden oft beibehalten – aus repräsentativen Gründen, um das alte Befestigungsrecht und die Wehrhaftigkeit der Stadt zu repräsentieren oder auch aus praktischen Gründen; die alten Mauern wurden zu Wohn- und Arbeitsstätten umgewandelt und von der Stadt vermietet. Durch Stadtmauern konnten auch unterschiedliche innerstädtische Rechtsbereiche voneinander unterschieden werden.[452] In Augsburg waren die Domimmunität und das Kloster Sankt Ulrich und Afra eigens ummauert. Die rechtliche Stellung des Klosters geht zurück auf ein Privileg des Staufers Konradin (1254–1268), aus dem Jahre 1266, in dem er dessen Immunität festschreiben ließ.[453] Vermutlich war das Kloster bereits unter Kaiser Ludwig dem Bayern reichsunmittelbar geworden.[454] Die Tore zu

---

451 Vgl. REIFFERS, Das Ganze 2013, S. 66.

452 Vgl. dazu Türme – Tore – Bastionen. Die reichsstädtischen Befestigungsanlagen Augsburgs, hg. von Hermann KIEßLING/Ulrich LOHRMANN, Augsburg 1987, S. 33–40.

453 Vgl. die Urkunde vom 23.12.1266, in: MB 22, S. 223f., Nr. 32. Das Asylrecht des Stifts wurde im Stadtbuch von 1276 anerkannt, vgl. dazu MEYER, Stadtbuch, S. 37, Art. 12.

454 Wann das Stift St. Ulrich und Afra reichsunmittelbar wurde, lässt sich nicht exakt bestimmen, vgl. Wilhelm LIEBHART: Die Benediktinerabteien St. Ulrich und Afra (Augsburg) und Irsee im Ringen um Landeshoheit und Reichsunmittelbarkeit, in: Suevia Sacra. Zur Geschichte der ostschwäbischen Reichsstifte im Spätmittelalter und der Frühen Neuzeit. Pankraz Fried zum 70. Geburtstag. Tagung der Schwäbischen Forschungsgemeinschaft und der Forschungsstelle Augsburg der Kommission für bayerische Landesgeschichte in der Verbindung mit der Historischen Sektion der Bayerischen Benediktinerakademie in Ottobeuren von 05.–07. Mai 2000 (= Augsburger Beiträge zur Landesgeschichte Bayerisch-Schwabens, Bd. 8), hg. von DEMS./Ulrich FAUST, Stuttgart 2001, S. 133–142; auch Wilhelm LIEBHART: Zur Geschichte der ostschwäbischen Reichsstifte im Spätmittelalter und in

innerstädtischen Sonderbezirken werden im Kontext fürstlicher Residenzen von Matthias Müller als „Kommunikationsmedi[en] einer abgestuften Distinktion des Fürsten"[455] bezeichnet, welche die Residenz von der umliegenden Stadt trennten. Dieses Phänomen lässt sich in Augsburg auf die Domstadt mit der bischöflichen Pfalz übertragen. Hier hielt der Bischof auf Grundlage seines alten stadtherrlichen Befestigungsrechts weiterhin an seiner *antiqua vallis* und ihren *antiquae portae* fest.[456] Häufig kam es im 14. Und 15. Jahrhundert zu Streitigkeiten bezüglich der Immunitätsmauer, da der Stadtrat und der Bischof gleichermaßen diesen Mauerring für sich beanspruchten. Mit dem Übergang des Befestigungsrechts an die Stadt kümmerte sich diese laut Baumeisterbüchern um deren Unterhalt und Instandsetzung,[457] wenn auch oft unter Protest der Domherren. Beide Parteien instrumentalisierten die Mauer, um ihre Ansprüche zu demonstrieren – so beispielsweise 1447, als es zu Streitigkeiten kam [...] *umb die maur auf unser frawen graben, die ward umb geworfen von der stat hinder dem pfarrhof*.[458] Anscheinend war das Verschulden der Stadt beim Zeitgenossen Hektor Mühlich kein Geheimnis, auch wenn diese das nicht zugab und behauptete, [...] *doch wolt sie selb umb gefallen sein* [...].[459]

---

der Frühen Neuzeit. Eine Einführung, in: Suevia Sacra. Zur Geschichte der ostschwäbischen Reichsstifte im Spätmittelalter und der Frühen Neuzeit. Pankraz Fried zum 70. Geburtstag. Tagung der Schwäbischen Forschungsgemeinschaft und der Forschungsstelle Augsburg der Kommission für bayerische Landesgeschichte in der Verbindung mit der Historischen Sektion der Bayerischen Benediktinerakademie in Ottobeuren von 05.–07. Mai 2000 (= Augsburger Beiträge zur Landesgeschichte Bayerisch-Schwabens, Bd. 8), hg. von DEMS./Ulrich FAUST, Stuttgart 2001, S. 1–14, hier insbes. S. 156f.; dazu auch Pankraz FRIED: Zur Ausbildung der reichsunmittelbaren Klosterstaatlichkeit in Ostschwaben, in: Zeitschrift für württembergische Landesgeschichte (1981), S. 418–435; aus der älteren Forschung vgl. insbesondere Hermann ENDRÖS: Reichsunmittelbarkeit und Schutzverhältnisse des Benediktinerstifts St. Ulrich und Afra in Augsburg vom 11. bis zum 17. Jahrhundert, Augsburg 1934, dessen Thesen bis heute Bestand haben. Dazu die Urkunde vom 07.10.1323, in: MB 22, S. 253f., Nr. 54. Ludwig IV. nahm in Donauwörth den damaligen Abt Marquard von Hageln (1323–1334) als Kaplan auf und gewährte im Zuge dessen die genannten Privilegien.

455 Vgl. MÜLLER, Bildwerdung 2013, S. 43f.

456 Vgl. exempl. die Urkunde vom 29.08.1246, in: UBA 1, S. 5–7, Nr. 6: Gotfried von Hohenlohe überlässt an den Augsburger Bürger Otto Bogner ein Grundstück [...] *apud antiqua porta* [...]; dazu auch PORSCHE, stadtmauer 2000, S. 227; auch BRÜHL, Palatium und Civitas 1990 S. 214.

457 Vgl. dazu die detaillierte Auswertung bei HOFFMANN, Thore 1886, S. 7–14.

458 Vgl. die Chronik des Hector Mühlich, S. 99.

459 EBD.; deutlicher formulierte hier Johannes FRANK: Augsburger Annalen 1430–1462, in: Die Chroniken der schwäbischen Städte. Augsburg, Bd. 5 (= Die Chroniken der deut-

,CORPORATE BRANDING': DIE SPÄTMITTELALTERLICHE REICHSSTADT   233

Ein ähnlicher Streit brach 1456 aufgrund eines Turms aus, der von der Stadt abgebrochen wurde, da er einzustürzen drohte. Die Domherren reichten daraufhin Klage ein und konnten ihr Recht an der Mauer durchsetzen.[460] Im selben Jahr ließ der Rat den Frauentorturm im Norden der Domstadt um ein Stockwerk erhöhen und aufgrund seiner Baufälligkeit ausbessern.[461] Obwohl das Recht über die Immunitätsmauer beim Bischof und seinem Domkapitel lag, ließ es sich die Reichsstadt nicht nehmen, weiterhin baulich und symbolisch auf diese zuzugreifen.

An den beiden Beispielen Augsburg und Nürnberg kann man eindrucksvoll sehen, dass sich Räume überlagern konnten.[462] Eine Staffelung ist nicht nur im rechtlichen, sondern auch im symbolischen Sinne möglich, wodurch entweder dauerhaft oder okkasionell Räume – auch ohne feste Mauergrenzen – geschaffen wurden: Das Reich wurde instrumentalisiert, um den Status der Stadt oder bestimmter innerstädtischer Gebiete herauszustellen.

3 „Invented Traditions":[463] Bezugspunkte in der Reichs- und Stadtgeschichte

3.1 Lokale ,Reichs'-Zeichen

Die Bemalung des Perlachturms mit einem Reichsadler, die auf dem Jahreszeitenbild zu sehen ist, stellt das erste bildliche Zeugnis dieses prominenten Reichssymbols im Augsburger Zentrum, dem Kristallisationskern der

---

schen Städte vom 14. bis ins 16. Jahrhundert, Bd. 25), Göttingen/Zürich 1966, S. 295–340, hier S. 296: [...] *warfen die von Augspurg unser Frawen maur ernider mit gewalt* [...]. Johannes Frank war dem Konvent von St. Ulrich und Afra zugehörig. Nach den wenigen Informationen, die über sein Leben bekannt sind, vermutet man, dass er die Annalen um 1460 verfasste.

460 Vgl. die Chronik des Burkhard Zink, S. 213f.: [...] *da erhueb sich ain ander krieg zwischen der pfaffen und der burger dem was also: die maur von dem hailig creutzer tor biß zu unser lieben frawen tor, die wolten sie aigen* [...].

461 Vgl. die Chronik des Burkhard Zink, S. 215: [...] *da ward man zu rat, man solt unser frawen tor höher machen zwei gadmer* [...].

462 PILTZ, Trägheit 2008, S. 81.

463 Der Begriff ist angelehnt an das kritische Konzept nach Eric HOBSBAWM/Terence O. RANGER: The Invention of Tradition, Cambridge 1992. Er verweist darauf, dass Traditionen und Geschichte(n) häufig „erfunden" wurden und nicht der Realität bzw. historischen Zuständen entsprachen. So sollte ein gemeinsames Bewusstsein und Gedächtnis geschaffen werden, um zeitgenössische Normen, Strukturen und Ansichten zu transportieren, zu legitimieren oder zu festigen.

234 KAPITEL 3

reichsstädtischen Symbolbauten, dar (Abb. 1). Dieser Reichsadler wurde jedoch erst kurz vor 1500 hier angebracht[464] und scheint demnach in Augsburg im späten Mittelalter nicht primär zu einem ikonographischen Programm gehört zu haben, um die Stadt und das Reich zu repräsentieren.[465] Um voreilige Schlussfolgerungen zu vermeiden und nicht durch die fehlende Symbolik auf eine mögliche Reichsferne zu verweisen, ist es unabdingbar, weitere Hinweise und Prämissen der Stadtgestaltung heranzuziehen, welche auf das Selbstverständnis der Stadt rückschließen lassen. Auf dem eben erwähnten Gemälde kann man an der Westfassade des Rathauses, oberhalb des Portals, ein heute noch erhaltenes Steinrelief erkennen (Abb. 29).[466] Dieses datiert in die Zeit um 1440/50, und demnach in denselben Zeitraum, in dem der Maler Amann den Auftrag für den Reichsadler erhielt. Das Relief war dem Marktgeschehen zugewandt und aufgrund seiner Größe von 2,5 auf 2,5 Meter sowie seiner erhöhten Anbringung deutlich akzentuiert und sichtbar. Zu erkennen ist mittig der sogenannte Stadtpyr, der schon auf dem reichsstädtischen Siegel ab der Mitte des 13. Jahrhunderts sowie den gemeinsamen Münzen von Bischof und Reichsstadt ab dem Ende des 14. Jahrhunderts erschien. Dieser Pyr liegt auf dem einfach geteilten Wappen des Hochstifts in Silber und Rot.[467] Der Schild wird von zwei sogenannten ,wilden Männern' gehalten und sitzt auf einem Thron, der auf dem Rücken zweier Löwen aufliegt. Über dem Wappen entrollen zwei Engel ein Schriftband mit den Worten:

Christi tibi gloria in / Augusta raecia urbe / vere regia

Die eben erwähnten Komponenten der komplexen Darstellung werden im Folgenden jeweils eine Einzelanalyse erfahren, um ihre Bedeutungen für Augsburg zu erfassen und in einer Gesamtbetrachtung zusammenzuführen.

Zunächst ist der Stadtpyr auf dem Wappen zu nennen. Die Bezeichnung ist nicht unumstritten. In Anlehnung an die älteren und vor allem schlecht erhaltenen Siegeldarstellungen wurde er unter anderem als Lebensbaum gedeutet.[468]

---

464 Vgl. die Einträge in: StadtA Augsburg, BMB.

465 Bereits KAH, Augsburg 2015, S. 59.

466 Zum Relief vgl. u. a. Eduard ZIMMERMANN: Augsburger Zeichen und Wappen, Augsburg 1970, S. XII; nach dem Abbruch des Rathauses wurde das Relief an die alte Stadtbibliothek an St. Anna übertragen. Später kam der Stein an die Ostfassade des ab 1615 erbauten Rathauses von Elias Holl, wo er sich noch heute befindet.

467 Zum bischöflichen Banner vgl. ZIMMERMANN, Zeichen 1970, S. XI.

468 Dazu auch STADLER/ZOLLHOEFER, Wappen 1952, S. 114, mit dem Verweis auf ein redendes Wappen, im Sinne von Augusta = augere = wachsen. Diese Deutung ist mit Sicherheit unzutreffend; auch Peter JOHANEK: Geschichtsschreibung und Geschichtsüberlieferung

ABB. 29   *Originalrelief aus Stein am Augsburger Rathaus.*
© ANGELIKA PREM

236 KAPITEL 3

Der Pyr ist aller Wahrscheinlichkeit nach das Erbe eines römischen Grabkults um Attis und Kybele und das Abbild eines steinernen Pinienzapfens.[469] Dieser Kult war bis Anfang des 16. Jahrhunderts nicht präsent,[470] gleichwohl aber die antike Herkunft des Zeichens. So heißt es in der Chronik des Hektor Mühlich: *Item Drusus, ain Römer, was kaiser Octavianus stuifsun, der ließ dise stat Augspurg umbmauren und gab ir das wappen, die per oder pir.*[471] Da noch Jahrhunderte nach dem Abzug der Römer aus Augsburg die steinernen Überreste der antiken Grabmäler in und um Augsburg omnipräsent waren, fand der Pinienzapfen nicht nur Einzug in das kollektive Gedächtnis der Stadt, sondern auch in das reichsstädtische Siegelwesen und dadurch in das Stadtwappen, ohne dessen tatsächliche Bedeutung zu erkennen.[472] Das bei Mühlich letztgenannte *pir* geht zurück auf den in der Legende des Bischofs Otto von Freising verwendeten Begriff *pyra*, womit die Flamme gemeint war,

---

in Augsburg am Ausgang des Mittelalters, in: Literarisches Leben in Augsburg während des 15. Jahrhunderts (= Studia Augustana, Bd. 7), hg. von Johannes JANOTA/Werner WILLIAMS-KRAPP, Tübingen 1995, S. 160–182.

469 Zum Kult vgl. Cybele, Attis and related Cults. Essays in Memory of M.J. Vermaseren (= Religions in the Graeco-Roman World, Bd. 131), hg. von Eugene LANE, Leiden/Boston 1996; den Mysterien zu Folge entmannte sich Attis unter einer Pinie, nachdem seine in ihn verliebte und eifersüchtige Mutter Kybele auf dessen Hochzeit mit einer Königstochter die komplette Gesellschaft getötet hatte. Er verstarb an den Verletzungen, woraufhin seine Mutter bei Zeus erwirken konnte, dass der Leichnam ihres Sohnes nicht verwesen solle. Daraus entstand ein Fruchtbarkeitskult, der wiederum durch die Darstellung der Pinie auf antiken Grabmälern auf ein Leben nach dem Tode bzw. den Gedanken der Wiedergeburt übertragen wurde. Diese Deutung war im Mittelalter nicht verbreitet, vgl. dazu Ulrich STOLL: Pinienzapfen und Zirbelnuss. Ein Beitrag zur Deutung des römischen Pinienzapfens und zur Geschichte des Augsburger Stadtwappens, in: ZHVS 79 (1985), S. 55–110, hier S. 58, was jedoch die Herkunft nicht in Frage stellt, sondern vor allem für die zeitgenössische Aussage wichtig ist.

470 Auf dem Augsburger Reichstag von 1530 deutete der italienische Humanist Mariangelus Accursius den Pinienzapfen als einen solchen. Nur wenige Jahrzehnte später wurde der Pinienzapfen von Marcus Welser als Zirbelnuss bezeichnet, vgl. dazu Markus WELSER/Achilles Pirmin GASSER/Engelbert WERLICH: Chronica der weitberuempten Keyserlichen Freyen und deß H. Reichs statt Augspurg in Schwaben: von derselben altem Vrsprung, Schöne, Gelegene, zierliche Gebäwen vnnd namhafften gedenckwürdigen Geschichten, in acht unterschiedliche Capitul ... abgetheilt ..., Bd. 1, Franckfurt am Mayn/Frankfurt am Main 1595, S. 25; auch Friedrich ROTH: Das Aufkommen der neuen Augsburger Statpir mit dem Capitäl und dem Cisa- oder Cybelekopf um 1540, in: ZHVS 35 (1909), 115–127.

471 Vgl. dazu Chronik des Hector Mühlich, S. 1.

472 Vgl. zum Pinienzapfen und dessen Bedeutung für Augsburg u. a. ZIMMERMANN, Zeichen 1970, S. IX–XIV; sowie KRÜGER, Stadtsiegel 2009, S. 30f.

,CORPORATE BRANDING': DIE SPÄTMITTELALTERLICHE REICHSSTADT   237

welche das Grabmal des Gründers Augsburgs, Kaiser Augustus' Stiefsohn Drusus, in Mainz zierte.[473] Ebenso gebrauchte man im 15. Jahrhundert für die Pinienzapfen die deutsche Bezeichnung *ber* (*per*), die auf die weintraubenähnliche Form verweist, die man gesichert seit 1260 auf dem zweiten Siegeltypar bzw. auf dem Relief des Rathauses erkennen kann.[474] Der Rat der Reichsstadt verwendete diese Steine als Mark- oder Freiensteine zur Kennzeichnung des städtischen Rechtsbereichs,[475] unter anderem an Stadtmauern und Toren bzw. auch auf den Hauptplätzen der Stadt. Der einzige *pyr*, der sich noch *in situ* befindet, ist ein reliefierter Werkstein am Jakobertor (Abb. 30). Dieser ist jedoch kein original antiker Stein, sondern seinem Stil nach in die Erbauungszeit des Tores um 1346 zu datieren.[476] Dass die römischen Pinienzapfen im Mittelalter nicht mehr in ausreichender Zahl vorhanden waren und nachgefertigt wurden, zeigt ein Eintrag in den Baumeisterbüchern: 1429 ließ der Rat einen Stein nach Neuburg transportieren, um daraus eine *per* hauen zu lassen.[477] Alleine daran lässt sich ihre Bedeutung jedoch nicht erfassen. Ein Vorkommnis aus dem Jahre 1451 verdeutlicht die Brisanz, welche dem Symbol zur Zeit der Anfertigung des Reliefs innewohnte: Die Zeiten während des Episkopats Peters von Schaumberg waren konfliktbehaftet. Wenn man in bestimmten Phasen der Beziehung auch von Einigkeit sprechen kann – wie im Jahre 1447, als sich Bischof Peter für den Schutz der Stadt dem Schwäbischen Städtebund anschloss –,[478] so überwiegen in der Überlieferung doch Schilderungen von Auseinandersetzungen. Da die Produktion von Schriftquellen in Krisenzeiten

---

473   Vgl. Ottonis episcopi Frisingensis Chronicon, in: MGH SS 20, hg. von Georg Heinrich PERTZ, Hannover 1868, S. 85–301, hier S. 173, lib. 3, cap. 3. Die ausgefranste Form des Pyr auf dem ersten Siegel von 1237 kann wohl auf dessen Erhaltungszustand zurückgeführt werden und nicht auf eine tatsächliche Abbildung als Flamme.

474   Auch hier möchten STADLER/ ZOLLHOEFER, Wappen 1952, S. 114f., ein redendes Wappen im Sinne von Augster = Traubensorte mit großen Beeren erkennen.

475   Vgl. dazu u. a. Hans-Werner NICKLIS: Von der ,Grenitze' zur Grenze. Die Grenzidee des lateinischen Mittelalters (6.–15. Jhdt.), in: BDLG 128 (1992), S. 1–29; auch Franz X. SIMMERDING: Grenzzeichen, Grenzsteinsetzer und Grenzfrevler. Ein Beitrag zur Kultur-, Rechts- und Sozialgeschichte, hg. vom DEUTSCHEN VEREIN FÜR VERMESSUNGSWESEN, LANDESVEREIN BAYERN, München 1996.

476   Dazu vgl. u. a. ZIMMERMANN, Zeichen 1970, S. XI; zur „Raumordnung durch Versteinerung" vgl. SZABÓ, Visualisierung 1993, S. 59f.; auch VOLK, Visualisierung 1993, S. 43; ebenso SEILER, Heraldik 2004, v. a. S. 207, zu den ortsgebundenen Wappen.

477   Vgl. dazu die Einträge zu 1429/30, in: StadtA, BMB, fol. 73r: der Steinmetz war Ulrich Wolffartzhauser, dazu auch WILHELM, Wandmalereien 1983, S. 565–569.

478   Vgl. SCHNITH, Reichsstadt 1985, S. 162; auch UHL, Peter von Schaumberg 1940, S. 157, mit S. 155f., zu weiteren Situationen der Einigkeit, z. B. die zahlreichen Geschenke, die der Bischof von der Reichsstadt erhielt.

ABB. 30   *Reliefierter Werkstein am Jakober Tor mit dem Pyr, Augsburg, um 1346.*
© DANIELA KAH.

intensiviert wurde, muss man das Verhältnis zwischen Kooperation und Differenz hinterfragen. Die Tragweite der Auseinandersetzungen in dieser Zeit spricht dafür, dass die hohen Forderungen, die von beiden Seiten formuliert wurden, zu einer ausgeprägten Konkurrenzsituation führten. Diese wurde auch visuell kommuniziert. So instrumentalisierten beide Seiten während der Streitigkeiten eine Steinsäule mit einem Pyr, die sich innerhalb des ummauerten Bereichs der Domimmunität befand, zur Sichtbarmachung ihrer Ansprüche.[479] Pirmin Gasser erwähnt in seinen Annalen einen weiteren steinernen Stadtpyr, der sich vor dem Rathaus befunden haben soll.[480] Die originalen Stücke haben sich nicht erhalten. Allerdings kann man sich durch den Seldplan von 1521 eine Vorstellung von deren Aussehen machen: Auf dem Domhof ist eine solche Säule noch für die erste Hälfte des 16. Jahrhunderts bezeugt (Abb. 31). Dies gibt einen Hinweis darauf, dass sowohl die Reichsstadt

---

479   Auch KAH, Augsburg 2015, S. 62f.; dazu ausführlich: Martin KAUFHOLD: Prügelei am Stadtpyr: Ein zerrissener Mantel und die politischen Kämpfe der Reichsstadt (um 1450), in: Augsburg 2009, hg. von DEMS., S. 52–71.
480   Vgl. GASSER, Annales Augustani 1593, hier zu 1459; HOFFMANN, Zeichen 1970, S. X, geht analog zur Säule mit den Markuslöwen in Venedig davon aus, dass hier die Hinrichtungen stattfanden; diese These muss relativiert werden, da sich die Richtstätte in Augsburg vor den Toren befand; nach EBD., S. X, ist es der ehemals im Römischen Museum aufgestellte Pyr in Traubenform. Auch diese Annahme ist nicht richtig, da der Ursprungsort dieses Zapfens sowie der Verbleib des Pyrs auf dem Rathausplatz nicht bekannt sind. Der Stein musste spätestens bei der Errichtung des Augustusbrunnen 1594 weichen.

ABB. 31   *Der Fronhof mit dem Pyr. Detailausschnitt aus dem Seldplan, Holzschnitt 180 × 91 cm, Augsburg, 1521, Kunstsammlungen und Museen Augsburg, Inv.-Nr. G 63.*
© KUNSTSAMMLUNGEN UND MUSEEN AUGSBURG.

als auch der Bischof den Pyr als hoheitliches Symbol für sich beanspruchten. Konkreter wird dies in einer 45 Artikel umfassenden Beschwerdeschrift aus dem Jahre 1451, die Peter von Schaumberg dem Rat übergab.[481] Diese bezog sich auf einen Vorfall aus dem Jahre 1438, als da [...] *ward die statpir umbgestochen auf dem Fronhof an ainem stechen, die wolt der vicari nimmer auf laßen richten; da richtet sie die stat mit gewalt auf.*[482] Die Klage des Bischofs enthält folgenden Wortlaut:

---

481   Dazu u. a. UHL, Peter von Schaumberg 1940, S. 160–168.
482   Vgl. ANONYME CHRONIK 991–1483, S. 489; dass der Pyr wieder aufgestellt wurde, verdeutlicht der Fall von Betz Schüttelheben aus den Jahren 1448/9, der bei einer Prügelei zweier Knaben im Dom eingriff und daraufhin zu Unrecht abgeführt wurde [...] *auß der kirchen biß zů der piren auf dem hoff* [...], vgl. dazu das Schreiben in: StadtA Augsburg, Reichsstadt, Rat, Geheimer Rat, Beziehungen zu Hochstift, Bischof, Domkapitel (1408–1794) Nr. 5; ausführlich zu der Begebenheit KAUFHOLD Stadtpyr 2009, S. 69; bereits auch HOFFMANN, Zeichen 1970, S. X.

Item alls aus dem herkomen der stat zu Augspurg [...], *das zaichen der Ber, das zu andem vnserm Stifft zusteet, bedewtet, von dem Stifft vnd ainem Bischoue herrueret, vnd das ain Bischoue die zesetzen recht hat, vnsern vorfarn auch dasselb zaychen zum Thumb vnd im crewtzgang, auch auff vnserm fronhoue, zu Sant Ulrich, dartzu in etlichen thumbherrnhouen vnd andern enden in der stat, da man freyung haben soll, auch damit man noch leutrer verstee, das die Ber ainem Bischoff zusetzen zustet* [...] *bis das die Bere vff vnserm fronhoue am nechsten vmbgestossen wart, vnd wir die als vnser vorfarn gethan haben wider vfrichten wolten, habt ir die mit gewallt aufgericht* [...].[483]

Da sich die Stadt das Recht nahm, den Pyr auf dem Domhof wieder aufzustellen, kam es zum Zerwürfnis mit dem Bischof. Dieser versuchte, das althergebrachte und dadurch legitimierte Recht, [...] *das zaichen der Ber* [...] *ze setzen* [...], zu verteidigen. Es wird deutlich, dass alle Räume, die der Bischof und hinaus sein Domkapitel für sich beanspruchten, mit dem Pyr gekennzeichnet wurden. Diese Räume waren Bereiche der *freyung*, die der Reichsstadt nicht steuerpflichtig waren. Dazu gehörte nach dem Verständnis des Bischofs auch das Kloster Sankt Ulrich und Afra, das vermutlich bereits unter Kaiser Ludwig dem Bayern reichsunmittelbar und somit aus dem Verfügungsbereich des Bischofs ausgegliedert wurde. In der Streitschrift erfährt man, dass Peter von Schaumberg versuchte, an die alten stadtherrlichen Rechte anzuknüpfen und damit die Rechte der bürgerlichen Stadt einzudämmen. So sei auch die Reichsvogtei mit dem Bistum verbunden und stünde deshalb eben jenem zu, wie dreihundert Jahre zuvor durch Kaiser Friedrich I. im Stadtrecht von 1156 fixiert worden war.[484] Die Stadt erläuterte in einem Antwortschreiben ihren Standpunkt und bezog sich dabei auf die nach dem Stadtbuch von 1276 erworbenen Privilegien – unter anderem auf die Vogtei, die seit dem Recht König Sigismunds 1426 gänzlich in städtischer Hand lag.[485] Außerdem artikulierte der Rat seine Ansprüche auf die Verwendung des Pyr als reichsstädtisches Symbol: Der Pyr stehe der Stadt zu, weil das Symbol ein heidnisches sei. Noch bevor die christliche Priesterschaft respektive die Bischöfe nach

---

483 Vgl. die Streitschrift vom 28.06.1451, zitiert nach Joseph BAADER: Cardinal und Bischof Peter von Augsburg im Streite mit der Stadt Augsburg, in: Beiträge zur Geschichte des Bisthums Augsburg 2, hg. von Anton STREICHLE, Augsburg 1852, S. 369–400, hier S. 385; zudem UHL, Peter von Schaumberg 1940, S. 161–168.

484 Vgl. auch BAADER 1852, S. 379; vgl. dazu auch SCHNITH, Reichsstadt 1985, S. 162; auch KIEßLING, Bürgerliche Gesellschaft 1971, S. 56f.

485 Dazu u. a. UHL, Peter von Schaumberg 1940, S. 161–168.

Augsburg kamen, sei es verwendet worden, um den städtischen Raum zu markieren.[486] Der Grund und Boden, den nun die Geistlichkeit für sich beanspruchte, wurde weiterhin dem Reich zugesprochen. Folglich würde er auch in den Verfügungsbereich der Reichsstadt fallen. Erst ein Vergleich vom 03. Juni 1456, der durch ein kaiserliches Schiedsgericht herbeigeführt wurde, schrieb den Fronhof als bischöfliches Eigentum fest.[487] Das bloße Aufstellen der Pyr verweist nach diesem Beschluss nicht zwingend, zumindest nicht de jure, auf reichsstädtischen Besitz.[488] Der Stadt wurden in jenem Schiedsspruch ihre Privilegien bestätigt, weshalb ein gewisser Ausgleich zwischen beiden Parteien geschlossen wurde. Der Pinienzapfen bzw. die *statper* wurde somit in der Mitte des 15. Jahrhunderts zu einem hochpolitisch aufgeladenen Symbol, was mit den humanistischen Strömungen zusammenhing, über die eine Strategie zur Legitimierung der städtischen Freiheiten gesucht wurde. Verweise auf das vorbischöfliche Alter der Steine findet man in ähnlichen Ausführungen auch für die Reichsanbindung: So verweisen die Gründungslegenden in den Augsburger Chroniken allesamt auf die Anciennität der Stadt und die seit der Anfangszeit bestehenden kaiserlichen beziehungsweise königlichen Rechte.[489] Spätestens in dieser Zeit wurde der Pyr mit historisierendem Gedankengut aufgeladen, welches die lokale Symbolkraft erhöhte.[490] Diese findet Ausdruck auf dem Relief am Rathaus – unter anderem durch die Inschrift, der eine zentrale Bedeutung zukommt. Augsburg wurde dadurch in das Gebiet des antiken sowie des mittelalterlichen Römischen Reichs eingebunden: die Idee der *translatio imperii*[491] wurde konkretisiert, die römische Geschichte diente der

---

486 Vgl. dazu EBD.

487 Dazu die Urkunde vom 22.07.1456, in: MB 34, 1, S. 478–487, Nr. 189, hier S. 484: *Auch dez fronhoffs halben, Sprechen wir, daz der dez* [...] *Byschoffs czu Augspurg vnd seiner gnaden nachkomen sein vnd beleyben sol* [...]; vgl. auch UHL, Peter von Schaumberg 1940, S. 174f.

488 Zum Vorfall vgl. SCHNITH, Reichsstadt 1985, S. 162; auch KAUFHOLD, Stadtpyr 2009, S. 69.

489 Vgl. dazu auch Karl SCHNITH: Mittelalterliche Augsburger Gründungslegenden, in: Fälschungen im Mittelalter. Internationaler Kongreß der Monumenta Germaniae Historica München, 16.–19. September 1986, Teil 1: Kongreßdaten und Festvorträge. Literatur und Fälschung (MGH Schriften, Bd. 33,1), Hannover 1988, S. 497–517, hier S. 513; auch Paula GIERSCH: Die Augsburger Gründungslegende – Motiventwicklung und Motivverknüpfung im Mittelalter, in: ZHVS 97 (2004), S. 7–45.

490 Dazu u. a. JOHANEK, Geschichtsschreibung 1995.

491 Zu dieser Idee grundlegend: Werner GOEZ: Translatio Imperii. Ein Beitrag zur Geschichte des Geschichtsdenkens und der politischen Theorie im Mittelalter und der Frühen Neuzeit, Tübingen 1958.

Legitimation von Status und Stellung der Stadt.[492] So wurde das Gedenken an die ehemalige Hauptstadt der Provinz Rätien – *Augusta Raetia* –, in der sich der Sitz des Statthalters befand, geschaffen bzw. aufrechterhalten.[493] Dieser verwaltete die Provinz im Auftrag des Kaisers, was wiederum einen Verweis auf das reichsstädtische Regiment liefert: Der Rat regierte in der Reichsstadt mit kaiserlicher Privilegierung und Bestätigung und machte Augsburg somit zu einem zentralen Ort des Reichs. Dies wird durch den Wortlaut *in urbe vere regia* noch gesteigert: Der hier formulierte Anspruch eine ,wahrhaft königliche Stadt' zu sein, erhob Augsburg über alle sonstigen Reichsstädte.

Die beiden Löwen, welche den Thron tragen, interpretierte Heinrich Dormeier als „die beiden Gönner der Stadt," Heinrich IV. und Rudolf von Habsburg.[494] Diese Löwen konkreten Herrschern zuzuschreiben erscheint im zeitgenössischen Kontext als abwegig und wäre alleine aufgrund der ikonographischen Darstellung nicht möglich.[495] Vielmehr handelt es sich um typische Thronlöwen, wie man ihnen bereits auf dem Relief Kaiser Ludwigs IV. im Nürnberger Rathaussaal begegnete. Stellvertretend standen die Löwen auch für Christus[496] beziehungsweise die königliche Richtergewalt. Diese Funktion lässt sich auf das reichsstädtische Rathaus übertragen: Der königliche Vogt tagte als Inhaber der Hochgerichtsbarkeit dreimal jährlich im Rathaus. Christus wurde nicht nur in der Inschrift angerufen. Dessen Stellvertretung ging symbolisch auf die Reichsstadt über. Somit ist hier ein Hinweis auf den Anspruch der sakralen Legitimation des Rates gegeben, der durch die Weihe in der Ratskirche – der Stiftskirche Sankt Peter am Perlach – zum Ausdruck gebracht wurde. Auch die beiden Engel, welche das Schriftband entrollen, sind in diesem Kontext zu sehen. Auf Thronsiegeln erscheinen sie häufig als

---

492 Zu diesem Phänomen vgl. Rudolf HIESTAND: ,Cives Romanus sum'. Zum Selbstverständnis bürgerlicher Führungsschichten in den spätmittelalterlichen Städten, in: Herkunft und Ursprung. Historische und mythische Formen der Legitimation. Akten des Gerda Henkel Kolloquiums, veranstaltet vom Forschungsinstitut für Mittelalter und Renaissance der Heinrich-Heine-Universität Düsseldorf, 13.–15. Oktober 1991, hg. von Peter WUNDERLI, Sigmaringen 1994, S. 91–109, hier S. 96.

493 Zu den Aufgaben der historischen Erinnerung vgl. HAUG, Siena 2008.

494 Vgl. DORMEIER, Kurzweil 2001, S. 194.

495 Der Löwe wurde oft als Beiname von Herrschern verwendet, auch wenn sich dies für die einzelnen Personen meist nicht durchsetzte; dazu Dirk JÄCKEL: Der Herrscher als Löwe. Ursprung und Gebrauch eines politischen Symbols im Früh- und Hochmittelalter (= Beihefte zum Archiv für Kulturgeschichte, Bd. 60), Köln/Weimar/Wien 2006, insbesondere S. 294.

496 Nach Matth. Kap. 25, V. 31–34; dazu Wolfgang SELLERT: Recht und Gerechtigkeit in der Kunst, Göttingen 1993, S. 69.

Wappenhalter[497] oder nehmen die ‚himmlische Höhe' über dem Wappen des Siegelführers ein, wie auch auf diesem Relief. Die Verbindung zwischen profaner und christlicher Ikonographie diente dazu, die Reichsstadt ebenso wie das Reich in die universelle Heilsgeschichte einzubeziehen.

Die Darstellung der Wilden Männer ist für die Mitte des 15. Jahrhunderts Usus. Diese mythischen Mischwesen zwischen Mensch und Tier standen für die Kraft Gottes und der Natur, weshalb sie in ihren Funktionen als Schutzherren und Symbole der Urgemeinschaft über das reichsstädtische Kollektiv wachten und die gemeinsame Identität förderten.[498] Die Wilden Männer findet man auch in Lübeck. In der Vorhalle des Rathauses führte eine Treppe direkt in den Weinkeller. Zwischen der Treppe und den mittleren Pfeilern befanden sich rechtwinklige Beischläge. Dazu heißt es in der Chronik des Lübecker Reimar Kock: 1452 [...] *wûrden tho Lübeck gesettedt vor dat Radthûs de Missinges bishlege, darinne is gegaten de Keiser, Alse he sidt in siner Herlicheidt [...].*[499] Es handelt sich hier um die Beschreibung der südlichen Wange mit dem Kaiser auf dem Thron, mit Zepter in seiner Rechten und Reichsapfel in seiner Linken (Abb. 32). Die nördliche Wange wurde mit einem Wilden Mann geschmückt, der eine Keule in seiner Rechten hält (Abb. 33). Sein Oberkörper ist von einem Schild verdeckt, auf dem sich ein doppelköpfiger Adler befindet. Es ist anzunehmen, dass das lübische Stadtwappen gemeint ist. Nachdem in dieser Zeit jedoch der Doppeladler für das Reich institutionalisiert ist, ist eine eindeutige Unterscheidung nicht immer möglich. In diesem Fall ist die Sichtbarkeit im Vergleich zum Augsburger Relief eindeutig beschränkter, da man sich erst auf den Weg in den Keller machen musste, um diese Darstellung bewusst wahrzunehmen. Die heutige, akzentuierte Anbringung am Hauptportal des Rathauses stammt aus dem Jahre 1846, als die Treppe beseitigt wurde.[500]

Wie bei den gemeinsamen Münzen von Reichsstadt und Bischof ab dem Ende des 15. Jahrhunderts bildete das Augsburger Relief eine ikonographische Einheit, indem die *statper* auf den Schild des Bistums gelegt wurde. Die

---

497 Zu der heraldischen Bedeutung von Engel vgl. u. a. DIEDERICH, Siegelkunde 2012, S. 198–200.

498 Ralf Ernst HINTZ: Der Wilde Mann – ein Mythos vom Andersartigen, in: Dämonen, Monster, Fabelwesen (= Mittelalter Mythen, Bd. 2), hg. von Ulrich MÜLLER/Werner WUNDERLICH, Sankt Gallen 1998, S. 617–626; weiter auch Hayden WHITE: The Forms of Wilderness: Archaeology of an Idea, in: The Wild Man within. An Image of Western Thought from the Renaissance to Romanticism, hg. von Edward DUDLEY/Maximilian E. NOWAK, Pittsburgh 1972, S. 3–38.

499 Reimar KOCK: Chronik von Lübeck, Teil II, StadtB Lübeck, Ms. Lub. 2° 31, Bl. 32v; weiters vgl. Rathaus 1974, hg. von BRUNS/RAHTGENS/WILDE, S. 79f.

500 EBD., S. 78.

ABB. 32 *Südliche Beischlagwange am Lübecker Rathaus mit der Königsdarstellung, 1456.*
© DANIELA KAH.

ABB. 33   Nördliche Beischlagwange am Lübecker Rathaus mit dem Wilden
         Mann, 1456.
         © DANIELA KAH.

246   KAPITEL 3

Herkunft bzw. die Verleihung der Farben an den Bischof von Augsburg ist nicht belegt; jedoch geben die Farben Rot und Silber/Weiß einen Hinweis auf die Herleitung aus den Farben des staufisch-schwäbischen Herzogtums.[501] Durch diese Darstellung wurde der Anspruch des Augsburger Rates auf Zusammengehörigkeit von Grund und Boden des Bistums und der Reichsstadt visualisiert. Die Botschaft der Anciennität wurde durch die Inschrift transportiert. Deren Rezeption setzte sowohl Lese- als auch Lateinkenntnisse voraus, ebenso wie ein Grundverständnis für die Vorgeschichte Augsburgs, um das *rätische Augsburg* einordnen zu können. Es handelte sich hier schon aufgrund des begrenzten Platzes, der für Inschriften zur Verfügung stand, um die plakative Wiedergabe der Augsburger römischen Geschichtsschreibung des 15. Jahrhunderts. Deren Inhalt wurde in wenigen Worten knapp aber eindeutig auf das Essentielle zusammengefasst und transportierte damit das Selbstverständnis des Stadtrates.[502] Auch der antike Ursprung des Reichsadlers war den Zeitgenossen durchaus bewusst,[503] weshalb er im Allgemeinen wie der Pyr verwendet wurde, um Anciennität und Legitimation auszudrücken. Speziell in Augsburg konstruierte man nicht nur durch den Gebrauch der Zeichen, sondern mitunter auch *um* den Gebrauch der Zeichen,[504] was auf die Beteiligten und auch auf die Betrachter eine starke identitätsbildende Wirkung hatte.

3.2   *Gründungsmythen, Schlachten, Privilegien: Ihre Inszenierung im reichsstädtischen Raum*

Der Pyr, der in Augsburg als ‚lokales Reichszeichen' verwendet wurde, kann im weiteren Sinne auch als eine Art ‚Historienbild' gelten.[505] Solche Bilder kann

---

501   So auch ZIMMERMANN, Zeichen 1970, S. XI; mit Erwin GATZ: Die Wappen der Hochstifte, Bistümer und Diözesanbischöfe im Heiligen Römischen Reich 1648–1803, Regensburg, 2007, S. 28.

502   Vgl. zum Wert der Inschriften und deren Inhalten Regula SCHMID: Öffentliche Geschichte. Kommunale Inschriften in der frühneuzeitlichen Stadt, in: Interaktion 2004, hg. von SCHLÖGL, S. 409–443, hier S. 430; vgl. darüberhinaus zu den Inschriften Rudolf KLOSS: Einführung in die Epigraphik des Mittelalters und der Frühen Neuzeit, Darmstadt ²1992, S. 26–30.

503   Vgl. KORN, Adler 1969, S. 45f.

504   Vgl. weiterführend auch Valentin GROEBNER: Zu einigen Parametern der Sichtbarmachung städtischer Ordnung im späten Mittelalter, in: Stadt und Recht im Mittelalter. Le ville et le droit au moyen Âge (= Veröffentlichungen des Max-Planck-Instituts für Geschichte, Bd. 174), hg. von Pierre MONNET/Otto Gerhard OEXLE, Göttingen 2003, S. 133–151.

505   U. a. dazu SCHMID, Geschichte 2009, S. 148; zum Begriff der Historienmalerei vgl. Norbert SCHNEIDER: Historienmalerei. Vom Spätmittelalter bis zum 19. Jahrhundert, Köln/

man als Denkmäler und Instrumente der „soziopolitischen Identitätsbildung" bezeichnen, denn der Bezug auf vergangene Ereignisse diente der Legitimation und Traditionsbildung.[506] Dadurch versuchte man die aktuelle Situation oder das Selbstverständnis in der Gegenwart zu erklären oder sich selbst im weltgeschichtlichen Geschehen zu verorten.[507] Wichtig war die Ansicht der Auftraggeber dieser Kunstwerke, die davon überzeugt waren, dass ein gewisses Ereignis oder eine bestimmte Person an den Zuständen maßgeblichen Einfluss hatte, was wiederum deren Relevanz erklärte und mehr die Selbstsicht der Zeitgenossen erkennen lässt als die tatsächlichen historischen Begebenheiten.

In Lübeck tritt die Schlacht von Bornhöved als bedeutendes Ereignis in den Vordergrund der Erinnerung. Der Kampf gegen die dänische Herrschaft wurde als Beginn der städtischen Autonomie gesehen und als solcher in der Chronistik sowie der bildenden Kunst des 15. Jahrhunderts instrumentalisiert.[508] Einige Jahrzehnte vor der Schlacht beschlossen einflussreiche Bürger – nach mehrmaligen Besitzwechseln zwischen dem Kaiser, dem Welfenherzog und dem Holsteiner Grafen – die Übergabe der Stadt an den Dänenkönig. Erst als dieser nach mehreren konfliktreichen Jahren keinen Handelsschutz mehr gewähren konnte, fielen die Lübecker wieder von ihm ab.[509] Bereits 1223 war Waldemar II. aufgrund von lehensrechtlichen Streitigkeiten in die Gefangenschaft des Grafen von Orlamünde geraten. Dem staufischen Vorteil und der Italienpolitik dienend verhandelte man auf dem Reichstag zu Frankfurt 1224 die Auslieferung des Königs an Kaiser Friedrich II., obwohl

---

Weimar/Wien 2010, S. 12f. Der Begriff ist nicht zeitgenössisch und nahm erst ab dem 17. Jh. mit der Gründung von Kunstakademien Form an. Hier wird der Begriff rein für die Darstellung (vermeintlich) historischer Ereignisse verwendet, ohne dass auf die neuzeitlichen normativen Implikationen verwiesen werden soll.

506 Dazu KÖSTER, Grabmal 2006, hier explizit S. 401.

507 Vgl. dazu Peter WUNDERLI: Herkunft und Ursprung, in: Herkunft 1994, hg. von DEMS., S. 9–25.

508 RÜTHER, Repräsentation 2000; zur Schlacht auch HOFFMAN, Lübeck 2005, S. 115–121.

509 Fritz RÖRIG: Die Schlacht von Bornhöved, in: ZVLGA 24 (1928), S. 281–299, hier S. 287; auch Erich HOFFMANN: Die Bedeutung der Schlacht von Bornhöved für die deutsche und skandinavische Geschichte, in: ZVLGA 57 (1977), S. 9–37, hier S. 27; dazu älter Paul HASSE: Die Schlacht von Bornhöved, in: ZSHG 7 (1877), S. 3–19; zu den Ereignissen im Norden auch Walther LAMMERS: Das Hochmittelalter bis zur Schlacht von Bornhöved, Neumünster 1981; auch die Aufsätze in: Zwischen Reric und Bornhöved. Die Beziehungen zwischen den Dänen und ihren slawischen Nachbarn vom 9. bis ins 13. Jahrhundert. Beiträge einer internationalen Konferenz, Leipzig 04.–06. Dezember 1997 (= Forschungen zur Geschichte und Kultur des östlichen Mitteleuropa, Bd. 11), hg. von Ole HARCK/ Christian LÜBCKE, Stuttgart 2001.

248 KAPITEL 3

diese aufgrund von divergierenden Interessen beider Parteien nicht zustande kam.[510] Nach dem Zusammenbruch der dänischen Ostseevormacht im Norden des Reichs traten problematische politische Verhältnisse ein. Deshalb formierten sich die norddeutschen Fürsten, um die Zuteilung der Gebiete unter wenn nötig mit Waffengewalt zu entscheiden. Lübeck schloss sich dem Fürstenbündnis der Holsteiner Grafen an und ließ sich gleichzeitig 1225 von Kaiser Friedrich II. die Reichsfreiheit verbriefen. Am 22. Juli 1227 wurden die Auseinandersetzungen offen in der Schlacht bei Bornhöved ausgetragen. Auch das Lübecker Heeresaufgebot brach zu den Kämpfen auf. Die Entscheidung über die Landesverteilung im Norden fiel zu Ungunsten der Dänen aus und brachte dafür Lübeck weitreichende Möglichkeiten, seine städtische Autonomie zu festigen und die Handelsaktivitäten auszubauen. Laut den mittelalterlichen Chroniken versprach der Lübecker Rat, dass er nach einem Sieg ein Kloster stiften würde, und zwar der Tagesheiligen Maria Magdalena. Dies erinnert an das Versprechen Kaiser Ottos I., der vor der Schlacht auf dem Lechfeld die Stiftung einer Laurentiuskirche verkündete. In der Rufuschronik heißt es dazu: *In ere de borghere van Lubeke do stichteden en closter der predikerbroderen in de stede, dar de borch lach [...]*.[511] Nach dem Sieg wurde die Burg demnach in ein Kloster umgewidmet – ein Vorgang, der als Zeichen der Reichsfreiheit und Befreiung von der Landesherrschaft instrumentalisiert wurde. Schon im Jahre 1181 war die Burg im Verfügungsbereich des Kaisers gewesen, fiel dann jedoch zurück an die norddeutschen Fürsten, was künftig vermieden werden sollte. Ob das Kloster vor oder nach der Schlacht gegründet wurde, wie Michael Scheftel auf Basis einer Inschrift auf dem Chorgestühl der Nikolaikirche in Röbel zu identifizieren glaubt,[512] lässt sich nicht eindeutig klären. Wichtig für die vorliegende Arbeit die Rezeption der Schlacht als Grundlage für die städtische Autonomie: Sie wurde durch das Kloster zu einem konkreten Ort der Erinnerung, an dem sich das reichsstädtische Bewusstsein manifestierte.[513] Parallel zur Ansied-

---

510   HOFFMANN, Bornhöved 1977, S. 24–27 mit den genauen politischen Vorgängen; dazu der Vertrag vom 24.09.1223: Conventio cum comite sverinensi de tradendis regibus Daniae, in: MGH Const. 2, hg. von Ludwig Weiland, Hannover 1896, S. 121f., Nr. 98.

511   Aus der Rufus-Chronik erster Theil von 1105–1395, S. 211.

512   Vgl. dazu Michael SCHEFTEL: „Lübeck 1229" eine Inschrift auf dem Chorgestühl der St. Nikolaikirche zu Röbel: Zur Gründung des St. Marien-Magdalenen Klosters der Dominikaner in Lübeck, in: Das Gedächtnis der Hansestadt Lübeck. Festschrift für Annkathrin Graßmann zum 65. Geburtstag, hg. von Rolf HAMMEL-KIESOW/Michael HUNDT, Lübeck 2005, S. 45–53.

513   So auch MÖBIUS, Gedächtnis 2011, S. 133; zum „Erinnerungsort" als historisch-sozialem Bezugspunkt der kollektiven Erinnerung vgl. Pierre NORA: Zwischen Geschichte und Gedächtnis, Frankfurt am Main 1998.

CORPORATE BRANDING': DIE SPÄTMITTELALTERLICHE REICHSSTADT 249

lung der Dominikaner in Lübeck 1229[514] wurde auch das Heilig-Geist-Spital gegründet.[515] Der Zusammenhang zwischen den Einrichtungen und der bereits angesprochenen Kompetenzausweitung des Rates ist deutlich zu erkennen: Das Kloster steht zum einen für die Sorge um das geistliche Leben in der Stadt, das Spital zum anderen für die Kranken- und Armenfürsorge. Beide Bereiche lagen ursprünglich in kirchlicher Hand und wurden zunehmend profaniert.[516] Zudem wollte man die Erinnerung an die Schlacht durch regelmäßig wiederkehrende Ereignisse wie die Armenspeisung am Sonntag nach dem Sankt-Magdalenen-Tag bewahren. Deshalb legte man fest, dass eine ewigwährende Stiftung in Höhe eines Weißbrotes und eines halben Pfennigs an die Armen gegeben wurde.[517] Trotz ihrer Bedeutung ist es nicht unproblematisch, den Begriff „Reichsschlacht"[518] für die Geschehnisse in Bornhöved zu verwenden, da dieser von vornherein mit gewissen Erwartungen und Implikationen belegt ist, die weder die historischen Umstände noch die zeitgenössische Bewertung widerspiegeln. Oft werden erst in der Retrospektive Schlachten und deren Ausgang, der bestimmte Wendungen hervorbrachte, als solche bezeichnet. Umgekehrt wurden auch von den Zeitgenossen bestimmte Ereignisse, in dem Fall militärische Auseinandersetzungen, in einen Reichskontext gebracht, um diverse Interessen zu untermauern. Reichspolitisch hatte die Schlacht vor allem Auswirkungen auf die Konsolidierung des norddeutschen Raums.[519] Die fürstlichen Territorien wurden durch die Landesherren neu geordnet und festgeschrieben, wobei dem Kaisertum hier kein tatsächlicher Einfluss zustand. Die Reichsferne blieb trotz der Privilegierung durch Kaiser Friedrich II. bestehen, weshalb für Lübeck die lokalen Auswirkungen überwogen: Durch die Loslösung vom dänischen König wurde die Stadt in ihrer Autonomie bestärkt. Gezeigt wird ein Moment der folgenreichen Schlacht auf einem in der sogenannten Hörkammer des Lübecker Rathauses freigelegten Wandgemälde:

---

514 Zum Ereignis vgl. auch POECK, Klöster 1997, S. 426f.

515 Vgl. GLÄSER, Untersuchungen 1992.

516 Dies ist als Gegengewicht zum Bischof mit seinem Dom und der bischöflichen Stiftung mit dem Sankt-Johanniskloster zu sehen, dazu POECK, Klöster 1997, S. 425–427; auch RÜTHER, Repräsentation 2000, S. 35; und Wolf-Dieter HAUSCHILD: Kirchengeschichte Lübecks. Christentum und Bürgertum in neun Jahrhunderten, Lübeck 1981, S. 68f.

517 Aus der Rufus-Chronik erster Theil von 1105–1395, S. 211.

518 Zum Schlachtengedenken vgl. MEIER, Mythos 1996, S. 373–375; auch Sascha MÖBIUS: Die Schlacht bei Bornhöved in der Lübeckischen Erinnerungskultur des 15. Jahrhunderts, in: Militärische Erinnerungskulturen vom 14. bis zum 19. Jahrhundert. Träger – Medien – Deutungskonkurrenzen (= Herrschaft und soziale Systeme in der Frühen Neuzeit, Bd. 15), hg. von Horst CARL/Ute PLANERT, Göttingen 2012, S. 47–68.

519 HOFFMANN, Bornhöved 1977, S. 29.

Maria Magdalena segnet das Lübecker Heer. Sie schwebt in Wolken mit einer zum Segensgestus erhobenen Rechten über den Köpfen mehrerer Soldaten (Abb. 34). Die Szene ist Teil eines 15 Bilder umfassenden Zyklus, der nach stilistischen Gesichtspunkten zu schließen um oder kurz nach 1440 angebracht wurde.[520] Von den Gemälden, als deren Grundlage die unterschiedlichen zu Lübeck verfassten Chroniken angenommen werden,[521] haben sich nur zwei erhalten.[522] Die restlichen Darstellungen sind nur durch die Bildunterschriften überliefert, die Jacob von Melle am Ende des 17. Jahrhunderts in seiner Lübecker Stadtgeschichte edierte.[523] Beginnend mit der Gründung der ersten Siedlung

---

520 Im Jahr 1444 berichtet der Propst der Augustiner Chorherren, Johannes Busch, er würde zu einer Versammlung gehen [...] *ad locos consistorii* [...] *ubi origio civitatis illius erat dipicta*, vgl. EBD. S. 82f.; die Beschreibung ist heute nicht mehr erhalten; grundlegend Annegret MÖHLENKAMP: Die Ausstattung der Ratsstube im Lübecker Rathaus im 14. und 15. Jahrhundert – ein Rekonstruktionsversuch, in: Nordelbingen 67 (1998), S. 11–27; auch DIES.: Neue Erkenntnisse zum Lübecker Rathaus: bauhistorische Befunde und spätmittelalterliche ‚Historienmalerei,‘ in: Rathäuser 1997, S. 103–114; auch POECK, Kloster 1997, S. 450f.; vgl. weiter MEIER, Mythos 1996, S. 374; mit HAMMEL-KIESOW, Reichsstadt 2014, S. 80; Martin WARNKE: Lübeck und die Fürsten. Ein kunstgeschichtlicher Blick in die städtisch-bürgerliche Welt des späten Mittelalters, in: ZLG 92 (2012), S. 65–80, hier S. 69f.; älter auf einer umfangreichen Quellenbasis, die heute noch als Grundlage dient: Paul HASSE: Bildliche Darstellungen aus Lübecks ältester Geschichte, in: MVLGA 6 (1893), S. 82–94, ebenso Dietrich W. POECK: Vrigheid do ik ju openbar. Geschichtsbilder in Hansestädten: Gemeinschaft und Geschichtsbilder im Hanseraum (= Kieler Werkstücke, Reihe E: Beiträge zur Sozial- und Wirtschaftsgeschichte, Bd. 1), hg. von Thomas HILL/ Dietrich W. POECK, Frankfurt am Main 2000, S. 45–60, hier S. 53–58.

521 HASSE, Darstellung 1893, S. 45, vermutet die Chronik des Korner als Grundlage für die Ausmalung der Hörkammer; ausführlich zur Darstellung der Schlacht bei Bornhöved in der Korner-Chronik vgl. MÖBIUS, Schlacht 2012, S. 52–62, der diese Chronik als alleinige Grundlage jedoch ausschließt; auch DERS., Gedächtnis 2011, S. 239–169, zu den Chroniken als Vorbilder; MÖHLENKAMP, Ratsstube 1998, S. 13, äußert sich indifferent.

522 Vgl. Rathaus 1974, hg. von BRUNS/RAHTGENS/WILDE, S. 177–179. Die Ausmalung ging bei Renovierungsarbeiten im Jahre 1796 verloren, da diese übertüncht wurde.

523 Jacob VON MELLE: Ausführliche Beschreibung der kayserlichen, freyen und der H. Römischen Reichs Stadt Lübeck, aus bewährten Scribenten, unverwerfflichen Urkunden und vieljähriger Erfahrung, zusammen gebracht, Lübeck 1701, StadtB Lübeck, MS Lub. 83, hier nach der kritischen Edition von BRUNS/RAHTGENS/WILDE, S. 178. Bereits von Melle erwähnt vorangegangene Restaurierungen, die möglicherweise die Daten verfälschten:

1. Hir buwet de Forste Trusty de Stadt Lübeck, int Jahr MXL

2. Hir vorstoren de Wendischen Forsten Lübeck, int Jar MCXXX

3. Hir werdt Lübeck wedder buwet von Grafe Alef, MCXL

4. Hir owerwinnen de Lübeckschen de Forsten van Rugen, MCLI

'CORPORATE BRANDING': DIE SPÄTMITTELALTERLICHE REICHSSTADT   251

ABB. 34   *Fresko in der Lübecker Hörkammer: Maria Magdalena segnet das Heer vor der Schlacht von Bornhöved, um 1440.*
© DANIELA KAH.

durch den wendischen Fürsten beziehungsweise Adolf von Schauenburg, über die Eroberung Friedrichs I. und die Rückeroberung durch Heinrich den Löwen sowie die Erlangung der Reichsfreiheit, bis hin zum Besuch Karls IV. im Jahre 1375 werden hier von den Zeitgenossen als wichtig erachtete Ereignisse in der städtischen Entwicklung dargestellt. Der Fokus liegt klar auf der Erlangung der Reichsfreiheit, denn fünf von 15 Bildern drehen sich um die Ereignisse um 1226/7. Die vorangegangenen Begebenheiten weisen beinahe teleologisch darauf hin. Der nachfolgende Wiederaufbau der Stadt nach einem Brand sowie der Besuch Karls IV. können als Folge der Reichsanbindung gesehen werden.

Auf einem zweiten, nur im unteren Drittel erhaltenen Gemälde ist möglicherweise die Übergabe des Freiheitsprivilegs durch Kaiser Friedrich II. 1226 zu sehen (Abb. 35). Darauf kann man aufgrund der Darstellung einer Urkunde, an der ein Siegel mit einem einfachen Adler zu erkennen ist, schließen.[524] Es ergeben sich jedoch Zweifel an dieser Interpretation, da das Siegelbild nicht mit dem Original übereinstimmt – dieses zeigt einen thronenden Herrscher mit Zepter und Reichsapfel. Es könnte auch Karl IV. dargestellt sein, dessen Wappen tatsächlich ein Adler zierte.[525] Eine dritte Möglichkeit sollte man nicht außer Acht lassen: Es ist durchaus vorstellbar, dass dem Rat nicht an einer detailgetreuen Wiedergabe der Ereignisse und Sachquellen gelegen war, sondern vielmehr der Akt im Mittelpunkt stand. Deshalb ist unter Umständen eine historisierende Darstellung für die Übergabe des Privilegs gewählt worden, die durch die Abbildung des Adlers stellvertretend auf das Reich verweist.

Die Ausmalung der Hörkammer fand zu einer Zeit statt, zu der die Ratsverfassung nach einigen unruhigen Jahrzehnten wieder gefestigt war, wes-

---

5. Hir trouwet to Lübeck de erste Bischop, int Jar MCLII
6. Hir winnet Koninck Friderick de Stadt Lübeck, int Jar MCLIIII
7. Hir winnet Hartoch Hinrick de Low de Stadt Lübeck, int Jar MCLVIII
8. Hir hebben de Lübeckschen den Koning Wolmar vor eren Vorbiddels Heren angenomen, MCC
9. Hir wert Lübeck Keiserfry, int Jar MCLXXX
10. Hir winnen de Borger dat Schlot, int Jar MCCII
11. Hir overwinnen de Lübeckschen den Konink van Dennemarck, int Jar MCCIII up sunte Marya Magdalene Dag, by Bornhoft disse Feltschlacht geschach
12. Hir benedyet Marya Magdalene dat Lübecksche Heer, MCCIII
13. Hir wert den Prediker de Borch ingefen
14. Hir brent Lübeck aff, bet vp vyff hüse
15. Hir kompt Keiser Karl to Lübeck, int. Jar MCCCLXXVII

524 Dazu Ralf WICHMANN: Ein Siegel aus der ‚Hörkammer' im Lübecker Rathaus, in: Norelbingen 67 (1998), S. 29–34, hier S. 31f.

525 Vgl. MÖHLENKAMP, Ratsstube 1998, S. 20f.

ABB. 35   *Fresko in der Lübecker Hörkammer: Übergabe des Freiheitsprivilegs durch Kaiser Friedrich II., 1226 (?), um 1440.*
© DANIELA KAH.

halb die Bilder vermutlich in Zusammenhang mit dem Selbstbewusstsein des Rates stehen.[526] Am Anfang des 15. Jahrhunderts kam es zu einem Versuch, die alten Strukturen der Ratswahlordnung aufzubrechen. Ein Grund für die Unruhen war unter anderem die hohe Steuer auf Bier, die der Rat erhob, weil die Stadt hoch verschuldet war.[527] Deshalb wurde den Bürgern die Wahl eines Ausschusses zugestanden, der beratend eingreifen durfte. Die Bürgerschaft versuchte daraufhin sowohl bei der Rechtsaufsicht als auch bei der Ratswahl

---

526   Auch EBD., S. 25, erwähnt einen Zusammenhang dieser Ereignisse; vgl. zur Einordnung der Vorgänge v. a. Rolf HAMMEL-KIESOW: Neue Aspekte zur Geschichte Lübecks: Von der Jahrtausendwende bis zum Ende der Hansezeit. Die Lübecker Stadtgeschichtsforschung der letzten 10 Jahre (1988–1999). Teil 2: „Verfassungsgeschichte", "Bürger, Rat und Kirche", „Außenvertretung" und „Weltwirtschaftspläne", in: ZVLA 80 (2000), S. 9–62, hier S. 21–25, 34.

527   Vgl. die Berichte und Aktenstücke über die Ereignisse in Lübeck von 1403–1408, in: Die Chroniken der niedersächsischen Städte. Lübeck, Bd. 2 (= Die Chroniken der deutschen Städte vom 14. bis ins 16. Jahrhundert, Bd. 26), Leipzig 1899, S. 379–434, hier explizit S. 383.

254 KAPITEL 3

dauerhaft ihre Mitbestimmung durchzusetzen, was jedoch „[...] die politische Machtausübung der führenden Handelsvertreter [...]"[528] zentral gefährdet hätte. Der Rat stellte sich deshalb gegen die Änderung des Wahlrechts und verwies mehrmals auf sein kaiserliches Privileg. Daraufhin formierte sich 1408 der sogenannte „Neue Rat."[529] Diesem fehlte jedoch die Anerkennung der patrizischen Räte der weiteren Hansestädte wie auch die Anerkennung des Reichs. Der alte Rat nutzte sein gutes Verhältnis zu Sigismund, der sich 1411 erst nach längeren Thronstreitigkeiten behaupten konnte. Die Herren wandten sich im selben Jahr mit dem Hinweis an ihn, dass sie auch nach dem Exilgang seines Bruders und Vorgängers Wenzel den Luxemburgern und nicht deren Gegner Ruprecht von der Pfalz die Treue hielten, und baten um Unterstützung.[530] Sigismund erneuerte daraufhin die Reichsacht über Lübeck, die er aufgrund der Aufstände bereits ein Jahr vorher verhängt hatte. Diese könne nur aufgehoben werden nach einer Zahlung von [...] 25 dusent ghuldene [...].[531] Denn dann [...] wolde he en gheven wat vrigheyt under syme zeghele, dar se de menheyt mochten mede stillen [...].[532] Da der Neue Rat die finanziellen Mittel hierfür nicht aufbringen konnte, ließ er sich auf einen Kompromiss mit dem Alten Rat ein. Dieser konnte, nachdem er für einige Jahre aus der Stadt entwichen war, sein Kooptationsrecht durchsetzen, woraufhin er feierlich von königlichen Gesandten wiedereingesetzt wurde.[533]

Die Wandmalereien dienten nicht der Sichtbarmachung der Reichsanbindung für eine Öffentlichkeit im weiteren Sinne. Die Hörkammer war ein abgeschlossener Bereich im Rathaus und nur einem begrenzten Kreis zugänglich: den Ratsmitgliedern und ihren geladenen, vermutlich höher gestellten Gästen, wie z. B. dem bereits erwähnten Abt. Die Kammer befand sich westlich des Audienzsaals und konnte entweder durch eine Schlupftür über das

---

528 Vgl. POECK, Ratswahl 2003, S. 183; dazu auch FRITZE, Bürgervertretungen 1994, S. 150; ebenso HOFFMANN, Lübeck 2008, S. 250f.

529 Vgl. das Verzeichnis des neuen Rates, in: Berichte und Aktenstücke über die Ereignisse in Lübeck von 1403–1408, S. 422f.; auch Rufus-Chronik zweiter Theil 1395–1430, S. 43–46; auch die dritte Fortsetzung der Detmar-Chronik erster Theil von 1401–1438, S. 358; weiter ROGGE, Kommunikation 2004, S. 389f.; auch WRIEDT, Führungsgruppen 1985, S. 45, zur Einordnung; auch Rathaus 1974, hg. von BRUNS/RAHTGENS/WILDE, S. 14; ebenso HOFFMANN, Lübeck 2008, S. 252–257.

530 Auch HOFFMANN, Lübeck 2008, S. 257f.

531 Aus der Rufus-Chronik zweiter Theil 1395–1430, S. 66.

532 EBD.

533 Dazu Berichte und Aktenstücke über die Ereignisse in Lübeck von 1403–1408, S. 433, mit der Liste der wiedereingesetzten Ratsherren von 1416; auch die Berichte in: LUB 5, S. 641–653, Nr. 583; dazu POECK, Ratswahl 2003, S. 187f.

Ratsgestühl oder von einem abgewinkelten Gang durch den Innenhof betreten werden.[534] Somit wurde primär dem Rat die auf wesentliche Etappen verengte Geschichte der reichsstädtischen Autonomie vor Augen geführt. Dadurch generierte man Zusammenhalt[535] und verwies auf die kaiserliche Privilegierung, die auch während der Streitigkeiten zwischen neuem und altem Rat stets als Grund für die Unrechtmäßigkeit einer Verfassungsänderung herangezogen wurde. Durch die Akzentuierung der Schlachtenszenerie wurde die Wehrhaftigkeit der Stadt betont, die als Garant des städtischen Friedens eine tragende Rolle spielte und für die Anerkennung des Rates maßgeblich war.[536] Die Historienbilder befanden sich also in einem abgeschlossenen Raum innerhalb des Rathauses, das bereits ein Jahrhundert zuvor durch den Türzieher und seine Darstellung von König und Kürfürsten als Teil des Reichs gekennzeichnet wurde. Die Grundlage für die Reichsanbindung wurde durch die Ausmalung der Hörkammer in einen konkreten historischen Rahmen eingebettet, wodurch sich für die Betrachter ein komplexes Bild ergab.

So wie die Schlacht von Bornhöved für die Reichsstadt Lübeck, vertreten durch den Rat, eine besondere Bedeutung einnahm, kann man dies auch für die Schlacht auf dem Lechfeld konstatieren. Allerdings war es eine bestimmte Gruppe, die die Mitglieder des Rates stellte, und sie trat nicht als geschlossene Reichsstadt auf. Die Weberzunft bezog sich mythologisch auf die Schlacht und die erfolgreiche Kriegsteilnahme, um ihren Vorrang unter den Zünften sowie das Recht, ein Wappen zu tragen, zu legitimieren. Eine Visualisierung der Schlacht im öffentlichen Raum ist erst ab dem 16. Jahrhundert bekannt.[537] Die Schlacht fand somit primär Eingang in die Chronik und wurde von denjenigen

---

534 Vgl. ALBRECHT, Rathäuser 2004, S. 47; auch MÖHLENKAMP, Ratsstube 1998, S. 25; dazu Thomas BROCKOW: Spätmittelalterliche Wand- und Deckenmalerei in Bürgerhäusern der Ostseestädte Lübeck, Wismar, Rostock, Stralsund und Greifswald. Ein Beitrag zur Erfassung und Auswertung von Quellen der Kunst- und Kulturgeschichte in norddeutschen Hansestädten, Hamburg 2001, S. 145.

535 Vgl. dazu Klaus GRAF: Schlachtengedenken im Spätmittelalter. Riten und Medien der Präsentation kollektiver Identität, in: Feste und Feiern im Mittelalter. Paderborner Symposion des Mediävistenverbandes, hg. von Detlef ALTENBURG/Jörg JARNUT/ Hans-Hugo STEINHOFF, Sigmaringen 1991, S. 63–85.

536 So auch MÖBIUS, Schlacht 2012, S. 61f.

537 Vgl. dazu Susanne NETZER: Johann Matthias Kager. Stadtmaler von Augsburg (1575–1634) (= Miscellanea Bavarica Monacensia, Bd. 92), München 1980, S. 15, 66–74. Der Augsburger Stadtmaler Johann Matthias Kager bemalte damals das Zunfthaus mit Szenen der Stadtgeschichte. Es ist möglich, dass diese Arbeiten auf der Basis einer bereits früher angebrachten Freskierung geschahen, was allerdings nur Spekulation ist, da sowohl schriftliche als auch materielle Quellen fehlen.

256 KAPITEL 3

rezipiert, die Zugang zu dieser hatten. Das Gedenken an die Schlacht wurde nicht nur schriftlich, sondern auch durch die Illuminationen hergestellt. In der Chronik des Sigismund Meisterlin aus der zweiten Hälfte des 15. Jahrhunderts geschieht der Zug Kaiser Ottos I. in die Schlacht unter einem Reichsbanner, das typisch für die Entstehungszeit den Doppeladler trägt (Abb. 36). Für die Darstellung wurde nicht der Heilige Michael gewählt, der Widukind zufolge als Feldzeichen diente, was die These untermauert, dass dem Erzengel keine der ottonischen Epoche entsprechende Funktion als Reichsheiliger zugeschrieben werden kann. Die Michaelsfahnen, die von Heinrich I. und Otto I. in die Schlachten gegen die Ungarn geführt worden waren, tauchen in dieser Form nicht wieder auf. Zum anderen wird der Bezug zum Reich durch diese historisierende Darstellung stärker artikuliert, weswegen die Bedeutung der Schlacht für die Reichsfreiheit eine größere Rolle einnehmen konnte. Diese retrospektive Betrachtung ist mit einer gewissen Kritik formuliert, da man Gefahr läuft, aufgrund des heutigen Wissensstandes solche Darstellungen überzuinterpretieren.[538] Zur Zeit der Entstehung von Meisterlins Chronik entsprach die Reichsfahne mit Adler einer allgemeinen Darstellungsform.[539] Dennoch ist die Wirkung auf den Betrachter gegeben, dem durch die Adlerfahne deutlich akzentuiert der Kaiser und das Reich vor Augen geführt wurden. Die Stadtbanner in Rot und Weiß mit dem Pyr sind ebenfalls zu sehen, wodurch die Verbindung zu Augsburg hergestellt wurde.

Historienbilder wie in der Lübecker Hörkammer ließen sich auch im städtischen Raum Augsburgs finden, und zwar am Wohnhaus Peter Egens (†1452), der Mitte des 15. Jahrhunderts im Stadtrat saß und mehrmals als Stadtpfleger amtierte.[540] Sicher nicht ohne persönliche Wertung, da Burkhart Zink ein Freund Peter Egens war, bezeichnet er diesen [...] *als so gewaltig als kainer nie in der stat was* [...].[541] Als Bürgermeister erlangte er eine herausragende Stellung und konnte sich so 1446 mit Zustimmung des Rates für 1500 Gulden

---

538 Zur Kritik an der Interpretation vgl. u. a. GRAF, Retrospektive Tendenzen 1996, S. 400f.

539 Die älteste Zeichnung einer Adlerfahne befindet sich im *Codex Balduini Treverensis* um 1285 über die Romfahrt König Heinrichs VII. Hier sieht man ein gelbes Tuch mit einem schwarzen Adler, zudem auch das Reichsbanner, das ein weißes Kreuz auf rotem Grund trägt; mit BLEISTEINER, Doppeladler 2001, S. 20, 39; auch WINTERER, Leere Gesichter 2006.

540 Hartmut BOOCKMANN: Spätmittelalterliche deutsche Stadttyrannen, in: BDLG 119 (1983), S. 73–91; Bürgermeister wurde er in den Jahren 1437, 1439, 1442, 1447, 1450; dazu Peter GEFFCKEN: Soziale Schichtung in Augsburg 1396 bis 1521. Beitrag zu einer Strukturanalyse Augsburgs im Spätmittelalter, Augsburg 1983, S. 180.

541 Vgl. die Chronik des Burkhard Zink, S. 198; er war in den Jahren 1437, 1439, 1442, 1447 und 1450 Zunftbürgermeister; dazu weiter GLOOR, Politisches Handeln 2010, S. 93.

ABB. 36 *Die Schlacht auf dem Lechfeld 955 in der Chronik des Sigismund Meisterlin mit Illuminationen von Hektor Mühlich, Augsburg 1457, SuStB Augsburg, 2° Cod. H1, fol. 88r.*
© STAATS- UND STADTBIBLIOTHEK AUGSBURG.

und ein Haus am Weinmarkt von Bischof Peter von Schaumberg den Zoll, die Fronwaage und Münze als Leibgeding sichern.[542] Diese Einigung geschah wenige Jahre vor den bereits geschilderten großen Streitigkeiten zwischen Rat und Bischof. Obwohl der Rat 1432 festlegte, es solle [...] *kein ewig gelt, leibgeding noch selgerät weder aus häussen, gärten, ängern noch anderen liegenden gütern in kain geistlich hand noch gewalt [...] nit mer ze kaufen geben [...]*,[543] wurde dieser Beschluss von den persönlichen Beziehungen zwischen Egen und dem Bischof überlagert. Die Verbindung wurde auch bei der Taufe seines Sohnes deutlich, bei der König Sigismund anwesend war:[544]

> *Item als der kaiser kommen was darnach am morgen, das was am tag augusti, gelag Peter Egens weib am weinmarkt ains suns, genant Sigmund, der ward zu sant Ulrich getauft und kaiser Sigmund und bischoff Peter von Augsburg hůben in auß der taufe, und der kaiser schlůg in zu ritter.*[545]

Zu seinem Handeln wird von Burkhart Zink festgestellt, [...] *wie reich und wie gewaltig [...] Peter Egen wäre, dennoch benüeget in nit, er wolt ie mer gewalts und freihait haben [...]*.[546] Diese persönliche Verbindung führte zu scharfen Konflikten zwischen dem Rat und dem Bürgermeister, der sich 1450 endgültig der Stadt entzog und beim Kaiser klagte, da er nur noch als Gast innerhalb Augsburgs [...] *und nit in sein aigen haus [...]*[547] sein sollte.[548] Auch auf seine äußere Wirkung war der Bürgermeister stark bedacht: Er übernahm den Namen von Argon, um sich vermutlich von den Zünften zu distanzieren und die ursprüngliche adelige Abstammung seiner Familie, die erst 1369 vom Patriziat zu den Zünften übertrat, zu repräsentieren.[549] Dies geschah ebenso wie die Änderung des Familienwappens mit kaiserlicher Zustimmung. Durch die offensichtliche Anbindung an den Adel, der seine Vorrechte über die Abstammung legitimierte, kommunizierte Peter Egen seine Ansprüche auf eine herausge-

---

542 Vgl. UHL, Peter von Schaumberg 1940, S. 148.

543 Vgl. die Urkunde vom 09.01.1432, zitiert nach UHL, Peter von Schaumberg 1940, S. 147.

544 Zum Verhältnis zwischen Friedrich III. und Peter von Schaumberg vgl. u. a. KRÜGER, Peter von Schaumberg 2005, S. 39f.

545 Vgl. die Chronik des Burkhard Zink, S. 157f.; vgl. zur Erhebung Sigmund Egens zum Ritter GLOOR, Politisches Handeln 2010, S. 82.

546 Aus der Chronik des Burkhard Zink, S. 198.

547 EBD., S. 204.

548 Dazu u. a. GLOOR, Politisches Handeln 2010, S. 93–96, zudem JOHANEK, Geschichtsschreibung 1995, S. 166f.

549 Auch GLOOR, Politisches Handeln 2010, S. 93; JOHANEK, Geschichtsschreibung 1995, S. 171f.

hobene Stellung.[550] Deshalb ließ er auch sein privates Wohnhaus im Jahre 1437[551] mit Szenen aus den Augsburger Gründungslegenden ausschmücken: beginnend mit dem Troja-Mythos,[552] über die Varusschlacht und die beiden römischen ‚Stadtväter' Augustus und Drusus bis in die damalige Gegenwart. *Das Herkomen der stat zu Augspurg* aus der ersten Hälfte des 15. Jahrhunderts bot die literarische Grundlage für den Bilderzyklus: Die Reimchronik eines sogenannten Küchlin – vermutlich ein Augsburger Geistlicher – geht auf einen Auftrag Peter Egens zurück.[553] Die Darstellung der vermeintlichen Geschichte beziehungsweise der Gründung Augsburgs mit ihrer *origio gentis* sollte klar der Statuslegitimation von Peter Egen dienen, der sich damit eine eigene historische Erinnerung schuf.[554] Die Rückführung auf die heidnische Vergangenheit wurde schon für den Augsburger Stadtpyr erläutert und stellte eine oft gebrauchte Möglichkeit dar, durch weit zurückliegende Ursprünge und Genealogien Zusammenhalt und Bedeutung zu generieren.[555] Nicht die Authentizität der legendenhaften Erzählungen war maßgeblich, sondern die Wirkung, die diese auf den Alltag der Zeitgenossen hatten.[556] Die Szene, welche die Stadtgründung zur Zeit von Kaiser Augustus darstellt, ist die einzige, die

---

550 Zur Legitimation durch eine adelige Hochgeburt vgl. Arnold ANGENENDT: Der eine Adam und die vielen Stammväter. Idee und Wirklichkeit der *Origio gentis* im Mittelalter, in: Herkunft und Ursprung 1994, hg. von WUNDERLI, S. 27–52, hier S. 46–49.

551 Vgl. den Eintrag zu 1437, in: StadtA Augsburg, BMB, Nr. 38; mit WILHELM, Wandmalereien 1983, S. 33f.

552 Vgl. dazu u. a. HIESTAND, Cives Romanus 1994, S. 99f.

553 Vgl. DIE REIMCHRONIK DES KÜCHLIN, in: Die Chroniken der schwäbischen Städte. Augsburg, Bd. 1 (Die Chroniken der deutschen Städte vom 14. bis ins 16. Jahrhundert, Bd. 4), Leipzig 1865, S. 333–356, hier S. 355: *Der gewaltig man, dem das geticht ist gemacht, so sol sin verswigen nicht: Peter Egen der jung ist er genant, burgermeister zů der zit erkant; der tichter heist der Küchlin, und hat es genomen von latin und in tütsch also verkert [...] meister Jörg heist der maler klůg, der im das bůchlin zů trůg und tet es auch nit gar umbsust, im stůnd darzů sin eigen lust, das er darůß wolt figuriren und mit gemeld gar schon ziren dem gewaltigen man sin hus und wend [...]*; dazu SCHMIDT, Städtechroniken, S. 26; auch GIERSCH, Gründungslegende 2004, S. 23; und WEBER, Geschichtsschreibung 1984, S. 263; mit JOHANEK, Geschichtsschreibung 1995, S. 167.

554 Zum Thema u. a. WUNDERLI, Herkunft und Ursprung 1994, S. 9.

555 Dazu ANGENENDT, *Origio gentis* 1994; auch SCHNITH, Gründungslegenden 1986, S. 508, ebenso Gert MELVILLE: Vorfahren und Vorgänger. Spätmittelalterliche Genealogien als dynastische Legitimation zur Herrschaft, in: Die Familie als sozialer und historischer Verband. Untersuchungen zum Spätmittelalter und zur frühen Neuzeit, hg. von Peter-Johannes SCHULER, Sigmaringen 1987, S. 203–309.

556 Dazu GIERSCH, Gründungslegende 2004, S. 7f.

in einen belegbaren historischen Kontext einzuordnen ist. Die Varusschlacht[557] sowie die Trojaner[558] dienten, obwohl sie in keinem historisch auch nur annähernd korrekten Zusammenhang mit der Augsburger Stadtgeschichte standen, der Heroisierung der Gemeinschaft und des Bürgertums:[559] Der ehemalige trojanische Stadtherr Aeneas ging Küchlin zufolge nach der Zerstörung Trojas zusammen mit seinem Gefolge nach Köln, wo sie sich mit den Germanen vermischten. Ein Teil der Bevölkerung ging nach Augsburg, wo er die Stadt Zisaris gründete.[560] Da sich diese Stadt zur Zeit der Alpenfeldzüge von Kaiser Augustus nicht unterwerfen wollte, zog sie mit in die Varrusschlacht gegen drei römische Legionen.[561] Erst während des Feldzugs von Augustus' Sohn Drusus

---

557 Die Varusschlacht wurde bereits in der Chronik des Otto von Freising, welche zwischen 1143 und 1146 verfasst wurde, mit Augsburg in Verbindung gebracht, GIERSCH, Gründungslegende 2004, S. 21; Ottonis episcopi Frisingensis Chronicon, S. 173, lib. 3, cap. 3; zu den Römern als historische Bezugspunkte vgl. auch MELVILLE, Vorfahren 1987, S. 236–238.

558 Dieser Aspekt der Gründungslegende geht auf das Annolied zurück, das gegen Ende des 11. bzw. Anfang des 12. Jhs. zu Ehren des Bischofs Anno von Köln verfasst wurde, vgl. GIERSCH, Gründungslegende 2004, S. 15, 17; dazu als Quelle: Das Annolied. Mittelhochdeutsch und Neuhochdeutsch, hg. von Eberhard NELLMANN, Stuttgart 1999; zum Annolied vgl. u. a. Anselm HAVERKAMP: Typik und Politik im Annolied. Zum Konflikt der Interpretationen im Mittelalter, Stuttgart 1979; die Trojasage wurde bereits ausführlich in der mediävistischen Forschung, sowohl germanistisch als auch historisch, behandelt; dazu u. a. Frantisek GRAUS: Troja und die trojanische Herkunftssage im Mittelalter, in: Kontinuität und Transformationen der Antike im Mittelalter. Veröffentlichungen der Kongreßakten zum Freiburger Symposium des Mediävistenverbandes, hg. von Willi ERZGRÄBER, Sigmaringen 1989, S. 25–43; auch Michael BORGOLTE: Europas Geschichten und Troja. Der Mythos im Mittelalter, in: Troja. Traum und Wirklichkeit, hg. vom ARCHÄOLOGISCHEN LANDESMUSEUM BADEN WÜRTTEMBERG, Darmstadt 2001, S. 190–203.

559 Hier lassen sich zahlreiche Beispiele für Dynastien oder Personen anführen, die sich selbst auf die Trojaner sowie mythologische Römergründungen zurückführen, u. a. ANGENENDT, *Origio gentis* 1994, S. 42; auch MELVILLE, Vorfahren 1987, S. 233–235.

560 Vgl. die Reimchronik des Küchlin, S. 345–347: [...] *Eneas desselben stams ein helt;* [...] *den adel bracht er in das land, darnach ward er zů Kölen erkant* [...] *do dem adel an dem Rin ward eng, ir vil sich teilten uß dem getreng hin über Rin in ander land, davon dem Rieß ward not bekant, und als sie komen her an das end und die zwei waßer gar behend, Lech und Wertach in einander rinnen* [...] *also ward von in daselbst gemacht die stat, aun mur, sust wol besacht mit einem tüll und gůten graben, das taten die Germani und die Swaben.* [...] *die stat ward genent auch Zisaris nach der abgöttin* [...].

561 Vgl. EBD., S. 348f.: *Als nu Augustus Octavian keiserlichen gewalt gewan und hort, das die edeln Germany überal wolten sitzen fry, da schickt er uß dri legion* [...] *mit sinen Kriechen küng Avar zoch für das under tor fürwar über die Wertach uff sölchen sinn, das die German nit möchten inn* [...].

,CORPORATE BRANDING': DIE SPÄTMITTELALTERLICHE REICHSSTADT   261

[...] *wurden in denselben tagen Germanen und Swab sovil erslagen, das ir frier gewalt ein end nam.*[562] Es folgte, [...] *das Vindelica die alt stat auch an das römisch rich trat.*[563] Die erfolgte Integration würde somit eine Kontinuität bis in das 15. Jahrhundert aufweisen, was der zeitgenössischen Historiographie als Legitimation des Status diente. Diese Reimchronik wurde auch in Sigismund Meisterlins Chronik rezipiert.[564] Die Gestalt Peters blieb ohne konkreten genealogischen Bezug zu den Legenden, weshalb die Freskierung in erster Linie der Repräsentation der Reichsstadt und ihrer Freiheiten diente, in der er sich verortete und über die er seine politische Stellung ableitete.

Peter Egen wählte diese lokalen Historienbilder, die nur den Kundigen einen Bezug zur Integration in das Reich eröffneten. Es handelt sich um keine auf den ersten Blick ersichtliche Reichsikonographie, obwohl eine engere persönliche Bindung zu König Sigismund bestand, der 1432 im Haus des Bürgermeisters übernachtete. Rezipiert wurde der Inhalt der Darstellung vermutlich in erster Linie von denjenigen, die sich für die Chroniken beziehungsweise Romane über sagenhafte Begebenheiten interessierten und den geistigen wie materiellen Zugang dazu hatten. Da es sich um die „[...] erste gereimte Darstellung der Augsburger Gründungslegende in deutscher Sprache [...]" handelte,[565] wurde die Reimchronik des Küchlin vermutlich nicht nur von den Geistlichen sowie gelehrten Lateinkundigen, sondern auch von gehobenen bürgerlichen Schichten gelesen. Ob die Bemalung öffentlich sichtbar an der Außenfassade oder nur für einen beschränkten Kreis im Inneren des Hauses angebracht wurde, lässt sich nicht feststellen. Es scheint jedoch sehr wahrscheinlich, dass Peter Egen sein Haus für die breite Öffentlichkeit nach außen ausschmücken ließ. Dies entsprach zum einen dem Zeitgeist, wie man bereits an der Bemalung von Perlachturm und Rathaus sehen konnte; zum anderen wurde das Repräsentationsbedürfnis des Bürgermeisters befriedigt.

In Nürnberg lassen sich keine vergleichbaren Bilder finden, weshalb man zu dem Schluss kommen könnte, dass dort keine auf die Vergangenheit verweisende, identitätsstiftende Argumentation vorherrschte. Dem muss aufgrund der Erzählungen in den reichsstädtischen Chroniken und der Historiographie widersprochen werden. Im 15. Jahrhundert wurden die Ursprünge Nürnbergs nämlich erstmalig bis in das 8. Jahrhundert zurückgeschrieben. In dieser Zeit setzten die Chronisten das Wirken des heiligen Sebalds an. Er wurde als eine

---

562   Vgl. EBD., S. 354.

563   EBD.

564   Auch PATAKI, Bürger 2010, S. 130; mit der Reimchronik des Küchlin, S. 335; MEISTERLIN, Augsburger Chronik 1457, fol. IV.

565   Nach GIERSCH, Gründungslegende 2004, S. 24.

262 KAPITEL 3

Art religiöse Gründerfigur gesehen, welche den Stadtausbau maßgeblich beförderte. Am Ende des 15. Jahrhundert begann man auch in Nürnberg mit der literarischen Erfindung alter Gründungsmythen,[566] in denen die Stadt – unter anderem von Sigismund Meisterlin – bis in die römische Epoche zurückdatiert wurde.[567]

3.3 Heilige, Kaiserinnen und Fürsten im Dienste der Reichsstadt

Nicht nur komplette geschichtliche bzw. mythologische Ereignisse und Szenerien eigneten sich für die Visualisierung des reichsstädtischen oder individuellen Selbstverständnisses, sondern auch Einzelpersonen. Meist wurden Kaiser, deren Ehefrauen oder Vertraute, Heilige oder Reichsfürsten herangezogen, um die herausragende Stellung von Korporationen oder Individuen zu legitimieren. Die Leistungen der historischen Persönlichkeiten wurden so gedeutet, dass sie im Dienste der Reichsstadt handelten, was eine persönliche Verbindung herstellte und das Bewusstsein für die Reichsanbindung befördern sollte. Auch Gegenbewegungen sind erkennbar, da sich nicht nur Gruppen oder Personen, die sich mit der Reichsstadt identifizierten, durch diese Strategien historisch legitimierten, sondern auch oppositionelle Parteien, die damit in einen Wettbewerb um Status und Vorrangstellung traten.

In Nürnberg fand das Legitimationsbedürfnis seinen Ausdruck in der Heiligenverehrung, die sich, eingebettet in politische und kulturelle Interessen, in der sakralen Stadtgestaltung des 15. Jahrhunderts niederschlug.[568] 1425

---

566 Dazu vgl. u. a. MEYER, Stadt 2009, S. 454f.; dazu Sigmund Meisterlins Chronik der Reichsstadt Nürnberg 1488, S. 188.

567 Auch in Lübeck ließe sich diese Art der Legitimation in der Chronistik erkennen. So diene der goldene Zirkel als Wappen der sogenannten patrizischen Zirkelgesellschaft, um diese auf eine römische Herkunft zurückzuführen, vgl. HIESTAND, Cives Romanus 1994, S. 102; diese Ideen im Sinne der Anciennität, nach MEYER, Stadt 2009, S. 456; diese Ideen wurden im Stadtraum nicht visualisiert bzw. fanden, falls vorhanden, keinen Weg in die Überlieferung; auch Sonja DÜNNEBEIL: Die Lübecker Zirkelgesellschaft. Formen der Selbstdarstellung einer städtischen Oberschicht (= Veröffentlichungen der Hansestadt Lübeck, Reihe B, Bd. 27), Lübeck 1996, erwähnt in ihrer maßgeblichen Arbeit keine Hinweise.

568 Zur Verehrung von Heiligen und Stadtpatronen im Mittelalter vgl. u. a. Dieter J. WEIß: Reichsstadt und Kult im Spätmittelalter. Überlegungen am Beispiel Nürnbergs und oberdeutscher Städte, in: Die oberdeutschen Reichsstädte und ihre Heiligenkulte. Traditionen und Ausprägungen zwischen Stadt, Ritterorden und Reich (= Jakobus Studien, Bd. 16), hg. von Klaus HERBERS, Tübingen 2005, S. 1–23; auch Wolfgang BRÜCKNER: Devotio und Patronage. Zum konkreten Rechtsdenken in handgreiflichen Frömmigkeitsformen des Spätmittelalters und der Frühen Neuzeit, in: Laienfrömmigkeit im späten Mittelalter. Formen, Funktionen und politisch-soziale Zusammenhänge (= Schriften des Historischen

wurde der noch heute im Nürnberger Gedächtnis tief verwurzelte Heilige Sebald in Rom durch Papst Martin V. kanonisiert.[569] Der Einsiedler soll nach den *Annales Augustani* schon seit 1070 in Nürnberg verehrt worden sein: *In Nourenperc sanctus Sebaldus primum miraculis claruit.*[570] Der Kult verdrängte dort zunehmend die Petersverehrung und nahm einen wichtigen Anteil an der reichsstädtischen Identifikation.[571] Dies kann man an der Abbildung des Heiligen auf dem ab Mitte des 15. Jahrhunderts geschlagenen Gulden sehen. Die Jahre um die Kanonisierung waren allgemein sehr prägend für Nürnbergs Stellung im Reichsgeschehen und das reichsstädtische Selbstverständnis. Nur zwei Jahr zuvor hatte König Sigismund [...] *vnser vnd des heiligen reichs heiligtum* [...] *ewiclich vnd vnwiderruflich* [...][572] in die Stadt bringen lassen, das fortan ständig dort aufbewahrt werden sollten [...] *weil die Unruhe und Kriege in Beheim wider die Hußiten noch immerdar gewähret* [...].[573] Dies führte zu einem jährlichen Großereignis, der Heiltumsweisung, die erstmals 1424 abgehalten wurde. Zugleich bestätigte der Luxemburger eine vierzehntägige,[574] ab 1431 sogar 24 Tage umfassende Messe, die am Tag der Weisung beginnen sollte.[575] Zu beiden Ereignissen kamen tausende Besucher in die Stadt. Da

---

Kollegs. Kolloquien, Bd. 20), hg. von Klaus SCHREINER, München 1992, S. 79–92; auch SZABÓ, Visualisierung 1993, S. 55–58; BECKER, Defensor 2008.

569 Vgl. die Urkunde vom 26.03.1425, gedruckt bei Martin WEIGEL: Dr. Conrad Konhofer (1452). Ein Beitrag zur Kirchengeschichte Nürnbergs, in: MVGN 29 (1928), S. 169–297, hier S. 271.

570 Annales Augustani 973–1104, S. 128; auch Lamperti Herfeldensis annales a. 1040–1077, in: MGH SS 5, hg. von Ludwig Friedrich HESSE, Hannover 1844, S. 134–263, hier S. 191: *Clara et celebris valde his temporibus per Gallias erat memoria sancti Sebaldi in Nurinberg* [...].

571 Zum heiligen Sebald vgl. u. a. BORST, Sebaldslegenden 1966; auch Der heilige Sebald, seine Kirche und seine Stadt im Stadtmuseum Nürnberg Fembohaus, 24. August– 28. Oktober 1979, (= Ausstellungskataloge des Landeskirchlichen Archivs in Nürnberg, Bd. 8), hg von Svetozar SPRUSANSKY, Nürnberg 1979; Wilhelm KRAFT: St. Sebald im Rahmen der ältesten Geschichte Nürnbergs, in: MVGN 38 (1941), S. 165–186; auch WEILANDT, Sebalduskirche 2007, S. 18f., zum Kult.

572 Vgl. die Urkunde vom 29.09.1423, in: StA Nürnberg, Rst. Nbg., Kaiserliche Privilegien 283; mit der Bestätigung in der Urkunde vom 09.02.1424, in: StA Nürnberg, Rst. Nbg., Kaiserliche Privilegien 284 sowie der Urkunde vom 31.05.1433, in: StA Nürnberg, Rst. Nbg., Kaiserliche Privilegien 346; dazu auch die päpstliche Zustimmung Martins V., Urkunde vom 31.12. 1424, in: StA Nürnberg, Rst. Nbg., Päpstliche und fürstliche Privilegien, Urkunden 189.

573 MÜLLNER, Annalen 1623, S. 244; vgl. dazu u. a. Gerhard RECHTER: Die ,ewige Stiftung' König Sigismunds von 1423, in: Nürnberg 1986, S. 50–52.

574 Vgl. die Urkunde vom 29.09.1423, in: StA Nürnberg, Rst. Nbg., Kaiserliche Privilegien 283; mit Urkunde vom 09.02.1424, in: StA Nürnberg, Rst. Nbg., Kaiserliche Privilegien 284.

575 Die Urkunde vom 13.04.1431, in: StA Nürnberg, Rst. Nbg., Kaiserliche Privilegien 315.

264   KAPITEL 3

der Heiligenkult für die mittelalterlichen Kirchen wirtschaftliche Einnahmen bedeutete, ist in der Kanonisierung Sebalds auch finanzpolitisches Interesse enthalten. Nicht nur Pilgern, die bewusst zum Heiligen nach Nürnberg reisten, sondern auch Menschen, die aufgrund der Veranstaltungen in die fränkische Reichsstadt kamen, bot die Stadt einen zusätzlichen Anziehungspunkt. Die Bedeutung Nürnbergs wurde durch die Beziehung zu Kaiser Sigismund intensiviert, der sich während der Hussitenkriege von 1419 bis 1437 häufig in der Reichsstadt befand und ihre Unterstützung genoss.[576] Die Kirche Sankt Sebald kann man aufgrund ihrer Funktion und engen Bindung an den Rat als eine Art Ratskapelle bezeichnen. Allerdings besaß das Patronatsrecht nicht der Rat, sondern der Bamberger Bischof. Die Pfarrer, die hier eingesetzt wurden, zeichneten sich vor allem ab dem 15. Jahrhundert durch ihre politische Rolle aus. Der zur Zeit von Sebalds Kanonisierung amtierende Pfarrer, Albrecht Fleischmann (1396–1444), nahm beispielsweise wichtige Aufgaben für das Reich wahr und wurde von König Ruprecht von der Pfalz (1398–1410) zum Kanzler ernannt. Außerdem stand er dem Rat nahe und ging in dessen Auftrag 1412, zusammen mit Sebald Pfinzing und Erhard Schürstab, zu König Sigismund, um nach dessen Wahl die Bestätigung der reichsstädtischen Privilegien zu erbitten.[577] Nachdem Sebald als Kirchenpatron kanonisiert worden war, nahm er eine umso wichtigere Rolle als Beistand der Gläubigen sowie als Beschützer der sakralen Pfarrgemeinschaft und der Reichsstadt ein.[578] Die Ratsherren instrumentalisierten den Kult für die Stadt und feierten die Kanonisation acht Tage lang mit Prozessionen. Auch das Selbstverständnis des Rates wurde durch den Akt aufgewertet, da die Ratskirche nun einen offiziellen Heiligen als Patron besaß.

Für die Gebeine des heiligen Sebald gab der Rat um 1397 einen silbernen Schrein in Auftrag, was durch eine Urkunde belegt wird, in der belegt ist, dass [...] *virtzig gulden wir haben gewendt und gekeret und betzaltz an sant Sebolts silbernn sarch in der selben pfarre* [...].[579] Der Schrein wurde von Peter Vischer

---

576   Vgl. POLIVKA, Nürnberg 1998, S. 170f.

577   Dazu vgl. HARADA, Symbiose 2014, S. 42.

578   Zur Thematik vgl. u. a. Arno BORST: Schutzheilige mittelalterlicher Gemeinschaften, in: Barbaren, Ketzer und Artisten. Welten des Mittelalters, hg. von DEMS., Zürich ²1990, S. 289–331.

579   Vgl. die Urkunde vom 19.05.1398, hier zitiert nach WEILANDT, Sebalduskirche 2007, S. 531f. (Original in: lkAN Kirchenvermögen, Amtsbuch, Nr. 194, fol. 52v); vgl. ausführlich zur Datierung EBD., S. 71f., 528–533: Der erste, um 1388 hergestellte Schrein wurde wohl 1397 durch den heute noch erhaltenen ersetzt. Die ältere Meinung, dass der Schrein 1391 auf Basis eines fehlgedeuteten Eintrags der Stadtrechnung von 1391, in: StA Nürnberg, Stadtrechnungsbelege, Urkunden und Briefe 177, fol. 433v: *Item dedimus 10 guldein dem*

,CORPORATE BRANDING': DIE SPÄTMITTELALTERLICHE REICHSSTADT 265

innerhalb von sechs Jahren aus silbernen Rauten gefertigt, die abwechselnd mit dem einköpfigen Reichsadler sowie dem gespaltenen Stadtwappen beschlagen wurden.[580] Zu Recht wird die Ähnlichkeit der Reliquientruhe mit dem Heiltumsschrein herausgestellt (Abb. 59):[581] Nicht nur die Form, auch die Verzierungen gleichen sich. Bemerkenswert ist, dass sich auf dem Reichsschrein der Königskopfadler mit dem geteilten Stadtwappen abwechselt. Hier ist ein deutlicher Verweis auf die Reichsstadt zu sehen, wohingegen auf dem Sebaldsschrein die Verbindung zum Reich hergestellt wird. Möglicherweise sollte dadurch die Heiligsprechung vorbereitet werden: In der Urkunde für Sebalds Kanonisierung wurde die Bedeutung Nürnbergs herausgestellt, die wiederum als Begründung seiner Heiligkeit dienen sollte.[582] Nürnbergs herausragende Stellung lässt sich maßgeblich auf die Förderung der Könige und Kaiser zurückführen, was die symbolische Visualisierung des Reichs verdeutlichte. Es muss jedoch berücksichtigt werden, dass aufgrund der Datierung nur das Sebaldsgrab als Vorbild für den Heiltumsschrein dienen konnte und nicht umgekehrt. Der Letztere wurde erst nach der Ankunft der Kleinodien 1438 bei den Goldschmieden Hanns Scheßlitzer und Peter Ratzko in Auftrag gegeben.[583] Die silbernen Rauten findet man in den Abrechnungen von 1440, weshalb man auch hier von einer mehrjährigen Arbeitszeit ausgehen darf.[584] Man kann von einem Zitat des lokalen Kultes im Reichskult sprechen, der damit eng an die Reichsstadt gebunden wurde.

Die Kanonisierung Sebalds führte in Nürnberg zu einem innerstädtischen Streben nach Repräsentation, denn etwa ein Jahrzehnt später wurde mit dem Ausbau von Sankt Lorenz begonnen.[585] Im Jahre 1439 [...] *do hub man an zu bawen an dem newen chor zu sant Lorentzen, und leget den ersten stain ein*

Fritz Habeltzheimer zu dem silbrein surk den er zu sant Sebolt gemacht hat, darynnen unßers herren leichnam ligen soll [...], hergestellt wurde, wird durch Weilandt widerlegt, da mit *herren* nicht auf Sebald verwiesen werde.

580 Vgl. FLEISCHMANN, Nürnberg 2003, S. 72.

581 So. z. B. WEISS, Krone 2000, S. 29.

582 Ebd.

583 SCHAFFNER, Siegel 1937, S. 180; auch FLEISCHMANN, Zeremoniell 2013, S. 31f.

584 Albrecht GÜMBEL: Hanns Schesslitzer genannt Schnitzer und Peter Ratzko, die Goldschmiede der Nürnberger Heiltumstruhe, in: Repertorium für Kunstwissenschaft 45 (1925), S. 90–97.

585 Urkunde vom 26.03.1425, in: StA Nürnberg, Rst. Nbg., Päpstliche und Fürstliche Privilegien, Urkunden 189, auch FLEISCHMANN, Kirchenwesen, in: Nürnberg 2000, S. 204–231, hier S. 210.

weichbischof an sant Simon und Judas tag [...].[586] Dort war zwei Jahre zuvor der Deocarus- oder Zwölfbotenaltar geweiht worden, an dem die Reliquien des Heiligen Deocarus in einem silbernen Schrein ausgestellt wurden.[587] Dessen Gebeine kamen während des Thronstreits zwischen Ludwig dem Bayern und Friedrich von Habsburg nach Nürnberg. Die Reichsstadt unterstütze den Wittelsbacher und kämpfte 1316 für dessen Position. Im Zuge dessen wurde der Markt Herrieden eingenommen,[588] und die im dortigen Kloster befindlichen Überreste des Heiligen Deocarus nach Nürnberg in die Kirche Sankt Lorenz gebracht. Dem Herrn von Herrieden wurde nach Weisung Ludwigs IV. durch den Bischof von Bamberg eine Entschädigung zugestanden.[589] Nun hatte auch Sankt Lorenz Gebeine eines Heiligen, denn die des Patrons Laurentius ruhten nicht in der Kirche, sondern in den Römischen Katakomben. Die Bedeutung von Reliquien, in Form von Körpern oder auch nur Partikeln, war hoch, da sie den Körper des Heiligen vergegenwärtigten und dessen ,reale' Anwesenheit herbeiführten.[590] Sie wurden zu Anziehungspunkten für Gläubige und Pilger, an denen die Kirchen nicht nur ein sakrales, sondern auch ein ökonomisches Interesse hatten. Nach diesem Ereignis erfuhr der Kult um Sebald einen Aufschwung: Zunächst wurde 1337 der Petrus geweihte Hochaltar umgewid-

---

586 Vgl. die Chronik aus Kaiser Sigmund's Zeit bis 1434, S. 404; zur Baugeschichte vgl. u. a. STOLZ, St. Lorenz, S. 2–6; auch Stefan KIRCHBERGER: Die Vorgängerbauten von St. Lorenz, in: Nürnberg 1999, hg. von FRIEDEL/FRIESER, S. 133–135; zu den bereits im ersten Viertel des 20. Jahrhunderts erfolgten Ausgrabungen, bei denen der ehemalige Ostabschluss freigelegt werden konnte, vgl. Otto SCHULZ/Georg STOLZ: Die Grabungen in der St. Lorenzkirche zu Nürnberg, in: 500 Jahre Hallenchor 1977, hg. von BAUER/ HIRSCHMANN/ STOLZ, S. 213–241; auch FLEISCHMANN, Nürnberg 2003, S. 136–139.

587 Vgl. EBD., S. 143f., zum Schrein; weiters auch Gerhard WEILANDT: Heiligen-Konjunktur. Reliquienpräsentation, Reliquienverehrung und wirtschaftliche Situation an der Nürnberger Lorenzkirche im Spätmittelalter, in: Von Goldenen Gebeinen. Wirtschaft und Reliquie im Mittelalter (= Geschichte und Ökonomie, Bd. 9), hg. von Markus MAYR, Innsbruck 2001, S. 186–220.

588 Vgl. zur Geschichte des Klosters Margarete ADAMSKI: Herrieden. Kloster, Stift und Stadt im Mittelalter bis zur Eroberung durch Ludwig den Bayern im Jahr 1316 (= Schriften des Instituts für Fränkische Landesforschung an der Universität Erlangen. Historische Reihe. Band 5), Kallmünz 1954; auch Corine SCHLEIF: Bild- und Schriftquellen zur Verehrung des heiligen Deocarus in Nürnberg, in: Berichte des Historischen Vereins Bamberg 119 (1983), S. 9–24.

589 Dazu SCHULTHEISS, Stadtentwicklung 1971, S. 41.

590 Vgl. dazu u. a. Hans BELTING: Bild und Kult. Eine Geschichte des Bildes vor dem Zeitalter der Kunst, München 1990, S. 333; auch Peter DINZELBACHER: Die Realpräsenz der Heiligen in ihren Reliquiaren und Gräbern nach mittelalterlichen Quellen, in: Heiligenverehrung in Geschichte und Gegenwart, hg. von DEMS./Dieter R. BAUER, Ostfildern 1990, S. 115–174.

,CORPORATE BRANDING': DIE SPÄTMITTELALTERLICHE REICHSSTADT 267

met[591] und die erste Sebaldsskulptur für die Kirche hergestellt. Um 1340/50 platzierte man eine neben dem Hochaltar,[592] eine weitere folgte 1380 für einen Pfeiler am Außenbau.[593] Die Erweiterung der Sebaldskirche wurde 1361 initiiert, als man einen neuen Ostchor errichten ließ.[594] Der Zusammenhang zwischen dem Bau des Rathauses und Hauptmarkts mit der Frauenkapelle scheint ausschlaggebend für dieses Bauprogramm gewesen zu sein, welches das reichsstädtische Zentrum nachhaltig veränderte. An dieser Akzentuierung der Kirche lässt sich auch die intensivere Verehrung Sebalds erkennen, die in seiner Kanonisierung ihre rechtliche Verankerung fand. Dass für Deocarus nach der Heiligsprechung Sebalds ein prunkvoller Altar errichtet wurde, ist sicherlich einer baulichen Konkurrenzsituation zwischen den beiden Pfarrkirchen geschuldet: Auch die Kleriker von Sankt Lorenz strebten nach einer Aufwertung ihrer Kirche. Der Altar wird von zwölf vergoldeten Apostelskulpturen aus Holz geziert. Auf den Altartafeln sind Episoden aus der Heiligenvita dargestellt. Ludwig IV. wird als Überbringer der Reliquien gezeigt. Anders als im Ratssaal, wo dem Kaiser durch das Relief die Anerkennung der Zeitgenossen entgegengebracht wurde, erscheint er auf dem Altar als Erinnerungsfigur. Die Translation des Decocarus, der ja keine legitimierende Heiligsprechung mehr benötigte, wurde repräsentativ in ihren historischen Zusammenhang mit Ludwig IV. gebracht. Im Unterschied zu Sebald, der eine explizit auf Nürnberg bezogene Identifikationsfigur ist, kann man die Geschichte des Deocarus in einen breiteren Reichskontext einbetten: Der 1070 erstmals im Pontifikal des Eichstätter Bischofs erwähnte Diözesanheilige[595] war der Beichtvater und Hofkaplan von Kaiser Karl dem Großen, der somit über seinen Vertrauten auftritt und die Verbindung zum ,Stammvater des Reichs' sowie zum Reich selbst generiert.

Im politischen Kontext hatte die Kirche Sankt Sebald durch ihre Funktion für den Rat sowie die Aufgaben ihrer Pfarrer im 15. Jahrhundert eine emminente Rolle. Die Verbindung zum Reich wurde durch die Symbolik am Schrein Sebalds sowie die Argumentation bezüglich dessen Kanonisierung hergestellt.

---

591   Vgl. dazu die Urkunde vom 05.05.1337, in: StA Nürnberg, Rst. Nbg., Münchner Abgabe 1992 531: Pfarrer Gunther von Aufseß bestätigt eine Stiftung [...] *apud altare sancti Sebaldi* [...].

592   WEILANDT, Sebalduskirche 2007, S. 55.

593   EBD., S. 69.

594   Zum Bau u. a. FLEISCHMANN, Nürnberg 2003, S. 69f.; auch WEILANDT, Sebalduskirche 2007, S. 27.

595   Vgl. dazu Bernhard PONSCHAB: Das Pontifikalbuch Gundekars II. und der selige Otto von Metten, in: Studien und Mitteilungen aus dem Benedictiner und Cistercienser-Orden XVIII, 4 (1897). Das sogenannte „Gundekarium" wurde ab 1017 durch den Bischof Gundekar II. angelegt.

Die Kleriker von Sankt Lorenz gewannen mit Conrad Konhofer (1438–1452) einen einflussreichen Fürsprecher, der als Ratsgesandter auch politisch agierte.[596] Allerdings überwog durch die Reliquien des heiligen Deocarus im Sinne der Reichsrepräsentation die symbolische Bedeutung. Man kann in Nürnberg tatsächlich nicht nur von *einem* Heiligen sprechen, der die reichsstädtische Einheit garantieren sollte, sondern muss das Zusammenspiel sehen.[597] Gerade mit Blick auf die Prozessionen, die bei kaiserlichen Besuchen stattfanden, erkennt man die enge Zusammenwirkung der Pfarreien: Der Rat versammelte sich in den beiden Pfarrkirchen, von wo aus man dem Reichsoberhaupt entgegen zog, um ihn dann nicht etwa im Rathaus, sondern in Sankt Sebald zu begrüßen.[598] Da Sebald so tief in der Nürnberger Erinnerungskultur verankert war, fand in der Bevölkerung auch keine Hinwendung zu Deocarus als dem ‚Heiligen im Reichsdienst‘ statt. Der heilige Lorenz hatte im religiösen und politischen Gefüge nach der Translation von Deocarus' Gebeinen weiterhin seinen Platz im kulturellen Gedächtnis. Davon zeugen die ab den 1430er Jahren geprägten reichsstätischen Goldgulden, auf denen Sebald und Lorenz, nicht aber Deocarus abgebildet wurden.

In Augsburg führt die Suche nach den Stadtheiligen sowie der Visualisierung von historischen Erinnerungsfiguren zum Dom. Dieser kann nicht als reichsstädtisches Gebäude angesprochen werden. Der Ausbau der Kathedrale im 14. Jahrhundert trat in Konkurrenz mit der Reichsstadt, was wiederum als Motor für die Gestaltungsmaßnahmen des Rates diente, weshalb die Repräsentationsfiguren des bischöflichen Symbolbaus eine wichtige Rolle spielen. Dank der Ausschmückung des Nordportals am neu errichteten Ostchor kann man in Augsburg von einem ‚kaiserlichen Dom‘ sprechen. In erster Linie ist die vermutlich in den 1340er Jahren geschaffene Skulptur der Kaiserin Adelheid (931–973, ab 951 Kaiserin) zu nennen (Abb. 37).[599] Nach den Augsburger Annalen heißt es zum Jahre 994: *Augustae templum corruit*

---

596 Dazu HARADA, Symbiose 2014, S. 42; WEIGEL, Dr. Konrad Konhofer 1928, S. 240.

597 Vgl. BECKER, Defensor 2008, S. 57.

598 Vgl. dazu u. a. WEILANDT, Sebalduskirche 2007, S. 15.

599 KOBLER, Baugeschichte 1984, S. 17; die Originale befinden sich heute im Inneren des Doms, zu den Konservierungsarbeiten vgl. Peter BÖTTGER: Die Portale und Skulpturenpfeiler des Ostchores – Restaurierungskonzepte seit 1890 dargestellt aufgrund der Akten im Bayerischen Landesamt für Denkmalpflege, in: Das Südportal des Augsburger Domes. Geschichte und Konservierung (= Arbeitshefte des Bayerischen Landesamtes für Denkmalpflege, Bd. 23), hg. vom BAYERISCHEN LANDESAMT FÜR DENKMALPFLEGE 1984, S. 31–63, hier S. 54–57; weiter u. a. Paul HARTMANN: Die gotische Monumentalplastik in Schwaben. Ihre Entwicklung bis zum Eindringen des neuen Stils zu Beginn des 15. Jahrhunderts, München 1910. Die Skulptur, die heute am Dom zu sehen ist, stammt von Rodo Göschel.

a seipso.[600] Der von Bischof Ulrich nach der erfolgreichen Schlacht gegen die Ungarn erbaute Dom brach also von selbst zusammen, und neueren bauhistorische Untersuchungen legen nahe, dass vor allem der westliche Teil der Kirche aufgrund seiner schlechten Statik einstürzte und kein kompletter Neubau erfolgte.[601] Die Witwe des inzwischen verstorbenen Kaisers Otto I. setzte sich für die Neuerrichtung der Kirche ein[602] und ist deshalb als Stifterin mit einem Modell des ottonischen Kirchenbaus in ihrer linken Hand dargestellt. Die Kaiserin pflegte enge Beziehungen zum Augsburger Bischof Luitold (988–996), der in den *Liber Miraculorum* aus dem 11. Jahrhundert über ihre Wunderberichte als *familiaris*[603] bezeichnet wurde und vermutlich als deren Ratgeber in der Zeit ihrer Vormundschaftsregierung über Otto III. (983-1002, ab 996 Kaiser) diente. Adelheid befand sich 995 für einige Wochen in der Bischofsstadt.[604] Ähnlich wie bei der Schlacht von Bornhöved in Lübeck fand auf Initiative des Augsburger Bistums ein jährliches Fest am Tag der Heiligsprechung der Kaiserin statt, das die Erinnerung an sie fortleben ließ.[605]

---

600 Annales Augustani a. 973–1104, S. 124; dazu KAUFHOLD, Dom 2006, S. 15; auch KLUGE, Romanik 2014; ZOEPFL/VOLKERT I/2, S. 110f., Nr. 193.

601 Von 2003 bis 2009 wurde der Dom instandgesetzt und statisch gesichert, und dadurch gelangte man zu neuen Erkenntnissen zur Baugeschichte, vgl. dazu Thomas AUMÜLLER/ Matthias EXNER/Bernhard HERRMANN/Christian KAYSER/Angelika PORST/Hildegard SAHLER/Reinhold WINKLER: Der Augsburger Dom – ein verkannter Großbau der ersten Jahrtausendwende. Neue Befunde zu Architektur und Dekorationssystem, in: Jahrbuch der Bayerischen Denkmalpflege Band 64/65 (2010/2011), München 2012, S. 9–56; gestützt wird die These durch eine Überlieferung in den Wunderberichten über Kaiserin Adelheid, vgl. Liber Miraculorum S. Adalheidae, in: MGH SS 4, hg. von Georg Heinrich PERTZ, Hannover 1841, S. 645–649, hier S. 645f.: […] *quia paries vestrae occidentalis matrinae ecclesiae lapsus est divina dispositione.* Diese Wunderberichte wurden von Abt Odilo von Cluny um 1051/57 verfasst und beruhen auf persönlicher Bekanntschaft mit Kaiserin Adelheid, besitzen demnach abgesehen von der überhöhenden Komponente, die eine Heiligsprechung rechtfertigen sollte, hohe Glaubwürdigkeit in Einzelheiten.

602 Dazu Anneles Augustani a. 973–1104, S. 124; vgl. auch ZOEPFL/VOLKERT I/2, S. 113, Nr. 197.

603 Vgl. Liber Miraculorum S. Adalheidae, S. 645f.; zum Bischof auch ZOEPFL/VOLKERT I/2, S. 102–114, Nr. 179–199, zum Verhältnis zu Adelheid v. a. Nr. 183, 184, 188, 193, 197, 198; diese Bezeichnung kann, muss aber nicht zwingend, auf ein verwandtschaftliches Verhältnis hinweisen.

604 KREUZER, Hoftage 1979, S. 95; ebenso Winfrid GLOCKER: Die Verwandten der Ottonen und ihre Bedeutung in der Politik. Studien zur Familienpolitik und zur Genealogie des sächsischen Kaiserhauses (= Dissertationen zur mittelalterlichen Geschichte, Bd. 5), Köln/Wien 1989, S. 163.

605 Es handelt sich um den 16.12., vgl. dazu J.A. HOEYNCK: Geschichte der Liturgie des Bistums Augsburg, Augsburg 1889, S. 284; auch Herbert PAULHART: Zur Heiligsprechung der Kaiserin Adelheid, in: MIÖG 64 (1956), S. 65–67.

ABB. 37 *Skulptur der Heiligen Adelheid (rechts) am Nordportal des Augsburger Doms. Nachbildung von Rodo Göschel, Restaurierung 1961–76.*
© DANIELA KAH.

Adelheid wird flankiert von den beiden Bistumsheiligen Ulrich und Afra, zwei lokalen Identifikationsfiguren sowie einer weiblichen Figur, die als die heilige Elisabeth (†1231) gedeutet wird. Der heilige Ulrich steht in unmittelbarer Beziehung zu Adelheid, da dieser mit ihrem Ehemann, Kaiser Otto I., in die Lechfeldschlacht gezogen war. Der Bischof wurde im mittelalterlichen Augsburg aufgrund seiner Verdienste und Wunder verehrt. Man stellte ihn jedoch nicht offen in den Reichskontext, obwohl er durch seine Teilnahme an der Lechfeldschlacht die Anbindung an das Reich maßgeblich befördert hatte.[606] In einer früheren Arbeit von Robert Suckale werden die Skulpturen des heiligen Ulrich und der heiligen Elisabeth aufgrund der Sockelwappen, die einen doppelköpfigen Adler zeigen, als Stiftungen des Kaisers interpretiert.[607] Außerdem stünde die Heilige in genealogischer Verbindung zum Hause Wittelsbach, was die These zusätzlich stützen würde[608] – ebenso die stilistischen Vergleiche, welche an die Münchener Hofwerkstätten führen.[609] Einen Zusammenhang mit einer Auftragsvergabe Ludwigs des Bayern kann man in Betracht ziehen,[610] wenn auch eine Stiftungstätigkeit des Kaisers aufgrund der Quellenarmut weder auszuschließen noch zu beweisen ist.[611] Unverkennbar war die enge Beziehung zwischen dem Kaiser und den Augsburger Bischöfen Ulrich II. (1331–1337) und Heinrich III. von Schönegg (1337–1348), und der erste wurde 1334 sogar zu dessen

---

606 U. a. dazu Walter PÖTZL: Die Anfänge der Ulrichsverehrung im Bistum Augsburg und das Reich, in: Jahrbuch des Vereins für Augsburger Bistumsgeschichte 7 (1973), S. 82–115: Dieses Gedenken wurde jedoch außerhalb Augsburgs aufrechterhalten. So wird er im Sakramentar für Kaiser Heinrich II., das ein Regensburger Mönch um 1010 illuminierte, dargestellt. Auf dem Bild wird Heinrich die Heilige Lanze übergeben. Vgl. Albert BÜHLER: Die heilige Lanze und der heilige Ulrich auf dem Widmungsbild des Heinrichsakramentars, in: ZHVS 61 (1955), S. 179–187.

607 SUCKALE, Hofkunst 1993, S. 45.

608 Vgl. zur Geschichte der Heiligen Ortrud WEBER: Elisabeth von Thüringen. Landgräfin und Heilige. Eine Biographie, München/Zürich 2009.

609 SUCKALE, Hofkunst 1993, S. 24; auch Matthias WENIGER: Kunst und Hofkunst unter Ludwig dem Bayern, in: Ludwig 2014, hg. von SEIBERT, S. 361–384, hier S. 369.

610 WENIGER, Kunst 2014, hier S. 364f. Er legt sich angesichts der in der Forschung geäußerten Kritik nicht fest.

611 Dazu Matthias VON DER BANK: Studien zur süddeutschen Skulptur der ersten Hälfte des 14. Jahrhunderts im Umkreis des Augsburger Domes (= Kieler Kunsthistorische Studien N.F., Bd. 16), Kiel 2013, S. 117: Zu Recht stellt der Autor die Frage, ob alleine der doppelköpfige Adler noch vor seiner Festschreibung als eindeutiges Reichszeichen als Hinweis für die kaiserliche Stiftung gelten kann. Seiner entschiedenen Ablehnung demgegenüber ist aufgrund der Instrumentalisierung des Doppeladlers unter Ludwig nicht vorbehaltlos zuzustimmen, weshalb die Frage aufgrund der Quellenarmut offen bleiben muss.

Reichskanzler ernannt.[612] Die heilige Afra und Kaiserin Adelheid seien nach Robert Suckale – rein spekulativ – Stiftungen des Domherren und Kustos Konrad von Randegg (†1346), der auch den Bau des Ostchores maßgeblich veranlasste.[613] Der Domherr setzte die Lesekundigen durch mehrere Inschriften in der Bischofskirche davon in Kenntnis.[614]

Welche Gründe für den Neubau des Ostchores von den Zeitgenossen primär angeführt wurden, lässt sich nicht eindeutig klären. Sowohl der Wettbewerb mit anderen schwäbischen Reichsstädten als auch innerstädtische Auseinandersetzungen zwischen dem Bischof und dem Bürgertum können als wahrscheinlich erachtet werden.[615] Dieses Phänomen lässt sich in vielen weiteren Städten finden, mitunter in Straßburg, wo in der zweiten Hälfte des 14. Jahrhunderts die Kathedrale neu erbaut wurde.[616] In Augsburg herrschten komplexe machtpolitische Strukturen vor, weshalb beim Dualismus von Bischof und Bürgern auch noch das Domkapitel als entscheidender Faktor zu berücksichtigen ist. Die Baugeschichte des Ostchores kann nur in Ansätzen erfasst werden, weisen die Überlieferungen doch erhebliche Lücken und Differenzen auf.[617] Die älteste schriftliche Überlieferung, die den östlichen Bereich der Kirche betrifft, ist eine Inschrift am Nordportal, das demnach 1343 vollendet worden wäre:[618]

---

612   Vgl. dazu Friedrich ZOEPFL: Das Bistum Augsburg und seine Bischöfe im Mittelalter, Augsburg 1955, S. 275–284.

613   SUCKALE, Hofkunst 1993, S. 45; auch WENIGER, Kunst 2014, S. 370.

614   Vgl. CHEVALLEY, Dom 1995, S. 41.

615   Dazu auch KAUFHOLD, Dom 2006, S. 22–24; jüngst auch Daniela KAH: Architektur und Baugeschichte der Gotik, in: Augsburger Dom 2014, hg. von der DIÖZESE AUGSBURG, S. 71–86.

616   So auch KLEIN, Straßburger Münster 2008, S. 84; weiters BÖNNEN, Öffentlichkeit 2010 zu Worms.

617   Vgl. Friedrich KOBLER: Baugeschichte des Ostchors, kunsthistorische Beurteilung der Portalskulpturen, in: Das Südportal des Augsburger Domes. Geschichte und Konservierung (= Arbeitshefte des Bayerischen Landesamts für Denkmalpflege, Bd. 23), hg. vom BAYERISCHEN LANDESAMT FÜR DENKMALPFLEGE 1984, S. 7–30, hier v. a. S. 8–12, mit der Aufzählung zahlreicher und teilweise auch widersprüchlicher Quellenbelege für den Bau des Ostchores. Die Chroniken nennen Daten zwischen 1324 und 1393, in den die Stiftungen betreffenden Überlieferungen werden Kapellen im Ostchor erst ab den 1350er Jahren erwähnt, die Nutzung tatsächlich erst ab der Zeit um 1400; dazu auch Hans PUCHTA: Zur Baugeschichte des Ostchors des Augsburger Doms, in: JVAB 14 (1980), S. 77–86; auch die kunsthistorische Abhandlung von CHEVALLEY, Dom 1995, S. 17–65, mit umfangreicher Literatur; auch EBD., S. 68–120.

618   Dazu auch KOBLER, Baugeschichte 1984, S. 12–17.

ANNO. (DNI.M.C) CC.XLIII.CHUNRADUS.
DE.RANDEGG.CUSTOS.AUG.CONSTRUX.HANC.IA
NUAM.ET OMNES.TESTUDINES.HUIUS ECCLESIE.
ORATE.PRO.EO

Nach den Stadtchroniken legte man 1356 den Grundstein für die sukzessive Erweiterung des Ostchores in Richtung Süden, wo man im selben Jahr auch das Südportal errichtete.[619] Der Ostchor wurde in so monumentaler Form geplant, dass er auf die alte Handelsstraße ragte, die von Norden nach Süden durch Augsburg führte.[620] Den Bürgern soll aufgrund der Straßenverbauung zugestanden worden sein, dass sie den Chorumgang mit Handwägen durchqueren durften. Ein Hinweis darauf erscheint in einer im 17. Jahrhundert niedergeschriebenen Kirchenchronik,[621] zeitgenössische Quellenbelege fehlen hingegen. Die Glaubhaftigkeit dieses Durchgangsrechts ist nicht nur deshalb anzuzweifeln, sondern es erscheint in der Realität überaus unzweckmäßig, mit Waren und sonstiger Last den engen Chorumgang zu passieren, anstatt den Weg am Dom vorbei zu nehmen. Wenn dieses Recht tatsächlich existierte, so aufgrund seines symbolischen Wertes als Affront gegen den Bischof, der aufgrund des Erweiterungsbaus im Clinch mit der Bürgerschaft lag. Als viel plausibler ist der Hinweis, dass der Reichsstadt erlaubt worden sein soll, den Pyr an den Eingängen des Doms anzubringen.[622] Da die Reichsstadt mit dem Stadtwappen ihre Räume und Wege markierte, wäre dessen Anbringung am Portal als Kennzeichnung eines reichsstädtischen Rechtsbereiches zu verstehen: Es war durchaus üblich, dass mittelalterliche Kommunen auf Eingriffe in ihr Wegesystem mit Straßenmarkierungen reagierten.[623] Im Zusammenhang mit den bereits geschilderten Kompetenzstreitigkeiten bezüglich der Aufstellung des Pyr im Bereich der Domimmunität ist dies jedoch als unwahrscheinlich zu erachten, da der Bischof vermutlich den Anspruch

---

619 Vgl. dazu u. a. Die Chronik von der Gründung der Stadt Augsburg bis zum Jahre 1469, S. 308: *Anno 1356 jar hůb man an die grundvest zů dem newen chor zů unser frawen zů dem tůmb.*

620 Vgl. Friedrich BLENDINGER: 700 Jahre Augsburger Stadtrecht 1276–1976. Ausstellung des Stadtarchivs Augsburg, Augsburg 1976, S. 119, Nr. 161, zum Bau des gotischen Doms; Georg HIMMELHEBER: Der Ostchor des Augsburger Domes. Ein Beitrag zur Baugeschichte (= Abhandlungen zur Geschichte der Stadt Augsburg. Schriftenreihe des Stadtarchivs Augsburg, Bd. 15), Augsburg 1963, zum Nordportal speziell S. 18–20.

621 Vgl. StadtA Augsburg, Kirchenchronik 2, fol. 210.

622 Vgl. BLENDINGER, Stadtrecht 1976, S. 119, Nr. 161.

623 Vgl. dazu die Beispiele bei SZABÓ, Visibilität 1993, S. 59f.

auf seinen Bereich klar artikulierte.[624] Dass während des Domausbaus Konfliktsituationen vorherrschten, lässt sich jedoch nicht von der Hand weisen. Akut waren Auseinandersetzungen um diverse Zuständigkeiten in den Bereichen der Gerichtsbarkeit und des Steuerwesens: Unter anderem nahm das geistliche Gericht widerrechtlich Zivilklagen an, die nach dem Stadtbuch im Kompetenzbereich des Rates lagen.[625] Weiter zurück reichten die Streitigkeiten um Steuerbefreiung der Geistlichen auf Grund und Boden in der Stadt, die schon 1251 festgeschrieben wurde.[626] Der Rat untersagte daraufhin 1315 den Bürgern, liegende Güter innerhalb des Stadtgebiets an Geistliche zu verkaufen, um den steuerbefreiten Grundbesitz möglichst gering zu halten.[627] Als Hauptbetroffene reagierten die Domherren in ihren ab 1322 verfassten Statuten mit dem Ausschluss von Bürgern aus dem Kapitel und verboten die Aufnahme von Augsburger Bürgersöhnen.[628] Eben jenes Domkapitel trat nun federführend beim Ausbau des Doms auf und schuf dadurch eine Plattform zur Artikulation seiner Ansprüche.

Durch die Aufstellung der Skulptur der Kaiserin Adelheid wurde sie als persönliche Stifterin des Domes akzentuiert und überlagerte die Initiative des Bischofs Ulrich, der den Grundstein für den Neubau des Domes gelegt hatte. Die Bischofkirche wurde auf der Reichsebene verortet, wodurch das Bistum aufgrund seiner Historie nicht nur an die Seite der Reichsstadt, sondern auch in Konkurrenz dazu trat. Die Sichtbarkeit von Portalfiguren wurde bereits angesprochen und soll an dieser Stelle nicht nochmals erläu-

---

624 Auch KAUFHOLD, Dom 2006, S. 23 und DERS., Augsburg 2009, S. 58, 65, geht vielmehr davon aus, dass ein solch weitreichender Eingriff in den bischöflichen Bereich in den Unterlagen Peters von Schaumberg verzeichnet worden wäre, hätte er denn statt gefunden.

625 Dazu das Stadtbuch von Augsburg, S. 62f., Art. 22; dazu der Vergleich vom 19.01.1383, in: Die Urkunden des Hochstifts Augsburg 769–1420 (= Schwäbische Forschungsgemeinschaft, Reihe 2a. Urkunden und Regesten, Bd. 7), bearb. von Walther E. VOCK, Augsburg 1959, S. 258–261, Nr. 533; dazu auch MÖNCKE, Bischofsstadt 1971, S. 207–211.

626 Vgl. die Urkunde vom 09.03.1276, in: UBA 1, S. 36f., Nr. 50; mit Übernahme in das Stadtrecht, vgl. das Stadtbuch von Augsburg, S. 65, Art. 24; und EBD., S. 76, Nachtrag zu Art. 27; auch die spätere Steuerordnung: EBD., S. 314; mit der Urkunde vom 15.07.1295, in: UBA 1, S. 112f., Nr. 146.

627 Dazu die Urkunde vom 03.07.1315, in: UBA 1, S. 194f., Nr. 233.

628 Dazu im Speziellen KRÜGER, Spannungsverhältnis 2006, S. 44f.; die Beziehungen und Kräfteverhältnisse können an dieser Stelle nicht näher ausgeführt werden und bleiben deshalb eng auf den Aspekt der baulichen Repräsentation beschränkt. Zum Augsburger Domkapitel vgl. weiter auch Otto LEUZE: Das Augsburger Domkapitel im Mittelalter, in: ZHVS 35 (1909), S. 1–12.

CORPORATE BRANDING': DIE SPÄTMITTELALTERLICHE REICHSSTADT   275

tert werden. Die Wahrnehmung des Doms als „kaiserlicher Dom" wurde in Augsburg bei all denjenigen befördert, die die Stadt von Norden betraten. Zeitgleich zu den Bauarbeiten am Ostchor begann der Rat ab 1385 sein neues Rathaus zu errichten, was als Zeichen der Festigung der neuen Ratsverfassung nach der Zunftrevolution gesehen werden kann. Allerdings ist hier die Konkurrenzsituation mit dem Domkapitel sowie dem Bischof mitzuberücksichtigen, die eine tragende Rolle für die Ausbildung der städtischen Verfassung spielte. Die Sichtbarmachung der politischen Ordnung wirkte sich nachhaltig auf die Stadtgestaltung aus. Nicht auszublenden ist der Faktor des Zusammenwirkens zwischen Bischof und Bürgerschaft, vor allem im Bereich des Stiftungswesens.[629] Dies trat jedoch in den Hintergrund und hinterließ vermutlich keine sichtbare – zumindest keine überlieferte – Reichsrepräsentation im Stadtraum.

Auch in Lübeck traten innerstädtische Spannungen zwischen dem Bischof und der Reichsstadt auf, die ihre baulichen Auswirkungen in der Stadt fanden.[630] Wie in Augsburg berief sich der Bischof im Zuge dieser Auseinandersetzungen auf die Historie – allerdings stützte er sich in seiner Argumentation nicht auf die Reichsgeschichte, sondern auf den Gründer des Bistums und einen Gegner des Reichs, was man als bewusste Abkehr von der Reichsrepräsentation deuten kann. Der Hintergrund waren Streitigkeiten, die bis in das Jahr 1226 zurückzuführen sind, als der Rat erließ, dass, ähnlich wie in Augsburg, keine liegenden Güter innerhalb des Stadtgebietes an die Kirche gegeben werden durften.[631] Zudem war die Gründung des Heilig-Geist-Spitals auf Grund und Boden des Bischofs[632] ein Stein des Anstoßes. Nach einer kurzen Beilegung flammte der Konflikt 1276 erneut auf: Der Rat suchte seinen Einfluss auf die Besetzung von Pfarrstellen – primär bei Sankt Marien – zu vergrößern. Er berief sich auf ein Patronatsrecht, das auf Kaiser Friedrich I. zurückgehen

---

629 Vgl. dazu ausführlich REICHERT, Kathedrale 2014.

630 Dazu Max HASSE: Lübeck, Hamburg, Bremen, in: Die Parler und der schöne Stil 1350–1400. Europäische Kunst unter den Luxemburgern 2. Ein Handbuch zur Ausstellung des Schnütgen-Museums in der Kunsthalle Köln, hg. von Anton LEGNER, Köln 1978, S. 325f.: Demnach hatten die Lübecker während des Ausbaus ihrer Autonomie nur mit vergleichsweise geringem Widerstand des Bischofs zu rechnen, was wie diese Ausführungen zeigen zu relativieren ist.

631 Vgl. die Urkunde von 1226, in: LUB 1, S. 37–43, Nr. 32; dazu RÜTHER, Repräsentation 2013, S. 35.

632 Vgl. dazu den zwischen dem Domkapitel und der Reichsstadt geschlossenen Vergleich von 1234, in: LUB 1, S. 73–75, Nr. 66; dazu auch HAUSCHILD, Kirchengeschichte 1981, S. 78–80.

sollte,[633] dessen Authentizität aufgrund der 1226 vorgenommenen Veränderungen jedoch in Frage gestellt werden muss. Da sich vor allem das Domkapitel in seinen Rechten beschnitten sah, klagte es – und nicht der Bischof – gegen das Vorgehen des Rates. In einem Vergleich von 1286 wurde schließlich festgeschrieben, dass nur ein Domherr auf die Pfarrstelle gesetzt werden dürfe.[634] Gleichzeitig traten Streitigkeiten über Beerdigungsrechte auf, die mit erheblichen Einkünften verbunden waren, weshalb der Bischof und sein Domkapitel den alleinigen Anspruch darauf erhoben. Dadurch traten sie in Konkurrenz mit den Bettelorden, was 1277 zu nachhaltigen Auseinandersetzungen bezüglich der Bestattung einer Dame führte, die in ihrem Testament niederschreiben ließ, dass ihre Beisetzung bei den Minoriten vorgenommen werden solle, wogegen sich der Bischof stellte. Der Lübecker Rat positionierte sich zu Gunsten der Franziskaner, deren Ansiedlung er bereits 1225 – ebenso wie die der Dominikaner zwei Jahre später – gefördert hatte. Die Bettelmönche waren damit der Aufsicht des Bistums entzogen. Während der Auseinandersetzungen standen die Franziskaner auf Seiten des Rates, der somit in seinen Autonomiebestrebungen auf kirchlicher Ebene weiter gestärkt wurde.[635] Trotz des Interdikts, das der amtierende Bischof Burkhard von Serkem (1276–1317) aufgrund des Streits über die Stadt verhängte,[636] übernahmen die Mönche weiterhin sakrale Dienste. Zumal [i]n deme jare Christi 1277, do werden de domheren ghewarnet van den raetheren, dat se toghen uter stad.[637] Nach dem darauf erfolgten Exilgang von Bischof und Domkapitel und deren Rückkehr im Jahre

---

633 Urkunde vom 19.09.1188, in: LUB 1, S. 9–12, Nr. 7, hier S. 10: [...] nos etiam ipsis concessimus, Patronatum uidelicet parrochialis ecclesie beate Marie, ut mortuo sacerdote ciues, quem uoluerint, uice patroni sibi sacerdotem eligant et episcopo representent. Zur Einordnung auch RÜTHER, Repräsentation 2003, S. 34–36.

634 RADTKE, Kirchenkampf 2004, S. 169f. Ein Urteil für die Besetzung der Pfarrstelle von Sankt Maria, die primärer Streitgrund war, wurde am 11.05.1284 verkündet, vom Rat angefochten, aber in einem Vergleich vom 11.02.1286 geklärt. Das Urteil wurde auf alle Pfarrkirchen der Stadt ausgeweitet; auch HOFFMANN, Lübeck 2008, S. 288f., zur Situation zwischen Bischof, Domkapitel und Stadt; ebenso RÜTHER, Repräsentation 2003, S. 27f.; auch HAUSCHILD, Kirchengeschichte 1981, S. 83f.

635 Zum Streit um das Beerdigungsrecht vgl. RADTKE, Kirchenkampf 2004, S. 170–173; zu den Minoriten bzw. Bettelorden in Lübeck vgl. zudem HAUSCHILD, Kirchengeschichte 1981, S. 68–70, zum Begräbnisrecht EBD., S. 80–83.

636 Vgl. die Urkunde vom 27.08.1277, in: UBL 1, S. 252f., Nr. 260; sowie die Urkunde vom 16.11.1277, in: UBL 1, S. 256f., Nr. 264.

637 Vgl. die Geschichte der Streitigkeiten der Stadt und der Mönchsklöster mit der Weltgeistlichkeit unter Bischof Burchard von Serken von 1276–1319, in: Die Chroniken der niederdeutschen Städte. Lübeck, Bd. 2 (= Die Chroniken der deutschen Städte vom 14. bis ins 16. Jahrhundert, Bd. 26), Leipzig 1899, S. 319–332, hier S. 323. Der zeitgenössische Bericht geht auf Ratshandschriften zurück.

,CORPORATE BRANDING': DIE SPÄTMITTELALTERLICHE REICHSSTADT 277

1281/2 erreichten die Konflikte ihren Höhepunkt.[638] Ein Verstoß des Bischofs gegen verbrieftes Recht wurde von der Bürgerschaft als Anlass genommen, um erneut gegen ihn vorzugehen: Burkhard von Serkem errichtete zum Schutz seines Bistums innerhalb der Zweimeilenzone, die nach dem Privileg Friedrichs II. von 1226 frei von privater Bebauung sein sollte,[639] eine *nova curia*.[640] Mehrere Faktoren führten zum Ausbruch offener Kämpfe: die Möglichkeit des Bischofs durch die Befestigung den Handel an der Trave zu unterbrechen; die unsichere politische Lage im Norden des Reichs am Ende des 13. Jahrhundert, welche die Stellung Lübecks gefährden konnte; vor allem aber die Verletzung des Freiheitsprivilegs, welches das Selbstverständnis des Rates ausmachte. *Im deme sulven jare [1299] in den achten dagen Petri unde Pauli in der tid, als der domheren hove weren toslaghen unde se uter stad weren ghedreven [...]*,[641] plünderte man auch den Hof des Bischofs, raubte wertvolle Gegenstände und zerstörte seine Felder.[642] Wiederum füllten die Franziskaner das Vakuum, das die Stiftgeistlichen nach ihrem Auszug in der städtischen Seelsorge hinterließen.[643] Erst *[i]n dem jare Christi 1380 do worden vorliket de biscop unde de domheren mit dem rade, mit den borgheren unde den geistliken luden [...]*.[644] Durch [...] de *paves breve unde privilegia [...]*[645] konnte ein Vergleich herbeiführten werden, der die Rückkehr der Geistlichkeit ermöglichte.[646]

---

638   Vgl. RADTKE, Kirchenkampf 2004, S. 173–184 zum „großen Streit"; auch HAUSCHILD, Kirchengeschichte 1981, S. 84f.

639   Vgl. Urkunde von Juni 1226, in: LUB 1, S. 45–48, Nr. 35, hier S. 47: [...] *volumus insuper et firmiter obseruari precipimus, vt nulla persona, alta uel humilis, ecclesiastica uel secularis, presumat ullo tempore munitionem hedificare uel Castrum iuxta flumen Trauene, ab ipsa Ciuitate superius usque ortum ipsius fluminis, et ab ipsa Ciuitate inferius usque ad mare, et ex utraque parte usque ad miliaria duo [...].*

640   Dazu Matthias RIEMER: Domus Dei – Bei Gott zu Hause. Raumkonzepte im Lübecker Dom – Eine Annäherung, in: Gedächtnis 2005, hg. von HAMMEL-KIESOW/HUNDT, S. 27–43, hier S. 32.

641   Vgl. die Geschichte der Streitigkeiten 1276–1319, S. 328.

642   Diese Vorgänge sind detailliert in den Prozessakten geschildert.

643   Vgl. BÖNNEN, Öffentlichkeit, S. 185. Der Rat versuchte die städtischen Stiftungen als Druckmittel anzuführen, die von den Geistlichen *eigenwilliglich abgestellt* wurden; auch die Geschichte der Streitigkeiten 1276–1319, S. 329f.

644   Vgl. die Geschichte der Streitigkeiten 1276–1319, S. 330.

645   EBD.

646   Urkunde vom 06.12.1308, in: UBL, S. 515–518, Nr. 429; die endgültige Exkommunikation wurde allerdings erst 1316 bei Papst Johannes XXII. erreicht, der Gottesdienst durch die Domherren am 02.07.1317 wiederaufgenommen, vgl. RADTKE, Kirchenkampf 2004, S. 182; zu Recht betont HAUSCHILD, Kirchengeschichte 1981, S. 86, dass nicht nur die innerstädtischen Verhältnisse, sondern auch die außenpolitische Situation zu diesem Schritt

278 KAPITEL 3

In den Jahrzehnten der Streitigkeiten erfolgte der Umbau der Marienkirche von einer Hallenkirche in eine Basilika.[647] Dieser wurde von den Bürgern finanziert und kann somit als Ausdruck ihres Repräsentationswillens gesehen werden.[648] Die Kirche Sankt Marien wurde zu einem Gegenbau zum Dom, dessen begonnene Erweiterung während der Abwesenheit der Domherren stillstand. Die Marienkirche symbolisierte die Ratsautonomie sowie die starke Stellung der Bürger gegenüber dem Bischof,[649] und prägte zusammen mit dem Rathaus den politischen Mittelpunkt der Stadt. Erst während des Episkopats des neuen Bischofs Heinrich II. Bochholt (1317–1341) wurde der Dombau fortgesetzt.

Heinrich ließ zudem einen neuen, unbefestigten Bischofshof erbauen.[650] Dazu heißt es in der Chronik des Detmar: *oc let he buwen den schonen hof des biscopes* [...].[651] Der Saal wurde mit nicht mehr erhaltenen Wandmalereien ausgeschmückt. In der Fortsetzung der Chronik ist zu lesen, dass Bischof Johann von Diest [...] *dem stichte vele vryheit vorwarff van dem paves unde keiser, als it wol ghemalet is in dem sale des biscopes* [...].[652] Am Ende des 19. Jahrhunderts fand man die übertünchten Gemäldereste:[653] Abgebildet wurden im oberen Drittel Figuren, die Schriftbänder in ihren Händen halten, zwischen den

---

führten. Die Gefahr des Autonomieverlustes wurde durch einen Schutzvertrag mit Dänemark 1307 nämlich gebannt.

647 Zur Diskussion der Datierung des Baubeginns, der zwischen 1260 und 1280 angesetzt wird, vgl. RÜTHER, Repräsentation 2003, S. 48; auch Wolfgang ERDMANN: Zur Diskussion um die Lübecker Marienkirche im 13. Jahrhundert, in: Zeitschrift des Deutschen Vereins für Kunstwissenschaften 44 (1990), S. 93–111, hier S. 92–95; Dietrich ELLGER: Die Baugeschichte der Lübecker Marienkirche (1159–1351), in: St. Marien zu Lübeck und seine Wandmalereien (= Arbeiten des Kunsthistorischen Instituts der Universität Kiel, Bd. 2), hg. von DEMS./Johanna KOLBE, Neumünster 1951, S. 1–88, hier S. 50f.; KUNST, Marienkirche 1986, S. 31.

648 HASSE, Lübecker Rat 1984; Heike JÖNS: Die Lübecker Marienkirche als Hauptbau der kathedralgotischen Backsteinarchitektur, in: ZVLGA 76 (1996), S. 223–254; auch KUNST, Marienkirche 1986, S. 425.

649 Vgl. VON BRANDT, Geist 1938, S. 86; auch RÜTHER, Repräsentation 2003, S. 53, charakterisiert die Baugeschichte als Zeugnis für das ambivalente Verhältnis zwischen Bistum und Stadt.

650 Zum Bischofshof vgl. Der Dom, in: Die Bau- und Kunstdenkmäler der Freien und Hansestadt Lübeck, Bd. 3: Kirche zu Alt-Lübeck. Dom. Jakobikirche. Ägidienkirche, bearbeitet von Johann BALTZER/Friedrich BRUNS, Lübeck 1920, S. 9–304.

651 Vgl. die Detmar-Chronik von 1105–1386, S. 488.

652 Vgl. die erste Fortsetzung der Detmar-Chronik von 1395–1399, S. 167.

653 Der ehemalige Saal wurde im 19. Jh. als Scheune benutzt und 1887 abgebrochen. Damals fand man die Reste des Gemäldes, die vom Stadtbaudirektor aufgenommen wurden. Die Fotografien sind nicht erhalten.

,CORPORATE BRANDING': DIE SPÄTMITTELALTERLICHE REICHSSTADT 279

ersten beiden Figuren ist der Dom von Norden zu sehen. Links befindet sich der erste 1149 inthronisierte Oldenburger Bischof Viceli, dessen Bistum nach der Neugründung Lübecks 1158 von Heinrich dem Löwen ebendorthin verlegt wurde.[654] Rechts daneben ist eine weitere Abbildung der Kathedrale, darüber schwebt der geteilte Wappenschild der Stadt in rot und weiß/silber. Rechts davon wird Heinrich der Löwe gezeigt, daneben die ersten neun Lübecker Bischöfe. Da bei der Abbildung des Doms der 1335 begonnene Ostchor fehlt, ist dieses Jahr ein *terminus ante quem* für die Datierung.[655] Die Figur Heinrichs des Löwen verweist auf dieser Darstellung nicht nur auf die Gründung des Bistums, sondern auch auf eine bewegte Zeit, die durch Streitigkeiten mit dem Reich und Friedrich I. gekennzeichnet war. Zunächst hatte der Herzog als Stellvertreter des Kaisers im Norden des Reiches nicht nur das Recht, Regalien, wie beispielsweise das Marktrecht, zu verleihen, sondern auch Bischöfe zu investieren. Er nutzte seine Position zum einen, um durch die Bistumsgründung seine Macht im Norden auszubauen, und zum anderen, um diese personell zu festigen, indem er seinen Vertrauten Heinrich I. auf den Bischofsstuhl setzte.[656] Heinrich selbst legte 1173 den Grundstein für den ersten Lübecker Dom.[657] Dadurch inszenierte er seine herrschaftliche, königsgleiche Stellung als Stifter der Kirche.[658] Als das Wandgemälde des Welfen gemalt wurde, war Heinrich II. Bochholt der erste Bischof bürgerlicher Herkunft und deshalb besonders auf einen Ausgleich zwischen den Parteien bedacht. Dessen ungeachtet wählte er den Gründer des Bistums für die Darstellung, der als Stadtherr zeitweise die Autonomiebestrebungen der Lübecker Bürger unterband, was äquivalent zu den Streitigkeiten zwischen Rat und Bischof gesehen werden kann. Die Bilder waren nicht offen zugänglich, sondern dienten der

---

654   Vgl. dazu Walter BIEREYE: Das Bistum Lübeck bis zum Jahr 1254, in: ZVLGA 25 (1929), S. 261–112.

655   Dom 1920, hg. von BALTZER/BRUNS, S. 303.

656   Vgl. dazu Karl JORDAN: Die Bistumsgründungen Heinrichs des Löwen. Untersuchungen zur Geschichte der ostdeutschen Kolonisation, Leipzig 1939, S. 6–2; auch Tim LORENTZEN: Bischof Heinrich I. von Lübeck. Leben und Wirken, in: ZVLGA 81 (2001), S. 9–76; ebenso Jürgen PETERSOHN: Der südliche Ostseeraum im kirchlich-politischen Kräftespiel des Reichs, Polens und Dänemarks vom 10. bis 13. Jahrhundert. Mission – Kirchenorganisation – Kultpolitik (= Ostmitteleuropa in Vergangenheit und Gegenwart, Bd. 17), Köln/Wien 1979, S. 58–64, zu den Bistumsgründungen Heinrichs des Löwen.

657   Vgl. Arnoldi Chronica Slavorum, S. 31–35, lib. I, cap. 13, hier S. 35: *Dux autem eodem tempore edificare cepit ecclesiam Lubicanam in honorem beati Iohannis baptiste et sancti Nicolai confessoris Christi. Et primum cum Heinrico episcopo lapidem in fundamento posuit.*

658   Vgl. dazu auch RÜTHER, Prestige 2013, S. 20, mit Anm. 23; darüberhinaus v. a. Martin WARNKE: Bau und Überbau. Soziologie der mittelalterlichen Architektur nach den Schriftquellen, Frankfurt am Main 1976, S. 37.

Ausschmückung eines geschlossenen Bereiches, der vor allem für den Bischof und dessen engeren Kreis gedacht war. Das Selbstverständnis des Bischofs war mit Heinrich dem Löwen verbunden, der mitunter als Gegner des Reichs auftrat. Ob dies beabsichtigt war oder vor allem die Bistumsgründung akzentuiert werden sollte, lässt sich nicht klären. Dennoch wurde der Bischofshof im Kontext der vorangegangenen Zeiten zu einer Art Gegenbau zur Marienkirche und zum Rathaus, das nur wenige Jahre später durch seine symbolische Ausgestaltung als Teil des Reichs gekennzeichnet wurde.

4 Zwischenfazit

Die Frage, ob sich Reichsstädte ,unter den Flügeln des Adlers' präsentierten, lässt sich nur durch eine differenzierte Betrachtung im Kontext der räumlichen und zeitlichen Begebenheiten beantworten. Einige Symboliken und Zeichen sind nicht so einfach oder eindeutig zu entschlüsseln, wie es auf den ersten Blick erscheinen mag. Konkrete Bezugspunkte und Ereignisse, die als Motivator der Reichsrepräsentation in den Städten dienten, gingen Hand in Hand mit allgemein dekorativen Konnotationen. Beide Muster des ,Corporate Branding' besaßen jedoch einen hohen symbolischen Wert, der es ermöglichte, dass die Menschen sich als Teil der Reichsstadt oder des Reiches verstanden, bzw. dass die Stadt auch von außen so wahrgenommen wurde.

Dass Reichsstädte wie Nürnberg und Lübeck einen Adler oder gekrönten Herrscher als Symbolfiguren für ihre Wappen, Siegel und Münzen wählten oder verliehen bekamen, ist an sich nicht ungewöhnlich. Die Interpretation solcher Darstellungen muss mit großer Vorsicht geschehen, da sich – vor allem für die Herrscherbilder auf Siegeln – zahlreiche Exempel auch für nicht reichsunmittelbare Städten finden lassen.[659] Die Bilder aus den Beispielstädten stehen jedoch zweifellos in Zusammenhang mit der prozesshaften Ausbildung der jeweiligen reichsstädtischen Autonomie, die Schritt für Schritt durch königliche Privilegierung entstand und als Motivation diente, um die Reichsanbindung den Bürgern oder Besuchern der Städte zu visualisieren. Was die Gestaltung der in den drei Reichsstädten auftretenden Wappen betrifft, so haben Lübeck und Nürnberg deutlich mehr gemein als jeweils mit Augsburg. Die norddeutsche und die fränkische Stadt beziehen sich sowohl in

---

659 Vgl. SPÄTH, Siegel 2015, S. 140–142. Als Beispiel ist das Siegel von Blankenburg an der Sieg zu nennen: Unter einer Burg befindet sich die Darstellung eines gekrönten Königs mit Zepter und Reichsapfel, obwohl die Stadt dem Grafen von Sayn unterstand und keine Berührungspunkte zum Reich aufwies.

der Farbgebung der geteilten Schilde in rot und weiß/silber als auch mit dem Adler – wenn auch in abgewandelter Form – auf das Reich. Durch diese Art der Selbstdarstellung wird die ‚Reichsferne' Lübecks optisch klar relativiert. Im königsnahen Augsburg sieht es auf den ersten Blick anders aus, da dort ein lokales Hoheitszeichen auf den Siegeln der Bürgerschaft und – nach einer Beteiligung an der Münzprägung – auch auf den gemeinsamen Münzen von Stadt und Bischof erschien. Für die Zeitpunkte, als die Darstellungen erstmals aufkamen, kann man die Abgrenzungsabsicht zu den Siegel- und Münzbildern des ehemaligen bischöflichen Stadtherrn und des Domkapitels konstatieren. Durch den Diskurs, der bezüglich der Herkunft, Bedeutung und Verwendung des Stadtpyr einsetzt, lässt sich das Symbol spätestens im 15. Jahrhundert als erweiterter Reichsbezug interpretieren. Der Pyr wurde in dieser Zeit zu einem umkämpften Symbol um die Ausbildung einer reichsstädtischen Identität, was ihn zum Zeichen der Reichsstadt schlechthin machte – und im Augsburger Kontext damit auch zum Zeichen des Reichs. Somit ist Markus Späth zuzustimmen, der von einer Pluralisierung reichsstädtischer Siegelbilder spricht, die nur in ihrem Kontext auf das Reich verweisen.[660]

In den drei Städten fand eine symbolische Repräsentation auf mehreren Ebenen statt, deren einzelnen Schichten nicht immer klar voneinander zu unterscheiden sind: Die Reichsstadt bezog sich mitunter auf das Reich oder einen expliziten Herrscher, dieser trat ebenfalls als Verkörperung und vor allem als Kopf des Reichs auf.[661] Wenn auch vor allem die persönlichen Beziehungen eines Königs zu dessen Visualisierung in den reichsstädtischen Räumen führten – beispielhaft ist das Relief mit Ludwig dem Bayern im Nürnberger Ratssaal und dessen außerordentlich positives Verhältnis zur Reichsstadt – so trat im Laufe der Zeit die konkrete zeitgenössische Wahrnehmung der Darstellungen in den Hintergrund: In nachfolgenden Generationen hatte das Bildnis des Kaisers vielmehr die Funktion eines „Geschichtsdenkmals."[662] Im 15. Jahrhundert trat mit den humanistischen Strömungen die Hinwendung zu historischen Themen ein, die der Legitimation des reichsstädtischen oder freiheitlichen Status dienen sollten. Nach Rudolf Hiestand sei hier ein Wandel zu erkennen: Die Städte würden sich nicht mehr auf kaiserliche Privilegien beziehen, sondern vielmehr auf eine konstruierte oder reale Historie, die der Legitimierung des Status der Stadt dienen sollte. Grund dafür sei die Angst gewesen, durch die Rezeption alter Privilegien einen zeitgenössischen Herrscher auf den Plan zu rufen, der durch neu formulierte Ansprüche die

---

660 EBD., S. 159.

661 Dazu DEUTSCHLÄNDER, Adler 2015, S. 174.

662 Nach SCHRAMM, Kaiser 1983, S. 16.

erworbenen Rechte gefährden könnte.[663] Diese These muss für Lübeck klar verneint werden, da in der Hörkammer des Rathauses explizit die Übergabe oder Bestätigung bedeutender Privilegien dargestellt wurde, die den Status der Stadt bedingten. Auf diese berief man sich immer dann, wenn die Autonomie oder die Existenz des Rates gefährdet war, was zu einer starken Instrumentalisierung dessen wurde, was man durch den Willen des Kaisers als ‚frei' und als Teil des Reichs empfand. Der vergleichsweise pragmatische Sinn für Realität und konkrete vergangene Ereignisse ist nicht zu verkennen. Eine mythen-geprägte Konstruktion der Vergangenheit ist weder schriftlich noch visuell in der Hansestadt anzutreffen.[664] Ein etwas abgewandeltes Bild findet man in Nürnberg. Dort existieren einige wenige Historienbilder mit identitätsstiftenden Momenten, zum Beispiel die Übergabe der Reliquien des heiligen Deocarus von Kaiser Luwig dem Bayern auf der Altartafel in Sankt Lorenz sowie der Zollgaben an Brabant auf dem Relief im Ratssaal. Diese verweisen wiederum auf bestimmte vergangene Ereignisse und eindeutige Privilegierungen oder Akte und bergen keine mythologischen Implikationen. Im 15. Jahrhundert kam es aber zumindest in der Geschichtsschreibung zu einem Zuwachs an genealogischen und historischen Konstrukten, die Nürnberg trotz seines vergleichsweise jungen Alters eine auf die römische Zeit zurückzuführende Gründung zuschrieben. Rom erschien nun als Bezugspunkt, der im Allgemeinen als Zeichen der „Bündnistreue"[665] im Römischen Reich, nicht nur in der Antike, sondern aufgrund des Gedankens der *translatio* auch im späten Mittelalter, gewertet wurde. In Augsburg existiert diese Anbindung tatsächlich und wurde zu einem Hauptgegenstand der Identitätskonstruktion, wie man am Streit zwischen Peter von Schaumberg und der Reichsstadt in der Mitte des 15. Jahrhunderts sehen konnte. Augsburg instrumentalisierte seinen Status der ‚wahrhaft königlichen Stadt' und erhob sich als ehemalige Provinzhauptstadt Rätiens über alle anderen Reichsstädte. Diese alten Überlieferungen wurden in Augsburg durch die mythologischen Ausgestaltungen in den Chroniken, Gedichten und Malereien noch weiter in die Vergangenheit verlängert, um über das antike Rom hinaus zusätzliche Legitimationspunkte zu schaffen, welche der Heroisierung der Gesellschaft dienten. Dadurch schuf man ein neues Gemeinschaftsgefühl. Die Mythologie ist ein Schnittpunkt tatsächlicher und erfundener Traditionen, die sich nahtlos ineinanderfügten, und manchmal deutlich auf die alte Privilegierung der Reichsstadt verwiesen.

---

663 Nach HIESTAND, Cives Romanus 1994, S. 97f.; dazu auch GIERSCH, Gründungslegende 2004, S. 8.

664 Vgl. MÖBIUS, Gedächtnis 2012, S. 134f.

665 So MELVILLE, Vorfahren 1987, S. 237.

Die Symbole und Bilder von Reich und König trugen entweder ortsgebunden oder mobil zur dynamischen Ausgestaltung der Reichsstadt bei, was darauf zurückzuführen ist, dass auf Grundlage der historischen und räumlichen Situation verschiedene Räume mit unterschiedlichen repräsentativen Konnotationen geschaffen wurden. Die Beziehungen der verschiedenen Kräftebereiche in der Stadt waren wechselhaft: In Augsburg und Lübeck waren es dabei nicht nur die beiden Parteien Domklerus und Reichsstadt, sondern auch die Reichsstadt, die ihrerseits in verschiedene Gruppen untergliedert werden konnte, selbst, welche sich nicht immer einig zeigten. In Nürnberg traten die Bürger und der Rat in Konkurrenz zueinander, aber auch zum Bischof von Bamberg oder dem König selbst. Viele Gestaltungsmaßnamen konnten nur durch ein symbiotisches Miteinander der Parteien realisiert werden, wie beispielweise die Kirchen als große prestigeträchtige Baumaßnahmen, an denen die Bürger durch ihre Stiftungen maßgeblich beteiligt waren. Das Beziehungsgefüge in der Stadt war geprägt von Konfrontation und Integration, die das Zusammenspiel erst ermöglichten, welches die spätmittelalterliche Reichsstadt ausmachte. Bestimmte Räume waren exklusiv einer beschränkten Gruppe an Personen oder Korporationen vorbehalten, wie beispielsweise diverse Zimmer in den reichsstädtischen Rat- und Zunfthäusern. Die dort ausgebildeten Repräsentations- und Erinnerungskulturen und deren identitätsstiftende Momente sind demnach immer konkret auf die Personen zu beziehen, die auch Zugang zu diesen Räumlichkeiten hatten.[666] Wie an den Beispielen zu sehen, gab es durchaus Berührungspunkte einzelner Gruppen mit dem gesamtstädtischen Gefüge, die sich durch die Visualisierung des Reichskörpers gemäß ihrer Interessen als Teil des Reichs und als Teilhaber am Reich verstanden. Hier sei noch einmal die Weberstube in Augsburg genannt, die legitimierend für den Status der Zunft den Kaiser, die sieben Kurfürsten und die heilsgeschichtlichen Begleitfiguren zeigte, und damit zur Ausbildung der zünftischen Identität beitrug. Ein ähnliches Programm findet man in Nürnberg am Schönen Brunnen, der am zentralen Ort der Stadt allen Bewohnern und Besuchern zugänglich war und das Reich im Ensemble mit der Frauenkirche in das Geschehen der Reichsstadt einschrieb, und somit eine nicht vergleichbare Reichweite erlangte. Auch wenn nicht alle Darstellungen von jedem Betrachter gleichermaßen verstanden wurden, so prägten sie sich

---

666 Vgl. Patrick SCHMIDT: Die Repräsentation des korporativen Gruppengedächtnisses im Medium des Festes, in: Zeitrhythmen 2005, hg. von ROSSEAUX/FLÜGEL/DAMM, S. 69–92, hier S. 70f.; Jan ASSMANN: Das kulturelle Gedächtnis. Schrift, Erinnerung und politische Identität in frühen Hochkulturen, München [7]2013, S. 39f.

dennoch durch wiederholendes Betrachten ein und wurden bewusst und unbewusst zur Quelle für Identität und Selbstverortung.

Die Um- und Neubauten der wichtigen reichsstädtischen Gebäude sowie deren schmückende Ausgestaltung mit Reichssymbolik oder lokalen Ausdrucksformen fielen häufig in konfliktreiche Zeiten oder die Jahre nach einer Krise.[667] Unter einer Krise versteht man knapp „[...] das (neu aufkommende) Bewusstsein der offenen Kontingenz [...]."[668] Es handelt sich also um Zeiten, in denen eine alte Ordnung aufgebrochen und Entscheidungen über die eigene Verfassung – im politischen, ökonomischen oder auch soziokulturellen Sinne – getroffen wurden. In solchen Zeiten berief man sich vermehrt auf das Reich und die damit verbundene Wahrung der eigenen Interessen, die durch die Reichsanbindung ermöglicht wurden. Reich und König wurden zu einer etablierten Größe, die man dann auf den Plan rief, wenn man dem eigenen Status einen festen Rahmen geben wollte: Im Mittelpunkt stand die Erhaltung der Autonomie, die man auf die Könige und Kaiser zurückführte.

---

667 Vgl. SELZER, Residenzstadt 2013, S. 28of.

668 Vittoria BORSÒ: Materialität und Medialität von Schrift und Bild: Francesco Petrarca und die Genealogie von Erinnerungskulturen der italienischen Renaissance, in: Medien 2009, hg. von VON HÜLSEN-ESCH, S. 113–140, hier S. 116.

KAPITEL 4

‚Physical Presence': Das Reich in den spätmittelalterlichen Reichsstädten

Im diesem Kapitel stehen die Momente im Fokus, in denen der König oder das Reich in den Reichsstädten physisch erfahrbar waren. Es wird analysiert, wie die Reichsstädte mit dem Reichsbesitz umgingen, der Auswirkungen auf das Stadtbild hatte. Im umgekehrten Falle wurden reichsstädtische Gebäude dem Reich dienlich gemacht, die eine vielfältige und über ihre eigentliche Funktion hinausgehende Nutzung erfuhren. Die Reichsstadt war als Ort durch multiple Räumlichkeiten gekennzeichnet, wurde also in Bezug auf die mit einem Ort verbundenen Handlungen zu verschiedenen Zeiten durch unterschiedliche Akteure andersartig genutzt. Durch den Begriff ‚Physical Presence' wird die Anwesenheit der Reichsoberhäupter und auch deren Repräsentanten aufgegriffen: Die Reichsstädte konnten so zu einem „Ort der Herrschaft" werden.[1] Als solcher ist, vereinfacht gesagt, jede Stätte zu bezeichnen, an der sich ein Herrscher, wenn auch nur vorübergehend, aufhielt. Die Besuche in den Reichsstädten stellten eine besondere persönliche Ebene der Begegnung dar. Auffällig ist, dass die königlichen Besuche kaum Niederschlag in den Schriften der Hofkanzleien, jedoch umso mehr in den Quellen der städtischen Archive fanden.[2] Die Bedeutung Nürnbergs mit seiner Reichsveste führte zu einer ungleich dichteren Überlieferung für die fränkische Reichsstadt. Dazu kommt eine Fülle an Material über Hof- und Reichstage, die in Nürnberg abgehalten wurden.[3] Trotz der mehrfach bezeugten Aufenthalte der Kaiser in Augsburg im späten Mittelalter – Lübeck kann nur einen Besuch verzeichnen – fanden nach der Reichsversammlung unter König Rudolf von Habsburg 1282[4] bis in

---

1 Caspar EHLERS: Einführung: Zentren der Macht. Frage an die Erforschung der Aufenthaltsorte mittelalterlicher Könige, in: Deutsche Königspfalzen. Beiträge zu ihrer historischen und archäologischen Erforschung, Bd. 7: Zentren herrschaftlicher Repräsentation im Hochmittelalter. Geschichte, Architektur und Zeremoniell (= Veröffentlichungen des Max-Planck-Instituts für Geschichte 11/7), hg. von DEMS./Jörg JARNUT/Matthias WEMHOFF, Göttingen 2007, S. 9–24.

2 Dazu FRIESS, Kaiser 2005, S. 27f.; dazu SCHENK, Zeremoniell 2003, S. 54, 89.

3 Vgl. dazu u. a. SEYBOTH, Reichstag 1992, hier mit einer Übersicht auf S. 211.

4 Dieser fand von 17.12.1278 bis 21.12.1278 statt, vgl. dazu die Urkunden in: RI VI, S. 382f., Nr. 1738–1756.

286   KAPITEL 4

das Jahr 1473, am Ende der Regierungszeit Kaiser Friedrichs III., keine weiteren statt.[5]

Für die Erfahrbarkeit des Reichs spielten Raumpraktiken eine wichtige Rolle. Darunter versteht man die Prozesse, die reichsstädtische Räume aktiv, situativ, individuell oder im Kollektiv schufen und veränderten.[6] Beispielsweise wurden die Reichsstädte bei den Feierlichkeiten im Zuge eines Herrscheraufenthalts zu Bühnen des Reichs.[7] Dafür erfuhren auch innerstädtische Räume eine Umnutzung. Große Bedeutung wurde den Ritualen und Zeremonien beigemessen, bei denen sich die Reichsstadt oder die Könige bzw. deren Repräsentanten selbst inszenierten oder inszeniert wurden: Mittelalterliche herrschaftliche Autorität beruhte auf Anerkennung, die unter anderem performativ erzeugt wurde.[8] Sowohl die Reichsstadt, der König und das Reich wurden so repräsentiert; der König stand in bestimmten festgelegten Akten stellvertretend für das Reich.[9] Die Handlungen wirkten nicht nur raum-,

---

5   Zu einer Aufstellung aller Reichsversammlungen im späten Mittelalter vgl. u. a. Gabriele ANNAS: Hoftag – Gemeiner Tag – Reichstag. Studien zur strukturellen Entwicklung deutscher Reichsversammlungen des späten Mittelalters (1349–1471), Bd. 2: Verzeichnis deutscher Reichsversammlungen des späten Mittelalters (1349 bis 1371) (= Schriftenreihe der Historischen Kommission der Bayerischen Akademie der Wissenschaften, Bd. 68), Göttingen 2004; zu den Beziehungen zwischen Reichsstädten und Königen vgl. auch HEINIG, Reichsstädten 1983, S. 356.

6   Zu „Raumpraktiken" und „Raumnutzung" vgl. RAU, Räume 2013, S. 182–186.

7   Vgl. dazu u. a. Angelika LAMPEN/Peter JOHANEK: Adventus. Studien zum herrschaftlich Einzug in die Stadt. Zur Einführung, in: Adventus 2009, hg. von DIESS., S. VII–XVI, hier S. VII.

8   Vgl. ALTHOFF/STOLLBERG-RILLINGER, Rituale 2007, hier S. 143; Rituale sind als formal normierte, symbolische Handlungsfrequenzen zu verstehen, die Ordnungen und Hierarchien schaffen und legitimieren. Zeremonien basieren als feierliche Handlungsabläufe auf einem festgelegten Protokoll, das sich aus Ritualen zusammensetzt und dadurch bestehende Ordnungen symbolisiert und festigt. Zur Bedeutung der Rituale im späten Mittelalter auch Barbara STOLLBERG-RILINGER: Die zeremonielle Inszenierung des Reichs, oder: Was leistet der kulturalistische Ansatz für die Reichsverfassungsgeschichte, in: Imperium Romanum – irregulare corpus – Teutscher Reichs-Staat. Das Alte Reich im Verständnis der Zeitgenossen und der Historiographie (= Veröffentlichungen des Instituts für Europäische Geschichte Mainz, Beihefte, Bd. 57), hg. von Matthias SCHNETTGER, Mainz 2002, S. 233–246, zu den Bestandteilen der Zeremonien vgl. auch Michail A. BOJCOV: Qualitäten des Raums in zeremoniellen Situationen: Das Heilige Römische Reich, 14.–15. Jahrhundert, in: Zeremoniell und Raum (1200–1600), 4. Symposium der Residenzen-Komission der Akademie der Wissenschaften in Göttingen, Potsdam, 25. bis 27. September (= Residenzenforschung, Bd. 6), hg. von Werner PARAVICINI, Sigmaringen 1997, S. 129–154, hier S. 130f.; ebenso Gerd ALTHOFF: Rituale – Symbolische Kommunikation: Zu einem neuen Feld der historischen Mittelalterforschung, in: Geschichte in Wissenschaft und Unterricht 50 (1999), S. 140–154.

9   Dazu vgl. auch ALTHOFF/STOLLBERG-RILLINGER, Rituale 2007, S. 150.

,PHYSICAL PRESENCE': DAS REICH IN DEN REICHSSTÄDTEN 287

sondern auch gemeinschaftsbildend, weil die Reichsstadt, ihre Akteure und die Zuschauer zu Teilhabern am Geschehen wurden.[10] König und Reich wurden so im Alltag abseits der zentralen Feierlichkeiten für die Bewohner der Reichsstädte erfahrbar.[11]

1 Reichsbesitz und multiple Räumlichkeiten: Zusammen- und Wechselspiele von Reichsstadt, Reich und Reichsrepräsentanten

1.1 Die Integration und Okkupation von Reichsbesitz durch die Reichsstadt

Der Umgang mit Reichsbesitz lässt sich am klarsten für Nürnberg aufzeigen, wo mit der Kaiserburg ein monumentales Objekt der Reichsrepräsentation vorzufinden war und ist. Diese Veste befand sich ausschließlich in den Händen des Reichs und wurde von den meisten Königen als bevorzugte Herberge genutzt.[12] Dahingegen existierte in Lübeck kein Gut, das dem Reich oder König gehörte. In Augsburg war die Situation nicht eindeutig, denn die Quellenlage bezüglich möglichen Reichsbesitzes in der Stadt ist dürftig. Wie schon im 10. Jahrhundert ist es zu dieser Zeit unwahrscheinlich, dass sich eine königliche Pfalz in Augsburg befand. Ob diese Beobachtung bis ans Ende des Untersuchungszeitraums ihre Gültigkeit behält, lässt sich nicht zweifelsfrei klären. Ebenfalls muss aufgrund der fehlenden zeitgenössischen Quellen die Frage unbeantwortet bleiben, ob der sogenannte „Königsturm" Teil einer ehemaligen Königspfalz oder eines früheren Königshofes war.[13] Es handelte sich um einen nach dem Zweiten Weltkrieg abgebrochenen Wehrturm, der sich auf Höhe

---

10 Christoph WULF: Die Erzeugung des Sozialen in Ritualen, in: Rituale 2007, hg. von MICHAELS, S. 179–200.

11 Die Formen und Möglichkeiten von Ritualen und Zeremonien erfuhren in der Forschung bereits eine ausführliche Berücksichtigung, vgl. u. a. den Sammelband Rituale, hg. von MICHAELS 2007; die konkreten Beziehungen und Auswirkungen werden nur selten dargestellt, so z. B. bei Peter F. KRAMML: Kaiser Friedrich III. und die Reichsstadt Konstanz (1440–1493). Die Bodenseemetropole am Ausgang des Mittelalters (= Konstanzer Geschichts- und Rechtsquellen. Neue Folge der Konstanzer Stadtrechtsquellen, Bd. 29), Sigmaringen 1985.

12 Vgl. SEYBOTH, Reichstag 1992, S. 213; auch Edmund RIES: Die Nürnberger Burg als Herberge der römisch-deutschen Kaiser und Könige, in: Das Bayerland 45 (1934), S. 718–720.

13 Walter GROOS: Beiträge zur Frühgeschichte Augsburgs 300–1300 (= 29. Bericht der Naturforschenden Gesellschaft Augsburg), Augsburg 1973, S. 46–53, geht unzweifelhaft von der Identifikation des Bauwerks als Teil des Königshofes aus.

288 KAPITEL 4

des Obstmarkts nur wenige Meter südlich des Burgtors der Domimmunität befand. Die Fundamente können vermutlich bis in das 12. Jahrhundert zurückdatiert werden, allerdings sind weitere Untersuchungen heute nicht mehr möglich. Eine Urkunde aus dem Jahre 1365 scheint königlichen Grundbesitz in oder bei der Stadt Augsburg zu belegen: Konrad von Hoppingen erhielt als treuer Diener durch Karl IV. Gülte [...] *uf dez rychs hof zu Auspurg gelihen* [...].[14] Als dem Kaiser jedoch bekannt wurde, [...] *daz dieselb gült zu unserr vogtey daselbst und zu dem reich von reht und von alter gehort hab und noch gehore* [...] widerrief er die Verleihung.[15] Nach Friedrich Blendinger hätte es sich möglicherweise um einen königlichen Meierhof gehandelt, aus dessen Einkünften der Vogt seine Einnahmen erhielt.[16] Für diese These gibt es jedoch keine Belege.[17] In den schriftlichen Aufzeichnungen des 14. Jahrhunderts findet man vereinzelt Nennungen einer kaiserlichen Hof- oder auch Wohnstätte innerhalb der Stadtmauern.[18] 1357 wird in einer Urkunde erstmals ein Haus erwähnt, [...] *in dem jetz der kayser wont* [...], das neben einem von Johannes Ravensburger veräußerten Steinhaus unter dem Perlach lag.[19] Nach einer Urkunde des Jahres 1392 tauschten die Bürger mit dem Domkapitel [...] *unser und unsers cappitels hofstatt, gründ und boden, diu genant ist, dez kaysaers hofstat und von dem berlach heruber die strauzz an der Baetzin von Bûrûn hûs und hofsache gelegen ist* [...].[20] Wie zunächst der Kaiser und später das Domkapitel in den Besitz

---

14 Vgl. das Schreiben vom 01.11.1365, in: UBA 2, S. 130, Nr. 591; mit RI VIII, S. 748, Nr. 185.

15 Vgl. RI VIII, S. 748, Nr. 185.

16 Vgl. BLENDINGER, Stadtrecht 1976, S. 143.

17 In BLENDINGER, Stadtrecht 1976, S. 34, werden in diesem Zusammenhang königliche Ministeriale in Augsburg erwähnt. Deren Sitz soll sich auf Reichsgut befunden haben, aber dafür existieren keine Belege. Vgl. dazu die Urkunde vom 29.08.1246, in: UBA 1 S. 5–7, Nr. 6; auch RI V, S. 820, Nr. 4511: Gottfried von Hohenlohe übergibt dem Augsburger Otto Bogner [...] *presente domino nostro Cunrado illustri, in Romanorum regem electo* [...] ein Grundstück als Zinslehen: [...] *aream nostram apud antiquam portam civitatis sitam in Augusta* [...], auf dem ein gewisser *Ulrich de porta* saß, der auch das Beschließamt am südlichen Burgtor und am Frauentor bekleidete.

18 Zu den verschiedenen Bedeutungen des Wortes Hof, hier im Sinne eines festen Ortes, vgl. Peter MORAW: Über den Hof Kaiser Karls IV., in: Deutscher Königshof, Hoftag und Reichstag im späteren Mittelalter (= Vorträge und Forschungen, Bd. 48), hg. von Peter MORAW, Stuttgart 2002, S. 77–103, hier S. 79.

19 Vgl. dazu die Urkunde in: StadtA Augsburg, US 1357 11 07.

20 Vgl. dazu die Kopie des Tauschbriefs vom 10.05.1392 aus dem Jahre 1427, StadtA Augsburg, Reichsstadt, Rat und Geheimer Rat, Beziehungen zu Hochstift, Bischof und Domkapitel (1408–1794), Nr. 28; auch UBA 2, S. 255f., Nr. 775; dazu findet man in den Rechnungen *viiij^M lb den. dem Statschriber vmb vnss heren dez Bischoffs früntschafft prieff vmb daz Kayserß hofstat* [...], vgl. dazu den Eintrag zum 07.07.1392, StadtA Augsburg, BMB Nr. 7 fol. 50r.

,PHYSICAL PRESENCE': DAS REICH IN DEN REICHSSTÄDTEN

des Gebietes und der Hofstätte kamen, lässt sich nicht rekonstruieren, aber es handelt sich eindeutig um dasselbe Gebiet. Möglicherweise befand sich an der Stelle ein Gebäude, das dem Kaiser zeitweise als Aufenthaltsort diente.[21] Der Umstand, dass der Bereich an das Kapitel ging, könnte als Hinweis für einen Bedeutungsverlust und die Aufgabe des Gebäudes als königliche Unterkunft gelten. Ob möglicherweise die bischöfliche Pfalz als Herberge genutzt wurde, bleibt unklar.[22] An dieser Stelle kam es nur wenige Jahre später, 1398, zu einem verheerenden Brand, da [...] *verpran des kaysers hoffstat, hieß des mals also da yetz das prothauß ist, piß gen parfussen*.[23] Sollte sich bestätigen lassen, dass der Brand vorsätzlich herbeigeführt wurde, um im Zuge der Umgestaltung des Perlachs zu einem herrschaftlichen Zentrum neues Bauland zu schaffen, ist davon auszugehen, dass der ehemals ‚kaiserliche Hof' tatsächlich nicht mehr für die Aufenthalte des Reichsoberhauptes genutzt wurde. Deshalb sollte nicht angenommen werden, dass man bewusst Reichs- oder Königsgut okkupierte und niederlegte, sondern dass die Maßnahmen vielmehr praktischen Gründen dienten. Vom Mittel der Zerstörung oder Niederlegung symbolträchtiger Bauten wurde im Prozess der Konfliktaustragung ohnehin häufiger Gebrauch gemacht.[24] Dies konnte man am Umgang der Reichsstadt Augsburg mit der Stadtmauer des Bischofs sehen, ebenso am Beispiel Lübecks, wo nach der gewonnenen Schlacht von Bornhöved die Burg des Stadtherrn, damals des dänischen Königs, geschleift wurde.[25] Die Interpretation, dass das lübische Vorgehen vor allem mit der „Funktionsausdienung" der Burg zusammenhing, da der Vogt vermutlich schon 1217 in der Vogtei auf dem Koberg seinen Platz bekam,[26] greift zu kurz: Eben jene Abbrucharbeiten fanden unmittelbar am Ende des Konfliktes statt, nachdem eine Entscheidung über das Verhältnis zwischen Dänenkönig und Stadt herbeigeführt worden war, und hatte zum

---

21   Vgl. BLENDINGER, Stadtrecht 1976, S. 162.

22   Zum Wandel in der Wahl der Herbergen vgl. Anna Maria DRABEK: Reisen und Reisezeremoniell der römisch-deutschen Herrscher im Spätmittelalter (= Wiener Dissertationen aus dem Gebiet der Geschichte, Bd. 3), Wien 1964, S. 382.

23   Nach der Chronik von der Gründung der Stadt Augsburg bis zum Jahre 1469, S. 316.

24   Vgl. SCHNEIDER, Konfliktaustragung 2013, S. 112–115, zum Beispiel Göttingen; weiter auch zu Lübeck im Folgenden Stephan SELZER: *Fraenum antiquae libertati*s – Stadtburgen und die Wiederbefestigung stadtherrlicher Macht im spätmittelalterlichen Reich, in: Die besetzte res publica. Zum Verhältnis von ziviler Obrigkeit und militärischer Herrschaft in besetzten Gebieten vom Spätmittelalter bis zum 18. Jahrhundert (= Herrschaft und soziale Systeme in der Frühen Neuzeit, Bd. 3), hg. von Markus MEUMANN/Jörg ROGGE, Münster 2006, S. 89–118.

25   Vgl. GLÄSER, Burgkloster 1992, hier S. 83.

26   ERDMANN, Plätze 1991, S. 16.

290   KAPITEL 4

Ziel, den Wandel und intendierten freien Status Lübecks festzuschreiben und
zu visualisieren. Aus pragmatischen Gründen ließ man den repräsentativen
Teil der Anlage, den Palas, stehen, der für das neu installierte Kloster weiterhin genutzt wurde. Die Mauer, welche die Burg von der Stadt trennte und die
auf Initiative des dänischen Königs errichtet worden war, ließ man abtragen.
Dies geschah, um eine optische Einheit von Stadt und späterem Kloster zu
schaffen, und um sich die Befestigungshoheit symbolisch zu sichern. Die Burg
hatte sich zuvor ab 1181 schon für wenige Jahre im Verfügungsbereich des römischen Königs, damals Friedrich I., befunden. Nachdem die Burg geschleift
worden war, bestand vor Ort keine Möglichkeit mehr, in ihren Gemäuern eine
Reichsburg einzurichten: Den Lübeckern war die eigene Autonomie wichtiger, als sich der Eventualität auszusetzen, dass sich Landesherren der Burg
bemächtigen und den reichsstädtischen Status gefährdeten – ein mögliches
Zeichen des Misstrauens gegenüber den umliegenden Mächten.[27]

In Nürnberg stellte die Reichsburg mit der Reichsstadt eine unabdingbare Einheit dar:[28] Da das Gebäude auf dem Berg über der Stadt thronte, war
das Reich optisch stets präsent. Der Nürnberger Hans Rosenplüt beschreibt
die Burg in seiner Reimspruchdichtung aus dem 15. Jahrhundert auch als [...]
*hubsche kemnat, Die in der stat zu Nurmberg stat. Und stunde sie heraußen auf
einem perg, Man sprech: ,eins fursten herberg'* [...].[29] Wenn man auch die überhöhende Wertung nicht verkennen darf, so hatte die Burg sicherlich eine beachtliche Wirkung auf die Betrachter, vor allem auf diejenigen, die sie das erste
Mal sahen oder nur selten in Nürnberg weilten. Ohne Zweifel kann man sie
als konstituierendes Element des Stadtbilds bezeichnen.[30] Die monumentalen Gestaltungsprogramme gingen in erster Linie von den Reichsoberhäuptern
aus.[31] Besonders prägend für das mittelalterliche Erscheinungsbild der Veste

---

27   So auch SCHNEIDER, Konfliktaustragung 2013, S. 115.

28   Vgl. zur Thematik der Interaktion von Residenz und Stadt Andreas RANFT: Residenz und
      Stadt, in: Höfe und Residenzen im spätmittelalterlichen Reich. Bd. 2: Bilder und Begriffe,
      Teilbd. 1: Begriffe (= Residenzenforschung 15/II/1), hg. von Werner PARAVICINI bearb. von
      Jan HIRSCHBIEGEL/Jörg WETTLAUFER, Ostfildern 2005, S. 27–32, hier S. 27f.

29   ROSENPLÜT, Reimpaarsprüche 1990, S. 220–234, hier S. 224, V. 110–114.

30   Vgl. auch Marc VON DER HÖH: Symbolische Interaktion in der Residenzstadt des
      Spätmittelalters und der Frühen Neuzeit. Zur Einleitung, in: Symbolische Interaktion, hg.
      von DEUTSCHLÄNDER/VON DER HÖH/RANFT 2013, S. 9–26, hier S. 11.

31   Vgl. dazu die umfangreiche Literatur: u. a. SEYBOTH, Reichstag 1992, S. 213f.; MAUÉ,
      Nürnberg 1986, S. 28f.; FRIEDEL, Burg 2007; MUMMENHOFF, Burg 1926; ebenso Johannes
      ERICHSEN: Historische Substanz: der Bestand der Nürnberger Burg, in: 100 Jahre
      Bayerisches Landesamt für Denkmalpflege. 1908–2008, Bd. 3: Katalog. Inhalte. Praxis.
      Schwerpunkte, hg. von Egon Johannes GREIPL, Regensburg 2008, S. 158–163; auch G. Ulrich

waren zwei große Baumaßnahmen: Der Einbau einer Palastkapelle während der staufischen Epoche und die Errichtung des sogenannten Sinwellturms auf den Fundamenten des alten Bergfrieds unter Rudolf von Habsburg. Am Ende der Regierungszeit Kaiser Friedrichs III. wurden noch einmal erhebliche Umbauten durchgeführt, die erstmals nicht nur durch archäologische Befunde, sondern auch detaillierte schriftliche Quellen erfasst werden können.[32] Alleine die logistischen Prozesse für den Bau, sowie die Arbeiten an der Burg selbst machten das Reich für die Bewohner, für die der Blick auf die Burg alltäglich war, besonders erfahrbar. Die Reichsburg wurde nicht nur visuell, sondern auch rechtlich immer mehr mit der Reichsstadt verbunden. Dies war von beiden Seiten beabsichtigt, denn die wirtschaftliche Kraft der Stadt sicherte den Unterhalt und das Funktionieren der Infrastruktur auf der Veste einerseits, und andererseits festigte die Ausweitung der Kompetenzen das Ansehen und die herausgehobene Position der Reichsstadt.[33] So wurde von Heinrich VII. in einem seiner umfangreichen Privilegien des Jahres 1313 festgeschrieben, dass die [...] *burg und der turn inmitten derselben* [...] nie von der Stadt abgesondert werden sollen.[34] Ebenso übertrug er die Reichsveste bei einer Thronvakanz so lange auf den Stadtrat, bis ein neuer König gewählt wurde. Kaiser Ludwig IV. bestätigte im Jahre 1341 dieses Privileg und verfügte auf dessen Grundlage, dass Stadt und Burg [...] *ein ding sein* [...].[35]

Die Reichsstadt hatte für den Unterhalt der Burg zu sorgen, wie sich an einem Privileg des Kaisers Karls IV. zeigt: Er legte im Jahre 1347 fest, dass die

---

GROßMANN: Die Kaiserburg zu Nürnberg. Literaturbericht und Forschungsstand, in: Burgenbau im 13. Jahrhundert (= Forschungen zu Burgen und Schlössern, Bd. 7), hg. von der WARTBURG-GESELLSCHAFT ZUR ERFORSCHUNG VON BURGEN UND SCHLÖSSERN in Verbindung mit dem Germanischen Nationalmuseum, München/Berlin 2002, S. 83–98.

32   Zu den Umbaumaßnahmen im Detail vgl. u. a. FRIEDEL, Burg 2007, S. 54–70, 136–150; in den Aufzeichnungen wird deutlich, dass die Reichsstadt stark in die Baumaßnahmen involviert war. So heißt es nach den Ratsverlässen von 1487, dass der Rat die Aufgabe hatte, [...] *dem kaiser das zimmer zu seinem nachthorn aufzurichten und zu bauen* [...]: in der Folge wurde für den kaiserlichen Nachtbläser ein eigenes Zimmer angebaut.

33   Weiter auch Birgit STUDT: Territoriale Funktionen und urbane Identitäten deutscher Residenzstädte vom 14. bis zum 16. Jahrhundert, in: Städtische Identität 2003, hg. von CHITTOLINI/JOHANEK, S. 45–68, hier S. 46.

34   Vgl. die Urkunde vom 11.06.1313, in: StA Nürnberg, Rst. Nbg., Kaiserliche Privilegien 13; zur Thematik weiterhin auch Werner SCHULTHEISS: Politische und kulturelle Entwicklung 1298–1347, in: Nürnberg 1971, hg. von PFEIFFER, S. 38–45.

35   StA Nürnberg, Rst. Nbg., Kaiserliche Privilegien 53; mit der Bestätigung von Kaiser Karl IV. vom 02.11.1347, in: StA Nürnberg, Rst. Nbg., Kaiserliche Privilegien 64; auch die Urkunde vom 02.10.1349, in: StA Nürnberg, Rst. Nbg., Kaiserliche Privilegien 76; sowie von Ruprecht von der Pfalz vom 06.01.1401, in: StA Nürnberg, Rst. Nbg., Kaiserliche Privilegien 236.

Nürnberger Juden jährlich 200 Florin von ihrer Jahressteuer an den Rat zahlen sollen, damit dieser Holz zur Beheizung der Veste kaufen könne.[36] Auch in den Nürnberger Rechnungsbüchern erscheinen regelmäßig Ausgaben, die für die Instandhaltung der Veste anfielen.[37] Ab und an wurden einzelne Bürger dazu verpflichtet, ihren Teil zum Unterhalt der Burg beizusteuern. Diese Aufgaben sind als Gegenleistungen für Gunsterweise zu sehen. In Endres Tuchers Baumeisterbuch findet man folgende Verfügung:

> *Nachdem und Hanns Rumel seliger am Marckt hat gehabt ein zehenten zwischen Röttenpach und oberhalb Wendelstein, der dann vor dem heiligen reich gewident und zu lehen geet, und also herkomen ist, das ein ieder der inen innen hat, alle schloß und eisenwerck in der innern purk der vesten hie zu Nuremberg darvon pessern und in wesen halten soll, wenn und wie oft das nott geschicht.*[38]

Die finanziellen Verpflichtungen der Reichsstadt vergrößerten sich 1422, als König Sigismund bestimmte, dass bei Abwesenheit des Königs oder wenn dieser gedenkt, nach Nürnberg zu kommen, die Burg [...] *unser und des Reichs Stat Nuremberg dadurch desterbas versorget und bewaret werde.* Weiterhin befahl er, vermutlich aufgrund der Gefahr durch die Hussitenkriege, dem Bürgermeister, dem Rat und den Bürgern, dass sie die Burg [...] *mit Tören Türnen Mawren Greben vnd andern beuestungen bawen und beuesten sollen und mugen nach notdorft* [...]. Als Gegenleistung erklärte Sigismund, dass der König und seine Nachkommen die Burg [...] *nyemand anders beuelhen dann allein dem Rate der Stat zu Nuremberg* [...] soll.[39] Der Stadtrat besaß von da an die alleinige Aufsichtspflicht über die Reichsburg, was dessen Kompetenzen maßgeblich steigerte. Die Kosten und Arbeiten von Stadt und Bürgern machten das Reich im administrativen und persönlichen Alltag praktisch erfahrbar, was wiederum die beteiligten Personen zu konkreten Teilnehmern am Reich werden ließ, ohne dass dies symbolhafte und transzendente Vermittlungsstrategien erforderte.

Die Burg selbst berührt das bereits angesprochene Phänomen der gestaffelten Öffentlichkeit: Sie wurde trotz der optischen Verbindung mit der Reichsstadt durch Tore von der Stadt getrennt und somit als eigener Rechts-

---

36 Vgl. die Urkunde vom 02.11.1347, in: RI VIII, S. 38, Nr. 404.

37 Vgl. u. a. die Nürnberger Stadtrechnung zu 1377 und 1378, in: StadtA Nürnberg, F5, Nr. 151.

38 Vgl. Endres Tuchers Baumeisterbuch der Stadt Nürnberg, S. 96; MUMMENHOFF, Burg 1926, S. 18, erwähnt den Fall und setzt die Belehnung mit 1402 an. Die Durchsicht der Urkunden blieb jedoch erfolglos.

39 Vgl. die Urkunde vom 17.08.1422, in: StA Nürnberg, Rst. Nbg., Kaiserprivilegien 277.

raum visualisiert. Dieser war ebenso wie die symbolträchtigen reichsstädtischen Bauten, wie z. B. das Rathaus, in verschiedene Stufen der Inklusion und Exklusion untergliedert. Der Zugang zu den Räumlichkeiten wurde durch den Rang oder das Amt einzelner Personen reguliert; die innersten Räume blieben dem Reichsoberhaupt und seinen engeren Vertrauten vorbehalten.[40] Zu denjenigen, die sich regelmäßig auf der Burg einfanden, gehörten in erster Linie der König und sein Hof. Der königliche Hof war ein überaus komplexes Gebilde und bestand neben dem Reichsoberhaupt und seiner Familie auch aus den Hofpersonen, die verschiedene Ämter und Dienste inne hatten. Sie zogen zusammen mit dem Reichsoberhaupt zu den einzelnen Stationen seiner Herrschaft und prägten in zunehmendem Maße die Orte, an denen sie länger verweilten.[41] Auch Fürsten und Gesandte kamen auf die Burg,[42] außerdem auch die Beisitzer und Verurteilten vor dem königlichen Hofgericht – ab 1471 das sogenannte Kammergericht[43] als höchste juristische Instanz im Reich. Dieses Gericht tagte immer dort, wo sich auch der Herrscher befand. Im Jahre 1470 hatte der Nürnberger Rat laut Endres Tucher den Auftrag, im unteren Saal der Nürnberger Kaiserburg einen eigenen Bereich zu schaffen:

[...] *im sall unten zwischen den ersten 2 seullen am hineingen 3 penck mit ruckpretteren auf den zwei seiten* [...] *und neben derselben unteren panck ein schranck und gerüst mit eim sneller, die leut dordurch auß und ein zu lossen, und in der mit ein sauber tisch vor den vensteren auf 2 guten steten pocken* [...].[44]

---

40   Auch Katharina HEINEMANN: Die Kaiser-Räume im Palas – Saal, Stube und Kammer, in: Kaiser – Reich – Stadt 2003, hg. von DERS., S. 135f. mit ausführlicheren Angaben zu den Ausgestaltungen der Zimmer; zur Thematik vgl. auch Gottfried KERSCHER: Die Perspektive des Potentaten. Differenzierung von „Privattrakt" bzw. Appartement und Zeremonialräumen im spätmittelalterlichen Palastbau, in: Zeremoniell 1997, hg. von PARAVICINI, Sigmaringen S. 155–186.

41   Vgl. MORAW, Hof 2002, S. 79, zu den Aufgaben des königlichen Hofs; auch SCHUBERT, König 1979, S. 84f., zur *curia regalis* als Verfassungselement.

42   Vgl. u. a. SEYBOTH, Reichstag 1992, S. 218f.

43   Vgl. thematisch dazu Bernhard DIESTELKAMP: Recht und Gericht im Heiligen Römischen Reich, (= Ius commune. Sonderhefte zum europäischen Recht, Bd. 122), Frankfurt am Main 1999; ebenso Das Reichskammergericht. Der Weg seiner Gründung und die ersten Jahrzehnte seines Wirkens (1451–1527), hg. von Bernhard DIESTELKAMP (= Quellen und Forschungen zur höchsten Gerichtsbarkeit im Alten Reich, Bd. 45), Köln/Weimar/Wien 2003.

44   Vgl. Endres Tuchers Baumeisterbuch der Stadt Nürnberg, S. 298f.; dazu Johannes ERICHSEN: Das Kaiserliche Hofgericht in der Kaiserburg, in: Kaiser – Reich – Stadt 2013, hg. von HEINEMANN, S. 73.

294   KAPITEL 4

Bevor dieser Bereich gestaltet wurde, fand das Hofgericht im Rathaus, vermutlich im Ratssaal, statt, wie es für den Aufenthalt Friedrichs 1442 belegt ist.[45] Für die Bewirtung der Gäste auf der Burg hatte die Reichsstadt zu sorgen, was logistische und finanzielle Aufwendungen mit sich brachte, beispielsweise 1471, als der Rat Wein und Obst für den Herzog von Mecklenburg und nicht genauer definierte ‚andere' bereitstellte, sowie Wein, Konfekt und Obst im selben Jahr für den Erzbischof von Köln.[46] Auch die schon erwähnte Burgkapelle in ihrer Zugänglichkeit untergliedert: Der obere Teil der Kapelle war als herrschaftliche Empore und rein privater Raum des Königs gedacht und nur durch das Erdgeschoss des Palas zugänglich. Der untere Teil war für den täglichen Gottesdienst der Burgbesatzung sowie für Gäste geöffnet und konnte von außen betreten werden.[47] Dieser situativ bedingte öffentliche Bereich erhielt durch die Stiftungen Kaiser Friedrichs III. im Jahre 1487, die er zeitgleich mit den größeren Umbauten an der Burg tätigte, eine neue Aufmachung.[48] Das Beispiel verdeutlicht, dass die Möglichkeiten der Wahrnehmung von Zeichen und Symbolen nicht für alle gleichsam gegeben waren. Es ist allerdings davon auszugehen, dass der Kaiser verantwortlich war für die ikonographische Ausgestaltung, weshalb sein persönliches Verständnis seiner Person und des Reichs transportiert wurde.

Im Komplex der herrschaftlichen Anlage auf dem Berg befand sich neben der Reichsburg auch die Burggrafenburg. Die ersten Nürnberger Burggrafen waren vermutlich von den Saliern eingesetzt worden. Nach der Reorganisation der Reichsgutverwaltung unter Konrad III. im Jahre 1138 wuchs die Bedeutung des Amtes: Der Burggraf stand nun an der Spitze der Verwalter inmitten des

---

45   Vgl. Kaiser Friedrich III und die Reichsstadt Nürnberg 1440–1444, in: Die Chroniken der fränkischen Städte. Nürnberg, Bd. 3 (= Die Chroniken der deutschen Städte vom 14. bis ins 16. Jahrhundert, Bd. 3), Göttingen ²1961, S. 351–401, hier S. 366: *Darnach des andern tags am freytag besaß unser herr der kunigk auf dem rathauß daß erste hoffgericht zwen stund vormittag [...]*.

46   Vgl. MUMMENHOFF, Burg 1926, S. 37. Die Rechnungen sind heute nicht mehr erhalten.

47   Vgl. zur kaiserlichen Doppelkapelle FRIEDEL, Burg 2007, S. 106–109; auch älter August ESSENWEIN: Die Kapelle der Kaiserburg zu Nürnberg und ihre Bedeutung als Mausoleum der Burggrafen, in: Anzeiger für die Kunde der deutschen Vorzeit, NF 25 (1878), S. 265–198; auch FLEISCHMANN, Burg 2003, S. 61f. Auf die reichsrepräsentativen Implikationen der Kapelle soll an dieser Stelle nicht genauer eingegangen werden, da der Fokus auf dem Umgang der Reichsstadt mit dem Reich liegt. Darüber hinaus vgl. die eben angesprochene Literatur zur herrschaftlich initiierten Selbstdarstellung.

48   Er ließ einen Altar und vier Retabelfiguren errichten, die Karl den Großen, die beiden Heiligen, Kaiser Heinrich II. und seine Gattin Kunigunde, sowie Helena, die Mutter Kaiser Konstantins, darstellten.

Königskomplexes und war unmittelbar an das Reich gebunden. Ursprünglich lagen seine Aufgaben vor allem in der militärischen Verteidigung der Burg und der entstehenden Stadt:[49] Die Burggrafenburg wurde als Vorburg der kaiserlichen Veste erbaut.[50] Sie stellte einen weiteren optischen Machtfaktor in der Stadt dar und diente den Burggrafen und deren Amtsleuten bis in das erste Drittel des 15. Jahrhunderts als Wohn- und Verwaltungsstätte.[51] In einer Urkunde Rudolfs von Habsburg aus dem Jahre 1273 wird das [...] *castrum quod tenet ibidem* [...] dem Zollern Friedrich III. (1260–1297), dessen Familie bereits seit 1192 das Amt des Burggrafen innehatte, zusammen mit dem burggräflichen Gebiet als Lehen vergeben.[52] Diesen Akt kann man auf die Unterstützung Rudolfs bei seiner Wahl zum König im selben Jahr zurückführen.[53] Die damit verbundene Bedeutungssteigerung des Geschlechts der Zollern hatte zugleich negative Auswirkungen auf das Verhältnis der Burggrafen zur Reichsstadt, das sich ab dem ersten Drittel des 14. Jahrhunderts nachhaltig verschlechterte. Im

---

49   Vgl. PFEIFFER, Pfalz 1959, S. 307, 315; auch TWELLENKAMP, Burggrafen 1994, S. 9f., zu den frühen Anfängen der Nürnberger Burggrafschaft: Vermutlich wurden die ersten Grafen schon von Heinrich IV. eingesetzt. Diese stammten aus dem niederösterreichischen Geschlecht der Grafen von Raabs, vgl. dazu ausführlich Hermann SCHREIBMÜLLER: Franken in Geschichte und Namenwelt. Ausgewählte Aufsätze (= Veröffentlichungen der Gesellschaft für fränkische Geschichte 9. Reihe = Darstellungen aus der fränkische Geschichte, Bd. 10), Würzburg 1954, hier v. a. S. 31–45; weiter auch Adolf Friedrich Johann RIEDEL: Über den Ursprung und die Natur der Burggrafschaft Nürnberg, in: Abhandlungen der Königlichen Akademie der Wissenschaften zu Berlin 1854, S. 365–414.

50   Zur Baugeschichte der Burggrafenburg vgl. FRIEDEL, Burg 2007, S. 70–95. Da die Burg 1420 zerstört wurde, lassen sich aus dem bestehenden Mauerwerk nur wenige Rückschlüsse auf die Baugeschichte ziehen. Korrekterweise merkt EBD., S. 76, an, dass bislang keine kritische Zusammenstellung aller die Burggrafenburg betreffenden Quellen existiert.

51   Mitte des 13. Jahrhunderts residierten die Zollern bevorzugt in der Cadolzburg westlich von Nürnberg, vgl. dazu TWELLENKAMP, Burggrafen 1994, S. 12; auch Daniel BURGER: Die Cadolzburg. Ein Hauptwerk des frühen gotischen Burgenbaus in Franken, in: Burgenbau 2002, hg. von der WARTBURG-GESELLSCHAFT ZUR ERFORSCHUNG VON BURGEN UND SCHLÖSSERN, S. 99–116; dennoch behielten sie ihre Wohnstätte in der burggräflichen Nürnberger Anlage, die sie 1267 erstmalig als *nostra residentia* bezeichneten, vgl. die Urkunde vom 04.05.1267, in: Monumenta Zollerana. Urkundenbuch zur Geschichte des Hauses Hohenzollern, Bd. 2 (Urkunden der fränkischen Linie 1235–1332), hg. von Rudolf VON STILLFRIED/Traugott MAERCKER, Berlin 1856, S. 61, Nr. 110.

52   Vgl. die Urkunde vom 25.10.1273, in: MGH Const. 3, S. 20–22, hier S. 20.

53   Zum Verhältnis zwischen Burggraf und Rudolf von Habsburg vgl. TWELLENKAMP, Burggrafen 1994, S. 22–36; auch Arthur GÜNTHER: Beziehungen zwischen Habsburgern und Zollern von ihren Anfängen bis zum Tod Albrechts I. (1308), in: XXX. Jahresbericht des k. k. Franz Joseph Staats-Gymnasiums, Schönberg 1909, S. 1–24.

städtischen Streben nach Autonomie wandte sich der Rat zeitgleich gegen die königlichen Amtsträger: Wie bereits ausführlich dargelegt, ließ sich die Stadt von Heinrich VII. im Jahre 1313 weitreichende Rechte auf Kosten des Burggrafen sowie des Schultheißen sichern, und sie konnte ihre Position auch unter Kaiser Ludwig IV. mit dem Erwerb des Schultheißenamts nochmals maßgeblich ausbauen.[54] Nachdem dessen Nachfolger Karl IV. 1350 die Belehnung der Burggrafen Johann und Albrecht mit den drei jüdischen Häusern am Hauptmarkt zurücknahm, um nach den prowittelsbachischen Aufständen die Gunst der Oppositionellen zu erlangen, beeinträchtigte dies nicht nur das Verhältnis des Burggrafen zur Reichsstadt, sondern auch zum König. Beiden Parteien war daran gelegen, die Situation zu entspannen, weshalb in den nachfolgenden Jahren eine Annäherung stattfand und Karl den Burggrafen maßgebliche Privilegien erteilte[55] und so zum Aufstieg der Zollern beitrug.[56] Dies führte zu divergierenden Interessen mit der Reichsstadt, die ihre Position gefährdet sah. Daraufhin bedienten sich die Nürnberger aus dem Repertoire der baulichen Machtsymbolik, um ihre Ansprüche deutlich zu machen. 1362 klagte Burggraf Friedrich V. (1357–1397) beim Kaiser und den Kurfürsten, die sich auf einer Versammlung in Nürnberg befanden, über die Reichsstadt,[57] [...] *daß im seine Veste verbauet vnd verschlust were, also daß niemand, wider der Burger willen darvon oder darzu gekommen môchte* [...].[58] Daraufhin antworteten die Bürger:

Das Reichs Veste hett kein andere einfahrt, dann dasselbig Thor, und das Reich hett das befridet und den Schloßgartten darumb laßen heissen machen, und die môcht das Reich, wieder abbrechen, ob das Reich wollt.[59]

---

54   Auch HEINIG, Reichsstadt 1983, S. 43f.

55   Genauer dazu TWELLENKAMP, Burggrafen 1994, S. 75–83.

56   Vgl. dazu MEYER, Stadt 2009, S. 166.

57   Zum Vorfall auch MUMMENHOFF, Burg 1926, S. 7f.; oder HÄBERLEIN, Burg 1942, S. 23f.

58   Allerhöchstrichterlicher Auspruch zwischen denen Herren Burggraven und der Stat Nürnberg, vom Jahr 1362, in: Urkunden und Zeugnisse vom achten Seculo bis auf gegenwärtige Zeiten worinnen die wichtigsten das hochfürstliche Burggrafthum Nürnberg und die von demselben abgesprossene beide in diesem Landesbezirk situierte hochfürstliche Häuser, Brandenburg-Anspach und Baireuth betreffende hohe Vorrechte, Freiheiten, Begnadigungen, Concessiones und dergleichen mehr enthalten, die an Orthen wo es nöthig mit historisch-genealogisch-chronologisch-geographisch und critischen Anmerkungen erkläret, hg. von Johann Heinrich VON FALCKENSTEIN, Neustadt an der Aisch 1789, S. 168–172, Nr. 179, hier S. 169, Abs. 4.

59   EBD.

,PHYSICAL PRESENCE': DAS REICH IN DEN REICHSSTÄDTEN

Außerdem ließen die Bürger durch den Kaiser und die Kurfürsten kontrollieren, ob die Anbauten [...] *dem Reiche und des Reichs Veste schad were* [...].[60] Nachdem eine Mauer und ein Gatter als rechtmäßig erachtet wurden, ließ man beide stehen. In der Argumentation der Bürger wird deutlich, dass sie Reich und Reichsburg als Einheit betrachteten, was den repräsentativen Charakter der Burg und die Wahrnehmung als Symbol des Reichs unterstreicht. Sie überließen die Entscheidung ,dem Reich' mit dem Kaiser und den Kurfürsten, an die sowohl die Klage als auch die Antwort der Bürger gerichtet war – die Wünsche und Ansprüche des Burggrafen übergingen sie. Die Verantwortung für die strittigen Anbauten an der Burg übergaben sie direkt dem Kaiser, was den Streitfall auf eine höhere Ebene hob und das Urteil nicht nur in den Verantwortungsbereich, sondern auch in den Dienst des Reichs stellte. Der Streit wurde nicht beigelegt und so heißt es bei Ulman Stromer: *Anno domini 1367 mensis novembris do hub man an die mawr zu machen umb dez purkgrafen purk, dar umb wolt purkgraff Fridreich mit der Stat krigen.*[61] Ob es sich um den Bau einer weiteren Mauer handelt,[62] oder ob der Fall nochmals neu zur Verhandlung kam, lässt sich nicht klären. Der Bau dieser Mauer hätte nach Sigismund Meisterlin stattgefunden, weil [...] *auf die zeit die burggrafen nit zu haus* [...] gewesen seien.[63] Währenddessen sei es geschehen, dass ihre [...] *hoffbuben* [...] *herab von irer burg in alle gaßen lieffen und vil unzucht und mutwillens triben.*[64] Diese Interpretation ist aufgrund der Nähe Meisterlins zum Nürnberger Rat sehr kritisch zu bewerten, da er höchstwahrscheinlich versuchte, das Agieren der Reichsstadt durch das Zitieren der fehderechtlichen Stichwörter der ,Unzucht' und des ,Mutwillens' zu legitimieren. Zudem findet der Vorfall mit den Hofbuben in den offiziellen Akten keine Erwähnung.[65] Aufgrund dieses Affronts wandte sich der Burggraf erneut mit einer Beschwerde an den Kaiser und die Kurfürsten, die nun in Frankfurt tagten: die Bürger [...] *heten im sein purk umb mawrt und auf daz sein ain mawr*

---

60   EBD.

61   Vgl. Ulman Stromers Püchel, S. 26.

62   Vgl. dazu MUMMENHOFF, Burg 1926, S. 8.

63   Sigmund Meisterlins Chronik der Reichsstadt Nürnberg 1488, S. 165.

64   EBD.

65   Auch hierauf findet Meisterlin eine Antwort, vgl. EBD.: *der kaiser merkt, daß die antwurt wurd etlich schnöd sach auf ir tragen , die pillich nider gedruckt und verschwigen belib, begert an die richter, daß sie in ein frag in das recht ließent legen und [daß sie] darüber ein bescheid geben* [...]; zu diesem Fall im Allgemeinen auch MEYER, Stadt 2009, S. 166–168; und SCHNEIDER, Konfliktaustragung 2013, S. 115.

298   KAPITEL 4

gemacht[,][66] weshalb sein Zugang in die Stadt völlig verbaut war. Der Kaiser
entschied die Sache nicht alleine, sondern ließ

> *[...] ain frag di kurfursten tun, ob er gewalt het auf dez reichs poden zu*
> *pawen. Do ward von den kůrfůrsten ertailt, er mŏcht wol auf dez reichs*
> *poden pawen. alzo sprach der kayser: so wer der paw mit seim gehaizz gese-*
> *chen, also solt. di mawr beleib stin.*[67]

Die Stadt erhielt somit durch Karl IV. das Recht, in diesem Falle nachträglich,
die Mauer zu erbauen. Deutlich wird bei der Urteilsfindung vor allem das
Zusammenwirken von Kaiser und Kurfürsten, aber auch die Differenz von
Kaiser und Reich. Karl IV. sah sich nicht als alleinigen Herren über den Boden
des Reichs, sondern bezog die Kurfürsten mit in die Beratungen ein und bat
um Erlaubnis, auf Reichsboden zu bauen. Zugleich trat der Kaiser stellvertretend für die Reichsstadt auf, denn nicht diese, sondern er persönlich würde
die Mauer errichten. Zusammen entschieden der Kaiser und die Kurfürsten
als Kollektiv über das Recht am Reichsgut, eine Art der Entscheidungsfindung,
die nach dem Konsensprinzip auf den Hoftagen höchste Geltung genoss.[68] Der
Bau wurde somit durch den Reichskörper legitimiert und machte nicht nur
die konkrete Beziehung der Reichsstadt zum Kaiser sondern zum Reich insgesamt, mit den Kurfürsten als seinen Gliedern, erfahrbar.[69] Die Mauer wurde
nicht, wie Meisterlin schrieb, primär zum Schutz der Reichsstadt angelegt, sondern, um deren Befestigungshoheit und die damit verbundene Demonstration
von Herrschaft und städtischer Freiheit zu visualisieren. Wie beim Abbruch
von herrschaftlichen Gebäuden und Burgen handelte es sich auch beim
Bau von Befestigungen in unmittelbarer Nähe zu einem Kontrahenten um
ein probates Mittel, Konflikte symbolisch auszutragen.[70] Die Streitigkeiten

---

66   Vgl. Ulman Stromers Püchel, S. 27.

67   EBD., S. 27; dazu auch Ernst MUMMENHOFF: Die Abschließung der Stadt gegen die
     Burggrafenburg um 1362 und im Jahre 1367, in: MVGN 13 (1899), S. 260–272; PFEIFFER,
     Pfalz 1959, S. 77; auch HOFFMANN, Kurfürstenkollegium 1976, S. 49, äußert sich zu diesem
     Vorfall.

68   Vgl. dazu Gerald SCHWEDLER: Formen und Inhalte: Entscheidungsfindung und
     Konsensprinzip auf Hoftagen im späten Mittelalter, in: Politische Versammlungen und
     ihre Rituale. Repräsentationsformen und Entscheidungsprozesse des Reichs und der
     Kirche im späten Mittelalter (= Mittelalter-Forschungen, Bd. 27), hg. von Jörg PELTZER/
     Gerald SCHWEDLER/Paul TÖBELMANN, Ostfildern 2009, S. 151–179.

69   Ulman Stromers Püchel, S. 27.

70   Dazu vgl. u. a. SCHNEIDER, Konfliktaustragung 2013, S. 112–115; auch SELZER, Fraenum
     2006, S. 109–112.

zogen sich nach diesem erneuten Urteil weiter, bis der Kaiser im Jahr 1376 eine Entscheidung traf [...] *von wegen der Maur die dieselbe unsere Burger under seiner [des Burggrafen; Erg. d. Verf.] vesten gemauert haben [...].*[71] Die Mauer durfte bestehen bleiben, aber künftig nicht erhöht werden, außer man setze ein Dach zum Schutz derselben oben auf. Zugleich wurden dem Burggrafen als Entschädigung 5000 Gulden zugestanden. Am Vorgehen Karls IV. wird deutlich, dass er, um seine eigene Position nicht zu gefährden, stark auf Ausgleich zwischen den Parteien bedacht war. An der Mauer wurde weiter gebaut, sodass in den Stadtrechnungen von 1377 für den [...] *pau unter der purg uber die maur mit zigeln, zimer und mit allen sachen [...]* Ausgaben verzeichnet wurden.[72] Im selben Jahr errichtete die Reichsstadt den sogenannten Luginslandturm.[73] Dieser befand sich unmittelbar am Beginn der Stadtmauer im Osten des herrschaftlichen Komplexes, weshalb er als Gegenbau zur burggräflichen Veste gedeutet werden kann. Der Grund für den Bau war nach den Jahrbüchern des 15. Jahrhunderts: [...] *das man darauf ins marggrafen purk möcht gesehen.*[74] Erst 1391 wurde der in der Folge neu entflammte Konflikt gegen die Zahlung von 5200 Gulden durch die Reichsstadt an die beiden Burggrafen beigelegt.[75] Nun besaß auch die Reichsstadt einen repräsentativen Turm, der auf dem Burgberg optisch neben den königlichen Sinnwellturm trat und als Machtsymbol die

---

71 Vgl. die Urkunde vom 28.10.1376, in: StA Nürnberg, Rst. Nbg., Kaiserprivilegien 175; nach Ulman Stromers Püchel, S. 27 geschah dies 1377, was auf Grundlage der Urkunde jedoch zu korrigieren ist: *Anno domini 1377 do beschid kayser Karel dem purgraven und der stat hi ein tag von der selben mawr wegen und bericht den krig alzo, daz die stat dem purgraven must geben 5000 guld., daz di mawr alzo solt bestin, und daz tor solt man ab nemen, und wann daz wer, daz sich di stat besorgt, so möchten si daz tor wider an henken und beslizzen.*

72 Vgl. den Eintrag zum 15.04.1377, in: Nürnberger Stadtrechnung 1377, in: StadtA Nürnberg, F5, Nr. 151, S. 89, auch S. 271.

73 Vgl. die Jahrbücher des 15. Jahrhunderts, S. 130: *Item 1377 jar ist der turn Luginslant unter der festen gepaut worden in eim winter und man hat den mörter mit saltz gemacht.*

74 EBD.

75 Vgl. dazu den Friedensvertrag von 1391, in: StadtA Nürnberg, A1, 1391 09 02: *Wir Friderich der Elter, Johanns und Fridrich der Jünger, alle vonn Gottes gnaden Bürgraffen Zůr Nürenberg, Bekennen [...] Daß Ersten, als wir den vorgenanten Bürgern und Statt Zůgesprochen haben, vonn deß hohen neůen thůrns wegen, den sie aůf dez Alte Thůrnstück beÿ vnser vesten zůr Nürnberg gamaůrt und gebaůrt haben [....];* vgl. die Urkunde vom 02.09.1391, in: StA Nürnberg, Rst. Nbg., Päpstliche und fürstliche Privilegien, Urkunden 120; auch die Urkunde vom 01.10.1391, in: StA Nürnberg, Rst. Nbg., Päpstliche und fürstliche Privilegien, Urkunden 121; sowie die Urkunde vom 10.10.1391, in: StA Nürnberg, Rst. Nbg., Päpstliche und fürstliche Privilegien, Urkunden 122; dazu auch das Weisbuch, in: StA Nürnberg, Rst. Nbg., Burggräfliche Verträge 43.

Ansprüche und das Selbstbewusstsein des Rates verdeutlichte. Sigismund Meisterlin beschreibt den Fortgang dieser Streitigkeiten folgendermaßen:

> [...] doch feirten die burger nit, sonder besetzten die sach von tag zu tag mit gelt, also daß alle heuser an dem berg der edeln wurden abgethan und alle sach der burggrafen abgestelt; zu dem letzsten brachten sie auch die burg in ihren gewalt, die sie erprachen und sich enthebten der burggrafen gewalt, also daß man kaum weiß, ob ein burg da sei gewesen [...].[76]

Dass die Bürger so entschieden gegen den Burggrafen vorgingen, lässt sich nicht bestätigen. Dennoch kann das Interesse der Reichsstadt erkennen, ihre Position weiter auszubauen und zu festigen, weshalb sie unter König Sigismund das Münzrecht und darüber hinaus zahlreiche Güter im Umland erwarb.[77] Motiviert durch die Konkurrenz mit dem Burggrafen kaufte die Reichsstadt 1406 die Burg und Herrschaft Liechtenau.[78] Dieses Vorgehen artikulierte deutlich das Selbstverständnis der Stadt, indem sich der Rat der machtpolitischen Mittel des Adels bediente. Die Burg Liechtenau befand sich vor den Toren Ansbachs, das ein wichtiger Stützpunkt der Nürnberger Burggrafen war, wodurch der Rat einen monumentalen Gegenbau besaß. Zu dieser Zeit setzte ein allmählicher Bedeutungsverlust der Burggrafenburg ein. Bereits am Anfang des 15. Jahrhunderts verkaufte der Graf den Turm und das nebenan errichtete Steinhaus, 1414 ging die Veste dann gänzlich an den burggräflichen Amtsmann.[79] Im selben Jahr erfolgte die Belehnung des Zollern Friedrich VI. (1397–1427) mit der Markgrafschaft Brandenburg. Bereits 1411 hatte Sigismund den Grafen dort als Hauptmann ein eingesetzt, was mit der engen Beziehung zwischen Friedrich VI. und dem König zu erklären ist. Ein weiterer Aspekt waren die desolaten Zustände, die in diesem Gebiet herrschten – Sigismund hoffte, dass der Zoller die Situation vor Ort verbessern könnte.[80] Die endgültige

---

76 Vgl. Sigmund Meisterlins Chronik der Reichsstadt Nürnberg 1488, S. 166.

77 Vgl. dazu Heinz DANNENBAUER: Die Entstehung des Territoriums der Reichsstadt Nürnberg (= Arbeiten zur deutschen Rechts- und Verfassungsgeschichte, Heft 7), Stuttgart 1928; auch HEINIG, Reichsstädte 1983, S. 44.

78 Vgl. dazu Thomas BILLER: Burg – Festung – Schloß – Amtshaus? Liechtenau bei Ansbach als Stützpunkt und Symbol der Reichsstadt Nürnberg, in: Der frühe Schloßbau und seine mittelalterlichen Vorstufen (= Forschungen zu Burgen und Schlössern, Bd. 3), hg. von der WARTBURG-GESELLSCHAFT ZUR ERFORSCHUNG VON BURGEN UND SCHLÖSSERN, Petersberg 1997, S. 97–113.

79 Vgl. MUMMENHOFF, Burg 1926, S. 10.

80 Vgl. die Urkunde vom 08.07.1411, in: Monumenta Zollerana. Urkundenbuch zur Geschichte des Hauses Hohenzollern, Bd. 2 (Urkunden der fränkischen Linie 1411–1417), hg. von

,PHYSICAL PRESENCE': DAS REICH IN DEN REICHSSTÄDTEN 301

Belehnung mit der Mark sowie der Kurwürde erfolgte, als Sigismund erklärte, [...] *zuversicht zu im zu haben* [...] *er sy des furtreffenden kurfursten-*
tums der marke zu Brandenburg, siner kure und zugehorung wol wirdig [...].[81]
Markus Twellenkamp bezeichnet diesen Akt als „Höhepunkt der politischen
Beziehungen zwischen den Burggrafen und den römisch-deutschen Königen."[82]
Der Burggraf hielt sich in der Folge nur noch selten in Nürnberg auf. So heißt es
in einer Aufzeichnung über Ausgaben im Jahre 1414: *Item 100 guldein schanckt*
man burggraff Fridrichen, der langtzeit nicht hie und [*in*] *der marck gewesen was*
und auch mit unnserm herren kunig eyn rait.[83] Knapp anderthalb Jahrzehnte
später erwarb die Reichsstadt am 4. Februar 1427 für 120.000 Gulden von
Friedrich VI. die Burggrafenburg einschließlich der zugehörigen Häuser, das
Amt der Veste sowie vier Mühlen.[84] König Sigismund stimmte dem Verkauf
dieses Reichslehens zu[85] und erneuerte das Privileg anlässlich seiner Krönung
zum Kaiser 1433.[86] Dass es zu diesem Geschäft kam, lässt sich auf eine Reihe
von Umständen zurückführen:[87] Zum einen die hohe finanzielle Belastung

---

     Rudolf VON STILLFRIED/Traugott MAERCKER, Berlin 1861, S. 1, Nr. 1: : [...] *die vorgenannte*
     marck, die leyder langzcyt her von krieg und anderer stucke wegen swerlich veruallen und als
     verderblich gewest ist [...] *dorumb daz derselbe Friedrich* [...] *dieselbe vnser marcke* [...] *usz*
     solichen krieglichen vnd verderblichen wesen [...] *desterbasz brengen möge* [...]; darüber-
     hinaus zu dem Vorgang auch TWELLENKAMP, Burggrafen 1994, S. 139–159.

81   Vgl. die Urkunde vom 18.04.1414, in: Monumenta Zollerana. Urkundenbuch zur Geschichte
     des Hauses Hohenzollern, Bd. 2 (Urkunden der fränkischen Linie 1411–1417), hg. von
     Rudolf VON STILLFRIED/Traugott MAERCKER, Berlin 1861, S. 451, Nr. 588; darüber hinaus
     zu dem Vorgang auch TWELLENKAMP, Burggrafen 1994, S. 139–159.

82   Vgl. TWELLENKAMP, Burggrafen 1994, S. 1.

83   Zitiert nach dem Einzug König Sigismunds und der Königin Barbara in Nürnberg 1414, in:
     Die Chroniken der fränkischen Städte. Nürnberg, Bd. 3 (= Die Chroniken der deutschen
     Städte vom 14. bis ins 16. Jahrhundert, Bd. 3), Göttingen ²1961, S. 339–348, hier S. 348.

84   Vgl. die Urkunde vom 27.06.1427, in: StA Nürnberg, Rst. Nbg., Päpstliche und Fürstliche
     Privilegien, Urkunden 197; auch 199–207, 210, 211; dazu vgl. Walter LEHNERT: Der Kauf
     der Burggrafenburg 1427. Zur Territorialpolitik der Reichsstadt Nürnberg. Beiblatt zur
     Ausstellung des Stadtarchivs Nürnberg, Nürnberg 1977; auch FLEISCHMANN, 750 Jahre
     Geschichte 2000, S. 64f.

85   Vgl. die Urkunden vom 22.02.1427, in: StA Nürnberg, Rst. Nbg., Kaiserliche Privilegien 291;
     auch die Urkunde vom 31.10.1427, in: StA Nürnberg, Rst. Nbg., Kaiserliche Privilegien 293.

86   Vgl. die Urkunde vom 31.05.1433, in: StA Nürnberg, Rst. Nbg., Kaiserliche Privilegien 335,
     336, 337; eine weitere Bestätigung erfolgte durch Friedrich III., vgl. die Urkunde vom
     21.08.1444, in: StA Nürnberg, Rst. Nbg., Kaiserliche Privilegien 398.

87   Dazu auch Reinhard SEYBOTH: Nürnberg, Cadolzburg und Ansbach als spätmittelalter-
     liche Residenzen der Hohenzollern, in: JfL 49 (1989), S. 1–25, hier S. 5; auch WEIß, Krone
     2000, S. 36f.

302   KAPITEL 4

der Zollern, die durch die Belehnung mit der Markgrafschaft Brandenburg
zustande kam, zum anderen die verheerenden Zerstörungen, die durch die
Fehde mit Herzog Ludwig VII. (1413–1447) von Bayern entstanden. Dieser ließ
die Burg 1420 niederbrennen, was das Gebäude unbewohnbar machte.[88] Eine
Beteiligung der Reichsstadt an diesen Vorgängen ist nicht gänzlich auszuschließen, da der Herzog erst die bewachten Tore passieren musste, um zur Burg zu
gelangen.[89] Es ist möglich, dass Sigismund Meisterlin auf die Zerstörung der
Burg durch die Bürger verweist, obwohl die Motive für die Schuldzuweisung
nicht eindeutig zu identifizieren sind. Unzweifelhaft erkennbar ist der Prozess
der „gewandelten innerstädtischen Machtverhältnisse:"[90] Durch den Kauf kam
der Rat in den Besitz des burggräflichen Grundes in der Stadt. Dadurch, dass
die Reichsstadt seit 1422 die Aufsicht über die Kaiserburg innehatte, vereinigte
sie nun wichtige Kompetenzen, und beide Burgen wurden zu „Machtsymbolen
der Reichsstadt."[91] Ob man tatsächlich aktiv gegen die Burggrafenburg vorging und diese okkupierte und niederlegte, ist nicht eindeutig zu beantworten. Allerdings scheint die Tendenz der reichsstädtischen Bestrebungen in
Richtung Integration der Reichsbauten im baulichen und rechtlichen Sinne
gegangen zu sein. Die Reichsstadt trat ab 1427 auf dem Burgberg mit ihrem
neuerworbenen Lehensbesitz auch optisch an die Seite des Kaiser und nutzte
die monumentalen Festungsanlagen für die Repräsentation des eigenen Status.

1.2   *Die reichsstädtischen Gebäude im Dienste des Reichs*

Die Multifunktionalität von spätmittelalterlichen städtischen Räumen ist
häufig gegeben, weshalb meist mehrere Gründe für die Anlage von Plätzen
oder die Erbauung von Gebäuden zu identifizieren sind: Diverse Bauten
der Reichsstädte wurden situativ in den Dienst des Reichs gestellt. In diese
Kategorie fällt das mittelalterliche Augsburger Rathaus. In Verbindung mit
dem Reich war es der Ort, an dem drei Mal jährlich der königliche Vogt tagte,
der die Hochgerichtsbarkeit innehatte.[92] Damit wurde das Rathaus im über-
tragenen Sinne zum Sitz des Königs.[93] Dieses Phänomen bekommt ab der

---

88   Vgl. die CHRONIK AUS KAISER SIGISMUNDS ZEIT BIS 1434, S. 370: [...] *Item anno dñi 1400
      und 20* [...] *da ward dy festen hie ausprant von dem Christof Laymiger von herczog Ludwigs
      wegen von Payren.*

89   Vgl. FRIEDEL, Burg 2005, S. 22.

90   ALBRECHT, Zeremonialräume 2010, S. 238.

91   BILLER, Burg 1997, S. 106.

92   Dazu das Stadtbuch von Augsburg, S. 134–136, Art. 70, 71.

93   Dass das Folgende keine singuläre Erscheinung ist, zeigen auch die Untersuchungen zu
      Göttingen, vgl. dazu MINDERMANN, Präsenz 2013, S. 101f. Hier wurden im Rathaus die
      königlichen Privilegienbestätigungen durchgeführt, als sich der Rat vom herzoglichen

Mitte des 15. Jahrhunderts durch das Relief am Rathaus, auf dem sich Augsburg als die *wahrhaft königliche Stadt* präsentiert, zusätzliche Bedeutung. Nachdem die Vogtei durch das Privileg König Sigismunds von 1426 praktisch in die Hände der Reichsstadt kam, konzentrierte sich die rechtliche Zuständigkeit zunehmend auf den Stadtrat, und das Rathaus wurde immer mehr zum Symbol reichsstädtischer Autonomie. Das Gebäude besaß auf der Westseite in Richtung Marktplatz einen Erker mit einer Loggia, in der sich regelmäßig die Mitglieder des Stadtrates zeigten. Der Erker dominierte visuell seit seinem Anbau im Jahre 1449 auch die zeitgenössischen Abbildungen,[94] wie man auf dem Winterbild erkennen kann (Abb. 1). Dies unterstreicht die zentrale Bedeutung der Loggia: Zum einen fanden dort im reichsstädtischen Alltag z. B. Verlautbarungen neuer Gesetze statt, zum anderen präsentierte sich an dieser Stelle der neu gesetzte Rat nach seiner Wahl am 6. Januar eines jeden Jahres der Bürgerschaft, und bei dieser Gelegenheit wurde der neue Rat vereidigt und der alte Rat entlastet.[95] Es handelte sich um eine Schnittstelle, an der, wie auch am Lübecker Rathaus mit seiner Loggia, eine Verbindung zwischen dem Rat und den Bürgern hergestellt und eine breite Öffentlichkeit generiert wurde. Diese Versammlungen festigten das Gemeinschaftsgefühl und besaßen einen hohen symbolischen Repräsentationswert. Alle Anwesenden auf dem Perlach wurden in das Geschehen miteinbezogen, das sich als konstitutiv für die reichsstädtische Verfassung ausbildete. Der Augsburger Erker war der Ort, an dem die rituelle Verbindung zwischen dem königlichen Stadtherrn, dem Rat und der Reichsstadt hergestellt wurde. Wenn sich das Reichsoberhaupt in Augsburg befand, huldigte man ihm dort, um den Herrschaftsanspruch beider Parteien zu kommunizieren.[96] In der Loggia fand die gegenseitige Vereidigung der Rechte und Pflichten von Stadt und König statt.[97] Durch diese öffentliche

---

Stadtherrn distanzierte, der bis Anfang des 14. Jahrhunderts noch zur Rechtebestätigung in seine Residenz lud.

94 Nach der Chronik von 1368–1406, S. 325: *Anno 1449 iar ward das rauthauß gewelbt vnd baid tür gemacht.*

95 Zur Semantik der Ratswahl vgl. POECK, Ratswahl 2003; weiterhin ALBRECHT, Zeremonialräume 2010, s. 237, zu den Zeremonialräumen des Rates; auch JACHMANN, Augsburger Rat 2008, S. 34f., mit einem Abriss über die Ratswahl in Augsburg im späten Mittelalter.

96 Vgl. zum Charakter der Huldigungen mit ihrem rechtssymbolischen sowie rechtsrituellen Charakter ALTHOFF, Spielregeln 1997, S. 202f.; zu den Huldigungen in der Stadt Halle und dem damit kommunizierten Herrschaftsanspruch und den Möglichkeiten der Stadt vgl. BRADEMANN, Gesellschaftlicher Wandel 2013, hier S. 238–247.

97 ALBRECHT, Rathäuser 2004, S. 16–20, zum Rathaus im politischen Zeremoniell; zur Tradition des Erkers vgl. JACHMANN, Augsburger Rat 2008, S. 49f.

Bestätigung der Privilegien wurde der reichsstädtische Status Augsburgs bekräftigt und die Herrschaft des Rates sowie die Anbindung der Stadt an das Reich öffentlich bekundet. Die ersten Huldigungen am Rathaus sind für das 14. Jahrhundert und die Zeit Ludwigs IV. bekannt.[98] Einen detaillierteren Bericht erhält man in der chronikalen Beschreibung des Besuchs Kaiser Friedrichs III. und seines Sohnes Maximilian im Jahre 1457:

> *Dasselben jars kam kaiser Fridrich mit seinem sun gen Augspurg, der was 14 jar alt; [...] und das folck schwůr dem kaiser auf dem rathaus und auf dem Berlach, und er stůnd in dem ercker auf dem rathaus.*[99]

Somit stand das Rathaus nicht nur im Dienst des Reichs und des Königs, sondern auch im Dienst der Reichsstadt, die ihrem Selbstverständnis durch die Besuche der Herrscher Ausdruck verlieh. Die Huldigungen besaßen audiovisuelle Elemente, die durch das gleichzeitige Ansprechen mehrerer Sinne ein nachhaltiges Erlebnis schafften. Dies ist erstmals für den Aufenthalt König Sigismunds im Jahre 1418 bezeugt: [...] *was geordnet die ratglock zů dem feur und die sturmglock zů auflauf* [...].[100] Die Ratsglocken durften nach dem Stadtbuch von 1276 nur vom Rat sowie vom Vogt geläutet werden, was die Bedeutung dieses Regals und des Geläuts für die kaiserliche Huldigung unterstreicht. Dem Bischof wurde als ehemaligem Stadtherrn die Ehrerweisung mit der Sturmglocke auf dem Rathauserker nicht widerstandslos zugestanden. Dies zeigt ein Konflikt im Jahr 1406, als der neu gewählte Bischof Eberhard von Kirchberg (1404–1413) nach seiner Vereidigung wünschte,[101] [...] *man solt im schweren mit geleuter sturmgloggen, iedermann gemeinclich arm und reich, und sprach, es wär ainem iegclichen bischof recht.*[102] Die Bürgerschaft weigerte sich jedoch und der Rat stellte laut Hektor Mühlich fest, [...] *es ist vor nie gehört worden, das man einem bischof die sturm also geleut hab und ime der raut gelopt hab.*[103] Nachdem sich Eberhard nach Dillingen zurückgezogen hatte, brachte man die Sache vor Gericht und konnte sie letztendlich mit einem Vergleich beilegen. Dies führte dazu, dass der Bischof [...] *auf das rauthaus kam. da gelopten*

---

98 Vgl. dazu die Urkunde vom 31.05.1331, in: UBA 1, S. 273, Nr. 305.

99 Vgl. die Anonyme Chronik 991–1483, S. 523.

100 Vgl. dazu die Chronik des Hector Mühlich, S. 63.

101 Nach MÖNCKE, Bischofsstadt 1971, S. 226, wurde der Eid verweigert, was allerdings nicht den Chroniken entspricht; zum Vorfall allgemein auch knapp EBD., S. 206f.; ebenso LAMPEN, Stadttor 2009, S. 2.

102 Vgl. die Chronik des Hector Mühlich 1971, S. 50.

103 Vgl. EBD., S. 50f.

,PHYSICAL PRESENCE': DAS REICH IN DEN REICHSSTÄDTEN

ihm alle ratsherren mit der trew on aid, desgleichen gelopt er in hinwiderumb, iegclichen bei seinen rechten zů halten und beleiben ze lassen arm und reich.[104] Der Zug zum Rathaus fand unter Glockengeläut statt, nicht so die Huldigung. Die Motive, die als Erklärung der Streitigkeiten herangezogen wurden, beinhalten die negative Wertung der Situation, dass den Augsburger Bischöfen zeitweise daran gelegen gewesen sei, die früheren Zustände in der Stadt zu reaktivieren, als sie nicht nur geistliche sondern auch städtische Herren waren. Weil man sich rechtlich vom Bischof distanzierte und diesen Status nicht gefährden wollte, wurden bestimmte rechtsrituelle Räume der Stadt in der Regel nicht für den ehemaligen Stadtherren geöffnet. Die Rahmenbedingungen und Spielregeln, die diesen Huldigungsakten zu Grunde lagen, verwiesen auf eine Rangordnung innerhalb der sensiblen Kräftefelder, die die Stellung eines jeden Beteiligten unmittelbar visualisierte.[105] Deshalb wollte man dem Bischof gewisse Rituale der Ehrerweisung nicht zugestehen und verweigerte bewusst die Handlungselemente, die der Huldigung eines königlichen Stadtherren gleichkamen.[106] Tatsächlich ist auch nur einmal bezeugt, dass sich der Bischof und der Stadtrat gemeinsam in der Loggia präsentierten: als der Rat zusammen mit Bischof Peter von Schaumberg 1425 die gemeinsame Münze auswarf. So zeigte man Einigkeit, die auch im wirtschaftspolitischen Sinne der Reichsstadt war, weil damit die Legitimität der Münzprägung hergestellt wurde.

Auch in Nürnberg wurde dem König im Rathaus, in diesem Falle im großen Ratssaal, gehuldigt.[107] Für Lübeck gibt es keine Quellenbelege, dennoch ist nach den bisherigen Erkenntnissen davon auszugehen, dass die Huldigung Kaiser Karls IV. 1375 im nur wenige Jahrzehnte vor seinem Besuch neuerbauten Rathaus stattfand. Zudem ist bezeugt, dass der Kaiser während seines zehntägigen Aufenthalts auch an Ratssitzungen teilnahm: *de keiser was do mit den borghermesteren in eneme rade der stad* [...].[108] Der Herrscher wurde vor allem den

---

104 Vgl. die Chronik des Hector Mühlich 1971, S. 50.

105 Dazu ALTHOFF, Spielregeln 1997, S. 226; weiter auch Karl-Heinz SPIEß: Rangdenken und Rangstreit im Mittelalter, in: Zeremoniell 1997, hg. PARAVICINI, S. 39–62.

106 Dazu auch SCHNEIDER, Konfliktaustragung 2013, S. 120–126, zur Verweigerung und zum Missbrauch von Handlungselementen der symbolischen Interaktion.

107 Auch MUMMENHOFF, Rathaus 1891, S. 42.

108 Detmar-Chronik 1101–1395, S. 552f. Weiter heißt es [...] *dar het he se: ‚heren'; se spreken von otmodicheit, se en weren nyne heren. aldus hadde he se vakene heten in der stad to Lubeke unde in vorjaren in der stad to Norenberghe. do sprak de keiser: ‚gi sint heren; de olden registra der keiser wisen dat ut, dat Lubeke is de vif stede, den van keiseren unde ereme rad is de name der herscop ghegheven, dat se mogen gan in des keisers raat, wor se sin, dar de keiser is'. de vif stede sint Roma, Venedie, Pisa, Florentie unde Lubeke.* Ob der Kaiser Lübeck tatsächlich so angesprochen hat und auf eine Stufe mit den italienischen Städten stellte,

306 KAPITEL 4

Ratsherren als realer Politiker greifbar und in die reichsstädtischen Belange integriert.[109] Dabei konnte der Rat direkt bezüglich aktueller politischer Fragen, die vor allem die dänische Thronfolge aufgrund des bevorstehenden Todes des schwer erkrankten Waldemar IV. betrafen, auf den Kaiser einwirken und seine Interessen in der Machtverteilung im Norden artikulieren.[110] Diese Kontakte lassen sich mit den Bestrebungen des Kaisers übereinbringen, der sich dem Norden und primär Lübeck annäherte und in der Stadt das Bewusstsein, Teil des Reichs zu sein, konkretisierte.[111] Für Lübeck ist zudem bezeugt, dass die Ratsherren im Rathaus jährlich nach ihrer Wahl einen Eid auf das Heilige Römische Reich schworen. Auch dies schuf trotz Abwesenheit des Herrschers eine rituelle Verbindung zum Reich.[112] In Nürnberg wurde das Rathaus als Austragungsort von Reichsversammlungen und deshalb mit einem weiträumigen Ratssaal erbaut, wodurch die Verbindung zum Reich klar gegeben war, die in diesem Fall mit der persönlichen Anwesenheit des Königs zusammenhing.[113]In dem Bereich des Ratssaals, wo die reichsstädtischen Gerichtsverhandlungen stattfanden, tagte wohl auch das königliche Hofgericht. Die Beschreibung des Aufenthalts Kaiser Friedrichs III. in Nürnberg 1442 zeugt davon: *Darnach des andern tags am freytag besaß unser herr der kunigk auf dem rathauß dass erste hoffgericht zwen stund Vormittag [...].*[114] Das Lübecker Rathaus erhielt bei seinem Umbau von 1346 bis 1351 einen repräsentativen und großen Saal.

---

die für ihren freiheitlich verfassten Status stehen, lässt sich nicht feststellen. Dennoch zeugt dieser Quellenbeleg vom Selbstverständnis Lübecks.

109 Dazu HOFFMANN, Lübeck 2008, S. 164.

110 Vgl. HOFFMANN, Karl IV. 1990, S. 82f.; DERS, Lübeck 2008, S. 162; auch Heinz STOOB: Kaiser Karl IV. und der Ostseeraum, in: Hansische Geschichtsblätter 88 (1979), S. 163–214, hier S. 210f.; auch Erich HOFFMANN: Die dänische Königswahl im Jahre 1376 und die norddeutschen Mächte, in: ZSHG 99 (1974), S. 141–195.

111 Vgl. SCHUBERT, König 1979, S. 81; auch Erich HOFFMANN: Der Besuch Kaiser Karls IV. in Lübeck im Jahre 1375, in: Nord und Süd 1990, hg. von PARAVICINI, S. 73–95, hier S. 78f., zu den historischen Vorbedingungen; weiter auch Heinrich REINCKE: Kaiser Karl IV. und die deutsche Hanse (= Pfingstblätter des Hansischen Geschichtsvereins, Blatt 22), Lübeck 1931.

112 Vgl. KRETSCHMAR, Reichsstadt 1926, S. 15–18.

113 Auch MUMMENHOFF, Rathaus 1891, S. 42; nach den Rechnungsbüchern trug die Stadt während des Aufenthalts von Karl IV. 1377 die Kosten dafür, dass [...] *der kunig uff dem hawse tantzt [...]*, vgl. die Stadtrechnung zu 1377, in: StadtA Nürnberg, F5, Nr. 151, Bl. 99; vor allem über die Aufwendungen für das 15. Jahrhundert ist man detailliert unterrichtet. Bezüglich der Art und Höhe der Ausgaben siehe die maßgebliche Zusammenstellung von Paul SANDER, Reichsstädtische Haushaltung 1903, S. 636–638; auch MUMMENHOFF, Rathaus 1891, S. 42f.

114 Vgl. Kaiser Friedrich III und die Reichsstadt Nürnberg 1440–1444, hier S. 366.

,PHYSICAL PRESENCE': DAS REICH IN DEN REICHSSTÄDTEN

Dieser wurde jedoch im Unterschied zu Nürnberg für die Hansetage errichtet, die dort regelmäßig abgehalten wurden. Somit positionierte sich Lübeck als Haupt der Hanse, was dessen handelspolitische Interessen in den Vordergrund treten ließ. Zeigte sich Lübeck durch die an und in seinem Rathaus angebrachten ikonographischen Darstellungen noch explizit als Teil des Reichs, so wird durch die tatsächliche Nutzung des Gebäudes eine gewisse Reichsferne bzw. die Abwesenheit der Reichsoberhäupter deutlich.

Ein Gebäude, das für das Reich in Nürnberg darüber hinaus prägend wurde, ist das Heilig-Geist-Spital.[115] Der Geschäftsmann und Kreditgeber Conrad Groß stiftete es nach einem Brief aus dem Jahre 1339 als Heimstätte für Siechen und Pfründner, dazu eine dem Heiligen Geist geweihte Kirche mit sechs Priesterpfründen.[116] Als die Reichskleinodien 1423 nach Nürnberg überwiesen wurden, wählte man explizit dieses Spital als Aufbewahrungsort.[117] Bis zu dem Zeitpunkt war es nicht geregelt, wo sich das Heiltum zu befinden habe; man geht davon aus, dass es bis zur Herrschaft Karls IV. meist vom Hofe des Königs mitgeführt wurde. Der Luxemburger ließ für die Aufbewahrung die Burg Karlstein erbauen, wodurch sich der Reichsschatz erstmals während und nach seiner Regierungszeit längerfristig an einem Ort befand. Aufgrund der Gefahr, die durch die Hussitischen Kriegszüge ausging, verfügte König Sigismund jedoch, dass die Kleinodien auf die Festung Visegrád in Pest im

---

115 Vgl. dazu u. a. Berndt HAMM: Religiosität im späten Mittelalter. Spannungspole, Neuaufbrüche, Normierungen (= Spätmittelalter, Humanismus, Reformation. Studies in the Late Middle Ages, Humanism and the Reformation, Bd. 54), Tübingen 2011, S. 335; auch FLEISCHMANN, Nürnberg 2000, S. 161–165; weiter Bernhard FLEISCHMANN: 650 Jahre Hospital zum Heiligen-Geist in Nürnberg 1339–1989 (= Ausstellungskataloge des Stadtarchivs Nürnberg, Bd. 4), Nürnberg 1989; auch Annamaria BÖCKEL: Heilig-Geist in Nürnberg. Spitalstiftung & Aufbewahrungsort der Reichskleinodien (= Nürnberger Schriften, Bd. 4), Nürnberg 1990.

116 Vgl. die Urkunde im StadtA Nürnberg, A1, 1339 01 13; auch Georg LÖHLEIN: Die Gründungsurkunde des Nürnberger Heiliggeistspitals von 1339, in: MVGN 52 (1963/64), S. 65–79. Der Bau des Spitals erfolgte schon ab den beginnenden 1330er Jahren, aber erst der Stiftungsbrief regelte die Bestimmungen, vgl. dazu ausführlich Ulrich KNEFELKAMP: Das Heilig-Geist-Spital in Nürnberg vom 14.–17. Jahrhundert. Geschichte, Struktur, Alltag (= Nürnberger Forschungen, Bd. 26), Nürnberg 1989, S. 32f. Nach Ulrich Knefelkamp handelt es sich um die „umfangreichste Stiftung eines einzelnen Bürgers im Reich vor 1500", vgl. EBD., S. 41; auch FLEISCHMANN, Nürnberg 2000, S. 161.

117 Vgl. Gerhard RECHTER: Die „Ewige Stiftung" König Sigismunds von 1423, in: Nürnberg 1986, S. 50–52, hier 52; ebenso Franz MACHILEK: Die Heiltumsweisung, in: Nürnberg 1986, S. 57–66, hier S. 60.

308   KAPITEL 4

Königreich Ungarn gebracht werden sollten.[118] Im Jahre 1423 kamen sie dann
auf Anordnung des Königs nach Nürnberg:

> *So haben wir dem obgenanten dem rate vnd der state gmeinlichen zu*
> *Nuremberg vnsern vnd des Reichs lieben getrewen eingeben geantwortet*
> *vnd empfolhen empfelhen vnd eingeben yn mit machte dicz brieues vnser*
> *vnd des heiligen reichs heiligtum* [...].[119]

Die Ankunft des Kleinods wurde auch in die Chroniken aufgenommen. So
heißt es bei Endres Tucher: [...] *do kam das heiligtum zu dem spital, und man*
gieng mit der process fur Frawenthor naus, und man tet die tieb von dem galgen
und lies die gefangen aus dem loch [...].[120] Die öffentliche Inszenierung zeigt die
Bedeutung des Ereignisses für Nürnberg: Die Ankunft der Kleinodien wurde
dem Adventus eines Herrschers entsprechend gestaltet,[121] wozu auch die
Begnadigung von Verbrechern gehörte, die üblicherweise vom König als Hüter
über das Gesetz und Bewahrer des Friedens ausgesprochen wurde.[122] Zudem
hielt man eine Prozession ab, der aufgrund ihrer sozial und politisch ordnen-
den sowie gemeinschaftsbildenden Elemente eine große Wirkung auf die
Teilnehmer und Beobachter zugeschrieben werden kann.[123] Dieses Vorgehen ist
im Zusammenhang mit dem besonderen Rechtscharakter der Reichsinsignien

---

118   Vgl. dazu Klaus Frhr. von Arian-Werburg: Die Krongesandtschaften, in: Nürnberg –
      Kaiser und Reich. Ausstellung des Staatsarchivs Nürnberg (= Ausstellungskataloge der
      Staatlichen Archive Bayerns, Bd. 20), Neustadt an der Aisch 1986, S. 83–87, hier S. 83,
      dazu auch Rogge, Könige 2011, S. 99; auch die zeitgenössischen Quellen verzeichnen
      die Aufbewahrung, vgl. dazu Kaiser Friedrichs Begehren von 1443, die Reichskleinodien
      zu seiner Krönung nach Frankfurt zu schicken, in: StA Nürnberg, Rst. Nbg., Losungsamt,
      Akten, SIL 133 Nr. 12, fol. 1v: [...] *als des heiligen Reichs heiltum daz sein vorfaren Romisch*
      keyser und kung vor langen Jaren Innehabt haben und an menigen stetten mitt namen zu
      Brawnswenh zu presßla zu prag zu ofen und vonzeiten auch zu Nurenberg gewest sei [...].
119   Vgl. die Urkunde vom 29.09.1423, in: StA Nürnberg, Rst. Nbg., Kaiserliche Privilegien
      283; vgl. dazu u. a. den Kaiserlichen Dienstbrief von 1424 für Sigismund Stromer, der das
      Heiltum zusammen mit Jörg Pfintzig sicher nach Nürnberg brachte, in: StA Nürnberg, Rst.
      Nbg, Losungsamt, Akten, SIL 134 Nr. 9.
120   Vgl. Endres Tuchers Memorial 1421 bis 1440, S. 12.
121   Vgl. dazu Adventus, hg. von Lampen/Johanek 2009; auch Schenk, Zeremoniell 2003.
122   Zur Begnadigung von Verbrechern bei königlichen Besuchen vgl. Schenk, Zeremoniell
      2003, S. 357f.: Dies geht zurück auf die Aufgabe des Königs, als Richter und Bewahrer des
      Gesetzes zu fungieren, jedoch auch Gnadenakte walten zu lassen.
123   Vgl. zur Bedeutung von Prozessionen im Stadtraum Sabine von Heusinger: „Cruzgang“
      und „umblauf“. Symbolische Kommunikation im Stadtraum am Beispiel von Prozessionen,
      in: Kommunikation 2007, hg. von Oberste, S. 141–155; auch Löther, Prozessionen 1999.

zu sehen. Im zeitgenössischen Verständnis wurden sie mit dem Reich gleichgesetzt und auch als jenes bezeichnet, wofür es zahlreiche zeitgenössische Belege gibt.[124] So steht beispielsweise in der Chronik des Eberhard Windecke aus der Zeit um 1440 über die Übergabe des Heiltums, dass Sigismund [...] *antwort in das Romisch rich in die stat gon Nurnberg* [...].[125] Mit dem Besitz der Kleinodien war ein Anrecht auf die Werschaft über das Reich verbunden und noch viel mehr: Die Herrschaft über das Reich gründete unabdingbar auf dem Besitz des Kleinods.[126] So sollte das Heiltum nach der Verfügung Sigismunds bei einer Erhebung gegen den König die Rechtschaffenheit seiner Herrschaft bezeugen. König Sigismund hatte wohl deshalb das Heiltum nach Nürnberg bringen lassen und nicht dauerhaft in seinem ungarischen Stammland aufbewahrt.[127] Dass ausgerechnet Nürnberg als Ort gewählt wurde, lässt sich möglicherweise durch die Treue Nürnbergs zum König erklären, der die Reichsstädte als Fundament seiner Herrschaft zu einigen versuchte und sich dem Widerstand der Kurfürsten sowie zahlreicher Städte, wie beispielsweise Augsburg, ausgesetzt sah.[128] Einzig Nürnberg unterstützte die Bestrebungen des Königs. Die Reichskleinodien und damit das Reich waren im konkreten Sinne vom König und seiner angestammten Herrschaft getrennt, aber die transzendenten und übernatürlichen Implikationen der Herrschaft ließen das Reich in den Objekten auch in Abwesenheit des Königs sichtbar werden. Durch den feierlichen Empfang der Heiltümer wurde die Herrschaft des Reichs in und über die Stadt dargestellt.[129] Durch die Verbringung des Heiltums nach Nürnberg wurde der Reichsstadt eine besondere Verpflichtung und Auszeichnung zuteil, die dem Rat eine Vorrangstellung garantierte. Im Übergabebrief wurde ausdrücklich bestimmt, dass kein Priester Gewalt über das Kleinod haben solle, es sei denn zur Zeit der Weisung nach Geheiß des Rates:

---

124   Vgl. detaillierter dazu u. a. SCHUBERT, König 1979, S. 246–248; auch SAURMA-JELTSCH, Zeichen 2006, S. 243; auch ROGGE, Könige 2011, S. 96–101; älter auch SCHRAMM, Kaiser 1983, S. 15.

125   Vgl. Eberhart Windeckes Denkwürdigkeiten zur Geschichte des Zeitalters Kaiser Sigismunds, hg. von Wilhelm ALTMANN, Berlin 1893, S. 174; zur Chronik auch Peter JOHANEK: Eberhard Windecke und Kaiser Sigismund, in: Sigismund von Luxemburg. Ein Kaiser in Europa, hg. von Michel PAULY/Francois REINERT, Mainz 2006, S. 143–155. Windecke war ein enger Vertrauter Sigismunds und hielt sich auch während des Konstanzer Konzils an dessen Seite auf.

126   Vgl. detaillierter dazu u. a. SCHUBERT, König 1979, S. 247f.

127   SCHUBERT, König 1979, S. 249; auch SAURMA-JELTSCH, Zeichen 2006, S. 243f.

128   Vgl. dazu SCHNELBÖG, Reichskleinodien 1962, S. 83–88, hier S. 90f.; weiter SCHNITH, Reichsstadt 1985, S. 160, zu Augsburg.

129   Vgl. dazu LAMPEN/JOHANEK, Adventus 2009, S. VII.

310   KAPITEL 4

*Ouch sol kein prister domit zu schiken noch dheine gwalt doruber haben
denn zu den czeiten, als man sulch weisung tun sol als dann mag der Rate
dozu schiken, fugen vnd ordiniren wen sy wollen vnd die pristerschaft sol
sich sulchs gwaltes schikung oder anders nicht wenn mit geheiss des obge-
nanten rates underwinden an alles geuerde [...].*[130]

In diesem Kontext erfuhr die Stiftung des Conrad Groß eine massive Aufwertung: Das Spital mit der zugehörigen Kapelle wählte man vor allem deshalb als
Aufbewahrungsort, weil es sich nicht in der Verfügungsgewalt von Priestern
befand. Wie bereits in der Stiftungsurkunde festgelegt standen sowohl das
Patronatsrecht als auch die Verwaltung nach dem Tode von Groß und seinem
Sohn dem Stadtrat zu.[131] Aus diesem Grund wird das Spital als reichsstädtisches Gebäude angesprochen, das von da an im Dienste des Reichs stand. Zugleich hatte die Reichsstadt das Verfügungsrecht über ‚das Reich‘ erhalten.

Der Schrein, in dem ab 1438 die Reliquien aus dem Reichsschatz aufbewahrt
wurden, ähnelte in seiner Form und Gestaltung stark dem Reliquienschrein, der
für den Heiligen Sebald hergestellt worden war, und verwies dadurch auf das
reichsstädtische Selbstbewusstsein. Die Kosten trug auf Anordnung des Rates
das Heilig-Geist-Spital. Dort wurde er im Altar an Ketten im Gewölbe befestigt.
Von unten war am Boden der Truhe ein Gemälde zu sehen. Auf diesem bringen
zwei Engel, die als Symbole der himmlischen Sphäre bereits auf den Reliefs
am Augsburger Rathaus sowie im Nürnberger Ratssaal zu sehen waren, die
Heilige Lanze sowie ein Partikel des Heiligen Kreuzes in einem Vortragekreuz,
das sich wie die Lanze im Schrein befand.[132] Die Lanze nahm nach Widukind

---

130   Vgl. die Urkunde vom 29.09.1423, in: StA Nürnberg, Rst. Nbg., Kaiserliche Privilegien 283
      mit der Erneuerung des Privilegs vgl. Urkunde vom 09.02.1424, in: StA Nürnberg, Rst.
      Nbg., Kaiserliche Privilegien 284, sowie die Urkunde vom 31.05.1433, in: StA Nürnberg,
      Rst. Nbg., Kaiserliche Privilegien 346.
131   Vgl. dazu auch die Urkunde in: StadtA Nürnberg, A1, 1341 02 05.
132   Nach dem Bericht Liutprands von Cremona wurde die Lanze von Heinrich I. erworben.
      Traditionell wird sie auf das Evangelium des Johannes und die Heilsgeschichte zurück-
      geführt: Mit der Lanze wurde dem am Kreuz gestorbenen Jesus Christus von dem römi-
      schen Soldaten Longinus die Seite geöffnet. Diese Deutung ist erst ab dem 13. Jahrhundert
      maßgeblich. Davor wurde sie sowohl als Lanze des Constantin als auch des Mauritius
      bezeichnet, vgl. die Inschrift von Heinrich III. auf dem Lanzeneisen: [...] FABRICARI AD
      CONFIRMATIONE CLAVI DNI ET LANCEE SANCTI MAURICII [...]. Unter Ludwig
      dem Bayern heißt es konkret: die Lanze sei „[...] Unterpfand des wahren König- und
      Kaisertums [...]“. Im 14. Jahrhundert verlor sie allmählich ihre staatsrechtliche Bedeutung
      und wurde zur reinen Reliquie Zur Heiligen Lanze vgl. u. a. Adolf HOFMEISTER: Die hei-
      lige Lanze, ein Abzeichen des alten Reichs (= Untersuchungen zur deutschen Staats- und

,PHYSICAL PRESENCE': DAS REICH IN DEN REICHSSTÄDTEN

schon bei der Schlacht auf dem Lechfeld 955 eine besondere Rolle ein und wurde durch die Aufbewahrung in diesem prachtvollen Behältnis als besondere Reliquie herausgestellt.[133] Die kaiserlichen Insignien und Ornate[134] wurden im Gewölbe über der Sakristei aufbewahrt. Über die einzelnen Gegenstände, die zum Heiligtum gezählt werden, existiert ein Pergamentverzeichnis, das kurz nach der Übertragung angefertigt wurde.[135] Neben der bereits erwähnten Lanze mit dem Span des Kreuzes Christi sowie einem mit Edelsteinen verzierten Kreuz werden auch ein Zeremonienschwert sowie das Reichsschwert, die Reichskrone, das königliche Zepter und der Reichsapfel genannt. Durch die Art der Verwahrung sollte auch die Sicherheit der Kleinodien garantiert werden. Ab 1430 wurden zwölf Chorschüler zur Bewachung abgestellt, die [...] *alle nacht ligen auff St. Niclas Chor von des Heiligtums wegen im Newen Spital* [...].[136] Das Heiltum durfte nur zur Krönung nach Aachen oder bei Aufständen im Reich [...] *gen pilzen oder gen dem Elbogen* [...][137] ausgeliefert werden. Ansonsten [...] *sol das obgeschriben heiligtum ewiclich vnd vnwiderruflich in der obgeschriben unßer Stat Nuremberg bleiben vnd sein* [...].[138] Die Nürnberger setzten diese Bestimmung Sigismunds vehement durch, als König Friedrich III. im Jahre 1442 versuchte, wider das Privileg die Insignien in seine Gewalt

---

Rechtsgeschichte, A.F., Heft 96), Aalen 1908 (ND Aalen 1973), S. 5–17, mit einer kritischen Quellenauswertung zu LUIDPRANDI: Antapodoseos, IV, cap. 25, S. 118f.; dazu auch Gunther G. WOLF: Nochmals zur Geschichte der Heiligen Lanze bis zum Ende des Mittelalters, in: Heilige Lanze 2005, hg. von KIRCHWEGER, S. 23–51; sowie auch Michael HESEMANN: Die stummen Zeugen von Golgatha. Die faszinierende Geschichte der Passionsreliquien Christi, München 2000, S. 105f.

133 Vgl. Widukind, lib. I, cap. 25, S. 37f. mit lib. III, cap. 46, S. 141.

134 Für die Instandhaltung waren die Nonnen des Klaraklosters zuständig, vgl. FLEISCHMANN, Nürnberg 2000, S. 115.

135 Vgl. dazu das PERGAMENTVERZEICHNIS DER HEILTÜMER AUS DEM 15. JAHRHUNDERT, in: StA Nürnberg, Losungsamt, Akten, SIL 133 Nr. 16: *Item das sper gottes und ein spon des heiligen Crewtzes* [...]. *Des ersten sand karls des küngis swert* [...] *Item sand Moricy swert* [...] *Item die Crone sand karls des Künigs* [...] *Item künigliche sceptra* [...] *Item sand karls äpfel awßen guldein ynwendig hültzein* [...]. eine Aufzählung der Stücke findet man auch in Endres Tuchers Memorial 1421 bis 1440, S. 12f.; auch in der Übergabeurkunde werden die Stücke einzeln erwähnt; vgl. weiters Günther SCHUHMANN: Die Reichsinsignien und Heiltümer, in: Nürnberg 1986, S. 32–39, mit einem Verzeichnis S. 40–47; auch SCHNELBÖGL, Reichskleinodien 1962, S. 83–88.

136 Zitiert nach MACHILEK, Heiltumsweisung 1986, S. 73.

137 Vgl. die Urkunde vom 29.09.1423, in: StA Nürnberg, Rst. Nbg., Kaiserliche Privilegien 283.

138 EBD.

312 KAPITEL 4

zu bringen.[139] Als sich Friedrich auf dem Weg nach Aachen zu seiner Krönung befand und Station in Nürnberg machte, wurde ihm auf seinen Wunsch hin eine außerordentliche Heiltumsweisung zugestanden:

> *Und als das ampt der messe vollenbracht wart* [...] *zaigt man das heiligtum und die obgenanten ertzbischoff und bischoffe und die abt und pferrer zaigten daß in der ordnungk, als man es sust jerlichs zaigt, außgenomen daß man die bullen des aplaß verhielt* [...].[140]

Er argumentierte, dass ihm als Reichsoberhaupt die Heiltümer zustünden, da die [...] *Romische keyser und kung sein vorfaren daz heiligtum allewege bei In in Iren landen und in Iren gewalt gehabt hetten* [...].[141] Der Rat wollte die Reichskleinodien nicht wieder herausgeben. Ein Rechtsgutachten, das von der Universität Padua ausgestellt wurde, bescheinigte dem Rat die Rechtmäßigkeit seiner Ansprüche.[142] Allerdings zielte die Begründung der Juristen primär auf die Bestätigung des Papstes Martin V., der 1424 die Überführung der Reichskleinodien sowie deren dauerhafte Aufbewahrung im Heilig-Geist-Spital genehmigte.[143] Da das Heiltum hier explizit als Reliquie bezeichnet wird, hätte nur der Papst und nicht der König das Recht, die Verfügung bezüglich des ständigen Gewahrsams aufzuheben, was nach Jörg Rogge „den Reichsbezug des Schatzes" aufheben würde.[144] De jure ist dieser Feststellung auf Grundlage der Begriffsverwendung im Gutachten zuzustimmen. Die Reichsstadt nutzte

---

139 Vgl. Kaiser Friedrich III und die Reichsstadt Nürnberg 1440–1444, S. 381f.: [...] *dan solte ein rate sollich wirdig heiligtum, daz im mit grozzer vorbetrachtung vom stul zu Rom, auch vom heiligen reich empfolhen und bestetigt ist, also gering uberantwurten, dardurch es dem heiligen reich in kunftigen zeiten mochte empfremdet werden* [...]; zu dem Fall auch ROGGE, Könige 2011, S. 99–101; mit SCHNELBÖGL, Reichskleinodien 1962, S. 96–99.

140 Kaiser Friedrich III und die Reichsstadt Nürnberg 1440–1444, S. 370; auch EBD., S. 366f.: *Und als rex nu mit dem rate uberkomen waß, dass man die zaigung auf unsers hern himelvartstag also tun und vollenbringen wollte* [...].

141 Vgl. dazu Kaiser Friedrichs Begehren, die Reichskleinodien zu seiner Krönung nach Frankfurt zu schicken von 1442/3, in: StA Nürnebrg, Rst. Nbg., Losungsamt, Akten, SIL 133 Nr. 12, fol. 3v.

142 Vgl. Die Ratschläge der Doktoren der Jursiten zu Padua, Antonii de Rosellis, Jo. de Prato, Cosmi Contanini, Jo. A.A. Lazaro, Michaelis de Moro Sticha, Oauli de Castro, auf die Zumutungen Kaiser Friedrichs III. an die Stadt Nürnberg wegen Auslieferung der Reichskleinodien 1443, in: StA Nürnberg, Rst. Nbg., Losungsamt, Akten, SIL 133 Nr. 3b.

143 Vgl. dazu die Urkunde vom 31.12.1424, in: StA Nürnberg, Rst. Nbg., Päpstliche und fürstliche Privilegien, Urkunden 189, 189a: [...] *tum cum intervenit confirmacio pape in hoc superioris, quia iste sunt reliquie sancte, dici potest, quod non possint a solo cesare revocari* [...].

144 Vgl. ROGGE, König 2011, S. 101.

sie jedoch, um ihre Ansprüche auf die Zeichen des Reichs zu legitimieren. Mit Hilfe der Kurfürsten, die bezeichnenderweise für die Reichsstadt argumentierten, konnte sich diese letztendlich gegen dieses Vorhaben wehren – womöglich, weil man befürchtete, dass Friedrich III. das Kleinod in seine habsburgischen Lande verbringen und somit dem Reich entfremden könnte.[145] Es ist bezeichnend, dass der Weg, der bereits unter Sigismund vorbereitet wurde, unter Friedrich weiter gefestigt wurde: Die starke Konzentration des Königs auf seine Erblande, die eine Trennung von Hausmacht und Reich nicht nur in der Verwaltungsstruktur, beispielsweise der Kanzlei, sondern auch im Verständnis des Herrschers vorsah.[146] Der Rat entwickelte einen Anspruch auf das Heiltum, den er auch vehement verteidigte. Dass dadurch das Kleinod noch weiter vom König gelöst wurde, zeigt sich daran, dass nicht nur zur jährlichen Heiltumsweisung der Schatz öffentlich gezeigt wurde. Nach einem Privileg des Papstes Martin V. durften die Reichskleinodien Königen, Fürsten und besonderen Pilgerscharen gewiesen werden, was auch die Grundlage für die außerordentliche Weisung für Friedrich III. bot. Für diesen Zweck brach man 1468 sogar ein Fenster in die Mauer der Heilig-Geist-Kirche.[147] Die Kosten für die Instandhaltung der einzelnen Stücke musste vom reichsstädtischen Haushalt getragen werden.[148] Die Reichsstadt Nürnberg wurde aber nicht nur zur Verantwortlichen und zur „Hüterin des Reichsschatzes,"[149] sondern vor allem zur Nutznießerin, was durch die Verleihung des Privilegs für die Messe, die beginnend mit der Heiltumsweisung jährlich abgehalten werden durfte, zusätzlich unterstrichen wird. Deshalb sah die Stadt die Aufbewahrung nicht als Pflicht, sondern als ihr Recht an, das ihr eine Vorrangstellung unter den Reichsstädten gab, weshalb sie dieses Privileg auch gegen Widerstand durchsetzte. Die Erfahrbarkeit des Reichs war in Nürnberg nach 1423 durch die

---

145 EBD.; auch SCHNELBÖGL, Reichskleinodien 1962, S. 99.

146 Dazu SCHUBERT, König 1979, S. 96f.; so sprechen die zeitgenössischen Quellen von Reisen Friedrichs III. ‚ins Reich,' EBD. S. 97, mit Anm. 40, sowie ausführlichen Quellen- und Literaturverweisen.

147 Dazu auch MACHILEK, Heiltumsweisung 1986, S. 65f.; ebenso Rudolf ENDRES „Carissima Civitas". Kaiserstadt und Aufbewahrungsort der Reichsinsignien, in: Hauptstadt. Zentren, Residenzen, Metropolen in der deutschen Geschichte, hg. von Bodo Michael BAUMUNK/ Gerhard BRUNN, Köln 1989, S. 72–87, hier S. 79f.

148 Vgl. dazu u. a. SANDER, Reichsstädtische Haushaltung 1903, v. a. S. 641: So findet man beispielsweise 1440 Ausgaben in Höhe von *26 guldein von ettlichen stucken des wirdigen heiligtums zu stiken, helfen und zu bessern, als kaiser karl kormantel, stol und ein swerts schaid.*

149 Nach FLEISCHMANN, Nürnberg 2000, S. 164.

314   KAPITEL 4

Gleichsetzung von Reichsinsignien und Reich dauerhaft in die Obhut der Stadt
gestellt.

2   Der König in seiner Stadt: Die Konkretisierung des Abstrakten

2.1   *Vorbereitungen für die Beherbergung von König und Hof*
Wenn sich der königliche Hof auf dem Weg in eine Stadt befand, mussten
sich der Rat und die Bürger unweigerlich mit dessen Ankunft auseinander-
setzen. Für die Aufenthalte der Könige und im speziellen Falle auch für die
Reichsversammlungen waren umfangreiche Vorbereitungen notwendig.[150]
Allein schon die Tatsache, dass eine Stadt für solch ein Großereignis gewählt
wurde, zeugte von ihren wirtschaftlichen und infrastrukturellen Möglichkeiten.
Wenn der Hof dort residierte, wurde die Stadt zusätzlich – sogar wenn sich dort
keine Residenz befand – zu einem zentralen herrschaftlichen Ort,[151] der auf
seine Außenwirkung bedacht sein musste. Die Reichsstädte und ihre Bürger
konnten einerseits von den Aufenthalten profitieren – nicht nur bezüglich
ihres Ansehens, sondern auch, wenn beispielsweise die örtliche Wirtschaft angekurbelt, zinsbehaftete Kredite aufgenommen und Privilegien vergeben wurden. Andererseits erfuhren sie am eigenen Leib die Nachteile der Besuche, da
die Bedürfnisse der Gäste, ebenso wie die damit verbundenen Kosten für die
Beherbergung und Ehrgeschenke, die zugleich die „feierliche Anerkennung
der Rechtsstellung des Geehrten"[152] darstellten, hoch waren.[153] Die komplexen
Aufgaben, die einer Reichsstadt mit einem Besuch des Hofs gestellt wurden,

---

150   Vgl. dazu SCHMIDT-FÖLKERSAMB, Kaiserbesuche 1986, S. 116f; auch ENDRES, Carissima
      Civitas 1989, S. 86f.; SEYBOTH, Reichstag 1992, S. 215; sowie ausführlich SCHENK,
      Zeremoniell 2003, S. 243–278; speziell zu den Reichsversammlungen vgl. Julia DÜCKER:
      Reichsversammlungen im Spätmittelalter. Politische Willensbildung in Polen, Ungarn
      und Deutschland (= Mittelalter-Forschungen, Bd. 37), hg. von Bernd SCHNEIDMÜLLER/
      STEFAN WEINFURTER, Sigmaringen 2011, S. 187–190.
151   Dazu auch MONNET, Reichshauptstadt 2004, S. 113.
152   Zu den ‚Ehrungen' bzw. ‚Geschenken' vgl. SCHUBERT, König 1979, S. 181.
153   Vgl. zu Frankfurt u. a. MONNET, Reichshauptstadt 2004; zu Konstanz vgl. KRAMML, Kaiser
      Friedrich III. 1985, S. 79–86; SCHENK, Zeremoniell 2003, S. 255f., geht von eher niedrigen
      Ansprüchen der Herrscher aus, die meist eigene Ausstattung mitführten. Dennoch darf
      der Aufwand der Städte nicht verkannt werden, da die Arbeiten an den Unterkünften
      bei weitem die Instandsetzungsarbeiten überstiegen, die normalerweise an den Häusern
      durchgeführt wurden; dazu auch Christoph STUDER: Do der kúng hie wz. Der Besuch
      Friedrichs III. 1442 in St. Gallen, in: Schriften des Vereins für Geschichte des Bodensees
      und seiner Umgebung 112 (1994), S. 1–44.

PHYSICAL PRESENCE': DAS REICH IN DEN REICHSSTÄDTEN 315

konnten nur durch Zusammenwirken zahlreicher Beteiligter gelöst werden, was den König und das Reich nicht nur in abstrakter, sondern auch in ganz konkreter Art und Weise erfahrbar werden ließ.

Bereits im Vorfeld der Besuche wurden Informationen über die Ankunft des Königs eingeholt und andere Städte über das bevorstehende Ereignis benachrichtigt. Solche Schreiben sind sowohl aus Nürnberg wie aus Augsburg in größerer Zahl ab dem 15. Jahrhundert überliefert. Es handelte sich um ein regelrechtes Netzwerk,[154] für das die Städte zum Teil eigene Gesandte für die Informationsbeschaffung und -übermittlung einsetzten. Als König Sigismund 1414 beabsichtigte, eine Reichsversammlung in Nürnberg durchzuführen, wandte man sich mit einem Schreiben an den Ulmer Rat, um

> [...] *ewch wissen ze lassen als von wegen des aller durchlewchtigsten fürsten und herren hern Sigmund [...] daz derselb unser gnediger herre.. der römisch künig [...] auf morn her gen Nuremberg komen sol. [...] so hat er ettlichen fürsten, herren und stetten nemlich unsern herren den bischofen von Wirtzburg, von Bamberg, von Eystett [...] und etlichen andern zu im her gen Nüremberg verküntt ze komen, den auch herberg bey uns verfangen ist.*[155]

In den Jahren 1418 und 1430/31 reiste Sigismund durch Schwaben und besuchte innerhalb dieser Zeiträume zwei Mal Augsburg.[156] Die Berechnung des Ankunftdatums für den zweiten Aufenthalt gestaltete sich im Vorhinein

---

154 Vgl. dazu die maßgeblichen Editionen der Deutschen Reichstagsakten, Ältere Reihe (1376–1485), München 1867–1999; zur Netzwerktheorie vgl. Netzwerke im europäischen Handeln des Mittelalters (= Vorträge und Forschungen, Bd. 17), hg. von Gerhard FOUGUET/Hans Jörg GILOMEN, Ostfildern 2010; zu den Gesandtschaften u. a. maßgeblich Fritz ERNST: Über Gesandtschaftswesen und Diplomatie an der Wende vom Mittelalter zur Neuzeit, in: Archiv für Kulturgeschichte 33/34 (1951), S. 64–95; sowie Spezialisierung und Professionalisierung: Träger und Foren städtischer Außenpolitik während des späten Mittelalters und der frühen Neuzeit (= Trierer Beiträge zu den historischen Kulturwissenschaften, Bd. 1), hg. von Christian JÖRG/Michael JUCKER, Wiesbaden 2010; speziell zu den königlichen Ankünften SCHENK, Zeremoniell 2003, S. 248–254.

155 Zitiert nach: Der Einzug König Sigmunds und der Königin Barbara in Nürnberg 1414, S. 345f.

156 Ein weiterer Besuch folgte 1434, dazu vgl. die Chronik des Burkhard Zink, S 157; zum Aufenthalt 1431 vgl. Zu den Aufenthalten der Könige Sigmund und Friedrich zu Augsburg in den Jahren 1431 und 1442, in: Die Chroniken der schwäbischen Städte. Augsburg, Bd. 2 (= Die Chroniken der deutschen Städte vom 14. bis ins 16. Jahrhundert, Bd. 5), Göttingen 1965, S. 382–387, hier S. 382–386; FRIESS, Kaiser 2005, S. 33f., mit einer ausführlichen Darstellung von Sigismunds Aufenthalt in Konstanz, das er im Anschluss besuchte.

schwierig, was sich auf die Organisation auswirkte, da der Augsburger Rat stets in einer abwartenden Position verharrte. Der König verließ zunächst im Oktober 1430 nach einer zweimonatigen Anwesenheit Nürnberg, woraufhin eine persönliche Einladung durch die Augsburger Gesandten Konrad Vögelin und Konrad von Halle folgte. In den Missivbüchern des Rates ist dazu vermerkt, [...] *wie der Allerdurchlauchtigst [...] Römisch rich kunig an seinem umbfart wider gen Nürnberg vor willig hab her gen Augspurg in unser Stat ze komen [...]*[157] gebeten wurde. Der Rat meldete in diesem Jahr noch, er habe sich in Erwartung auf den Besuch [...] *mit herberg zu bestellen und andern sachen auf sein küniglich zukuonfft gancz gerichtet [...]*.[158] Die Erwartungen wurden jedoch nicht erfüllt, denn Sigismund begab sich zurück nach Nürnberg, wo er aufgrund der Hussitengefahr eine Reichsversammlung hielt.[159] Nach einer Ankündigung des Augsburger Landvogts Hauptmarschall von Pappenheim[160] sowie einem weiteren Schreiben aus Bamberg, datiert auf den 17. Mai 1431, wurde Sigismund erneut vergeblich erwartet.[161] Erst vier Monate später machte er sich tatsächlich auf den Weg nach Augsburg. In einem Schreiben vom 3. September 1431 an den Herzog Wilhelm III. von Bayern-München (1397–1435) wird ersichtlich, dass der König [...] *uff heynnacht ze vesperzeyt [...]*[162] in Augsburg ankam. Der Reichsstadt war in diesem Fall sehr an den persönlichen Kontakten zum König gelegen, was sich mitunter auf die Streitigkeiten zwischen dem Rat und Bischof Peter von Schaumberg zurückführen lässt. So

---

157 Vgl. das Schreiben von 1430 im Missivbuch 1429–1435, in: StadtA Augsburg, Selekt Schätze, Nr. 105/III, fol. 121v, Nr. 516; weiter u. a.: Zu den Aufenthalten der Könige Sigmund und Friedrich zu Augsburg in den Jahren 1431 und 1442, S. 382 mit Anm. 2 und 3.

158 Vgl. das Schreiben vom 03.12.1430 im Missivbuch 1429–1435, in: StadtA Augsburg, Selekt Schätze, Nr. 105/III, fol. 123r, Nr. 524.

159 Vgl. die Chronik aus Kaiser Sigmunds Zeit bis 1434, S. 378.

160 Vgl. das Schreiben vom 08.04.1431 im Missivbuch 1429–1435, in: StadtA Augsburg, Selekt Schätze, Nr. 105/III, fol. 131v–132r, Nr. 565.

161 Zu den Aufenthalten der Könige Sigmund und Friedrich zu Augsburg in den Jahren 1431 und 1442, S. 383 mit Anm. 1 und 3; sowie das Schreiben vom 26.05.1431 im Missivbuch 1429–1435, in: StadtA Augsburg, Selekt Schätze, Nr. 105/III, fol. 134r, Nr. 576 und das Schreiben 26.05.1431 im Missivbuch 1429–1435, in: StadtA Augsburg, Selekt Schätze, Nr. 105/III, fol. 134v, Nr. 578: [...] *auch lassen wir ewer gnad wissen [...] das [...] der Römisch künig [...] in kürcz bey uns hie ze Augsburg sein wolle [...]*.

162 Vgl. das Schreiben vom 03.09.1431 im Missivbuch 1429–1435, in: StadtA Augsburg, Selekt Schätze, Nr. 105/III, fol. 146r/v, Nr. 637; auch der Eintrag zu 1431, in: StadtA Augsburg, BMB Nr. 34, fol. 96v: *Anno domini [...] xxxj^M an mantag vor vnßr frawen tag [...] kom unser here der kunig Sigmund hie einreytten vnd belaib hie bis vff an mitwochen nach demselben vnßrr frawen tag [...]*; weiter auch: Zu den Aufenthalten der Könige Sigmund und Friedrich zu Augsburg in den Jahren 1431 und 1442, S. 383 mit Anm. 7.

waren fast alle Privilegien, die man sich in den 1430er Jahren sicherte, gegen den Bischof gerichtet.[163] Das persönliche Werben um den Besuch kann somit als politisches Kalkül gewertet werden.

Die Vorbereitungen der königlichen Einzüge lagen ebenfalls in der Hand der gastgebenden Reichsstadt. Vor allem für Nürnberg sind umfangreiche „Zeremonialquellen" bekannt, auf die der Rat bei der Organisation zurückgreifen konnte.[164] Die detailliertesten Aufzeichnungen, die sich in den drei Vergleichsstädten zu den Vorbereitungen eines Königsbesuchs erhalten haben, stammen aus von dort. Als König Friedrich III. beabsichtigte, die Reichsstadt nach seiner Krönung 1442 während seines Umritts[165] für Privilegienverhandlungen zu besuchen, sollte geprüft werden:

> [...] wie man eß gehalten hat, als rex Fridericus zum ersten gen Nurmbergk kam, mit der procession, mit der weisung dez heiligtums und mit ettlichen stucken, die sich gepuren, so ein romischer kunigk zu ersten mal herrinner reit.[166]

Das bereits angesprochene kommunikative Netz zwischen den Reichsstädten kam auch hier zum Einsatz.[167] So schrieb der Nürnberger Rat 1442 mit der Bitte an Augsburg, [...] wenn sein gnad zu Awßpurg ingeritten ist, wie man das gehalten habe, wie lang sein gnad daselbs zu beleiben und wo hinawß furbasser vermeine zu ziehen [...] uns danach wissen zu richten [...].[168] Auch drei Jahrzehnte später

---

163 Dazu Heinig, Reichsstädte 1983, S. 284f.; auch RI XI 8836 und 8838; 9175; 9798; 9817; 9969.

164 Zum Begriff der „Zeremonialquelle" vgl. Schenk, Zeremoniell 2003, S. 81–88. Wichtig ist, dass der Text bereits mit dem Anspruch, zeremonielle Bestimmungen zu tradieren, verfasst wurde. Dazu gehören ältere normgebende Einzugsberichte, Sitz- und Einzugsordnungen, liturgische ordines, Prozessionsordnungen, Ehr- und Schenkungslisten, Huldigungsordnungen usw. Zur Nürnberger Überlieferung vgl. ebd., S. 107–111, 155–167; vgl. dazu: Der Einzug König Sigismunds und der Königin Barbara in Nürnberg 1414; auch die sogenannten Krönungsakten ab 1440, in: StA Nürnberg, Rst. Nbg., Krönungsakten 1. Bei Schenk, Zeremoniell 2003, S. 155, ist fälschlicherweise das StadtA Nürnberg als Aufbewahrungsort angegeben.

165 Ausführlich zu dieser Reise Brigitte Streich: „Uf dem zcoge zcu unserm Herrn dem Romischen Kunige." Die Aachenfahrt des sächsischen Hofes im Sommer 1442, in: RhVjBll 55 (1991), S. 32–75, hier S. 54f. Die Aachenfahrt ist detailliert auch in den RT ÄR 16/1 verzeichnet. Für seinen Konstanzer Aufenthalt gibt es eine detaillierte Untersuchung von Kramml, Konstanz 1985, S. 79–84.

166 Vgl. Kaiser Friedrich III und die Reichsstadt Nürnberg 1440–1444, hier S. 361.

167 Vgl. dazu Schenk, Zeremoniell 2003, S. 228, 237.

168 Vgl. den Brief vom 20.04.1442, in: RTA ÄR 16/1 S. 356f., Nr. 175; dazu auch Schenk, Zeremoniell 2003, S. 160 mit Anm. 71.

318   KAPITEL 4

fragten die Nürnberger Ratsgesandten nach den Wünschen des Herrschers
für seine Ankunft an, dann aber direkt im kaiserlichen Umfeld. Die zeremoniellen Situationen erfuhren stets räumliche und zeitliche Modifikationen
und können nicht pauschalisiert werden.[169] Dennoch findet man gerade von
Seiten der Herrscher oft sehr detaillierte Instruktionen, die wenig Spielraum
ließen. So übermittelte 1471 der Nürnberger Gesandte, dass der [...] *keiser hat
mich auf mein anpringen berichten lasen, man soll im kein phann tragen noch
in der kirchen oder sunst des werchs geprauchen mit fewer, sunder wol man ein
process halten lasen* [...].[170] Der Kaiser begab sich nach siebenundzwanzig-
jähriger Abwesenheit erstmals wieder ins innere Reich und nach Nürnberg.
Bei diesem Besuch war man wohl besonders darauf bedacht, den Herrscher
zufriedenzustellen, da sich das Verhältnis zwischen der Reichsstadt und
Friedrich III. stark distanziert darstellte und man eine Annäherung wünschte.[171]
Demnach versuchten die Städte, auf gewisse Gewohnheiten und Wünsche der
Herrscher zu reagieren, wenn sie Erkundigungen über das Einzugszeremoniell
einholten, und nicht nur mit der Unerfahrenheit in der Beherbergung des
Reichsoberhauptes, wie für Lübeck konstatiert wurde. Als dort der erste kaiserliche Besuch von Friedrich I. im Jahre 1181 stattfand, bat der Rat vermutlich bei anderen Reichsstädten um Unterstützung, auch wenn keine Quellen
dazu erhalten sind.[172] Über die Vorbereitungen des Besuchs von Kaiser Karl IV.
im Jahre 1375, dem zweiten und letzten Aufenthalt eines Reichsoberhaupts in
Lübeck, sind ebenfalls keine Details bekannt.[173] Dass Lübeck nach fast zwei-
hundertjähriger Abwesenheit des Königs einen Adventus durchzuführen
hatte, lässt umfangreiche Erkundigungen im Vorfeld mehr als wahrscheinlich
werden. Umgekehrt kamen auch Abgesandte des Hofs in die Städte, um über

---

169   Vgl. BOJCOV, Qualitäten 1997, S. 137.

170   Vgl. exemplarisch das Schreiben vom 13.08.1471, in: RTA ÄR 22/2, S. 721f. Nr. 114d/6, hier
      S. 722; darüber hinaus SCHENK, Zeremoniell 2003, S. 253; zum Aufenthalt Friedrichs
      III. 1471 vgl. Helmut WOLFF: *Und er was frolich und wolgemut ... Zum Aufenthalt Kaiser
      Friedrichs III. 1471 in Nürnberg*, in: Studien zum 15. Jahrhundert. Festschrift für Erich
      Meuthen, Bd. 2, hg. von Johannes HELMRATH/Heribert MÜLLER, München 1994, S. 804–
      820, hier S. 806f. zu den Vorbereitungen.

171   EBD., S. 810f.

172   Dazu auch BOOCKMANN, Barbarossa 1981, S. 13.; HOFFMANN, Karl IV. 1990, S. 73f.

173   Die Chroniken beschreiben lediglich den Ablauf des Adventus und die Ereignisse um den
      Besuch, vgl. dazu die Cronica Novella, S. 69f.; auch der Rufus-Chronik erster Theil von
      1105–1395, S. 251f.; Detmar-Chronik 1105–1386, S. 177; Detmar-Chronik 1101–1395, S. 551f;
      auch SCHENK, Zeremoniell 2003, S. 192f.; zum Besuch vgl. auch DEMSKI, Adel 1996,
      S. 155–159.

,PHYSICAL PRESENCE': DAS REICH IN DEN REICHSSTÄDTEN

wichtige Einzelheiten zu informieren.[174] Die Reichsstädte fragten nicht nur
nach den Wünschen bezüglich des Einzugszeremoniells, sondern vor allem
nach der Anzahl der Gäste, Pferde und Fuhrwerke. Als der Besuch Friedrichs
III. in Nürnberg 1442 bevorstand, findet man in den bereits erwähnten
Aufzeichnungen:

> *Zum ersten, so schyre sein gnade oder ander fursten herkemmen, zu erfa-
> ren, an welcher herberg und wie vill sie pferd haben und das alsbalt dem
> rate beschriben zu geben, und auch zu besichten umb vertigung der stal-
> lung bei der vesten, so vil man der gehaben mocht, wart empholen zwen des
> rats Bertold Holtzschuher, Ludwigk Pfintzing.[175]*

Im Vorfeld galt es zu klären, wie man die Vielzahl an Personen, die den König
begleiteten, bzw. die an Reichsversammlungen teilnahmen, in der Stadt unter-
bringen konnte.[176] Damit genügend Platz für die Tiere vorhanden war, wurde
in Nürnberg 1368 ein eigener Marstall im Graben der vorletzten Stadtummaue-
rung errichtet.[177]

In Nürnberg befand sich bekanntlich die Reichsburg, die von den meisten
Königen als bevorzugte Herberge genutzt wurde. Bis Anfang des 14. Jahrhunderts
ist sie als alleinige herrschaftliche Unterkunft bezeugt. Die Kaiser Ludwig IV.,
Karl IV. und Ruprecht von der Pfalz wählten jedoch bewusst Häuser in der Stadt
als Aufenthaltsort. Ludwig quartierte sich zunächst bei dem Adeligen Ulrich
Haller[178] oder dem vermögenden Kaufmann Albrecht Ebner ein. Im Haus des
letztgenannten, [...] *in Nurenberg in domo Alberti Ebner* [...],[179] verfasste er die
Nürnberger Appellation, die gegen die Anklage des Papstes Johannes XXII.

---

174   Vgl. dazu SCHENK, Zeremoniell 2003, S. 255f.

175   Vgl. Kaiser Friedrich III und die Reichsstadt Nürnberg 1440–1444, S. 356.

176   Zur Einherbergung vgl. auch SCHENK, Zeremoniell 2003, S. 381–397.

177   Manfred NAWROTH: Auf den Spuren des Pferdes im alten Nürnberg, in: Nürnberg 1999,
      hg. von FRIEDEL/FRIESER, S. 159–169, S. 161: Der Marstall befand sich im Bereich der heu-
      tigen Peter-Vischer-Straße zwischen der Oberen Bergauerstraße und der Lorenzer Straße.
      Vergleichszahlen kennt man aus dem Jahr 1442, als Friedrich III. in Frankfurt Platz für 901
      Pferde benötigte, vgl. dazu Hartmut BOOCKMANN: Kaiser Friedrich III. unterwegs, in:
      Deutsches Archiv für Erforschung des Mittelalters 54 (1998), S. 567–582, hier S. 570.

178   Vgl. Urkunde vom 15.05.1316, in: RI 7, S. 39, Nr. 82; dazu auch Mirjam EISENZIMMER: Der
      herrschaftliche Hof als Nachrichten- und Kommunikationszentrum, in: Ludwig 2014, hg.
      von SEIBERT, S. 331–359, hier S. 342; älter auch LOCHNER, Ludwig der Bayer 1840, S. 6.

179   Vgl. die Urkunde vom 18.12.1323, in: MGH Const. 5, S. 641–647, Nr. 824, hier S. 642; auch
      SCHULTHEIß, Geld- und Finanzgeschäfte 1967, S. 66f.

320 KAPITEL 4

gerichtet war.[180] Später residierte er bei seinem Schultheißen und Geldgeber Conrad Groß,[181] bei dem auch Karl IV. abstieg. König Ruprecht nächtigte bei dem Patrizier Ulman Stromer, dessen Familie bereits unter Ludwig IV. einen politischen Aufstieg als Finanziers des Kaisers erfahren hatte und die engen Beziehungen zu dessen Nachfolgern aufrecht hielt.[182] Ob der zu dieser Zeit veraltete Zustand der Burg oder die gewünschte Nähe zur Reichsstadt bzw. zu den Vertrauten der Reichsoberhäupter ausschlaggebend waren, wird in den Quellen nicht explizit genannt. Für Ersteres würde sprechen, dass Karl IV. die Burg in Lauf, nicht einmal eine Tagesreise entfernt, vor den Toren Nürnbergs erwarb und sich bevorzugt dort aufhielt. Es handelte sich um einen wichtigen Handelsstützpunkt auf der Route nach Böhmen, der zum Landesausbau beitrug, weshalb persönliche Präferenzen nicht als einziges Kriterium herangezogen werden dürfen.[183] Außerdem stieg sein Sohn Wenzel, dessen Verhältnis zur Reichsstadt deutlich distanzierter war, zumal sich Nürnberg 1401 auf die Seite des neu gewählten Königs Ruprecht von der Pfalz schlug, wieder in der Burg ab.[184] Dies würde dafür sprechen, dass die persönlichen Beziehungen für die Wahl des Quartiers ausschlaggebend waren. Bevor Karl IV. Nürnberg besuchte, wurden Ausbesserungen an der Veste durchgeführt, da Ausgaben verzeichnet wurden [...] *von etlichen dingen uff der purk zu pezzern da der künig her kom* [...].[185] Die detailliertesten Aufzeichnungen findet man erneut für die Zeit Kaiser Friedrichs III., und zwar in den Baumeisterbüchern von Endres

---

180 Vgl. zur Anklage Ludwigs IV. durch den Papst: ZANKE, Johannes XXII. 2013, S. 79f.

181 Dies war in den Jahren 1316 und 1323, vgl. dazu Werner SCHULTHEIß: Konrad Groß, in: Fränkische Lebensbilder, Bd. 2. Neue Folge der Lebensbilder aus Franken (= Veröffentlichungen der Gesellschaft für fränkische Geschichte 7/A/2), hg. von Gerhard PFEIFFER/Alfred WENDEHORST, Würzburg 1968, S. 59–82, hier S. 65; GEMPERLEIN, Konrad Groß 1944, S. 91.

182 Dazu SCHENK, Zeremoniell 2003, S. 283.

183 Vgl. u. a. Barbara SCHOCK-WERNER: Die Burg Karls IV. in Lauf als Mittelpunkt eines geplanten neuen Landes, in: Burg Lauf a. d. Pegnitz. Ein Bauwerk Kaiser Karls IV. (= Forschungen zu Burgen und Schlössern, Sonderbd. 2), hg. von Ulrich GROßMANN/Hans-Heinrich HÄFFNER, Nürnberg 2006, S. 19–24; dazu u. a. Ales ZELENKA: Der Wappenfries aus dem Wappensaal zu Lauf, Passau 1976: Der Laufer Wappensaal wurde vermutlich unter Leitung seines Hofstaates ausgemalt. Die Ikonographie war eng verbunden mit Karl IV., da vor allem die Wappen von böhmischen Herren angeführt wurden, die in Beziehung mit den Luxemburgern standen.

184 Dazu auch POLIVKA, Nachrichtenzentrum 1998, S. 168; vgl. CHRONIK AUS KAISER SIGMUNDS ZEIT BIS 1434, S. 424: [...] *Es ist zů wissen, do unser herre der kunig mit unwillen uff die půrg kome* [...].

185 Vgl. dazu den Eintrag zum 25.02.1377 in den Nürnberger Stadtrechnungen von 1377, in: StadtA Nürnberg, F5, Nr. 151, S. 74.

PHYSICAL PRESENCE': DAS REICH IN DEN REICHSSTÄDTEN 321

Tucher: Bevor sich der Herrscher 1471 nach Nürnberg begab, begann man mit
umfangreichen Umbauarbeiten an der Reichsburg.[186]

In Augsburg und Lübeck, wo sich jeweils keine königliche Pfalz befand,
wurden die Herrscher zwangsläufig entweder bei den geistlichen Herren der
Stadt oder bei reichen Patriziern untergebracht. In allen drei Städten war es
notwendig, einen großen Teil des Gefolges in den Häusern der Stadt einzu-
quartieren, auch wenn in Nürnberg die Burg als Herberge zur Verfügung stand.
Reinhard Seyboth ist der Ansicht, es war beim König und seinem Hof Teil des
„[...] allgemeinen Bewusstsein[s], bei den reichstreuen Nürnbergern stets gern
gesehene Gäste zu sein [...]."[187] Gerade bei diesen Aufenthalten wurde das
Reich den Bewohnern im Alltag ganz praktisch erfahrbar, da die Gäste auch
in die häusliche Sphäre eindrangen. Speziell für die Ausstattung der königlichen Quartiere wurden größere Vorarbeiten notwendig. Für Lübeck fehlen in
diesem Zusammenhang genauere Beschreibungen. In der Detmar-Chronik
erhält man lediglich die Auskunft, dass der König und seine Frau [...] *treckeden [...] langes de koninkstraten boven sunte Johanne in ere herberge.*[188] An der
eben genannten Ecke zwischen Königs- und Johannesstraße befand sich nach
den Aufzeichnungen in den Oberstadtbüchern das Haus Gerhard Dassows.[189]
Dass Karl IV. dort untergebracht wurde, ist sehr wahrscheinlich, da es sich
bei dem Haus des reichen Patriziers, späteren Ratsherren und Mitbegründers
der Zirkelgesellschaft vermutlich um eines der prächtigsten in der Stadt
handelte.[190] Die ersten detaillierten Aufzeichnungen für Augsburg stammen
aus der Zeit König Sigismunds. Die Kosten für die Ausstattung der Herberge
wurden von der Reichsstadt getragen und deshalb in den Baumeisterbüchern
niedergeschrieben.[191] Bei seinem ersten Besuch 1418[192] wohnte Sigismund im
Haus eines Ratsherren aus der Patrizierfamilie Hoffmair, der [...] *wegen sins
huses wegen darinn der küng waz alz lang er hie waz [...]*[193] als Entschädigung
26 Gulden erhielt. Dazu wurde das Haus mit Gebrauchsgegenständen, wie

---

186 Vgl. dazu SCHENK, Zeremoniell 2003, S. 257f.; dazu vgl. Endres Tuchers Baumeisterbuch,
     S. 298f.; auch WOLFF, Friedrich III. 1994, S. 810.

187 SEYBOTH, Reichstag 1992, S. 212.

188 Vgl. Detmar-Chronik 1101–1395, S. 552, mit Anm. 10.

189 Vgl. dazu GROTH, Weltkulturerbe 1999, S. 86f.

190 Vgl. HOFFMANN, Karl IV 1990, S. 85; auch Wilhelm MANTELS: Kaiser Karls IV. Hoflager in
     Lübeck, in: Hansische Geschichtsblätter 3 (1873), S. 107–141, hier S. 127.

191 Dazu auch FRIESS, Kaiser 2005, S. 32.

192 Vgl. die Chronik des Hector Mühlich, S. 63: *er was zu herberg an dem Rindermarckt in des
     Hofmairs haus.*

193 Vgl. den Eintrag zu 1418, in: StadtA Augsburg, BMB, Nr. 26, fol. 118r.

beispielsweise Heizmaterial und Lichtquellen, neu bestückt.[194] Engere persönliche Verbindungen zwischen Sigismund und den gastgebenden Hoffmairs sind nicht explizit festzustellen.[195] Anders zeigt sich die Wahl der Unterkunft, als der König 1431/2 in der ehemaligen Bischofsstadt residierte und bei seinem Vertrauten Peter Egen abstieg.[196] Im selben Jahr erfolgte, wie bereits erwähnt, auch die Taufe des neugeborenen Sohnes des Bürgermeisters, an der der König teilnahm. Das Haus wurde dafür umgestaltet[197] und neu eingerichtet.[198] Bezogen auf die Neuausstattung von Egens Haus findet man Ausgaben in Höhe von [...] *xij guldin Mayster Jörigen mauler von den wauppen zemaulen*.[199] Vermutlich kann man das Wappen als Hoheitszeichen deuten, das dem Haus einen besonderen Schutz bot.[200] Auch Friedrich III. [...] *was [1442; Erg. d. Verf.] am weinmarckt ze herberg in des Egen hauss [...]*,[201] wofür [...] *maister Jörigen von dem adler zum erkeren [...]*[202] 1 Pfund bezahlt wurde. In diesem Fall ist eindeutig ein Adler, höchstwahrscheinlich der Reichsadler,

---

194 Weitere Umbaumaßnahmen sind nicht bekannt. Zu den einzelnen Kosten, die der Stadt vor und während des Aufenthalts des Königs anfielen vgl. die Einträge zu 1418, in: StadtA Augsburg, BMB, Nr. 26. Hier sind v. a. fol. 117r–119v zu erwähnen, da diese lediglich den Königsaufenthalt thematisieren. Exemplarisch seien genannt: *Item xlv tb d̶ vmb lxiij füder hölcz dem küng. Item xxij tb und vj ß d̶ vmb vj füder hews dem küng [...] Item vj tb maister vlrich dem Schmid vmb Schmid werck in dz hoffmairs huse [...]*.

195 Vgl. zum Geschlecht der Hoffmair, vgl. Paul VON STETTEN: Geschichte der adelichen Geschlechter in der freyen Reichsstadt Augsburg: sowohl in Ansehung ihres besonderen Standes als auch in Ansehung einer jeden einzlen Familie, Augsburg 1762, S. 112 f.; das Haus befindet sich heute in der Philippine-Welser-Straße 28–30, dazu Gabriele VON TRAUCHBURG: Häuser und Gärten Augsburger Patrizier, Berlin 2001, S. 53.

196 Vgl. dazu Chronik des Burkhard Zink, S. 150: *Item auf die zeit im 32. iar kam künig Sigmund her zu dem andern mal und was zu hörberg in Peter Egens haus am weinmarkt [...]*; weiter auch: Zu den Aufenthalten der Könige Sigmund und Friedrich zu Augsburg in den Jahren 1431 und 1442, S. 384f.; auch HEINIG, Reichsstädte 1983, S. 116.

197 Vgl. exemplarisch den Eintrag zu 1431, in: StadtA Augsburg, BMB, Nr. 34, fol. 98r: [...] *Item ij guldin [...] von ain Camer Indes Egens hus zemäln*.

198 Vgl. exemplarisch die Einträge zu 1431, in: StadtA Augsburg, BMB, Nr. 34, fol. 98r–98v: *Item iij lb den. fünf gesellen von den petten Indes Egens hus züffüren vnd von ander arbait [...] Item xlvi grozz vmb drey tisch vnd vmb ainen stůol gen dem Egen [...]*.

199 Vgl. den Eintrag zu 1432, in: StadtA Augsburg, BMB, Nr. 36, fol. 97a.

200 Vgl. dazu SCHENK, Zeremoniell 2003, S. 255 mit Anm. 83, und weiteren Beispielen.

201 Vgl. die Chronik von der Gründung der Stadt Augsburg bis zum Jahre 1469, S. 323f.; auch Chronik Erhard Wahraus, S. 237: *1442 jaur dau kam künig Fridrich hie her [...]*; ebenfalls: Zu den Aufenthalten der Könige Sigmund und Friedrich zu Augsburg in den Jahren 1431 und 1442, S. 386.

202 Vgl. den Eintrag zu 1442, in: StadtA Augsburg, BMB, Nr. 44, fol. 64v.

,PHYSICAL PRESENCE': DAS REICH IN DEN REICHSSTÄDTEN

zu identifizieren, was die Annahme bestätigen würde, dass man das Gebäude sozusagen aus dem städtischen Territorium ausgliederte und direkt dem Reich zuwies.[203] Aus Nürnberg ist ebenfalls bekannt, dass die königlichen Herbergen mit einem Wappen gekennzeichnet wurden. Es war unter Strafe gestellt, diese Zeichen eigenmächtig zu entfernen. So sollen [...] *alle die, die wappen abgeriessen haben, in das loch zu legen und zu rede halten und ein droe in zu tun.*[204] Die Kennzeichnung der bürgerlichen Häuser kam praktisch einer vorübergehenden Enteignung der Eigentümer gleich.

Auch wenn der Herrscher und sein Hof eigene Ausstattung für die Quartiere mitführten, darf man den Aufwand, den eine Reichsstadt zu tragen hatte, nicht verkennen.[205] Allein die Arbeiten, die an den Häusern speziell für die königlichen Besuche durchgeführt wurden, überstiegen die üblicherweise anfallenden Maßnahmen zur Instandhaltung der Gebäude. Kost und Logis sollten zumindest teilweise vom Hof finanziert werden. Dass dies in der Realität nicht immer gegeben war, zeigt die Kritik, die an manchen Reichsoberhäuptern geäußert wurde. So soll unter anderem Friedrich III. in Augsburg seine Schulden nicht bezahlt haben, was nach der Chronik von Hektor Mühlich zu tumultartigen Aufläufen führte:

> [...] *also am sambstag vor Michaelis wolt der kaiser hinziehen und hett dannocht das arm volck nit bezalt, do verspart man im und seinen edlen leuten allenthaben ihre ross und dem kaiser wurden seine wagenpfert auch verspert, und verzoch sich bis gen nacht ave Maria leutens. Da lihe man das gelt dar, und die von Augspurg lihen auch 1500 guldin dar, damit die leut bezalt wurden.*[206]

Es erscheint durchaus möglich, dass die erhöhten Preise für Lebensmittel, Herbergs- und Stallmieten während der Königsbesuche bzw. Reichsversammlungen ausschlaggebend dafür waren, dass der Hof nicht alle seine Schulden begleichen wollte.[207] Mühlich erwähnt explizit, dass das *arm volck* geschädigt wurde, vermutlich ein Topos und der Versuch, das harsche Vorgehen der Bevölkerung zu erklären, die den König nicht mehr ausreisen ließ. Zugleich tritt die

---

203 Auch STREICH, Aachenfahrt 1991, S. 54f.
204 Vgl. dazu die Aufzeichnungen zum kaiserlichen Besuch vom 20.08.1471, in: RTA ÄR 22/2, S. 937, Nr. 129a; SCHENK, Zeremoniell 2003, S. 255 mit Anm. 83.
205 EBD., S. 255f.
206 Vgl die Chronik des Hector Mühlich, S. 246.
207 Vgl. SCHENK, Zeremoniell 2003, S. 245; auch in Konstanz gab es Beschwerden, da der Kaiser über die überhöhten Preise verärgert war, vgl. KRAMML, Konstanz 1985, S. 84.

positive Wertung des Rates zu Tage, der die Schulden des Hofes bezahlte und somit die Verantwortung für die ‚armen Leut' der Stadt übernahm. Dass in den Städten während der Veranstaltungen tatsächlich oft überteuerte Preise verlangt wurden, kann man auch an der Ermahnung der Wirte durch den Nürnberger Rat beim Aufenthalt Friedrichs III. 1442 sehen: *Item von der stalmiet wegen wart mit den wirten geredt, daß bescheidenlich zu halten und uber 7 haller von einem pferd nit zu nemen, wo man anders fuder, hew und stroe nit nympt [...]*.[208] Trotz der Restriktionen, welche die Besuche für die Stadt oder einzelne Bürger mitbrachten, ist davon auszugehen, dass manche Nutzen daraus zogen. In erster Linie sind die ohnehin bereits vermögenden Gastgeber der Könige zu nennen.[209] In den Quellen erfährt man keine weiteren Einzelheiten darüber, wie man mit der neuen Einrichtung der Herbergen nach der Abreise der Herrscher verfuhr. Vermutlich wurde sie weiterverwendet, was den Hausbesitzern einen geldwerten Vorteil brachte. Dazu kamen die Steigerung ihres Ansehens sowie die Intensivierung der Beziehungen mit dem König. Somit wurde dem Rat durch die notwendigen Vorarbeiten die Anbindung zum Reich und den Einzelnen, die in engem Kontakt zu den Reichsoberhäuptern standen, ihre Beziehung zum König bewusst.

2.2   Die Reichsstadt als Bühne für König und Reich

Während des Aufenthalts der Reichsoberhäupter und des Hofs sowie bei Festivitäten wurde die Reichsstadt zu einer Bühne,[210] nicht nur für den König als Person, sondern auch für das Reich. Die Qualität des Empfangs und der Ausgestaltung der reichsstädtischen Räume boten die Rahmenbedingungen für die Rituale und Zeremonien.[211]

---

208   Vgl. Kaiser Friedrich III und die Reichsstadt Nürnberg 1440–1444, S. 360.

209   So auch SCHENK, Zeremoniell 2003, S. 382.

210   Vgl. zur Begrifflichkeit u. a. Nicolas BOCK/Wolfgang JUNG: Der Stadtraum als Bühne. Formen architektonischer Inszenierung zwischen Mittelalter und Neuzeit, in: Raum und Raumvorstellungen im Mittelalter (= Miscellanea Mediaevalia, Bd. 25), hg. von Jan A. AERTSEN/Andreas SPEER, Berlin/New York 1998, S. 763–792; weiters auch Michail A. BOJCOV: Ephemerität und Permanenz bei Herrschereinzügen im spätmittelalterlichen Deutschland, in: Marburger Jahrbuch für Kunstwissenschaft 24 (1997), S. 87–107.

211   Vgl. dazu Martin KAUFHOLD: Entscheidungsspielräume im Spannungsfeld von Repräsentation und Ritual, in: Versammlungen 2009, hg. von PELTZER/SCHWEDLER/TÖBELMANN, S. 263–272, hier S. 264; auch BOJCOV, Qualitäten 1997, S. 129–154; Die Bedeutung des Adventus sowie der Prozessionen und Huldigungen der mittelalterlichen Könige und Kaiser wurde in der Literatur bereits hinreichend erläutert. Aus diesem Grund werden im Folgenden nur einige Grundgedanken zu diesen performativen Handlungen

,PHYSICAL PRESENCE': DAS REICH IN DEN REICHSSTÄDTEN

Der König bzw. das Reich wurden weit vor den Toren der Stadt erstmals für eine ausgewählte Anzahl an Personen erfahrbar. Wie man in Nürnberg 1424 dem Heiltum entgegen zog, so wurden auch die Herrscher von städtischen Vertretern auf freiem Feld oder an markanten Orten vor den Mauern empfangen.[212] So beispielsweise 1418 König Sigismund in Augsburg: *man rait im auf halben weg gen Gersthofen engegen mit vierhundert pferden, die burgermaister und ir vier von råten stånden ab und empfiengen den künig [...]*,[213] heißt es dazu bei Hektor Mühlich. Beim gemeinsamen Einzug in die Stadt wurden die Stadttore zu wichtigen Elementen:[214] Die Reichsstadt nahm ihren königlichen Stadtherrn auf und wurde symbolisch wie durch die persönliche Anwesenheit der Herrscher, bzw. in Nürnberg durch die Anwesenheit des Heiltums, zu einer Einheit mit dem Reich; der städtische Raum wurde durch den neuen Herrscher in Besitz genommen.[215] Deshalb wurde meist an den Toren der Schlüssel an die einziehenden Könige übergeben, wodurch die Herrschaft symbolisch übertragen wurde. Da allerdings nur das Zusammenwirken aller, die an den Einzügen und Aufenthalten der Könige bzw. der Reichsvertreter beteiligt waren, die Erfahrbarkeit des Reichs bewirkten und sicherstellten, ist vielmehr von einer Integration als von einer Okkupation auszugehen. Die Stadttore, die mit den reichsstädtischen Wappen und Fahnen sowie Reichsbannern geschmückt wurden, präsentierten den Einziehenden das Selbstverständnis der Reichsstädte. Den Vertretern des Reichs wurde dadurch das Reich vor Augen geführt. Unter den geöffneten Toren – ebenso auf den Mauern und in den Straßen – wurden für eine lebhafte Szenerie Menschenmengen positioniert, was die Bürger von reinen Beobachtern zu Teilnehmern an den Zeremonien machte. So heißt es bei Mühlich weiter, *[...] es waren an der stat nun vier thor offen und volck darunter*.[216] In Nürnberg waren 1471 als Kaiser Friedrich einritt, *[...] bestelt von allen schulern ir iedem ein panerlein in sein hant der lant des kaisers wappen*

---

erläutert und vor allem die Auswirkungen der raumbildenden Praktiken auf den Alltag der reichsstädtischen Bewohner in den Mittelpunkt der Betrachtungen gestellt.

212 In Nürnberg war dies beispielsweise der Siechgraben, vgl. den Einzug Kaiser Friedrichs III. 1471: [...] *auf die plöß zwischen dem walde und dem weyr vor dem siechgraben* [...], in: Tucher'sche Fortsetzung der Jahrbücher bis 1469, S. 514. Zur Einholung des Herrschers, der sogenannten *Occursio* vgl. SCHENK, Zeremoniell 2003, S. 278–289; dazu u. a. BOJCOV, Qualitäten 1997, S. 138f.; auch DRABEK, Reisen 1964, S. 19.

213 Vgl. die Chronik des Hector Mühlich, S. 63.

214 Vgl. DEUTSCHLÄNDER, Adler 2015, S. 175; auch LAMPEN, Stadttor 2009; zu Einritt und Empfang, dem sogenannten *Ingressus*, vgl. SCHENK, Zeremoniell 2003, S. 289–292, speziell zur Rolle der Tore, EBD., S. 313–318.

215 Vgl. LAMPEN, Stadttor 2009, S. 1.

216 Vgl. die Chronik des Hector Mühlich, S. 63, dazu auch SCHENK 2003, S. 318.

daran gemalt [...].[217] Die älteste ausführliche Beschreibung eines Adventus-Zeremoniells in den drei Vergleichsstädten stammt aus Lübeck und handelt vom Besuch Karls IV. 1375 mit seiner Gattin Elisabeth von Pommern (1363–1393). Das zeugt von großem Interesse der Zeitgenossen an diesem Ereignis. In der Detmar-Chronik heißt es hierzu:

> *In dem jare Christi 1375 in dem anderen dage nach der 11,000 yuncvrouwen dage do quam keyser Karle* [...] *de sin gud van deme keysere untfink – dar toch he myt er an sin keyserlike waet – vor eme reth eyn radman – der stad.* [...]. *vor der keyserynnen reeth de bisschop van Colne myt enem gulden appele – „Ecce advenit" „Deus judicium tuum". Do dit gesheen was, do treckeden se wedder langes de koninghstraten in ere herberge.*[218]

Nach dem Einzug, der von der den Reisenden geweihten Sankt-Gertrud-Kapelle[219] durch das Burgtor ging, übernahmen die beiden Bürgermeister die Aufgaben königlicher Marschalle, die die Pferde führten.[220] Dieses Ritual diente der Integration der hohen Vertreter der empfangenden Städte in den kaiserlichen Tross und somit förderte die Visualisierung des bereits angesprochenen Einheitsgedankens.[221]

Auch für die anschließenden Prozessionen[222] waren umfangreiche Vorarbeiten notwendig. Wie der Bericht über den Einzug Friedrichs in Nürnberg 1442 erkennen lässt,

> [...] *wurten 2 des rats mit namen Berthold Pfintzing, Hans Coler, ettliche tage vor, ee sein durchleuchtikeit herkam, geben, zu beyden pfarrern und*

---

217 Vgl. Tucher'sche Fortsetzung der Jahrbücher bis 1469, S. 458; dazu auch die Rechnungsfragmente von 1471: *425 k panierlein den schulern, als der keiser ein ritt* [...]; zum Einzug Kaiser Friedrichs III. 1471 in Nürnberg vgl. WOLFF, Friedrich III. 1994, S. 808f.

218 Vgl. die Detmar-Chronik 1105–1386, S. 177; auch die Cronica Novella, S. 297.

219 DETMAR-CHRONIK 1101–1395, S. 552, mit Anm. 3; die Kapelle wurde vor dem Burgtor errichtet, [...] *ante portam aquilonarem in cymiterio pauperum* [...], vgl. dazu die Urkunde vom 21.05.1373, in: LUB 4, S. 197f., Nr. 198; auch SCHENK, Zeremoniell 2003, S. 284, 292f., mit Anm. 275, zum Empfang an markanten Punkten vor den Stadttoren. Hier sehr kritisch zur Deutung des Einzugs bzw. dessen Beschreibung in der Detmar-Chronik; weiter auch HOFFMANN, Karl IV. 1990, S. 87f.

220 EBD., S. 552: *Dar mede setten se sik malk up en grot ros; sin ros ledden twe borgermestere unde er twe raarlude* [...].

221 Vgl. DEMSKI, Adel 1996, S. 157.

222 Vgl. SCHENK, Zeremoniell 2003, S. 366–373, zur *Processio* bzw. den festlichen Umzügen durch die Stadt.

*dem abt zu sant Gilgen und anders clostern zu geen, ein ordnung zu ma-
chen von der procession [...].*[223]

Der Weg durch die Stadt wurde ebenso wie die Teilnehmer an der Prozession genau festgelegt. Als Sigismund 1418 nach Augsburg kam, ging der *Grafnegker* [...] *als ain bischof in der process und gab dem künig das Hailtum zů küssen. die von den zünften trůgen vil gestapter kertzen.*[224] Nach Winfried Dotzauer handelte es sich dabei um ein „Sakralgeleit,"[225] das der Visualisierung der Frömmigkeit der Stadtgemeinde diente. Die Reichsstadt präsentierte sich nicht nur als Sakralgemeinschaft,[226] sondern vermittelte vor allem ihre politische und soziale Ordnung.[227] Dass die Zünfte explizit als Teilnehmer der Prozession genannt werden, zeugt von deren Bedeutung für das reichsstädtische Regiment sowie deren Selbstverständnis.[228] Demnach konnten auch sie ihre Angliederung an den Rat und an das Reich visualisieren, wie es drei Jahrzehnte später die Weber durch die Ausmalung ihrer Zunftstube zum Ausdruck bringen würden.

Damit die Sicherheit in den Städten während der Ereignisse gewahrt blieb, erließ man diverse Ratsordnungen, wie beispielsweise 1473, als Friedrich III.

---

223 Vgl. Kaiser Friedrich III und die Reichsstadt Nürnberg 1440–1444, S. 361.

224 Vgl. die Chronik des Hector Mühlich, S. 63.

225 Dazu DOTZAUER, Ankunft 1973, S. 258; maßgeblich v. a. Löther, Prozessionen 1999; speziell zur Zusammenwirkung von Bürgern und Klerus bei religiösen Prozessionen in den Städten: REICHERT, Kathedrale 2014.

226 Nach Bernd MÖLLER: Reichsstadt und Reformation, Berlin 1987, S. 15, verstand sich eine Stadt im Mittelalter als „corpus christianum im kleinen"; auch LAMPEN, Stadttor 2009, S. 18.

227 Vgl. VON HEUSINGER, Symbolische Kommunikation 2007, S. 147f., zur sakralen Komponente der Prozessionen, die in die städtischen Inszenierungen integriert wurden; weiter auch Gabriela SIGNORI: Ereignis und Erinnerung. Das Ritual in der städtischen Memorialkultur des ausgehenden Mittelalters (14. und 15. Jahrhundert), in: Prozessionen, Wallfahrten, Aufmärsche. Bewegung zwischen Religion und Politik in Europa und Asien seit dem Mittelalter (= Menschen und Kulturen, Bd. 4), hg. von Jörg GENGNAGEL/ Monika HORSTMANN/Gerald SCHWEDLER, Köln/Weimar/Wien 2008, S. 108–121; mit Gerald SCHWEDLER: Prinzipien der Ordnung bei königlichen Prozessionen im späten Mittelalter, in: Prozessionen 2008, hg. von GENGNAGEL/ HORSTMANN/ SCHWEDLER, S. 122–142; ausführlich zu Nürnberg: Andrea LÖTHER: Die Inszenierung der stadtbürgerlichen Ordnung. Herrschereinritte in Nürnberg im 15. und 16. Jahrhundert als öffentliches Ritual, in: Wege zur Geschichte des Bürgertums (= Bürgertum. Beiträge zur europäischen Gesellschaftsgeschichte, Bd. 8), hg. von Klaus TENFELDE/Hans-Ulrich WEHLER, Göttingen 1994, S. 105–124; zudem Schenk 2003, S. 319–321.

228 Dazu auch GLOOR, Politisches Handeln 2010, S. 181; zu den Teilnehmern am *Ingressus* und der Integration städtischer Gruppen auch SCHENK, Zeremoniell 2003, S. 297–300.

328 KAPITEL 4

Augsburg besuchte. Es sei [...] *zů verbyetten, das weyb und kind am eynreytten des kaysers die vordern gassen vom rotten tor fur sannt Ůlrich untz uff die pfallcz herab nit ze weeg ze geen noch steen.*[229] An diesem Ratsbeschluss wird die Wegführung für den Einzug deutlich. Man wählte eine Route, die an den symbolträchtigen und repräsentativen Orten der Stadt vorbeizog.[230] So wurden die wichtigen sakralen Gebäude der Stadt in diesen Zug integriert, was für die Qualität der entsprechenden Kirchen und die Stellung der in den Kirchen tätigen geistlichen Würdenträger sprach.[231] In Augsburg verband der Prozessionsweg, gemäß seiner mindestens auf das 10. Jahrhundert zurückgehenden Tradition, das Kloster Sankt Ulrich und Afra mit dem Rathaus als bürgerlichem Zentrum und dieses weiter mit der Bischofskirche und der Pfalz. Für Lübeck heißt es explizit: *aldus was de processio formeret. se treckeden langes de stad bet an den dôm [...].*[232] In den beiden Bischofsstädten Augsburg und Lübeck wurde so der Dom zu einem wichtigen Bezugspunkt. Vor allem in Augsburg spielte bei der Gestaltung des königlichen Zuges die historische Entwicklung der Stadtherrschaft eine wichtige Rolle. Der Bischof, dem als ehemaliger Stadtherr bis in das 13. Jahrhundert die Gestaltung des Adventus oblegen hatte, wurde zu einem bloßen Teilnehmer an den repräsentativen Handlungen der Reichsstadt, mit der er als Einheit auftrat. Trotzdem wurde seine gewichtige Stellung als geistiger Oberhirte deutlich kommuniziert. In Nürnberg wurden die beiden Pfarrkirchen Sankt Sebald und Sankt Lorenz in einen jeden königlichen Umzug eingebettet.[233] Vor allem die dort aufgebahrten Lokalheiligen spielten eine wichtige Rolle bei der Sichtbarmachung des

---

229 Vgl. hier: Zu dem Aufenthalte König Sigmunds in Augsburg im Jahre 1418, Kaiser Friedrichs im Jahre 1485 und den Reichstagen in Augsburg im Jahre 1473 und 1474, in: Die Chroniken der schwäbischen Städte. Augsburg, Bd. 3 (= Die Chroniken der deutschen Städte vom 14. bis ins 16. Jahrhundert, Bd. 22), Göttingen 1965, S. 402–414, hier S. 407; auch SCHENK, Zeremoniell 2003, S. 343f.

230 Da sich für jede Stadt eigene lokale Traditionen herausbildeten, die wiederum mit den Wünschen des amtierenden Herrschers sowie der Ratsleute in Einklang gebracht werden mussten, wäre für eine ausführliche Betrachtung jeder Umzug eigens zu analysieren, vgl. dazu SCHENK, Zeremoniell 2003, S. 368. Da dies in der vorliegenden Arbeit nicht zu leisten ist, sollen nur die bezeichnenden Eckdaten angeführt werden.

231 Zum Offertorium, dem Besuch der Hauptkirchen, vgl. SCHENK, Zeremoniell 2003, S. 372–381; zur Bedeutung des Klerus vgl. auch LÖTHER, Inszenierung 1994, S. 108.

232 Detmar-Chronik 1101–1395, S. 552; dazu auch HOFFMANN, Karl IV. 1990, S. 85.

233 Vgl. die entsprechenden Belege in den Chroniken, u. a. Kaiser Friedrich III und die Reichsstadt Nürnberg 1440–1444, S. 360–362; detaillierter SCHENK, Zeremoniell 2003, S. 368–370.

PHYSICAL PRESENCE': DAS REICH IN DEN REICHSSTÄDTEN

reichsstädtischen Selbstverständnisses und bei den Adventuszermonien.[234]
Erstmals ist in diesem Zusammenhang im Jahre 1414 ein Kopfreliquiar des heiligen Sebalds bezeugt:

> [...] cui [Sigismund; Erg. d. Verf.] occurrit processionaliter omnis clerus
> istius loci cum sanctis reliquijs in cappis et superpellicijs et ybant in duabus processionibus. [...] posuerunt autem in media platea sancti Laurencij
> caput sancti Cyppriani, et plebanus sancti Sebaldi caput sancti Sebaldi, et
> non plures fuerunt ibi reposite reliquie.[235]

Zusammen mit dem Reliquiar des heiligen Cyprian wurde er dem König
auf einem öffentlich aufgestellten Altar gereicht und auf dessen Kopf gesetzt. Die Reliquien verkörperten die himmlische Heilskraft auf Erden und
wurden wie Skulpturen von Heiligen oder Herrschern zu einer ‚leiblichen
Vergegenwärtigung,' was deren Ausdrucks- und Wirkungskraft unterstreicht.[236]
Noch 1442 erscheinen die beiden Heiligen,[237] 1471 wurden dann [...] sant
Sebolt, sant Eûkarius, sant Gilgen haubter gulde und das heilige creutz, das
zu sant Gilgen [...][238] zum Kaiser gebracht. Vor allem der heilige Deocarus,
der neu mitgeführt wurde, weist als Vertrauter von Kaiser Karl dem Großen
einen Bezug zu Kaisertum und Reich auf. Die Begrüßung des Königs fand in
Nürnberg in Sankt Sebald statt, [...] wo waß im ein stul gezeirt vor sant Sebolts

---

234   Auch SCHENK, Zeremoniell 2003, S. 331f.; mit LÖTHER, Prozessionen 1999, S. 147; der
Name der Lübecker Heiligen, die vorangetragen wurden, bleibt in den Quellen ungenannt, vgl. dazu auch HOFFMANN, Karl IV. 1990, S. 82f.

235   Vgl. Rubrica de suspectione regis Romanorum in civitate Nürenbergensi. Anno dom. 1414,
in: Die Chroniken der fränkischen Städte. Nürnberg, Bd. 3 (= Die Chroniken der deutschen Städte vom 14. bis ins 16. Jahrhundert, Bd. 3), LEIPZIG 1864, S. 343f.; dazu Svetozar
SPRUSANSKY: Das Haupt des Hl. Sebald. Zur Geschichte des Nürnberger Stadtheiligen und
seiner Verehrung, in: MVGN 68 (1981), S. 109–121; weiter auch WEILANDT: Sebalduskirche
2007, S. 509f., mit der Aufzeichnung aller Belege in den Schatz- und Salbüchern Sankt
Sebalds.

236   Zur Bedeutung der Kopfreliquiare vgl. SCHENK, Zeremoniell 2003, S. 335f.; auch Anton
LEGNER: Reliquien in Kunst und Kultur zwischen Antike und Aufklärung, Darmstadt
1995, S. 278; weiter dazu Eva KOVACS: Kopfreliquiare des Mittelalters, Leipzig 1964;
auch Bruno REUDENBACH: Heil durch Sehen. Mittelalterliche Reliquiare und die visuelle Konstruktion von Heiligkeit, in: Gebeine 2001, hg. von MAYR, S. 135–147, zur
Beschaffenheit von Reliquiaren und zur Präsentation von Reliquien.

237   Vgl. Kaiser Friedrich III und die Reichsstadt Nürnberg 1440–1444, S. 362: auch waß an der
seiten gegen dem deutschen hauß uber in der gassen ein disch aufgesatzt und geziert und
auf demselben thisch gesatzt die zwen haubt sant Sebolt und sant Ciprian und ein crucifix.

238   Vgl. Tucher'sche Fortsetzung der Jahrbücher bis 1469, S. 460.

altar, daselbs er nider knyete und bette [...].[239] Dadurch zeichnete die Kirche ihre besondere Anbindung an den Rat aus, weshalb sie auch als Hauptkirche der Reichsstadt bezeichnet werden kann.[240] Der Lokalheilige Sebald erfuhr dadurch eine weitere Aufwertung und wurde umso prägender für das reichsstädtische Selbstverständnis. Durch das Adventuszeremoniell wurde der Heilige mit seiner Kirche vorübergehend in Verbindung mit dem König gebracht und beförderte das Bewusstsein für die Reichsanbindung.[241] In die Kirche durfte während der Zeremonien nur ein kleiner Kreis an Personen, der dem König oder dem Rat nahestand bzw. dem höheren Klerus angehörte.[242] Weil gewisse Innenräume somit exklusiv blieben, war der visuelle Kontakt für die breite Öffentlichkeit während der performativen Handlungen eingeschränkt, was wiederum sozial normierend wirkte.

Entsprechend eines stadtherrlichen Adventus präsentierte sich auch die Wiedereinsetzung des Alten Rates in Lübeck nach den Streitigkeiten in den Jahren 1408 bis 1416: Nach der Vertreibung des amtierenden Rates und der Beendigung des Konflikts wurde eine symbolische Übernahme der Herrschaft inszeniert.[243] In dem umfangreichen Rezess, des anlässlich des Vergleichs verfasst wurde, legte man die Modalitäten fest, welche die Ehre des alten Rates wiederherstellen sollten.[244] Zusammen mit Abgesandten des Königs sowie Vertretern der Hansestädte wurden die früheren Ratsmitglieder vor den Toren, diesmal an der Kapelle Sankt Jürgen, empfangen.[245] Der Neue Rat wurde angehalten, sie willkommen zu heißen[246] und den gesamten Zug in die Stadt zu führen. Die Mitglieder des Neuen Rates traten zurück, als die alten Ratsherren in die Stadt zogen. Die beteiligten königlichen Sendeboten[247] konnten in diesem Moment das „Vakuum"[248] ausfüllen, das der Neue Rat durch seinen Rücktritt hinterließ: Das Reich übernahm, vertreten durch die Abgesandten, kurzzeitig das reichsstädtische Regiment. Nach einer gemeinsamen Messe

---

239 Vgl. Kaiser Friedrich III und die Reichsstadt Nürnberg 1440–1444, S. 363.

240 Mit WEILANDT, Sebalduskirche 2007, S. 16.

241 Vgl. BOJCOV, Qualitäten 1997, S. 141f., zu den zeremoniell bestimmten Innenräumen.

242 Auch die Innenräume wurden untergliedert, vgl. EBD., S. 144f. Die einzelnen Positionen der teilnehmenden Personen wurden durch ihren Rang bestimmt.

243 Zum Einzug des Stadtherrn nach Konfliktbeendigung vgl. SCHNEIDER, Konfliktaustragung 2013, S. 115–119.

244 Vgl. die Urkunde vom 15.06.1416, in: LUB 5, S. 641–653, Nr. 583; zu den Vorgängen vgl. POECK, Ratswahl 2003, S. 186f.

245 Vgl. die Urkunde vom 15.06.1416, in: LUB 5, S. 641, Nr. 583.

246 Vgl. EBD.: [...] *themliken unde vruntliken willekomen heten* [...].

247 Dazu gehörten u. a. Mitglieder des Hofgerichts, vgl. HEINIG, Reichsstadt, S. 308.

248 HAMMEL-KIESOW, Neue Aspekte 2000, S. 23.

,PHYSICAL PRESENCE': DAS REICH IN DEN REICHSSTÄDTEN 331

in der Hauptkirche Sankt Maria [...] *da ghinghen se uppe dat radhus myt den borgheren unde de vorsten setten sik in den radstol* [...].[249] Das Rathaus war das zweite symbolbehaftete Gebäude in dieser Prozession. Danach erhielten sie, wie die Zunftmitglieder in Augsburg 1368, als Zeichen der Beteiligung bzw. der vollständigen Übernahme der Ratsherrschaft die Stadtschlüssel, die Ratsbücher und die Stadtkasse übertragen. Die Einsetzung des Rates wurde von kaiserlichen Sendeboten legitimiert, die persönlich als Vertreter des Reiches auftraten.[250] Die Boten bestätigten nach der krisenbehafteten Situation den Status der Ratsherren, die sich bereits während des Streits immer wieder auf das kaiserliche Privileg berufen hatten.[251]

Für bestimmte Akte wurden ein oder mehrere Orte in der Stadt neu- oder umgestaltet. Diese Handlungen konnten sich auf einen Ort als Hauptschauplatz konzentrieren,[252] wie beispielsweise bei der Heiltumsweisung in Nürnberg, oder es konnten sich Nebenplätze herausbilden. Die Bedeutung der öffentlichen Weisung wurde schon mehrmals angesprochen, weshalb im Folgenden vor allem auf die damit verbundene Gestaltung reichsstädtischer Räume eingegangen werden soll.[253] Die Kosten für die Weisung trug, ebenso wie für die Aufbewahrung und Sicherung, die Reichsstadt.[254] Wohl in Hinblick auf die öffentlichen Weisungen wurden nach der Ankunft des Reichsschatzes Umbaumaßnahmen ins Leben gerufen: *1424 jar am nechsten tag nach sant Benedicten tag in der fasten kam das heiltum des romischen reichs her* [...] *do wurden die krem und protlauben vor dem rothaus uber den weck ab geprochen.*[255] Demnach war bereits im Vorfeld beabsichtigt, die Weisungen auch in Nürnberg

---

249   Vgl. der Rufus-Chronik zweiter Theil 1395–1430, S. 88.

250   Vgl. die Urkunde vom 15.06.1416, in: LUB 5, S. 649, Nr. 583: bereits die Einsetzung des Rates geschah durch diese Sendeboten, die den Rat [...] *in den radstol wissen unde sitten heten* [...]; weiter dazu: der Rufus-Chronik zweiter Theil 1395–1430, S. 88f.; vgl. ebenfalls POECK, Ratswahl 2003, S. 190.

251   Vgl. die Berichte und Aktenstücke über die Ereignisse in Lübeck von 1403–1408.

252   Vgl. BOJCOV, Qualitäten 1997, S. 138, zu Zeremonien, die nur auf einem Platz ablaufen, und deren Deutungsfeld.

253   Vgl. dazu Volker SCHIER: Musik im rituellen Kontext: Die Messe zur Nürnberger Heiltumsweisung, in: Cantus Planus. International Musicological Society Study Group, hg. von László DOBSZAY, Budapest 2001, S. 237–251.

254   Über die Kosten und Maßnahmen sind zahlreiche Rechnungsbelege bzw. -fragmente sowie Beschreibungen vorhanden. Exemplarisch seien hier genannt: Rechnungsfragmente über die Kosten der öffentlichen Heiltumsweisung 1429–1523, in: StA Nürnberg, Rst. Nbg., Losungsamt, Akten, SIL 133 Nr. 13; auch Gesamtabrechnung, in: StA Nürnberg, Rst. Nbg., Losungsamt, Akten, SIL 134 Nr. 17.

255   Vgl. Tucher'sches Memorialbuch 1386–1454, S. 142.

332   KAPITEL 4

durchzuführen. Dass diese turnusmäßig jeden zweiten Freitag nach Ostern abgehalten wurden, geht auf einen Erlass Karls IV. zurück, der die Weisung allerdings zunächst in Prag etabliert hatte.[256] In einer Bulle aus dem Jahr 1354 bestätigte Papst Innozenz IV. dem Kaiser das Fest der Heiligen Lanze,[257] obwohl die [...] *sacras reliquias, quae Imperialis nuncupantur* [...] nur allgemein genannt werden.[258] Die erste Weisung in Nürnberg fand schon im Jahre 1361 während eines Hoftags statt, zu dem Karl IV. das Kleinod bringen ließ. Den Anlass dafür bot die Geburt seines Sohnes Wenzel:

> [...] *Anno dni. 1361 jar do wart des keisers sun zu Nüremberg geporn und wart genant Wentzellaus und das kint was 5 ½ wochen ungetauft, als lang piß das die kurfürsten alle siben gen Nuremberg kumen* [...].[259]

In seiner Chronik beschreibt Sigismund Meisterlin, der Kaiser ließ bei diesem Anlass

> [...] *das hailtumb zaigen an dem Freitag darvor und stund der außschreier auf dem umblauf unser frawen capellen; auch ließ er den bebstlichen ablaß, von Innocencio gegeben, über des fest des spers außrüefen. nach dem tauf des kinds, das Wenzeslaus genant ward, fingent die herren an ritterspil mit stechen, rennen, fechten, turniren, ringen sterk zu erzaigen* [...].[260]

Wegen Karls IV. langer Kinderlosigkeit und resultierender Ängste über den Fortbestand seiner Dynastie, ist die Taufe seines erstgeborenen Sohnes ein für ihn bedeutendes Ereignis, das zur Weisung der Reichskleinodien führte.[261] Dafür wurde bewusst die Frauenkirche als kaiserliche Stiftung für die Taufe sowie die Weisung gewählt.

Die umfangreichsten Hinweise auf die Vorarbeiten für die öffentliche Schau findet man in den Beschreibungen des Aufenthalts Kaiser Friedrichs III 1442.[262]

---

256 Vgl. MACHILEK, Heiltumsweisung 1986, S. 58f.

257 Vgl. die Urkunde vom 13.02.1354, in: Acta Innocentii VI. pontificis Romani 1352–1362 (= Mon. Vat. Boh. 2), hg. von Johann Friedrich NOVÁK, Prag 1907, S. 89, Nr. 209: [...] *sacratissimam lanceam* [...].

258 Vgl. EBD.; zu den Vorgängen auch kritisch Hartmut KÜHNE: Ostensio Reliquiarum (= Arbeiten zur Kirchengeschichte, Bd. 75), Berlin 2000, S. 111–113; sowie auch SCHNELBÖGL, Reichskleinodien 1962, S. 85–88.

259 Vgl. Tucher'sches Memorialbuch 1386–1454, S. 126.

260 Vgl. Sigmund Meisterlins Chronik der Reichsstadt Nürnberg 1488, S. 161.

261 WEILANDT, Bildprogramme 2013, S. 233f.

262 Weitere Quellenbelege findet man in diversen Beständen verteilt, z.B. im Baumeisterbuch von 1455–1468, in: StadtA Nürnberg, B1/I, Nr. 1.

,PHYSICAL PRESENCE': DAS REICH IN DEN REICHSSTÄDTEN

Als er während seines Aufenthalts die außerordentliche Weisung wünschte und [...] *rex nu mit dem rate uberkomen waß, daz man die zaigung auf unsers hern himelvartstag also tun und vollenbringen wolte* [...],[263] begann man mit den ,üblichen' Vorbereitungen: In der Nacht vor der Weisung brachte man das Kleinod in das Schopper'sche Haus, das sich direkt am Hauptmarkt gegenüber der Frauenkirche befand.[264] Der Rat ließ vor dem Haus [...] *den tabernackell aufrichten und tzeiren* [...].[265] Es handelte sich um ein Schaugerüst von etwa sieben Metern Höhe, auf dem am entsprechenden Freitag die Weisungen stattfanden.[266] Auch hier nutzte man die Möglichkeit, dem Übergabebrief von 1423 entsprechend, das Heiltum vor den Einflüssen der Priesterschaft zu schützen und nicht mehr wie zur Zeit Karls IV. die Weisung in der Frauenkapelle durchführen zu lassen: Der Rat behielt und demonstrierte das volle Verfügungsrecht. Das älteste Bild über das Spektakel, ein kolorierter Holzschnitt, der das Gerüst zeigt, stammt aus einem im Jahre 1487 gedruckten Wallfahrtsführer.[267] Dazu wurden in der gesamten Stadt umfangreiche Sicherheitsmaßnahmen durchgeführt und Wachmänner postiert.[268] Der Hauptmarkt wurde nach allen Seiten abgesperrt[269] und erfuhr dadurch eine Umdeutung von einem öffentlichen zu einem nur partiell zugänglichen Raum. Nicht nur das Schopper'sche Haus wurde abgeriegelt – den Bürgern und Hausbesitzern am Hauptmarkt wurde

---

263 Kaiser Friedrich III und die Reichsstadt Nürnberg 1440–1444, S. 366.

264 Vgl. dazu u. a. MACHILEK, Heiltumsweisung 1986, S. 74; auch FLEISCHMANN, Nürnberg 2000, S. 85; SCHNELBÖGL, Reichskleinodien 1962, S. 107f.

265 Kaiser Friedrich III und die Reichsstadt Nürnberg 1440–1444, S. 366; dazu Endres Tuchers Baumeisterbuch, S. 125–132. Bei Tucher werden die Arbeiten sehr detailliert aufgeführt; es sei u. a. verwiesen auf SCHNELBÖGL, Reichskleinodien 1962, S. 107, wo Vorarbeiten auf Grundlage der Tucher'schen Baumeisterbücher sehr ausführlich beschrieben werden.

266 Vgl. u. a. FLEISCHMANN, Zeremoniell 2013, S. 31; MACHILEK, Heiltumsweisung 1986, S. 62; der Heiltumsstuhl musste regelmäßig instandgehalten werden, vgl. dazu exemplarisch StA Nürnberg, Rst. Nbg., Stadtrechnungen, Einzelbelege 54 und folgend 365: *Item dem schneider 2 ß 6 haller von dem zelt zu flicken auff dem heiltumstul* [...] *Item dem vlrich 6 ß fur zweck und schrauben auch auff dem heiltumstul.*

267 Dazu auch Norenberc 2000, S. 70f. Der Druck wurde von Peter Vischer ausgeführt. Diese Holzschnitte, auch Heiltumsblätter, wurden u. a. als Werbung und zur Erinnerung verkauft.

268 Kaiser Friedrich III und die Reichsstadt Nürnberg 1440–1444, S. 367: *außgenomen, das die weppner, die umbreiten und auch unter dem gestule und deß gleichen auf dem rathauß mit ettlichen werdenlichen weppnern gesterkt wurden.* Vgl. auch die Kosten der öffentlichen Heiltumsweisung 1429–1523, in: StA Nürnberg, Losungsamt, Akten, SIL 133 Nr. 13. Die Wachen werden hier mitunter namentlich aufgeführt.

269 Zu den Arbeiten und Sicherheitsvorkehrungen vgl. die umfangreichen Beschreibungen bei SCHNELBÖGL, Reichskleinodien 1962, S. 109–116.

auch unter Strafandrohung verboten, in das Rathaus zu gehen, solange das Heiltum gezeigt wurde bzw. solange sich die Fürsten dort befanden:

> *Auch wart es bestalt, daz vor der Schopperin hinterthur zwen schancken, [...] sunst ettlich wappner und schutzen und waß dem pfenter empfolhen, unsern burgern und burgerin und den iren zu sagen, dass ir keyner zu der-selben zeit, als man das heiligtum tzaigte oder darnach, die weil rex und die fursten darinnen waren, in das hauß gen solte, außgenomen die, die von rats wegen darzu ordenirt waren, wer aber das uberfur, der sollte auf daß hause zu puß geben 20 gulden reinisch, die man von im an gnade nemen wollte [...].*[270]

Für die Heiltumsweisung[271] wurden die anwesenden Fürsten in die Häuser ge-bracht, die sich in unmittelbarer Nähe zum Spektakel befanden, damit sie freie Sicht hatten:

> *Und wann nu herzog Friderich von Sachsen und unser fraw von Sachsen sein gemahel, unsers hern rex swester, und hertzog Wilhelm von Sachsen sein bruder und trei bischopf und sunst vil ander grafen, hern, ritter und knechte mit seinen gnaden her komen waren [...] beval ein rate iren frun-den, nachdem der fursten ettwe vill hie waren, solt man nu die alle [...] auf das gestule lassen, so mochte man nit geraum da oben haben, daz wirdig heiligtum zu tzaigen in maß sich gepurte, das darumb sein küniglich gnade sulchs nach dem besten versehe und mit den andern fursten reden ließ, dass yder furscht einen von seinen erberen zu im neme auf dass gestule, so wolt ein rate die nechsten heuser neben dem tabernackel bestellen lassen, dass man in den selben heusern graffen, hern, ritter und knechte und sust die erbersten ließ, also das sie gar eigentlich zusehen mochten [...].*[272]

Der Rat versuchte, das Eigentum der Bürger zu schützen und ermahnte des-halb das Gefolge der Fürsten, darauf zu achten, dass sich alle ordentlich ver-halten und niemand etwas beschädige:

> *[...] und wurden 2 des rats [...] darzu geben zu den fursten zu geen und in die heuser [zu] tzaigen und den hern zu sagen, dass sie ir hoffmaister oder marschelk darzu ordinirten, die erbern in die heuser zu weisen und die bu-*

---

270 Kaiser Friedrich III und die Reichsstadt Nürnberg 1440–1444, S. 368.
271 Ausführlich zu den Vorgängen bei der Heiltumsweisung vgl. EBD., S. 116–129.
272 Kaiser Friedrich III. und die Reichsstadt Nürnberg 1440–1444, S. 367.

brei nit ein zu lassen und daz sich die yren also in den heusern bescheyden-
lich hielten, daz die leut nit beschedigt würden.[273]

Da die Heiltumsweisung eine große Anziehungskraft hatte, wurden zu den jährlichen Spektakeln entsprechend viele Besucher erwartet:[274] Dass man sich für die eindrucksvolle Präsentation der Verbindung zwischen Nürnberg und dem Reich auf den Hauptmarkt konzentrierte, lässt sich zum einen rein praktisch auf die Größe und Weitläufigkeit des Platzes zurückführen, der als einziger in der Stadt eine Menschenmenge diesen Ausmaßes fassen konnte. Zudem bot die Ausstattung des Hauptmarktes eine entsprechend ausgestaltete Bühne, die zusammen mit dem Schönen Brunnen, der Frauenkirche und dem Rathaus ein auf das Reich bezogenes Beziehungsgefüge darstellte, das wiederum durch das Zeremoniell während der Heiltumsweisung eine besondere Qualität erhielt.

Wenn die Reichsoberhäupter anwesend waren, bewegten sie sich über mehrere Tage in der Stadt, nahmen an Empfängen, Kirchgängen und Ausritten teil.[275] Zudem wurden in allen drei Vergleichsstädten Feierlichkeiten durchgeführt, die der Ehrbezeugung gegenüber König und Reich dienten und zugleich das Ansehen der Städte manifestieren sowie deren gesellschaftliche Identifikationsstrukturen durch eine entsprechende Prachtentfaltung zum Ausdruck bringen sollten. Man findet in Nürnberg zudem Belege, dass es auch bei Abwesenheit der Herrscher entsprechende Feste zu ihren Ehren gab.[276] Als Sigismund 1433 zum Kaiser gekrönt wurde, initiierte die Reichsstadt Feierlichkeiten:[277]

---

273 EBD., S. 368.

274 Vgl. SCHNELBÖGL, Reichskleinodien 1962, S. 138–148, zur Anziehungskraft der Feste und Messen im Rahmen der Heiltumsweisung.

275 Vgl. ausführlich zu den Aktivitäten Friedrichs III. in Nürnberg 1471, WOLFF, Friedrich III. 1994, S. 809–814.

276 Thomas ZOTZ: Die Stadtgesellschaft und ihre Feste, in: Feste 1991, hg. von ALTENBURG/ JARNUT/STEINHOFF, S. 201–213, hier S. 201, mit der Differenzierung verschiedener Festtypen; auch Paul HUGGER: Einleitung. Das Fest. Perspektiven einer Forschungsgeschichte, in: Stadt und Fest. Zu Geschichte und Gegenwart europäischer Festkultur, hg. von DEMS., Stuttgart 1987, S. 9–24; Das Fest. Beiträge zu seiner Theorie und Systematik, hg. von Michael MAURER, Köln/Weimar/Wien 2004; auch Michael MAURER: Feste und Feiern als historischer Forschungsgegenstand, in: HZ 253 (1991), S. 101–130.

277 Dazu finden sich Rechnungen, vgl. SANDER, Haushaltung 1902, S. 639: *8 Pfund 8 Schilling das der Freudentanz gekostet hat, und das man gab um Wein und den Pfeifern und Mesnern und den Türmern Sebaldi, als man alle Glocken hier in der Stadt läutete und die Pfeiffer und Trometer aus Sant Sebaldskirchen pfiffen, und man Freudenfeuer machte allum und um in*

336 KAPITEL 4

Item an sant Peter und Paulus tag, do was potschaft komen, das der konig Sigmunt was kront worden an dem Pfingstag [...] auf den tag mit grosser zirheit zu kaiser. Man hett hie bestelt in all kirchen, das man all glocken leutet zu freud und mit der orgel anhub zu singen Te deum laudamus und mit den pfaffen und münchen in allen kirchen [...] und zu Und unser pfeiffer 3 und 1 pusauner gingen auf sant Sebalt kor und pfiffen auf 2 ort zu freuden oben umb den ganck. und zu nachts nach tisch [...] do macht man ein gros feur auf dem marckt und die pfeiffer und pusauner pfiffen zu tantz das alle welt tantzet [...].[278]

Diese Feste, für die der öffentliche Raum neu gestaltet wurde, ließen die Ereignisse somit auch in den Städten erfahrbar werden und die Bürger konnten diese so dementsprechend miterleben. Ebenso wurden in Nürnberg nach dem Tode zahlreicher spätmittelalterlicher Herrscher symbolische Totenfeiern durchgeführt.[279] Dass man das Ableben des Reichsoberhauptes wahrnahm und entsprechend in der Reichsstadt kommunizierte, ist für Nürnberg bereits bei Karl IV. 1378 bezeugt. Dazu heißt es in den Stadtrechnungen, dass man zunächst [...] *des burkgraven boten do in den brief bracht den der keyser tod war* [...][280] 16 Pfund Heller bezahlte. Weiter wird vermerkt, dass [...] *ez kost do die burger hie oben waren do der keyser tod war 3 lib 11 pfund heller* [...].[281] Richtige Totenfeiern findet man dann erstmals für Ruprecht von der Pfalz im Jahre 1410,[282] später auch für die Könige Sigismund, Albrecht II.[283] sowie Friedrich

---

  der Stadt, und viel Kinder und junge und alte Leute am Markt und sonst in der Stadt um das Feuer tanzten.

278 Vgl. Endres Tuchers Memorial 1421 bis 1440, S. 24.

279 Vgl. zu den symbolhaften Toten- und Begräbnisfeiern Rudolf J. MEYER: Königs- und Kaiserbegräbnisse im Spätmittelalter. Von Rudolf von Habsburg bis zu Friedrich III. (= Forschungen zur Kaiser- und Papstgeschichte des Mittelalters, Bd. 19), Köln/Weimar/ Wien 2000, S. 242–246.

280 Vgl. den Eintrag in den Stadtrechnungen zum 3.11.1378, in: StadtA Nürnberg, F5, Nr. 152, S. 143.

281 EBD.

282 Vgl. Franz FUCHS: Die Exequien für die Kaiserin Eleonore (†1467) in Augsburg und Nürnberg, in: Kaiser Friedrich III. (1440–1493) in seiner Zeit. Studien anläßlich des 500sten Todestags am 19. August 1493/1993 (= Forschungen zur Kaiser- und Papstgeschichte des Mittelalters, Bd. 12), hg. von Paul/Joachim HEINIG, Köln/Weimar/Wien 1993, S. 447–466, hier S. 455.

283 Vgl. Endres Tuchers Memorial, S. 29: *Item man begieng konig Albrecht von Osterreich zu den newen spital an unser frawen tag als sie in den geopfert wart, und der pischoff von Regenspurg sang die tagmess dem konig und [es was] ein schen grab mit vil lichten die prunnen.*

‚PHYSICAL PRESENCE': DAS REICH IN DEN REICHSSTÄDTEN

III.[284] Diese Feierlichkeiten wurden den tatsächlichen Begräbnissen entsprechend gestaltet. Das zeigen vor allem die ausführlichen Aufzeichnungen zur Totenfeier Kaiser Sigismunds im Folgejahr nach seinem Tode, im Jahr 1438: *Item am oberst tag zu nacht do begieng man kaiser Sigmunt zu dem Newen Spital mit der vigil und zu morgens am eritag mit einer herrlichen selmess [...].*[285] Weiter heißt es dazu in der „Chronik aus Kaiser Sigmunds Zeit":

> [...] *man thett das heiligthumb alles hernider, das sper und creutz und die anderen stuck auf den altar bey der seelmess, und das ander heiligthumb und habitum kaiser Carls das hett man als auf das grab oder aufperung gelegt, die kron und scepter, schwert und all ander ding und habitum, das kaiser Carl gewest ist.*[286]

Die engen Beziehungen zwischen den verstorbenen Königen und Kaisern und Nürnberg sind wohl ein maßgeblicher Grund, warum man diese symbolischen Begräbnisfeiern ausrichten ließ.[287] Aus Augsburg und Lübeck sind keine vergleichbaren Feierlichkeiten bekannt. Im umgekehrten Sinne war es sogar möglich, dass ein tatsächliches Herrschergrab in Vergessenheit geriet und damit auch kein Gedenken an das ehemalige Reichsoberhaupt fortbestand. Dies geschah in Augsburg mit dem Grab Kaiser Ottos III., der sich selbst zu Lebzeiten zwar nie in Augsburg befand,[288] dessen Gebeine sein Nachfolger, Kaiser Heinrich II., jedoch bei den beiden Heiligen Ulrich und Afra bestatten

---

284 Vgl. dazu ausführlich FUCHS, Exequien 1993, S. 460.

285 Vgl. Endres Tuchers Memorial 1421 bis 1440, S. 28; dazu auch der Brief an den Abt von Heilsprunn: [...] *als unser allgnedigister herre herr Sigmund romischer keyser [...] kurczlich verschiden ist, dem der almechtig got gnedig sey, haben wir uns furgenommen und meynen seiner keiserlichen maiestat begrebnusse zu dem heiligen geist in dem Newen spital bey uns zu Nuremberg und bey dem wirdigen keyserlichen heiltum daselbst, damit uns sein keiserlich-großmechtigkeit in seinem leben begnadet und begabet het [...],* zitiert nach Kaiser Sigmunds Todtenfeier zu Nürnberg, in: Die Chroniken der fränkischen Städte. Nürnberg, Bd. 2 (= Die Chroniken der deutschen Städte vom 14. bis ins 16. Jahrhundert, Bd. 2), Göttingen ²1961, S. 52f.; sowie die Kosten in den Stadrechnungen, nach Kaiser Sigmund's Todtenfeier zu Nürnberg, s. 53: *Item dedim 97 G 10 ß und 8 hlr das unsers allergnedigisten keysers Sigmund seligen opfer gestanden hat und daz der abbt von Castell, abbt von Haylssprunn, abbt von Awrach, abbt zu sant Egidien, die darcu geruffen und gebetten waren, verczerten, als die czettel, di do ligt bey der amptlewt rechnung, aygentlich, awssweist.*

286 Nach der Chronik aus Kaiser Sigmunds Zeit bis 1434, S. 400.

287 Vgl. dazu auch MEYER, Kaiserbegräbnisse 2000, S. 244f.

288 KREUZER, Hoftage 1979, S. 94f., und Anm. 66, mit weiteren Hinweisen zum Itinerar Ottos III.

ließ. War die Beisetzung wohl im Jahre 1002 noch eng mit dem zeitgenössischen Verständnis des ottonischen Kaisertums und dem dadurch legitimierten Übergang der Herrschaft auf die Salier verbunden,[289] ging mit den veränderten politischen Bedingungen das Vergessen des Grabes einher.

Die Feierlichkeiten sowie das liturgische Herrschergedenken waren demnach stark an die lokalen Gegebenheiten gebunden und weisen einen deutlichen aktuellen Bezug auf, der auf das Verhältnis zwischen Reichsstadt und Herrschern verweist, ebenso wie auf die Absicht, das reichsstädtische Selbstverständnis zu transportieren. Dass eine Reichsstadt zur Bühne von Reich und König wurde, war, wie beim symbolhaften Branding, somit auch bezüglich der performativen Handlungen nicht zwangsläufig an die Anwesenheit der Reichsoberhäupter gebunden – weder zu Lebzeiten noch nach ihrem Tod.

3 Zwischenfazit

Die Reichsstädte wurden durch ein dynamisches Zusammenspiel verschiedener Akteure mit den reichsstädtischen Räumen gestaltet. Zu den Akteuren gehörten die Städte, der König und dessen Vertreter. Dies hatte konkrete Auswirkungen darauf, wie sich die Städte darstellten und auf ihre Betrachter wirkten. Sie beeinflussten maßgeblich die Umstände, die es erlaubten, in ihnen ‚das Reich' zu erfahren und wahrzunehmen. Wie die Ausführungen zeigten, strebten die Bürger häufig danach, königliche Besitzungen bzw. Gebäude in ihren Verfügungsbereich zu integrieren. Dies entsprach, wie in Augsburg, der allgemeinen Tendenz, alleine über die Verwendung von Grund und Boden innerhalb der Stadtmauern entscheiden zu wollen. Dadurch bekamen die Städte die Chance, ihre Möglichkeiten – sowohl in wirtschaftlicher als auch politischer Hinsicht – zu demonstrieren und ihren Einfluss weiter auszubauen. Diese Entwicklung brachte, wie man beispielhaft an der Nürnberger Burg sehen kann, den Königen den Vorteil, dass sie einen finanzkräftigen Partner an ihre Seite hatten, der um die Instandhaltung der Reichsveste Sorge trug. Der Umfang und die Art der Arbeiten, die der Rat durchführte, hatten einen unmittelbaren Effekt auf die Außenwirkung der Reichsstadt. Der Kauf der Burggrafenburg ist in diesem Kontext als Zeichen der Entwicklung der reichsstädtischen Autonomie zu sehen, da der Rat den reichsstädtischen Amtsträger vom Burgberg verdrängte.

---

289 Vgl. näheres dazu von Mathias Franc KLUGE: Die inneren Organe Ottos III. und ihr vergessenes Grab: Herrschergedenken zwischen Bedeutungswandel und Überlieferungschance, in: Archiv für Kulturgeschichte 94 (2012), Heft 1, S. 59–86, hier v. a. S. 84.

Diese Aktion hatte eine hochsymbolische Bedeutung, da sie die Reichsstadt visuell neben das dauerhaft baulich präsente Reich rückte und beide mit ihren Bauwerken, welche über der Stadt thronten, als Einheit erschienen.

Das Streben nach Autonomie erkennt man in Augsburg, einem Ort ohne königliche Pfalz, unter anderem daran, dass das Rathaus situativ in den Dienst des Reichs gestellt wurde. Mit der zunehmenden Loslösung vom Reich nahm die Reichsstadt diesen Dienst für sich in Anspruch, um die Unabhängigkeit vom Bischof zum Ausdruck zu bringen. Die Huldigungen, die in der dortigen Loggia nur den Königen zugestanden wurden, waren ein wichtiges Zeichen des reichsstädtischen Selbstbewusstseins. Unterstrichen wurde dies in der Mitte des 15. Jahrhunderts durch die Anbringung des Reliefs, auf dem Augsburg als *urbs vere regia* bezeichnet wurde. Dadurch wurden vor allem die Interessen des Rates an der Reichsanbindung und somit an einer Selbständigkeit artikuliert, die mit der Abgrenzung vom ehemaligen bischöflichen Stadtherrn verbunden war. Für Lübeck – ebenfalls ein Ort ohne Reichsgut – wurde ebenso festgestellt, dass das Rathaus von außen als Teil des Reichs gekennzeichnet wurde. Der einzige Besuch eines mittelalterlichen Kaisers war eng mit seinen wirtschaftspolitischen Interessen, aber auch jenen des Rates verbunden war. Auch wenn Kaiser Ludwig IV. sich mehr als seine Vorgänger auf den Norden des Reichs konzentrierte, so war es doch Karl IV., der Lübeck einen Besuch abstattete und somit dem Stadtrat als Realpolitiker erfahrbar wurde.

Dadurch, dass in Nürnberg die herrschaftliche Hofhaltung etabliert war, existierte im gesamten Stadtraum ein dauerhaftes Element von Ritual und Zeremoniell.[290] In Städten, in denen das Reich seltener personell präsent war, kann dem königlichen Aufenthalt aufgrund seiner Singularität mehr Wirkung auf die Betrachter zugesprochen werden. Für Lübeck ist allerdings anzumerken, dass der dänische König häufiger zu Besuch war. Nach den Beschreibungen in den Chroniken trat bei dessen Anwesenheit spätestens im 15. Jahrhundert ein ähnliches Zeremoniell wie beim römischen König zu Tage,[291] das somit den Dänen mehr ins aktive Bewusstsein der Lübecker holte als das Reichsoberhaupt. Ob dort eine wechselseitige Beeinflussung bezüglich

---

290 Zum Zusammenhang zwischen den Residenzen und dem städtischen Umfeld vgl. auch VON DER HÖH, Symbolische Interaktion 2013; zum Forschungsfeld knapp auch BRADEMANN, Gesellschaftlicher Wandel 2013.

291 Vgl. die Ratschronik von 1438–1482, S. 56f.: *In deme yare Christi 1447 na lichtmissen quam konink Cristoffer van Denemarken to Lübek [...] unde to der sulven tiid, de he noch bynnen Lübeke was, ghingen de borghermester unde ok etlike andere ut deme rade der stad to Lübek vor syne gnade in syne herberghe, unde hadden tohope screven vele artikele, dar de kopman van Berghen ynne vorweldighet und vorunrechtet was [...].*

der performativen Handlungen vorlag, harrt einer weiteren Untersuchung. Für die königlichen Besuche wurden keine Kosten und Mühen gescheut, da die Reichsstädte sich selbst darstellen konnten. Dies warf schon lange vor der Ankunft des königlichen Hofes seine Schatten voraus. Der Rat und die mit der Planung beauftragten Ratsherren waren mehrere Wochen, oder, wie im Falle des zweiten Besuchs von Kaiser Sigismund in Augsburg, mehrere Monate, mit den Vorbereitungen beschäftigt, die die Anbindung an das Reich vorab im Verwaltungsalltag vergegenwärtigten. Als unmittelbare Nutznießer konnten diejenigen gelten, die den Reichsoberhäuptern als Gastgeber am nächsten standen, da der Rat nicht nur die Kosten für die Verschönerungsarbeiten an der Herberge trug, sondern auch Entschädigungen bezahlte. Eine andere Wirkung hatten die Besuche auf die breite Bevölkerung, die während der Aufenthalte mit starken Restriktionen rechnen musste, die sich mitunter auf ihre Privatsphäre erstreckten. Gerade die persönlichen Kontakte zum König und seinem Gefolge ließen die Beziehung zum Reich während der Aufenthalte akut erfahrbar werden, und dies galt auch, wenn nicht die individuelle Person des Königs in den Mittelpunkt der Begegnungen zwischen der Reichsstadt und ihrem Stadtherren gestellt wurde, sondern die Demonstration der Beziehung und die Funktion des Königs als Reichsoberhaupt und Garant des reichsstädtischen Status.[292]

Der Stadtraum bzw. in diesem Sinne die Außen- und Innenräume der Stadt wurden dafür geordnet und untergliedert.[293] Sowohl räumlich als auch personell ist die Inklusion und Exklusion ein wichtiger Faktor. In sogenannten solennen öffentlichen Akten, die einer festgeschriebenen Form folgten, wurde die ,Majestas' des Reichs zum Ausdruck gebracht sowie die Reichsanbindung der Städte dargestellt.[294] Die Feste und Feierlichkeiten, welche die Idee des Reichs transportierten, veränderten die Stadträume und deren Wahrnehmung durch die Bewohner und Besucher: Sie wurden von reinen Beobachtern der Ereignisse zu Teilnehmern, da nur ein Zusammenspiel aller ,aktiven' und ,passiven' Beteiligten das Funktionieren der Akte garantierte.[295] Die Quellen geben keine Hinweise darauf, wie diese Akte wahrgenommen wurden. Dennoch ist davon auszugehen, dass zahlreiche Elemente von den Zeitgenossen verstanden wurden und durch das Ansprechen mehrerer Sinne auch Emotionen ausgelöst wurden, die das Gedenken an das Ereignis, den König und das Reich

---

292 FRIESS, Kaiser 2005, S. 34.

293 Vgl. dazu BOJCOV, Qualitäten 1997, S. 137f., 140f.; auch SCHWEERS, Bedeutung 2009, S. 40f.

294 ALTHOFF/STOLLBERG-RILINGER, Rituale 2007, S. 160.

295 Vgl. zur Teilnahme an Ereignissen DIEDRICHS, Ereigniskultur 2008, S. 23f.

nachhaltig förderten. Die Stadt wurde durch die performativen Handlungen, die im Dienste der Könige und des Reichs standen, nicht nur zur Bühne, sondern zu einer kompletten Inszenierung – vice versa gliederten die Rituale, Zeremonien und Feiern die reichsstädtischen Räume und bildeten eine symbolische Landschaft,[296] die sowohl die Reichsstadt als auch das Reich auf mehreren Ebenen verkörperte und visualisierte.

---

296 Zur ‚Symbolischen Landschaft' bzw. „symbolic landscape" vgl. Denis COSGROVE: Geography is everywhere. Culture and Symbolism in Human Landscapes, in: Horizons in Human Geography, hg. von Derek GREGORY/Rex WALFORD, London 1989, S. 118–135; auch SCHWEERS, Bedeutung 2009, S. 39f., arbeitet mit diesem Begriff, wenn er auf die gliedernden Elemente einer Landschaft, auch im städtischen Sinne, verweist.

KAPITEL 5

Schlussbemerkung

Die Erfahrbarkeit des Reichs war im Alltag der städtischen Bewohner sehr praktisch begründet, denn mit der Verleihung königlicher Privilegien ging nicht nur die verfassungsrechtliche, sondern auch die topographische Entwicklung bzw. das reichsstädtische ‚Shaping' der Städte einher. Die Reichsstädte sollten deshalb nicht nur als politisches oder soziales Ensemble verstanden werden,[1] da eben jene Einheit erst im Zusammenspiel mit seiner topographisch-baulichen Ausgestaltung zum Gesamtbild und zum Ausdruck der städtischen Identität wurde. Um die Bedeutung der reichsstädtischen Räume zu erfassen, ist es unabdingbar, ihre historische Entwicklung zu betrachten: Vor allem in der Expansionsperiode des späten 11. bis frühen 13. Jahrhunderts änderten sich die Stadtbilder nachhaltig. Diese Zeit war sowohl durch tatsächliche (Neu)gründungen von Städten – wie z. B. im Falle Nürnbergs und Lübecks –, als auch durch maßgebliche Erweiterungen, wie bei Augsburg, geprägt. Zunächst waren es aber noch nicht das Bürgertum oder der Rat als „Kernelement der spätmittelalterlichen Stadtverfassung,"[2] die als Bauherren auftraten und die Erfahrbarkeit des Reichs sowie die Reichsanbindung prägten: In Nürnberg war der König selbst maßgeblich am Ausbau der Stadt beteiligt, dessen Gestaltungswille sich in dieser Zeit allerdings auf die Reichsburg konzentrierte; in Augsburg trieb der Bischof als damaliger Stadtherr von der *civitas* am Dom aus die Ausweitung des Stadtgebietes voran; in Lübeck lieferten sowohl die Landesherren als auch der dänische König ihren Beitrag dazu. Der Ausbau der städtischen Zentren war stark davon abhängig, wie sich die Stadtherren bzw. die Reichsstädte als solche repräsentierten. Dies änderte sich spätestens im 13. Jahrhundert, als es dem aufkommenden Bürgertum und den an der städtischen Führung beteiligten Korporationen ein großes Anliegen wurde, die zentralen Plätze in ihren Verfügungsbereich zu bringen. Ihr Ziel war es, den alleinigen Einfluss auf die Gestaltung dieser wichtigen innerstädtischen Räume zu erhalten, wo in Folge die symbolbehafteten Gebäude der Reichsstadt, allen voran das Rathaus, errichtet wurden. Dies kann als sichtbares Zeichen der

---

1 Dazu auch MEYER, ‚City branding' 2012, S. 27; dazu auch der Begriff der „imagined community", der die Gemeinschaft, auch einer Stadt, auf die mit ihr implizierten Vorstellungen im sozialen und politische Sinne verkürzt, dazu Benedict ANDERSON: Imagined Communities. Reflections on the Origin and Spread of Nationalism, London 1983.

2 Vgl. ISENMANN, Stadt 2014, S. 156.

© KONINKLIJKE BRILL NV, LEIDEN, 2018 | DOI 10.1163/9789004355040_006

SCHLUSSBEMERKUNG

Ambitionen gewertet werden, einen autonomen, reichsstädtischen Status zu erhalten und zu festigen. Die räumlichen Formierungsprozesse machten das Reich konkret erfahrbar, da sie die Ausbildung einer Physiognomie der Reichsstädte bedingten, die durch die Anbindung an und die Förderung durch das Reich und seiner Vertreter ausgezeichnet wurden. Inwieweit bei der Stadtgestaltung „normative Vorstellungen"[3] maßgeblich waren, lässt sich anhand der Ergebnisse nicht eindeutig feststellen. Man erkennt, dass der Antrieb, bestimmte öffentliche Plätze neu zu gestalten, über rein funktionelle Gründe hinausging: Die reichsstädtischen Räume, ihre Ausgestaltung und die dort abgehaltenen performativen Handlungen, die sowohl im Dienste der Stadt als auch des Reichs stehen konnten, waren eng aufeinander bezogen. Als Paradebeispiel kann hier der Nürnberger Hauptmarkt als Schauplatz der Heiltumsweisungen gelten, an dem verschiedene Bau- und Kunstwerke der Stadt, die den Reichskörper oder die Reichsstadt visualisierten, mit der kaiserlichen Stiftung der Frauenkirche zu einem Ganzen zusammengefügt wurden. Dadurch wurde das Reich vom Berg hinab in die Reichsstadt geholt und somit zum Teilhaber am reichsstädtischen Geschehen. Hiermit wurde die durch die hierarchische Gleichsetzung von *oben – Reich* und *unten – Reichsstadt* ansatzweise überwunden, und durch das Ausgreifen der Reichsstadt auf die über ihr thronende Festung zum Abschluss gebracht.

Dies berührt einen wichtigen Punkt: den herrschaftlichen Dualismus, der durch die historischen Entwicklungen in allen drei Städten geschaffen wurde und das jeweilige Stadtbild prägte. Dieser Dualismus war allerdings nur in Augsburg und Nürnberg von Dauer, da die Lübecker kurz nach dem Erhalt des Reichsfreiheitsprivilegs 1226 die landesherrliche Burg schleiften – unter anderem, um den freiheitlichen Status vor äußeren Zugriffen abzusichern, und ein einheitliches, reichsstädtisches Stadtbild zu schaffen. Gerade der Moment der Reichsanbindung wurde in Lübeck später zum wichtigsten Bezugspunkt in der Argumentation des Rates, vor allem dann, wenn es um die Behauptung des Status von Rat und Reichsstadt ging. Die Ereignisse, die zur Privilegierung und Unabhängigkeit führten, wurden nach den Angriffen auf die Ratsherrschaft am Anfang des 15. Jahrhunderts für die Ausmalung der Hörkammer als zentrales Bildthema gewählt. Im Gegensatz dazu wurde wurde die Reichsveste in Nürnberg durch die dauerhafte Präsenz zu einem bestimmenden Moment und zur Herausforderung für die Entwicklung und Darstellung der reichsstädtischen Identität. Die Nürnberger waren gewissermaßen vor die Aufgabe gestellt, sich neben dem Reich als eigener Machtfaktor zu präsentieren. Die Burg des Königs und die Stadt bildeten dabei keine autonom existierenden

---

3 Nach DILCHER, Verhältnis 2004, S. 52.

344   KAPITEL 5

Gebilde, da erst ihre Interaktion – in wirtschaftlichen, politischen und soziokulturellen Bereichen – die Nürnberger Identität ausmachte.[4] Mit der steigenden Autonomie des Rates integrierte dieser zunehmend die Befugnisse an der
Veste in seinen Zuständigkeitsbereich, bis er durch eigene Bauwerke auf dem
Burgberg und den Kauf der Burggrafenburg am Anfang des 15. Jahrhunderts
den königlichen Amtsträger komplett verdrängte und sich selbst visuell neben
das Reich setzte. In Augsburg beförderte wiederum die Präsenz des ehemaligen bischöflichen Stadt- und Bauherrn mitten in der Reichsstadt und seine
rechtliche sowie bauliche Konkurrenz mit der Reichsstadt ihren Anspruch,
sich als vom Bischof unabhängig und dem Reich zugehörig zu präsentieren.

   Die Reichserfahrbarkeit wurde durch das ‚Corporate Branding' der Städte
befördert. Im 13. Jahrhundert lässt sich mit der Festigung der reichsstädtischen Verfassung und der heraldischen Repräsentation eine quasi „symbolhafte Verdichtung" erkennen.[5] Zu dieser Zeit wurden die ersten Münzen
und Siegel hergestellt, die auf die königlichen Privilegien oder das Reich
verwiesen – allen voran in Lübeck. Indes wurden die bereits erwähnten reichsstädtischen Bauwerke als Trägermedien für Zeichen und Symbole genutzt,
die das Selbstverständnis der Städte repräsentierten. Die Visualisierung des
Reichs ging mit der prozesshaften Ausbildung der jeweiligen reichsstädtischen
Autonomie einher, die gewissermaßen Schritt für Schritt durch königliche
Privilegierung entstand und somit als Motivation diente, die Reichsanbindung
den Bürgern oder Besuchern der Städte zu visualisieren. Die Frage nach der
Erfahrbarkeit des Reichs berührt dabei nach Hans Adolf Knappe, übertra-
gen auf den Aspekt der gestalterischen Repräsentation, zwei „ikonographi-
sche Manifestationskreise:"[6] Zum einen die Darstellungen eines konkreten
Reichsoberhaupts – z. B. als Malerei, Skulptur, Relief oder Münzbildnis –,
zum anderen eine komplexe Reichsikonographie, beispielsweise in Form von
Wappen oder symbolhaften Verkörperungen, wie am Schönen Brunnen in
Nürnberg oder in der Augsburger Weberstube. Dieses Modell muss aufgrund
der Ergebnisse dieser Arbeit erweitert werden. Während sowohl Nürnberg

---

4   Vgl. dazu Michael HECHT: Lehnszeremoniell und Wahlverfahren. Zur symbolischen
    Inszenierung politischer Ordnung in der Salz- und Residenzstadt Halle (15.–18. Jahrhundert),
    in: Symbolische Interaktion 2013, hg. von DEUTSCHLÄNDER/VON DER HÖH/RANFT,
    S. 250–272.
5   Vgl. KAHSNITZ, Städte- und Kaisersiegel 1994, S. 46f. Eine Ausnahme ist das Typar des
    Aachener Stadtsiegels, das bereits 1134 Karl den Großen zeigt, vermutlich weil das Siegel
    für den königlichen Aachener Gerichtsstuhl hergestellt worden war und dadurch zu den
    Königssiegeln gezählt werden darf.
6   Nach KNAPPE, Ikonologie 1980, S. 158.

SCHLUSSBEMERKUNG

als auch Lübeck sich als Reichsstädte „unter den Flügeln des Adlers" präsentierten, bildete Augsburg mit dem sogenannten Pyr eine eigene, lokal konnotierte Identifikationsfigur aus, die auf das Reich verwies. Das reichsstädtische Bewusstsein wurde nämlich stark mit dem antiken Erbe verknüpft, das durch die ehemalige Anbindung an den Kaiser des antiken römischen Imperiums eine *translatio* auf den König respektive Kaiser des mittelalterlichen Reichs erfuhr. Davon zeugen auch die Gründungslegenden, die im 15. Jahrhundert in die reichsstädtischen Chroniken Einzug fanden und den „altehrwürdigen Status" der Stadt befördern sollten.[7]

Ab der Mitte des 14. Jahrhunderts tritt nach dem Erreichen der reichsstädtischen Autonomie die Behauptung derselben als Ziel hervor, welches die Anbringung von Reichssymboliken beförderte. Die Könige und Kaiser mit ihren Privilegien waren die wichtigsten Garanten für die Selbständigkeit, die immer dann auf den Plan gerufen wurden, wenn der Status in Gefahr war oder diesbezüglich Unsicherheiten auftraten. Burkhard Zink bringt dies in seiner Beschreibung der Zustände während der Streitigkeiten der Reichsstadt Augsburg mit Bischof Peter von Schaumberg auf den Punkt:

> [...] *sie wollten alle ee sterben und verlieren leib und guet und mit im kriegen und ain stain uff dem andern nit beheben, und wollten mit im auch nit rechten umb das ir, umb ir fraihait, die sie hetten von künigen [und] kaisern herpracht in nutz und in gewör und lenger, dann das bistumb gewert hett [...]*.[8]

Diese Strategie lässt sich in allen drei Vergleichsstädten feststellen. Antje Diener-Stäckling fasst dies prägnant zusammen: „Die visuelle Anbindung an den Privilegiengeber verschaffte der Bürgergemeinde als eigener Institution eine nicht zu verkennende Rechtfertigung."[9] Wenn keine Abbilder von Kaisern und Königen erschienen, hing das nach Percy Ernst Schramm damit zusammen, dass die „kaiserliche Kultur" an diesen Orten oder zu diesen Zeiten untergegangen sei.[10] Dem ist jedoch zu widersprechen. Auch bedeutet das nicht, dass enge Beziehungen zum Reichsoberhaupt oder die Wertschätzung des Kaisers zwingend zu dessen Visualisierung im Stadtraum führten. So hielt Augsburg, ebenso wie Nürnberg, lange zu Ludwig IV. dem Bayern und huldigte

---

7   Vgl. SCHNITH, Gründungslegenden 1988, S. 512f.
8   Die Chronik des Burkhard Zink, S. 210.
9   DIENER-STÄCKLING, Siegel 2009, S. 224.
10 Vgl. SCHRAMM, Kaiser 1983, S. 17f.

346 KAPITEL 5

ihm als eine der letzten schwäbischen Städte.[11] Dennoch findet man dort, anders als in Nürnberg mit dem Relief im Ratssaal, keine Darstellung des Kaisers. Dies stützt die These, dass die Visualisierung der Reichsanbindung als situativ bedingte Identitätsbehauptung gelten kann.[12] Das ‚Branding' der Reichsstädte mutete teilweise wie das Reich an sich abstrakt an und wurde vermutlich nicht von allen Betrachtern gleichsam verstanden.

Weniger abstrakt stellte sich die Reichserfahrbarkeit dar, wenn der Kaiser oder dessen Repräsentanten tatsächlich eine ‚Physical Presence' zeigten und die Reichsstadt zu einer Bühne der Gesamtinszenierung, bestehend aus den Bewohnern und Vertretern der Städte sowie des Reichs, wurde. Die Betrachter wurden bei diesen Ereignissen von reinen Zuschauern zu Teilnehmern an den Handlungen, außerdem an der Reichsstadt und am Reich.[13] Ebenso konnte ‚das Reich' bei seiner Anwesenheit zu einem teilnehmenden Akteur an der Reichsstadt werden, die ihren Stadtraum durch zahlreiche Raumpraktiken als symbolische Landschaft gestaltete und zum Teil umnutzte, um ihr Selbstverständnis zu visualisieren. Alle beteiligten Akteure versuchten, den bestmöglichen Nutzen aus diesen konkreten Zusammentreffen zu ziehen. Indessen kann man davon ausgehen, dass das Alltagsleben der breiten Bevölkerung durch die damit verbundenen Eingriffe in den öffentlichen Raum wie die häuslichen Sphären maßgebliche Restriktionen erfuhr, die in den Quellen nur bruchteilhaft überliefert wurden.

Abschließend soll die anfangs formulierte Frage nochmals aufgegriffen und anhand der Resultate, die sich aus der Analyse der Reichserfahrbarkeit in den drei Vergleichsstädten ergaben, beantwortet werden: ‚Wie funktionierte das mittelalterliche Reich?' Es handelt sich alles in allem um einen Lokalisierungsprozess der visuellen Bezugsgröße ‚Reich,' der mitunter von den Reichsstädten als Akteuren getragen wurde. Der Status, ‚unmittelbar dem Reich zugehörig' bzw. ‚vom Reich privilegiert' zu sein, wurde aufgrund seiner politischen, wirtschaftlichen und prestigesteigernden Bedeutung ein wichtiger Referenzpunkt. Man kann also von einer dauerhaften Präsenz des Reiches in den Reichsstädten sprechen. Diese wurde durch mitunter privilegienbedingte Baumaßnahmen vermittelt, ebenso wie durch Vergegenwärtigungsstrukturen, die den Reichsgedanken ins Bewusstsein der reichsstädtischen Bewohner brachten und durch wiederholtes Visualisieren auch nachhaltig verankerten. Die politische Kultur in Augsburg, Nürnberg und Lübeck zeigte sich als durch-

---

11   Vgl. dazu Pankraz FRIED: Augsburg in nachstaufischer Zeit (1276–1368), in: Augsburg 1985, hg. von GOTTLIEB, S. 145f.

12   Vgl, MEYER, Stadt 2009, S. 368.

13   So auch SAURMA-JELTSCH, Zeichen 2006, S. 337.

SCHLUSSBEMERKUNG

wegs dynamischer Prozess und durchzog alle Ebenen – angefangen von der reichsstädtischen Verwaltung und ihren Obrigkeiten bis hin zum Alltag der Bewohner.[14] Ein Verständnis der entsprechenden Zeichen und Symbole konnte nicht kurzerhand und vor allem nicht gleichermaßen vorausgesetzt werden. Es musste demnach eine Vorstellung in den Denkhorizonten der Zeitgenossen vorhanden gewesen sein, an der den Reichsstädten ein maßgeblicher Anteil zugeschrieben werden kann. Jan Assmann hat unter Bezug auf Maurice Halbwachs darauf hingewiesen, dass das kulturelle Gedächtnis immer „identitätskonkret" sei,[15] also stark auf diejenigen bezogen, die es erschaffen und pflegen.[16] Die Reichsstadt war wiederum in eigene Akteure, Korporationen oder Einzelpersonen aufgegliedert, die im Zusammenspiel raumbezogene Identitäten ausbildeten.[17] Das deckt sich mit den Erkenntnissen aus dieser Arbeit, da die Reichsrepräsentation teilweise nicht für den sogenannten öffentlichen Raum generiert wurde, sondern, wie im Falle der Lübecker Hörkammer oder auch der Augsburger Weberstube, nur einem begrenzten Personenkreis zugänglich war. Dadurch wurde quasi elitäres Wissen geschaffen, das der Identitätsbildung und -darstellung einer bestimmten Gruppe diente. Bestimmte Symbole und Zeichen gerieten nur situativ in den Fokus, wie z. B. der Königsfries am Lübecker Rathaus, weshalb dieser Art von Bildnissen im Alltag der Bewohner nur eine geringe Wirkung zugeschrieben werden kann. Eine differenzierte Betrachtung der Wahrnehmungsmöglichkeiten für jedes einzelne Objekt ist unumgänglich und sollte Eingang in jede künftige Untersuchung finden, welche die Reichserfahrbarkeit zum Thema hat. Die Ergebnisse können, wie in dieser Arbeit aufgezeigt, Hinweise darauf geben, welchen Aussagewert die Symbole und Zeichen hatten, da in den schriftlichen Quellen deren Lesbarkeit, wenn überhaupt, nur selten thematisiert wird.

Die bereits genannten Akteure, Korporationen und Personen waren weiter in das übergeordnete „institutionelle System" Reichsstadt integriert und diese ihrerseits in das Reich. Nach Karl-Siegbert Rehberg und Arnold Gehlen sind entsprechende Institutionen als sogenannte „stabilisierte Spannungen" zu verstehen, weshalb eine Integration in eines der Systeme nicht automatisch den Ausschluss aus einem anderen zur Folge habe.[18] Mit Blick auf die

---

14   Dazu u. a. ROGGE, Kommunikation 2004, S. 384.

15   Vgl. ASMANN, Gedächtnis 2013, S. 39f.

16   Vgl. dazu SCHMIDT, Repräsentation 2005, S. 70f.

17   Vgl. REHBERG, Macht-Räume 2006, S. 41; auch LÄPPLE, Essay 1991, S. 198.

18   Vgl. REHBERG, Weltrepräsentanz 2001, S. 11; mit Arnold GEHLEN: Urmensch und Spätkultur. Philosophische Ergebnisse und Aussagen, Frankfurt am Main/Bonn ²1994, S. 78–84.

vorliegende Untersuchung war deshalb von einer mehrfachen Integrationsleistung auszugehen,[19] was die Analyse auch bestätigte. Diese schuf, ohne dass es einen Widerspruch darstellte, eine gesellschaftlich harmonische Ordnung, die nach außen und innen auf Dauer und Stabilität angelegt war und dennoch flexibel auf die ihr gestellten Herausforderungen reagierte.[20] Konkret heißt das, dass verschiedene reichsstädtische Interessen, auch visuell, nebeneinanderstehen konnten, und zugleich die Möglichkeit gegeben war, dass das Reich als Bezugsgröße erfahrbar wurde. In den drei Vergleichsstädten lässt sich nicht feststellen, dass die „[...] Darstellung der Zugehörigkeit zum Reich [...] gegenüber der betonten Einzigartigkeit eines bestimmten Stadtkörpers [...]"[21] Vorrang hatte. Vielmehr ist eine Gleichrangigkeit zu erkennen, die sowohl die Identität des reichsstädtischen Gemeinwesens als auch der Reichszugehörigkeit je nach Interessenlage synchron oder diachron betonte. Dass das Reich vor allem in Konfliktzeiten als Referenzpunkt galt, liegt daran, dass gerade dann eine Konstante erforderlich wurde, wenn eine offene Kontingenz herrschte und ein Zweifel über das Fortbestehen des reichsstädtischen Status bestand. Das Reich wurde zum Garanten, auf den man sich berufen konnte und der durch seine Autorität ein Vakuum im herrschaftlichen Sinne füllen konnte.

Am deutlichsten fassbar wurde das Reich durch die Person des Königs, der sein Selbstverständnis durch das Reich herleitete und gleichzeitig für eben jenes legitimierend als Obrigkeit auftrat.[22] Peter Moraw betont weiterhin, dass sich die einzelnen Akteure bis in das 15. Jahrhundert de facto überwiegend auf die königliche Privilegierung gestützt und dabei weniger abstrakte und unpersönliche Vorstellungen eines „Anstaltsstaates" im Sinne Max Webers vorgeherrscht hätten,[23] weshalb man bis dato vielmehr von einer Königs- als

---

19   Dazu auch Jürgen FRIEDRICHS/Wolfgang JAGODZINSKI: Theorien sozialer Integration, in: Soziale Integration (Kölner Zeitschrift für Soziologie und Sozialpsychologie, Sonderheft 39/1999), hg. von DENS., Wiesbaden 1999, S. 9–34, hier S. 19: eine parallele Integration in Teilsysteme würde demnach nicht der Integration in das Gesamtsystem im Wege stehen.

20   Vgl. dazu Patrick SCHMIDT/Horst CARL: Einleitung, in: Stadtgemeinschaft und Ständegesellschaft. Formen der Integration und Distinktion in der frühneuzeitlichen Stadt (Geschichte. Forschung und Wissenschaft, Bd. 20), hg. von DENS., Münster 2007, S. 7–30, hier S. 15f.; auch REHBERG, Weltrepräsentanz 2001, S. 9f.; RAU/SCHWERHOFF, Öffentliche Räume 2004, S. 24f.

21   SAURMA-JELTSCH, Reichsstädte 2006, S. 402.

22   Vgl. SCHUBERT, König 1979, S. 252–255.

23   Nach WEBER, Wirtschaft 1972, S. 65; dazu u. a. Siegfried WEICHLEIN: Max Weber, der moderne Staat und die Nation, in: Max Webers Staatssoziologie. Positionen und

SCHLUSSBEMERKUNG

von einer Reichsunmittelbarkeit sprechen sollte.[24] Seiner These, in der er das Reich als ein gedankliches Gebilde und damit als „Potential für Argumente"[25] bezeichnet, lässt sich durch die bereits erläuterten Erkenntnisse dieser Arbeit zustimmen, im Einzelfall sollte sie aber spezifiziert werden. Das Reich hatte ab der Mitte des 14. Jahrhunderts situationsabhängig bereits mehr Kraft als der König als Person, weshalb sowohl Ernst Schubert als auch Moraw zuzustimmen ist, dass sich in dieser Zeit ein transpersoneller Reichsgedanke festigte.[26] An die Seite des Königs traten, wie bereits die Verhandlungen um die Möglichkeiten der Bebauung von Reichsboden in Nürnberg unter Karl IV. zeigten, die Kurfürsten als weitere Säulen des Reichs, die als solche singulär oder in der Gesamtheit des Reichskörpers visualisiert wurden. Der Kaiser leitete seine Macht vor allem als Glied des Ganzen her, wobei dem Reich als Ganzem die Macht zugeschrieben wurde. Dies diente unter anderem dazu, Herrschaft zu legitimieren,[27] wie der Streit um die Herausgabe des Heiltums zwischen Friedrich III. und der Reichsstadt Nürnberg zeigt. Dies bereitet eine Entwicklung vor, in der am Ende des 15. Jahrhunderts die spezifische und personenbezogene Königs- und Kaiserikonographie fast gänzlich mit einer Reichsemblematik verschwamm.[28] Demnach stand das Reich, zu dem auch die Reichsstädte gehörten, dem König „[...] als eine Aufgabe [...]" gegenüber.[29] Die Festigung der Reichsidee im 15. Jahrhundert ging einher mit der Steigerung der Autonomie der Reichsstädte – in den vorliegenden Beispielen vor allem Augsburgs und Nürnbergs, die beide durch die Privilegierungen Kaiser Sigismunds einen maßgeblichen Schritt in Richtung Unabhängigkeit tätigten konnten. In dieser Zeit findet man zunehmend das Phänomen, dass man universelle Leitfiguren, wie Karl den Großen, instrumentalisierte. Je stärker sich die Loslösung der Reichsstädte vom Reich zeigte, umso mehr wurde die Beziehung zum Reich visualisiert.

Perspektiven (Staatsverständnisse, Bd. 15), hg. von Andreas ANTER/Stefan BREUER, Baden-Baden 2007, S. 103–116.

24 Vgl. MORAW, Reichsstadt 1979, S. 395, 410.

25 Nach EBD., S. 388f., 395; auch DERS.: Organisation und Funktion von Verwaltung im ausgehenden Mittelalter (ca. 1350–1500), in: Deutsche Verwaltungsgeschichte, Bd. 1: Vom Spätmittelalter bis zum Ende des Reiches, hg. von Kurt G.A. JESERICH/Hans POHL/Georg Christoph VON UNRUH, Stuttgart 1983, S. 21–58, hier S. 23; auch MORAW, Königliche Herrschaft 1987, hier S. 193, 200.

26 Vgl. SCHUBERT, König 1979, S. 251f., 256f.; MORAW, Reichsstadt 1979, S. 388.

27 Vgl. ALTHOFF/STOLLBERG-RILINGER, Rituale 2007, S. 161.

28 Alfred KOHLER: Kaiserikonographie und Reichsemblematik, in: Bilder des Reiches, hg. von Rainer A. MÜLLER, Sigmaringen 1997, S. 155–168, hier S. 155.

29 MORAW, Reichsstadt 1979, S. 388.

350   KAPITEL 5

Dies führt zur Einordnung der drei Reichsstädte in die prominente
Kategorisierung von königsnah, königsoffen und königsfern nach Moraw,[30]
die mehr als nur den geographischen Aspekt und die Beziehung zum jeweiligen König betrifft.[31] Wichtig ist demnach die Tendenz der Selbstverortung
im Reich, die Auswirkungen auf die Erfahrbarkeit des Reichs in der
Bevölkerung hatte. Genauso wie die eben angesprochene Autonomie zu einer
Intensivierung der Reichssymbolik führte, konnte auch eine Randlage im Reich
dazu beitragen, wie deutlich am Beispiel Lübecks zu sehen: Die „königsferne"
Hansestadt verwies ebenso wie die „königsnahe" fränkische Stadt Nürnberg
durch Wappen-, Siegel- und Münzbildnisse auf ihre Reichsanbindung und
königliche Privilegierung. Obwohl dort im gesamten Mittelalter nur zwei singuläre Aufenthalte von Reichsoberhäuptern stattgefunden haben, wurden
diese und das Reich dort visualisiert. Die lübischen Interessen waren stark
auf Handel und wirtschaftlichen Erfolg gerichtet, was sich ebenfalls auf das
Agieren und Auftreten auswirkte. Gerade aufgrund der Grenzlage war Lübeck
darauf bedacht, ihre Position durch ein möglichst günstiges Verhältnis zu den
umliegenden landesherrlichen Kräften sowie den skandinavischen Königen
zu sichern, was die Stadt in ihrer Politik oft als Wechselkünstler erscheinen
lässt.[32] Die symbolische Reichsanbindung tritt jedoch als Konstante auf, möglicherweise auch deswegen, weil durch die Abwesenheit des Königs das Reich
als Referenz dienen konnte, ohne dass man Gefahr lief, königliche Ansprüche
zu aktivieren. Dieser Situation sah man sich in Nürnberg vermehrt ausgesetzt,
da dort die Nähe zum König unübersehbar war. In der fränkischen Stadt ging
mit den steigenden Ambitionen, die reichsstädtische Autonomie zu befördern und sich von den königlichen Amtsträgern zu lösen, die Tendenz einher,
sich als unabhängigen sowie gleichwertigen Partner gegenüber dem Reich zu
präsentieren. Die „Königsnähe" wurde dementsprechend zur Festigung der
Eigenständigkeit sowie zur Visualisierung des reichsstädtischen Status instrumentalisiert. Gerade in Nürnberg wurde eine Trennung von Reich und
König am deutlichsten kommuniziert. In Augsburg war ebenso eine Nähe
zum König zu erkennen. Auch hier tritt mit der Loslösung vom königlichen
Vogt im 15. Jahrhundert eine dichtere Ausgestaltung mit Reichsikonographie
auf.[33] Stärker als in den anderen beiden Städten wurde die Reichsanbindung
vor allem situativ visualisiert und in die lokalen Traditionen integriert, was

---

30   EBD., S. 390.
31   Vgl. ISENMANN, Stadt 2014, S. 232.
32   Auch HAMMEL-KIESOW, Kaufmann 2002, S. 14.
33   Dazu Rolf KIEßLING/Sabine ULLMANN: Einführung, in: Reich 2005, hg. von DENS.,
     S. 11–23, hier S. 12.

SCHLUSSBEMERKUNG

sich mitunter durch die Geschichte und die starke Position des ehemaligen bischöflichen Stadtherren übereinbringen lässt. Deshalb erscheint es durchaus plausibel, von einer „königsoffenen Stadt" zu sprechen, die den König immer dann als Bezugspunkt wählte, wenn sie ihre Unabhängigkeit in Konfliktfällen zeigen wollte. Mehr als nur „königsoffen" präsentierte sich die Reichsstadt als die *urbs vere regia*, womit sie sich in ihrem Selbstverständnis über alle anderen Städte erhob. Die Kategorisierung sollte nach diesen Ergebnissen im Einzelfall spezifiziert und weiter aufgebrochen werden, um der Dynamik der Reichserfahrbarkeit gerecht zu werden. Eine Einordnung, die über die Anbindung an den König und dessen Aktionsradius hinausgeht und dabei das Reich als Bezugsgröße in den Blick nimmt, wäre dafür angemessen.

Zusammenfassend ist festzuhalten, dass der Begriff des Reichs auch als politische Raumbezeichnung und als Herrschaftskomplex gelten kann.[34] Dennoch erscheinen die transzendenten Implikationen,[35] die ‚dem Reich' zu Grunde lagen und es im Bewusstsein der Zeitgenossen – speziell im Denkhorizont der Reichsstädte – präsent werden ließen, als maßgebliche Faktoren für dessen Funktionieren.

---

34 Vgl. SCHUBERT, König 1979, S. 251f.; auch KRIEGER, König 1992, S. 36.

35 SCHUBERT, König 1979, S. 259, spricht von „transnaturalen" Staatsvorstellungen, die mehr als nur transpersonal den Gedanken des Reichs transportierten. Die Transnaturalität ist ähnlich den hier angesprochenen transzendenten Strukturen zu verstehen.

Quellen und Literatur

1   Abkürzungen

A.F.	Alte Folge
AHL	Archiv der Hansestadt Lübeck
BayHStA	Bayerisches Hauptsstaatsarchiv
BDLG	Blätter für deutsche Landesgeschichte
BKG	Beiträge zur Kommunikationsgeschichte
BMB	Baumeisterbücher
DA	Deutsches Archiv für Geschichte des Mittelalters
HBN	Hamburger Beiträge zur Numismatik
HMRG	Historische Mitteilungen der Ranke-Gesellschaft
HR	Hanserecesse
HUB	Hansisches Urkundenbuch
HZ	Historische Zeitschrift
JfL	Jahrbuch für fränkische Landesforschung
KU	Klosterurkunden
LUB	Urkundenbuch der Stadt Lübeck
MB	Monumenta Boica
MGH	Monumenta Germaniae Historica

	Auct. Ant.	Auctores Antiquissimi
	Capit.	Capitularia Regum Francorum
	Conc.	Concilia Aevi Carolini
	Const.	Constitutiones et Acta Publica Imperatorum et Regum
	DD	Diplomata
	Epp. sel.	Epistolae selectae
	Fontes iuris	Fontes Iuris Germanici antiqui in usum scholarum
	Poet. lat.	Poetarum Latinorum Medii Aevi
	SS	Scriptores in Folio
	SS rer. Germ.	Scriptores rerum Germanicorum in usum scholarum seperatim editi
	SS rer. Merov.	Scriptores rerum Merovingicarum

MGN	Mitteilungen des Germanischen Nationalmuseums
MIÖG	Mitteilungen des Instituts für österreichische Geschichtsforschung

MittWetzlaerGV	Mitteilungen des Wetzlaer Geschichtsvereins
Mon. Vat. Boh.	Monumanta Vaticana Res gestas Bohemica illustrantia
MVGN	Mitteilungen des Vereins für Geschichte der Stadt Nürnberg
MVLGA	Mitteilungen des Vereins für Lübeckische Geschichte und Altertumskunde
N. F.	Neue Folge
Nr.	Nummer
NUB	Nürnberger Urkundenbuch
RGA	Reallexikon der Germanischen Altertumskunde
RHVjBll	Rheinische Vierteljahrsblätter
RI	Regesta Imperii
Rst. Nbg.	Reichsstadt Nürnberg
RT ÄR	Deutsche Reichstagsakten, Ältere Reihe
StA	Staatsarchiv
StadtA	Stadtarchiv
StadtB	Stadtbibliothek
SuStB	Staats- und Stadtbibliothek
UBA	Urkundenbuch der Stadt Augsburg
UBL	Urkundenbuch des Bisthums Lübeck
Uk	Urkunden
US	Urkundensammlung
ZBLG	Zeitschrift für bayerische Landesgeschichte
ZHF	Zeitschrift für historische Forschung
ZHVS	Zeitschrift des historischen Vereins für Schwaben und Neuburg
ZLG	Zeitschrift des Vereins für Lübeckische Geschichte
ZRG KA	Zeitschrift der Savigny-Stiftung für Rechtsgeschichte, Kanonistische Abteilung
ZSHG	Zeitschrift des Vereins für Schleswig-Holsteinische Geschichte
ZVLGA	Zeitschrift des Vereins für Lübeckische Geschichte und Altertumskunde
ZWLG	Zeitschrift für Württembergische Landesgeschichte

2   Quellen

2.1   *Archivalien und Handschriften*

Staatsarchiv Augsburg (StA Augsburg)

Maria Stern, Urkunden (Uk)

14

Oberschönenfeld, Urkunden (Uk)

12

QUELLEN UND LITERATUR

Staats-und Stadtbibliothek Augsburg (SuStB Augsburg)

Anonyme Chronik von 1368 bis 1406, Augsburg um 1480, 4° Cod. Aug 1.

Achilles Pirmin GASSER: Annales Augustani, Augsburg 1593, 2° Cod. Aug 40.

Sigismund MEISTERLIN: Augsburger Chronik, Augsburg 1457, 2° Cod. H 1.

Stadtarchiv Augsburg (StadtA Augsburg)

Evangelisches Wesensarchiv

Nr. 49

Reichsstadt, Baumeisteramt, Rechnungen (Baumeisterbücher = BMB)

Nr. 2, Nr. 3, Nr. 7, Nr. 10, Nr. 11, Nr. 20, Nr. 26, Nr. 32, Nr. 33, Nr. 36, Nr. 37, Nr. 38, Nr. 42, Nr. 47, Nr. 55, Nr. 121, Nr. 127

Reichsstadt, Chroniken

Kirchenchronik 2

Reichsstadt, Rat, Geheimer Rat, Beziehungen zu Hochstift, Bischof, Domkapitel (1408–1794)

Nr. 28

Reichsstadt, Urkundensammlung (US)

1273, 1293 03 01, 1298 08 23, 1346 11 21, 1357 11 07, 1374, 1418 10 09, 1462 06 03

Selekt Schätze

Nr. 81, Nr. 105/III

Archiv der Hansestadt Lübeck (AHL)

3.4–1 Kämmerei

Nr. 5058

5.5 Bruns, Friedrich (Familienarchive und Nachlässe)

Nr. 224, Nr. 225, Nr. 226

7.1–3/9 Caesarea (Urkunden, Kaiser und Reich)

Nr. 84, Nr. 86

8.1 Handschriften

Nr. 1051a, Nr. 1120

8.2–1 Karten- und Plansammlung

G 1

Stadtbibliothek Lübeck (StadtB Lübeck)

Reimar KOCK: Chronik von Lübeck, Teil II, Ms. Lub. 2° 31.

Jacob VON MELLE: Ausführliche Beschreibung der kayserlichen, freyen und der H. Römischen Reichs Stadt Lübeck, aus bewährten Scribenten, unverwefflichen Urkunden und vieljähriger Erfahrung, zusammen gebracht, Lübeck 1701, Ms. Lub. 83.

Bayerisches Hauptstaatsarchiv München (BayHStA)

Kaiser-Ludwig-Selekt

Nr. 67

Klosterurkunden (KU) Steingaden

Nr. 41, Nr. 43

Bibliothek des Germanischen Nationalmuseums Nürnberg

Abzeichnung und Abmahlung der Fenster in der Capellen Unsrer Lieben Frauen am Marckt in des Heil. Röm. Reichs Freyen Stadt Nürnberg, Nürnberg 1740, Germanisches Nationalmuseum Nürnberg, Bibliothek, Merkel HS 2° 210.

Staatsarchiv Nürnberg (StA Nürnberg)

Bildsammlung

15.2, 15.3

Reichsstadt Nürnberg (Rst. Nbg.), Amts- und Standbücher

268, 323

Reichsstadt Nürnberg (Rst. Nbg.), Burggräfliche Verträge

43

Reichsstadt Nürnberg (Rst. Nbg.), Fürstliche und päpstliche Privilegien, Urkunden

120, 121, 122, 189, 189a

Reichsstadt Nürnberg (Rst. Nbg.), Kaiserliche Privilegien

13, 43, 53, 64, 76, 77, 175, 197, 277, 283, 284, 291, 293, 315, 335, 336, 337, 238, 346, 398

Reichsstadt Nürnberg (Rst. Nbg.), Krönungsakten

1

Reichsstadt Nürnberg (Rst. Nbg.), Losungsamt, Akten

SIL 131 Nr. 7

SIL 133 Nr. 3b, Nr. 12, Nr. 13, Nr. 16

SIL 134 Nr. 9, Nr. 17

Reichsstadt Nürnberg (Rst. Nbg.), Losungsamt, Stadtrechnungen

177

Reichsstadt Nürnberg (Rst. Nbg.), Münchner Abgabe 1992

257, 531, 754

Reichsstadt Nürnberg (Rst. Nbg.), Nürnberger Geheimes Archiv, 39 Laden

Urkundenrepertorium

Reichsstadt Nürnberg (Rst. Nbg.), Stadtrechnungen, Einzelbelege

54, 365

Reichsstadt Nürnberg (Rst. Nbg.), Stadtrechnungsbelege, Urkunden und Briefe

177

QUELLEN UND LITERATUR

Stadtarchiv Nürnberg (StadtA Nürnberg)

A1 (= Urkundenreihe)

1050 97 16, 1332 07 28/I, 1332 07 28/II, 1339 01 13, 1341 02 05, 1350 05 31, 1350 08 25, 1350 09 18, 1360 07 13, 1360 07 23, 1387 08 30, 1391 09 02

A21 (= Codices Manuscripti)

001–4°

B1/I (= Bauamt/Amtsbücher)

Nr. 1, Nr. 73

B1/II (= Bauamt/Akten)

Nr. 1

B35 (= Losungsamt)

B1

F5 (= Quellen und Forschungen zur Geschichte Nürnbergs)

Nr. 10, Nr. 151, Nr. 270, Nr. 307/1, Nr. 307/3, Nr. 315/2, Nr. 901

Stadtbibliothek Nürnberg (StadtB Nürnberg)

Michael Wolgemut: Reformacion der Statut vnd gesetze, Nürnberg, 1484, Will. I 952.2°

2.2 *Quellenpublikationen und Regestenwerke*

Acta Innocentii VI. pontificis Romani 1352–1362 (= Mon. Vat. Boh. 2), hg. von Johann Friedrich NOVÁK, Prag 1907.

Annales Altahenses maiores (= MGH SS rer. Germ. 4), hg. von Wilhelm VON GIESEBRECHT/Edmund VON OEFELE, Hannover 1891.

Annales Augustani a. 973–1104, in: MGH SS 3, hg. von Georg Heinrich PERTZ, Hannover 1839, S. 123–136.

Annales Augustani Minores a. 1137–1321, in: MGH SS 10, hg. von Georg Heinrich PERTZ, Hannover 1852, S. 8–11.

Annales Fuldenses, in: Quellen zur Karolingischen Reichsgeschichte, 3. Teil (= Ausgewählte Quellen zur deutschen Geschichte des Mittelalters. Freiherr-vom-Stein-Gedächtnisausgabe, Bd. 7), hg. von Reinhold RAU, Darmstadt 1969, S. 19–177.

Annales Hildesheimenses (= MGH SS rer. Germ. 8), hg. von Georg WAITZ, Hannover 1878.

Annales Palidenses auctore Theodoro monacho, in: MGH SS 16, hg. von Georg Heinrich PERTZ, Hannover 1859, S. 48–98.

Annales Regni Francorum, in: Quellen zur Karolingischen Reichsgeschichte, 1. Teil (= Ausgewählte Quellen zur deutschen Geschichte des Mittelalters. Freiherr-vom-Stein-Gedächtnisausgabe, Bd. 5), hg. von Reinhold RAU, Darmstadt 1968, S. 1–155.

Annales SS. Udalrici et Afrae Augustenses, in: MGH SS 17, hg. von Philipp JAFFÉ, Hannover 1861 (ND 1963), S. 428–436.

358   QUELLEN UND LITERATUR

Das Annolied. Mittelhochdeutsch und Neuhochdeutsch, hg. von Eberhard NELLMANN,
   Stuttgart 1999.

Anonyme Chronik 991–1483, in: Die Chroniken der schwäbischen Städte. Augsburg,
   Bd. 2 (= Die Chroniken der deutschen Städte vom 14. bis ins 16. Jahrhundert, Bd. 5),
   Göttingen 1965, S. 453–528.

Arnoldi Chronica Slavorum (= MGH SS rer. Germ. 14), hg. von Georg Heinrich PERTZ/
   Johann Martin LAPPENBERG, Hannover 1868.

Albertus Augustanus: Vita Sancti Simperti: eine Handschrift für Maximilian I., hg. von
   Otto PÄCHT, Berlin 1964.

Bericht über Nürnbergs Krieg gegen den Markgrafen Albrecht (Achilles) von
   Brandenburg, 1449 und 1450. Kriegsbericht und Ordnungen, zusammengebracht
   von Erhard Schürstab, in: Die Chroniken der fränkischen Städte. Nürnberg, Bd.
   5 (= Die Chroniken der deutschen Städte vom 14. bis ins 16. Jahrhundert, Bd. 2),
   Leipzig 1864, S. 95–530.

Berichte und Aktenstücke über die Ereignisse in Lübeck von 1403–1408, in: Die
   Chroniken der niedersächsischen Städte. Lübeck, Bd. 2 (= Die Chroniken der deutschen Städte vom 14. bis ins 16. Jahrhundert, Bd. 26), Leipzig 1899, S. 379–434.

Brevium exempla ad describendas res ecclesiasticas et fiscales (um 810) in: MGH Capit.
   1, hg. von Alfred BORETIUS, Hannover 1883, S. 250–256.

Die Briefe des Heiligen Bonifatius und Lullus (= MGH Epp. sel. I), hg. von Michael
   TANGL, Berlin 1916.

Catalogus Episcoporum Augustensium et Abbatum Sanctae Afrae, in: MGH SS 13, hg.
   von Georg WAITZ, Hannover 1881, S. 278–280.

Die Cronica Novella des Hermann Korner, hg. von Jakob SCHWALM, Göttingen 1895.

Chronica Regia Colonienses (Annales Maximi Colonienses) (= MGH SS rer. Germ. 18),
   hg. von Georg WAITZ, Hannover 1880.

Chronicarum quae dicuntur Fredegarii Scholastici libri IV cum Continuationibus, in:
   MGH SS rer. Merov. 2, hg. von Bruno KRUSCH, Hannover 1888, S. 1–193.

Chronik aus Kaiser Sigmunds Zeit bis 1434 mit Fortsetzung bis 1441, in: Die Chroniken
   der fränkischen Städte. Nürnberg, Bd. 1 (= Die Chroniken der deutschen Städte vom
   14. bis ins 16. Jahrhundert, Bd. 1), Göttingen ²1961, S. 313–476.

Chronik des Burkhard Zink, in: Die Chroniken der schwäbischen Städte. Augsburg, Bd.
   3 (= Die Chroniken der deutschen Städte vom 14. bis ins 16. Jahrhundert, Bd. 22),
   Göttingen 1965, S. 1–330.

Die Chronik des Clemens Sender von den älteren Zeiten der Stadt bis zum Jahre 1536,
   in: Die Chroniken der schwäbischen Städte. Augsburg, Bd. 4 (= Die Chroniken der
   deutschen Städte vom 14. bis ins 16. Jahrhundert, Bd. 23), Göttingen 1966, S. 1–404.

Chronik des Erhard Wahraus 1126–1445 mit Nachträgen zum Jahr 1462, in: Die
   Chroniken der schwäbischen Städte. Augsburg, Bd. 1 (= Die Chroniken der deutschen Städte vom 14. bis ins 16. Jahrhundert, Bd. 4), Göttingen 1965, S. 216–244.

QUELLEN UND LITERATUR

Chronik des Hector Mühlich 1348–1487, in: Die Chroniken der schwäbischen Städte. Augsburg, Bd. 3 (= Die Chroniken der deutschen Städte vom 14. bis ins 16. Jahrhundert, Bd. 22), Göttingen 1965, S. 1–273.

Chronik von 1368–1406, in: Die Chroniken der schwäbischen Städte. Augsburg, Bd. 1 (= Die Chroniken der deutschen Städte vom 14. bis ins 16. Jahrhundert, Bd. 4), Göttingen 1965, S. 21–128.

Codex Diplomaticus Moenofrancofurtanus. Urkundenbuch der Reichsstadt Frankfurt, 1. Theil, hg. von Johann Friedrich BÖHMER, Frankfurt am Main 1836.

Concilium Moguntinense, in: MGH Conc. 2,1, hg. von Albert WERMINGHOFF, Hannover/Leipzig 1906, S. 258–272.

Continuatio Regionis, in: MGH SS rer. Germ. 50, hg. von Friedrich KURZE, Hannover 1890, S. 154–179.

Conventio cum comite sverinensi de tradendis regibus Daniae, in: MGH Const. 2, hg. von Ludwig Weiland, Hannover 1896, S. 121f., Nr. 98.

Detmar-Chronik von 1105–1276, in: Die Chroniken der niedersächsischen Städte. Lübeck, Bd. 1 (= Die Chroniken der deutschen Städte vom 14. bis ins 16. Jahrhundert, Bd. 19), Leipzig 1884, S. 1–114.

Detmar-Chronik von 1105–1386, in: Die Chroniken der niedersächsischen Städte. Lübeck, Bd. 1 (= Die Chroniken der deutschen Städte vom 14. bis ins 16. Jahrhundert, Bd. 19), Leipzig 1884, S. 115–186.

Detmar-Chronik von 1101–1395 mit der Fortsetzung von 1395–1400, in: Die Chroniken der niedersächsischen Städte. Lübeck, Bd. 1 (= Die Chroniken der deutschen Städte vom 14. bis ins 16. Jahrhundert, Bd. 19), Leipzig 1884, S. 187–597.

Erste Fortsetzung der Detmar-Chronik von 1395–1399, in: Die Chroniken der niedersächsischen Städte. Lübeck, Bd. 2 (= Die Chroniken der deutschen Städte vom 14. bis ins 16. Jahrhundert, Bd. 26), Leipzig 1899, S. 80–116.

Zweite Fortsetzung der Detmar-Chronik von 1400–1413, in: Die Chroniken der niedersächsischen Städte. Lübeck, Bd. 2 (= Die Chroniken der deutschen Städte vom 14. bis ins 16. Jahrhundert, Bd. 26), Leipzig 1899, S. 119–170.

Dokumente des deutschen Reichs und seiner Verfassung 1349 (= MGH Const. 9), bearbeitet von Margarete Kühn, hg. von der AKADEMIE DER WISSENSCHAFTEN DER DDR/Zentralinstitut für Geschichte, Weimar 1974–1983.

Dritte Fortsetzung der Detmar-Chronik erster Theil von 1401–1438, in: Die Chroniken der niedersächsischen Städte. Lübeck, Bd. 3 (= Die Chroniken der deutschen Städte vom 14. bis ins 16. Jahrhundert, Bd. 28), Leipzig 1902, S. 343–422.

Eberhart Windeckes Denkwürdigkeiten zur Geschichte des Zeitalters Kaiser Sigismunds, hg. von Wilhelm ALTMANN, Berlin 1893.

Einhardi Vita Karoli, in: Quellen zur Karolingischen Reichsgeschichte, 1. Teil (= Ausgewählte Quellen zur deutschen Geschichte des Mittelalters. Freiherr-vom-Stein-Gedächtnisausgabe, Bd. 5), hg. von Reinhold RAU, Darmstadt 1968, S. 157–211.

Einzug König Sigismunds und der Königin Barbara in Nürnberg 1414, in: Die Chroniken der fränkischen Städte. Nürnberg, Bd. 3 (= Die Chroniken der deutschen Städte vom 14. bis ins 16. Jahrhundert, Bd. 3), Göttingen ²1961, S. 339–348.

Endres Tuchers Baumeisterbuch der Stadt Nürnberg (1464–1475) (= Bibliothek des Literarischen Vereins, Bd. 64), mit einer Einleitung und sachlichen Anmerkungen von Friedrich von Weech, hg. von Matthias LEXER, Stuttgart 1862 (ND Amsterdam 1968).

Endres Tuchers Memorial 1421 bis 1440, in: Die Chroniken der fränkischen Städte. Nürnberg, Bd. 2 (= Die Chroniken der deutschen Städte vom 14. bis ins 16. Jahrhundert, Bd. 2), Göttingen ²1961, S. 1–53.

FRANK, Johannes: Augsburger Annalen 1430–1462, in: Die Chroniken der schwäbischen Städte. Augsburg, Bd. 5 (= Die Chroniken der deutschen Städte vom 14. bis ins 16. Jahrhundert, Bd. 25), Göttingen/Zürich 1966, S. 295–340.

Codex iuris municipalis Germaniae medii aevi. Regesten und Urkunden zur Verfassungs- und Rechtsgeschichte der deutschen Städte im Mittelalter, Bd. 1, hg. von Heinrich Gottfried GENGLER, Erlangen 1863.

Gerhardi vita Sancti Oudalrici episcopi Augustani, in: MGH SS 4, hg. von Georg Heinrich PERTZ, Hannover 1841, S. 377–425.

Geschichte der Streitigkeiten der Stadt und der Mönchsklöster mit der Weltgeistlichkeit unter Bischof Burchard von Serken von 1276–1319, in: Die Chroniken der niederdeutschen Städte. Lübeck, Bd. 2 (= Die Chroniken der deutschen Städte vom 14. bis ins 16. Jahrhundert, Bd. 26), Leipzig 1899, S. 319–332.

Die Goldene Bulle vom 10. Januar und 25. Dezember 1356, in: MGH Const. 11: Dokumente zur Geschichte des Deutschen Reichs und seiner Verfassung. 1354–1356, bearbeitet von Wolfgang Dietrich FRITZ, Weimar 1978–1992. S. 535–633.

GÜMPEL, Albert: Das Mesnerpflichtbuch von Sankt Sebald in Nürnberg vom Jahre 1482 (= Einzelarbeiten aus der Kirchengeschichte Bayerns, Bd. 1929), München 1929.

Hansische Pfundzollisten des Jahres 1368 (= Quellen und Darstellungen zur hansischen Geschichte, N. F., Bd. 10), hg. von Georg LECHNER, Lübeck 1935.

Das alte Lübische Recht, hg. von Johann Friedrich HACH, Lübeck 1839.

Helmoldi presbyteri Bozoviensis Chronica Slavorum (= MGH SS rer. Germ. 32), bearbeitet von Bernhard SCHMEIDLER, hg. vom REICHSINSTITUT FÜR ÄLTERE DEUTSCHE GESCHICHTE, Hannover 1937.

Historia Norimbergensis Diplomatica, bearbeitet von Lazarus Carl VON WÖLKERN, Nürnberg 1738.

HOFFMANN, Richard: Die Augsburger Baumeisterrechnungen 1320–1331, in: ZHVS 5 (1878), S. 1–220.

HOFFMANN, Hermann: Die Urkunden des Reichstiftes Kaisheim 1135–1287 (= Schwäbische Forschungsgemeinschaft, Reihe 2a, Bd. 11), Augsburg 1972.

QUELLEN UND LITERATUR

361

HR 1 = Hanserecesse. Die Recesse und andere Akten der Hansetage 1256–1430, Bd. 1, Leipzig 1870 (ND Hildesheim/New York 1975).

HUB 4 = Hansisches Urkundenbuch, Vierter Band, 1361–1392, hg. von Konstantin HÖHLBAUM, Halle an der Saale 1896.

Jahrbücher des 15. Jahrhunderts, in: Die Chroniken der fränkischen Städte. Nürnberg, Bd. 4 (= Die Chroniken der deutschen Städte vom 14. bis ins 16. Jahrhundert, Bd. 10), Göttingen 1872, S. 45–440.

Kaiser Friedrich III und die Reichsstadt Nürnberg 1440–1444, in: Die Chroniken der fränkischen Städte. Nürnberg, Bd. 3 (= Die Chroniken der deutschen Städte vom 14. bis ins 16. Jahrhundert, Bd. 3), Göttingen ²1961, S. 351–401.

Kaiser Sigmunds Todtenfeier zu Nürnberg, in: Die Chroniken der fränkischen Städte. Nürnberg, Bd. 2 (= Die Chroniken der deutschen Städte vom 14. bis ins 16. Jahrhundert, Bd. 2), Göttingen ²1961, S. 52f.

Urkunden zur städtischen Verfassungsgeschichte (= Ausgewählte Urkunden zur Deutschen Verfassungs- und Wirtschaftsgeschichte, Bd. 1), hg. von Friedrich KEUTGEN, Berlin 1901.

Lamperti Herfeldensis annales a. 1040–1077, in: MGH SS 5, hg. von Ludwig Friedrich HESSE, Hannover 1844, S. 134–263.

Liber Miraculorum S. Adalheidae, in: MGH SS 4, hg. von Georg Heinrich PERTZ, Hannover 1841, S. 645–649.

LOERSCH, Hugo: Ein Schreiben des Markgrafen Ludwig von Brandenburg vom 06. Juni 1348, in: Forschungen zur deutschen Geschichte 15 (1875), S. 394f.

LUB 1 = Urkundenbuch der Stadt Lübeck, Bd. 1 (= Codex Diplomaticus Lubecensis. Lübeckisches Urkundenbuch, 1. Abtheilung), hg. vom VEREIN FÜR LÜBECKISCHE GESCHICHTE, Lübeck 1843.

LUB 2,1 = Urkundenbuch der Stadt Lübeck, Bd. 2.1 (= Codex Diplomaticus Lubecensis. Lübeckisches Urkundenbuch, 1. Abtheilung), hg. vom VEREIN FÜR LÜBECKISCHE GESCHICHTE, Lübeck 1858.

LUB 3 = Urkundenbuch der Stadt Lübeck, Bd. 3 (= Codex Diplomaticus Lubecensis. Lübeckisches Urkundenbuch, 1. Abtheilung), hg. vom VEREIN FÜR LÜBECKISCHE GESCHICHTE, Lübeck 1871.

LUB 4 = Urkundenbuch der Stadt Lübeck, Bd. 4 (= Codex Diplomaticus Lubecensis. Lübeckisches Urkundenbuch, 1. Abtheilung), hg. vom VEREIN FÜR LÜBECKISCHE GESCHICHTE, 1873.

LUB 5 = Urkundenbuch der Stadt Lübeck, Bd. 5 (= Codex Diplomaticus Lubecensis. Lübeckisches Urkundenbuch, 1. Abtheilung), hg. vom VEREIN FÜR LÜBECKISCHE GESCHICHTE, 1875–1877.

Luidprandi Antapodoseos libri VI. a. 887–950, in: MGH SS 3, hg. von Georg Heinrich PERTZ, Hannover 1839, S. 273–339.

MB 33,1 = Monumenta Boica, Vol. 33,1 (= Collectio Nova 6,1 = Monumenta episcopatus Augustani), hg. von der Bayerischen Akademie der Wissenschaften, München 1842.

MB 33,2 = Monumenta Boica, Vol. 33.2 (= Collectio Nova 6,2 = Monumenta episcopatus Augustani), hg. von der Bayerischen Akademie der Wissenschaften, München 1841.

MB 34,1 = Monumenta Boica, Vol. 34,1 (= Collectio nova 7,1 = Monumenta episcopatus Augustani), hg. von der Bayerischen Akademie der Wissenschaften, München 1844.

MGH Const. 5 = Constitutiones et acta publica imperatorum et regum, Bd. 5, 1313–1344, hg. von Jakob SCHWALM, Hannover und Leipzig, 1909–1911.

MGH DD LD = Die Urkunden der deutschen Karolinger, Bd. 1. Die Urkunden Ludwigs des Deutschen, hg. von Paul Kehr, Berlin 1934, S. 1–274.

MGH DD LK = Die Urkunden der deutschen Karolinger, Bd. 4. Die Urkunden Ludwigs des Kindes, hg. von Theodor SCHIEFFER, Berlin 1960, S. 73–238.

MGH DD Arn = Monumenta Germaniae Historica. Die Urkunden der deutschen Karolinger, Bd. 3. Die Urkunden Arnolfs, hg. von Paul KEHR, Berlin 1940.

MGH DD O I = Urkunden der deutschen Könige und Kaiser, Bd. 1. Die Urkunden Otto I., hg. von Theodor SICKEL, Hannover 1879–1884, S. 89–639.

MGH DD H IV = Die Urkunden der deutschen Kaiser und Könige, Bd. 6. Die Urkunden Heinrichs IV., hg. von Dietrich von GLADISS/Alfred GAWLIK, Berlin/Weimar/ Hannover, 1941–1978.

Mecklenburgisches Urkundenbuch, Bd. 2: 1251–1280, hg. vom VEREIN FÜR MECKLENBURGISCHE GESCHICHTE UND ALTERTUMSKUNDE, Schwerin 1864.

MÜLLNER, Johannes: Die Annalen der Reichsstadt Nürnberg von 1623, Teil 2: von 1351–1469 (= Quellen zur Geschichte und Kultur der Stadt Nürnberg, Bd. 11), hg. von Gerhard HIRSCHMANN, Nürnberg 1984.

VON MURR, Christoph Gottfried: Diplomarium Lipsano-Klinodiographicum S. Imp. Rom. Germ. ab A 1246 usque ad A 1764, in: Journal zur Kunstgeschichte und allgemeinen Litteratur 12 (Nürnberg 1784), S. 37–216.

Notitia de precariis civitatis et villarum (1241), in: MGH Const. 3, hg. von Jakob SCHWALM, Hannover/Leipzig, 1904–1906, S. 1–5.

Nürnberger Polizeiordnungen aus dem XIII. bis XV. Jahrhundert (= Bibliothek des Literarischen Vereins in Stuttgart, Bd. 63), hg. von Joseph BAADER, Stuttgart 1861.

NUB = Nürnberger Urkundenbuch 907 bis 1300, bearb. vom STADTARCHIV NÜRNBERG, Nürnberg 1959.

Ottonis episcopi Frisingensis: Gesta Friderici I. imperatoris, in: MGH SS 20, hg. von Georg Heinrich PERTZ, Hannover 1868, S. 338–496.

Ottonis episcopi Frisingensis Chronicon, in: MGH SS 20, hg. von Georg Heinrich PERTZ, Hannover 1868, S. 85–301.

S. Petri Erphesfurtensis auctarium et continuatio Chronici Ekkehardi, in: MGH SS rer. Germ. 42, hg. von Oswald HOLDER-EGGER, Hannover/Leipzig 1899, S. 23–44.

QUELLEN UND LITERATUR

Die Ratschronik von 1438–1482 (Dritte Fortsetzung der Detmar-Chronik zweiter Teil) I. 1438–1465, in: Die Chroniken der niedersächsischen Städte. Lübeck, Bd. 4 (= Die Chroniken der deutschen Städte vom 14. bis ins 16. Jahrhundert, Bd. 30), Leipzig 1910, S. 343–442.

REHME, Paul: Das Lübecker Oberstadtbuch. Ein Beitrag zur Geschichte der Rechtsquellen und des Liegenschaftsrechts, Hannover 1895.

Die Reimchronik des Küchlin, in: Die Chroniken der schwäbischen Städte. Augsburg, Bd. 1 (= Die Chroniken der deutschen Städte vom 14. bis ins 16. Jahrhundert, Bd. 4), Leipzig 1865, S. 333–356.

RI I = J.F. Böhmer, Regesta Imperii I, 1. Karolinger 751–918, Bd. 1. Die Regesten des Kaiserreichs unter den Karolingern, 751–918, Band 1, neu bearb. von Engelbert VON MÜHLBACHER, Innsbruck ²1908.

RI II,2 = J.F. Böhmer, Regesta Imperii II, 2. Sächsisches Haus 919–1024, Bd. 2. Die Regesten des Kaiserreiches unter Otto II., 955 (973)–983, neu bearb. von Hanns Leo MIKOLETZKY, Graz 1950.

RI II,4 = J.F. Böhmer, Regesta Imperii II,4. Sächsisches Haus 919–1024, Bd. 4. Die Regesten des Kaiserreiches unter Heinrich II., 1002–1024, neu bearb. von Theodor GRAFF, Wien/Köln/Graz 1971.

RI IV,3 = J.F. Böhmer, Regesta Imperii IV,7. Ältere Staufer, Bd. 3. Die Regesten des Kaiserreichs unter Heinrich VI., 1165 (1190)–1197, neu bearb. von Gerhard von BAAKEN, Wien 1972.

RI V,1,2 = J.F. Böhmer, Regesta Imperii V,1,2. Jüngere Staufer, Bd. 5,2. Die Regesten des Kaiserreichs unter Philipp, Otto IV., Friedrich II., Heinrich (VII.), Conrad IV., Heinrich Raspe, Wilhelm und Richard, 1198–1272, neu hg. und erg. von Julius FICKER, Innsbruck 1882.

RI VI = J.F. Böhmer, Regesta Imperii VI. Die Regesten des Kaiserreichs unter Rudolf, Adolf, Albrecht, Heinrich VII., 1272–1313, neu hg. und erg. von Oswald REDLICH, Innsbruck 1898 (ND Hildesheim 1969).

RI VIII = J.F. Böhmer, Regesta Imperii VIII. Die Regesten des Kaiserreichs unter Kaiser Karl IV., 1346–1378, neu bearb. von Alfons HUBER, Innsbruck 1877 (ND Hildesheim 1968).

RI XI,2 = J.F. Böhmer, Regesta Imperii XI. Die Urkunden Kaiser Sigmunds, 1410–1437, Bd. 2, bearb. von Wilhelm ALTMANN, Innsbruck 1897–1900 (ND Hildesheim 1968).

Rolandini Patavini Chronica, in: MGH SS 19, ed. von Philipp JAFFÉ, Hannover 1866, S. 32–147.

ROSENPLÜT, Hans: Reimpaarsprüche und Lieder, hg. von Jörn REICHEL, Tübingen 1990.

RT ÄR 1 = Deutsche Reichstagsakten unter König Wenzel. Erste Abtheilung 1376–1387 (= Deutsche Reichstagsakten, Bd. 1), hg. von Julius WEIZSÄCKER, München 1867.

RT ÄR 2 = Deutsche Reichstagsakten unter König Wenzel. Zweite Abtheilung 1388–1397 (= Deutsche Reichstagsakten, Bd. 2), hg. von Julius WEIZSÄCKER, München 1874.

RT ÄR 16 = Deutsche Reichstagsakten unter Kaiser Friedrich III. Zweite Abteilung 1441–1442, 1. Hälfte/2. Hälfte (= Deutsche Reichstagsakten, Bd. 16), bearb. von Hermann HERRE, hg. von Hermann HERRE/Ludwig QUIDDE, Göttingen 1957.

RT ÄR 22/2 = Deutsche Reichstagsakten unter Kaiser Friedrich III. Achte Abteilung, zweite Hälfte 1471 (= Deutsche Reichstagsakten, Bd. 22/2. Hälfte), bearb. von Helmut WOLFF, hg. von der HISTORISCHEN KOMMISSION BEI DER BAYERISCHEN AKADEMIE DER WISSENSCHAFTEN, Göttingen 1999.

Der sogenannten Rufus-Chronik erster Theil von 1105–1395, in: Die Chroniken der niedersächsischen Städte. Lübeck, Bd. 2 (= Die Chroniken der deutschen Städte vom 14. bis ins 16. Jahrhundert, Bd. 26), Leipzig 1899, S. 175–276.

Die sogenannte Rufus-Chronik zweiter Theil 1395–1430, in: Die Chroniken der niedersächsischen Städte. Lübeck, Bd. 3 (= Die Chroniken der deutschen Städte vom 14. bis ins 16. Jahrhundert, Bd. 28), Leipzig 1902, S. 1–342.

Rubrica de suspectione regis Romanorum in civitate Nürenbergensi. Anno dom. 1414, in: Die Chroniken der fränkischen Städte. Nürnberg, Bd. 3 (= Die Chroniken der deutschen Städte vom 14. bis ins 16. Jahrhundert, Bd. 3), LEIPZIG 1864, S. 343f.

Sachsenspiegel. Quedlinburger Handschrift (= MGH Fontes iuris 8), hg. von Karl August ECKHARDT, Hannover 1966.

Siegmund SALFELD: Das Martyrologium des Nürnberger Memorbuches (= Quellen zur Geschichte der Juden in Deutschland, Bd. 3), Berlin 1898.

Salomonis et Waldrammi Carmina, in: MGH. Poet. lat. IV/1, hg. von Paul VON WINTERFELD, Berlin 1899, S. 297–310.

Stephans Schulers Saalbuch der Frauenkirche in Nürnberg, hg. von Johann METZNER, Bamberg 1869.

SCHULTHEIß, Werner: Die Achts-, Verbots- und Fehdebücher Nürnbergs von 1285–1400 (= Quellen und Forschungen zur Geschichte der Stadt Nürnberg, Bd. 2), Nürnberg 1960.

SCHULTHEIß, Werner: Satzungsbücher und Satzungen der Reichsstadt Nürnberg aus dem 14. Jahrhundert, 1. Lieferung (= Quellen zur Geschichte und Kultur der Stadt Nürnberg, Bd. 3), Nürnberg 1965.

Sigmund Meisterlins Chronik der Reichsstadt Nürnberg 1488, in: Die Chroniken der fränkischen Städte. Nürnberg, Bd. 3 (= Die Chroniken der deutschen Städte vom 14. bis ins 16. Jahrhundert, Bd. 3), Göttingen ²1961, S. 1–348.

Quellen zur Hanse-Geschichte mit Beiträgen von Jürgen Bohmbach und Jochen Goetze (= Ausgewählte Quellen zur deutschen Geschichte des Mittelalters, Bd. 36), hg. von Rolf SPRANDEL, Darmstadt 1982.

Das Stadtbuch von Augsburg, insbes. das Stadtrecht von 1276, hg. von Christian MEYER, Augsburg 1872.

QUELLEN UND LITERATUR

Die israelitische Bevölkerung der deutschen Städte. Ein Beitrag zur deutschen Städtegeschichte. Mit Benutzung archivalischer Quellen, Bd. 3, Nürnberg im Mittelalter, hg. von Moritz STERN, Kiel 1894–1896.

Monumenta Zollerana. Urkundenbuch zur Geschichte des Hauses Hohenzollern, Bd. 2 (= Urkunden der fränkischen Linie 1411–1417), hg. von Rudolf Frhr. VON STILLFRIED / Traugott MAERCKER, Berlin 1856.

Monumenta Zollerana. Urkundenbuch zur Geschichte des Hauses Hohenzollern, Bd. 4 (= Urkunden der fränkischen Linie 1363–1378), hg. von Rudolf Frhr. VON STILLFRIED/Traugott MAERCKER, Berlin 1858.

Thietmari Merseburgensis Episcopi Chronicon. Die Chronik des Bischofs Thietmar von Merseburg und ihre Korveier Überarbeitung (= MGH SS rer. Germ. N.S. 9), hg. von Robert HOLTZMANN, Berlin 1935.

Tucher'sche Fortsetzung der Jahrbücher bis 1469, in: Die Chroniken der fränkischen Städte. Nürnberg, Bd. 5 (= Die Chroniken der deutschen Städte vom 14. bis ins 16. Jahrhundert, Bd. 11), Göttingen ²1961, S. 441–531.

Tucher'sches Memorialbuch 1386–1454, in: Die Chroniken der fränkischen Städte. Nürnberg, Bd. 4 (= Die Chroniken der deutschen Städte vom 14. bis ins 16. Jahrhundert, Bd. 10), Göttingen ²1961, S. 1–43.

UBA 1= Urkundenbuch der Stadt Augsburg, Bd. 1. Die Urkunden vom Jahre 1104–1346, hg. von Christian MEYER, Augsburg 1874.

UBA 2= Urkundenbuch der Stadt Augsburg, Bd. 2. Die Urkunden vom Jahre 1347–1399, hg. von Christian MEYER, Augsburg 1878.

UBL 1 = Urkundenbuch des Bisthums Lübeck, Bd. 1, hg. von Wilhelm LEVERKUS (= Veröffentlichungen des Schleswig-Holsteinischen Landesarchivs, Bd. 35), Oldenburg 1856 (ND Neumünster 1994).

Urkundenbuch der Stadt Worms, Bd. 1: 627–1300, hg. von Heinrich BOOS, Berlin 1886.

Urkunden und erzählende Quellen zur deutschen Ostsiedlung im Mittelalter, hg. von Herbert HELBIG/Lorenz WEINRICH, 1: Mittel- und Norddeutschland, Ostseeküste (= Ausgewählte Quellen zur deutschen Geschichte des Mittelalters, Bd. 26a), Darmstadt 1975, S. 125–133.

Ulman Stromers Püchel von mein geslechet und von abentewr 1349 bis 1407, in: Die Chroniken der fränkischen Städte. Nürnberg, Bd. 1 (= Die Chroniken der deutschen Städte vom 14. bis ins 16. Jahrhundert, Bd. 1), Göttingen ²1961, S. 1–312.

DA VAREZZE, Iacobo: Legenda Aurea (= Millennio medievale 6,1), ed. von Giovanni Paolo MAGGIONI, Florenz 1998.

Venanti Honori Clementiani Fortunati vita S. Martini, in: MGH Auct. Ant. 4/1, hg. von Leo FRIEDRICH, 1881, S. 294–370.

Die Urkunden des Hochstifts Augsburg 769–1420 (= Veröffentlichungen der Schwäbischen Forschungsgemeinschaft bei der Kommission für Bayerische Landesgeschichte, Reihe 2a, Bd. 7), bearb. von Walther E. VOCK, Augsburg 1959.

VOLKERT/ZOEPFL I/1: Die Regesten der Bischöfe und des Domkapitels von Augsburg I/1 (= Veröffentlichungen der Schwäbischen Forschungsgemeinschaft bei der Kommission für Bayerische Landesgeschichte, Reihe 2b), hg. von Friedrich ZOEPFL/ bearb. von Wilhelm VOLKERT, Augsburg 1955.

VOLKERT/ZOEPFL I/2: Die Regesten der Bischöfe und des Domkapitels von Augsburg I/2 (= Veröffentlichungen der Schwäbischen Forschungsgemeinschaft bei der Kommission für Bayerische Landesgeschichte, Reihe 2b), hg. von Friedrich ZOEPFL/ bearb. von Wilhelm VOLKERT, Augsburg 1964.

VOLKERT/ZOEPFL I/3: Die Regesten der Bischöfe und des Domkapitels von Augsburg I/3 (= Veröffentlichungen der Schwäbischen Forschungsgemeinschaft bei der Kommission für Bayerische Landesgeschichte, Reihe 2b), hg. von Friedrich ZOEPFL/ bearb. von Wilhelm VOLKERT, Augsburg 1974.

VOLKERT/ZOEPFL I/4: Die Regesten der Bischöfe und des Domkapitels von Augsburg I/4 (= Veröffentlichungen der Schwäbischen Forschungsgemeinschaft bei der Kommission für Bayerische Landesgeschichte, Reihe 2b), hg. und bearb. von Wilhelm VOLKERT, Augsburg 1975.

Die Weberchronik von Clemens Jäger (Der erbern Zunft von Webern Herkommen, Cronika und Jarbuch 955–1545), in: Die Chroniken der Schwäbischen Städte, Augsburg, Bd. 9 (= Die Chroniken der deutschen Städte vom 14. bis ins 16. Jahrhundert, Bd. 34), Göttingen 1966.

WELSER, Markus/Achilles Pirmin GASSER/Engelbert WERLICH: Chronica der weitberuempten Keyserlichen Freyen und deß H. Reichs statt Augspurg in Schwaben: von derselben altem Vrsprung, Schöne, Gelegene, zierliche Gebäwen vnnd namhafften gedenckwürdigen Geschichten, in acht unterschiedliche Capitul ... abgetheilt ..., Bd. 1, Franckfurt am Mayn/Frankfurt am Main 1595.

Widukindi Monachi Corbeiensis rerum gestarum Saxonicarum libri tres (=MGH SS rer. Germ. 60), neu bearbeitet von Paul HIRSCH, hg. von Georg WAITZ/Hans Eberhard LOHMANN, Hannover 1935.

Zu den Aufenthalten der Könige Sigmund und Friedrich zu Augsburg in den Jahren 1431 und 1442, in: Die Chroniken der schwäbischen Städte. Augsburg, Bd. 2 (= Die Chroniken der deutschen Städte vom 14. bis ins 16. Jahrhundert, Bd. 5), Göttingen 1965, S. 382–387

Zu dem Aufenthalte König Sigmunds in Augsburg im Jahre 1418, Kaiser Friedrichs im Jahre 1485 und den Reichstagen in Augsburg im Jahre 1473 und 1474, in: Die Chroniken der schwäbischen Städte. Augsburg, Bd. 3 (= Die Chroniken der deutschen Städte vom 14. bis ins 16. Jahrhundert, Bd. 22), Göttingen 1965, S. 402–414.

QUELLEN UND LITERATUR 367

3 Literatur

ADAMSKI, Margarete: Herrieden. Kloster, Stift und Stadt im Mittelalter bis zur Eroberung durch Ludwig dem Bayern im Jahr 1316 (= Schriften des Instituts für Fränkische Landesforschung an der Universität Erlangen. Historische Reihe, Bd. 5), Kallmünz 1954.

ANGENENDT, Arnold: Der eine Adam und die vielen Stammväter. Idee und Wirklichkeit der *Origio gentis* im Mittelalter, in: Herkunft und Ursprung Historische und mythische Formen der Legitimation. Akten des Gerda Henkel Kolloquiums, veranstaltet vom Forschungsinstitut für Mittelalter und Renaissance der Heinrich-Heine-Universität Düsseldorf, 13.–15. Oktober 1991, hg. von Peter WUNDERLI, Sigmaringen 1994, S. 27–52.

ANGENENDT, Arnold: Geschichte der Religiosität im Mittelalter, Darmstadt 1997.

ALBRECHT, Stephan: Die Laube als Mittel der Repräsentation in den Rathäusern des südlichen Ostseeraumes, in: Aspetti e componenti dell'identità urbana in Italia e in Germania (secoli XIV–XVI) – Aspekte und Komponenten der städtischen Identität in Italien und Deutschland (14.–16. Jahrhundert), hg. von Giorgio CHITTOLINI/ Peter JOHANEK, Bologna/Berlin 2003, S. 227–247.

ALBRECHT, Stephan: Mittelalterliche Rathäuser in Deutschland. Architektur und Funktion, Darmstadt 2004.

Stadtgestalt und Öffentlichkeit. Die Entstehung politischer Räume in der Stadt der Vormoderne (= Veröffentlichungen des Zentralinstituts für Kunstgeschichte in München, Bd. 24), hg. von Stephan ALBRECHT, Köln/Weimar/Wien 2010.

ALBRECHT, Stephan: Zeremonialräume in den mittelalterlichen Städten des Alten Reichs, in: Stadtgestalt und Öffentlichkeit. Die Entstehung politischer Räume in der Stadt der Vormoderne (= Veröffentlichungen des Zentralinstituts für Kunstgeschichte in München, Bd. 24), hg. von DEMS., Köln/Weimar/Wien 2010, S. 233–251.

ALBRECHT, Thorsten: Das Holstentor in Lübeck. Wahrzeichen und Museum (= Kulturstadt Lübeck, Heft 9), Lübeck 2011.

ALBRECHT, Stephan: Architektur und Öffentlichkeit am Rathausbau, in: Rathäuser als multifunktionale Räume der Repräsentation, der Parteiungen und des Geheimnisses (= Forschungen und Beiträge zur Wiener Stadtgeschichte, Bd. 55), hg. von Susanne Claudine PILS/Martin SCHEUTZ/Christoph SONNLECHNER/Stefan SPEVAK, Innsbruck 2012, S. 76–90.

Corpus der mittelalterlichen Holzskulptur und Tafelmalerei in Schleswig-Holstein, Bd. 1: Hansestadt Lübeck, St. Annen-Museum, hg. von Uwe ALBRECHT, Kiel 2009.

Corpus der mittelalterlichen Holzskulpturen und Tafelmalerei in Schleswig-Holstein, Bd. 2 Hansestadt Lübeck. Die Werke im Stadtgebiet, hg. von Uwe ALBRECHT, Kiel 2012.

ALBRECHT, Uwe/Ulrike NÜRNBERGER: Kriegsverluste mittelalterlicher Kirchenausstattung in Lübeck – eine kunsthistorische Schadensbilanz, in: Corpus der
mittelalterlichen Holzskulpturen und Tafelmalerei in Schleswig-Holstein, Bd. 2,
Hansestadt Lübeck. Die Werke im Stadtgebiet, hg. von Uwe ALBRECHT, Kiel 2012,
S. 13–44.

ALBRECHT, Uwe/Ulrike NÜRNBERGER: „Apengheter, Johannes", in: Allgemeines
Künstlerlexikon. Die Bildenden Künstler aller Zeiten und Völker, Bd. 4, Leipzig 1990,
S. 505.

Feste und Feiern im Mittelalter. Paderborner Symposion des Mediävistenverbandes,
hg. von Detlef ALTENBURG/Jörg JARNUT/Hans-Hugo STEINHOFF, Sigmaringen
1991.

ALTHOFF, Gerd: Spielregeln der Politik im Mittelalter. Kommunikation in Frieden und
Fehde, Darmstadt 1997.

ALTHOFF, Gerd: Rituale – Symbolische Kommunikation: Zu einem neuen Feld der
historischen Mittelalterforschung, in: Geschichte in Wissenschaft und Unterricht
50 (1999), S. 140–154.

ALTHOFF, Gerd/Ludwig SIEP: Symbolische Kommunikation und gesellschaftliche
Wertesysteme vom Mittelalter bis zur französischen Revolution. Der neue Mün-
sterer Sonderforschungsbereich 496, in: Frühmittelalterliche Studien 34 (2000),
S. 393–412.

Formen und Funktionen öffentlicher Kommunikation im Mittelalter (= Vorträge und
Forschungen, Bd. 51), hg. von Gerd ALTHOFF, Stuttgart 2001.

ALTHOFF, Gerd: Zur Einführung, in: Formen und Funktionen öffentlicher Kommunikation im Mittelalter (= Vorträge und Forschungen, Bd. 51), hg. von DEMS., Stuttgart
2001, S. 7–9.

ALTHOFF, Gerd: Die Veränderbarkeit von Ritualen im Mittelalter, in: Formen und
Funktionen öffentlicher Kommunikation im Mittelalter (= Vorträge und Forschungen, Bd. 51), hg. von DEMS., Stuttgart 2001, S. 157–176.

ALTHOFF, Gerd: Die Kultur der Zeichen und Symbole, in: Frühmittelalterliche Studien
36 (2002), S. 3–14.

ALTHOFF, Gerd/Barbara STOLLBERG-RILINGER: Rituale der Macht in Mittelalter und
Früher Neuzeit, in: Die neue Kraft der Rituale, hg. von Axel MICHAELS, Heidelberg
2007, S. 141–177.

Zeichen – Rituale – Werte. Internationales Kolloquium des Sonderforschungsbereichs
496 an der Westfälischen Wilhelms-Universität Münster (= Symbolische Kommunikation und gesellschaftliche Wertesysteme. Schriftenreihe des SFB 496, Bd. 3), hg.
von Gerd ALTHOFF/Christiane WITTHÖFT, Münster 2004.

ALVERMANN, Dirk: Königsherrschaft und Reichsintegration. Eine Untersuchung zur
politischen Struktur von *regna* und *imperium* zur Zeit Kaiser Ottos II. (967) 973–983
(= Berliner Historische Studien, Bd. 28), Berlin 1998.

QUELLEN UND LITERATUR

AM ENDE, Bernhard: Studien zur Verfassungsgeschichte Lübecks im 12. und 13. Jahrhundert (= Veröffentlichungen zur Geschichte der Hansestadt Lübeck, Bd. 2), Lübeck 1975.

AMMANN, Hektor: Die wirtschaftliche Stellung der Reichsstadt Nürnberg im Spätmittelalter, Nürnberg 1970.

ANDENNA, Giancarlo: Die Ambiguität eines Symbols. Die „piazza" einer italienischen Stadt zwischen dem 13. und 15. Jahrhundert: ein freier Raum für die Eigendarstellung von Macht oder abgeschlossenes „centro commerciale"?, in: Das Sichtbare und das Unsichtbare der Macht. Institutionelle Prozesse in Antike, Mittelalter und Neuzeit, hg. von Gert MELVILLE, Köln/Weimar/Wien 2005, S. 131–158.

Residenzen. Aspekte hauptstädtischer Zentralität von der frühen Neuzeit bis zum Ende der Monarchie (= Oberrheinische Studien, Bd. 10), hg. von Kurt ANDERMANN, Sigmaringen 1992.

ANDERMANN, Kurt: Kirche und Grablege. Zur sakralen Dimension von Residenzen, in: Residenzen. Aspekte hauptstädtischer Zentralität von der frühen Neuzeit bis zum Ende der Monarchie (= Oberrheinische Studien, Bd. 10), hg. von DEMS., Sigmaringen 1992, S. 159–187.

ANDERSON, Benedict: Imagined Communities. Reflections on the Origin and Spread of Nationalism, London 1983.

ANDERSEN, Henning Helmuth: Alt Lübeck. Zu den Grabungsergebnissen 1976–1986; in: Lübecker Schriften zur Archäologie und Kulturgeschichte 13 (1988), S. 25–59.

ANDERSSON, Ralph: Obrigkeit und Architektur – Reichsstädtische Rathäuser in politisch-kommunikativer Funktion, in: Stadt und Land in der Geschichte Ostschwabens (= Augsburger Beiträge zur Landesgeschichte Bayerisch-Schwabens, Bd. 10), hg. von Rolf KIEßLING, Augsburg 2005, S. 73–130.

ANNAS, Gabriele: Hoftag – Gemeiner Tag – Reichstag. Studien zur strukturellen Entwicklung deutscher Reichsversammlungen des späten Mittelalters (1349–1471), Bd. 2: Verzeichnis deutscher Reichsversammlungen des späten Mittelalters (1349 bis 1371) (= Schriftenreihe der Historischen Kommission der Bayerischen Akademie der Wissenschaften, Bd. 68), Göttingen 2004.

VON ARETIN, Karl Otmar Frhr.: Das Reich ohne Hauptstadt? Die Multizentralität der Hauptstadtfunktionen im Reich bis 1806, in: Hauptstädte in europäischen Nationalstaaten (= Studien zur Geschichte des neunzehnten Jahrhunderts. Abhandlung der Forschungsabteilung des Historischen Seminars zu Köln, Bd. 12), hg. von Theodor SCHIEDER/Gerhard BRUNN, Wien 1983, S. 5–13.

VON ARIAN-WERBURG, Klaus Frhr.: Die Krongesandtschaften, in: Nürnberg – Kaiser und Reich. Ausstellung des Staatsarchivs Nürnberg (= Ausstellungskataloge der Staatlichen Archive Bayerns, Bd. 20), Neustadt an der Aisch 1986, S. 83–87.

ARLINGHAUS, Franz-Josef: Raumkonzeptionen der spätmittelalterlichen Stadt. Zur Verortung von Gericht, Kanzlei und Archiv im Stadtraum, in: Städteplanung

- Planungsstädte, hg. von Bruno FRITZSCHE/Hans-Jörg GILOMEN/Martina STERCKEN, Zürich 2006, S. 101–123.

ARLINGHAUS, Franz-Josef: Konstruktion von Identität mittelalterlicher Korporationen – rechtliche und kulturelle Aspekte, in: Die Bildlichkeit korporativer Siegel im Mittelalter. Kunstgeschichte und Geschichte im Gespräch (= sensus. Studien zur mittelalterlichen Kunst, Bd. 1), hg. von Markus SPÄTH, Köln/Weimar/ Wien 2009, S. 33–46.

ARNOLD, Elmar: Das norddeutsche Rathaus in der mittelalterlichen Stadttopographie, in: Rathäuser im Spätmittelalter und in der Frühen Neuzeit. VI. Symposion des Weserrenaissance-Museums Schloß Brake im Zusammenarbeit mit der Stadt Höxter vom 17. bis zum 20. November 1994 in Höxter (Materialien zur Kunst- und Kulturgeschichte in Nord- und Westdeutschland, Bd. 21), Marburg 1997, S. 49–82.

ASSMANN, Aleida/Jan ASSMANN: Das Gestern im Heute. Medien und soziales Gedächtnis, in: Die Wirklichkeit der Medien. Eine Einführung in die Kommunikationswissenschaft, hg. von Klaus MERTEN/Siegfried J. SCHMIDT/ Siegfried WEISCHENBERG, Opladen 1994, S. 114–140.

ASSMANN, Jan: Das kulturelle Gedächtnis. Schrift, Erinnerung und politische Identität in frühen Hochkulturen, München [7]2013.

Augusta 955–1055. Forschungen und Studien zur Kultur- und Wirtschaftsgeschichte Augsburgs, Augsburg 1955.

AUMÜLLER, Thomas/Matthias EXNER/Bernhard HERRMANN/Christian KAYSER/ Angelika PORST/Hildegard SAHLER/Reinhold WINKLER: Der Augsburger Dom – ein verkannter Großbau der ersten Jahrtausendwende. Neue Befunde zu Architektur und Dekorationssystem, in: Jahrbuch der Bayerischen Denkmalpflege, Bd. 64/65 (2010/2011), S. 9–56.

BAADER, Joseph: Cardinal und Bischof Peter von Augsburg im Streite mit der Stadt Augsburg, in: Beiträge zur Geschichte des Bisthums Augsburg 2, hg. von Anton STREICHLE, Augsburg 1852, S. 369–400.

BAADER, Joseph: Beiträge zur Kunstgeschichte Nürnbergs, Nördlingen 1862.

BAAKEN, Gerhard: Fränkische Königshöfe und Pfalzen in Südwestdeutschland, in: Ulm und Oberschwaben 42/43 (1978), S. 28–46.

BACH, Max: Die Mauern Nürnbergs. Geschichte der Befestigung der Reichsstadt, in: MVGN 5 (1984), S. 47–96.

BACHMANN, Erich: Karolingische Reichsarchitektur, in: Kaiser Karl IV. Staatsmann und Mäzen, hg. von Ferdinand SEIBT, München 1978, S. 334–339.

BACHMANN, Erich/Albrecht MILLER: Kaiserburg Nürnberg. Amtlicher Führer, München [14]1994.

BACKMUND, Norbert: Die Kollegiat- und Kanonissenstifte in Bayern, Windberg 1973.

BADER, Karl Siegfried: Der deutsche Südwesten in seiner territorialstaatlichen Entwicklung, Stuttgart 1950.

QUELLEN UND LITERATUR

BAER, Wolfram: Zur historischen Funktion des Augsburger Rathauses während der reichsstädtischen Zeit, in: Elias Holl und das Augsburger Rathaus, hg. von DEMS./ Hanno-Walter KRUFT/Bernd ROECK, Regensburg 1985, S. 73–75.

Die mittelalterliche Stadt erforschen – Archäologie und Geschichte im Dialog. Beiträge der Tagung „Geschichte und Archäologie: Disziplinäre Interferenzen" vom 7.–9. Februar 2008 in Zürich (= Schweizer Beiträge zur Kunstgeschichte und Archäologie des Mittelalters, Bd. 36), hg. von Armand BAERISWYL/Georges DESCOEUDRES/ Martina STERCKEN/Dölf WILD, Basel 2009.

600 Jahre Ostchor St. Sebald 1379–1979, hg. von Helmut BAIER, Neustadt a. d. Aisch 1979.

BAKKER, Lothar: Zur Topographie der Provinzhauptstadt Augusta Vindelicum, in: Geschichte der Stadt Augsburg, hg. von Gunter GOTTLIEB u. a., Stuttgart ²1985, S. 41–50.

BAKKER, Lothar: Frühes Christentum und Siedlungskontinuität von der Spätantike zum frühen Mittelalter in Augsburg – ein Überblick, in: Hl. Afra. Eine frühchristliche Märtyrerin in Geschichte, Kunst und Kult. Ausstellungskatalog des Diözesanmuseums St. Afra (= Jahrbuch des Vereins für Augsburger Bistumsgeschichte, Bd. 38), hg. von Manfred WEITLAUFF, Augsburg 2004, S. 42–51.

Der Dom, in: Die Bau- und Kunstdenkmäler der Freien und Hansestadt Lübeck, Bd. 3: Kirche zu Alt-Lübeck. Dom. Jakobikirche. Ägidienkirche, bearbeitet von Johann BALTZER/Friedrich BRUNS, Lübeck 1920, S. 9–304.

Die Bau- und Kunstdenkmäler der Freien und Hansestadt Lübeck, Bd. 4: Die Klöster. Die kleinen Kirchen und Kapellen in den Außengebieten. Denk- und Wegekreuze und der Leidensweg Christi, bearbeitet von Johannes BALTZER/Friedrich BRUNS/ Hugo RAHTGENS, hg. vom DENKMALRAT, Lübeck 1928, S. 167–280.

BANDMANN, Günther: Ikonologie der Architektur, in: Jahrbuch für Ästhetik und allgemeiner Kunstwissenschaft 1951, S. 67–109.

BANDMANN, Günther: Früh- und hochmittelalterliche Altaranordnung als Darstellung, in: Das erste Jahrtausend. Kultur und Kunst im werdenden Abendland an Rhein und Ruhr, Textband 1, hg. von Victor H. ELBERN, Düsseldorf 1962, S. 371–411.

BANDMANN, Günter: Mittelalterliche Architektur als Bedeutungsträger, Berlin ¹¹1998.

VON DER BANK, Matthias: Studien zur süddeutschen Skulptur der ersten Hälfte des 14. Jahrhunderts im Umkreis des Augsburger Domes (= Kieler Kunsthistorische Studien N. F., Bd. 16), Kiel 2013, S. 117.

BARBECK, Hugo: Geschichte der Juden in Nürnberg und Fürth, Nürnberg 1878.

BARZ, Dieter: Zur baulichen Entwicklung der „Adelsburg" im 10. und 11. Jahrhundert in Mittel- und Westeuropa, in: Neue Forschungen zum frühen Burgenbau, hg. von der WARTBURG-GESELLSCHAFT ZUR ERFORSCHUNG VON BURGEN UND SCHLÖSSERN in Verbindung mit dem Germanischen Nationalmuseum (= Forschungen zu Burgen und Schlössern, Bd. 9), München 2006, S. 67–84.

BATTENBERG, J. Friedrich: Sonne, Mond und Sternzeichen. Das jüdische Siegel in Mittelalter und Früher Neuzeit, in: Das Siegel. Gebrauch und Bedeutung, hg. von Gabriela SIGNORI, Darmstadt 2007, S. 83–95.

500 Jahre Hallenchor St. Lorenz 1477–1977, hg. von Herbert BAUER/Gerhard HIRSCHMANN/Georg STOLZ (= Nürnberger Forschungen, Bd. 20), Nürnberg 1977.

BAUM, Julius: Das alte Augsburger Rathaus, in: ZHVS 33 (1907), S. 63–73.

BAUMGÄRTNER, Ingrid: Kommunale Bauplanung in Rom. Urkunden, Inschriften und Statuten vom 12. bis 14. Jahrhundert, in: La bellezza della città. Stadtrecht und Stadtgestaltung im Italien des Mittelalters und der Renaissance (= Reihe der Villa Vigoni, Bd. 16), hg. von Michael STOLLEIS/Ruth WOLFF, Tübingen 2004, S. 269–301.

Das Südportal des Augsburger Domes. Geschichte und Konservierung (= Arbeitsheft 23 des Bayerischen Landesamts für Denkmalpflege), hg. vom BAYERISCHEN LANDESAMT FÜR DENKMALPFLEGE 1984.

BECKER, Hans-Jürgen: Defensor et patronus. Stadtheilige als Repräsentanten einer mittelalterlichen Stadt, in: Repräsentationen der mittelalterlichen Stadt (= Forum Mittelalter, Studien, Bd. 4), hg. von Jörg OBERSTE, Regensburg 2008, S. 45–63.

BEHRENS, Heinrich: Münzen und Medaillen der Stadt und des Bisthums Lübeck, Berlin 1905.

Das Bild der Stadt in der Neuzeit 1400–1800, hg. von Wolfgang BEHRINGER/Bernd ROECK, München 1999.

BEHRMANN, Thomas: Herrscher und Hansestädte im diplomatischen Verkehr im Spätmittelalter (Greifswalder historische Studien, Bd. 6), Hamburg 2006.

Malerei und Stadtkultur in der Dantezeit. Die Argumentation der Bilder, hg. von Hans BELTING/Dieter BLUME, München 1989.

BELTING, Hans: Bild und Kult. Eine Geschichte des Bildes vor dem Zeitalter der Kunst, München 1990, S. 333.

BERGES, Wilhelm: Das Reich ohne Hauptstadt, in: Das Hauptstadtproblem in der Geschichte, Festgabe zum 90. Geburtstag Friedrich Meineckes (Jahrbuch für Geschichte des deutschen Ostens, Bd. 1), Tübingen 1952, S. 1–29.

BERGHAUS, Peter: Die Münzpolitik der deutschen Städte im Mittelalter, in: Denar – Sterling – Goldgulden. Ausgewählte Schriften zur Numismatik, hg. von DEMS./Gert HATZ/Peter ILISCH/Bernd KLUGE, Osnabrück 1999, S. 281–291.

BERND, Christian-Samuel-Theodor: Hauptstücke der Wappenwissenschaft, Bd. 1, Bonn 1841.

BERSCHIN, Walter: Am Grab der heiligen Afra. Alter, Bedeutung und Wahrheit der Passio S. Afrae, in: Jahrbuch des Vereins für Augsburger Bistumsgeschichte 16 (1982), S. 108–121.

Horst-Dieter BEYERSTEDT: Die Nürnberger Rathausbauten im Überblick, in: Norica. Berichte und Themen aus dem Stadtarchiv Nürnberg 8 (2012), S. 52–59.

QUELLEN UND LITERATUR

VON BEZOLD, Friedrich: König Sigmund und die Reichskriege gegen die Hussiten, Bd. 1–3, München 1872–1877 (ND Hildesheim 1976).

BIEREYE, Wilhelm: Die Kämpfe gegen Heinrich den Löwen in den Jahren 1177–1181, in: Forschungen und Versuche zur Geschichte des Spätmittelalters und der Neuzeit. Festschrift für Dietrich Schäfer zum siebzigsten Geburtstag, hg. von Adolf HOFMEISTER, Jena 1915, S. 149–196.

BIEREYE, Walter: Das Bistum Lübeck bis zum Jahr 1254, in: ZVLGA 25 (1929), S. 261–112.

BILLER, Thomas: Burg – Festung – Schloß – Amtshaus? Liechtenau bei Ansbach als Stützpunkt und Symbol der Reichsstadt Nürnberg, in: Der frühe Schloßbau und seine mittelalterlichen Vorstufen (= Forschungen zu Burgen und Schlössern, Bd. 3), hg. von Hartmut HOFRICHTER/Georg Ulrich GROßMANN, München/Berlin 1997, S. 97–113.

BILLER, Thomas: Burgen zwischen praktischer Funktion und Symbolik, in: Verwandlung des Stauferreichs. Drei Innovationsregionen im mittelalterlichen Europa, hg. von Bernd SCHNEIDMÜLLER/Stefan WEINFURTER/Alfried WIECZOREK, Darmstadt 2010, S. 399–422.

BINDING, Günther: Städtebau und Heilsordnung: Künstlerische Gestaltung der Stadt Köln in ottonischer Zeit (= Studia humaniora. Düsseldorfer Studien zu Mittelalter und Renaissance, Series minor, Bd. 1), Düsseldorf 1986.

BINDING, Günther: Deutsche Königspfalzen. Von Karl dem Großen bis Friedrich II. (765–1249), Darmstadt 1996.

BLÄNKNER, Reinhard: Überlegungen zum Verhältnis von Geschichtswissenschaft und Theorie politischer Institutionen, in: Die Eigenart der Institution. Zum Profil politischer Institutionentheorie, hg. von Gerhard GÖHLER, Baden-Baden 1994, S. 85–122.

BLASCHKE, Karlheinz: Qualität, Quantität und Raumfunktion als Wesensmerkmal der Stadt vom Mittelalter bis zur Gegenwart, in: Stadtgrundriss und Stadtentwicklung. Forschungen zur Entstehung mitteleuropäischer Städte (= Städteforschung, Reihe A, Bd. 44), hg. von Peter JOHANEK, Köln/Weimar/Wien 1997, S. 59–72.

BLASCHKE, Karlheinz: Die Stellung der Vorstädte im Gefüge der mittelalterlichen Stadt, in: Stadtgrundriss und Stadtentwicklung. Forschungen zur Entstehung mitteleuropäischer Städte (= Städteforschung, Reihe A, Bd. 44), hg. von Peter JOHANEK, Köln/Weimar/Wien 1997, S. 172–192.

BLEISTEINER, Claus D.: Der Doppeladler von Kaiser und Reich im Mittelalter. Imagination und Realität, in: MIÖG 109, Heft 1–4 (2001), S. 4–52.

BLENDINGER, Friedrich: 700 Jahre Augsburger Stadtrecht 1276–1976. Ausstellung des Stadtarchivs Augsburg, Augsburg 1976.

BLENDINGER, Friedrich: Die Zunfterhebung von 1368, in: Geschichte der Stadt Augsburg, hg. von Gunter GOTTLIEB u. a., Stuttgart ²1985, S. 150–153.

BLENDINGER, Friedrich: Die Bischofsstadt Augsburg, in: Augsburg: Geschichte in Bilddokumenten, hg. von Wolfgang ZORN/Friedrich BLENDINGER, München 1990, S. 27–34.

BLUME, Dieter: Die Argumentation der Bilder – Zur Entstehung einer städtischen Malerei, in: Malerei und Stadtkultur in der Dantezeit. Die Argumentation der Bilder, hg. von Hans BELTING/Dieter BLUME, München 1989, S. 13–21.

BOBKOVÁ, Lenka: Corona Regni Bohemiae und ihre visuelle Repräsentation unter Karl IV., in: Kunst als Herrschaftsinstrument. Böhmen und das Heilige Römische Reich unter den Luxemburgern im europäischen Kontext, hg. von Jiri FAJT/Andrea LANGER, Berlin/München 2009, S. 120–135.

BOCK, Nicolas/Wolfgang JUNG: Der Stadtraum als Bühne. Formen architektonischer Inszenierung zwischen Mittelalter und Neuzeit, in: Raum und Raumvorstellungen im Mittelalter (= Miscellanea Mediaevalia, Bd. 25), hg. von Jan A. AERTSEN/Andreas SPEER, Berlin/New York 1998, S. 763–792.

BÖCKEL, Annamaria: Heilig-Geist in Nürnberg. Spitalstiftung & Aufbewahrungsort der Reichskleinodien (= Nürnberger Schriften, Bd. 4), Nürnberg 1990.

BÖHME, Horst Wolfgang: Burgenbau der Salierzeit, in: Die Salier. Macht im Wandel. Begleitband zur Ausstellung im Historischen Museum der Pfalz Speyer, Teilbd. 1, bearbeitet von Laura Heeg, hg. vom HISTORISCHEN MUSEUM DER PFALZ SPEYER u. a., München 2011, S. 119–127.

BÖNNEN, Gerold: Stadt und Öffentlichkeit am Beispiel mittelrheinischer Bischofsstädte im späten Mittelalter, in: Stadtgestalt und Öffentlichkeit. Die Entstehung politischer Räume in der Stadt der Vormoderne (= Veröffentlichungen des Zentralinstituts für Kunstgeschichte in München, Bd. 24), hg. von Stephan ALBRECHT, Köln/Weimar/ Wien 2010, S. 177–190.

BOERNER, Bruno: Bildwirkungen: Die kommunikative Funktion mittelalterlicher Skulpturen, Berlin 2008.

BÖTTGER, Peter: Die Portale und Skulpturenpfeiler des Ostchores – Restaurierungskonzepte seit 1890 dargestellt aufgrund der Akten im Bayerischen Landesamt für Denkmalpflege, in: Das Südportal des Augsburger Domes. Geschichte und Konservierung (= Arbeitshefte des Bayerischen Landesamtes für Denkmalpflege, Bd. 23), hg. vom BAYERISCHEN LANDESAMT FÜR DENKMALPFLEGE 1984, S. 31–63.

BOGADE, Marco: Kaiser Karl IV. Ikonographie und Ikonologie, Stuttgart 2005.

BOGEN, Steffen: Repräsentierte Medialität. Gemalte und bemalte Fahnen in Venedig 1100–1500, in: Das Mittelalter 11 (2006), S. 121–146.

BOJCOV, Michail A.: Qualitäten des Raums in zeremoniellen Situationen: Das Heilige Römische Reich, 14.–15. Jahrhundert, in: Zeremoniell und Raum (1200–1600), 4. Symposium der Residenzen-Komission der Akademie der Wissenschaften in Göttingen, Potsdam, 25. bis 27. September (= Residenzenforschung, Bd. 6), hg. von Werner PARAVICINI, Sigmaringen 1997, S. 129–154.

QUELLEN UND LITERATUR   375

BOJCOV, Michail A.: Ephemerität und Permanenz bei Herrschereinzügen im spätmittelalterlichen Deutschland, in: Marburger Jahrbuch für Kunstwissenschaft 24 (1997), S. 87–107.

BOLLAND, Jürgen: Zu städtischen „Bursprake" im hansischen Raum, in: ZVLGA 36 (1956), S. 96–118.

BOOCKMANN, Hartmut: Das „Reichsfreiheitsprivileg" von 1226 in der Geschichte Lübecks, in: Lübeck 1226. Reichsfreiheit und frühe Stadt, hg. von Olof AHLERS/ Antjekathrin GRAßMANN/Werner NEUGEBAUER/Wulf SCHADENDORF, Lübeck 1976, S. 97–113.

BOOCKMANN, Hartmut: Barbarossa in Lübeck, in: ZVLGA 61 (1981), S. 7–18.

BOOCKMANN, Hartmut: Spätmittelalterliche deutsche Stadttyrannen, in: BDLG 119 (1983), S. 73–91.

BOOCKMANN, Hartmut: Kaiser Friedrich III. unterwegs, in: Deutsches Archiv für Erforschung des Mittelalters 54 (1998), S. 567–582.

BOOCKMANN, Hartmut: Lebensgefühl und Repräsentationsstil der Oberschicht in den deutschen Städten um 1500, in: „Kurzweil viel ohn' Maß und Ziel". Alltag und Festtag auf den Augsburger Monatsbildern der Renaissance, hg. vom DEUTSCHEN HISTORISCHEN MUSEUM BERLIN, München 2001, S. 33–47.

Shaping Urban Identity in Late Medieval Europe. L'apparition d'une identité urbaine dans l'Europe du bas moyen Âge (= Studies in Urban Social, Economic and Political History of the Medieval and Early Modern Low Countries, No. 11), hg. von Marc BOONE/Peter STABEL, Leuven/Apeldoorn 2000.

BORCHARDT, Karl: Spätmittelalterliche Normensetzung durch den Rat der Reichsstadt Rothenburg ob der Tauber, in: Städtische Normen – genormte Städte. Zur Planung und Regelhaftigkeit urbanen Lebens und regionaler Entwicklung zwischen Mittelalter und Neuzeit, 43. Arbeitstagung in Rothenburg ob der Tauber. 12. bis 14. November 2004 (= Stadt in der Geschichte, Bd. 34), hg. von Andreas Otto WEBER, Sigmaringen 2005, S. 12–32.

BORGOLTE, Michael: Europas Geschichten und Troja. Der Mythos im Mittelalter, in: Troja. Traum und Wirklichkeit, hg. vom ARCHÄOLOGISCHEN LANDESMUSEUM BADEN WÜRTTEMBERG, Darmstadt 2001, S. 190–203.

BORGOLTE, Michael: Die Stiftungen des Mittelalters in rechts- und sozialgeschichtlicher Sicht, in: Stiftungen und Memoria (= Stiftungsgeschichte, Bd. 10), hg. von Tillmann LOHSE, Berlin 2012, S. 3–22.

BORGOLTE, Michael: Stiftungen des Mittelalters im Spannungsfeld von Herrschaft und Genossenschaft, in: Stiftungen und Memoria (= Stiftungsgeschichte, Bd. 10), hg. von Tillmann LOHSE, Berlin 2012, S. 23–40.

BORSÒ, Vittoria: Materialität und Medialität von Schrift und Bild: Francesco Petrarca und die Genealogie von Erinnerungskulturen der italienischen Renaissance, in:

Medien der Erinnerung in Mittelalter und Renaissance (= Studia humaniora. Düsseldorfer Studien zu Mittelalter und Renaissance, Bd. 42), hg. von Andrea VON HÜLSEN-ESCH, Düsseldorf 2009, S. 113–140.

BORST, Arno: Die Sebaldslegenden in der mittelalterlichen Geschichte Nürnbergs, in: JfL 26 (1966), S. 19–178.

BORST, Arno: Schutzheilige mittelalterlicher Gemeinschaften, in: Barbaren, Ketzer und Artisten. Welten des Mittelalters, hg. von DEMS., Zürich ²1990, S. 289–331.

BORST, Otto: Reichsstadtgeschichte. Eine Forschungsgeschichte, in: Die alte Stadt. Zeitschrift für Stadtgeschichte, Stadtsoziologie und Denkmalpflege 12 (1985), S. 91–104.

BOSL, Karl: Nürnberg als Stützpunkt staufischer Staatspolitik, in: MVGN 39 (1944), S. 51–82.

BOSL, Karl: Die wirtschaftliche und gesellschaftliche Entwicklung des Augsburger Bürgertums vom 10. bis zum 14. Jahrhundert (= Bayerische Akademie der Wissenschaften. Philosophisch-Historische Klasse. Sitzungsberichte, Heft 3), München 1969.

BOSL, Karl: Die Anfänge der Stadt unter den Saliern, in: Nürnberg – Geschichte einer europäischen Stadt, hg. von Gerhard PFEIFFER, München 1971, S. 11–15.

BOSL, Karl: Das staufische Nürnberg, Pfalzort und Königsstadt, in: Nürnberg – Geschichte einer europäischen Stadt, hg. von Gerhard PFEIFFER, München 1971, S. 16–29

BOSL, Karl: Kernstadt-Burgstadt, Neustadt-Vorstadt in der europäischen Stadtgeschichte (= Bayerische Akademie der Wissenschaften, Philosophisch-Historische Klasse, Sitzungsberichte, Heft 1), München 1983.

BOURDIEU, Pierre: Ökonomisches Kapital, kulturelles Kapital, soziales Kapital, in: Soziale Ungleichheiten (= Soziale Welt, Sb. 2), hg. von Reinhard KRECKEL, Göttingen 1983, S. 183–198.

BOURDIEU, Pierre: Politisches Feld und symbolische Macht. Gespräch mit Pierre Bourdieu, in: Berliner Journal für Soziologie 1 (1991), S. 483–488.

Charles R. BOWLUS: The Battle of Lechfeld and its Aftermath, August 955. The End of the Age of Migrations in the Latin West, Aldershot 2006.

Die Hanse. Lebenswirklichkeit und Mythos, Textband zur Hamburger Hanse-Ausstellung von 1989, hg. von Jörgen BRACKER/Volker HENN/Rainer POSTEL, Lübeck 1989.

BRADEMANN, Jan: Gesellschaftlicher Wandel und Umbruch im Spiegel symbolischer Kommunikation. Zu kulturgeschichtlichen Forschungsfeldern in Halle an der Saale zwischen 1450 und 1550, in: Symbolische Interaktion in der Residenzstadt des Spätmittelalters und der Frühen Neuzeit (= Hallische Beiträge zur Geschichte des Mittelalters und der Frühen Neuzeit, Bd. 9), hg. von Gerrit DEUTSCHLÄNDER/Marc VON DER HÖH/Andreas RANFT, Berlin 2013, S. 221–247.

QUELLEN UND LITERATUR

BRÄUTIGAM, Günther: Gmünd – Prag – Nürnberg. Die Nürnberger Frauenkirche und der Prager Parlerstil vor 1360, in: Jahrbuch der Berliner Museen 3 (1961), S. 38–75.

BRÄUTIGAM, Günther: Die bildende Kunst zur Zeit der Luxemburger, in: Nürnberg – Geschichte einer Stadt, hg. von Gerhard PFEIFFER, München 1971, S. 106–113.

BRÄUTIGAM, Günther: Nürnberg als Kaiserstadt, in: Kaiser Karl IV. Staatsmann und Mäzen, hg. von Ferdinand SEIBT, München 1978, S. 339–343.

BRANDL, Martin: Ein ‚kaiserlicher‘ Apostelzyklus für die Pfarrkirche St. Sebald?, in: „... nicht eine einzige Stadt, sondern eine ganze Welt ...“. Nürnberg. Archäologie und Kulturgeschichte, hg. von Birgit FRIEDEL/Claudia FRIESER, Büchenbach 1999, S. 148–156.

VON BRANDT, Ahasver: Geist und Politik in der Lübeckischen Geschichte, Lübeck 1938.

VON BRANDT, Georg Wilhelm: Vogtei und Rektorat während des 13. Jahrhunderts, in: BDLG 107 (1971), S. 162–201.

BRANDT, Rüdiger: Schwachstellen und Imageprobleme: Siegel zwischen Ideal und Wirklichkeit, in: Das Siegel. Gebrauch und Bedeutung, hg. von Gabriela SIGNORI, Darmstadt 2007, S. 21–28.

BRAUN, Placidus: Geschichte der Bischöfe von Augsburg, Augsburg 1814.

BRAUN, Placidus: Geschichte des Collegiatsstiftes St. Peter auf dem Perlach in Augsburg, in: Conferenz-Arbeiten der augsburgischen Diöcesan-Geistlichkeit im Pastoralfache und anderweitigem Gebiete der practischen Theologie 1837, S. 239–260.

BRAUNFELS, Wolfgang: Abendländische Stadtbaukunst. Herrschaftsform und Baugestalt, Köln 1976.

VON DEN BRINCKEN, Anna-Dorothee: Rheinische Judensiegel im Spätmittelalter, in: Archiv für Diplomatik 9/10 (1963/64), S. 415–425.

BROCKOW, Thomas: Spätmittelalterliche Wand- und Deckenmalerei in Lübecker Bürgerhäusern, in: Ausstattungen Lübecker Wohnhäuser. Raumnutzungen, Malereien und Bücher im Spätmittelalter und in der frühen Neuzeit (Häuser und Höfe in Lübeck, Bd. 4), hg. von Mandfred EICKHÖLTER/Rolf HAMMEL-KIESOW, Neumünster 1993, S. 41–152.

BROCKOW, Thomas: Spätmittelalterliche Wand- und Deckenmalerei in Bürgerhäusern der Ostseestädte Lübeck, Wismar, Rostock, Stralsund und Greifswald. Ein Beitrag zur Erfassung und Auswertung von Quellen der Kunst- und Kulturgeschichte in norddeutschen Hansestädten, Hamburg 2001.

VON BROCKHUSEN, Hans Joachim: Wetzlar und die Reichsadler im Kreis der älteren Stadtwappen, in: MittWetzlaerGV 16 (1954), S. 93–126.

BROGIOLO, Gian P./Nancy GAUTHIER/Neil CHRISTIE: Towns and their Territories between Late Antiquity and the Early Middle Ages (= The Transformation of the Roman World, Bd. 9), Leiden/Boston/Köln 2000.

378 QUELLEN UND LITERATUR

BRÜCKLE, Wolfgang: Civitas Terrena. Staatsrepräsentation und politischer Aristotelismus in der französischen Kunst 1270–1380 (Kunstwissenschaftliche Studien, Bd. 124), München/Berlin 2005.

BRÜCKLE, Wolfgang: Paris als Denkmal guter Herrschaft unter Karl V. von Valois. Die Entfaltung öffentlichen Raums im Mittelalter, in: Stadtgestalt und Öffentlichkeit. Die Entstehung politischer Räume in der Stadt der Vormoderne (= Veröffentlichungen des Zentralinstituts für Kunstgeschichte in München, Bd. 24), hg. von Stephan ALBRECHT, Köln/Weimar/Wien 2010, S. 287–309.

BRÜCKNER, Wolfgang: Devotio und Patronage. Zum konkreten Rechtsdenken in handgreiflichen Frömmigkeitsformen des Spätmittelalters und der Frühen Neuzeit, in: Laienfrömmigkeit im späten Mittelalter. Formen, Funktionen und politisch-soziale Zusammenhänge (Schriften des Historischen Kollegs. Kolloquien, Bd. 20), hg. von Klaus SCHREINER, München 1992, S. 79–92.

BRÜGGERHOF, Stefan/Christian OCHWAT/Jochen SEEBACH: Die Fassade des Lübecker Rathauses – Instandsetzung und Farbfassung, in: Stein. Zerfall und Konservierung, hg. von Siegfried SIEGMUND/Michael AURAS/Rolf SNETHLAGE, Leipzig 2005, S. 227–231.

Das Tafelgüterverzeichnis des römischen Königs, hg. von Carlrichard BRÜHL/Theo KÖLZER, Wien/Köln 1979.

BRÜHL, Carlrichard: Palatium und civitas. Studien zur Profantopographie spätantiker Civitates vom 3. bis zum 13. Jahrhundert. Bd. 2: Belgica I, beide Germanien und Raetia II, Köln/Wien 1990.

Bau- und Kunstdenkmäler der Freien und Hansestadt Lübeck, Bd. 1,1, Stadtpläne und –ansichten, Stadtbefestigung, Wasserkünste und Mühlen, bearb. von Friedrich BRUNS/Hugo RAHTGENS, Lübeck 1939, S. 224–237.

Die Bau- und Kunstdenkmäler der Hansestadt Lübeck, Bd. 1, 2. Teil: Rathaus und öffentliche Gebäude der Stadt, bearbeitet von Hugo RAHTGENS, überarbeitet und ergänzt von Lutz WILDE, hg. vom AMT FÜR DENKMALPFLEGE DER HANSESTADT LÜBECK, in Verbindung mit Friedrich BRUNS, Lübeck 1974, S. 1–249.

BÜHLER, Albert: Die heilige Lanze und der heilige Ulrich auf dem Widmungsbild des Heinrichsakramentars, in: ZHVS 61 (1955), S. 179–187.

BÜNING, Ulrich: Die Fleischhauerstraße zu Lübeck. Leben und Arbeiten vom Mittelalter bis heute – dokumentiert durch historische Schriften, Funde, Fotos und Zeichnungen, München 2005.

Städtische Repräsentation. St. Reinoldi und das Rathaus als Schauplätze des Dortmunder Mittelalters (Dortmunder Mittelalter-Forschungen Bd. 5), hg. von Nils BÜTTNER/Thomas SCHILP/Barbara WELZEL, Bielefeld 2005.

BURGER, Daniel: Die Cadolzburg. Ein Hauptwerk des frühen gotischen Burgenbaus in Franken, in: Burgenbau im 13. Jahrhundert (Forschungen zu Burgen und Schlössern,

QUELLEN UND LITERATUR

Bd. 7), hg. von der WARTBURG-GESELLSCHAFT ZUR ERFORSCHUNG VON BURGEN UND SCHLÖSSERN in Verbindung mit dem Germanischen Nationalmuseum, München/Berlin 2002, S. 99–116.

BLENDINGER, Friedrich: 700 Jahre Augsburger Stadtrecht 1276–1976, Augsburg 1976.

Nürnberg 1300–1550. Kunst der Gotik und Renaissance, hg. von Gerhard BOTT/Philippe DE MONTEBELLO/Rainer KAHSNITZ/William D. WIXOM, München 1986.

BULACH, Doris: Organisieren von Herrschaft im späten Mittelalter. Ludwig der Bayer und der Nordosten des Reiches, in: Ludwig der Bayer (1313–1347). Reich und Herrschaft im Wandel, hg. von Hubertus SEIBERT, Regensburg 2014, S. 263–283.

BURGER, Daniel: Die Cadolzburg. Ein Hauptwerk des frühen gotischen Burgenbaus in Franken, in: Burgenbau im 13. Jahrhundert (= Forschungen zu Burgen und Schlössern, Bd. 79), Berlin/München 2002, S. 99–116.

BURGER, Daniel: Typar des ersten Sekretsiegels der Reichsstadt Nürnberg, in: Kaiser – Reich – Stadt. Die Kaiserburg Nürnberg, hg. von Katharina HEINEMANN, München 2013, S. 158.

BUTZKAMM, Aloys: Christliche Ikonographie. Zum Verstehen mittelalterlicher Kunst, Paderborn ²2001.

CHEVALLEY, Denis André: Der Dom zu Augsburg (= Die Kunstdenkmäler von Bayern, Bd. 1), München 1995.

Aspetti e componenti dell'identità urbana in Italia e in Germania (secoli XIV–XVI) – Aspekte und Komponenten der städtischen Identität in Italien und Deutschland (14.–16. Jahrhundert), hg. von Giorgio CHITTOLINI/Peter JOHANEK, Bologna/Berlin 2003.

CHRISTENSEN, A.C.H.: Das Missivbuch Jakob Cynnendorps. Ein Beitrag zur Geschichte der Lübecker Kanzlei im 14. Jahrhundert, in: ZVLGA 16, 1914, S. 276–286.

Bauwerk und Bildwerk im Hochmittelalter. Anschauliche Beiträge zur Kultur- und Sozialgeschichte, hg. von Karl CLAUSBERG/Dieter KIMPEL/Hans-Joachim KUNST/Robert SUCKALE, Gießen 1981.

CODREANU-WINDAUER, Silvia/Heinrich WANDERWITZ: Die frühen Kirchen in der Diözese Regensburg. Betrachtung zu den archäologischen und schriftlichen Quellen bis zum Ende des 8. Jahrhunderts, in: 1250 Jahre Kunst und Kultur im Bistum Regensburg (= Kunstsammlungen des Bistums Regensburg, Diözesanmuseum Regensburg, Kataloge und Schriften, Bd. 7), hg. von der KUNSTSAMMLUNG DES BISTUMS REGENSBURG, München/Zürich, 1989, S. 9–27.

COSGROVE, Denis: Geography is everywhere. Culture and Symbolism in Human Landscapes, in: Horizons in Human Geography, hg. von Derek GREGORY/Rex WALFORD, London 1989, S. 118–135.

DANNENBAUER, Heinz: Die Entstehung des Territoriums der Reichsstadt Nürnberg (= Arbeiten zur deutschen Rechts- und Verfassungsgeschichte, Heft 7), Stuttgart 1928.

QUELLEN UND LITERATUR

Identität und Krise? – Zur Deutung vormoderner Selbst-, Welt-, und Fremderfahrungen (= Symbolische Kommunikation und gesellschaftliche Wertesysteme. Schriftenreihe des Sonderforschungsbereichs 496, Bd. 17), hg. von Christoph DARTMANN/Carla MEYER, Münster 2007, S. 99–118.

DEMANDT, Alexander/Hans-Werner GOETZ/Helmut REIMITZ/Heiko STEUER/ Heinrich BECK: s. v. „Kontinuitätsprobleme", in: RGA 17 (2001), S. 205–237.

DEMSKI, Rainer: Adel und Lübeck. Studien zum Verhältnis zwischen adeliger und bürgerlicher Kultur im 13. und 14. Jahrhundert (= Kieler Werkstücke. Reihe D: Beiträge zur europäischen Geschichte des späten Mittelalters, Bd. 6), Frankfurt 1996.

DEMMLER-MOSETTER, Hille: Die Augsburger Altstadt. Einige Determinanten städtebaulicher Entwicklung – eine Gestaltanalyse aus sozialgeographischer Sicht (= Angewandte Sozialgeographie, Nr. 10), Augsburg 1985.

DENDORFER, Jürgen: Heinrich V. König und Große am Ende der Salierzeit, in: Die Salier, das Reich und der Niederrhein, hg. von Tilman STRUVE, Köln/Weimar/Wien 2008, S. 115–170.

DEPKAT, Volker: Kommunikationsgeschichte zwischen Mediengeschichte und der Geschichte sozialer Kommunikation. Versuch einer konzeptionellen Klärung, in: Medien der Kommunikation im Mittelaltern (= BKG, Bd. 15), hg. von Karl-Heinz SPIESS, Wiesbaden 2003, S. 9–48.

DESCOEUDRES, Georges: Archäologie und Geschichte. Unterschiedliche Überlieferung – unterschiedliche Wirklichkeit, in: Die mittelalterliche Stadt erforschen – Archäologie und Geschichte im Dialog. Beiträge der Tagung „Geschichte und Archäologie: Disziplinäre Interferenzen" vom 7.–9. Februar 2008 in Zürich (= Schweizer Beiträge zur Kunstgeschichte und Archäologie des Mittelalters, Bd. 36), hg. von Armand BAERISWYL/Georges DESCOEUDRES/Martina STERCKEN/Dölf WILD, Basel 2009, S. 53–60.

„Kurzweil viel ohn' Maß und Ziel". Alltag und Festtag auf den Augsburger Monatsbildern der Renaissance, hg. vom DEUTSCHEN HISTORISCHEN MUSEUM BERLIN, München 2001, S. 33–47.

Symbolische Interaktion in der Residenzstadt des Spätmittelalters und der Frühen Neuzeit (Hallische Beiträge zur Geschichte des Mittelalters und der Frühen Neuzeit, Bd. 9), hg. von Gerrit DEUTSCHLÄNDER/Marc VON DER HÖH/Andreas RANFT, Berlin 2013, S. 109–127.

DEUTSCHLÄNDER, Gerrit: Der Adler über dem Tor – Reichsstädtische Tore und ihre Symbolik, in: Reichszeichen. Darstellungen und Symbole des Reichs in Reichsstädten, 2. Tagung des Arbeitskreises „Reichsstadtgeschichtsforschung" in Mühlhausen vom 3. bis 5. März 2014 (= Studien zur Reichsstadtgeschichte, Bd. 2), Petersberg 2015, hg. von Helge WITTMANN, S. 167–186.

DIEDERICH, Toni: Siegel als Zeichen städtischen Selbstbewusstsein, in: Visualisierung städtischer Ordnung. Zeichen – Abzeichen – Hoheitszeichen. Referate der interdisziplinären Tagung des Forschungsinstituts für Realienkunde am Germanischen

QUELLEN UND LITERATUR   381

Nationalmuseum, Nürnberg, 9.–11. Oktober 1991, hg. von Hermann MAUÉ, Nürnberg
1993, S. 142–152.

DIEDERICH, Toni: Siegelkunde. Beiträge zu ihrer Vertiefung und Weiterführung,
Wien/Köln/Weimar 2012.

DIEFENBACHER, Michael: Schätze aus dem Stadtarchiv: Der Rat der Reichsstadt kauft
1332 sein späteres Rathaus, in: Norica. Berichte und Themen aus dem Stadtarchiv
Nürnberg 8 (2012), S. 44–51.

DIEFENBACHER, Michael/Horst-Dieter BEYERSTEDT: Die Nähe zum Reichsoberhaupt – Privilegien und Verpflichtungen der Reichsstadt Nürnberg, in: Kaiser –
Reich – Stadt. Die Kaiserburg Nürnberg, hg. von Katharina HEINEMANN, München
2013, S. 41–52.

DIEFENBACHER, Michael: Das allgegenwärtige Reich – Reichsikonographie in
Nürnberg und ihre Träger, in: Reichszeichen. Darstellungen und Symbole des Reichs
in Reichsstädten, 2. Tagung des Arbeitskreises „Reichsstadtgeschichtsforschung" in
Mühlhausen vom 3. bis 5. März 2014 (= Studien zur Reichsstadtgeschichte, Bd. 2),
Petersberg 2015, hg. von Helge WITTMANN, S. 9–29.

DIENER-STAECKLING, Antje: Zwischen Stadt und Rat. Das Siegel als Zeichen von
städtischer Repräsentation seit dem 14. Jahrhundert, in: Die Bildlichkeit korporativer Siegel im Mittelalter. Kunstgeschichte und Geschichte im Gespräch (= Studien
zur mittelalterlichen Kunst, Bd. 1), hg. von Markus SPÄTH, Köln/Weimar/Wien
2009, S. 223–238.

DIESTELKAMP, Bernhard: Recht und Gericht im Heiligen Römischen Reich (= Ius
commune = Sonderhefte zum europäischen Recht, Bd. 122), Frankfurt am Main
1999.

Das Reichskammergericht. Der Weg seiner Gründung und die ersten Jahrzehnte seines
Wirkens (1451–1527), hg. von Bernhard DIESTELKAMP (= Quellen und Forschungen
zur höchsten Gerichtsbarkeit im Alten Reich, Bd. 45), Köln/Weimar/Wien 2003.

DILCHER, Gerhard: Bürgerrecht und Stadtverfassung im europäischen Mittelalter,
Köln/Weimar/Wien 1996.

DILCHER, Gerhard: Zum Verhältnis von Recht und Stadtgestalt im Mittelalter. Eine
Skizze, in: La bellezza della città. Stadtrecht und Stadtgestaltung im Italien des
Mittelalters und der Renaissance (= Reihe der Villa Vigoni, Bd. 16), hg. von Michael
STOLLEIS/Ruth WOLFF, Tübingen 2004, S. 47–70.

DINZELBACHER, Peter: Die Realpräsenz der Heiligen in ihren Reliquiaren und
Gräbern nach mittelalterlichen Quellen, in: Heiligenverehrung in Geschichte und
Gegenwart, hg. von DEMS./Dieter R. BAUER, Ostfildern 1990, S. 115–174.

Der Augsburger Dom. Sakrale Kunst von den Ottonen bis zur Gegenwart, hg. von der
DIÖZESE AUGSBURG, München 2014.

DIRLMEIER, Ulf: Heinrich der Löwe und ‚die Wirtschaft', in: Heinrich der Löwe.
Herrschaft und Repräsentation (= Vorträge und Forschungen, Bd. 56), hg. von
Johannes FRIED/Otto Gerhard OEXLE, Ostfildern 2003, S. 293–309.

DIRR, Pius: Clemens Jäger und seine Augsburger Ehrenbücher und Zunftchroniken, in: ZHVS 36 (1910), S. 1–32.

DIRR, Peter: Studien zur Geschichte der Augsburger Zunftverfassung 1368–1548, in: ZHVS 39 (1913), S. 144–243.

Spatial Turn. Das Raumparadigma in den Kultur- und Sozialwissenschaften, hg. von Jörg DÖRING/Tristan THIELMANN, Bielefeld 2008.

DÖRING, Jörg/Tristan THIELMANN: Einleitung: Was lesen wir im Raum? Der *Spatial Turn* und das geheime Wissen der Geographen, in: Spatial Turn. Das Raumparadigma in den Kultur- und Sozialwissenschaften, hg. von DENS., Bielefeld 2008, S. 7–45.

DOLLINGER, Phillippe: Die Hanse, Stuttgart 1998.

DORMEIER, Heinrich: Kurzweil und Selbstdarstellung. Die „Wirklichkeit" der Augsburger Monatsbilder, in: „Kurzweil viel ohn' Maß und Ziel". Alltag und Festtag auf den Augsburger Monatsbildern der Renaissance, München 2001, hg. vom DEUTSCHEN HISTORISCHEN MUSEUM BERLIN, S. 148–232.

DORMEIER, Heinrich: Das große Finale. Der Auszug der Ratsherren aus dem Rathaus, in: Feste und Bräuche aus Mittelalter und Renaissance. Die Augsburger Monatsbilder, Gütersloh/München 2007, S. 180–183.

DOTZAUER, Winfried: Die Ankunft des Herrschers. Der fürstliche ‚Einzug' in die Stadt (bis zum Ende des Alten Reichs), in: Archiv für Kulturgeschichte 55 (1973), S. 245–288.

DRABEK, Anna Maria: Reisen und Reisezeremoniell der römisch-deutschen Herrscher im Spätmittelalter (= Wiener Dissertationen aus dem Gebiet der Geschichte, Bd. 3), Wien 1964.

Western Thought from the Renaissance to Romanticism, hg. von Edward DUDLEY/ Maximilian E. NOWAK, Pittsburgh 1972, S. 3–38.

DÜCKER, Julia: Reichsversammlungen im Spätmittelalter. Politische Willensbildung in Polen, Ungarn und Deutschland (= Mittelalter-Forschungen, Bd. 37), hg. von Bernd SCHNEIDMÜLLER/STEFAN WEINFURTER, Sigmaringen 2011, S. 187–190.

DÜNNEBEIL, Sonja: Die Lübecker Zirkelgesellschaft. Formen der Selbstdarstellung einer städtischen Oberschicht (= Veröffentlichungen der Hansestadt Lübeck, Reihe B, Bd. 27), Lübeck 1996.

DUMMLER, Dieter: Exkurs II: Zur Lübecker Münzgeschichte, in: Lübeckische Geschichte, hg. von Antjekathrin GRAßMANN, Lübeck ⁴2008, S. 340–349.

DUMMLER, Dieter: Handel, Geld und Politik vom frühen Mittelalter bis heute. Die Münzsammlung der Reichs- und Hansestadt Lübeck 1114–1819, Lübeck 2012.

EBEL, Wilhelm: Lübisches Recht, Bd. 1, Lübeck 1971.

EBERL, Barthel: Die Ungarnschlacht auf dem Lechfeld (Gunzenlê) im Jahre 955 (= Abhandlungen zur Geschichte der Stadt Augsburg. Schriftenreihe des Stadtarchivs Augsburg, Heft 7), Basel 1955.

QUELLEN UND LITERATUR 383

EBERL, Immo: Dagobert I. und Alemannien. Studien zu den Dagobertüberlieferungen im alemannischen Raum, in: ZWLG 42 (1983), S. 7–51.

Verwaltung und Politik in Städten Mitteleuropas. Beiträge zu Verfassungsnorm und Verfassungswirklichkeit in altständischer Zeit (= Städteforschung, Reihe A, Bd. 34), hg. von Winfried EHBRECHT, Köln 1994.

EHBRECHT, Wilfried: *Uppe dat sulck grot vorderffenisse jo nicht meer enscheghe*. Konsens und Konflikt als eine Leitfrage städtischer Historiographie, nicht nur im Hanseraum, in: Städtische Geschichtsschreibung im Spätmittelalter und in der frühen Neuzeit (= Städteforschung, Reihe A, Bd. 47), hg. von Peter JOHANEK, Köln/ Weimar/Wien 2000, S. 51–109.

EHBRECHT, Wilfried: Konsens und Konflikt. Skizzen und Überlegungen zur älteren Verfassungsgeschichte deutscher Städte (= Städteforschung, Reihe A, Bd. 56), Köln/ Weimar/Wien 2001.

EHLERS, Caspar: Einführung: Zentren der Macht. Frage an die Erforschung der Aufenthaltsorte mittelalterlicher Könige, in: Deutsche Königspfalzen. Beiträge zu ihrer historischen und archäologischen Erforschung, Bd. 7: Zentren herrschaftlicher Repräsentation im Hochmittelalter. Geschichte, Architektur und Zeremoniell (= Veröffentlichungen des Max-Planck-Instituts für Geschichte 11/7), hg. von DEMS./Jörg JARNUT/Matthias WEMHOFF, Göttingen 2007, S. 9–24.

Deutsche Königspfalzen. Beiträge zu ihrer historischen und archäologischen Erforschung, Bd 8. Places of Power – Orte der Herrschaft – Lieux du Pouvoir (= Veröffentlichungen des Max-Planck-Instituts für Geschichte 11/8), hg. von Caspar EHLERS, Göttingen 2007.

EHLERS, Caspar: Places of Power. Orte der Herrschaft. Lieux du pouvoir, in: Deutsche Königspfalzen. Beiträge zu ihrer historischen und archäologischen Erforschung, Bd 8. Places of Power – Orte der Herrschaft – Lieux du Pouvoir (= Veröffentlichungen des Max-Planck-Instituts für Geschichte 11/8), hg. von DERS., Göttingen 2007, S. 7–26.

EHLERS, Capar: Räumliche Konzepte europäischer Monarchien an der Wende vom 11. zum 12. Jahrhundert. Itinerare, Grablegen, Zentrallandschaften, in: Salisches Kaisertum und neues Europa. Die Zeit Heinrichs IV. und Heinrich V., hg. von Bernd SCHNEIDMÜLLER/Stefan WEINFURTER, Darmstadt 2007, S. 123–137.

EHLERS, Joachim: Heinrich der Löwe. Eine Biographie, München 2008.

Die sakrale Backsteinarchitektur des südlichen Ostseeraums – der theologische Aspekt (= Kunsthistorische Arbeiten der Kulturstiftung der deutschen Vertriebenen, Bd. 2), hg. von Gerhard EIMER/Ernst GIERLICH, Berlin 2000.

EISENZIMMER, Mirjam: Der herrschaftliche Hof als Nachrichten- und Kommunikationszentrum, in: Ludwig der Bayer (1313–1347). Reich und Herrschaft im Wandel, hg. von Hubertus SEIBERT, Regensburg 2014, S. 331–359.

QUELLEN UND LITERATUR

ELLGER, Dietrich: Die Baugeschichte der Lübecker Marienkirche (1159–1351), in: St. Marien zu Lübeck und seine Wandmalereien (= Arbeiten des Kunsthistorischen Instituts der Universität Kiel, Bd. 2), hg. von DEMS./Johanna KOLBE, Neumünster 1951, S. 1–88.

ENDRES, Rudolf: „Carissima Civitas". Kaiserstadt und Aufbewahrungsort der Reichsinsignien, in: Hauptstadt. Zentren, Residenzen, Metropolen in der deutschen Geschichte, hg. von Bodo Michael BAUMUNK/Gerhard BRUNN, Köln 1989, S. 72–87.

ENDRÖS, Hermann: Reichsunmittelbarkeit und Schutzverhältnisse des Benediktinerstifts St. Ulrich und Afra in Augsburg vom 11. bis zum 17. Jahrhundert, Augsburg 1934.

ENGEL, Evamaria: Städtebünde im Reich von 1226 bis 1314 – eine vergleichende Betrachtung, in: Bürgertum, Handelskapitel, Städtebünde (= Hansische Studien 3 = Abhandlungen zur Handels- und Sozialgeschichte, Bd. 15), hg. von Konrad FRITZE, Weimar 1975, S. 177–209.

ENNEN, Edith: Bischof und mittelalterliche Stadt. Die Entwicklung in Oberitalien, Frankreich und Deutschland, in: Stadt und Bischof, 24. Arbeitstagung in Augsburg 1985 (= Stadt in der Geschichte, Bd. 14), hg. von Bernhard KIRCHGÄSSNER/Wolfram BAER, Sigmaringen 1988, S. 29–42.

ERDMANN, Carl: Kaiserliche und päpstliche Fahnen im hohen Mittelalter, in: Quellen und Forschungen aus italienischen Archiven und Bibliotheken 25 (1933/34).

ERDMANN, Wolfgang: Archäologie im Marktviertel von Lübeck, in: 25 Jahre Archäologie in Lübeck. Erkenntnisse von Archäologie und Bauforschung zur Geschichte und Vorgeschichte der Hansestadt, Bonn 1988, S. 101–197.

ERDMANN, Wolfgang: Die Aufsiedlung des Lübecker Altstadthügels im 12. und 13. Jahrhundert, in: Lübecker Schriften zur Archäologie und Kulturgeschichte 17 (1988), S. 63–67.

ERDMANN, Wolfgang: Hafen- und Stadterweiterung im 12. und 13. Jahrhundert, in: Lübecker Schriften zur Archäologie und Kulturgeschichte 17 (1988), S. 120–142.

ERDMANN, Wolfgang: Der Narr am Lübecker Rathaus und die Bedeutung des Kopf-Frieses aus der Zeit um 1340/1350, in: Lübeckische Blätter 148 (1988), Heft 3, S. 41–48.

ERDMANN, Wolfgang: Zur Diskussion um die Lübecker Marienkirche im 13. Jahrhundert, in: Zeitschrift des Deutschen Vereins für Kunstwissenschaften 44 (1990), S. 93–111.

ERDMANN, Wolfgang: Die Ausbildung der Lübecker Plätze im 12. und 13. Jahrhundert sowie Anmerkungen zu deren Ikonologie, in: ZVLGA 71 (1991), S. 9–54.

ERICHSEN, Johannes: Historische Substanz: der Bestand der Nürnberger Burg, in: 100 Jahre Bayerisches Landesamt für Denkmalpflege. 1908–2008, Bd. 3: Katalog. Inhalte. Praxis. Schwerpunkte, hg. von Egon Johannes GREIPL, Regensburg 2008, S. 158–163.

ERICHSEN, Johannes: Das Kaiserliche Hofgericht in der Kaiserburg, in: Kaiser – Reich – Stadt. Die Kaiserburg Nürnberg, hg. von Katharina HEINEMANN, München 2013, S. 73.

QUELLEN UND LITERATUR 385

ERLL, Astrid: Kollektives Gedächtnis und Erinnerungskulturen. Eine Einführung, Stuttgart/Weimar 2005.

ERNST, Fritz: Über Gesandtschaftswesen und Diplomatie an der Wende vom Mittelalter zur Neuzeit, in: Archiv für Kulturgeschichte 33/34 (1951), S. 64–95.

ESCH, Arnold: Überlieferungs-Chance und Überlieferungs-Zufall als methodisches Problem des Historikers, in: HZ 240 (1985), S. 529–570.

ESCH, Arnold: Zeitalter und Menschenalter. Der Historiker und die Erfahrung vergangener Zeiten, München 1994, S. 39–69.

ESSENWEIN, August: Die Kapelle der Kaiserburg zu Nürnberg und ihre Bedeutung als Mausoleum der Burggrafen, in: Anzeiger für die Kunde der deutschen Vorzeit, NF 25 (1878), S. 265–198.

ESSENWEIN, August: Der Bilderschmuck der Liebfrauenkirche zu Nürnberg, Nürnberg 1881.

FAUßNER, Hans Constantin: Die Verfügungsgewalt des deutschen Königs über weltliches Reichsgut im Hochmittelalter, in: DA 29 (1973), S. 345–449.

FEHN, Klaus: Probleme der frühen Augsburger Stadtentwicklung, in: Mitteilungen der geographischen Gesellschaft München 53 (1968), S. 361–375.

FEHRING, Günther/Günther STACHEL: Grabungsbefunde des hohen und späten Mittelalters auf der Burg zu Nürnberg, in: JfL 28 (1968), S. 53–92.

FEHRING, Günther: Zur älteren Geschichte von Burg und Pfalz zu Nürnberg aufgrund neuerer Grabungsergebnisse der Archäologie des Mittelalters, in: Burgen und Schlösser 12 (1972), S. 10–17.

FEHRING, Günther P./Rolf HAMMEL-KIESOW: Die Topographie der Stadt Lübeck bis zum 14. Jahrhundert, in: Stadt im Wandel. Kunst und Kultur des Bürgertums in Norddeutschland 1150–1650. Landesausstellung Niedersachsen 1985 in Braunschweig vom 24. August bis 24. November 1985, Bd. 3, hg. von Cord MECKSEPER, Stuttgart/Bad Canstatt 1985, S. 167–190.

FEHRING, Günther P.: Der Slawische Burgwall Buku im Bereich des ehemaligen Burgklosters zu Lübeck, in: Lübecker Schriften zur Archäologie und Kulturgeschichte 17 (1988), S. 53–56.

FEHRING, Günther P.: Die ehemalige landesherrliche Burg im Bereich des Burgklosters zu Lübeck, in: Lübecker Schriften zur Archäologie und Kulturgeschichte 17 (1988), S. 77–80.

FEHRING, Günther P.: Frühe Besiedlung und Bebauung um den Koberg zu Lübeck, in: Lübecker Schriften zur Archäologie und Kulturgeschichte 17 (1988), S. 84–87.

FEHRING, Günther: Stadtentwicklung des Mittelalters in Zentraleuropa, in: Interdisziplinäre Beiträge zur Siedlungsarchäologie (= Gedenkschrift für Walter Janssen = Internationale Archäologie. Studia honoraria, Bd. 17), Rahden 2002, S. 72–88.

Feste und Bräuche aus Mittelalter und Renaissance. Die Augsburger Monatsbilder, Gütersloh/München 2007.

Deutsche Königspfalzen. Beiträge zu ihrer historischen und archäologischen Erforschung, Bd. 5: *Splendor palatii*. Neue Forschungen zu Paderborn und anderen Pfalzen der Karolingerzeit (= Veröffentlichungen des Max-Planck-Instituts für Geschichte, Bd. 11/5), hg. von Lutz FENSKE/Jörg JARNUT/Matthias WEMHOFF, Göttingen 2001.

Paul-Gerhard FENZLEIN: Die Stadt-, Kultur-, und Münzgeschichte der freien Reichsstadt Nürnberg im Spiegel des Heiligen Römischen Reiches Deutscher Nation, Bd. 1: Vom Beginn der Reichsmünzstätten im Hohen Mittelalter bis zum Dreißigjährigen Krieg, Nürnberg 2012.

Feste und Bräuche aus Mittelalter und Renaissance. Die Augsburger Monatsbilder, München/Gütersloh 2007.

FINK, Georg: Die lübische Flagge, in: ZVLGA 23 (1926), S. 133–171.

FINK, Georg: Lübecks Kennzeichnung durch Namen, Wappen und Flagge, in: Lübeckische Blätter 79 (1937), S. 280f.

FINK, Georg: Die Lübecker Stadtsiegel, in: ZVLGA 35 (1955), S. 14–56.

FLACHENECKER, Helmut: Eine vertane Chance? Die Rolle der bischöflichen *Civitates* im hochmittelalterlichen Spannungsfeld zwischen Raumerfassung und Herrschaftsausbildung, in: Bischof und Bürger. Herrschaftsbeziehungen in Kathedralstädten des Hoch- und Spätmittelalters (= Veröffentlichungen des Max-Planck-Instituts für Geschichte, Bd. 206 = Studien zur Germania Sacra, Bd. 26), hg. von Uwe GRIEME/Nathalie KRUPPA/Stefan PÄTZOLD, Göttingen 2004, S. 11–26.

FLEISCHMANN, Bernhard: 650 Jahre Hospital zum Heiligen-Geist in Nürnberg 1339–1989 (= Ausstellungskataloge des Stadtarchivs Nürnberg, Bd. 4), Nürnberg 1989.

FLEISCHMANN, Peter: Topographie, in: Norenberc – Nürnberg. 1050 bis 1806. Eine Ausstellung des Staatsarchivs Nürnberg zur Geschichte der Reichsstadt. Kaiserburg Nürnberg, 16. September bis 12. November 2000 (= Ausstellungskataloge der Staatlichen Archive Bayern, Bd. 41), München 2000, S. 24f.

FLEISCHMANN, Peter: 750 Jahre Geschichte, in: Norenberc – Nürnberg. 1050 bis 1806. Eine Ausstellung des Staatsarchivs Nürnberg zur Geschichte der Reichsstadt. Kaiserburg Nürnberg, 16. September bis 12. November 2000 (= Ausstellungskataloge der Staatlichen Archive Bayern, Bd. 41), München 2000, S. 46f.

FLEISCHMANN, Peter: Kirchenwesen, in: Norenberc – Nürnberg. 1050 bis 1806. Eine Ausstellung des Staatsarchivs Nürnberg zur Geschichte der Reichsstadt. Kaiserburg Nürnberg, 16. September bis 12. November 2000 (= Ausstellungskataloge der Staatlichen Archive Bayern, Bd. 41), München 2000, S. 204f.

FLEISCHMANN, Peter: Nürnberg mit Fürth und Erlangen. Von der Reichsstadt zur fränkischen Metropole, Ostfildern 2000.

FLEISCHMANN, Peter: Rat und Patriziat in Nürnberg, Die Herrschaft der Ratsgeschlechter in der Reichsstadt Nürnberg vom 13. bis zum 18. Jahrhundert, Bd. 1 (= Nürnberger Forschungen, Bd. 31,1), Neustadt a. d. Aisch 2008.

QUELLEN UND LITERATUR

FLEISCHMANN, Peter: Rat und Patriziat in Nürnberg. Die Herrschaft der Ratsgeschlechter vom 13. bis zum 18. Jahrhundert, Bd. 2: Ratsherren und Ratsgeschlechter (= Nürnberger Forschungen, Bd. 31,2), Nürnberg 2008.

FLEISCHMANN, Peter: Zeremoniell und Memoria – Kaiser und Reich in Nürnberg, in: Kaiser – Reich – Stadt. Die Kaiserburg Nürnberg, hg. von Katharina HEINEMANN, München 2013, S. 27–38.

Geschlechtergesellschaften, Zunft-, Trinkstuben und Bruderschaften in spätmittelalterlichen und frühneuzeitlichen Städten, 40. Arbeitstagung in Pforzheim von 16.–18. November 2001 (= Stadt in der Geschichte, Bd. 30), hg. von Gerhard FOUQUET/ Matthias STEINBRINK/Gabriel ZEILINGER, Ostfildern 2003.

FOUQUET, Gerhard: Trinkstuben und Bruderschaften – soziale Orte in den Städten des Spätmittelalters, in: Geschlechtergesellschaften, Zunft-Trinkstuben und Bruderschaften in spätmittelalterliche und frühneuzeitlichen Städten, 40. Arbeitstagung in Pforzheim, 16.–18. November 2001 (= Stadt in der Geschichte, Bd. 30), hg. von DEMS./Matthias STEINBRINK/Gabriel ZEILINGER, Ostfildern 2003, S. 9–30.

Netzwerke im europäischen Handeln des Mittelalters (= Vorträge und Forschungen, Bd. 17), hg. von Gerhard FOUGUET/Hans Jörg GILOMEN, Ostfildern 2010.

FRENZEL, Gottfried: Kaiserliche Fensterstiftungen des vierzehnten Jahrhunderts in Nürnberg, in: MVGN 51 (1962), S. 1–17.

FRENZEL, Gottfried: Die Farbverglasung aus St. Lorenz/Nürnberg, Augsburg 1968.

Die Chronik Arnolds von Lübeck. Neue Wege zu ihrem Verständnis (= Jenaer Beiträge zur Geschichte, Bd. 10), hg. von Stephan FREUND/Bernd SCHÜTTE, Frankfurt am Main [4]2008.

FREUND, Stephan: Herrschaftsträger des Reiches: Konflikte und Konsens unter Otto I., in: Otto der Große und das Römische Reich. Kaisertum von der Antike zum Mittelalter. Ausstellungskatalog. Landesausstellung Sachsen-Anhalt aus Anlass des 1100. Geburtstages Ottos des Großen vom 27. August bis 09. Dezember 2012, hg. von Matthias PUHLE/Gabriele KÖSTER, Regensburg 2012, S. 531–545.

Neue Politikgeschichte. Perspektiven einer historischen Politikforschung (= Historische Politikforschung, Bd. 1), hg. von Ute FREVERT/Heinz-Gerhard HAUPT, Frankfurt/ New York 2005.

FREYTAG, Hartmut: Lübeck im Stadtlob und Stadtporträt der frühen Neuzeit. Über das Gedicht des Petrus Vincentius und Elias Diebels Holzschnitt von 1552, in: ZVLGA 75 (1995), S. 137–174.

FRIED, Walter: Die Kirche St. Sebalduskirche zu Nürnberg (= Deutsche Bauten, Bd. 10), Berg 1928.

FRIED, Pankraz: Zur Ausbildung der reichsunmittelbaren Klosterstaatlichkeit in Ostschwaben, in: Zeitschrift für württembergische Landesgeschichte (1981), S. 418–435.

FRIED, Johannes: Die Wirtschaftspolitik Friedrich Barbarossas in Deutschland, in: BDLG 120 (1984), S. 195–239.

Miscellanea Suevica Augustana. Der Stadt dargebracht zur 2000-Jahrfeier 1985 (= Augsburger Beiträge zur Landesgeschichte Bayerisch-Schwabens, Bd. 3), hg. von Pankraz FRIED, Sigmaringen 1985.

FRIED, Pankraz: Augsburg unter den Staufern (1132–1268), in: Geschichte der Stadt Augsburg, hg. von Gunter GOTTLIEB u. a., Stuttgart ²1985, S. 127–131.

FRIED, Pankraz: Augsburg in nachstaufischer Zeit (1276–1368), in: Geschichte der Stadt Augsburg, hg. von Gunter GOTTLIEB u. a., Stuttgart ²1985, S. 145f.

FRIED, Pankraz: Die Städtepolitik Kaiser Ludwigs des Bayern, in: ZBLG 60,1 (1997), S. 105–114.

„... nicht eine einzige Stadt, sondern eine ganze Welt ...". Nürnberg. Archäologie und Kulturgeschichte, hg. von Birgit FRIEDEL/Claudia FRIESER, Büchenbach 1999.

FRIEDEL, Birgit: Zur Baugeschichte der Nürnberger Kaiserburg, in: „... nicht eine einzige Stadt, sondern eine ganze Welt ...". Nürnberg. Archäologie und Kulturgeschichte, hg. von DERS./Claudia FRIESER, Büchenbach 1999, S. 107–110.

FRIEDEL, Birgit: Spuren der frühesten Stadtentwicklung, in: „... nicht eine einzige Stadt, sondern eine ganze Welt ...". Nürnberg. Archäologie und Kulturgeschichte, hg. von DERS./Claudia FRIESER, Büchenbach 1999, S. 48–51.

FRIEDEL, Birgit: Neue Aspekte zur Ummauerung der Sebalder Stadt im Hochmittelalter, in: „... nicht eine einzige Stadt, sondern eine ganze Welt ...". Nürnberg. Archäologie und Kulturgeschichte, hg. von DERS./Claudia FRIESER, Büchenbach 1999, S. 111–118.

FRIEDEL, Birgit: Die Nürnberger Burg. Geschichte, Baugeschichte und Archäologie (= Schriften des Deutschen Burgenmuseums, Bd. 1), Petersberg 2007.

FRIEDRICHS, Jürgen/Wolfgang JAGODZINSKI: Theorien sozialer Integration, in: Soziale Integration (= Kölner Zeitschrift für Soziologie und Sozialpsychologie, Sonderheft 39/1999), hg. von DENS., Wiesbaden 1999, S. 9–34.

FRIESER, Claudia/Birgit FRIEDEL: ... di juden hi waren gesessen zu mittelst auf dem platz ... Die ersten Nürnberger Juden und ihre Siedlung bis 1296, in: „... nicht eine einzige Stadt, sondern eine ganze Welt ...". Nürnberg. Archäologie und Kulturgeschichte, hg. von Birgit FRIEDEL/Claudia FRIESER, Büchenbach 1999, S. 52–70.

FRIESS, Peter: Der Kaiser kommt in die Stadt. Inszenierte Höhepunkte einer schwierigen Beziehung, in: Das Reich in der Region während des Mittelalters und der Frühen Neuzeit (= forum suevicum, Bd. 6), hg. von Rolf KIEẞLING/Sabine ULLMANN, Konstanz 2005, S. 27–60.

FRITZE, Konrad: Bürgervertretungen in wendischen Hansestädten vom 14. bis zum 16. Jahrhundert, in: Verwaltung und Politik in Städten Mitteleuropas. Beiträge zur Verfassungsnorm und Verfassungswirklichkeit in altständischer Zeit (= Städteforschung, Reihe A, Bd. 34), hg. von Wilfried EHRECHT, Köln/Weimar/Wien 1994, S. 147–158.

QUELLEN UND LITERATUR

FUCHS, Franz: Die Exequien für die Kaiserin Eleonore (†1467) in Augsburg und Nürnberg, in: Kaiser Friedrich III. (1440–1493) in seiner Zeit. Studien anläßlich des 500sten Todestags am 19. August 1493/1993 (= Forschungen zur Kaiser- und Papstgeschichte des Mittelalters, Bd. 12), hg. von Paul-Joachim HEINIG, Köln/ Weimar/Wien 1993, S. 447–466.

FÜRST, Wilhelm: Der Verlust des Sekretsiegels der Stadt Nürnberg 1440, in: Archivalische Zeitschrift, N. F., Bd. 19 (1912), S. 205–220.

Ordnung und Distinktion. Praktiken sozialer Repräsentation in der ständischen Gesellschaft (= Symbolische Kommunikation und gesellschaftliche Wertesysteme. Schriftenreihe des Sonderforschungsbereichs 496, Bd. 8), hg. von Marian FÜSSEL/ Thomas WELLER, Münster 2005.

FÜSSEL, Marian/Thomas WELLER: Einleitung, in: Ordnung und Distinktion. Praktiken sozialer Repräsentation in der ständischen Gesellschaft (= Symbolische Kommunikation und gesellschaftliche Wertesysteme. Schriftenreihe des Sonderforschungsbereichs 496, Bd. 8), hg. von DENS., Münster 2005, S. 9–22.

FUHRMANN, Bernd: Die Stadt im Mittelalter, Berlin 2006.

GANZ, Paul: Geschichte der heraldischen Kunst in der Schweiz im 12. und 13. Jahrhundert, Frauenfeld 1899.

GATZ, Erwin: Die Wappen der Hochstifte, Bistümer und Diözesanbischöfe im Heiligen Römischen Reich 1648–1803, Regensburg, 2007.

GEBHART, Hans: Deutsche Münzen des Mittelalters und der Neuzeit (= Bibliothek für Kunst- und Antiquitäten-Sammler, Bd. 32), Berlin 1929.

GEFFCKEN, Peter: Soziale Schichtung in Augsburg 1396 bis 1521. Beitrag zu einer Strukturanalyse Augsburgs im Spätmittelalter, Augsburg 1983.

GEIS, Walter: Die Neun Guten Helden, der Kaiser und die Privilegien, in: Köln. Das gotische Rathaus und seine historische Umgebung (= Stadtspuren. Denkmäler in Köln, Bd. 26), hg. von DEMS./Ulrich KRINGS, Köln 2000, S. 387–413.

GEMPERLEIN, August: Konrad Groß. Der Stifter des Nürnberger Heiliggeist-Spitals, und seine Beziehungen zu Kaiser Ludwig, in: MVGN 39 (1944), S. 83–126.

GESSEL, Wilhelm: Die spätantike Stadt und ihr Bischof, in: Stadt und Bischof, 24. Arbeitstagung in Augsburg, 15.–17. November 1985 (= Stadt in der Geschichte, Bd. 14), hg. von Bernhard KIRCHGÄSSNER/Wolfram BAER, Sigmaringen 1988, S. 9–27.

GIEL, Robert: Politische Öffentlichkeit im spätmittelalterlichen-frühneuzeitlichen Köln (1450–1550) (= Berliner Historische Studien, Bd. 29), Berlin 1998.

GIERSCH, Paula: Die Augsburger Gründungslegende – Motiventwicklung und Motivverknüpfung im Mittelalter, in: ZHVS 97 (2004), S. 7–45.

GIESEN, Josef: Heraldisches am Türklopfer des Lübecker Rathauses, in: ZVLGA 30 (1940), S. 361–364.

GLÄSER, Manfred: Befunde zur Hafenrandbebauung Lübecks als Niederschlag der Stadtentwicklung im 12. und 13. Jahrhundert. Vorbericht zu den Grabungen Alfstraße

36/38 und An der Untertrave 111/112; in: Lübecker Schriften zur Archäologie und Kulturgeschichte 11 (1985), S. 117–129.

GLÄSER, Manfred: Untersuchungen auf dem Gelände des ehemaligen Burgklosters zu Lübeck. Ein Beitrag zur Burgenarchäologie, in: Lübecker Schriften zur Archäologie und Kulturgeschichte 22 (1992), S. 65–121.

GLÄSER, Manfred/Russalka NIKOLOV/Lutz WILDE: Das Burgkloster zu Lübeck, Lübeck 1992.

Weltkulturerbe Lübeck. Ein archäologischer Rundgang, hg. von Manfred GLÄSER/ Doris MÜHRENBERG, Lübeck 2003.

GLÄSER, Manfred: Die Ausgrabungen im Burgkloster, in: Weltkulturerbe Lübeck. Ein archäologischer Rundgang, hg. von Manfred GLÄSER/Doris MÜHRENBERG, Lübeck 2003, S. 6f.

Dänen in Lübeck 1203–2003 (= Ausstellungen zur Archäologie in Lübeck, Bd. 6), hg. von Manfred GLÄSER/Doris MÜHRENBERG, Lübeck 2003.

GLÄSER, Manfred/Rolf HAMMEL/Michael SCHEFTEL: Das Haupt der Hanse: Lübeck, in: Die Hanse. Lebenswirklichkeit und Mythos, Textband zur Hamburger Hanse-Ausstellung von 1989, hg. von Jörgen BRACKER/Volker HENN/Rainer POSTEL, Lübeck 1989, S. 348–368.

GLÄSER, Manfred: Die Lübecker Befestigungen (Burgen und Stadtmauern) im Mittelalter und in der Neuzeit, in: Die Befestigungen (= Lübecker Kolloquium zur Stadtarchäologie in Hanseraum, Bd. 7), hg. von DEMS., Lübeck 2010.

GLOCKER, Winfrid: Die Verwandten der Ottonen und ihre Bedeutung in der Politik. Studien zur Familienpolitik und zur Genealogie des sächsischen Kaiserhauses (= Dissertationen zur mittelalterlichen Geschichte, Bd. 5), Köln/Wien 1989.

GLOOR, Maximilian: Politisches Handeln im spätmittelalterlichen Augsburg, Basel und Straßburg (= Heidelberger Veröffentlichungen zur Landesgeschichte und Landeskunde, Bd. 15), Heidelberg 2010.

GLÜBER, Wolfgang: „Die Judengaßen thet man zerstören/der hymelkünigin zu eren". Synagogenzerstörung und Marienkirchenbau, in: Maria – Tochter Sion? Mariologie, Marienfrömmigkeit und Judenfeindschaft, hg. von Johannes HEIL/Rainer KAMPLING, Paderborn/München/Wien/Zürich 2001, S. 163–186.

GOEDICKE, Christian/Jens Christian HOLST: Thermolumineszenzdatierung an Lübecker Backsteinbauten: Probleme und Entwicklung, in: Wege zur Erforschung städtischer Häuser und Höfe. Beiträge zur fächerübergreifenden Zusammenarbeit am Beispiel Lübecks im Spätmittelalter und in der Frühen Neuzeit (= Häuser und Höfe in Lübeck, Bd. 1), Neumünster 1993, hg. von Rolf HAMMEL-KIESOW, S. 251–271.

Die Eigenart der Institution. Zum Profil politischer Institutionentheorie, hg. von Gerhard GÖHLER, Baden-Baden 1994.

GÖHLER, Gerhard: Politische Institutionen und ihr Kontext. Begriffliche und konzeptionelle Überlegungen zur Theorie politischer Institutionen, in: Die Eigenart der

QUELLEN UND LITERATUR

Institution. Zum Profil politischer Institutionentheorie, hg. von DEMS., Baden-Baden 1994, S. 19–46.

Herrschaftsräume, Herrschaftspraxis und Kommunikation zur Zeit Friedrichs II. (= Münchner Beiträge zur Geschichtswissenschaft, Bd. 2), hg. von Knut GÖRICH/Jan KEUPP/Theo BROEKMANN, München 2008.

GÖRICH, Knut: Konflikt und Kompromiss: Friedrich Barbarossa in Italien, in: Staufer und Welfen. Zwei rivalisierende Dynastien im Hochmittelalter, hg. von Werner HECHBERGER/Florian SCHULLER, Regensburg 2009, S. 78–97.

GÖRICH, Knut: Friedrich Barbarossa. Eine Biographie, München 2011.

GOEZ, Werner: Translatio Imperii. Ein Beitrag zur Geschichte des Geschichtsdenkens und der politischen Theorie im Mittelalter und in der Frühen Neuzeit, Tübingen 1958.

GOEZ, Werner: Nürnberg – Kaiser und Reich, in: Nürnberg – Kaiser und Reich. Ausstellung des Staatsarchivs Nürnberg (= Ausstellungskataloge der Staatlichen Archive Bayerns, Bd. 20), Neustadt an der Aisch 1986, S. 11–16.

GOETZ, Hans-Werner: Europa im frühen Mittelalter 500–1050 (= Handbuch der Geschichte Europas, Bd. 2), Stuttgart 2003.

GOLISCH, Thorsten H.: Archäologie in der Altstadt – eine verpaßte Chance?, in: „... nicht eine einzige Stadt, sondern eine ganze Welt ...“. Nürnberg. Archäologie und Kulturgeschichte, hg. von Birgit FRIEDEL/Claudia FRIESER, Büchenbach 1999, S. 15–21.

GOPPOLD, Uwe: Politische Kommunikation in den Städten der Vormoderne. Zürich und Münster im Vergleich (= Städteforschung, Reihe A, Bd. 74), Köln/Weimar/Wien 2007.

GOTHEIN, Eberhard: Der Erzengel Michael, der Volksheilige der Langobarden, in: Die Culturentwicklung Süd-Italiens in Einzel-Darstellungen, hg. von DEMS., Breslau 1886, S. 41–111.

GOTTLIEB, Gunther: Das römische Augsburg. Historische und methodische Probleme einer Stadtgeschichte (= Schriften der philosophischen Fakultäten der Universität Augsburg, Bd. 21), München 1981.

Geschichte der Stadt Augsburg, hg. von Gunter GOTTLIEB u. a., Stuttgart ²1985.

GRABOWSKI, Mieczysław/Georg SCHMITT: „Und das Wasser fließt in Röhren“. Wasserversorgung und Wasserkünste in Lübeck, in: Archäologie und Bauforschung im Hanseraum. Eine Festschrift für Günter P. Fehring, hg. von Manfred GLÄSER, Rostock 1993, S. 217–223.

GRÄBKE, Hans Arnold: Die Wandmalereien der Marienkirche zu Lübeck, Hamburg 1951.

GRAF, Klaus: Schlachtengedenken im Spätmittelalter. Riten und Medien der Präsentation kollektiver Identität, in: Feste und Feiern im Mittelalter. Paderborner

Symposion des Mediävistenverbandes, hg. von Detlef ALTENBURG/Jörg JARNUT/ Hans-Hugo STEINHOFF, Sigmaringen 1991, S. 63–85.

GRAF, Klaus: Retrospektive Tendenzen in der bildenden Kunst vom 14. bis zum 16. Jahrhundert. Kritische Überlegungen aus der Perspektive des Historikers, in: Mundus in imagine. Bildersprache und Lebenswelten im Mittelalter. Festgabe für Klaus Schreiner, hg. von Andrea LÖTHER/Ulrich MEIER/Norbert SCHNITZLER/ Gerd SCHWERHOFF/Gabriela SIGNORI, München 1996, S. 389–420.

GRANDMONTAGNE, Michael: Claus Sluter und die Lesbarkeit mittelalterlicher Skulptur. Das Portal der Kartause von Champmol, Worms 2005.

Neue Forschungen zur Geschichte der Hansestadt Lübeck (= Veröffentlichungen zur Geschichte der Hansestadt Lübeck, Reihe B, Bd. 13), hg. von Antjekathrin GRAßMANN, Lübeck 1985.

GRAßMANN, Antjekathrin: Das Reichsfreiheitsprivileg – ein Wechsel auf die Zukunft, in: Dänen in Lübeck. 1203–2003 (= Ausstellungen zur Archäologie in Lübeck, Bd. 6), hg. von Manfred GLÄSER/Doris MÜHRENBERG, Lübeck 2003, S. 104–110.

GRAßMANN, Antjekathrin: Zu den Lübecker Stadtbüchern, in: Verwaltung und Schriftlichkeit in den Hansestädten (= Hansische Studien, Bd. 16), hg. von Jürgen SARNOWSKY, Trier 2006, S. 71–79.

Lübeckische Geschichte, hg. von Antjekathrin GRAßMANN, Lübeck [4]2008.

GRAUS, Frantisek: Prag als Mitte Böhmens 1346–1421, in: Zentralität als Problem der mittelalterlichen Geschichtsforschung (= Städteforschung, Reihe A, Bd. 8), hg. von Emil MEYNEN, Köln/Wien 1979, S. 22–47.

GRAUS, Frantisek: Troja und die trojanische Herkunftssage im Mittelalter, in: Kontinuität und Transformationen der Antike im Mittelalter. Veröffentlichungen der Kongreßakten zum Freiburger Symposium des Mediävistenverbandes, hg. von Willi ERZGRÄBER, Sigmaringen 1989, S. 25–43.

GREWE, Klaus: Wasserversorgung und -entsorgung im Mittelalter. Ein technikgeschichtlicher Überblick in: Die Wasserversorgung im Mittelalter (= Geschichte der Wasserversorgung im Mittelalter, Bd. 4), Mainz 1991.

Bischof und Bürger. Herrschaftsbeziehungen in Kathedralstädten des Hoch- und Spätmittelalters (= Veröffentlichungen des Max-Planck-Instituts für Geschichte, Bd. 206 = Studien zur Germania Sacra, Bd. 26), hg. von Uwe GRIEME/Nathalie KRUPPA/ Stefan PÄTZOLD, Göttingen 2004, S. 11–26.

GRITZNER, Erich: Symbole und Wappen des alten deutschen Reichs (= Leipziger Studien aus dem Gebiet der Geschichte, Bd. 8,3), Leipzig 1902.

GROEBNER, Valentin: Zu einigen Parametern der Sichtbarmachung städtischer Ordnung im späten Mittelalter, in: Stadt und Recht im Mittelalter. Le ville et le droit au moyen Âge (= Veröffentlichungen des Max-Planck-Instituts für Geschichte, Bd. 174), hg. von Pierre MONNET/Otto Gerhard OEXLE, Göttingen 2003, S. 133–151.

QUELLEN UND LITERATUR

GROLL, Thomas: Lage und Umgebung, in: Der Augsburger Dom. Sakrale Kunst von den Ottonen bis zur Gegenwart, hg. von der DIÖZESE AUGSBURG, München 2014, S. 19–27.

GROLL, Thomas: Geschichte des Bistums Augsburg, in: Der Augsburger Dom. Sakrale Kunst von den Ottonen bis zur Gegenwart, hg. von der DIÖZESE AUGSBURG, München 2014, S. 11–17.

GROOS, Walter: Zur Augsburger Stadtentwicklung, in: ZBLG 34 (1971), S. 817–830.

GROOS, Walter: Beiträge zur Frühgeschichte Augsburgs 300–1300 (= 29. Bericht der Naturforschenden Gesellschaft Augsburg), Augsburg 1973.

GROßMANN, G. Ulrich: Die Kaiserburg zu Nürnberg. Literaturbericht und Forschungsstand, in: Burgenbau im 13. Jahrhundert (= Forschungen zu Burgen und Schlössern, Bd. 7), hg. von der WARTBURG-GESELLSCHAFT ZUR ERFORSCHUNG VON BURGEN UND SCHLÖSSERN in Verbindung mit dem Germanischen Nationalmuseum, München/Berlin 2002, S. 83–98.

GROTEN, Manfred: Studien zur Frühgeschichte deutscher Stadtsiegel. Trier, Köln, Mainz, Aachen, Soest, in: Archiv für Diplomatik 31 (1985), S. 443–478.

GROTEN, Manfred: Vom Bild zum Zeichen. Die Entstehung korporativer Siegel im Kontext der gesellschaftlichen und intellektuellen Entwicklung des Hochmittelalters, in: Die Bildlichkeit korporativer Siegel im Mittelalter. Kunstgeschichte und Geschichte im Gespräch (= Studien zur mittelalterlichen Kunst, Bd. 1), hg. von Markus SPÄTH, Köln/Weimar/Wien 2009, S. 65–85.

GROTH, Klaus J.: Weltkulturerbe Lübeck – Denkmalgeschützte Häuser – Über 1000 Porträts der Bauten unter Denkmalschutz in der Altstadt – nach Straßen alphabetisch gegliedert, Lübeck 1999.

Geld im Mittelalter. Wahrnehmung – Bewertung – Symbolik, hg. von Klaus GRUBMÜLLER/Markus STOCK, Darmstadt 2005.

GRUNDMANN, Richard: Die Holzstatue des heiligen Georg im Germanischen Museum, in: MGN 1900, S. 185–196.

GÜMBEL, Albrecht: Hanns Schesslitzer genannt Schnitzer und Peter Ratzko, die Goldschmiede der Nürnberger Heiltumsruhe, in: Repertorium für Kunstwissenschaft 45 (1925), S. 90–97.

GÜNTHER, Arthur: Beziehungen zwischen Habsburgern und Zollern von ihren Anfängen bis zum Tod Albrechts I. (1308), in: XXX. Jahresbericht des k. k. Franz Joseph Staats-Gymnasiums, Schönberg 1909, S. 1–24.

GÜNTHER, Lutz Philipp: Die bildhafte Repräsentation deutscher Städte. Von den Chroniken der Frühen Neuzeit zu den Websites der Gegenwart, Köln/Weimar/Wien 2009.

Kommunikation im Spätmittelalter. Spielarten – Wahrnehmungen – Deutungen, hg. von Romy GÜNTHART/Michael JUCKER, Zürich 2005.

GÜNZEL, Stephan: Raumwissenschaften, Berlin 2008.

Raum. Ein interdisziplinäres Handbuch, hg. von Stephan GÜNZEL, Stuttgart 2010.

VON GUTTENBERG, Erich Freiherr/Alfred WENDEHORST: Das Bistum Bamberg. Zweiter Teil: Die Pfarreiorganisation (= Germania Sacra II, 1,2), Berlin 1966.

HAAS/Ursula PFISTERMEISTER, Walter: Romanik in Bayern, Stuttgart 1985.

HABERMAS, Jürgen: Strukturwandel der Öffentlichkeit. Untersuchungen zu einer Kategorie der bürgerlichen Gesellschaft, Neuwied 1962 (Neuauflage 1992 mit neuem Vorwort).

HAEBERLEIN, Fritz: Burg Nürnberg. Amtlicher Führer, München 1942.

Stadt und Raum. Soziologische Analysen, hg. von Hartmut HÄUßERMANN, Pfaffenweiler 1991.

HÄUSSLER, Helmut: Brunnen, Denkmale und Freiplastiken in Nürnberg. Brunnen der reichsstädtischen Zeit, Brunnen des 19. und 20. Jahrhunderts, zeitgenössische Brunnenkunst, Nürnberg 1977.

HAHN, Wolfgang: Beiträge zu einem Stempelcorpus der bayerischen Münzen des 10. und 11. Jahrhunderts. 4. Die Augsburger Münzprägung in den Jahren 950–978; in: Jahrbuch für Numismatik 31/32 (1981/82), S. 117–126.

HAMM, Berndt: Religiosität im späten Mittelalter. Spannungspole, Neuaufbrüche, Normierungen (= Spätmittelalter, Humanismus, Reformation. Studies in the Late Middle Ages, Humanism and the Reformation, Bd. 54), Tübingen 2011.

HAMMEL, Rolf: Lübeck. Frühe Stadtgeschichte und Archäologie. Kritische Betrachtung aus der Sicht eines Historikers, in: ZVLGA 64 (1984), S. 9–38.

HAMMEL, Rolf: Hauseigentum im spätmittelalterlichen Lübeck. Methoden zur Sozial- und Wirtschaftsgeschichtlichen Auswertung der Lübecker Oberstadtbuchregesten, in: Archäologische und schriftliche Quellen zur spätmittelalterlichen-neuzeitlichen Geschichte der Hansestadt Lübeck. Materialien und Methoden einer archäologisch-historischen Auswertung (= Lübecker Schriften zur Archäologie und Kunstgeschichte, Bd. 10), hg. von Alfred FALK/Rolf HAMMEL, Bonn 1987, S. 85–300.

HAMMEL, Rolf: Gründung und Entwicklungsstufen von Lübeck im 12. und 13. Jahrhundert, in: Lübecker Schriften zur Archäologie und Kulturgeschichte 17 (1988), S. 59–63.

HAMMEL-KIESOW, Rolf: Stadtherrschaft und Herrschaft in der Stadt, in: Hanse. Lebenswirklichkeit und Mythos, Textband zur Hamburger Hanse-Ausstellung von 1989, hg. von Jörgen BRACKER/Volker HENN/Rainer POSTEL, Lübeck 1989, S. 446–479.

HAMMEL-KIESOW, Rolf: Stadtgründung, topographische Expansion und gesellschaftliche Entwicklung Lübecks. Quellen zur Geschichte Schleswig-Holsteins, Teil 5: Geschichtlicher Hintergrund, Hinweise und Anregungen, hg. vom INSTITUT FÜR REGIONALE FORSCHUNG UND INFORMATION IM DEUTSCHEN GRENZVEREIN E. V. U. A., Kiel 1989, S. 27–41.

QUELLEN UND LITERATUR 395

HAMMEL-KIESOW, Rolf: Stadtherrschaft und Herrschaft in der Stadt, in: Die Hanse. Lebenswirklichkeit und Mythos, Textband zur Hamburger Hanse-Ausstellung von 1989, hg. von Jörgen BRACKER/Volker HENN/Rainer POSTEL, Hamburg 1989, S. 446–479.

HAMMEL-KIESOW, Rolf: Neue Aspekte zur Geschichte Lübecks: Von der Jahrtausendwende bis zum Ende der Hansezeit. Die Lübecker Stadtgeschichtsforschung der letzten 10 Jahre (1988–1999). Teil 2: „Verfassungsgeschichte", "Bürger, Rat und Kirche", „Außenvertretung" und „Weltwirtschaftspläne", in: ZVLA 80 (2000), S. 9–62.

HAMMEL-KIESOW, Rolf: Auf dem Weg zur Macht. Der Lübecker Kaufmann im 12. und 13. Jahrhundert, in: Die Hanse. Macht des Handels. Der Lübecker Fernhandelskaufmann (= Ausstellung im Holstentor zu Lübeck im Rahmen der Initiative „Wege zur Backsteingotik"), Bonn 2002, S. 13–29.

HAMMEL-KIESOW, Rolf: Novgorod und Lübeck. Siedlungsgefüge zweier Handelsstädte im Vergleich, in: Novgorod. Markt und Kontor der Hanse (= Quellen und Darstellungen zur hansischen Geschichte N. F., Bd. 53), hg. von Norbert ANGERMANN/Klaus FRIEDLAND, Köln 2002, S. 25–68.

HAMMEL-KIESOW, Rolf: Die Entstehung des sozialräumlichen Gefüges der mittelalterlichen Großstadt Lübeck. Grund und Boden, Baubestand und gesellschaftliche Struktur, in: Die Sozialstruktur und Sozialtopographie vorindustrieller Städte (= Hallische Beiträge zur Geschichte des Mittelalters und der Frühen Neuzeit, Bd. 1), hg. von Matthias MEINHARDT/Andreas RANFT, Berlin 2005, S. 139–203.

Das Gedächtnis der Hansestadt Lübeck. Festschrift für Antjekathrin Graßmann zum 65. Geburtstag, hg. von Rolf HAMMEL-KIESOW/Michael HUNDT, Lübeck 2005.

HAMMEL-KIESOW, Rolf: Die Anfänge Lübecks: Von der abotritischen Landnahme bis zur Eingliederung in die Grafschaft Holstein-Stormarn, in: Lübeckische Geschichte, hg. von Antjekathrin GRASSMANN, Lübeck ⁴2008, S. 1–38.

HAMMEL-KIESOW, Rolf: Exkurs I: Räumliche Entwicklung und Berufstopographie Lübecks bis zum Ende des 14. Jahrhunderts, in: Lübeckische Geschichte, hg. von Antjekathrin GRASSMANN, Lübeck ⁴2008, S. 46–80.

HAMMEL-KIESOW, Rolf: Reichsstadt und Hansestadt: Konkurrierende städtische Identitäten? Das Beispiel Lübeck, in: Tempi passati. Die Reichsstadt in der Erinnerung, 1. Tagung des Arbeitskreises „Reichsgeschichtsforschung" in Mühlhausen, 11. bis 13. Februar 2013 (= Studien zur Reichsstadtgeschichte, Bd. 1), hg. von Helge WITTMANN, Petersberg 2014, S. 75–98.

HAMMEL-KIESOW, Rolf/Matthias PUHLE/Sigfried WITTENBURG: Die Hanse, Darmstadt 2015.

HARADA, Akiko: Die Symbiose von Kirche und Stadt im Spätmittelalter. Das bürgerliche Gemeinschaftsbewusstsein und Stiftungen an die Pfarrkirchen in der

Reichsstadt Nürnberg (= Studien zur Geschichtsforschung des Mittelalters, Bd. 31), Hamburg 2014.

Zwischen Reric und Bornhöved. Die Beziehungen zwischen den Dänen und ihren slawischen Nachbarn vom 9. bis ins 13. Jahrhundert. Beiträge einer internationalen Konferenz, Leipzig 04.–06. Dezember 1997 (= Forschungen zur Geschichte und Kultur des östlichen Mitteleuropa, Bd. 11), hg. von Ole HARCK/Christian LÜBCKE, Stuttgart 2001.

HASSE, Paul: Die Schlacht von Bornhöved, in: ZSHG 7 (1877), S. 3–19.

HASSE, Paul: Bildliche Darstellungen aus Lübecks ältester Geschichte, in: MVLGA 6 (1893), S. 82–94.

HASSE, Max: Lübecker Maler und Bildschnitzer um 1500, 1. Teil, in: Niederdeutsche Beiträge zur Kunstgeschichte, III, 1964.

Lübeck. St. Annen-Museum. Bilder und Hausgerät (= Lübecker Museumsführer, Bd. 2), hg. von Max HASSE, Lübeck 1969.

HASSE, Max: Lübeck, Hamburg, Bremen, in: Die Parler und der schöne Stil 1350–1400. Europäische Kunst unter den Luxemburgern 2. Ein Handbuch zur Ausstellung des Schnütgen-Museums in der Kunsthalle Köln, hg. von Anton LEGNER, Köln 1978, S. 325f.

HASSE, Max: Die Marienkirche zu Lübeck, München 1983, S. 70f.

HASSE, Max: Der Lübecker Rat und die Marienkirche, in: ZVLGA 64 (1984), S. 39–50.

HARTMANN, Paul: Die gotische Monumentalplastik in Schwaben. Ihre Entwicklung bis zum Eindringe des neuen Stils zu Beginn des 15. Jahrhunderts, München 1910.

HAUG, Henrike: Preteritum, Presens, Futurum: Über die Aufgaben von historischer Erinnerung in der Gegenwart der Kommune Siena, in: Repräsentationen der mittelalterlichen Stadt (= Forum Mittelalter, Studien, Bd. 4), hg. von Jörg OBERSTE, Regensburg 2008, S. 165–178.

Der Hauptmarkt im Spiegel der Zeit. Ausstellungskatalog der Museen der Stadt Nürnberg/Stadtmuseum, Fembohaus, Nürnberg 2003.

HAUSCHILD, Wolf-Dieter: Kirchengeschichte Lübecks. Christentum und Bürgertum in neun Jahrhunderten, Lübeck 1981.

HAVERKAMP, Anselm: Typik und Politik im Annolied. Zum Konflikt der Interpretationen im Mittelalter, Stuttgart 1979.

HAVERKAMP, Alfred: „... an die große Glocke hängen“. Über Öffentlichkeit im Mittelalter, in: Jahrbuch des Historischen Kollegs 1 (1995), S. 119–156.

Staufer und Welfen. Zwei rivalisierende Dynastien im Hochmittelalter, hg. von Werner HECHBERGER/Florian SCHULLER, Regensburg 2009.

HECHT, Michael: Lehnszeremoniell und Wahlverfahren. Zur symbolischen Inszenierung politischer Ordnung in der Salz- und Residenzstadt Halle (15.–18. Jahrhundert), in: Symbolische Interaktion in der Residenzstadt des Spätmittelalters

QUELLEN UND LITERATUR

und der Frühen Neuzeit (= Hallische Beiträge zur Geschichte des Mittelalters und der Frühen Neuzeit, Bd. 9), hg. von Gerrit DEUTSCHLÄNDER/Marc VON DER HÖH/ Andreas RANFT, Berlin 2013, S. 250–272.

HECKERT, Uwe: Die Ratskapelle als Zentrum bürgerlicher Herrschaft und Frömmigkeit. Struktur, Ikonographie und Funktion, in: BDLG 129 (1993), S. 139–164.

HECKNER, Ulrike: Der Tempel Salomos in Aachen. Datierung und geometrischer Entwurf der karolingischen Pfalzkapelle, in: Die karolingische Pfalzkapelle in Aachen. Material, Bautechnik, Restaurierung (= Arbeitsheft der rheinischen Denkmalpflege, Bd. 78), Worms 2012, S. 25–62.

HEFELE, Klaus: Studien zum hochmittelalterlichen Stadttypus der Bischofsstadt in Oberdeutschland (Augsburg, Freising, Konstanz, Regensburg), Augsburg 1970.

HEHL, Ernst-Dieter, Kaisertum, Rom und Papstbezug im Zeitalter Ottos I., in: Ottonische Neuanfänge. Symposion zur Ausstellung „Otto der Große, Magdeburg und Europa", hg. von Bernd SCHNEIDMÜLLER/Stefan WEINFURTER, Mainz ²2004, S. 213–235.

HEIMPEL, Hermann: Nürnberg und das Reich des Mittelalters, in: ZBLG 16 (1951), S. 231–264.

Kaiser – Reich – Stadt. Die Kaiserburg Nürnberg, hg. von Katharina HEINEMANN, München 2013.

HEINEMANN, Katharina: Die Kaiser-Räume im Palas – Saal, Stube und Kammer, in: Kaiser – Reich – Stadt. Die Kaiserburg Nürnberg, hg. von DERS., München 2013, S. 135f.

HEINIG, Paul Joachim: Reichsstädte, Freie Städte und Königtum 1389–1450. Ein Beitrag zur deutschen Verfassungsgeschichte (= Veröffentlichungen des Instituts für europäische Geschichte Mainz. Abteilung Universalgeschichte, Bd. 108 = Beiträge zur Sozial- und Verfassungsgeschichte des alten Reiches, Nr. 3), Wiesbaden 1983.

HEINIG, Paul-Joachim: Das Bild Karls des Großen in der Stadt Frankfurt im 14. Jahrhundert, in: Karl der Große als Vielberufener Vorfahr. Sein Bild in der Kunst der Fürsten, Kirchen und Städte (= Schriften des Historischen Museums in Frankfurt am Main, Bd. 19), hg. von Lieselotte E. SAURMA-JELTSCH, Sigmaringen 1994, S. 63–86.

HEINIG, Paul-Joachim: Die Habsburger des 15. und 16. Jahrhunderts und Karl der Große, in: Karl der Große und sein Nachleben in Geschichte, Kunst und Literatur (= Zeitschrift des Aachener Geschichtsvereins, Bd. 104/105, 2002/2003), hg. von Thomas KRAUS/Klaus PABST, Aachen 2003, S. 141–171.

Kommunikationspraxis und Korrespondenzwesen im Mittelalter und in der Renaissance, hg. von Heinz-Dieter HEIMANN, Paderborn 1998.

HEISE, Georg: Fabelwelt des Mittelalters. Phantasie- und Zierstücke Lübeckischer Werkleute aus drei Jahrhunderten, Berlin 1936.

HERKOMMER, Hans: Heilsgeschichtliches Programm und Tugendlehre. Ein Beitrag zur Kultur- und Geistesgeschichte der Stadt Nürnberg am Beispiel des Schönen Brunnens und des Tugendbrunnens, in: MVGN 63 (1976), S. 192–216.

HERMANN, Fritz-Rudolf: Vor- und Frühgeschichte des Nürnberger Umlandes, in: Nürnberg – Geschichte einer Stadt, hg. von Gerhard PFEIFFER, München 1971, S. 5–10.

HERMANN, Tobias: Anfänge kommunaler Schriftlichkeit. Aachen im europäischen Kontext (= Bonner Historische Forschungen, Bd. 62), Siegburg 2006.

HERZOG, Erich: Werden und Form der mittelalterlichen Stadt. Ihre Bauten und Kunstwerke, in: Augusta 955–1055. Forschungen und Studien zur Kultur- und Wirtschaftsgeschichte Augsburgs, Augsburg 1955, S. 83–106.

HERZOG, Erich: Die ottonische Stadt. Die Anfänge der mittelalterlichen Stadtbaukunst in Deutschland (= Frankfurter Forschungen zur Architekturgeschichte, Bd. 2), Berlin 1964.

HESEMANN, Michael: Die stummen Zeugen von Golgatha. Die faszinierende Geschichte der Passionsreliquien Christi, München 2000.

HESS, Wolfgang: Münzstätten, Geldverkehr und Märkte am Rhein in ottonischer und salischer Zeit, in: Beiträge zum hochmittelalterlichen Städtewesen (= Städteforschung, Reihe A, Bd. 11), hg. von Berhard DIESTELKAMP, Köln/Wien 1982, S. 111–133.

HEUSER, August/Matthias Theodor KLOFT: Der Frankfurter Kaiserdom. Geschichte – Architektur – Kunst (= Große Kunstführer, Bd. 217), Regensburg 2006.

VON HEUSINGER, Sabine: „Cruzgang" und „umblauf". Symbolische Kommunikation im Stadtraum am Beispiel von Prozessionen, in: Kommunikation in mittelalterlichen Städten (= Forum Mittelalter, Studien, Bd. 3), hg. von Jörg OBERSTE, Regensburg 2007, S. 141–155.

HYE, Franz-Heinz: Der Doppeladler als Symbol für Kaiser und Reich, in: MIÖG 81 (1973), S. 63–100.

HIESTAND, Rudolf: ‚Cives Romanus sum'. Zum Selbstverständnis bürgerlicher Führungsschichten in den spätmittelalterlichen Städten, in: Herkunft und Ursprung. Historische und mythische Formen der Legitimation. Akten des Gerda Henkel Kolloquiums, veranstaltet vom Forschungsinstitut für Mittelalter und Renaissance der Heinrich-Heine-Universität Düsseldorf, 13.–15. Oktober 1991, hg. von Peter WUNDERLI, Sigmaringen 1994, S. 91–109.

HILBICH, Eberhard P.: Das Augsburger spätgotische Rathaus und seine Stellung unter den süddeutschen Rathausbauten, Dissertation (ungedruckt), Technische Hochschule München, 1968, S. 33–40.

HILLENBRAND, Eugen: ‚Ecce sigilli faciem'. Das Siegelbild als Mittel politischer Öffentlichkeitsarbeit im 14. Jahrhundert, in: Bild und Geschichte. Studien zur politischen Ikonographie. Festschrift für Hansmartin Schwarzmaier zum fünfund-

QUELLEN UND LITERATUR

sechzigsten Geburtstag, hg. von Konrad KRIMM/Herwig JOHN, Sigmaringen 1997, S. 53–77.

HIMMELHEBER, Georg: Der Ostchor des Augsburger Domes. Ein Beitrag zur Baugeschichte (= Abhandlungen zur Geschichte der Stadt Augsburg. Schriftenreihe des Stadtarchivs Augsburg, Bd. 15), Augsburg 1963.

HINTZ, Ralf Ernst: Der Wilde Mann – ein Mythos vom Andersartigen, in: Dämonen, Monster, Fabelwesen (= Mittelalter Mythen, Bd. 2), hg. von Ulrich MÜLLER/Werner WUNDERLICH, Sankt Gallen 1998, S. 617–626.

Architektur als politische Kultur. Philosophia practica, hg. von Hermann HIPP/Ernst SEIDL, Berlin 1996.

HIRSCHMANN, Gerhard: Einleitung, in: Die Annalen der Reichsstadt Nürnberg von 1623, Teil 2: von 1351–1469 (= Quellen zur Geschichte und Kultur der Stadt Nürnberg, Bd. 11), hg. von DEMS., Nürnberg 1984, S. 1–7.

Beiträge zur Wirtschaftsgeschichte Nürnbergs, Bd. 1 (= Beiträge zur Geschichte und Kultur der Stadt Nürnberg, Bd. 11/1), hg. von STADTARCHIV NÜRNBERG, Nürnberg 1967.

HOBSBAWM/Terence O. RANGER, Eric: The Invention of Tradition, Cambridge 1992.

Machträume der frühneuzeitlichen Stadt (= Konflikte und Kultur – Historische Perspektiven, Bd. 13), hg. von Christian HOCHMUTH/Susanne RAU, Konstanz 2006.

HOCHMUTH/Susanne RAU, Christian: Stadt – Macht – Räume – Eine Einführung, in: Machträume der frühneuzeitlichen Stadt (= Konflikte und Kultur – Historische Perspektiven, Bd. 13), hg. von DENS., Konstanz 2006, S. 13–40.

VON DER HÖH, Marc: Symbolische Interaktion in der Residenzstadt des Spätmittelalters und der Frühen Neuzeit. Zur Einleitung, in: Symbolische Interaktion in der Residenzstadt des Spätmittelalters und der Frühen Neuzeit (= Hallische Beiträge zur Geschichte des Mittelalters und der Frühen Neuzeit, Bd. 9), hg. von Gerrit DEUTSCHLÄNDER/Marc VON DER HÖH/Andreas RANFT, Berlin 2013, S. 9–26.

HOENSCH, Jörg K.: Itinerar König und Kaiser Sigismunds von Luxemburg 1368–1437 (= Studien zu den Luxemburgern und ihrer Zeit, Bd. 6), Warendorf 1995.

HOEYNCK, J.A.: Geschichte der Liturgie des Bistums Augsburg, Augsburg 1889.

HOFACKER, Hans-Georg: Die schwäbischen Reichslandvogteien im späten Mittelalter (= Spätmittelalter und Frühe Neuzeit, Bd. 8), Stuttgart 1980.

HOFFMANN, Robert: Die Thore und die Befestigungen der Stadt Augsburg von dem 10. bis zum 15. Jahrhundert, in: ZHVS 13 (1886), S. 1–48.

HOFFMANN, Paul: Die bildlichen Darstellungen des Kurfürstenkollegiums von den Anfängen bis zum Ende des Hl. Römischen Reiches (13.–18. Jahrhundert) (= Bonner Historische Forschungen, Bd. 47), Bonn 1976, S. 51.

HOFFMANN, Erich: Die dänische Königswahl im Jahre 1376 und die norddeutschen Mächte, in: ZSHG 99 (1974), S. 141–195.

HOFFMANN, Erich: Die Bedeutung der Schlacht von Bornhöved für die deutsche und skandinavische Geschichte, in: ZVLGA 57 (1977), S. 9–37.

HOFFMANN, Erich: Der Besuch Kaiser Karls IV. in Lübeck im Jahre 1375, in: Nord und Süd in der deutschen Geschichte des Mittelalters. Akten des Kolloquiums veranstaltet zu Ehren von Karl Jordan, 1907–1984, Kiel, 15.–16. Mai 1987 (= Kieler Historische Studien, Bd. 34), hg. von Werner PARAVICINI, Sigmaringen 1990, S. 73–95.

HOFFMANN, Erich: Lübeck im Hoch- und Spätmittelalter. Die große Zeit Lübecks, in: Lübeckische Geschichte, hg. von Antjekathrin GRAßMANN, Lübeck ⁴2008, S. 79–340.

HOFFMANN, Konrad: Stilwandel der Skulptur und Geschichte des Körpers. Überlegungen zum Forschungsstand, in: Bauwerk und Bildwerk im Hochmittelalter. Anschauliche Beiträge zur Kultur- und Sozialgeschichte, hg. von Karl CLAUSBERG/Dieter KIMPEL/Hans-Joachim KUNST/Robert SUCKALE, Gießen 1981, S. 141–167.

HOFMANN, Hanns Hubert: Nürnberg: Gründung und Frühgeschichte, in: JfL 10 (1950), S. 1–35.

HOFMANN, Hanns Hubert: Die Nürnberger Stadtmauer, Nürnberg 1967.

HOFMANN, Hanns Hubert: Sigena – oder: Was ist Freiheit?, in: MVGN 65 (1978), S. 39–54.

HOFMANN, Hasso: Der spätmittelalterliche Rechtsbegriff der Repräsentation in Reich und Kirche, in: Höfische Repräsentation. Das Zeremoniell und die Zeichen, hg. von Hedda RAGOTZKY/Horst WENZEL, Tübingen 1990, S. 17–42.

HOFMEISTER, Adolf: Die heilige Lanze, ein Abzeichen des alten Reichs (= Untersuchungen zur deutschen Staats- und Rechtsgeschichte, A.F., Heft 96), Aalen 1908 (ND Aalen 1973).

HOLST, Jens Christian: Das Haus Koberg 2 in Lübeck – zur Stratigraphie eines Baudenkmals, in: Bauforschung und Denkmalpflege, hg. von Johannes CRAMER, Stuttgart 1987, S. 96–109.

HOLZBORN, Timo: Die Geschichte der Gesetzespublikation: insbesondere von den Anfängen des Buchdrucks um 1450 bis zur Einführung von Gesetzesblättern im 19. Jahrhundert (= Juristische Reihe Tenea, Bd. 39), Berlin 2003.

HOWELL, Martha C.: The Spaces of Late Medieval Urbanity, in: Shaping Urban Identity in Late Medieval Europe. L'apparition d'une identité urbaine dans l'Europe du bas moyen Âge (= Studies in Urban Social, Economic and Political History of the Medieval and Early Modern Low Countries, No. 11), hg. von Marc BOONE/Peter STABEL, Leuven/Apeldoorn 2000, S. 3–23.

Kaiser Sigismund. Zur Herrschaftspraxis eines europäischen Monarchen (1369–1437) (= Forschungen zur Kaiser- und Papstgeschichte, Bd. 31), hg. von Karel HRUZA/Alexandra KAAR, Wien/Köln/Weimar 2012.

HÜBENER, Wolfgang: Siedlungskontinuität und Bedeutungswandel zwischen Spätantike und Mittelalter im Augsburger Raum, in: Jahrbuch des Vereins für Augsburger Bistumsgeschichte 18 (1984), S. 162–198.

QUELLEN UND LITERATUR

HÜBENER, Wolfgang: Alt Lübeck und die Anfänge Lübecks – Überlegungen der Archäologie zu den Anfängen ihres „städtischen Wesens", in: Neue Forschungen zur Geschichte der Hansestadt Lübeck (= Veröffentlichungen zur Geschichte der Hansestadt Lübeck, Reihe B, Bd. 13), hg. von Antjekathrin GRAßMANN, Lübeck 1985, S. 7–25.

Medien der Erinnerung in Mittelalter und Renaissance (= Düsseldorfer Studien zu Mittelalter und Renaissance, Bd. 42), hg. von Andrea HÜLSEN-ESCH, Düsseldorf 2009.

HÜLSEN-ESCH, Andrea: Die Buchmalerei als Medium der Erinnerung, in: Medien der Erinnerung in Mittelalter und Renaissance (= Düsseldorfer Studien zu Mittelalter und Renaissance, Bd. 42), hg. von DERS., Düsseldorf 2009, S. 83–111.

HUGGER, Paul: Einleitung. Das Fest. Perspektiven einer Forschungsgeschichte, in: Stadt und Fest. Zu Geschichte und Gegenwart europäischer Festkultur, hg. von DEMS., Stuttgart 1987, S. 9–24.

HUMBERT, Klaus/Martin SCHENK: Entdeckung der mittelalterlichen Stadtplanung. Das Ende vom Mythos der „gewachsenen Stadt", Stuttgart 2001.

HUNING, Sandra: Politisches Handeln in öffentlichen Räumen. Die Bedeutung öffentlicher Räume für die Politik (= Edition Stadt und Region, Bd. 14), Berlin 2006.

IGEL, Karsten: Die Entdeckung des Platzes. Die Entstehung und Gestaltung kommunaler Plätze – Methoden ihrer Erforschung, in: Die mittelalterliche Stadt erforschen – Archäologie und Geschichte im Dialog. Beiträge der Tagung „Geschichte und Archäologie: Disziplinäre Interferenzen" vom 7.–9. Februar 2008 in Zürich (Schweizer Beiträge zur Kultur und Archäologie des Mittelalters, Bd. 36), hg. von Armand BAERISWYL/Georges DESCOEUDRES /Martina STERCKEN/Dölf WILD, Basel 2009, S. 79–88.

IRSIGLER, Franz: Kaufmannsmentalität im Mittelalter, in: Mentalität und Alltag im Spätmittelalter, hg. von Cord MECKSEPER, Elisabeth SCHRAUT, Göttingen [2]1991, S. 53–75.

ISENMANN, Eberhard: Reichsfinanzen und Reichssteuern im 15. Jahrhundert, in: ZHF 7 (1980), S. 1–76.

ISENMANN, Eberhard: Reichsstadt und Reich an der Wende vom späten Mittelalter zur frühen Neuzeit, in: Mittel und Wege früherer Verfassungspolitik. Kleine Schriften 1 (= Spätmittelalter und Frühe Neuzeit. Tübinger Beiträge zur Geschichtsforschung, Bd. 9), hg. von Josef ENGEL, Stuttgart 1979, S. 9–223.

ISENMANN, Eberhard: Ratsliteratur und städtische Ratsordnung des späten Mittelalters und der frühen Neuzeit. Soziologie des Rats – Amt und Willensbildung – politische Kultur, in: Stadt und Recht im Mittelalter. La Ville et le Droit au moyen Âge (= Veröffentlichungen des Max-Planck-Instituts für Geschichte, Bd. 174), Göttingen 2003, hg. von Pierre MONNET/Gerhard OEXLE, S. 214–479.

ISENMANN, Eberhard: Die deutsche Stadt im Spätmittelalter 1250–1500. Stadtgestalt, Recht, Stadtregiment, Kirche, Gesellschaft, Wirtschaft, Köln/Weimar/Wien [2]2014.

JACHMANN, Julian: Die Kunst des Augsburger Rates 1588–1631. Kommunale Räume als Medium von Herrschaft und Erinnerung (= Kunstwissenschaftliche Studien, Bd. 147), München/Berlin 2008.

JACHMANN, Julian: Öffentlichkeit und Raum in der Reichsstadt. Das frühneuzeitliche Augsburg zwischen Rat, Patriziat und Fürsten, in: Stadtgestalt und Öffentlichkeit. Die Entstehung politischer Räume in der Stadt der Vormoderne (= Veröffentlichungen des Zentralinstituts für Kunstgeschichte in München, Band 24), hg. von Stephan ALBRECHT, Köln/Weimar/Wien 2010, S. 191–209.

JÄCKEL, Dirk: Der Herrscher als Löwe. Ursprung und Gebrauch eines politischen Symbols im Früh- und Hochmittelalter (= Beihefte zum Archiv für Kulturgeschichte, Bd. 60), Köln/Weimar/Wien 2006.

JAFFÉ, Philipp: Geschichte des deutschen Reichs unter Conrad dem Dritten, Hannover 1845.

JAHN, Joachim: Topographie, Verfassung und Gesellschaft der mittelalterlichen Stadt – das Beispiel Augsburg, in: Miscellanea Suevica Augustana. Der Stadt dargebracht zur 2000-Jahrfeier 1985 (= Augsburger Beiträge zur Landesgeschichte Bayerisch-Schwabens, Bd. 3), hg. von Pankraz FRIED, Sigmaringen 1985, S. 9–42.

JANSEN, Michaela: Gegründet & geplant. Hochmittelalterliche Stadtgründungen – die vielseitigen Facetten eines Begriffspaares, in: Die mittelalterliche Stadt erforschen – Archäologie und Geschichte im Dialog. Beiträge der Tagung „Geschichte und Archäologie: Disziplinäre Interferenzen" vom 7.–9. Februar 2008 in Zürich (= Schweizer Beiträge zur Kunstgeschichte und Archäologie des Mittelalters, Bd. 36), hg. von Armand BAERISWYL/Georges DESCOEUDRES/Martina STERCKEN/ Dölf WILD, Basel 2009, S. 89–98.

JESSE, Wilhelm: Münz- und Geldgeschichte Niedersachsens. Die Zeit der Brakteatenprägung im 12. und 13. Jahrhundert, Braunschweig 1952.

JESSE, Wilhelm: Lübecks Anteil an der deutschen Münz- und Geldgeschichte, in: ZVLGA 40 (1960), S. 5–36.

JESSE, Wilhelm: Der Wendische Münzverein, Braunschweig 1967.

JOACHIMSOHN, Paul: Zur städtischen und klösterlichen Geschichte Augsburgs im 15. Jahrhundert, in: Alemannia 22 (1894), S. 1–32.

JÖNS, Heike: Die Lübecker Marienkirche als Hauptbau der kathedralgotischen Backsteinarchitektur, in: ZVLGA 76 (1996), S. 223–254.

Spezialisierung und Professionalisierung: Träger und Foren städtischer Außenpolitik während des späten Mittelalters und der frühen Neuzeit (= Trierer Beiträge zu den historischen Kulturwissenschaften, Bd. 1), hg. von Christian JÖRG/Michael JUCKER, Wiesbaden 2010.

JOHANEK, Peter: Geschichtsschreibung und Geschichtsüberlieferung in Augsburg am Ausgang des Mittelalters, in: Literarisches Leben in Augsburg während des

QUELLEN UND LITERATUR 403

15. Jahrhunderts (= Studia Augustana, Bd. 7), hg. von Johannes JANOTA/Werner WILLIAMS-KRAPP, Tübingen 1995, S. 160–182.

Stadtgrundriss und Stadtentwicklung. Forschungen zur Entstehung mitteleuropäischer Städte (Städteforschung, Reihe A, Bd. 44), hg. von Peter JOHANEK, Köln/Weimar/Wien 1997.

JOHANEK, Peter: Die Mauer und die Heiligen. Stadtvorstellungen im Mittelalter, in: Das Bild der Stadt in der Neuzeit 1400–1800, hg. von Wolfgang BEHRINGER/Bernd ROECK, München 1999, S. 26–38.

Städtische Geschichtsschreibung im Spätmittelalter und in der frühen Neuzeit (= Städteforschung, Reihe A, Bd. 47), hg. von Peter JOHANEK, Köln/Weimar/Wien 2000.

JOHANEK, Peter: Eberhard Windecke und Kaiser Sigismund, in: Sigismundus von Luxemburg. Ein Kaiser in Europa, Tagungsband des internationalen historischen und kunsthistorischen Kongresses in Luxemburg, 08–10. Juni 2005, hg. von Michel PAULY/Francois REINERT, Mainz 2006, S. 143–155.

Adventus. Studien zum herrschaftlichen Einzug in die Stadt (= Städteforschung, Reihe A, Bd. 75), hg. von Peter JOHANEK/Angelika LAMPEN, Köln/Weimar/Wien 2009.

LAMPEN, Angelika/Peter JOHANEK: Adventus. Studien zum herrschaftlich Einzug in die Stadt. Zur Einführung, in: Adventus. Studien zum herrschaftlichen Einzug in die Stadt (= Städteforschung, Reihe A, Bd. 75), hg. von DENS., Köln/Weimar/Wien 2009, S. VII-XVI.

JORDAN, Karl: Die Bistumsgründungen Heinrichs des Löwen. Untersuchungen zur Geschichte der ostdeutschen Kolonisation, Leipzig 1939.

JOST, Bettina: Die Reichskleinodien, der Trifels und Philipp von Falkenstein, in: Stauferkaiser, Reichsinsignien, Ministerialität (= Beiträge zur Geschichte des Trifels und des Mittelalters, Bd. 2), hg. vom TRIFELSVEREIN E. V. ANNWEILER AM TRIFELS, Annweiler 2002, S. 102–128.

JÜTTE, Robert: Funktion und Zeichen. Zur Semiotik herrschaftlicher Kommunikation in der Stadtgesellschaft, in: Visualisierung städtischer Ordnung. Zeichen – Abzeichen – Hoheitszeichen. Referate der interdisziplinären Tagung des Forschungsinstituts für Realienkunde am Germanischen Nationalmuseum, Nürnberg, 9.–11. Oktober 1991, hg. von Hermann MAUÉ, Nürnberg 1993, S. 13–21.

Gekrönt auf Erden und im Himmel – das heilige Kaiserpaar Heinrich II. und Kunigunde (= Veröffentlichungen des Diözesanmuseums Bamberg, Bd. 26), hg. von Norbert JUNG/Holger KEMPKENS, Münsterschwarzach 2014.

KÄLBLE, Mathias: Die ‚Zivilisierung‘ des Verhaltens. Zum Funktionswandel patrizischer Gesellschaften in Spätmittelalter und früher Neuzeit, in: Geschlechtergesellschaften, Zunft-, Trinkstuben und Bruderschaften in spätmittelalterlichen und frühneuzeitlichen Städten, 40. Arbeitstagung in Pforzheim von 16.–18. November 2001 (= Stadt in der Geschichte, Bd. 30), hg. von Gerhard FOUQUET/Matthias STEINBRINK/Gabriel ZEILINGER, Ostfildern 2003, S. 191–258.

KAH, Daniela: Architektur und Baugeschichte der Gotik in: Der Augsburger Dom. Sakrale Kunst von den Ottonen bis zur Gegenwart, hg. von der DIÖZESE AUGSBURG, München 2014, S. 71–86.

KAH, Daniela: Die Sichtbarkeit des Reichs in der „wahrhaft königlichen Stadt" Augsburg im späten Mittelalter, in: Reichszeichen. Darstellungen und Symbole des Reichs in den Reichsstädten, 2. Tagung des Arbeitskreises „Reichsstadtgeschichtsforschung", Mühlhausen 3.bis 5. März 2014 (= Studien zur Reichsstadtgeschichte, Bd. 2), hg. von Helge WITTMANN, Petersberg 2015, S. S. 55–72.

KAHSNITZ, Rainer: Skulptur in Stein, Ton und Holz, in: Nürnberg 1300–1550. Kunst der Gotik und Renaissance, hg. vom Gerhard BOTT/Philippe DE MONTEBELLO/Rainer KAHSNITZ/William D. WIXOM, München 1986, S. 61–74.

KAHSNITZ, Rainer: Kaiser Ludwig der Bayer und Schwertübergabe, in: Nürnberg 1300–1550. Kunst der Gotik und Renaissance, hg. vom Gerhard BOTT/Philippe DE MONTEBELLO/Rainer KAHSNITZ/William D. WIXOM, München 1986, S. 127–131.

KAHSNITZ, Rainer: Glasmalerei in Nürnberg, in: Nürnberg 1300–1550. Kunst der Gotik und Renaissance, hg. vom Gerhard BOTT/Philippe DE MONTEBELLO/Rainer KAHSNITZ/William D. WIXOM, München 1986, S. 87–92.

KAHSNITZ, Rainer: Städte- und Kaisersiegel: Das Bild des Königs und Kaisers auf Siegeln mittelrheinischer Städte im 13. Jahrhundert, in: Festschrift zum 125jährigen Bestehen des Herold zu Berlin 1869–1994 (= Herold-Studien, Bd. 4), hg. von Bernhart JÄHNING/Knut SCHULZ, Berlin 1994, S. 45–68.

KALLEN, Peter W.: Skulptur am Bau in der Lübecker Altstadt, Lübeck 1990.

KALLEN, Peter W.: Kunst der Fuge. Die Baukunst der Gotik in Lübeck, in: Die Hanse. Macht des Handels. Der Lübecker Fernhandelskaufmann (Ausstellung im Holstentor zu Lübeck im Rahmen der Initiative „Wege zur Backsteingotik"), Bonn 2002, S. 31–87.

KAMP, Norbert: Münzprägung und Münzpolitik der Staufer in Deutschland, HBN V, Heft 17 (1963), S. 517–544.

KAMP, Norbert: Moneta regis. Königliche Münzstätten und königliche Münzpolitik in der Stauferzeit (= MGH Schriften, Bd. 55), Hannover 2006.

KAPFHAMMER, Günther: Augsburger Stadtsagen, Augsburg 1985.

KAUFHOLD, Martin: Gladius Spiritualis. Das päpstliche Interdikt über Deutschland in der Regierungszeit Ludwigs des Bayern (1324–1347) (= Heidelberger Abhandlungen zur Mittleren und Neueren Geschichte, NF, Bd. 69), Heidelberg 1994.

KAUFHOLD, Martin: Deutsches Interregnum und europäische Politik. Konfliktlösungen und Entscheidungsstrukturen 1230–1280 (= MGH Schriften, Bd. 49), Hannover 2000.

KAUFHOLD, Martin: Wendepunkte des Mittelalters, Ostfildern 2004.

QUELLEN UND LITERATUR

KAUFHOLD, Martin: Das Reich im Umbruch (1250–1308), in: Heiliges Römisches Reich Deutscher Nation 962 bis 1806. Von Otto dem Großen bis zum Ausgang des Mittelalters. Essays (29. Ausstellung des Europarates in Magdeburg und Berlin = Landesausstellung Sachsen-Anhalt), hg. von Matthias PUHLE/Claus-Peter HASSE, Dresden 2006, S. 277–286.

Der Augsburger Dom im Mittelalter, hg. von Martin KAUFHOLD, Augsburg 2006, S. 9–26.

KAUFHOLD, Martin: Der Dom im mittelalterlichen Augsburg: Stationen einer spannungsreichen Geschichte, in: Der Augsburger Dom im Mittelalter, hg. von Martin KAUFHOLD, Augsburg 2006, S. 9–26.

Augsburg im Mittelalter, hg. von Martin KAUFHOLD, Augsburg 2009.

KAUFHOLD, Martin: Prügelei am Stadtpyr: Ein zerrissener Mantel und die politischen Kämpfe der Reichsstadt (um 1450), in: Augsburg im Mittelalter, hg. von DEMS., Augsburg 2009, 52–71.

KAUFHOLD, Martin: Entscheidungsspielräume im Spannungsfeld von Repräsentation und Ritual, in: Politische Versammlungen und ihre Rituale. Repräsentationsformen und Entscheidungsprozesse des Reichs und der Kirche im späten Mittelalter (= Mittelalter-Forschungen, Bd. 27), hg. von Jörg PELTZER/Gerald SCHWEDLER/ Paul TÖBELMANN, Ostfildern 2009, S. 263–272.

KAUFHOLD, Martin: Die Lechfeldschlacht und die Folgen für die Region, in: ZHVS 107 (2015), S. 23–39.

KELLER, Hagen: Zwischen regionaler Begrenzung und universalem Horizont. Deutschland im Imperium der Salier und Staufer 1024 bis 1250, Berlin 1986.

Iconologia Sacra. Mythos, Bildkunst und Dichtung in der Religions- und Sozialgeschichte Alteuropas. Festschrift für Karl Hauck zum 75. Geburtstag (= Arbeiten zur Frühmittelalterforschung, Bd. 23), hg. von Hagen KELLER/Nikolaus STAUBACH, Berlin/New York 1994, S. 417–437.

KELLER, Hagen: Machabaeorum pugnae. Zum Stellewert eines biblischen Vorbilds in Widukinds Deutung der ottonischen Königsherrschaft, in: Iconologia Sacra. Mythos, Bildkunst und Dichtung in der Religions- und Sozialgeschichte Alteuropas. Festschrift für Karl Hauck zum 75. Geburtstag (= Arbeiten zur Frühmittelalterforschung, Bd. 23), hg. von DEMS./Nikolaus STAUBACH, Berlin/New York 1994, S. 417–437.

KELLER, Hagen: Ottonische Königsherrschaft. Organisation und Legitimation, Darmstadt 2002.

KELLER, Hagen: Die Ottonen und Karl der Große, in: Karl der Große und sein Nachleben in Geschichte, Kunst und Literatur (= Zeitschrift des Aachener Geschichtsvereins, Bd. 104/105, 2002/2003), hg. von Thomas KRAUS/Klaus PABST, Aachen 2003, S. 69–94.

KELLER, Hagen/Gerd ALTHOFF: Die Zeit der späten Karolinger und der Ottonen. Krisen und Konsolidierungen 888–1024 (= Handbuch der deutschen Geschichte, Bd. 3), Stuttgart [10]2008.

KELLNER, Hans-Jörg: Die Münzen der freien Reichsstadt Nürnberg, Teil 1: Die Goldmünzen, in: Jahrbuch für Numismatik und Geldgeschichte 3/4 (1952/53), S. 115–131.

KERNER, Max: Mythos Karl. Wie die Nachwelt Karl den Großen sieht, in: Karl der Große. Charlemagne. Orte der Macht. Essays, hg. von Frank POHLE, Dresden 2014, S. 400–417.

KERSCHER, Gottfried: Die Perspektive des Potentaten. Differenzierung von „Privattrakt" bzw. Appartement und Zeremonialräumen im spätmittelalterlichen Palastbau, in: Zeremoniell und Raum (1200–1600), 4. Symposium der Residenzen-Komission der Akademie der Wissenschaften in Göttingen, Potsdam, 25. bis 27. September (= Residenzenforschung, Bd. 6), hg. von Werner PARAVICINI, Sigmaringen 1997, S. 155–186.

KIESOW, Gottfried: Gesamtkunstwerk – Die Stadt. Zur Geschichte der Stadt vom Mittelalter bis in die Gegenwart, Bonn 1999.

KIEßLING, Rolf: Bürgerliche Gesellschaft und Kirche im Spätmittelalter. Ein Beitrag zur Strukturanalyse der oberdeutschen Reichsstadt (= Abhandlungen zur Geschichte der Stadt Augsburg. Schriftenreihe des Stadtarchivs Augsburg, Bd. 19), Augsburg 1971.

KIEßLING, Rolf: Bürgertum und Kirche im Spätmittelalter, in: Geschichte der Stadt Augsburg, hg. von Gunter GOTTLIEB u. a., Stuttgart [2]1985, S. 208–213.

Türme – Tore – Bastionen. Die reichsstädtischen Befestigungsanlagen Augsburgs, hg. von Hermann KIEßLING/Ulrich LOHRMANN, Augsburg 1987.

Das Reich in der Region während des Mittelalters und der Frühen Neuzeit (= forum suebicum, Bd. 6), hg. von Rolf KIEßLING/Sabine ULLMANN, Konstanz 2005.

KIEßLING/Sabine ULLMANN, Rolf: Einführung, in: Das Reich in der Region während des Mittelalters und der Frühen Neuzeit (= forum suebicum, Bd. 6), hg. von DENS., Konstanz 2005, S. 11–23.

KILIAN, Eugen: Itinerar Heinrich IV., Karlsruhe 1886.

KINTZINGER, Martin: Zeichen und Imaginationen des Reichs, in: Heilig-Römisch-Deutsch. Das Reich im mittelalterlichen Europa (Internationale Tagung zur 29. Ausstellung des Europarates und Landesausstellung Sachsen), hg. von Bernd SCHNEIDMÜLLER/Stefan WEINFURTER, Dresden 2006, S. 345–371.

KIRCHBERGER, Stefan: Die Vorgängerbauten von St. Lorenz, in: „... nicht eine einzige Stadt, sondern eine ganze Welt ...". Nürnberg. Archäologie und Kulturgeschichte, hg. von Birgit FRIEDEL/Claudia FRIESER, Büchenbach 1999, S. 133–135.

Stadt und Bischof, 24. Arbeitstagung in Augsburg 1985 (= Stadt in der Geschichte, Bd. 14), hg. von Bernhard KIRCHGÄSSNER/Wolfram BAER, Sigmaringen 1988.

QUELLEN UND LITERATUR

Stadt und Repräsentation, 31. Arbeitstagung in Pforzheim 1992 (= Stadt in der Geschichte, Bd. 21), hg. von Bernhard KIRCHGÄSSNER/Hans-Peter BECHT, Sigmaringen 1995.

Stadt und Archäologie, 36. Arbeitstagung 1997 (= Stadt in der Geschichte, Bd. 26), hg. von Bernhard KIRCHGÄSSNER/Hans-Peter BECHT, Stuttgart 2000.

KIRCHHOFF, Matthias: Gedächtnis in Nürnberger Texten des 15. Jahrhunderts. Gedenkbücher, Bruderbücher, Städtelob, Chroniken (= Nürnberger Werkstücke zur Stadt- und Landesgeschichte, Bd. 68), Nürnberg 2009.

Die heilige Lanze in Wien. Insignie. Reliquie. Schicksalsspeer (= Schriften des Kunsthistorischen Museums, Bd. 9), hg. von Franz KIRCHWEGER, Wien 2005.

KLEIN, Bruno: Sakralbau als Kommunikation in italienischen Kommunen, in: Verdichtete Kommunikation und städtische Kultur, in: Kommunikation in mittelalterlichen Städten (= Forum Mittelalter, Studien, Bd. 3), hg. von Jörg OBERSTE, Regensburg 2007, S. 133–140.

KLEIN, Bruno: Das Straßburger Münster als Ort kommunaler Repräsentation, in: Repräsentationen der mittelalterlichen Stadt (= Forum Mittelalter, Studien, Bd. 4), hg. von Jörg OBERSTE, Regensburg 2008, S. 83–93.

KLÖCKLER, Jürgen: Ulrich Richenthal: Chronik des Konzils zu Konstanz 1414–1418, Stuttgart 2013.

KLOSS, Rudolf: Einführung in die Epigraphik des Mittelalters und der Frühen Neuzeit, Darmstadt ²1992, S. 26–30.

KLUGE, Bernd: Deutsche Münzgeschichte von der späten Karolingerzeit bis zum Ende der Salier (ca. 900 bis 1125) (= Römisch-Germanisches Zentralmuseum, Monographien, Bd. 31), Sigmaringen 1993.

KLUGE, Bernd: Geld im Mittelalter – Eine numismatische Einführung, in: Geld im Mittelalter. Wahrnehmung – Bewertung – Symbolik, hg. von Klaus GRUBMÜLLER/ Markus STOCK, Darmstadt 2005, S. 18–33.

KLUGE, Bernd: Numismatik des Mittelalters, Bd. 1, Handbuch und Thesaurus Nummorum, Medii Aevi (= Österreichische Akademie der Wissenschaften, Philosophisch-Historische Klasse, Sitzungsberichte, 769. Band = Veröffentlichungen der Numismatischen Kommission, Bd. 45), Berlin/Wien 2007.

KLUGER, Martin: Historische Wasserwirtschaft und Wasserkunst in Augsburg. Kanallandschaft, Wassertürme und Wasserkunst in Augsburg, Augsburg 2012.

KLUGE, Mathias Franc: Die inneren Organe Ottos III. und ihr vergessenes Grab: Herrschergedenken zwischen Bedeutungswandel und Überlieferungschance, in: Archiv für Kulturgeschichte 94 (2012), Heft 1, S. 59–86.

KLUGE, Mathias: Die Macht des Gedächtnisses: Entstehung und Wandel kommunaler Schriftkultur im Mittelalterlichen Augsburg (= Studies in Medieval and Reformation Traditions, Bd. 181), Leiden/Boston 2014.

KLUGE, Mathias Franc: Architektur und Baugeschichte der Romanik, in: Der Augsburger Dom. Sakrale Kunst von den Ottonen bis zur Gegenwart, hg. von der DIÖZESE AUGSBURG, München 2014, S. 31–43.

KNAPP, Ulrich: Stätten deutscher Kaiser und Könige im Mittelalter, Darmstadt 2008.

KNAPPE, Karl-Adolf: „Nostra et sacri Romani imperii civitas" – Zur reichsstädtischen Ikonologie im Spätmittelalter, in: Kunstspiegel 2 (1980) Heft 3, S. 155–172.

KNEFELKAMP, Ulrich: Das Heilig-Geist-Spital in Nürnberg vom 14.–17. Jahrhundert. Geschichte, Struktur, Alltag (= Nürnberger Forschungen, Bd. 26), Nürnberg 1989.

KOBLER, Friedrich: Baugeschichte des Ostchors, kunsthistorische Beurteilung der Portalskulpturen, in: Das Südportal des Augsburger Domes. Geschichte und Konservierung (= Arbeitshefte des Bayerischen Landesamts für Denkmalpflege, Bd. 23), hg. vom BAYERISCHEN LANDESAMT FÜR DENKMALPFLEGE 1984, S. 7–30.

KÖLBEL, Richard: Der Erste Markgräflerkrieg 1449–1453, in: MVGN 65 (1978), S. 91–123.

Liber ad Honorem Augusti sive de rebus Siculis. Codex 120 II der Burgerbibliothek Bern. Eine Bilderchronik der Stauferzeit, hg. von Theo KÖLZER/Marlis STÄHLI, Sigmaringen 1994.

KOEPF, Hans: Das Stadtbild als Ausdruck der geschichtlichen Entwicklung, in: Stadt und Kultur, 21. Arbeitstagung in Ulm 29.–31. Oktober 1982 (= Stadt in der Geschichte, Bd. 11), hg. von Hans Eugen SPECKER, Sigmaringen 1983, S. 9–32.

KÖSTER, Gabriele: Zwischen Grabmal und Denkmal. Das Kaiserdenkmal für Speyer und andere Grabmonumente für mittelalterliche Könige und Kaiser im 15. und 16. Jahrhundert, in: Heiliges Römisches Reich Deutscher Nation 962 bis 1806. Von Otto dem Großen bis zum Ausgang des Mittelalters. Essays (29. Ausstellung des Europarates in Magdeburg und Berlin = Landesausstellung Sachsen-Anhalt), hg. von Matthias PUHLE/Claus-Peter HASSE, Dresden 2006, S. 399–409.

KOHLER, Alfred: Kaiserikonographie und Reichsemblematik, in: Bilder des Reiches, hg. von Rainer A. MÜLLER, Sigmaringen 1997, S. 155–168.

KOHLHAUSSEN, Heinrich: Nürnberger Goldschmiedekunst des Mittelalters und der Dürerzeit 1240 bis 1540, Berlin 1968.

KOHN, Karl: Das hochmittelalterliche Judenviertel Nürnbergs. Eine topographische Rekonstruktion, in: MVGN 65 (1978), S. 89–90.

KOLLER, Heinrich: Die mittelalterliche Stadtmauer als Grundlage städtischen Selbstbewusstseins, in: Stadt und Krieg, 25. Arbeitstagung in Böblingen 1986 (= Stadt in der Geschichte, Bd. 15), hg. von Bernhard KIRCHGÄSSNER/Günther SCHOLZ, Sigmaringen 1989, S. 9–26.

Johannes Enno KORN: Adler und Doppeladler. Ein Zeichen im Wandel der Geschichte, Göttingen 1969.

KOVACS, Eva: Kopfreliquiare des Mittelalters, Leipzig 1964.

KRAFT, Wilhelm: St. Sebald im Rahmen der ältesten Geschichte Nürnbergs, in: MVGN 38 (1941), S. 165–186.

QUELLEN UND LITERATUR

KRAFT, Sibyl: Ein Bilderbuch aus dem Königreich Sizilien. Kunsthistorische Studien zum „Liber ad honorem Augusti" des Petrus von Eboli (Codex 120 II der Burgerbibliothek Bern), Weimar 2006.

KRAMML, Peter F.: Kaiser Friedrich III. und die Reichsstadt Konstanz (1440–1493). Die Bodenseemetropole am Ausgang des Mittelalters (= Konstanzer Geschichts- und Rechtsquellen. Neue Folge der Konstanzer Stadtrechtsquellen, Bd. 29), Sigmaringen 1985.

KOWNATZKI, Hermann: Sigillum burgensium – Sigillum civitatis. Ein Beitrag zur Entwicklung der Staatsauffassung im Mittelalter, Köln 1979.

Krönungen: Könige in Aachen – Geschichte und Mythos. Katalog der Ausstellung in zwei Bänden, hg. von Mario KRAMP, Mainz 2000.

Karl der Große und sein Nachleben in Geschichte, Kunst und Literatur (= Zeitschrift des Aachener Geschichtsvereins, Bd. 104/105, 2002/2003), hg. von Thomas KRAUS/ Klaus PABST, Aachen 2003.

KRAUTH, Wolfgang: Stadtsiegel in Soest und Coesfeld. Zwei westfälische Bischofsstädte im Vergleich, in: Die Bildlichkeit korporativer Siegel im Mittelalter. Kunstgeschichte und Geschichte im Gespräch (= Studien zur mittelalterlichen Kunst, Bd. 1), hg. von Markus SPÄTH, Köln/Weimar/Wien 2009, S. 209–222.

Soziale Ungleichheiten (Soziale Welt, Sb. 2), hg. von Reinhard KRECKEL, Göttingen 1983.

KRETSCHMAR, Johannes: Lübeck als Reichsstadt, in: ZVLGA 23 (1926), S. 9–41.

KREUZER, Georg: Die Hoftage der Könige in Augsburg im Früh- und Hochmittelalter, in: Augsburger Beiträge zur Landesgeschichte Bayerisch-Schwabens 1, Sigmaringen 1979, S. 83–120.

KREUZER, Georg: s. v. „Augsburg", in: LexMa I (1980), Sp. 1212.

KREUZER, Georg: Augsburg in fränkischer und ottonischer Zeit (ca. 550–1024). Bischof Ulrich von Augsburg, in: Geschichte der Stadt Augsburg, hg. von Gunter GOTTLIEB u. a., Stuttgart ²1985, S. 115–117.

KREUZER, Georg: Das Verhältnis von Stadt und Bischof in Augsburg und Konstanz im 12. und 13. Jahrhundert, in: Stadt und Bischof, 24. Arbeitstagung in Augsburg 1985 (= Stadt in der Geschichte, Bd. 14), hg. von Bernhard KIRCHGÄSSNER/Wolfram BAER, Sigmaringen 1988, S. 43–64.

KRIEGER, Karl-Friedrich: König, Reich und Reichsreform im Spätmittelalter (= Enzyklopädie Deutscher Geschichte, Bd. 14), München 1992.

KRISCHER, André: Reichsstädte in der Fürstengesellschaft. Politischer Zeichengebrauch in der Frühen Neuzeit, Darmstadt 2006.

KROESCHELL, Karl: s. v. „Weichbild, –recht", in: LexMA VII, München 1997, S. 2093–2095.

KRÜGER, Ingo: Das Nürnberger Schrift- und Urkundenwesen 1240–1350, Bonn 1988.

KRÜGER, Ingo: Das spätmittelalterliche Nürnberg: Autonomiebestrebungen einer Stadt im Spiegel ihres Schriftguts, in: Aus Archiven und Bibliotheken. Festschrift für Raymund Kottje (= Freiburger Beiträge zur Mittelalterlichen Geschichte. Studien und Texte, Bd. 3), hg. von Hubert MORDEK, Frankfurt am Main/Bern/New York/ Paris 1992, S. 421–428.

KRÜGER, Thomas: Peter von Schaumberg (1388–1469), in: Lebensbilder aus dem Bistum Augsburg. Vom Mittelalter bis in die neueste Zeit (= Verein für Augsburger Bistumsgeschichte, Jahrbuch, 39. Jg.), hg. von Manfred WEITLAUFF, Augsburg 2005, S. 31–43.

KRÜGER, Thomas: Die Anfänge des Augsburger Stadtsiegels und die Emanzipation der Bürgerschaft, in: Augsburg im Mittelalter, hg. von Martin KAUFHOLD, Augsburg 2009, S. 19–35.

KRÜGER, Thomas Michael: Zeugen eines Spannungsverhältnisses? Die mittelalterlichen Siegel des Augsburger Domkapitels und der Augsburger Bürgerschaft, in: Die Bildlichkeit korporativer Siegel im Mittelalter. Kunstgeschichte und Geschichte im Gespräch (= Studien zur mittelalterlichen Kunst, Bd. 1), hg. von Markus SPÄTH, Köln/Weimar/Wien 2009, S. 239–260.

KRÜGER, Thomas Michael: Die Anfänge des Augsburger Stadtsiegels und die Emanzipation der Bürgerschaft, in: Augsburg im Mittelalter, hg. von Martin KAUFHOLD, Augsburg 2009, S. 19–35.

KRÜGER, Thomas Michael: Fragmentierung bischöflicher Herrschaft. Korporative Siegel und institutioneller Wandel in der Augsburger Stadtgeschichte des 13. Jahrhundert, in: ZHVS 107 (2015), S. 49–68.

KRUSE, Karl Bernhard/Manfred NEUGEBAUER: Die Baugeschichte des Heiligen-Geist-Hospitals in Lübeck, in: Lübecker Schriften zur Archäologie und Kulturgeschichte 17 (1988), S. 87–91.

KRUSE, Karl Bernhard/Manfred NEUGEBAUER: Die Baugeschichte des Heiligen-Geist-Hospitals in Lübeck, in: Lübecker Schriften zur Archäologie und Kulturgeschichte 17 (1988), S. 87–91.

KRUSE, Karl Bernhard: Die Baugeschichte des Heiligen-Geist-Spitals zu Lübeck (= Lübecker Schriften zur Archäologie und Kulturgeschichte, Bd. 25), hg. von Manfred GLÄSER, Bonn 1997.

KÜCH, Friedrich: Siegel und Wappen der Stadt Kassel, in: Zeitschrift für hessische Geschichte und Landeskunde 41 (1908), S. 242–266.

KÜHNE, Heinrich: Die Askanier. Aus der Geschichte der sächsisch-askanischen Herzöge und Kurfürsten von Sachsen-Wittenberg (1180–1422), Wittenberg 1999.

KÜHNE, Hartmut: Ostensio Reliquiarum (Arbeiten zur Kirchengeschichte, Bd. 75), Berlin 2000.

KÜHNEL, Harry: Spätmittelalterliche Festkultur im Dienste religiöser, politischer und sozialer Ziele, in: Feste und Feiern im Mittelalter. Paderborner Symposion des Mediävistenverbandes, hg. von Detlef ALTENBURG/Jörg JARNUT/Hans-Hugo STEINHOFF, Sigmaringen 1991, S. 71–85.

KUNDERT, Joshua Kevin, Der Kaiser auf dem Lechfeld, in: Concilium medii aevi 1 (1998), S. 77–97.

KUNST, Hans-Joachim: Die Marienkirche in Lübeck. Die Präsenz bischöflicher Architekturformen in der Bürgerkirche, Worms 1986.

LÄPPLE, Dieter: „Essay über den Raum. Für ein gesellschaftswissenschaftliches Raumkonzept", in: Stadt und Raum. Soziologische Analysen, hg. von Hartmut HÄUßERMANN, Pfaffenweiler 1991, S. 65–86.

LAMPEN, Angelika: Das Stadttor als Bühne, Architektur und Zeremoniell, in: Adventus. Studien zum herrschaftlichen Einzug in die Stadt (= Städteforschung, Reihe A, Bd. 75), hg. von Peter JOHANEK/Angelika LAMPEN, Köln/Weimar/Wien 2009, S. 1–36.

LAMMERS, Walther: Das Hochmittelalter bis zur Schlacht von Bornhöved, Neumünster 1981.

Cybele, Attis and related Cults. Essays in Memory of M.J. Vermaseren (= Religions in the Graeco-Roman World, Bd. 131), hg. von Eugene LANE, Leiden/Boston 1996.

LEFEBVRE, Henri: La production de l'espace, Paris 1974.

LEGNER, Anton: Reliquien in Kunst und Kultur zwischen Antike und Aufklärung, Darmstadt 1995.

LEHNERT, Walter: Der Kauf der Burggrafenburg 1427. Zur Territorialpolitik der Reichsstadt Nürnberg. Beiblatt zur Ausstellung des Stadtarchivs Nürnberg, Juni-September 1977, Nürnberg 1977.

LEHNERT, Walter: Nürnberg – Stadt ohne Zünfte. Die Aufgabe des reichsstädtischen Rugamts, in: Deutsches Handwerk in Spätmittelalter und Früher Neuzeit (= Göttinger Beiträge zur Wirtschafts- und Sozialgeschichte, Bd. 9), hg. von Rainer S. ELKAR, Göttingen 1983, S. 71–81.

LEONHARD, Walter: Das große Buch der Wappenkunst. Entwicklung, Elemente, Bildmotive, Gestaltung, München 1978.

LERMER, Andrea: Besiegelung des Rathauses. Der Venecia-Tondo am Dogenpalast in Venedig, in: Die Bildlichkeit korporativer Siegel im Mittelalter. Kunstgeschichte und Geschichte im Gespräch (= Studien zur mittelalterlichen Kunst, Bd. 1), hg. von Markus SPÄTH, Köln/Weimar/Wien 2009, S. 131–146.

LEUZE, Otto: Das Augsburger Domkapitel im Mittelalter, in: ZHVS 35 (1909), S. 1–12.

LEYH, Robert: Die Frauenkirche zu Nürnberg. Katholische Pfarrkirche Unser Lieben Frau (= Große Kunstführer, Bd. 167), München/Zürich 1992.

LIEB, Norbert: Augsburgs bauliche Entwicklung als Ausdruck städtischen Kulturschicksals seit 1800, in: Wiederaufbau und Tradition kirchlicher und profaner Bauten in Augsburg und Schwaben = ZHVS 58 (1951), S. 1–112.

LIEB, Norbert/Doris LIEB/Götz Freiherr VON PÖLNITZ: Augusta Vindelicorum. Augsburg. Begegnung mit einer zweitausendjährigen Stadt, Augsburg ³1972.

Theodor VON LIEBENAU: Das älteste Wappengedicht Deutschlands, in: Vierteljahresschrift für Heraldik, Sphragistik und Genealogie 7 (1880), S. 20–34.

LIEBERT, Thomas: Eine Stadt rüstet auf. Der Ausbau der Nürnberger Stadtbefestigung im 15. und 16. Jahrhundert, in: „... nicht eine einzige Stadt, sondern eine ganze Welt ...". Nürnberg. Archäologie und Kulturgeschichte, hg. von Birgit FRIEDEL/ Claudia FRIESER, Büchenbach 1999, S. 119–129.

LIEBHART, Wilhelm: Bischof Ulrich von Augsburg – ein politischer Heiliger?, in: 50 Jahre Schwäbische Forschungsgemeinschaft, hg. von der Schwäbischen Forschungsgemeinschaft, Augsburg 1999, S. 59–67.

Suevia Sacra. Zur Geschichte der ostschwäbischen Reichsstifte im Spätmittelalter und der Frühen Neuzeit. Pankraz Fried zum 70. Geburtstag (= Augsburger Beiträge zur Landesgeschichte Bayerisch-Schwabens, Bd. 8), hg. von Wilhelm LIEBHART/Ulrich FAUST, Stuttgart 2001.

LIEBHART, Wilhelm: Zur Geschichte der ostschwäbischen Reichsstifte im Spätmittelalter und in der Frühen Neuzeit. Eine Einführung, in: Suevia Sacra. Zur Geschichte der ostschwäbischen Reichsstifte im Spätmittelalter und der Frühen Neuzeit. Pankraz Fried zum 70. Geburtstag. Tagung der Schwäbischen Forschungsgemeinschaft und der Forschungsstelle Augsburg der Kommission für bayerische Landesgeschichte in der Verbindung mit der Historischen Sektion der Bayerischen Benediktinerakademie in Ottobeuren von 05.–07. Mai 2000 (= Augsburger Beiträge zur Landesgeschichte Bayerisch-Schwabens, Bd. 8), hg. von DEMS./Ulrich FAUST, Stuttgart 2001, S. 1–14.

LIEBHART, Wilhelm: Die Benediktinerabteien St. Ulrich und Afra (Augsburg) und Irsee im Ringen um Landeshoheit und Reichsunmittelbarkeit, in: Suevia Sacra. Zur Geschichte der ostschwäbischen Reichsstifte im Spätmittelalter und der Frühen Neuzeit. Pankraz Fried zum 70. Geburtstag. Tagung der Schwäbischen Forschungsgemeinschaft und der Forschungsstelle Augsburg der Kommission für bayerische Landesgeschichte in der Verbindung mit der Historischen Sektion der Bayerischen Benediktinerakademie in Ottobeuren von 05.–07. Mai 2000 (= Augsburger Beiträge zur Landesgeschichte Bayerisch-Schwabens, Bd. 8), hg. von DEMS./Ulrich FAUST, Stuttgart 2001, S. 133–142.

LIPPERT, Elsbeth: Glockenläuten als Rechtsbrauch (= Das Rechtswahrzeichen. Beiträge zur Rechtsgeschichte und rechtlichen Volkskunde, Bd. 3), Freiburg 1939.

LOCHNER, Georg Wolfgang Carl: Kaiser Ludwig der Bayer und Nürnberg, Nürnberg 1840.

LOCHNER, Georg Wolfgang Carl: Die nach vorhanden Abzeichen Nürnberger Häuser zusammengetragen und geordnet von einem Forscher in alten Dingen, Nürnberg 1855.

LÖHLEIN, Georg: Die Gründungsurkunde des Nürnberger Heiliggeistspitals von 1339, in: MVGN 52 (1963/64), S. 65–79.

QUELLEN UND LITERATUR 413

LÖTHER, Andrea: Die Inszenierung der stadtbürgerlichen Ordnung. Herrschereinritte in Nürnberg im 15. und 16. Jahrhundert als öffentliches Ritual, in: Wege zur Geschichte des Bürgertums. Vierzehn Beiträge (= Bürgertum. Beiträge zur europäischen Gesellschaftsgeschichte, Bd. 8), hg. von Klaus TENFELDE/Hans-Ulrich WEHLER, Göttingen 1994, S. 105–124.

Mundus in imagine. Bildersprache und Lebenswelten im Mittelalter. Festgabe für Klaus Schreiner, hg. von Andrea LÖTHER/Ulrich MEIER/Norbert SCHNITZLER/ Gerd SCHWERHOFF/Gabriela SIGNORI, München 1996.

LÖTHER, Andrea: Prozessionen in spätmittelalterlichen Städten. Politische Partizipation, obrigkeitliche Inszenierung, städtische Einheit (= Norm und Struktur. Studien zum sozialen Wandel in Mittelalter und früher Neuzeit, Bd. 12), Köln/ Weimar/Wien 1999.

LÖW, Martina: Raumsoziologie, Frankfurt am Main, 2001, S. 198–203.

LOHRMANN, Dietrich: Politische Instrumentalisierung Karls des Großen durch die Staufer und ihre Gegner, in: Karl der Große und sein Nachleben in Geschichte, Kunst und Literatur (= Zeitschrift des Aachener Geschichtsvereins, Bd. 104/105, 2002/2003), hg. von Thomas KRAUS/Klaus PABST, Aachen 2003, S. 95–112.

Stiftungen und Memoria (= Stiftungsgeschichte, Bd. 10), hg. von Tillmann LOHSE, Berlin 2012.

LORENTZEN, Tim: Bischof Heinrich I. von Lübeck. Leben und Wirken, in: ZVLGA 81 (2001), S. 9–76.

LHOTSKY, Alfred: A.E.I.O.U. Die „Devise" Kaiser Friedrichs III. und sein Notizbuch, in: Mitteilungen des Instituts für Österreichische Geschichtsforschung 60, 1952, S. 155–193.

LÜCK, Heiner: Über den Sachsenspiegel. Entstehung, Inhalt und Wirkung des Rechtsbuches, Dößel (Saalkreis) [2]2005.

LUHMANN, Niklas: „Einfache Sozialsysteme", in: Zeitschrift für Soziologie 1 (1972), S. 51–65.

LUSCHIN VON EBENGREUTH, Arnold: Allgemeine Münzkunde und Geldgeschichte des Mittelalters und der neueren Zeit, Darmstadt 1973.

MACHILEK, Franz: Die Heiltumsweisung, in: Nürnberg – Kaiser und Reich. Ausstellung des Staatsarchivs Nürnberg (= Ausstellungskataloge der Staatlichen Archive Bayerns, Bd. 20), Neustadt an der Aisch 1986, S. 57–66.

MACHILEK, Frank: Karl IV. und Karl der Große, in: Karl der Große und sein Nachleben in Geschichte, Kunst und Literatur (= Zeitschrift des Aachener Geschichtsvereins, Bd. 104/105, 2002/2003), hg. von Thomas KRAUS/Klaus PABST, Aachen 2003, S. 112–145.

MÄKELER, Heinrich: Reichsmünzwesen im späten Mittelalter, Teil 1: Das 14. Jahrhundert (= Vierteljahrszeitschrift für Sozial- und Wirtschaftsgeschichte, Beihefte, Nr. 209), Stuttgart 2010, S. 83–101.

MAGER, Wolfgang: Spätmittelalterliche Wandlung des politischen Denkens im Spiegel des *res publica*-Begriffs, in: Sozialer Wandel im Mittelalter. Wahrnehmungsformen, Erklärungsmuster, Reglungsmechanismen, hg. von Jürgen MIETHKE/Klaus SCHREINER, Sigmaringen 1994, S. 401–410.

MALZ, Arié: Der Begriff „Öffentlichkeit" als historisches Analyseinstrument. Eine Annäherung aus kommunikations- uns systemtheoretischer Sicht, in: Kommunikation im Spätmittelalter. Spielarten – Wahrnehmungen – Deutungen, hg. von Romy GÜNTHART/Michael JUCKER, Zürich 2005, S. 13–26.

MANTELS, Wilhelm: Kaiser Karls IV. Hoflager in Lübeck, in: Hansische Geschichtsblätter 3 (1873), S. 107–141.

Der Weg zur Kaiserkrone. Der Romzug Heinrichs VII. in der Darstellung Erzbischof Balduins von Trier (= Publications du CLUDEM 24), hg. von Michel MARGUE/ Michel PAULY/Wolfgang SCHMID, Trier 2009.

MARTIN, Thomas Michael: Die Städtepolitik Rudolfs von Habsburg (= Veröffentlichungen des Max-Planck-Instituts für Geschichte, Bd. 44), Göttingen 1976.

MARTIN, Thomas Michael: Die Pfalzen im dreizehnten Jahrhundert, in: Herrschaft und Stand. Untersuchungen zur Sozialgeschichte im 13. Jahrhundert, hg. von Josef FLECKENSTEINER (= Veröffentlichungen des Max-Planck-Instituts für Geschichte, Bd. 51), Göttingen ²1979.

MARTIN, Max: Zum archäologischen Aussagewert frühmittelalterlicher Gräber und Gräberfelder, in: Zeitschrift für Schweizerische Archäologie und Kunstgeschichte 59 (2002), S. 291–306.

MASCHKE, Erich: Verfassung und soziale Kräfte in der deutschen Stadt des späten Mittelalters, in: Vierteljahrsschrift für Sozial- und Wirtschaftsgeschichte 46 (1959), S. 289–349.

MASCHKE, Erich: Stadt und Herrschaft in Deutschland und Reichsitalien (Salier- und Stauferzeit). Ansätze zu einem Vergleich, in: Stadt und Herrschaft. Römische Kaiserzeit und Hohes Mittelalter, hg. von Friedrich VITTINGHOFF (= HZ, Beiheft 7, Neue Folge), München 1982, S. 299–331.

MAUÉ, Hermann: Nürnberg – Stadtbild und Baukunst, in: Nürnberg 1300–1550. Kunst der Gotik und Renaissance, hg. vom Gerhard BOTT/Philippe DE MONTEBELLO/ Rainer KAHSNITZ/William D. WIXOM, München 1986, S. 27–50.

Visualisierung städtischer Ordnung. Zeichen – Abzeichen – Hoheitszeichen. Referate der interdisziplinären Tagung des Forschungsinstituts für Realienkunde am Germanischen Nationalmuseum, Nürnberg, 9.–11. Oktober 1991, hg. von Hermann MAUÉ, Nürnberg 1993.

MAUER, Helmut: Kirchengründung und Romgedanke am Beispiel des ottonischen Bischofssitzes Konstanz, in: Bischof und Kathedralstädte des Mittelalters und der Frühen Neuzeit, hrsg. von Franz PETRI, Köln/Wien 1976, S. 46–59.

QUELLEN UND LITERATUR

MAURER, Hans-Martin: Die Ausbildung der Territorialgewalt der oberschwäbischen Klöster vom 14. bis zum 17. Jahrhundert, in: BDLG 109 (1973), S. 181–195.

MAURER, Helmut: Die Ratskapelle. Beobachtungen am Beispiel von St. Lorenz in Konstanz, in: Politische Architektur in Europa vom Mittelalter bis heute – Repräsentation und Gemeinschaft, hg. von Martin WARNKE, Köln 1984, S. 296–308.

MAURER, Michael: Feste und Feiern als historischer Forschungsgegenstand, in: HZ 253 (1991), S. 101–130.

Das Fest. Beiträge zu seiner Theorie und Systematik, hg. von Michael MAURER, Köln/Weimar/Wien 2004.

Die deutschen Königspfalzen, Bd. 5: Bayern, Teilbd. 3: Bayerisch-Schwaben, hg. vom MAX-PLANCK-INSTITUT FÜR EUROPÄISCHE RECHTSGESCHICHTE/Caspar EHLERS/Helmut FLACHENECKER/Bernd PÄFFGEN/Rudolf SCHIEFFER, Göttingen 2016.

MAYER, Thomas: Das deutsche Königtum und sein Wirkungsbereich, in: Das Reich und Europa, Leipzig [2]1941, S. 52–74.

MECKSEPER, Cord: Kleine Kunstgeschichte der deutschen Stadt im Mittelalter, Darmstadt 1982.

MECKSEPER, Cord: Oben und unten in der Architektur. Zur Entstehung einer abendländischen Raumkategorie, in: Architektur als politische Kultur, hg. von Hermann HIPP, Berlin 1996, S. 37–52.

MECKSEPER, Cord: Die Rezeption der ‚Marienkirche‘ Karls des Großen in Aachen in der Baukunst des Mittelalters, in: Karl der Große und sein Nachleben in Geschichte, Kunst und Literatur (= Zeitschrift des Aachener Geschichtsvereins, Bd. 104/105, 2002/2003), hg. von Thomas KRAUS/Klaus PABST, Aachen 2003, S. 277–294.

MEIER, Ulrich: Vom Mythos der Republik. Formen und Funktionen spätmittelalterlicher Rathausikonographie in Deutschland und Italien, in: Mundus in imagine. Bildersprache und Lebenswelten im Mittelalter. Festgabe für Klaus Schreiner, hg. von Andrea LÖTHER/Ulrich MEIER/Norbert SCHNITZLER/Gerd SCHWERHOFF/Gabriela SIGNORI, München 1996, S. 345–382.

MEIER, Ulrich: Repräsentation und Teilhabe. Zur baulichen Gestalt des Politischen in der Reichsstadt Dortmund (14.–16. Jahrhundert), in: Städtische Repräsentation. St. Reinoldi und das Rathaus als Schauplätze des Dortmunder Mittelalters (= Dortmunder Mittelalter-Forschungen, Bd. 5), hg. von Nils BÜTTNER/Thomas SCHILP/Barbara WELZEL, Bielefeld 2005, S. 227–247.

MEINE-SCHAWE, Monika: Die Augsburger Weberstube im Bayerischen Nationalmuseum, in: Münchner Jahrbuch für bildende Kunst, 3. Folge 46 (1995), S. 25–80.

Die Sozialstruktur und Sozialtopographie vorindustrieller Städte. Beiträge eines Workshops am Institut für Geschichte der Martin-Luther-Universität Halle-Wittenberg am 27. und 28. Januar 2000 (= Hallische Beiträge zur Geschichte des

Mittelalters und der Frühen Neuzeit, Bd. 1), hg. von Matthias MEINHARDT/Andreas RANFT, Berlin 2005.

MELVILLE, Gert: Vorfahren und Vorgänger. Spätmittelalterliche Genealogien als dynastische Legitimation zur Herrschaft, in: Die Familie als sozialer und historischer Verband. Untersuchungen zum Spätmittelalter und zur frühen Neuzeit, hg. von Peter-Johannes SCHULER, Sigmaringen 1987, S. 203–309.

Institutionalität und Symbolisierung. Verstetigung kultureller Ordnungsmuster in Vergangenheit und Gegenwart, hg. von Gert MELVILLE, Köln/Weimar/Wien 2001.

MENDE, Matthias: Das alte Nürnberger Rathaus. Baugeschichte und Ausstattung des großen Saales und der Ratsstube, Bd. 1 (= Ausstellungskataloge der Stadtgeschichtlichen Museen Nürnberg, Bd. 15), Nürnberg 1979.

MENDE, Matthias: Der große Nürnberger Rathaussaal. Bemerkungen zur vorgesehenen Wiederherstellung, in: Kunstspiegel 2 (1980), Heft 1, S. 5–16.

MENDE, Ursula: Die Türzieher des Mittelalters (= Bronzegeräte des Mittelalters, Bd. 2), Berlin 1981.

MENZEL, Michael: Europas bayerische Jahre. Eine Skizze zum Nordosten und -westen des Reiches im 14. und 15. Jahrhundert, in: Ludwig der Bayer (1313–1347). Reich und Herrschaft im Wandel, hg. von Hubertus SEIBERT, Regensburg 2014, S. 237–262.

MERGEL, Thomas: Überlegungen zu einer Kulturgeschichte der Politik, in: Geschichte und Gesellschaft 28 (2002), S. 574–606.

MERSIOWSKY, Mark: Wege zur Öffentlichkeit. Kommunikation und Medieneinsatz in der spätmittelalterlichen Stadt, in: Stadtgestalt und Öffentlichkeit. Die Entstehung politischer Räume in der Stadt der Vormoderne (= Veröffentlichungen des Zentralinstituts für Kunstgeschichte in München, Bd. 24), hg. von Stephan ALBRECHT, Köln/Weimar/Wien 2010, S. 13–57.

MEYER, Rudolf J.: Königs- und Kaiserbegräbnisse im Spätmittelalter. Von Rudolf von Habsburg bis zu Friedrich III. (= Forschungen zur Kaiser- und Papstgeschichte des Mittelalters, Bd. 19), Köln/Weimar/Wien 2000, S. 242–246.

MEYER, Carla: Die Stadt als Thema. Nürnbergs Entdeckung in Texten um 1500, Ostfildern 2009.

MEYER, Carla: ‚City branding' im Mittelalter? Städtische Medien der Imagepflege um 1500, in: Stadt und Medien vom Mittelalter bis zur Gegenwart, 41. Frühjahrskolloquium des Instituts für Vergleichende Städtegeschichte und des Kuratoriums für Vergleichende Städtegeschichte e. V. von 04.–05. April 2011 in Münster (= Städteforschung, Reihe A, Bd. 85), hg. von Clemens ZIMMERMANN, Köln/Weimar/Wien 2012, S. 19–48.

Zentralität als Problem der mittelalterlichen Geschichtsforschung (= Städteforschung, Reihe A, Bd. 8), hg. von Emil MEYNEN, Köln/Wien 1979, S. 22–47.

Die neue Kraft der Rituale, hg. von Axel MICHAELS, Heidelberg 2007.

QUELLEN UND LITERATUR

MIDDLEDORF KOSEGARTEN, Antje: Kommunale Gesetzgebung, Bauplanung und Stadtästhetik im mittelalterlichen Venedig (13.–14. Jahrhundert), in: La bellezza della città. Stadtrecht und Stadtgestaltung im Italien des Mittelalters und der Renaissance (= Reihe der Villa Vigoni, Bd. 16), hg. von Michael STOLLEIS/Ruth WOLFF, Tübingen 2004, S. 93–134.

MINDERMANN, Arend: Zur Präsenz des Stadtherrn und des niederen Adels im spätmittelalterlichen Göttingen, in: Symbolische Interaktion in der Residenzstadt des Spätmittelalters und der Frühen Neuzeit (= Hallische Beiträge zur Geschichte des Mittelalters und der Frühen Neuzeit, Bd. 9), hg. von Gerrit DEUTSCHLÄNDER/Marc VON DER HÖH/Andreas RANFT, Berlin 2013, S. 89–107.

MINNEKER, Ilka S.: Repräsentation und sakrale Legitimation. Majestas Domini und Bürgermedaillons im Heilig-Geist-Hospital zu Lübeck, in: ZVLGA 79 (1999), S. 24–74.

Mittelalterliche Goldmünzen in der Münzsammlung der Deutschen Bundesbank, München 1982.

MÖBIUS, Sascha: Das Gedächtnis der Reichsstadt. Unruhen und Kriege in der lübekkischen Chronistik und Erinnerungskultur des späten Mittelalters und der frühen Neuzeit (= Formen der Erinnerung, Bd. 47), Göttingen 2011.

MÖBIUS, Sascha: Die Schlacht bei Bornhöved in der Lübeckischen Erinnerungskultur des 15. Jahrhunderts, in: Militärische Erinnerungskulturen vom 14. bis zum 19. Jahrhundert. Träger – Medien – Deutungskonkurrenzen (= Herrschaft und soziale Systeme in der Frühen Neuzeit, Bd. 15), hg. von Horst CARL/Ute PLANERT, Göttingen 2012, S. 47–68.

MÖHLENKAMP, Annegret: Die Ausstattung der Ratsstube im Lübecker Rathaus im 14. und 15. Jahrhundert – ein Rekonstruktionsversuch, in: Nordelbingen 67 (1998), S. 11–27.

MÖHLENKAMP, Annegret: Neue Erkenntnisse zum Lübecker Rathaus: bauhistorische Befunde und spätmittelalterliche ‚Historienmalerei‘, in: Rathäuser im Spätmittelalter und in der Frühen Neuzeit. VI. Symposion des Weserrenaissance-Museums Schloß Brake im Zusammenarbeit mit der Stadt Höxter vom 17. bis zum 20. November 1994 in Höxter (= Materialien zur Kunst- und Kulturgeschichte in Nord- und Westdeutschland, Bd. 21), Marburg 1997, S. 103–114.

MÖLLER, Bernd: Reichsstadt und Reformation, Berlin 1987.

MÖNCKE, Gisela: Bischofsstadt und Reichsstadt. Ein Beitrag zur mittelalterlichen Stadtverfassung von Augsburg, Konstanz, Basel, Berlin 1971.

MONNET, Pierre: Eine Reichs-„Haupt"stadt ohne Hof im Spätmittelalter. Das Beispiel der Stadt Frankfurt, in: Der Hof und die Stadt. Konfrontation, Koexistenz und Integration in Spätmittelalter und Früher Neuzeit, 9. Symposium der Residenzen-Kommission der Akademie der Wissenschaften zu Göttingen, Halle an der Saale, 25.–28. September 2004 (= Residenzenforschung, Bd. 20), hg. von Werner PARAVICINI/Jörg WETTLAUFER, Ostfildern 2006, S. 111–128.

MONNET, Pierre: Königs- und Kaiserbilder – Reichssymbolik im mittelalterlichen Frankfurt, in: Reichszeichen. Darstellungen und Symbole des Reichs in den Reichsstädten, 2. Tagung des Arbeitskreises „Reichsstadtgeschichtsforschung" Mühlhausen 3. bis 5. März 2014 (= Studien zur Reichsstadtgeschichte, Bd. 2), hg. von Helge WITTMANN, Petersberg 2015, S. 31–53.

VON MOOS, Peter: „Öffentlich" und „privat" im Mittelalter. Zu einem Problem historischer Begriffsbildung (= Schriften der Philosophisch-historischen Klasse der Heidelberger Akademie der Wissenschaften, Bd. 33), Heidelberg 2004.

MORAW, Peter: Reichsstadt, Reich und Königtum im späten Mittelalter, in: ZHF 6 (1979), S. 387–424.

MORAW, Peter: Organisation und Funktion von Verwaltung im ausgehenden Mittelalter (ca. 1350–1500), in: Deutsche Verwaltungsgeschichte, Bd. 1: Vom Spätmittelalter bis zum Ende des Reiches, hg. von Kurt G.A. JESERICH/Hans POHL/Georg-Christoph VON UNRUH, Stuttgart 1983, S. 21–58.

MORAW, Peter: Königliche Herrschaft und Verwaltung im spätmittelalterlichen Reich (ca. 1350–1450), in: Das spätmittelalterliche Königtum im europäischen Vergleich (= Vorträge und Forschungen, Bd. 32), hg. von Reinhard SCHNEIDER, Sigmaringen 1987, S. 185–200.

MORAW, Peter: Von offener Verfassung zu gestalteter Verdichtung (= Propyläen Geschichte Deutschlands, Bd. 3), Berlin 1989.

MORAW, Peter: Nord und Süd in der Umgebung des deutschen Königtums im späten Mittelalter, in: Nord und Süd in der deutschen Geschichte des Mittelalters. Akten des Kolloquiums veranstaltet zu Ehren von Karl Jordan, 1907–1984, Kiel, 15.–16. Mai 1987 (= Kieler Historische Studien, Bd. 34), hg. von Werner PARAVICINI, Sigmaringen 1990, S. 51–70.

Deutscher Königshof, Hoftag und Reichstag im späteren Mittelalter (= Vorträge und Forschungen, Bd. 48), hg. von Peter MORAW, Stuttgart 2002.

MORAW, Peter: Über den Hof Kaiser Karls IV., in: Deutscher Königshof, Hoftag und Reichstag im späteren Mittelalter (= Vorträge und Forschungen, Bd. 48), hg. von DEMS., Stuttgart 2002, S. 77–103.

MÜHRENBERG, Doris: Archäologische und baugeschichtliche Untersuchungen im Handwerkerviertel zu Lübeck. Befunde Hundestraße 9–17, in: Lübecker Schriften zur Archäologie und Kulturgeschichte 16 (1989), S. 233–290.

MÜHRENBERG, Doris: Öffentliche Plätze und Märkte in Lübeck, in: Schriften des kulturhistorischen Museums in Rostock, hg. von Manfred GLÄSER, Rostock 1993, S. 289–296.

MÜHRENBERG, Doris: Der Markt zu Lübeck. Ergebnisse Archäologischer Untersuchungen, in: Lübecker Schriften zur Archäologie und Kulturgeschichte 23 (1993), S. 83–154.

QUELLEN UND LITERATUR

MÜHRENBERG, Doris: Handel und Wandel auf dem Lübecker Markt, in: Weltkulturerbe Lübeck. Ein archäologischer Rundgang, hg. von Manfred GLÄSER/ Doris MÜHRENBERG, Lübeck 2003, S. 44f.

MÜHRENBERG, Doris: Die Dänenzeit in Lübeck im Überblick, in: Dänen in Lübeck 1203–2003 (= Ausstellungen zur Archäologie in Lübeck, Bd. 6), hg. von Manfred GLÄSER/Doris MÜHRENBERG, Lübeck 2003, S. 42f.

MÜHRENBERG, Doris: Der Lübecker Markt, in: Dänen in Lübeck 1203–2003 (= Ausstellungen zur Archäologie in Lübeck 6), hg. von Manfred GLÄSER/Doris MÜHRENBERG, Lübeck 2003, S. 82.

MÜLLER, Arnd: Geschichte der Juden in Nürnberg 1146–1945 (= Beiträge zur Geschichte und Kultur der Stadt Nürnberg, Bd. 12), Nürnberg 1968.

MÜLLER, Manfred: St. Michael, „der deutsche Schutzpatron?". Zur Verehrung des Erzengels in Geschichte und Gegenwart, Aachen 2003.

MÜLLER-MERTENS, Eckhard: Die Reichsstruktur im Spiegel der Herrschaftspraxis Ottos des Großen: Mit historiographischen Prolegomena zur Frage Feudalstaat auf deutschem Boden, seit wann deutscher Feudalstaat? (= Forschungen zur mittelalterlichen Geschichte, Bd. 25), Berlin 1980.

MÜLLER-MERTENS, Eckhard: Bürgerlich-städtische Autonomie in der Feudalgesellschaft – Begriff und geschichtliche Bedeutung, in: Autonomie, Wirtschaft und Kultur der Hansestädte. Johannes Schildhauer zum 65. Geburtstag, hg. von Konrad FRITZE, Weimar 1984, S. 11–33.

MÜLLER-MERTENS, Eckhard: Romanum imperium und regnum Teutonicorum. Der hochmittelalterliche Reichsverband im Verhältnis zum Karolingerreich, in: Jahrbuch für Geschichte des Feudalismus 14 (1990), S. 47–54.

MÜLLER, Mathias: Die Bildwerdung des Fürsten. Das Verhältnis von Realpräsenz und medialer Fiktion als Aufgabe symbolischer Kommunikation in den höfischen Bau- und Bildkünsten des 15. und 16. Jahrhunderts, in: Symbolische Interaktion in der Residenzstadt des Spätmittelalters und der Frühen Neuzeit (= Hallische Beiträge zur Geschichte des Mittelalters und der Frühen Neuzeit, Bd. 9), hg. von Gerrit DEUTSCHLÄNDER/Marc VON DER HÖH/Andreas RANFT, Berlin 2013, S. 15–63.

MUMMENHOFF, Ernst: Das Rathaus in Nürnberg, Nürnberg 1881.

MUMMENHOFF, Ernst: Die Abschließung der Stadt gegen die Burggrafenburg um 1362 und im Jahre 1367, in: MVGN 13 (1899), S. 260–272.

MUMMENHOFF, Ernst: Nürnbergs Ursprung und Alter in den Darstellungen der Geschichtsschreiber und im Licht der Geschichte, Nürnberg 1908.

MUMMENHOFF, Ernst: Entstehung und Alter des Nürnberger Ratssiegels, in: MVGN 22 (1918), S. 280–292.

MUMMENHOFF, Ernst: Die Juden in Nürnberg bis zu ihrer Austreibung im Jahre 1499 in topographischer und kulturhistorischer Beziehung in: Gesammelte Aufsätze und

Vorträge (= Aufsätze und Vorträge zur Nürnberger Ortsgeschichte, Bd. 1), hg. von DEMS., Nürnberg 1931, S. 335–366.

MUMMENHOFF, Ernst: Die Burg zu Nürnberg. Geschichtlicher Führer für Einheimische und Fremde, Nürnberg [4]1997.

VON MURR, Christoph Gottfried: Beschreibung der sämtlichen Reichskleinodien aus der Handschrift des seel. Herrn Duumviers Hieronymus Wilhelm Ebners von Eschenbach und der Reichsheiligthümer, welche in der des Heil. Röm. Reichs freyen Stadt Nürnberg aufbewahret werden, Nürnberg 1790.

VON MURR, Christoph Gottlieb: Beschreibung der vornehmsten Merckwürdigkeiten in der Reichsstadt Nürnberg in deren Bezirke und auf der Universität Altdorf, Nürnberg 1801.

NADLER, Martin: Die Vor- und Frühgeschichte – Nürnbergs schriftlose Zeit, in: „... nicht eine einzige Stadt, sondern eine ganze Welt ...". Nürnberg. Archäologie und Kulturgeschichte, hg. von Birgit FRIEDEL/Claudia FRIESER, Büchenbach 1999, S. 22–39.

NAWROTH, Manfred: Auf den Spuren des Pferdes im alten Nürnberg, in: „... nicht eine einzige Stadt, sondern eine ganze Welt ...". Nürnberg. Archäologie und Kulturgeschichte, hg. von Birgit FRIEDEL/Claudia FRIESER, Büchenbach 1999, S. 159–169

NETZER, Susanne: Johann Matthias Kager. Stadtmaler von Augsburg (1575–1634) (= Miscellanea Bavarica Monacensia, Bd. 92), München 1980.

NEUBECKER, Ottfried: Wappenkunde, München 1988.

Nürnberg. Eine europäische Stadt in Mittelalter und Neuzeit (= Nürnberger Forschungen, Bd. 29), hg. von Helmut NEUHAUS, Nürnberg 2000.

NICKLIS, Hans-Werner: Von der ‚Grenitze' zur Grenze. Die Grenzidee des lateinischen Mittelalters (6.–15. Jhdt.), in: BDLG 128 (1992), S. 1–29.

NORA, Pierre: Zwischen Geschichte und Gedächtnis, Frankfurt am Main 1998.

Norenberc – Nürnberg. 1050 bis 1806. Eine Ausstellung des Staatsarchivs Nürnberg zur Geschichte der Reichsstadt. Kaiserburg Nürnberg, 16. September bis 12. November 2000 (= Ausstellungskataloge der Staatlichen Archive Bayern, Bd. 41), München 2000.

Metzler Lexikon. Literatur- und Kulturtheorie. Ansätze – Personen – Grundbegriffe, hg. von Ansgar NÜNNING, Stuttgart/Weimar [3]2004.

OBERSTE, Jörg: Zwischen Heiligkeit und Häresie. Religiosität und sozialer Aufstieg in der hochmittelalterlichen Stadt, Bd. 1: Städtische Eliten in der Kirche des hohen Mittelalters (= Norm und Struktur. Studien zum sozialen Wandel in Mittelalter und Früher Neuzeit, Bd. 171), Köln 2003.

Kommunikation in mittelalterlichen Städten (= Forum Mittelalter, Studien, Bd. 3), hg. von Jörg OBERSTE, Regensburg 2007.

QUELLEN UND LITERATUR 421

OBERSTE, Jörg: Einführung: Verdichtete Kommunikation und städtische Kultur, in: Kommunikation in mittelalterlichen Städten (= Forum Mittelalter, Studien, Bd. 3), hg. von DEMS., Regensburg 2007, S. 7–10.

Repräsentationen der mittelalterlichen Stadt (= Forum Mittelalter, Studien, Bd. 4), hg. von Jörg OBERSTE, Regensburg 2008.

Die Repräsentation der Gruppen. Texte – Bilder – Objekte (= Veröffentlichungen des Max-Planck-Instituts für Geschichte, Bd. 141), hg. von Otto Gerhard OEXLE/Andrea von HÜLSEN-ESCH, Göttingen 1998.

OPLL, Ferdinand: Friedrich Barbarossa, Darmstadt ⁴2009.

PARAVICINI, Werner: Gruppe und Person. Repräsentation durch Wappen im späteren Mittelalter, in: Die Repräsentation der Gruppe. Texte – Bilder – Objekte (= Veröffentlichungen des Max-Planck-Instituts für Geschichte, Bd. 141), hg. von Otto Gerhard OEXLE/Andrea VON HÜLSEN-ESCH, Göttingen 1998, S. 327–389.

Der Hof und die Stadt. Konfrontation, Koexistenz und Integration in Spätmittelalter und Früher Neuzeit, 9. Symposium der Residenzen-Kommission der Akademie der Wissenschaften zu Göttingen, Halle an der Saale, 25.–28. September 2004 (= Residenzenforschung, Bd. 20), hg. von Werner PARAVICINI/Jörg WETTLAUFER, Ostfildern 2006.

Zeremoniell und Raum, 4. Symposium der Residenzen-Komission der Akademie der Wissenschaften in Göttingen, Potsdam, 25.–27. September 1994 (= Residenzenforschung, Bd. 6), hg. von Werner PARAVICINI, Sigmaringen 1997.

PATAKI, Zita Ágota: Bilder schaffen Identität – Zur Konstruktion eines städtischen Selbstbildes in den Illustrationen der Augsburger Chronik Sigismund Meisterlins 1457–1480, in: Identität und Krise? – Zur Deutung vormoderner Selbst-, Welt-, und Fremderfahrungen (= Symbolische Kommunikation und gesellschaftliche Wertesysteme. Schriftenreihe des Sonderforschungsbereichs 496, Bd. 17), hg. von Christoph DARTMANN/Carla MEYER, Münster 2007, S. 99–118.

PATAKI, Zita Ágota: Ein Bürger blickt auf seine Stadt. Zur Rezeption und Funktion des Stadtbildes bei Hektor Mülich 1455/57, in: Stadtgestalt und Öffentlichkeit. Die Entstehung politischer Räume in der Stadt der Vormoderne (= Veröffentlichungen des Zentralinstituts für Kunstgeschichte in München, Bd. 24), hg. von Stephan ALBRECHT, Köln/Weimar/Wien 2010, S. 121–146.

PATZE, Hans: Die Bildung der landesherrlichen Residenzen im Reich während des 14. Jahrhunderts, in: Stadt und Stadtherr im 14. Jahrhundert (= Beiträge zur Geschichte der Städte Mitteleuropas, Bd. 2), hg. von Wilhelm RAUSCH, Linz 1972, S. 1–54.

Geschichtsschreibung und Geschichtsbewusstsein im späteren Mittelalter (= Vorträge und Forschungen, Bd. 13), hg. von Hans PATZE, Sigmaringen 1987.

PAULHART, Herbert: Zur Heiligsprechung der Kaiserin Adelheid, in: MIÖG 64 (1956), S. 65–67.

PELEC, Ortwin: Lübeck unter der Herrschaft Waldemars II. von Dänemark, in: Dänen in Lübeck 1203–2003 (= Ausstellungen zur Archäologie in Lübeck, Bd. 6), hg. von Manfred GLÄSER/Doris MÜHRENBERG, Lübeck 2003, S. 45–50.

PELEC, Ortwin: Das Ende der dänischen Herrschaft in Lübeck 1220/1227, in: Dänen in Lübeck 1203–2003 (= Ausstellungen zur Archäologie in Lübeck 6), hg. von Manfred GLÄSER/Doris MÜHRENBERG, Lübeck 2003, S. 111–116.

PETERSOHN, Jürgen: Der südliche Ostseeraum im kirchlich-politischen Kräftespiel des Reichs, Polens und Dänemarks vom 10. bis 13. Jahrhundert. Mission – Kirchenorganisation – Kultpolitik (= Ostmitteleuropa in Vergangenheit und Gegenwart, Bd. 17), Köln/Wien 1979.

PEYER, Hans Conrad: Das Reisekönigtum des Mittelalters, in: Vierteljahrschrift für Sozial- und Wirtschaftsgeschichte 51 (1964), S. 1–21.

PFEIFFER, Gerhard: Die Anfänge der Egidienkirche zu Nürnberg. Ein Beitrag zur ältesten Stadtgeschichte, in: MVGN 37 (1940), S. 253–308.

PFEIFFER, Gerhard: Studien zur Geschichte der Pfalz Nürnberg, in: JfL 19 (1959), S. 303–366.

Geschichte Nürnbergs in Bilddokumenten, hg. von Gerhard PFEIFFER, München 1970, S. 36.

Nürnberg – Geschichte einer europäischen Stadt, hg. von Gerhard PFEIFFER, München 1971.

PFEIFFER, Gerhard: Vom Handwerkeraufstand zum Landfrieden von Eger, in: Nürnberg – Geschichte einer europäischen Stadt, hg. von DEMS., München 1971, S. 75–80.

PFEIFFER, Gerhard: Das Zeitalter der Hussitenkriege, in: Nürnberg – Geschichte einer europäischen Stadt, hg. von DEMS., München 1971, S. 93–88.

Rathäuser als multifunktionale Räume der Repräsentation, der Parteiungen und des Geheimnisses (= Forschungen und Beiträge zur Wiener Stadtgeschichte, Bd. 55), hg. von Susanne Claudine PILS/Martin SCHEUTZ/Christoph SONNLECHNER/Stefan SPEVAK, Innsbruck 2012.

PILTZ, Eric: „Trägheit des Raums". Fernand Braudel und die Spatial Stories der Geschichtswissenschaften, in: Spatial Turn. Das Raumparadigma in den Kultur- und Sozialwissenschaften, hg. von Jörg DÖRING/Tristan THIELMANN, Bielefeld 2008, S. 75–102.

POECK, Dietrich W.: Klöster und Bürger. Eine Fallstudie zu Lübeck (1225–1531), in: Vom Kloster zum Klosterverband. Das Werkzeug der Schriftlichkeit (= Münstersche Mittelalter-Schriften, Bd. 74), hg. von Hagen KELLER/Franz NEISKE, München 1997, S. 423–451.

POECK, Dietrich W.: Vrigheid do ik ju openbar. Geschichtsbilder in Hansestädten: Gemeinschaft und Geschichtsbilder im Hanseraum (= Kieler Werkstücke, Reihe E: Beiträge zur Sozial- und Wirtschaftsgeschichte, Bd. 1), hg. von Thomas HILL/Dietrich W. POECK, Frankfurt am Main 2000, S. 45–60.

QUELLEN UND LITERATUR 423

POECK, Dietrich W.: Rituale der Ratswahl. Zeichen und Zeremoniell der Ratssetzung in Europa (12.–18. Jahrhundert) (= Städteforschung, Reihe A, Bd. 60), Köln/Weimar/Wien 2003.

POESCHEL, Sabine: Handbuch der Ikonographie. Sakrale und profane Themen der bildenden Kunst, Darmstadt 2005.

PÖTZL, Walter: Augusta sacra. Augsburger Patrozinien des Mittelalters als Zeugnisse des Kultes und der Frömmigkeit, in: Jahrbuch des Vereins für Augsburger Bistumsgeschichte 9 (1975), S. 19–75.

PÖTZL, Walter: Die Anfänge der Ulrichsverehrung im Bistum Augsburg und das Reich, in: Jahrbuch des Vereins für Augsburger Bistumsgeschichte 7 (1973), S. 82–115.

Karl der Große. Charlemagne. Orte der Macht. Essays, hg. von Frank POHLE, Dresden 2014.

POLIVKA, Miloslav: Nürnberg als Nachrichtenzentrum in der ersten Hälfte des 15. Jahrhunderts, in: Kommunikationspraxis und Korrespondenzwesen im Mittelalter und in der Renaissance, hg. von Heinz-Dieter HEIMANN/Ivan HLAVÁCEK, Paderborn 1998, S. 165–177.

PONSCHAB, Bernhard: Das Pontifikalbuch Gundekars II. und der selige Otto von Metten, in: Studien und Mitteilungen aus dem Benedictiner und Cisterzienser-Orden XVIII, 4 (1897).

POPP, Marco: Die Lorenzkirche in Nürnberg. Restaurierungsgeschichte im 19. und 20. Jahrhundert, Regensburg 2014.

POSSE, Otto: Die Siegel der Deutschen Kaiser und Könige, Bd. 1, Dresden 1913.

PORSCHE, Monika: Stadtmauer und Stadtentstehung. Untersuchungen zur frühen Stadtbefestigung im mittelalterlichen deutschen Reich, Hertingen 2000.

PRANGE, Wolfgang: Bischöfe von Lübeck, in: Die Bischöfe des heiligen Römischen Reiches 1198–1448, hg. von Erwin GATZ, Berlin 2001, S. 349–361.

Juden in Nürnberg. Geschichte der jüdischen Mitbürger vom Mittelalter bis zur Gegenwart, hg. vom PRESSE- UND INFORMATIONSAMT DER STADT NÜRNBERG, Nürnberg 1993.

PUCHTA, Hans: Zur Baugeschichte des Ostchors des Augsburger Doms, in: JVAB 14 (1980), S. 77–86.

PÜCKLER-LIMPURG, Siegfried G.: Die Nürnberger Bilderkunst um die Wende des 14. und 15. Jahrhunderts (= Studien zur deutschen Kunstgeschichte, Heft 48), Nürnberg 1904.

PUHLE, Matthias: Die Hanse, Nordeuropa und das mittelalterliche Reich, in: Heilig-Römisch-Deutsch. Das Reich im mittelalterlichen Europa (Internationale Tagung zur 29. Ausstellung des Europarates und Landesausstellung Sachsen), hg. von Bernd SCHNEIDMÜLLER/Stefan WEINFURTER, Dresden 2006, S. 308–322.

Heiliges Römisches Reich Deutscher Nation 962 bis 1806. Von Otto dem Großen bis zum Ausgang des Mittelalters. Essays (29. Ausstellung des Europarates in Magdeburg und Berlin = Landesausstellung Sachsen-Anhalt), hg. von Matthias PUHLE/Claus-Peter HASSE, Dresden 2006.

Otto der Große und das Römische Reich. Kaisertum von der Antike zum Mittelalter. Ausstellungskatalog. Landesausstellung Sachsen-Anhalt aus Anlass des 1100. Geburtstages Ottos des Großen, hg. von Matthias PUHLE/Gabriele KÖSTER, Magdeburg 2012, S. 531–545.

QUIRIN, Heinz: Markgraf Achilles von Brandenburg-Ansbach als Politiker. Ein Beitrag zur Vorgeschichte des Süddeutschen Städtekrieges, in: Jahrbuch für fränkische Landesforschung 31 (1971), S. 261–308.

RABE, Horst: Deutsche Geschichte 1500–1600. Das Jahrhundert der Glaubensspaltung, München 1991.

RADIS, Ursula: Neue archäologische Erkenntnisse zur slawischen und frühen deutschen Besiedlung Lübecks, in: Lübeckische Blätter 163/5 (1998), S. 69–72.

RADIS, Ursula: Eine Lübecker Straße und ihre Geschichte, in: Weltkulturerbe Lübeck. Ein archäologischer Rundgang, hg. von Manfred GLÄSER/Doris MÜHRENBERG, Lübeck 2003, S. 8f.

RADIS, Ursula: 800 Jahre Geschichte. Vom Holzhaus zum Kaufhaus, in: Weltkulturerbe Lübeck. Ein archäologischer Rundgang, hg. von Manfred GLÄSER/Doris MÜHRENBERG, Lübeck 2003, S. 42f.

RADIS, Ursula: Ein neuer Puzzlestein in der Stadtgeschichte, in: Weltkulturerbe Lübeck. Ein archäologischer Rundgang, hg. von Manfred GLÄSER/Doris MÜHRENBERG, Lübeck 2003, S. 10f.

RADTKE, Christian: *Si non facietis voluntatem nostram ...* Zum Lübecker Kirchenkampf im 13. Jahrhundert, in: Bischof und Bürger. Herrschaftsbeziehungen in den Kathedralstädten des Hoch- und Spätmittelalters (= Veröffentlichungen des Max-Planck-Instituts für Geschichte, Bd. 206 = Studien zur Germania Sacra, Bd. 26), hg. von Uwe GRIEME/Nathalie KRUPPA/Stefan PÄTZOLD, Göttingen 2004, S. 165–184.

Höfische Repräsentation. Das Zeremoniell und die Zeichen, hg. von Hedda RAGOTZKY/Horst WENZEL, Tübingen 1990.

RANFT, Andreas: Residenz und Stadt, in: Höfe und Residenzen im spätmittelalterlichen Reich. Bd. 2: Bilder und Begriffe, Teilbd. 1: Begriffe (= Residenzenforschung 15/II/1), hg. von Werner PARAVICINI bearb. von Jan HIRSCHBIEGEL/Jörg WETTLAUFER, Ostfildern 2005, S. 27–32.

Rathäuser im Spätmittelalter und in der Frühen Neuzeit. VI. Symposion des Weserrenaissance-Museums Schloß Brake im Zusammenarbeit mit der Stadt Höxter vom 17. bis zum 20. November 1994 in Höxter (= Materialien zur Kunst- und Kulturgeschichte in Nord- und Westdeutschland, Bd. 21), Marburg 1997.

RAU, Susanne/Gerd SCHWERHOFF. Öffentliche Räume in der Frühen Neuzeit. Überlegungen zu Leitbegriffen und Themen eines Forschungsfeldes, in: Zwischen

QUELLEN UND LITERATUR

Gotteshaus und Taverne. Öffentliche Räume in Spätmittelalter und Früher Neuzeit (= Norm und Struktur. Studien zum sozialen Wandel in Mittelalter und früher Neuzeit, Bd. 21), hg. von DENS., Köln/Weimar/Wien 2004, S. 11–125.

Zwischen Gotteshaus und Taverne. Öffentliche Räume in Spätmittelalter und Früher Neuzeit (= Norm und Struktur. Studien zum sozialen Wandel in Mittelalter und früher Neuzeit, Bd. 21), hg. von Susanne RAU/Gern SCHWERHOFF, Köln/Weimar/Wien 2004.

RAU, Susanne: Räume. Konzepte, Wahrnehmungen, Nutzungen (= Historische Einführungen, Bd. 14) Frankfurt/New York 2013.

Stadt und Stadtherr im 14. Jahrhundert (= Beiträge zur Geschichte der Städte Mitteleuropas, Bd. 2), hg. von Wilhelm RAUSCH, Linz 1972.

RECHTER, Gerhard: Die ‚ewige Stiftung' König Sigismunds von 1423, in: Nürnberg – Kaiser und Reich. Ausstellung des Staatsarchivs Nürnberg (= Ausstellungskataloge der Staatlichen Archive Bayerns, Bd. 20), Neustadt an der Aisch 1986, S. 50–52.

REGLING, Kurt: Münzkunde, in: Einleitung in die Altertumswissenschaften, Bd. 2, Heft 2, Berlin [4]1930.

REHBERG, Karl-Siegbert: Weltrepräsentanz und Verkörperung. Institutionelle Analyse und Symboltheorien – eine Einführung in systematischer Absicht, in: Institutionalität und Symbolisierung. Verstetigung kultureller Ordnungsmuster in Vergangenheit und Gegenwart, hg. von Gert MELVILLE, Köln/Weimar/Wien 2001, S. 3–50.

REHBERG, Karl-Siegbert: Macht-Räume als Objektivationen sozialer Beziehungen – Institutionenanalytische Perspektiven, in: Machträume der frühneuzeitlichen Stadt (= Konflikte und Kultur – Historische Perspektiven, Bd. 13), hg. von Christian HOCHMUTH/Susanne RAU, Konstanz 2006, S. 41–55.

REHBERG, Karl-Siegbert: Institutionen als symbolische Ordnungen. Leitfragen und Grundkategorien zur Theorie und Analyse institutioneller Mechanismen, in: Die Eigenart der Institution. Zum Profil politischer Institutionentheorie, hg. von Gerhard GÖHLER, Baden-Baden 1994, S. 47–84.

REHMANN, Monika: Frühe Straßenanlagen in Lübeck – Ergebnisse einer Notbergung in der Breiten Straße 1984, in: Lübecker Schriften zur Archäologie und Kulturgeschichte 22 (1992), S. 201–215.

REICHERT, Sabine: Die Kathedrale der Bürger. Zum Verhältnis von Stadt und Bürger in mittelalterlichen Kathedralstädten. Zum Verhältnis von mittelalterlicher Stadt und Bischofskirche in Trier und Osnabrück (= Westfalen in der Vormoderne, Bd. 22), Münster 2014.

REICKE, Siegfried: Stadtgemeinde und Stadtpfarrkirche der Reichsstadt Nürnberg im 14. Jahrhundert. Eine rechtsgeschichtliche Untersuchung, in: MVGN 66 (1926), S. 1–110.

REIFFERS, Moritz: Das Ganze im Blick: Eine Geschichte des Überblicks vom Mittelalter bis zur Moderne, Bielefeld 2013.

REINCKE, Heinrich: Kaiser Karl IV. und die deutsche Hanse (= Pfingstblätter des Hansischen Geschichtsvereins, Blatt 22), Lübeck 1931.

RIEDEL, Adolf Friedrich Johann: Über den Ursprung und die Natur der Burggrafschaft Nürnberg, in: Abhandlungen der Königlichen Akademie der Wissenschaften zu Berlin 1854, S. 365–414.

REUDENBACH, Bruno: Die Gemeinschaft als Körper und Gebäude. Francesco di Giorgios Stadttheorie und die Visulisierung von Sozialmetaphern im Mittelalter, in: Gepeinigt, begehrt, vergessen. Symbolik und Sozialbezug des Körpers im Mittelalter und der frühen Neuzeit, hg. von Klaus SCHREINER/Norbert SCHNITZLER, München 1992, S. 171–198.

REUDENBACH, Bruno: Heil durch Sehen. Mittelalterliche Reliquiare und die visuelle Konstruktion von Heiligkeit, in: Von Goldenen Gebeinen. Wirtschaft und Reliquie im Mittelalter (= Geschichte und Ökonomie, Bd. 9), hg. von Markus MAYR, Innsbruck 2001, S. 135–147.

RIEHL, Wilhelm Heinrich: Kulturstudien aus drei Jahrhunderten, Stuttgart/Berlin 1910.

RIEMER, Matthias: Domus Dei – Bei Gott zu Hause. Raumkonzepte im Lübecker Dom – Eine Annäherung, in: Das Gedächtnis der Hansestadt Lübeck. Festschrift für Antjekathrin Graßmann zum 65. Geburtstag, hg. von Rolf HAMMEL-KIESOW/ Michael HUNDT, Lübeck 2005, S. 27–43.

RIES, Edmund: Die Nürnberger Burg als Herberge der römisch-deutschen Kaiser und Könige, in: Das Bayerland 45 (1934), S. 718–720.

RODIECK, Thorsten: Das Holstentor – Wehrbau, Symbol und Wa(h)r(en)zeichen, in: Gebrannte Größe. Wege zur Backsteingotik, Bd. 1, hg. von der Deutschen Stiftung Denkmalschutz, Bonn 2002, S. 58–87.

ROECK, Bernd: Die Wahrnehmung von Symbolen in der frühen Neuzeit. Sensibilität und Alltag in der Vormoderne, in: Institutionalität und Symbolisierung. Verstetigung kultureller Ordnungsmuster in Vergangenheit und Gegenwart, hg. von Gert MELVILLE, Köln/Weimar/Wien 2001, S. 525–539.

ROECK, Bernd: Identität und Stadtbild. Zur Selbstdarstellung der deutschen Stadt im 15. und 16. Jahrhundert, in: Aspetti e componenti dell'identità urbana (= Annali dell'Istituto storico italo-germanico in Trento 12), hg. von Georgio CHITTOLINI/ Peter JOHANEK, Bologna u. a. 2003, S. 11–24.

ROECK, Bernd: Zunfthäuser in Zürich. Zur Struktur der frühneuzeitlichen Öffentlichkeit, in: Geschlechtergesellschaften, Zunft-, Trinkstuben und Bruderschaften in spätmittelalterlichen und frühneuzeitlichen Städten, 40. Arbeitstagung in Pforzheim 16.–18. November 2001 (= Stadt in der Geschichte, Bd. 30), hg. von Gerhard FOUQUET/ Matthias STEINBRINK/Gabriel ZEILINGER, Ostfildern 2003, S. 191–258.

QUELLEN UND LITERATUR

Stadtbilder der Neuzeit. Die europäische Stadtansicht von den Anfängen bis zum Photo, 42. Arbeitstagung des Südwestdeutschen Arbeitskreises für Stadtgeschichtsforschung in Zürich vom 14.–16. November 2003 (= Stadt in der Geschichte, Bd. 32), hg. von BERND ROECK, Ostfildern 2006.

ROECK, Bernd: Stadtdarstellungen der frühen Neuzeit: Realität und Abbildung, in: Stadtbilder der Neuzeit. Die europäische Stadtansicht von den Anfängen bis zum Photo, 42. Arbeitstagung des Südwestdeutschen Arbeitskreises für Stadtgeschichtsforschung in Zürich vom 14.–16. November 2003 (= Stadt in der Geschichte, Bd. 32), hg. von DEMS., Ostfildern 2006, S. 19–40.

RÖCKELEIN, Hedwig: Marienverehrung und Judenfeindlichkeit in Mittelalter und früher Neuzeit, in: Maria in der Welt. Marienverehrung im Kontext der Sozialgeschichte 10.–18. Jahrhundert (= Clio Lucernensis, Bd. 2), hg. von Claudia OPITZ/Hedwig RÖCKELEIN/Gabriela SIGNORI/Guy P. MARCHAL, Zürich 1993, S. 279–307.

RÖRIG, Fritz: Die Schlacht von Bornhöved, in: ZVLGA 24 (1928), S. 281–299.

RÖRIG, Fritz: Die europäische Stadt und die Kultur des Bürgertums im Mittelalter, Göttingen 1964.

Wirtschaftskräfte im Mittelalter. Abhandlungen zur Stadt- und Hansegeschichte, hg. von Fritz RÖRIG, Wien/Köln/Weimar [3]1971.

FRITZ RÖRIG: Lübeck und der Ursprung der Ratsverfassung, in: Wirtschaftskräfte im Mittelalter. Abhandlungen zur Stadt- und Hansegeschichte, hg. von DEMS., Wien/Köln/Graz [3]1971, S. 1–35.

RÖRIG, Fritz: Die Stadt in der deutschen Geschichte, in: Wirtschaftskräfte im Mittelalter. Abhandlungen zur Stadt- und Hansegeschichte, hg. von DEMS., Wien/Köln/Weimar [3]1971, S. 358–860.

ROGGE, Jörg: „Ir freye wale zu haben": Möglichkeiten, Probleme und Grenzen der politischen Partizipation in Augsburg zur Zeit der Zunftverfassung (1368–1548), in: Stadtregiment und Bürgerfreiheit. Handlungsspielräume in deutschen und italienischen Städten des späten Mittelalters und der Frühen Neuzeit (= Bürgertum. Beiträge zur europäischen Gesellschaftsgeschichte, Bd. 7), hg. von Klaus SCHREINER/Ulrich MEIER, Göttingen 1994, S. 244–277.

ROGGE, Jörg: Für den gemeinen Nutzen. Politisches Handeln und Politikverständnis von Rat und Bürgerschaft in Augsburg im Spätmittelalter (= Studia Augustana, Bd. 6), Tübingen 1996.

ROGGE, Jörg: Die Bildzyklen in der Amtsstube des Weberzunfthauses in Augsburg von 1456/57, in: Mundus in imagine. Bildersprache und Lebenswelten im Mittelalter. Festgabe für Klaus Schreiner, hg. von Andrea LÖTHER/Ulrich MEIER/Norbert SCHNITZLER/Gerd SCHWERHOFF/Gabriela SIGNORI, München 1996, S. 319–344.

ROGGE, Jörg: Stadtverfassung, städtische Gesetzgebung und ihre Darstellung in Zeremoniell und Ritual in deutschen Städten vom 14. bis 16. Jahrhundert, in:

Aspetti e componenti dell'identità urbana in Italia e in Germania (secoli XIV–XVI) – Aspekte und Komponenten der städtischen Identität in Italien und Deutschland (14.–16. Jahrhundert), hg. von Giorgio CHITTOLINI/Peter JOHANEK, Bologna/ Berlin 2003, S. 193–226.

ROGGE, Jörg: Kommunikation, Herrschaft und politische Kultur. Zur Praxis der öffentlichen Inszenierung und Darstellung von Ratsherrschaft in Städten des deutschen Reichs um 1500, in: Interaktion und Herrschaft. Die Politik der frühneuzeitlichen Stadt (= Historische Kulturwissenschaft, Bd. 5), hg. von Rudolf SCHLÖGL, Konstanz 2004, S. 381–407.

ROGGE, Jörg: Die deutschen Könige im Mittelalter. Wahl und Krönung, Darmstadt 2011.

ROHMANN, Gregor: ‚Eines Erbaren Raths gehorsamer amptman‘: Clemens Jäger und die Geschichtsschreibung des 16. Jahrhunderts (= Veröffentlichungen der Schwäbischen Forschungsgemeinschaft Augsburg: Reihe 1, Studien zur Geschichte des bayerischen Schwaben, Bd. 28), Augsburg 2001.

ROLL, Carmen: St. Peter am Perlach in Augsburg. Wallfahrtskirche zur Gottesmutter „Maria Knotenlöserin", Augsburg 2006.

ROSARIA, Iva: Art and Propaganda. Charles IV of Bohemia, 1346–1378, Woodbridge 2000.

Zeitrhythmen und performative Akte in der städtischen Erinnerungs- und Repräsentationskultur zwischen Früher Neuzeit und Gegenwart (= Bausteine aus dem Institut für Sächsische Geschichte und Volkskunde, Bd. 6), hg. von Ulrich ROSSEAUX/Wolfgang FLÜGEL/Veit DAMM, Dresden 2005.

ROSSEAUX, Ulrich: Einleitung, in: Zeitrhythmen und performative Akte in der städtischen Erinnerungs- und Repräsentationskultur zwischen Früher Neuzeit und Gegenwart (= Bausteine aus dem Institut für Sächsische Geschichte und Volkskunde, Bd. 6), hg. von DEMS./Wolfgang FLÜGEL/Veit DAMM, Dresden 2005, S. 3–9.

ROTH, Friedrich: Das Aufkommen der neuen Augsburger Statpir mit dem Capität und dem Cisa- oder Cybelekopf um 1540, in: ZHVS 35 (1909), 115–127.

ROTHMANN, Michael: Schlussbetrachtung – Reichsstädte und ihre Reichsstädtischen Zeichensysteme, in: Reichszeichen. Darstellungen und Symbole des Reichs in den Reichsstädten, 2. Tagung des Arbeitskreises „Reichsstadtgeschichtsforschung", Mühlhausen 3.–5. März 2014 (= Studien zur Reichsstadtgeschichte, Bd. 2), hg. von Helge WITTMANN, Petersberg 2015, S. 267–273.

RÜTHER, Stefanie: Repräsentation und Legitimation. Zur Darstellung des Rates in den Hansestädten des südlichen Ostseeraums am Beispiel Lübecks, in: Die sakrale Backsteinarchitektur des südlichen Ostseeraums – der theologische Aspekt (= Kunsthistorische Arbeiten der Kulturstiftung der deutschen Vertriebenen, Bd. 2), hg. von Gerhard EIMER/Ernst GIERLICH, Berlin 2000, S. 33–53.

QUELLEN UND LITERATUR   429

RÜTHER, Stefanie: Prestige und Herrschaft. Zur Repräsentation der Lübecker Ratsherren in Mittelalter und Früher Neuzeit (= Norm und Struktur. Studien zum sozialen Wandel in Mittelalter und früher Neuzeit, Bd. 16), Köln/Weimar/Wien 2003.

SAGE, Walter: Die Ausgrabungen in der Krypta des Augsburger Doms, in: Jahrbuch des Vereins für Augsburger Bistumsgeschichte 15 (1981), S. 115–139.

SAGE, Walter: Frühes Christentum und Kirchen aus der Zeit des Übergangs, in: Geschichte der Stadt Augsburg, hg. von Gunter GOTTLIEB u. a., Stuttgart ²1985, S. 100–111.

SAHLMANN, Peter: Die Ausgaben der grossen Ansicht von Lübeck des Elias Diebel (1552), in ZVLGA 70 (1990), S. 223–228.

SANDER, Paul: Die reichsstädtische Haushaltung Nürnbergs dargestellt aufgrund ihres Zustandes von 1431 bis 1440, Leipzig 1902, S. 723–755.

SANKE, Markus: Ausgrabungen im Nürnberger Kreuzgassenviertel. Beiträge zur Siedlungs- und Sozialgeschichte einer spätmittelalterlichen Erweiterung der Lorenzer Stadt, in: Nürnberg – Europäische Stadt in Mittelalter und Neuzeit (= Nürnberger Forschungen, Bd. 29), hg. von Helmut NEUHAUS, Nürnberg 2000, S. 71–103.

Verwaltung und Schriftlichkeit in den Hansestädten (= Hansische Studien, Bd. 16), hg. von Jürgen SARNOWSKY, Trier 2006.

Karl der Große als Vielberufener Vorfahr. Sein Bild in der Kunst der Fürsten, Kirchen und Städte (= Schriften des Historischen Museums in Frankfurt am Main, Bd. 19), hg. von Lieselotte E. SAURMA-JELTSCH, Sigmaringen 1994.

SAURMA-JELTSCH, Lieselotte E.: Karl der Große als vielberufener Vorfahr, in: Karl der Große als Vielberufener Vorfahr. Sein Bild in der Kunst der Fürsten, Kirchen und Städte (= Schriften des Historischen Museums in Frankfurt am Main, Bd. 19), hg. von DERS., Sigmaringen 1994, S. 9–22.

SAURMA-JELTSCH, Lieselotte E.: Karl der Große im Spätmittelalter: Zum Wandel einer politischen Ikone, in: Karl der Große und sein Nachleben in Geschichte, Kunst und Literatur (= Zeitschrift des Aachener Geschichtsvereins, Bd. 104/105, 2002/2003), hg. von Thomas KRAUS/Klaus PABST, Aachen 2003, S. 421–461.

SAURMA-JELTSCH, Lieselotte E.: Das mittelalterliche Reich in der Reichsstadt, in: Heilig-Römisch-Deutsch. Das Reich im mittelalterlichen Europa (Internationale Tagung zur 29. Ausstellung des Europarates und Landesausstellung Sachsen), hg. von Bernd SCHNEIDMÜLLER/Stefan WEINFURTER, Dresden 2006, S. 399–439.

SAURMA-JELTSCH, Lieselotte: Zeichen des Reichs im 14. und frühen 15. Jahrhundert, in: Heiliges Römisches Reich Deutscher Nation 962 bis 1806. Von Otto dem Großen bis zum Ausgang des Mittelalters. Essays (29. Ausstellung des Europarates in Magdeburg und Berlin = Landesausstellung Sachsen-Anhalt), hg. von Matthias PUHLE/Claus-Peter HASSE, Dresden 2006, S. 337–347.

SCHADENDORF, Wulf: Das Holstentor. Symbol der Stadt. Geschichte und Herkunft des Lübecker Tores, Lübeck 1977.

SCHADENDORF, Wulf: Das Holstentor zu Lübeck. Der Bau und seine Geschichte (= Niederdeutscher Verband für Volks- und Altertumskunde, Bd. 2), Braunschweig 1978.

SCHADENDORF, Wulf: Das Holstentor in Lübeck (= Große Baudenkmäler, Heft 377), München/Berlin ²1991.

SCHAFFER, Reinhold: Der alte Königshof Nurinberc festgelegt. Das Nassauer Haus als Königspfalz, in: Bamberger Blätter für fränkische Kunst und Geschichte 7 (1930), Bd. 6, S. 23–32.

SCHAFFER, Reinhold: Der alte Königshof Nurinberc festgelegt. Das Nassauer Haus als Königspfalz, in: Bamberger Blätter für fränkische Kunst und Geschichte 7 (1930), Bd. 8, S. 32.

SCHAFFER, Reinhold: Die Siegel und Wappen der Reichsstadt Nürnberg, in: ZBLG 10 (1937), S. 157–203.

SCHALIES, Ingrid: Erkenntnisse der Archäologie zur Geschichte des Lübecker Hafens vom 12.–16. Jahrhundert, in: Lübecker Schriften zur Archäologie und Kulturgeschichte 17 (1988), S. 129–132.

SCHALIES, Ingrid: Hier wurde Lübeck gegründet, in: Weltkulturerbe Lübeck. Ein archäologischer Rundgang, hg. von Manfred GLÄSER/Doris MÜHRENBERG, Lübeck 2003, S. 38f.

SCHALLER, Andrea: Der Erzengel Michael im frühen Mittelalter. Ikonographie und Verehrung eines Heiligen ohne Vita (= Vestigia Bibliae, Bd. 26/27), Bern u. a. 2006.

SCHARR, Adalbert: Die Nürnberger Reichsforstmeisterfamilie Waldstromer bis 1400 und Beiträge zur älteren Genealogie der Familien Forstmeister und Stromer von Reichenbach, in: MVGN 52 (1963/4), S. 1–41.

SCHAUB, Andreas: Archäologische Untersuchungen am Hohen Dom zu Augsburg, in: Das Archäologische Jahr in Bayern 1998, S. 119–121.

SCHAUB, Andreas: Topographie und Stratigraphie des römischen Augsburg aufgrund neuerer Ausgrabungen, in: Neue Forschungen zur römischen Besiedlung zwischen Oberrhein und Enns. Kolloquium Rosenheim 14.–16. Juni 2000 (= Schriftenreihe der Archäologischen Staatssammlung, Bd. 3), hg. von Ludwig WAMSER/Bernd STEIDEL, Remshalden-Grunbach 2003, S. 109–120.

SCHEFTEL, Michael: „Lübeck 1229" eine Inschrift auf dem Chorgestühl der St. Nikolaikirche zu Röbel: Zur Gründung des St. Marien-Magdalenen Klosters der Dominikaner in Lübeck, in: Das Gedächtnis der Hansestadt Lübeck. Festschrift für Antjekathrin Graßmann zum 65. Geburtstag, hg. von Rolf HAMMEL-KIESOW/ Michael HUNDT, Lübeck 2005, S. 45–53.

SCHELLER, Benjamin: Stiftungen und Staatlichkeit im spätmittelalterlichen Okzident, in: Stiftungen in Christentum, Judentum und Islam vor der Moderne. Auf der Suche

QUELLEN UND LITERATUR 431

nach ihren Gemeinsamkeiten und Unterschieden in religiösen Grundlagen, praktischen Zwecken und historischen Transformationen (= Stiftungsgeschichten, Bd. 4), hg. von Michael BORGOLTE, Berlin 2005, S. 205–222.

SCHENK, Gerrit Jasper: Zeremoniell und Politik. Herrschereinzüge im spätmittelalterlichen Reich (= Forschungen zur Kaiser- und Papstgeschichte des Mittelalters, Bd. 21), Köln/Weimar/Wien 2003.

Hauptstädte in europäischen Nationalstaaten (= Studien zur Geschichte des neunzehnten Jahrhunderts. Abhandlung der Forschungsabteilung des Historischen Seminars zu Köln, Bd. 12), hg. von Theodor SCHIEDER/Gerhard BRUNN, Wien 1983.

SCHIEDER, Theodor: Einige Probleme der Hauptstadtforschung, in: Hauptstädte in europäischen Nationalstaaten (= Studien zur Geschichte des neunzehnten Jahrhunderts. Abhandlung der Forschungsabteilung des Historischen Seminars zu Köln, Bd. 12), hg. von DEMS./Gerhard BRUNN, Wien 1983, S. 1–3.

SCHIER, Volker: Musik im rituellen Kontext: Die Messe zur Nürnberger Heiltumsweisung, in: Cantus Planus. International Musicological Society Study Group, hg. von László DOBSZAY, Budapest 2001, S. 237–251.

SCHIERSNER, Dietmar: Wer bringt das Reich in die Region? Personelle Verbindungen zwischen Schwaben und dem Reich, in: Das Reich in der Region während des Mittelalters und der Frühen Neuzeit (= forum suebicum, Bd. 6), hg. von Rolf KIEßLING/Sabine ULLMANN, Konstanz 2005, S. 61–80.

SCHIFFERS, Heinrich: Der Reliquienschatz Karls des Großen und die Anfänge der Aachenfahrt, Aachen 1951.

SCHILD, Wolfgang: Recht als leiblich geordnetes Handeln. Zur sinnlichen Rechtsauffassung des Mittelalters, in: Das Mittelalter 8 (2003), S. 84–91.

SCHILDHAUER, Johannes: Charakter und Funktion der Städtebünde in der Feudalgesellschaft – vornehmlich auf dem Gebiet des Reiches, in: Bürgertum, Handelskapitel, Städtebünde (= Hansische Studien, Bd. 3 = Abhandlungen zur Handels- und Sozialgeschichte, Bd. 15), hg. von Konrad FRITZE, Weimar 1975, S. 149–170.

SCHILLING, Heinz: Die Konfessionalisierung im Reich. Religiöser und gesellschaftlicher Wandel im Reich zwischen 1555 und 1620, in: HZ 246 (1988), S. 1–45.

SCHILP, Thomas: Kirchenbau und -ausstattung als politisches Programm: Zur Reichssymbolik im Hochchor der Dortmunder Reinoldikirche (um 1465), in: Reichszeichen. Darstellungen und Symbole des Reichs in den Reichsstädten, 2. Tagung des Arbeitskreises „Reichsstadtgeschichtsforschung", Mühlhausen 3.–5. März 2014 (= Studien zur Reichsstadtgeschichte, Bd. 2), hg. von Helge WITTMANN, Petersberg 2015, S. 73–86.

SCHIMMELPFENNIG, Bernhard: Könige und Fürsten, Kaiser und Papst im 12. Jahrhundert (= Enzyklopädie Deutscher Geschichte, Bd. 37), München 2010.

432 QUELLEN UND LITERATUR

SCHLESINGER, Walter: Die Pfalzen im Rhein-Main-Gebiet, in: Geschichte in Wissenschaft und Unterricht 16 (1965), S. 487–504.

SCHLESINGER, Walter: Bischofssitze, Pfalzen und Städte im deutschen Itinerar Friedrich Barbarossas, in: Aus Stadt- und Wirtschaftsgeschichte Südwestdeutschlands. Festschrift für Erich Maschke zum 75. Geburtstag, Stuttgart 1975, S. 1–56.

SCHLICKEL, Ferdinand: Speyer. Von den Saliern bis heute, Speyer 2002.

Die Wirklichkeit der Symbole. Grundlagen der Kommunikation in historischen und gegenwärtigen Gesellschaften (= Historische Kulturwissenschaften, Bd. 1), hg. von Rudolf SCHLÖGL/Bernhard GIESEN/Jürgen OSTERHAMMEL, Konstanz 2004, S. 9–38.

SCHLÖGL, Rudolf: Symbole in der Kommunikation. Zur Einführung, in: Die Wirklichkeit der Symbole. Grundlagen der Kommunikation in historischen und gegenwärtigen Gesellschaften (= Historische Kulturwissenschaften, Bd. 1), hg. von DEMS./Bernhard GIESEN/Jürgen OSTERHAMMEL, Konstanz 2004, S. 9–38.

Interaktion und Herrschaft. Die Politik der frühneuzeitlichen Stadt (= Historische Kulturwissenschaft, Bd. 5), hg. von Rudolf SCHLÖGL, Konstanz 2004.

SCHLÖGL, Rudolf: Vergesellschaftung unter Anwesenden. Zur kommunikativen Form des Politischen in der vormodernen Stadt, in: Interaktion und Herrschaft. Die Politik der frühneuzeitlichen Stadt (= Historische Kulturwissenschaft, Bd. 59), hg. von DEMS., Konstanz 2004, S. 9–60.

SCHLÖGL, Rudolf: Interaktion und Herrschaft. Probleme der politischen Kommunikation in der Stadt, in: Was heißt Kulturgeschichte des Politischen? (ZHF, Beiheft 35), hg. von Barbara STOLLBERG-RILINGER, Berlin 2005, S. 115–128.

SCHLÖGL, Rudolf: Kommunikation und Vergesellschaftung unter Anwesenden. Formen des Sozialen und ihre Transformation in der Frühen Neuzeit, in: Geschichte und Gesellschaft 34 (2008), S. 155–224.

SCHLEIF, Corine: Bild- und Schriftquellen zur Verehrung des heiligen Deocarus in Nürnberg, in: Berichte des Historischen Vereins Bamberg 119 (1983), S. 9–24.

SCHMID, Wolfgang: Brunnen und Gemeinschaften im Mittelalter, in: HZ 267 (1998), S. 561–586.

SCHMID, Regula: Fahnengeschichte. Erinnern in der spätmittelalterlichen Gemeinde, in: traverse 1 (1999), S. 39–48.

SCHMID, Alois: Vom *fundus Nuorenberg* zur *civitas Nuoremberch*. Die Anfänge der Stadt Nürnberg in der Zeit der Salier und Staufer, in: Nürnberg – Europäische Stadt in Mittelalter und Neuzeit (= Nürnberger Forschungen, Bd. 29), hg. von Helmut NEUHAUS, Nürnberg 2000, S. 3–22.

SCHMID, Regula: Öffentliche Geschichte. Kommunale Inschriften in der frühneuzeitlichen Stadt, in: Interaktion und Herrschaft. Die Politik der frühneuzeitlichen Stadt (= Historische Kulturwissenschaft, Bd. 5), hg. von Rudolf SCHLÖGL, Konstanz 2004, S. 409–443.

QUELLEN UND LITERATUR

SCHMID, Peter: Mittelalterliche Münzen und Herrscherporträt. Probleme der Bildnisforschung, in: Geld im Mittelalter. Wahrnehmung – Bewertung – Symbolik, hg. von Klaus GRUBMÜLLER/Markus STOCK, Darmstadt 2005, S. 52–90.

SCHMID, Regula: Turm, Tor und Reiterbild: Ansichten der Stadt in Bilderchroniken des Spätmittelalters, in: Stadtbilder der Neuzeit. Die europäische Stadtansicht von den Anfängen bis zum Photo, 42. Arbeitstagung des Südwestdeutschen Arbeitskreises für Stadtgeschichtsforschung in Zürich vom 14.–16. November 2003 (= Stadt in der Geschichte, Bd. 32), hg. von Bernd ROECK, Ostfildern 2006, S. 19–40.

SCHMID/Margarethe SCHMID, Heinrich: Die vergessene Bildersprache christlicher Kunst: Ein Führer zum Verständnis der Tier-, Engel- und Mariensymbolik, München 2007.

SCHMID, Regula: Geschichte im Dienst der Stadt. Amtliche Historie und Politik im Spätmittelalter, Zürich 2009.

SCHMIDT, Heinrich: Die deutschen Städtechroniken als Spiegel des bürgerlichen Selbstverständnisses im Spätmittelalter (= Schriftenreihe der historischen Kommission bei der bayerischen Akademie der Wissenschaft, Schrift 3), Göttingen 1958.

SCHMIDT, Patrick: Die Repräsentation des korporativen Gruppengedächtnisses im Medium des Festes, in: Zeitrhythmen und performative Akte in der städtischen Erinnerungs- und Repräsentationskultur zwischen Früher Neuzeit und Gegenwart (= Bausteine aus dem Institut für Sächsische Geschichte und Volkskunde, Bd. 6), hg. von Ulrich ROSSEAUX/Wolfgang FLÜGEL/Veit DAMM, Dresden 2005, S. 69–92.

SCHMIDT/Horst CARL, Patrick: Einleitung, in: Stadtgemeinschaft und Ständegesellschaft. Formen der Integration und Distinktion in der frühneuzeitlichen Stadt (= Geschichte. Forschung und Wissenschaft, Bd. 20), hg. von DENS., Münster 2007, S. 7–30.

SCHMIDT, Leo: Einführung in die Denkmalpflege, Darmstadt 2008.

SCHMIEDER, Felicitas: Die mittelalterliche Stadt, Darmstadt [3]2012.

SCHNEEDE, Uwe M.: Ritual als Werk: Joseph Beuys' Aktionen, in: Die neue Kraft der Rituale, hg. von Axel MICHAELS, Heidelberg 2007, S. 67–76

Wirtschaftskräfte und Wirtschaftswege, Bd. 1: Mittelmeer und Kontinent. Festschrift für Hermann Kellenbenz (= Beiträge zur Wirtschaftsgeschichte, Bd. 4), hg. von Jürgen SCHNEIDER, Stuttgart 1978.

Das spätmittelalterliche Königtum im europäischen Vergleich (= Vorträge und Forschungen, Bd. 32), hg. von Reinhard SCHNEIDER, Sigmaringen 1987.

SCHNEIDER, Reinhard: Landeserschließung und Raumerfassung durch salische Herrscher, in: Die Salier und das Reich, Bd. 1: Salier, Adel und Reichsverfassung, hg. von Stefan WEINFURTER, Sigmaringen 1991, S. 117–138.

SCHNEIDER, Joachim: Typologie der Nürnberger Stadtchronistik um 1500. Gegenwart und Geschichte in einer spätmittelalterlichen Stadt, in: Städtische Geschichts-

434   QUELLEN UND LITERATUR

schreibung im Spätmittelalter und in der frühen Neuzeit (= Städteforschung, Reihe A, Bd. 47), hg. von Peter JOHANEK, Köln/Weimar/Wien 2000, S. 181–203.

SCHNEIDER, Jörg: Die Reichsstädte, in: Heiliges Römisches Reich Deutscher Nation 962 bis 1806. Von Otto dem Großen bis zum Ausgang des Mittelalters. Essays (29. Ausstellung des Europarates in Magdeburg und Berlin = Landesausstellung Sachsen-Anhalt), hg. von Matthias PUHLE/Claus-Peter HASSE, Dresden 2006, S. 411–423.

SCHNEIDER, Norbert: Historienmalerei. Vom Spätmittelalter bis zum 19. Jahrhundert, Köln/Weimar/Wien 2010.

SCHNEIDER, Joachim: Symbolische Elemente der Konfliktaustragung zwischen Hof und Stadt. Zeugnisse der Chronistik aus dem 14. bis 16. Jahrhundert, in: Symbolische Interaktion in der Residenzstadt des Spätmittelalters und der Frühen Neuzeit (= Hallische Beiträge zur Geschichte des Mittelalters und der Frühen Neuzeit, Bd. 9), hg. von Gerrit DEUTSCHLÄNDER/Marc VON DER HÖH/Andreas RANFT, Berlin 2013, S. 109–127.

Ottonische Neuanfänge. Symposion zur Ausstellung „Otto der Große, Magdeburg und Europa", hg. von Bernd SCHNEIDMÜLLER/Stefan WEINFURTER, Mainz ²2004.

Heilig-Römisch-Deutsch. Das Reich im mittelalterlichen Europa (Internationale Tagung zur 29. Ausstellung des Europarates und Landesausstellung Sachsen), hg. von Bernd SCHNEIDMÜLLER/Stefan WEINFURTER, Dresden 2006.

SCHNEIDMÜLLER, Bernd: Magdeburg und das geträumte Reich des Mittelalters, in: Heilig-Römisch-Deutsch: Das Reich im mittelalterlichen Europa (Internationale Tagung zur 29. Ausstellung des Europarates und Landesausstellung Sachsen), hg. von DEMS./Stefan WEINFURTER, Heilig-Römisch-Deutsch 2006, S. 440–451.

Salisches Kaisertum und neues Europa. Die Zeit Heinrichs IV. und Heinrich V., hg. von Bernd SCHNEIDMÜLLER/Stefan WEINFURTER, Darmstadt 2007.

SCHNEIDMÜLLER, Bernd: Heinrich der Löwe. Innovationspotential eines mittelalterlichen Fürsten, in: Staufer und Welfen. Zwei rivalisierende Dynastien im Hochmittelalter, hg. von Werner HECHBERGER/Florian SCHULLER, Regensburg 2009, S. 51–65.

SCHNELBÖGL, Fritz: Nürnberg im Verzeichnis der Tafelgüter des römischen Königs, in: JfL10 (1950), S. 37–46.

SCHNELBÖGL, Fritz: Topographische Entwicklung Nürnbergs, in: Nürnberg – Geschichte einer europäischen Stadt, hg. von Gerhard PFEIFFER, München 1971, S. 54–62.

SCHNELBÖGL, Fritz: Kirche und Caritas, in: Nürnberg – Geschichte einer europäischen Stadt, hg. von Gerhard PFEIFFER, München 1971, S. 100–106.

SCHNELBÖGL, Julia: Die Reichskleinodien in Nürnberg 1424–1523, in: MVGN 51 (1962), S. 78–159.

QUELLEN UND LITERATUR 435

Imperium Romanum – irregulare corpus – Teutscher Reichs-Staat. Das Alte Reich im Verständnis der Zeitgenossen und der Historiographie (= Veröffentlichungen des Instituts für Europäische Geschichte Mainz, Beihefte, Bd. 57), hg. von Matthias SCHNETTGER, Mainz 2002.

SCHNITH, Karl: Die Reichsstadt Augsburg im Spätmittelalter, in: Geschichte der Stadt Augsburg, hg. von Gunter GOTTLIEB u. a., Stuttgart ²1985, S. 153–166.

SCHNITH, Karl: Mittelalterliche Augsburger Gründungslegenden, in: Fälschungen im Mittelalter. Internationaler Kongreß der Monumenta Germaniae Historica München, 16.–19. September 1986, Teil 1: Kongreßdaten und Festvorträge. Literatur und Fälschung (= MGH Schriften, Bd. 33,1), Hannover 1988, S. 497–517.

SCHOCK-WERNER, Barbara: Die Burg Karls IV. in Lauf als Mittelpunkt eines geplanten neuen Landes, in: Burg Lauf a. d. Pegnitz. Ein Bauwerk Kaiser Karls IV. (= Forschungen zu Burgen und Schlössern, Sonderbd. 2), hg. von Ulrich GROSSMANN / Hans-Heinrich HÄFFNER, Nürnberg 2006, S. 19–24.

SCHÖNTAG, Wilfried: Siegelrecht, Siegelbild und Herrschaftsanspruch. Die Siegel der Städte und Dörfer im deutschen Südwesten, in: Das Siegel. Gebrauch und Bedeutung, hg. von Gabriela SIGNORI, Darmstadt 2007, S. 128–138.

SCHOLLER, Ernst: Die Reichsstadt Nürnberg Geld- und Münzwesen in älterer und neuerer Zeit (= Ein Beitrag zur reichsstädtisches Wirtschaftsgeschichte), Nürnberg 1916.

SCHOLZ, Michael: Konflikt und Koexistenz – Geistliche Fürsten und ihre Städte in Mitteldeutschland im späten Mittelalter, in: Politische, soziale und kulturelle Konflikte in der Geschichte von Sachsen-Anhalt. Beiträge des landesgeschichtlichen Kolloquiums am 4./5. September 1998 in Vockerode (= Studien zur Landesgeschichte, Bd. 1), hg. von Werner FREITAG, Halle 1999.

SCHOLZ, Hartmut: Prag oder Nürnberg? Die Luxemburger Fensterstiftungen in Nürnberg und Franken und die Frage ihrer künstlerischen Verortung, in: Kunst als Herrschaftsinstrument. Böhmen und das Heilige Römische Reich unter den Luxemburgern im europäischen Kontext, hg. von Jiri FAJT / Andrea LANGER, Berlin / München 2006, S. 221–235.

SCHRAMM, Pery Ernst: Die deutschen Kaiser und Könige in Bildern ihrer Zeit 751–1190, München 1983.

SCHREIBMÜLLER, Hermann: Franken in Geschichte und Namenwelt. Ausgewählte Aufsätze (= Veröffentlichungen der Gesellschaft für fränkische Geschichte 9. Reihe = Darstellungen aus der fränkische Geschichte, Bd. 10), Würzburg 1954.

SCHROEDER, Horst: Der Topos der Nine Worthies in Literatur und bildender Kunst, Göttingen 1971.

SCHRÖDER, Detlev: Stadt Augsburg. Historischer Atlas von Bayern. Teil Schwaben, H. 10, München 1975.

SCHUBERT, Ernst: Albrecht Achilles, Markgraf und Kurfürst von Brandenburg (1414–1486), in: Fränkische Lebensbilder, Bd. 4 (= Veröffentlichungen der Gesellschaft für fränkische Geschichte, Reihe VII A, Bd. 4), Würzburg 1971, S. 130–172.

SCHUBERT, Ernst: König und Reich. Studien zur spätmittelalterlichen deutschen Verfassungsgeschichte (= Veröffentlichungen des Max-Planck-Instituts für Geschichte, Bd. 63), Göttingen 1979.

SCHUBERT, Königsabsetzung im deutschen Mittelalter. Eine Studie zum Werden der Reichsverfassung (= Abhandlungen der Akademie der Wissenschaften zu Göttingen, phil.-hist. KL., 3. Folge, Bd. 267), Göttingen 2005.

Ulrich SCHÜTTE, Ernst: Stadttor und Hausschwelle. Zur rituellen Bedeutung architektonischer Grenzen in der Frühen Neuzeit, in: Die Grenze. Begriff und Inszenierung, hg. von Markus BAUER/Thomas RAHN, Berlin 1997, S. 159–176.

SCHULTHEISS, Werner: Kaiser Karl IV. und die Reichsstadt Nürnberg. Streiflichter und Funde zur Territorialpolitik in Ostfranken, in: MVGN 52 (1963–64), S. 42–53.

SCHULTHEISS, Werner: Geld- und Finanzgeschäfte Nürnberger Bürger vom 13.–17. Jahrhundert, in: Beiträge zur Wirtschaftsgeschichte Nürnbergs, Bd. 1 (= Beiträge zur Geschichte und Kultur der Stadt Nürnberg, Bd. 11/1), hg. von STADTARCHIV NÜRNBERG, Nürnberg 1967, S. 49–116.

SCHULTHES, Werner: Konrad Groß, in: Fränkische Lebensbilder, Bd. 2. Neue Folge der Lebensbilder aus Franken (= Veröffentlichungen der Gesellschaft für fränkische Geschichte 7/A/2), hg. von Gerhard PFEIFFER/Alfred WENDEHORST, Würzburg 1968, S. 59–82.

SCHULTHEISS, Werner: Verfassung und Verwaltung in der ersten Hälfte des 14. Jahrhunderts, in: Nürnberg – Geschichte einer europäischen Stadt, hg. von Gerhard PFEIFFER, München 1971, S. 8–45.

SCHULTHEISS, Werner: Der Handwerkeraufstand von 1348/49, in: Nürnberg – Geschichte einer europäischen Stadt, hg. von Gerhard PFEIFFER, München 1971, S. 73–75.

SCHULTHEISS, Werner: Politische und kulturelle Entwicklung 1298–1347, in: Nürnberg – Geschichte einer europäischen Stadt, hg. von Gerhard PFEIFFER, München 1971, S. 38–45.

SCHULZ, Knut: Die politische Zunft. Eine die spätmittelalterliche Stadt prägende Institution?, in: Verwaltung und Politik in Städten Mitteleuropas. Beiträge zu Verfassungsnorm und Verfassungswirklichkeit in altständischer Zeit (= Städteforschung, Reihe A, Bd. 34), hg. von Winfried EHBRECHT, Köln 1994, S. 1–20.

SCHULZ/Georg STOLZ, Otto: Die Grabungen in der St. Lorenzkirche zu Nürnberg, in: 500 Jahre Hallenchor St. Lorenz zu Nürnberg 1477–1977, hg. von Herbert BAUER/Gerhard HIRSCHMANN/Georg STOLZ, Nürnberg 1977, S. 213–241.

SCHUHMANN, Günther: Nürnberger Wappen und Siegel, in: Nürnberg – Kaiser und Reich. Ausstellung des Staatsarchivs Nürnberg (= Ausstellungskataloge der Staatlichen Archive Bayerns, Bd. 20), Neustadt an der Aisch 1986, S. 155–162.

QUELLEN UND LITERATUR

SCHUHMANN, Günther: Die Reichsinsignien und Heiltümer, in: Nürnberg – Kaiser und Reich. Ausstellung des Staatsarchivs Nürnberg (= Ausstellungskataloge der Staatlichen Archive Bayerns, Bd. 20), Neustadt an der Aisch 1986, S. 32–39

SCHUHMANN, Günther: Nürnberger Münzen und Medaillen, in: Nürnberg – Kaiser und Reich. Ausstellung des Staatsarchivs Nürnberg (= Ausstellungskataloge der Staatlichen Archive Bayerns, Bd. 20), Neustadt an der Aisch 1986, S. 163–176.

SCHWAB, Heinrich: Der Stadtmusicus als Amtsträger, in: Anzeiger des Germanischen Nationalmuseums 1993, S. 98–106.

SCHWEDLER, Gerald: Formen und Inhalte: Entscheidungsfindung und Konsensprinzip auf Hoftagen im späten Mittelalter, in: Politische Versammlungen und ihre Rituale. Repräsentationsformen und Entscheidungsprozesse des Reichs und der Kirche im späten Mittelalter (= Mittelalter-Forschungen, Bd. 27), hg. von Jörg PELTZER/ Gerald SCHWEDLER/Paul TÖBELMANN, Ostfildern 2009, S. 151–179.

SCHWEERS, Regine: Die Bedeutung des Raums für das Scheitern oder Gelingen des Adventus, in: Adventus. Studien zum herrschaftlichen Einzug in die Stadt (= Städteforschung, Reihe A, Bd. 75), hg. von Peter JOHANEK/Angelika LAMPEN, Köln/Weimar/Wien 2009, S. 37–55.

SCHWEDLER, Gerald: Prinzipien der Ordnung bei königlichen Prozessionen im späten Mittelalter, in: Prozessionen, Wallfahrten, Aufmärsche. Bewegung zwischen Religion und Politik in Europa und Asien seit dem Mittelalter (= Menschen und Kulturen, Bd. 4), hg. von Jörg GENGNAGEL/Monika HORSTMANN/Gerald SCHWEDLER, Köln/Weimar/Wien 2008, S. 122–142.

SCHWEMMER, Wilhelm: Die Burg zu Nürnberg (= Große Baudenkmäler, Heft 30), Berlin 1953.

SCHWEMMER, Wilhelm: Die Bürgerhäuser der Nürnberger Altstadt aus reichsstädtischer Zeit. Erhaltener Bestand der Sebalder Seite (= Nürnberger Forschungen. Einzelarbeiten zur Nürnberger Geschichte, Bd. 6 = Die Bürgerhäuser der Nürnberger Altstadt, Bd. 1), Nürnberg 1961.

SCHWEMMER, Wilhelm: Die Bürgerhäuser der Nürnberger Altstadt aus reichsstädtischer Zeit. Erhaltener Bestand der Lorenzer Seite (= Nürnberger Forschungen. Einzelarbeiten zur Nürnberger Geschichte, Bd. 14 = Die Bürgerhäuser der Nürnberger Altstadt, Bd. 2), Nürnberg 1970.

SCHWEMMER, Wilhelm: Zwei Fresken der Luxemburger in Nürnberg, in: BDLG 114 (1978), S. 539–545.

SCIOR, Volker: Das Eigene und das Fremde. Identität und Fremdheit in den Chroniken Adams von Bremen, Helmolds von Bosau und Arnolds von Lübeck (= Orbis mediaevalis. Vorstellungswelten des Mittelalters, Bd. 4), Berlin 2002.

SEIBERT, Hubertus: Amt, Autorität, Diözesanausbau – Die Bischöfe als Häupter der Ordnung im Reich, in: Die Salier. Macht im Wandel, hg. vom HISTORISCHEN MUSEUM DER PFALZ SPEYER, München 2011, S. 85–93.

438   QUELLEN UND LITERATUR

Ludwig der Bayer (1313–1347). Reich und Herrschaft im Wandel, hg. von Hubertus SEIBERT, Regensburg 2014, S. 263–283.

SEIBOLD, Hans: Die bürgerliche Siedlung des mittelalterlichen Nürnberg, ihre räumliche Entfaltung und ihre Stadtmauerumgrenzung, Nürnberg 1959.

SEILER, Peter: Kommunale Heraldik und die Visibilität politischer Ordnung. Beobachtungen zu einem wenig beachteten Phänomen der Stadtästhetik von Florenz, 1250–1400, in: La bellezza della città. Stadtrecht und Stadtgestaltung im Italien des Mittelalters und der Renaissance (= Reihe der Villa Vigoni, Bd. 16), hg. von Michael STOLLEIS/Ruth WOLFF, Tübingen 2004, S. 205–240.

SELLERT, Wolfgang: Recht und Gerechtigkeit in der Kunst, Göttingen 1993.

SELZER, Stephan: *Fraenum antiquae libertatis* – Stadtburgen und die Wiederbefestigung stadtherrlicher Macht im spätmittelalterlichen Reich, in: Die besetzte res publica. Zum Verhältnis von ziviler Obrigkeit und militärischer Herrschaft in besetzten Gebieten vom Spätmittelalter bis zum 18. Jahrhundert (= Herrschaft und soziale Systeme in der Frühen Neuzeit, Bd. 3), hg. von Markus MEUMANN/Jörg ROGGE, Münster 2006, S. 89–118.

SEYBOTH, Reinhard: Nürnberg, Cadolzburg und Ansbach als spätmittelalterliche Residenzen der Hohenzollern, in: JfL 49 (1989), S. 1–25.

SEYBOTH, Reinhard: Reichsstadt und Reichstag. Nürnberg als Schauplatz von Reichsversammlungen im späten Mittelalter, in: JfL 52 (1992), S. 209–230.

Das Siegel. Gebrauch und Bedeutung, hg. von Gabriela SIGNORI, Darmstadt 2007.

SIGNORI, Gabriela: Ereignis und Erinnerung. Das Ritual in der städtischen Memorialkultur des ausgehenden Mittelalters (14. und 15. Jahrhundert), in: Prozessionen, Wallfahrten, Aufmärsche. Bewegung zwischen Religion und Politik in Europa und Asien seit dem Mittelalter (Menschen und Kulturen, Bd. 4), hg. von Jörg GENGNAGEL/Monika HORSTMANN/Gerald SCHWEDLER, Köln/Weimar/Wien 2008, S. 108–121.

SIMMERDING, Franz X.: Grenzzeichen, Grenzsteinsetzer und Grenzfrevler. Ein Beitrag zur Kultur-, Rechts- und Sozialgeschichte, hg. vom DEUTSCHEN VEREIN FÜR VERMESSUNGSWESEN, LANDESVEREIN BAYERN, München 1996.

SOJA, Edward W.: Postmodern Geographies. The Reassertion of Space in Critical Social Theory, London/New York 1996.

Die Bildlichkeit korporativer Siegel im Mittelalter. Kunstgeschichte und Geschichte im Gespräch (= Studien zur mittelalterlichen Kunst, Bd. 1), hg. von Markus SPÄTH, Köln/Weimar/Wien 2009.

SPÄTH, Markus: Die Bildlichkeit korporativer Siegel im Mittelalter. Perspektiven eines interdisziplinären Austauschs, in: Die Bildlichkeit korporativer Siegel im Mittelalter. Kunstgeschichte und Geschichte im Gespräch (= Studien zur mittelalterlichen Kunst, Bd. 1), hg. von DEMS., Köln/Weimar/Wien 2009, S. 9–29.

QUELLEN UND LITERATUR

SPÄTH, Markus: Zeichen bürgerlicher Repräsentation – Reichsstädtische Siegel und ihre künstlerischen Kontexte, in: Reichszeichen. Darstellungen und Symbole des Reichs in den Reichsstädten, 2. Tagung des Arbeitskreises „Reichsstadtgeschichtsforschung", Mühlhausen 3.–5. März 2014 (= Studien zur Reichsstadtgeschichte, Bd. 2), hg. von Helge WITTMANN, Petersberg 2015, S. 137–166.

Stadt und Kultur, 21. Arbeitstagung in Ulm 29.–31. Oktober 1982 (= Stadt in der Geschichte, Bd. 11), hg. von Hans Eugen SPECKER, Sigmaringen 1983, S. 9–32.

SPIEß, Gerhard: Der Braunschweiger Brunnen auf dem Altmarkt, Braunschweig 1988.

SPIEß, Karl-Heinz: Rangdenken und Rangstreit im Mittelalter, in: Zeremoniell und Raum (1200–1600), 4. Symposium der Residenzen-Komission der Akademie der Wissenschaften in Göttingen, Potsdam, 25.–27. September 1994 (= Residenzenforschung, Bd. 6), hg. von Werner PARAVICINI, Sigmaringen 1997, S. 39–62.

Medien der Kommunikation im Mittelalter (= BKG, Bd. 15), hg. von Karl-Heinz SPIEß, Wiesbaden 2003.

SPIELBERG, Werner: Die Herkunft der älteren Burggrafen von Nürnberg, in: MÖIG 43 (1929), S. 117–123.

Der heilige Sebald, seine Kirche und seine Stadt im Stadtmuseum Nürnberg Fembohaus, 24. August–28. Oktober 1979, (= Ausstellungskataloge des Landeskirchlichen Archivs in Nürnberg, Bd. 8), hg von Svetozar SPRUSANSKY, Nürnberg 1979.

SPRUSANSKY, Svetozar: Das Haupt des Hl. Sebalds. Zur Geschichte des Nürnberger Stadtheiligen und seiner Verehrung, in: MVGN 68 (1981), S. 109–121.

Nürnberg – Kaiser und Reich. Ausstellung des Staatsarchivs Nürnberg vom 20. September–31. Oktober 1986 (= Ausstellungskataloge der Staatlichen Archive Bayerns, Bd. 20), hg. vom STAATSARCHIV NÜRNBERG, München 1986.

STADLER/Friedrich ZOLLHOEFER, Klemens: Wappen der schwäbischen Gemeinden, Kempten 1952.

Beiträge zur Wirtschaftsgeschichte Nürnbergs, Bd. 1 (= Beiträge zur Geschichte und Kultur der Stadt Nürnberg, Bd 11/1), hg. von STADTARCHIV NÜRNBERG, Nürnberg 1967.

STEFKE, Gerald: „Goldwährung" und „lübisches Silbergeld" in Lübeck um die Mitte des 14. Jahrhunderts, in: ZVLGA 63 (1983), S. 25–82.

STEIDL, Bernd: Fürstliches Pferdegeschirr von der Lechfeldschlacht, in: Bayerische Archäologie 1 (2014), S. 9–11.

STEINHILBER, Dirk: Geld- und Münzgeschichte Augsburgs im Mittelalter, in: Jahrbuch für Numismatik und Geldgeschichte 5/6 (1954/55), S. 5–142.

VON STETTEN, Paul: Geschichte der adelichen Geschlechter in der freyen Reichsstadt Augsburg: sowohl in Ansehung ihres besonderen Standes als auch in Ansehung einer jeden einzlen Familie, Augsburg 1762.

STIELDORF, Andrea: Siegelkunde. Basiswissen (=Hahnsche Historische Hilfswissenschaften, Bd. 2), Hannover 2004.

STOLL, Ulrich: Pinienzapfen und Zirbelnuss. Ein Beitrag zur Deutung des römischen Pinienzapfens und zur Geschichte des Augsburger Stadtwappens, in: ZHVS 79 (1985), S. 55–110.

STOLLBERG-RILINGER, Barbara: Die zeremonielle Inszenierung des Reichs, oder: Was leistet der kulturalistische Ansatz für die Reichsverfassungsgeschichte, in: Imperium Romanum – irregulare corpus – Teutscher Reichs-Staat. Das Alte Reich im Verständnis der Zeitgenossen und der Historiographie (= Veröffentlichungen des Instituts für Europäische Geschichte Mainz, Beihefte, Bd. 57), hg. von Matthias SCHNETTGER, Mainz 2002, S. 233–246.

Was heißt Kulturgeschichte des Politischen? (= ZHF, Beiheft 35), hg. von Barbara STOLLBERG-RILINGER, Berlin 2005.

STOLLBERG-RILINGER, Barbara: Einleitung, in: Was heißt Kulturgeschichte des Politischen? (= ZHF, Beiheft 35), hg. von DERS., Berlin 2005, S. 9–24.

STOLZ, Georg: St. Lorenz zu Nürnberg, Berlin [15]2006.

STOOB, Heinz: Gedanken zur Ostseepolitik Lothars III., in: Festschrift Friedrich Hausmann, hg. von Herwig EBNER, Graz 1977, S. 531–552.

STOOB, Heinz: Bürgerliche Gemeindebauten in mitteleuropäischen Städten des 12./15. Jahrhunderts, in: Wirtschaftskräfte und Wirtschaftswege, Bd. 1: Mittelmeer und Kontinent. Festschrift für Hermann Kellenbenz (= Beiträge zur Wirtschaftsgeschichte, Bd. 4), hg. von Jürgen SCHNEIDER, Stuttgart 1978, S. 51–72.

STOOB, Heinz: Schleswig – Lübeck – Wisby, in: ZVLG (1979), S. 7–27.

STOOB, Heinz: Kaiser Karl IV. und der Ostseeraum, in: Hansische Geschichtsblätter 88 (1979), S. 163–214.

STOOB, Heinz: Lübeck (Schleswig-Holstein) (Deutscher Städteatlas, Bd. 3,6), Altenbeken 1984.

STOOB, Heinz: Kaiser Karl IV. und seine Zeit, Graz/Wien/Köln 1990.

STOOB, Heinz: Die Hanse, Graz 1995.

La bellezza della città. Stadtrecht und Stadtgestaltung im Italien des Mittelalters und der Renaissance (= Reihe der Villa Vigoni, Bd. 16), hg. von Michael STOLLEIS/Ruth WOLFF, Tübingen 2004.

STREFKE, Gerald: „Goldwährung" und „lübisches" Silbergeld in der Mitte des 14. Jahrhunderts, in: ZVLGA 63 (1983), S. 25–81.

STREICH, Gerhard: Burg und Kirche während des deutschen Mittelalters. Untersuchungen zur Sakraltopographie von Pfalzen, Burgen und Herrensitzen (= Vorträge und Forschungen, Sonderbd. 29,1), Sigmaringen 1984.

STREICH, Brigitte: „Uf dem zcoge zcu unserm Herrn dem Romischen Kunige." Die Aachenfahrt des sächsischen Hofes im Sommer 1442, in: RhVjBll 55 (1991), S. 32–75.

STRÖER, Franz/Sigrid SANGL: Die Burg zu Nürnberg, Nürnberg 1988.

QUELLEN UND LITERATUR

von Stromer, Wolfgang: Handel und Gewerbe der Frühzeit, in: Nürnberg – Geschichte einer europäischen Stadt, hg. von Gerhard Pfeiffer, München 1971, S. 46–54.

von Stromer, Wolfgang: Die Metropole im Aufstand gegen König Karl IV. Nürnberg zwischen Wittelsbach und Luxemburg Juni 1348 – September 1349, in: Festschrift des Vereins für Geschichte der Stadt Nürnberg zur Feier seines hundertjährigen Bestehens 1878–1978 (MVGN 65), Nürnberg 1978, S. 55–91.

von Stromer, Wolfgang: Die Fensterstiftungen des Sebalder Ostchors, in: 600 Jahre Ostchor St. Sebald 1379–1979, hg. von Helmut Baier, Neustadt a. d. Aisch 1979, S. 80–93.

von Stromer, Wolfgang: Nürnbergs große Zollfreiheiten, ihre Symbole und ihre Monumente im Saal des Alten Rathauses, in: MVGN 80 (1993), S. 117–135.

Struve, Tilman: Die Entwicklung der organologischen Staatsauffassung im Mittelalter (= Monographien zur Geschichte des Mittelalters, Bd. 16), Stuttgart 1978, S. 87–116.

Studer, Christoph: Do der kúng hie wz. Der Besuch Friedrichs III. 1442 in St. Gallen, in: Schriften des Vereins für Geschichte des Bodensees und seiner Umgebung 112 (1994), S. 1–44.

Studt, Birgit: Territoriale Funktionen und urbane Identitäten deutscher Residenzstädte vom 14. bis zum 16. Jahrhundert, in: Aspetti e componenti dell'identità urbana in Italia e in Germania (secoli XIV–XVI) – Aspekte und Komponenten der städtischen Identität in Italien und Deutschland (14.–16. Jahrhundert), hg. von Giorgio Chittolini/Peter Johanek, Bologna/Berlin 2003, S. 45–68.

Stüllein, Hans Jochen: Das Itinerar Heinrichs V. in Deutschland, 1971.

Suckale, Robert: Die Hofkunst Kaiser Ludwigs des Bayern, München 1993.

Suhle, Arthur: Deutsche Münz- und Geldgeschichte von den Anfängen bis zum 15. Jahrhundert, Berlin 1975.

Suter, Andreas: Kulturgeschichte des Politischen – Chancen und Grenzen, in: Was heißt Kulturgeschichte des Politischen? (ZHF, Beiheft 35), hg. von Barbara Stollberg-Rilinger Berlin 2005, S. 27–55.

Szabó, Thomas: Die Visualisierung städtischer Ordnung in den Kommunen Italiens, in: Visualisierung städtischer Ordnung. Zeichen – Abzeichen – Hoheitszeichen. Referate der interdisziplinären Tagung des Forschungsinstituts für Realienkunde am Germanischen Nationalmuseum, Nürnberg, 9.–11. Oktober 1991, hg. von Hermann Maué, Nürnberg 1993, S. 55–68

Tellenbach, Gerd: Augsburgs Stellung in Schwaben und im Deutschen Reich während des Hochmittelalters, in: Augusta 955–1955. Forschungen und Studien zur Kultur- und Wirtschaftsgeschichte Augsburgs, Augsburg 1955, S. 61–69.

Thum, Bernd: Öffentlich-Machen, Öffentlichkeit, Recht. Zu Grundlagen und Verfahren der politischen Publizistik im Spätmittelalter, in: Zeitschrift für Literaturwissenschaft und Linguistik 10 (1980), S. 12–69.

TISCHLER, Matthias M.: Karl der Große in der Erinnerung des 8. bis 10. Jahrhunderts, in: Karl der Große. Charlemagne. Orte der Macht. Essays, hg. von Frank POHLE, Dresden 2014, S. 408–417.

TOCH, Michael: Die Juden im mittelalterlichen Reich (= Enzyklopädie Deutsche Geschichte, Bd. 44), Oldenburg 2013.

Il Viaggio di Enrico VII in Italia, hg. von Mauro TOSTI-CROCE, Città di Castello 1993.

VON TRAUCHBURG, Gabriele: Häuser und Gärten Augsburger Patrizier, Berlin 2001.

TSCHACHER, Werner: Königtum als lokale Praxis. Aachen als Feld der kulturellen Realisierung von Herrschaft. Eine Verfassungsgeschichte (ca. 800–1918) (HMRG Beihefte 80), Stuttgart 2010.

TSCHOPP, Silvia Serena/Wolfgang E.J. WEBER: Grundfragen der Kulturgeschichte, Darmstadt 2007.

TWELLENKAMP, Markus: Die Burggrafen von Nürnberg und das deutsche Königtum (1273–1417) (= Schriftenreihe des Stadtarchivs Nürnberg, Bd. 54), Nürnberg 1994.

UHL, Anton: Peter von Schaumberg. Kardinal und Bischof von Augsburg 1424–1469. Ein Beitrag zur Geschichte des Reichs, Schwabens und Augsburgs im 15. Jahrhundert, Augsburg 1949.

UNTERMANN, Matthias: Die architektonische Inszenierung von „Orten der Herrschaft" im Mittelalter, in: Deutsche Königspfalzen. Beiträge zu ihrer historischen und archäologischen Erforschung, Bd. 8. Places of Power – Orte der Herrschaft – Lieux du Pouvoir (= Veröffentlichungen des Max-Planck-Instituts für Geschichte 11/8), hg. von Caspar EHLERS, Göttingen 2007, S. 17–26.

UNTERMANN, Matthias: Plätze und Straßen. Beobachtungen zur Organisation und Repräsentation von Öffentlichkeit in der mittelalterlichen Stadt, in: Stadtgestalt und Öffentlichkeit. Die Entstehung politischer Räume in der Stadt der Vormoderne (= Veröffentlichungen des Zentralinstituts für Kunstgeschichte in München, Bd. 24), hg. von Stephan ALBRECHT, Köln/Weimar/Wien 2010, S. 59–71.

VEIT, Ludwig: St. Sebald auf Münzen der Reichsstadt Nürnberg, in: 600 Jahre Ostchor St. Sebald 1379–1979, hg. von Helmut BAIER, Neustadt a. d. Aisch 1979, S. 177–185.

Siegel des Mittelalters aus den Archiven der Stadt Lübeck, 3. Heft, hg. vom VEREIN FÜR LÜBECKISCHE GESCHICHTE UND ALTERTHUMSKUNDE, Lübeck 1859.

VILÉM, Lorenc: Das Prag Karls IV. Die Prager Neustadt, Stuttgart 1982.

Stadt und Herrschaft. Römische Kaiserzeit und Hohes Mittelalter, hg. von Friedrich VITTINGHOFF (= Beihefte der HZ, N.F. 7), München 1982.

VOIGT, Dieter: Die Augsburger Baumeisterbücher des 14. Jahrhunderts, Bd. 1: Darstellung (= Studien zur Geschichte des Bayerischen Schwaben, Bd. 43.1), Augsburg 2017.

Remigius Vollmann: Der Perlach in Augsburg, Augsburg 1927.

WADLE, Elmar: Reichsgut und Königsherrschaft unter Lothar III. (1125–1137). Ein Beitrag zur Verfassungsgeschichte des 12. Jahrhunderts (= Schriften zur Verfassungsgeschichte, Bd. 12), Berlin 1969.

WAGNER, Hans-Peter: s. v. „Repräsentation", in: Metzler Lexikon. Literatur- und Kulturtheorie. Ansätze – Personen – Grundbegriffe, hg. von Ansgar NÜNNING, Stuttgart/Weimar ³2004, S. 569f.

WALTHER, Helmut G.: Kaiser Barbarossas Urkunde für Lübeck vom 19. September 1188, in: ZVLGA 69 (1989), S. 11–48.

Neue Forschungen zur römischen Besiedlung zwischen Oberrhein und Enns: Kolloquium Rosenheim 14.–16. Juni 2000 (= Schriftenreihe der Archäologischen Staatssammlung, Bd. 3), hg. von Ludwig WAMSER/Bernd STEIDEL, Remshalden-Grunbach 2003.

WAMMETSBERGER, Helga: Individuum und Typ in den Porträts Kaiser Karls IV., in: Wissenschaftliche Zeitschrift der Universität Jena, Gesellschafts- und Sprachwissenschaftliche Reihe 16 (1967), S. 79–93.

WANKE, Helen: Zum Zusammenhang zwischen Rathaus, Verfassung und Beurkundung in Speyer, Straßburg und Worms, in: Stadtgestalt und Öffentlichkeit. Die Entstehung politischer Räume in der Stadt der Vormoderne (= Veröffentlichungen des Zentralinstituts für Kunstgeschichte in München, Bd. 24), hg. von Stephan ALBRECHT, Köln/Weimar/Wien 2010, S. 101–120.

WARNKE, Martin: Bau und Überbau. Soziologie der mittelalterlichen Architektur nach den Schriftquellen, Frankfurt am Main 1976.

WARNKE, Martin: Bau und Gegenbau, in: Architektur als politische Kultur. Philosophia practica, hg. von Hermann HIPP/Ernst SEIDL, Berlin 1996.

WARNKE, Martin: Lübeck und die Fürsten. Ein kunstgeschichtlicher Blick in die städtisch-bürgerliche Welt des späten Mittelalters, in: ZLG 92 (2012), S. 65–80.

WEBER, Leo Johann: Die Ausgrabungen im Dom zu Augsburg 1970/71. Vorläufiger Bericht, Augsburg 1972.

WEBER, Max: Wirtschaft und Gesellschaft, Tübingen 1972.

WEBER, Leo J.: St. Peter am Perlach in Augsburg (= Schnell Kunstführer, Nr. 1540), Regensburg, ²1994.

Städtische Normen – genormte Städte. Zur Planung und Regelhaftigkeit urbanen Lebens und regionaler Entwicklung zwischen Mittelalter und Neuzeit, 43. Arbeitstagung in Rothenburg ob der Tauber. 12.–14. November 2004 (= Stadt in der Geschichte, Bd. 34), hg. von Andreas Otto WEBER, Sigmaringen 2005.

WEBER, Ortrud: Elisabeth von Thüringen. Landgräfin und Heilige. Eine Biographie, München/Zürich 2009.

WECZERKA, Hugo: Lübeck und der Ostseeraum im 13./14. Jahrhundert, in: Neue Forschungen zur Geschichte der Hansestadt Lübeck (= Veröffentlichungen zur Geschichte der Hansestadt Lübeck, Reihe B, Bd. 13), hg. von Antjekathrin GRASSMANN, Lübeck 1985, S. 27–40.

WEICHLEIN, Siegfried: Max Weber, der moderne Staat und die Nation, in: Max Webers Staatssoziologie. Positionen und Perspektiven (= Staatsverständnisse, Bd. 15), hg. von Andreas ANTER/Stefan BREUER, Baden-Baden 2007.

WEIGEL, Martin: Dr. Conrad Konhofer (1452). Ein Beitrag zur Kirchengeschichte Nürnbergs, in: MVGN 29 (1928), S. 169–297.

WEILANDT, Gerhard: Heiligen-Konjunktur. Reliquienpräsentation, Reliquienverehrung und wirtschaftliche Situation an der Nürnberger Lorenzkirche im Spätmittelalter, in: Von Goldenen Gebeinen. Wirtschaft und Reliquie im Mittelalter (= Geschichte und Ökonomie, Bd. 9), hg. von Markus MAYR, Innsbruck 2001, S. 186–220.

WEILANDT, Gerhard: Der ersehnte Thronfolger – Die Bildprogramme der Frauenkirche in Nürnberg zwischen Herrschaftspraxis und Reliquienkult im Zeitalter Kaiser Karls IV., in: Kirche als Baustelle. Große Sakralbauten des Mittelalters, hg. von Katja SCHRÖCK/Bruno KLEIN/Stefan BÜRGER, Köln/Weimar/Wien 2003, S. 224–242.

WEILANDT, Gerhardt: Die Sebalduskirche in Nürnberg. Bild und Gesellschaft im Zeitalter der Gotik und Renaissance, Petersberg 2007.

WEINFURTER, Stefan: Zur „Funktion" des salischen und ottonischen Königtums, in: Mittelalterforschung nach der Wende 1989 (= Beihefte der HZ, N.F. 20), hg. von Michael BORGOLTE, München 1995, S. 349–361.

WEINFURTER, Stefan: Reformidee und Königtum im spätsalischen Reich. Überlegungen zu einer Neubewertung Kaiser Heinrichs V., in: Gelebte Ordnung – Gedachte Ordnung. Ausgewählte Beiträge zu König, Kirche und Reich, hg. von DEMS./ Helmuth KLUGER/Hubertus SEIBERT/Werner BOMM, Ostfildern 2005, S. 289–333.

WEINFURTER, Stefan: Die Zeichen des Herrschers – Zur Einführung, in: „... die keyserlichen zeychen ...". Die Reichskleinodien – Herrschaftszeichen des Heiligen Römischen Reiches, hg. von Jan KEUPP/Peter POHLIT/Hans REITHER/Katharina SCHOBER/Stefan WEINFURTER, Regensburg 2009, S. 9–16.

WEIß, Dieter J.: Des Reiches Krone – Nürnberg im Spätmittelalter, in: Nürnberg – Europäische Stadt in Mittelalter und Neuzeit (= Nürnberger Forschungen, Bd. 29), hg. von Helmut NEUHAUS, Nürnberg 2000, S. 23–41.

WEIß, Dieter J.: Reichsstadt und Kult im Spätmittelalter. Überlegungen am Beispiel Nürnbergs und oberdeutscher Städte, in: Die oberdeutschen Reichsstädte und ihre Heiligenkulte. Traditionen und Ausprägungen zwischen Stadt, Ritterorden und Reich (= Jakobus Studien, Bd. 16), hg. von Klaus HERBERS, Tübingen 2005, S. 1–23.

WEITLAUFF, Manfred: Der heilige Bischof Udalrich von Augsburg (890–4. Juli 973), in: Bischof Ulrich von Augsburg und seine Verehrung. Festgabe zur 1000. Wiederkehr des Todestages (= Jahrbuch des Vereins für Augsburger Bistumsgeschichte 7), Augsburg 1973, S. 1–48.

Hl. Afra. Eine frühchristliche Märtyrerin in Geschichte, Kunst und Kult. Ausstellungskatalog des Diözesanmuseums St. Afra (= Jahrbuch des Vereins für Augsburger Bistumsgeschichte, Bd. 38), hg. von Manfred WEITLAUFF, Augsburg 2004.

QUELLEN UND LITERATUR 445

WENDEHORST, Alfred: Wer konnte im Mittelalter lesen und schreiben, in: Schulen und Studium im sozialen Wandel (= Vorträge und Forschungen, Bd. 30), hg. von Johannes FRIED, Sigmaringen 1986, S. 9–33.

WENIGER, Matthias: Kunst und Hofkunst unter Ludwig dem Bayern, in: Ludwig der Bayer (1313–1347). Reich und Herrschaft im Wandel, hg. von Hubertus SEIBERT, Regensburg 2014, S. 361–384.

WENTZCKE, Paul: Die deutschen Farben. Ihre Entwicklung und Deutung sowie ihre Stellung in der deutschen Geschichte, Heidelberg 1955.

WENZEL, Horst: Höfische Repräsentation. Symbolische Kommunikation und Literatur im Mittelalter, Darmstadt 2005.

Die Ausgrabungen in Sankt Ulrich und Afra in Augsburg 1961–1968, 2 Teile (= Münchener Beiträge zur Ur- und Frühgeschichte, Bd. 23), hg. von Joachim WERNER, München 1977.

WERNICKE, Horst: Von Rechten und Privilegien – Zum Wesen und zur Dynamik der Hanse, in: Beiträge zur hansischen Kultur-, Verfassungs-, und Schiffahrtsgeschichte (= Hansische Studien, Bd. 10), hg. von DEMS./Nils JÖRN, Weimar 1998, S. 283–297.

Beiträge zur hansischen Kultur-, Verfassungs- und Schiffahrtsgeschichte (= Abhandlungen zur Handels- und Sozialgeschichte, Bd. 31 = Hansische Studien, Bd. 10), hg. von Horst WERNICKE/Nils JÖRN, Weimar 1999.

WERNICKE, Horst: Hanse und Reich im 15. Jahrhundert – ihre Beziehung im Vergleich, in: Beiträge zur hansischen Kultur-, Verfassungs- und Schiffahrtsgeschichte (= Abhandlungen zur Handels- und Sozialgeschichte, Bd 31 = Hansische Studien, Bd. 10), hg. von DEMS./Nils JÖRN, Weimar 1999, S. 215–237.

WESCHKE, Joachim: Die Anfänge der deutschen Reichsgoldprägung im 14. Jahrhundert, in: Berliner Numismatische Zeitschrift 2 (1956), S. 190–196.

WICHMANN, Ralf: Ein Siegel aus der ,Hörkammer' im Lübecker Rathaus, in: Norelbingen 67 (1998), S. 29–34.

WIECHELL, Heino: Das Schiff auf Siegeln des Mittelalters und der beginnenden Neuzeit. Eine Sammlung von bildlichen Quellen zur Schiffstypenkunde, Lübeck 1971.

Wiederaufbau und Tradition. Kirchliche und profane Bauten in Augsburg und Schwaben (ZHVS, Bd. 58), Augsburg 1951.

WILHELM, Johannes: Augsburger Wandmalerei 1368–1530. Künstler, Handwerker und Zunft (= Abhandlungen zur Geschichte der Stadt Augsburg. Schriftenreihe des Stadtarchivs Augsburg, Bd. 29), Augsburg 1983.

WILL, Georg Andreas: Kleine Beiträge zur der Diplomatik und deren Literatur, Altdorf 1789.

WILLE-JORGENSEN, Dorthe: Das Ostseeimperium der Waldemaren. Dänische Expansion 1160–1227, in: Dänen in Lübeck 1203–2003 (= Ausstellungen zur

Archäologie in Lübeck, Bd. 6), hg. von Manfred GLÄSER/Doris MÜHRENBERG, Lübeck 2003, S. 263–265.

WINANDS, Klaus: Zur Geschichte und Architektur des Chores und der Kapellenbauten des Aachener Münsters, Recklinghausen 1989.

WINTERER, Christoph: Leere Gesichter und Wappen. Zur Welt der Zeichen in ‚Kaiser Heinrichs Romfahrt', in: Das Mittelalter 11 (2006), Heft 2, S. 71–97.

Tempi passati. Die Reichsstadt in der Erinnerung, 1. Tagung des Arbeitskreises „Reichsgeschichtsforschung" in Mühlhausen, 11.–13. Februar 2013 (= Studien zur Reichsstadtgeschichte, Bd. 1), hg. von Helge WITTMANN, Petersberg 2014, S. 75–98.

Reichszeichen. Darstellungen und Symbole des Reichs in den Reichsstädten, 2. Tagung des Arbeitskreises „Reichsstadtgeschichtsforschung", Mühlhausen 3.–5. März 2014 (= Studien zur Reichsstadtgeschichte, Bd. 2), hg. von Helge WITTMANN, Petersberg 2015.

WITTMANN, Helge: Vorwort, in: Reichszeichen 2015, Reichszeichen. Darstellungen und Symbole des Reichs in den Reichsstädten. 2, Tagung des Arbeitskreises „Reichsstadtgeschichtsforschung", Mühlhausen 3.–5. März 2014 (= Studien zur Reichsstadtgeschichte, Bd. 2), hg. von DEMS., Petersberg 2015, S. 8.

WOLF, Armin: Die bildlichen Darstellungen des Kurfürstenkollegiums. Kritische Bemerkungen und Ergänzungen zum gleichnamigen Buch von Paul Hoffmann, in RhVjBll 50 (1986), S. 316–326.

WOLF, Gunther G.: Nochmals zur Geschichte der Heiligen Lanze bis zum Ende des Mittelalters, in: Die heilige Lanze in Wien. Insignie. Reliquie. Schicksalsspeer (= Schriften des Kunsthistorischen Museums, Bd. 9), hg. von Franz KIRCHWEGER, Wien 2005, S. 23–51.

WOLF, Armin: Erbrecht und Sachsenspiegel – Fürsten und Kurfürsten: Stellungnahme in einer Kontroverse, in: Verwandtschaft – Erbrecht – Königswahlen, Bd. 1 (= Studien zur europäischen Rechtsgeschichte. Veröffentlichungen des Max-Planck-Instituts für europäische Rechtsgeschichte Frankfurt am Main, Bd. 283,1), von DEMS., Frankfurt am Main 2013, S. 1–162.

WOLF, Armin: Königswähler in den deutschen Rechtsbüchern, in: Verwandtschaft – Erbrecht – Königswahlen, Bd. 2 (= Studien zur europäischen Rechtsgeschichte. Veröffentlichungen des Max-Planck-Instituts für europäische Rechtsgeschichte Frankfurt am Main, Bd. 283,1), von DEMS., Frankfurt am Main 2013, S. 686–701.

WOLF, Armin: Von den Königswählern zum Kurfürstenkolleg. Bilddenkmale als unerkannte Dokumente der Verfassungsgeschichte, in: Verwandtschaft – Erbrecht – Königswahlen, Bd. 2 (= Studien zur europäischen Rechtsgeschichte. Veröffentlichungen des Max-Planck-Instituts für europäische Rechtsgeschichte Frankfurt am Main, Bd. 283,1), von DEMS., Frankfurt am Main 2013, S. 881–970.

WOLF, Armin: Das „Kaiserliche Rechtsbuch" Karls IV. von 1256 (sogenannte Goldene Bulle), in: Verwandtschaft – Erbrecht – Königswahlen, Bd. 2 (= Studien zur

QUELLEN UND LITERATUR

europäischen Rechtsgeschichte. Veröffentlichungen des Max-Planck-Instituts für europäische Rechtsgeschichte Frankfurt am Main, Bd. 283,1), von DEMS., Frankfurt am Main 2013, S. 971–1010.

WOLFF, Helmut: *Und er was frolich und wolgemut ...* Zum Aufenthalt Kaiser Friedrichs III. 1471 in Nürnberg, in: Studien zum 15. Jahrhundert. Festschrift für Erich Meuthen, Bd. 2, hg. von Johannes HELMRATH/Heribert MÜLLER, München 1994, S. 804–820.

WREDE, Christa: Leonhard von München, der Meister der Prunkurkunden Kaiser Ludwigs des Bayern (= Münchner Historische Studien. Geschichtliche Hilfswissenschaften, Bd. 17), Kallmünz 1980.

WRIEDT, Klaus: Zum Profil der lübischen Führungsgruppen im Spätmittelalter, in: Neue Forschungen zur Geschichte der Hansestadt Lübeck (= Veröffentlichungen zur Geschichte der Hansestadt Lübeck, Reihe B, Bd. 13), hg. von Antjekathrin GRAßMANN, Lübeck 1985, S. 41–49.

WRIEDT, Klaus: Geschichtsschreibung in den wendischen Hansestädten, in: Geschichtsschreibung und Geschichtsbewusstsein im späteren Mittelalter (= Vorträge und Forschungen, Bd. 31), hg. von Hans PATZE, Sigmaringen 1987, S. 401–426.

WULF, Christoph: Die Erzeugung des Sozialen in Ritualen, in: Die neue Kraft der Rituale, hg. von Axel MICHAELS, Heidelberg 2007, S. 179–200.

Herkunft und Ursprung. Historische und mythische Formen der Legitimation. Akten des Gerda Henkel Kolloquiums, veranstaltet vom Forschungsinstitut für Mittelalter und Renaissance der Heinrich-Heine-Universität Düsseldorf, 13.–15. Oktober 1991, hg. von Peter WUNDERLI, Sigmaringen 1994.

WUNDERLI, Peter: Herkunft und Ursprung, in: Herkunft und Ursprung. Historische und mythische Formen der Legitimation. Akten des Gerda Henkel Kolloquiums, veranstaltet vom Forschungsinstitut für Mittelalter und Renaissance der Heinrich-Heine-Universität Düsseldorf, 13.–15. Oktober 1991, hg. von DEMS., Sigmaringen 1994, S. 9–25.

WYSS, Robert L.: Die neun Helden. Eine ikonographische Studie, in: Zeitschrift für Schweizerische Archäologie und Kunstgeschichte 17 (1957), S. 73–106.

ZAHLTEN, Johannes: Mittelalterliche Sakralbauten der südwestdeutschen Städte als Zeugnisse bürgerlicher Repräsentation, in: Stadt und Repräsentation, 31. Arbeitstagung in Pforzheim 1992 (= Stadt in der Geschichte, Bd. 21), hg. von Bernhard KIRCHGÄSSNER/Hans-Peter BECHT, Sigmaringen 1995, S. 77–91.

ZANKE, Sebastian: Johannes XXII., Avignon und Europa. Das politische Papsttum im Spiegel der kurialen Register (1316–1334) (= Studies in Medieval and Reformation Traditions, Bd. 175), Leiden/Boston 2013.

ZEILINGER, Gabriel: Salische Ressourcen der Macht. Grundherrschaft, Silberbergbau, Münzprägung und Fernhandel, in: Salisches Kaisertum und neues Europa. Die

Zeit Heinrichs IV. und Heinrich V., hg. von Bernd SCHNEIDMÜLLER/Stefan WEINFURTER, Darmstadt 2007, S. 143–160.

ZELENKA, Ales: Der Wappenfries aus dem Wappensaal zu Lauf, Passau 1976.

ZEPP, Judith: Der Chor der St. Reinoldikirche als Handlungsraum des Hl. Reinold und der Dortmunder Bürger, in: Städtische Repräsentation. St. Reinoldi und das Rathaus als Schauplätze des Dortmunder Mittelalters (= Dortmunder Mittelalter-Forschungen, Bd. 5), hg. von Nils BÜTTNER/Thomas SCHILP/Barbara WELZEL, Bielefeld 2005, S. 205–225.

ZIEGLER, Wolfram: König Konrad III. (1138–1152). Hof, Urkunden und Politik (= Forschungen zur Kaiser- und Papstgeschichte des Mittelalters, Bd. 26), Wien/ Köln/Weimar 2008.

ZIMMERMANN, Eduard: Augsburger Zeichen und Wappen, Augsburg 1970.

Stadt und Medien vom Mittelalter bis zur Gegenwart, 41. Frühjahrskolloquium des Instituts für Vergleichende Städtegeschichte und des Kuratoriums für Vergleichende Städtegeschichte e. V. von 04.–05. April 2011 in Münster (= Städteforschung, Reihe A, Bd. 85), hg. von Clemens ZIMMERMANN, Köln/Weimar/Wien 2012.

ZIMMERMANN, Clemens in: Einleitung: Stadt und Medien, in: Stadt und Medien vom Mittelalter bis zur Gegenwart, 41. Frühjahrskolloquium des Instituts für Vergleichende Städtegeschichte und des Kuratoriums für Vergleichende Städtegeschichte e. V. von 04.–05. April 2011 in Münster (= Städteforschung, Reihe A, Bd. 85), hg. von DEMS., Köln/Weimar/Wien 2012, S. 1–18.

ZOEPFL, Friedrich: Das Bistum Augsburg und seine Bischöfe im Mittelalter, Augsburg 1955.

Augsburg: Geschichte in Bilddokumenten, hg. von Wolfgang ZORN/Friedrich BLENDINGER, München 1990.

ZORN, Wolfgang: Augsburg. Geschichte einer europäischen Stadt. Von den Anfängen bis zur Gegenwart, Augsburg ²2001.

ZOTZ, Thomas: Königspfalz und Herrschaftspraxis im 10. und 11. Jahrhundert, in: BDLG120 (1984), S. 19–46.

ZOTZ, Thomas: Die Stadtgesellschaft und ihre Feste, in: Feste und Feiern im Mittelalter. Paderborner Symposion des Mediävistenverbandes, hg. von Detlef ALTENBURG/ Jörg JARNUT/Hans-Hugo STEINHOFF, Sigmaringen 1991, S. 201–213.

ZOTZ, Thomas: Pfalzen zur Karolingerzeit. Neue Aspekte aus historischer Sicht, in: Deutsche Königspfalzen. Beiträge zu ihrer historischen und archäologischen Erforschung, Bd. 5: *Splendor palatii*. Neue Forschungen zu Paderborn und anderen Pfalzen der Karolingerzeit (= Veröffentlichungen des Max-Planck-Instituts für Geschichte, Bd. 11/5), hg. von Lutz FENSKE/Jörg JARNUT/Matthias WEMHOFF, Göttingen 2001, S. 13–23.

Register

1 Ortsregister

Aachen 166n205, 195–196, 222, 344n5
Augsburg
   Alte Metzg 101, 103
   Dom 43, 55–56, 268–275, 328
   Dombezirk 42–43, 77, 231–233, 238
   Frauentorturm 232–233
   Frauenvorstadt 89
   Heilig Kreuz 152–153
   Jakobertor 213, 237–238
   Jakober Vorstadt 100
   Jüdisches Viertel 152–153
   Königspfalz 47–48, 81
   Königsturm 287–288
   Marktplatz 75, 77–79
   Perlach 75, 100–103, 238
   Perlachturm 101, 105–106, 162, 233–234
   Peter Egens Wohnhaus 256–261
   Rathaus 101–102, 162–163, 171–172, 234–235, 242–243, 275, 302–305, 328
   Ratsstube *siehe* Rathaus
   Reichsgut 45, 47–48
   Rindermarkt 321n192
   Sankt Afra *siehe* Sankt Ulrich und Afra
   Sankt Moritz 76
   Sankt Peter 76, 101–102, 105, 218, 242
   Sankt Ulrich und Afra 43, 56, 231, 240, 328
   Stadtmauer 56, 78, 100n332, 152–153, 225, 231–233, 237
   Straßennetz 75–76, 99–100, 273, 328
   Topographie 42–44, 55–56, 77–79, 89, 120
   Weberstube *siehe* Zunfthaus der Weber
   Weinmarkt 173, 323
   Zunfthaus der Weber 172–181, 344

Basel 89n273

Frankfurt am Main 128n25, 137, 209

Herrieden 266

Kolberg 169n214
Konstanz 89n273, 323n207

Lauf 320
Lechfeld 46n21, 46n22, 50
Liechtenau 300
Lübeck
   Alt-Lübeck 65
   Bischofshof 278–280
   Burg 67–68, 93–94, 289–290, 343
   Burgkloster 94, 248, 290
   Burgtor 67–68, 225
   Dom 278–279, 328
   Domhügel 69
   Fronerei 96–97
   Hafen 69–70
   Hansesaal *siehe* Rathaus
   Heilig-Geist-Spital 93, 249
   Holstentor 225–227
   Hörkammer *siehe* Rathaus
   Koberg 92–94, 97, 289
   Marktplatz 69, 93, 94, 96
   Marienkirche 97, 218, 275, 278, 331
   Mühlentor 130
   Rathaus 93, 95–96, 158–161, 163–170, 243–245, 249–255, 305–307, 343
   Sankt Gertrud-Kapelle 326
   Sankt Jürgen-Kapelle 330
   Sankt Marien-Magdalenen-Kloster *siehe* Burgkloster
   Stadtmauer 67–68, 71, 83–84
   Straßennetz 66–67, 92, 99
   Topographie 68–70, 81–83, 85, 94–95, 98, 99, 122
   Vogtei 92–93, 289

Novara 105n352
Nürnberg
   Barfüßerkirche 218
   Burg 57–58, 59–60, 62, 63, 80–81, 290–297, 299–302, 319–321
   Burggrafenburg *siehe* Burg
   Deutschordensspital 109n382
   Frauenkirche 86–87, 108–109, 110, 113, 194–204, 206, 218, 221–222, 267, 333, 335

450 REGISTER

Nürnberg (cont.)
  Hauptmarkt 85–87, 107–109, 110, 112–113,
    189–190, 205–206, 333–335, 343
  Heilig-Geist-Spital 307, 310
  Jüdisches Viertel 85–86, 108
  Kaiserburg *siehe* Burg
  Königsgut *siehe* Reichsgut
  Luginslandturm 299
  Marienkirche *siehe* Frauenkirche
  Marstall 319n177
  Münzstätte 65
  Nassauer Haus 214–216
  Rathaus 112–113, 161–162, 181–189, 267,
    305, 306, 333n268, 335
  Reichsgut 58, 62, 79
  Salzmarkt 110, 112
  Sankt Egidien 62
  Sankt Jakob 79
  Sankt Lorenz 79–80, 203–205, 217–218,
    219, 265–266, 328
  Sankt Moritzkapelle 110, 198, 220–221
  Sankt Sebald 62, 79, 110, 203, 216n386,
    217–218, 219, 220, 264, 266–268,
    328–330, 335n277
  Schöner Brunnen 110, 189–197, 206–207,
    335, 344
  Schopper'sches Haus 333–334
  Stadtmauer 62, 87, 223–224, 227, 229–231
  Straßennetz 207
  Synagoge 86–87, 108
  Topographie 62, 79–80, 85–87, 108, 121
  Weißer Turm 227

Prag 4, 107, 109, 110

Regensburg 43n7, 65, 153
Röbel 248

Speyer 76n193
Straßburg 153, 272

Trifels 64

Ulm 88, 315

Venedig 85n246, 117, 238n480
Viségrad 307

Worms 77n202
Würzburg 65

Zürich 167n205

2 Personenregister

Adalbero, Augsburger Bischof 49
Adelgoz III. von Schwabegg, Augsburger
  Vogt 89
Adelheid, röm.-dt. Königin/Kaiserin/
  Heilige 268–271, 274
Adolf von Nassau, röm.-dt. König 212–213, 218
Adolf II. von Schauenburg und Holstein,
  Graf 66–67
Adolf III. von Schauenburg und Holstein,
  Graf 71, 72
Afra, Märtyrerin/Heilige 43, 42n4, 271
Albrecht II., röm.-dt. König 215, 336
Albrecht Achilles von Brandenburg Ansbach,
  Nürnberger Burggraf 223–224
Albrecht der Schöne von Hohenzollern,
  Nürnberger Burggraf 113, 205–206, 296
Albrecht Ebner, Nürnberger Kaufmann 319
Albrecht Fleischmann, Nürnberger Pfarrer/
  Reichskanzler 264
Anna von Schweidnitz, röm.-dt. Königin/
  Kaiserin 197–198, 204–205, 221
Anselm von Nenningen, Augsburger
  Bischof 211–212
Arnold von Lübeck, Lübecker Chronist 32
Arnulf von Kärnten, ostfränkischer König/
  Kaiser 47n23, 49

Barbara von Cilly, röm.-dt. Königin 214–215
Betz Schüttelheben, Augsburger
  Bürger 239n482
Burkhard von Ellerbach, Augsburger
  Bischof 134, 135
Burkhard von Serkem, Lübecker
  Bischof 276–277
Burkhard Zink, Augsburger Chronist 2, 31,
  256

Clemens Jäger, Augsburger Chronist 176–178
Conrad Groß, Nürnberger Kaufmann/
  Reichsschultheiß 111–112, 136–137, 187n277,
  229–230, 307, 309, 320

REGISTER

Cyprian, Bischof von Karthago/Märtyrer/
    Heiliger 329

Dagobert, fränkischer König 44
Deocarus, fränkischer Hofkaplan/
    Heiliger 266–267, 268, 329
Detmar, Lübecker Chronist 33

Eberhard von Kirchberg, Augsburger
    Bischof 304
Eleonore von Portugal, röm.-dt. Königin/
    Kaiserin 219
Elias Diebel, Lübecker Holzschneider 34
Elisabeth von Pommern, böhm. Königin/
    Kaiserin 326
Endres Tucher, Nürnberger Baumeister 31
Erhard Wahraus, Augsburger Chronist 31
Erich VI. Menved, dänischer König 168
Eugen IV., Papst 215

Friedrich I. Barbarossa, röm.-dt. König/
    Kaiser 24, 44, 70–71, 72, 77, 80–82, 89,
    125, 130, 275, 290
Friedrich II., röm.-dt. König/Kaiser 84–85,
    87–88, 126, 142, 213, 247–248, 252
Friedrich III., röm.-dt. König/Kaiser 19,
    174–175, 219, 294, 304, 306, 308n118,
    311–313, 317, 320–321, 323–324, 325–326,
    326–327, 327–328, 332–333, 336–337
Friedrich von Grafeneck, Augsburger
    Bischof 211–212
Friedrich III. von Hohenzollern, Nürnberger
    Burggraf 295
Friedrich V. von Hohenzollern, Nürnberger
    Burggraf 296
Friedrich VI. von Hohenzollern, Nürnberger
    Burggraf 137–138, 300
Fritz Beheim, Nürnberger Bürger 113–114

Gerhard Dassow, Lübecker Ratsherr 321
Gregor III., Papst 45, 55
Gregor VII., Papst 74

Hartmann von Dillingen, Augsburger
    Bischof 90, 133–134, 154
Heinrich I., röm.-dt. König 53, 310n132
Heinrich II., röm.-dt. König/Kaiser/
    Heiliger 48, 132, 198–199, 294n48

Heinrich III., röm.-dt. König/Kaiser 58, 61,
    338
Heinrich III. von Schönegg, Augsburger
    Bischof 271
Heinrich IV., röm.-dt. König/Kaiser 58, 61,
    242
Heinrich V., röm.-dt. König/Kaiser 60, 61, 63
Heinrich VI., röm.-dt. König/Kaiser 81
Heinrich (VII.), röm.-dt. König 88, 90
Heinrich VII., röm.-dt. König/Kaiser 187–
    188, 291, 296
Heinrich II. Bochholt, Lübecker Bischof 278
Heinrich der Löwe, Herzog von Sachen/
    Bayern 24, 69, 70, 72, 125, 278–279
Heinrich der Stolze, Herzog von Bayern/
    Sachsen 63–64, 66
Hektor (Hector) Mühlich, Augsburger
    Kaufmann/Chronist 31, 35
Helmold von Bosau, Lübecker Chronist 32,
    68
Hermann Korner, Lübecker Chronist 33
Hermann Rode, Lübecker Maler 127–128

Innozenz IV., Papst 332

Jörg Seld, Augsburger Goldschmied 35
Johann II. von Hohenzollern, Nürnberger
    Burggraf 205–206, 296
Johann Matthias Kager, Augsburger
    Maler 255n537
Johannes XXII., Papst 52, 185, 319–310
Johannes XXIII., Papst 211
Johannes Apengeter, Lübecker
    Erzgießer 166

Karl III. der Dicke, ost- und westfränkischer
    König/Kaiser 49
Karl IV., röm.-dt. König/Kaiser 4, 8n39, 104,
    107–109, 110, 111, 113, 114–115, 131, 137–144,
    151, 152, 166, 168, 195–198, 201, 203–206,
    207–209, 219, 221, 222n412, 222n413, 252
    291–292, 296, 298–299, 305–306, 319,
    320, 321, 326, 332, 336
Karl der Große, fränkischer König/Kaiser 5,
    46n22, 47n30 49, 51, 178–180, 194–196,
    209, 294n48, 329, 344n5
Knut IV., dänischer König 72
Konrad III., röm.-dt. König 63–65, 77, 79,
    294

452 REGISTER

Konrad IV., röm.-dt. König 133, 142
Konradin, röm.-dt. König 231
Konrad Konhofer, Nürnberger Ratsherr 268
Konrad Vögelin, Augsburger Bürgermeister/
  Gesandter 315
Konrad von Randegg, Augsburger
  Domherr 272
Konstantin, römischer Kaiser/Heiliger 219,
  294n48
Konstanze von Sizilien, sizilianische Königin/
  Kaiserin 81
Kunigunde von Luxemburg, röm.-dt. Königin/
  Kaiserin/Heilige 198, 200, 294n48

Laurentius, röm. Diakon/Märtyrer/
  Heiliger 139, 146, 266, 268
Lorenz siehe Laurentius
Lothar III. von Supplinburg, röm.-dt. König/
  Kaiser 24, 63, 66, 70
Ludwig I. der Fromme, fränkischer König/
  Kaiser 46n22
Ludwig II. der Deutsche, ostfränkischer
  König/Kaiser 47n23, 49
Ludwig IV. das Kind, ostfränkischer
  König 47n24, 50
Ludwig IV. der Bayer, röm.-dt. König/
  Kaiser 91, 109, 111, 127–128, 131, 143, 168,
  182, 183–188, 213, 231, 267, 271–272, 291,
  319–320, 346–347
Ludwig VII. von Bayern, Herzog 302

Magnus VI., norwegischer König 167
Marcus Welser, Augsburger Kaufmann/
  Humanist 236n470
Mariangelus Accursius, ital.
  Humanist 236n470
Marquart, Augsburger Bischof 206
Martin V., Papst 211–212, 262, 312–313
Maximilian I., röm.-dt. König/Kaiser 19,
  219, 304
Michael, Erzengel/Heiliger 53–54, 197, 256
Michel Beheim, Nürnberger Bürger 113–114

Nikolaus Peck, Lübecker Baumeister 225

Otto I., röm.-dt. König/Kaiser 47n28, 48,
  50–55, 132, 177–178, 256
Otto III. röm.-dt. König/Kaiser 268, 338

Peter Egen, Augsburger Bürgermeister
  256–261, 322–323
Peter Vischer, Nürnberger Goldschmied 265
Peter von Argon siehe Peter Egen
Peter von Schaumberg, Augsburger
  Bischof 135, 181, 212n364, 239–240, 258,
  305, 316, 345
Pirmin Gasser, Augsburger
  Chronist 163n194

Rudolf von Habsburg, röm.-dt. König 18, 90,
  167, 212, 242, 295
Rudolf II. von Sachsen, Herzog 113
Ruprecht von der Pfalz, röm.-dt. König 264,
  319, 320, 336

Sebald, Einsiedler/Heiliger 138–139, 146,
  263–264, 268, 329–330
Sigismund, röm.-dt. König/Kaiser 23, 106,
  130, 137–138, 209–212, 214–216, 254, 258,
  263–264, 292, 300–301, 304, 307–309,
  313, 315–316, 321–322, 325, 327, 335–336,
  337
Sigismund Meisterlin, Priester/
  Chronist 30–31, 32, 35, 123
Sintpert, Augsburger Bischof/
  Heiliger 43–44, 49
Stefan III. von Bayern, Herzog 135

Ulman Stromer, Nürnberger Patrizier 320
Ulrich, Augsburger Bischof/Heiliger 48n33,
  50, 75, 132, 177, 271
Ulrich II., Augsburger Bischof/
  Reichskanzler 271–272
Ulrich Haller, Nürnberger Patrizier 320
Ulrich Ortlieb, Nürnberger Ratsherr 215–216
Ulrich Stromer, Nürnberger Kaufmann/
  Chronist 31, 111–112

Waldemar II., dänischer König 83, 95,
  125–126, 247–248
Waldemar IV., dänischer König 150, 151, 306
Wenzel, röm.-dt. König/Kaiser 114, 134,
  197–198, 219, 220–221, 320, 332
Wikterp, Augsburger Bischof 45
Wilhelm III. von Bayern München,
  Herzog 316
Witgar, Augsburger Bischof 49

REGISTER

3   Sachregister

Adlerschild *siehe* Reichsadler
Adventus   5, 72, 226, 304, 318, 325–326,
  330–331
Architektur *siehe* Bauwerke
Audiovisuelle Medien   15, 304
Aufstände *siehe* Krisen
Augsburger
  Denare   131–133
  Judensiegel   152–153
  Monatsbild   100–101, 103, 303
  Pyr *siehe* Stadtwappen
  Stadtsiegel   153–156
  Stadtwappen   134–135, 154–155, 181, 227
    234–242, 273–274, 345
Autonomie   3, 19, 82, 97, 141, 168, 213, 345

Banner *siehe* Fahnen
Baulandgewinnung   83–84, 85–86, 92,
  94–95, 100, 104–105, 108–109
Bauwerke   15, 16
Befestigungsrecht *siehe* Stadtmauern
Bischofsstadt   20, 45, 56, 59, 70, 73, 77, 82,
  117–119
Bistumsheilige *siehe* Stadtheilige
Bürgerhäuser *siehe* Private Räume
Bursprake *siehe* Vereidigung

Chroniken   14–15, 29–33
Civitas   55–56, 62–63, 68, 77
Corporate Branding   17–19, 123, 344

Denkmal *siehe* Erinnerungskultur
Diözesanheilige *siehe* Stadtheilige

Einzug *siehe Adventus*
Emanzipation   21–22, 23, 24, 41, 71, 87–88,
  137, 143, 185–186
Erinnerungskultur   38, 124, 188, 248–249,
  259–262, 281–282, 338
Erinnerungsort *siehe* Erinnerungskultur

Fahnen   223–224

Gegenbau   181–182
Goldene Bulle   4, 22, 165, 165–166, 194, 196,
  198–201

Handel   62, 66, 68, 70, 80, 95, 110, 187–188
Hanse   24–25, 127, 148, 159, 168, 307
Hansetag   159, 170, 307
Hauptplatz   91, 117–118
Hauptstadt *siehe* Zentralität
Heilige Lanze   52, 64, 221n410, 310
Heiligenkult   43
Heilsgeschichte   161–162, 174, 177
Heiltumsweisung   263–264, 309–310,
  312–313, 331–335
Herrschaft   12–13, 14
Herrscheraufenthalt   5, 19, 46–47, 58, 60–61,
  72, 74, 81, 89, 106, 110, 258, 285–286, 304,
  305–306, 314–324, 332–335, 339
Herrscherbildnis   126–127, 142–143, 148–149,
  160–161, 163–164, 175, 181, 184, 187n277,
  189, 197–198, 198–201, 207–209, 209–
  210, 218–220, 221, 243–244, 269–272,
  344–346
Herrschereinzug *siehe* Adventus
Herrscherwappen   201–205, 214–215,
  222–223, 252–253
Hierarchisierung (von Räumen)   11n53, 91,
  160–61, 206, 220, 230–231, 343
Historienmalerei   161–62, 246n247, 250–252,
  278–280,
Historiographie *siehe* Chroniken
Hoftag *siehe* Reichstag
Huldigung   161, 226, 303–304, 305–306
Hussitenkriege   229–231, 292, 307–308

Identität (Begriff)   10–11
Inszenierung *siehe* Ritual
Integration (von Besitz/Gebäuden)   19, 285,
  325, 339
Interregnum   18, 133, 167
Invented Traditions (Begriff) 233n463
Investiturstreit   74
Italienzug   54–55, 166

Judenpogrom   86, 108–109, 207

Kaiserbildnis *siehe* Herrscherbildnis
Kaiserkrönung *siehe* Kaiserwürde
Kaiserwürde   5–6, 52, 54–55
Karlskult   51, 178–180, 194, 195–196
Königsaufenthalt *siehe*
  Herrscheraufenthalt

Königsbildnis *siehe* Herrscherbildnis
Königsferne 20, 24, 47, 70, 110, 168, 249, 350–351
Königsgut *siehe* Reichsgut
Königsherberge 48–49, 59, 60–61, 319–324
Königsnähe 20, 21, 22, 350–351
Königspfalz *siehe* Königspfalz
Königtum 3–6, 45–46
Körpermetapher 189–190, 231
Kommunikation 9, 37–39
Konflikte 98, 102–103, 109, 113–114, 239–241, 274–275, 275–276, 296–300, 304–305
Konkurrenz 133, 272–273
Krisen 98–99, 103–104, 114–115, 170–172, 178, 205–206, 253–254
Kunstwerke 15, 16, 25
Kurfürstendarstellung *siehe* Kurfürstenkolleg
Kurfürstenkolleg 163–1677, 174–176, 180, 193–194, 201, 202–203, 220, 290

Lübecker
Floren 127–128
Pfennig 126, 129–130
Pfundzollquittungen 150–152
Stadtsiegel 148–150
Stadtwappen 127, 129–130, 149–150, 158, 216, 225, 227–228, 243–245, 344
Witten 129

Malereien *siehe* Kunstwerke
Markgrafenkriege 223–224
Marktfunktion *siehe* Handel
Marktregal 62, 74–75, 77–78
Memorialkultur *siehe* Erinnerungskultur
Münzen (allgemein) 17, 27, 124–125, 140
Münzprägung *siehe* Münzregal
Münzregal 62, 65, 71, 74–75, 125–126

Netzwerk 315–319
Nürnberger
Königsadler *siehe* Stadtwappen
Landwährungsgulden *siehe* Lorenzgulden
Lorenzgulden 139
Sebaldmünzen 138
Stadtsiegel 140–147

Stadtwährungsgulden *siehe* Sebaldmünzen
Stadtwappen 139, 142–145, 190, 214, 220, 344

Öffentlichkeit 9–11, 37, 158, 169, 170, 190, 189, 254–255, 292–293, 330, 347
Okkupation 63

Physical Presence 19, 285–297, 346
Private Räume 10, 256–261, 294, 321–323, 333–335
Privilegien (Sichtbarkeit) 17, 18–19, 73, 82, 117, 119, 187, 252–253, 304
Prozessionen 76, 308, 326–329

Rathaus 91, 157–158
Ratsglocken 98, 106, 304–305
Raum 6–12, 17, 37–38, 286
Raumdynamiken 18, 124
Raumforschung *siehe* Raum
Raumpraktiken 286
Raumtypus 17
Realien 25–27
Rechtsprechung 96–97, 160, 169–170, 174, 242
Reich (Begriff) 1–2, 7–8, 40, 45n15, 346–349, 351
Reichsadler 18, 123, 130–131, 147–148, 153, 162, 182–183, 190, 198, 202, 214, 221, 233–234, 243, 245, 256, 271, 322–323
Reichsapfel 64, 147, 311
Reichsbanner 52–53
Reichsfarben 145, 150–151
Reichsferne *siehe* Königsferne
Reichsgut 45, 47–48, 59–60, 62, 165, 298
Reichsheilige 53, 197, 256
Reichsheiltum *siehe* Reichskleinodien
Reichsinsignien *siehe* Reichskleinodien
Reichskleinodien 63–64, 110, 139, 197, 221–222, 307–314
Reichskörper 163–166, 189–190, 191–194
Reichskreuz 64
Reichskrone 64, 147, 183, 215–216, 311
Reichsmünze 128
Reichsnähe *siehe* Königsnähe
Reichsschwert 64, 311

REGISTER

Reichsstadt (Begriff) 1–3, 8–11, 39–40, 84–85, 89, 91, 213
Reichstag 21, 22, 46n22, 50, 58, 81, 286, 315–316, 332
Reichsversammlung *siehe* Reichstag
Reichszepter 64, 311
Repräsentation (Begriff) 14, 17–18, 36–37
Ritual 5–6, 15–16, 38–39, 106–107, 286–287, 324, 341
Romfahrt *siehe* Italienzug

Sacrum imperium siehe Sakralität
Sakralität 5–6, 52, 147
Sakralisierung (von Räumen) 169, 327–329
Schlacht auf dem Lechfeld 50–55, 177–178, 256, 257
Schlacht von Bornhöved 247, 255
Selbständigkeit *siehe* Autonomie
Shaping 17, 41, 342
Siegel (allgemein) 18, 27, 124, 140–141, 156–157
Siedlungskontinuität 42–43
Spatial Turn siehe Raum
Stadtansichten 33–34, 35–36
Stadtausbau 57–58, 68, 76, 79, 82, 89n272, 115–117, 118, 342
Stadtbild 17, 73, 80, 95, 115–117, 342
Stadterweiterung *siehe* Stadtausbau
Stadtgründung 57, 66
Stadtheilige 43, 138–139, 144, 146, 198, 271, 328–330
Stadtpläne *siehe* Stadtansichten
Stadtmauern (Bedeutung) 56, 78–79, 84, 224–225
Stadttrompeter 15
Stadtwachstum *siehe* Stadtausbau
Städtechroniken *siehe* Chroniken
Sturmglocken *siehe* Ratsglocken

Symbol (Begriff) 12–17, 36–37
Symbolisches Kapital 12

Topographie *siehe* Stadtbild
Translatio imperii 5, 130, 241–242

Überlieferungsabsicht 25–26
Überlieferungszufall *siehe* Überlieferungsabsicht
Umbauten 93–94, 97, 109, 119, 248, 289–290
Umdeutung (von Räumen) 93, 301–302, 333–335, 339
Umwidmung *siehe* Umdeutung
Vereidigung 96, 159–160, 303–304

Versammlung 97–98, 115, 157, 217–218, 306
Verteidigungsanlagen *siehe* Stadtmauern
Verwaltungsschrifttum 27–29
Via triumphalis siehe Prozessionen

Wahrnehmung 16–17
Wallfahrten 222
Wappen (allgemein)15, 18, 124, 223
Wehrbauten *siehe* Stadtmauern
Wendischer Münzverein 129

Zeichen *siehe* Symbol
Zentralität 4–5, 23, 45, 61, 65, 70, 80–81, 110–111, 242
Zentralörtliche Funktion *siehe* Hauptplatz
Zeremonien *siehe* Rituale
Zerstörung (von Besitz und Gebäuden) 19, 104–105, 109–110, 289
Zunftrevolution *siehe* Krisen

Printed in the United States
By Bookmasters